2020

东营年鉴

DONGYING
YEARBOOK

中共东营市委党史研究院
东营市地方史志研究院
编

方志出版社
Publishing House of Local Records

图书在版编目（CIP）数据

东营年鉴.2020 / 中共东营市委党史研究院，东营市地方史志研究院编.-- 北京 : 方志出版社，2020.9

ISBN 978-7-5144-4406-3

Ⅰ.①东… Ⅱ.①中… ②东… Ⅲ.①东营—2020—年鉴 Ⅳ.①Z525.23

中国版本图书馆 CIP 数据核字 (2020) 第 209105 号

东营年鉴（2020）

编　　者：中共东营市委党史研究院　东营市地方史志研究院
责任编辑：陈　菁　王海荣

出 版 者：方志出版社
地　址　北京市朝阳区潘家园东里 9 号（国家方志馆 4 层）
邮　编　100021
网　址　http://www.zgfzcb.cn
发　　行：方志出版社图书经销中心
电话（010）67110500
经　　销：各地新华书店
印　　刷：山东新华印务有限公司

开　　本：889×1194　1/16
印　　张：24.75
字　　数：947 千字
版　　次：2020 年 9 月第 1 版　2020 年 9 月第 1 次印刷
印　　数：0001 ～ 1000 册

ISBN 978-7-5144-4406-3　定价：280.00 元

东营市地方史志编纂委员会
（2020年9月）

名誉主任　李宽端

主　　任　陈必昌

副 主 任　王晓军　柳景武　苟增杰　郭新民

成员单位　市委办公室　市人大常委会办公室　市政府办公室
市政协办公室　市委组织部　市委宣传部　市委政法委
市地方史志研究院　东营日报社　市档案馆　市社科联
市发展改革委　市教育局　市科技局　市工业和信息化局
市财政局　市人力资源社会保障局　市农业农村局　市商务局
市文化和旅游局　市统计局　市油地校融合办　各区县人民政府
胜利石油管理局有限公司办公室　中国石油大学（华东）办公室
东营军分区政治部　黄河三角洲综合训练基地办公室

《东营年鉴（2020）》编审人员

主　　审　柳景武

主　　编　杜金华

副 主 编　綦俊霞　穆瑞贤　杨立宇

执行主编　刘曙光

编　　辑　卞　伟　熊长博　夏　靖　王　花

编　　务　王园园　孙丹丹

英文翻译　张　燕

编辑说明

一、《东营年鉴》是由中共东营市委、东营市人民政府主办，中共东营市委党史研究院（东营市地方史志研究院）编纂的大型地方性综合年刊。旨在全面、准确、及时地记述东营市的基本情况，反映东营市在改革开放和社会主义现代化建设中的新成就、新进展，为各级领导科学决策提供依据，为国内外各界人士了解东营、研究东营提供权威的市情信息，也为编修社会主义新方志积累资料。

二、《东营年鉴（2020）》坚持以马克思列宁主义、毛泽东思想、邓小平理论、“三个代表”重要思想、科学发展观、习近平新时代中国特色社会主义思想为指导，坚持辩证唯物主义和历史唯物主义的立场、观点和方法，力求观点正确、分类科学、结构严谨、内容翔实。

三、本卷年鉴主要记载东营市2019年各行各业基本情况。根据全市经济社会发展情况，共设35个类目：特载、大事记、东营概貌、中国共产党东营市委员会、东营市人民代表大会、东营市人民政府、中国人民政治协商会议东营市委员会、纪检 监察、民主党派 工商联、人民团体、军事、法治、经济管理、黄河口、农业、石油、工业、旅游业、金融业、商贸服务业、信息产业、经贸合作、开发园区、财政 税务、交通 邮政 电力、城乡建设、生态环境、科学技术、教育、文化 体育、卫生 健康、社会生活、区县概况、人物、附录。

四、本卷年鉴主体内容设类目、分目、条目3个层次，条目为年鉴内容的基本单位。卷首设导读页和中、英文目录，卷中设类目标题页，卷末设索引。

五、为丰富年鉴的信息含量，卷内设反映全市重大事件和发展成就的彩色图片专辑，类目内设随文图片，直观反映东营发展变化；内容记述中增设有关实用信息表格。

六、本卷年鉴中有关全市国民经济和社会发展的主要数据，以东营市统计局公布的统计数据为准；东营市统计局没有的数据，以主管部门提供数据为准。

七、本卷年鉴稿件由东营市各区县、市直各部门单位及辖区内中直、省直单位供稿，并经各供稿单位领导审阅，中共东营市委党史研究院（东营市地方史志研究院）负责总纂。为示负责，供稿单位及撰稿人署名于条目或分目之后。

八、本卷年鉴在编纂过程中虽经多次审核和校对，仍难免有差错和疏漏之处，恳请广大读者批评指正。

导读

图片专辑

正 文

东营名片

DONGYINGMINGPIAN

城市坐标

城市位置：中华母亲河——黄河入海的地方，中国第二大油田——胜利油田驻地

东营精神：和谐、诚信、创新、卓越

城市定位：山东高质量发展的增长极，黄河入海文化旅游目的地，富有活力的现代化湿地城市

发展思路：深入实施开放、融合、聚焦“三大战略”，突出抓好项目建设、“双招双引”、环境打造、金融动能转换“四项重点工作”，抓紧抓实湿地城市建设、交通基础设施建设、创新型城市建设、乡村振兴、海洋强市建设、“优势产业+人工智能”、旅游富民、生态环保和“四减四增”、创新社会治理“九个三年行动计划”

所辖区县：东营区、河口区、垦利区、广饶县、利津县

辖域面积：8243 平方千米

城市荣誉

国际湿地城市

全国文明城市

国家卫生城市

国家园林城市

中国优秀旅游城市

国家环境保护模范城市

国家可持续发展实验区

国家公共文化服务体系示范区

全国双拥模范城市

中国温泉之城

中国人居环境奖

风景名胜

国家 AAAAA 级旅游景区：黄河口生态旅游区

国家 AAAA 级旅游景区：孙子文化旅游度假区、天宁寺文化旅游区、红色刘集旅游景区、揽翠湖旅游度假区、龙居黄河森林旅游区、黄河三角洲动物园、孤岛槐树林温泉旅游区

国家级自然保护区：山东黄河三角洲国家级自然保护区

国家级水利风景区：龙悦湖旅游度假区

国家级文物保护单位：广饶南宋大殿、傅家遗址、五村遗址、南河崖盐业遗址群

国家级非物质文化遗产：东营市东营区吕剧、广饶县陈官短穗花鼓

全国最大湿地博物馆：黄河口湿地博物馆

山东省最大城市公园：清风湖公园

东营市行政区划图

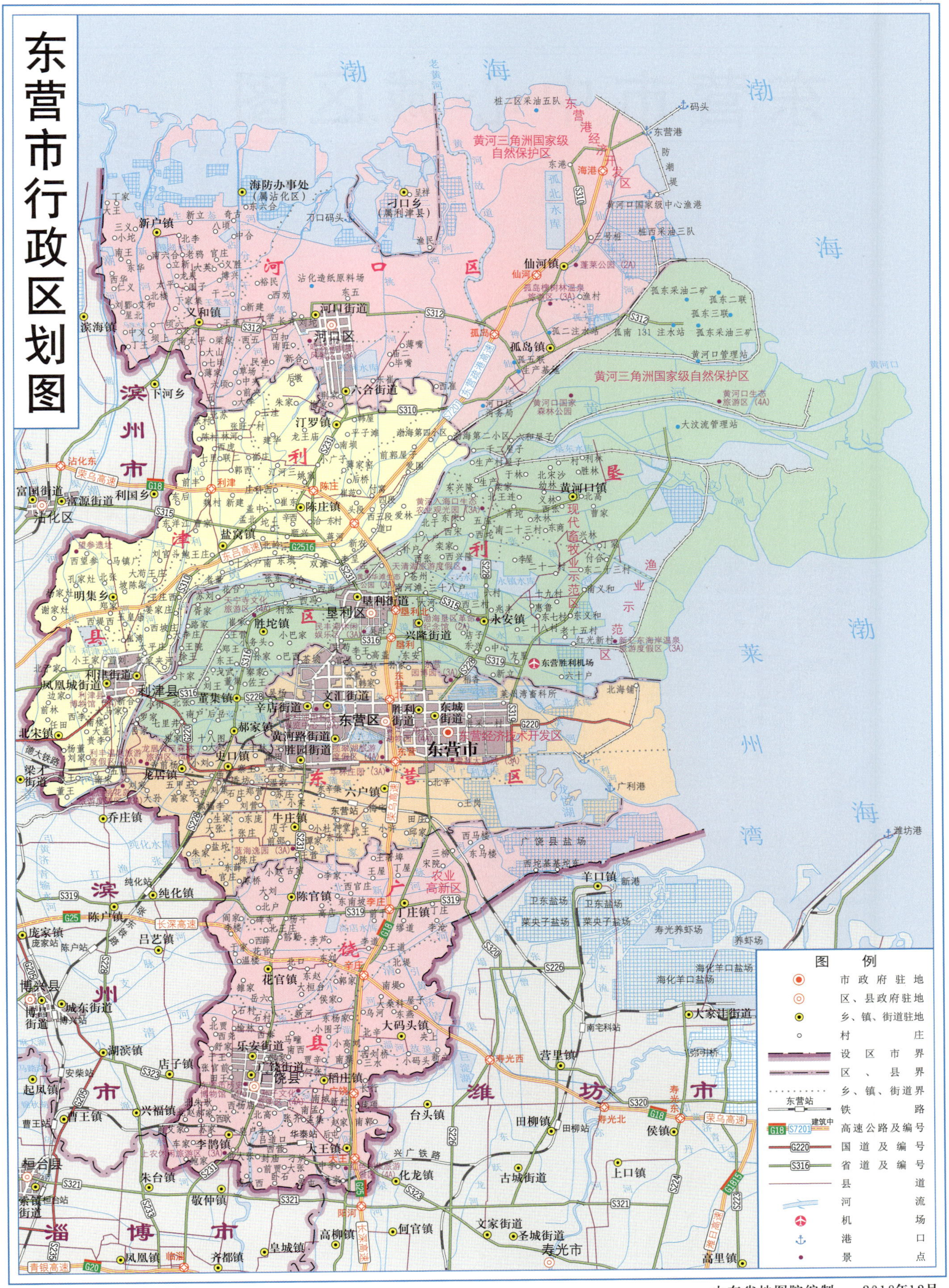

审图号：鲁SG(2018)133号

山东省地图院编制　2018年12月

东营市中心城区图

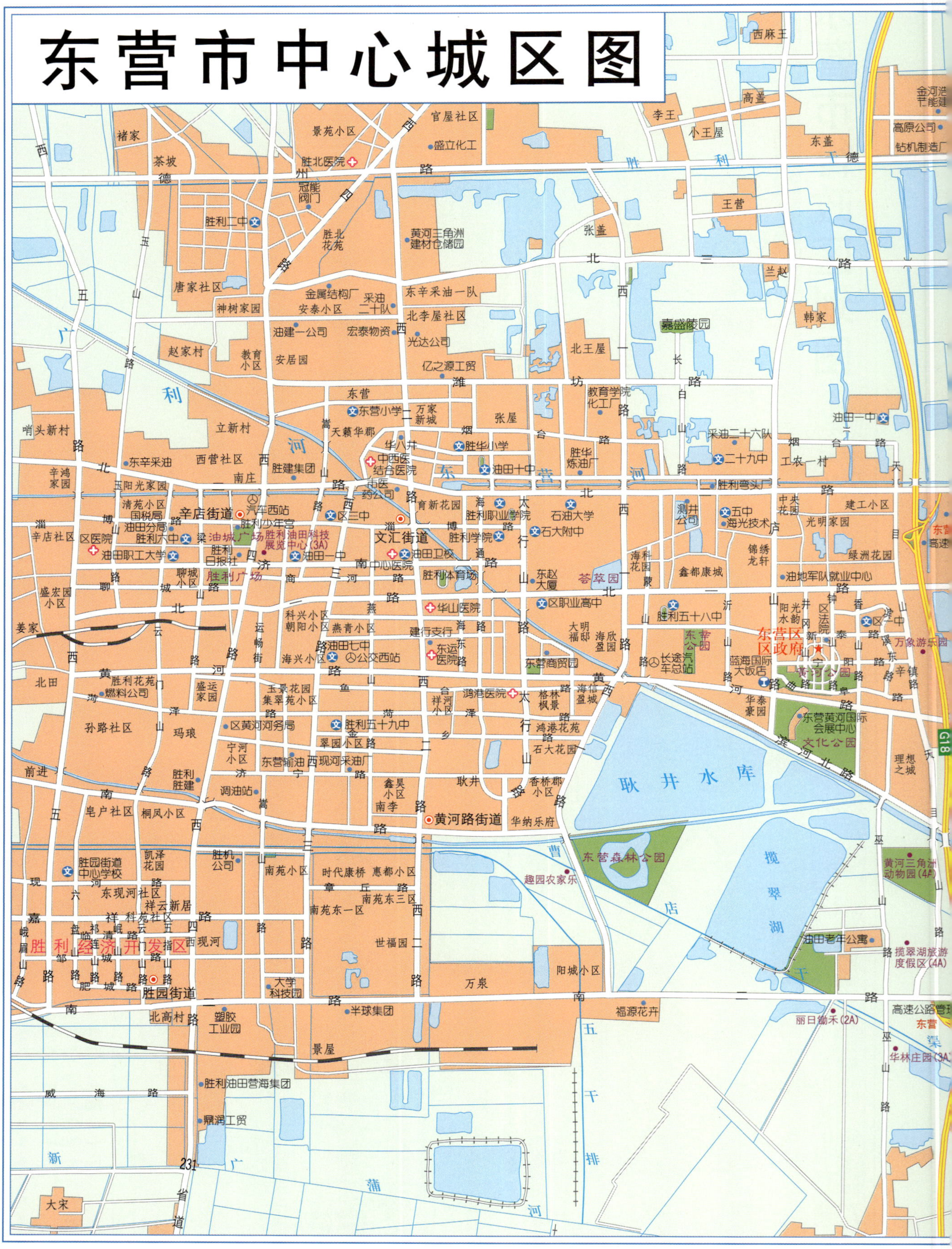

审图号：鲁SG(2018)133号

山东省地图院编制 2018年12月

数字东营

SHUZIDONGYING

全市生产总值（亿元）

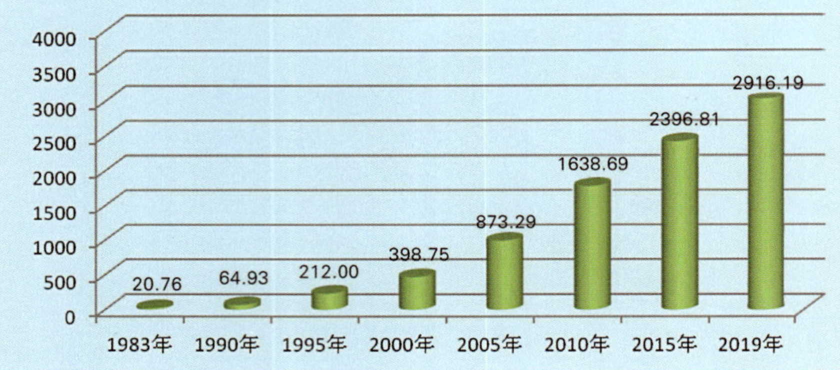

地方财政收入（亿元）

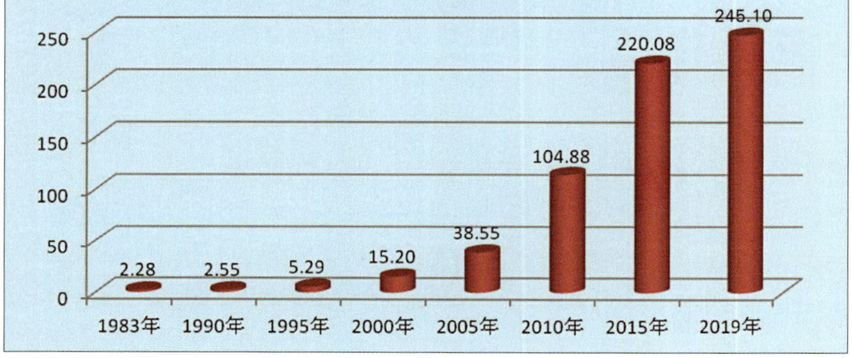

地区生产总值构成

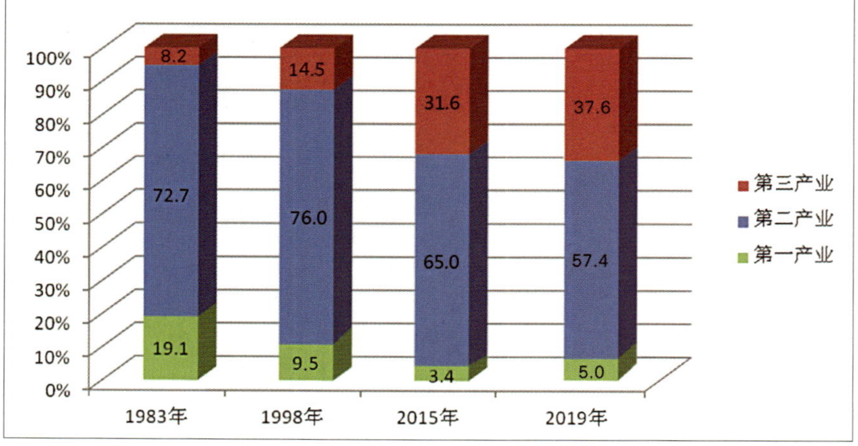

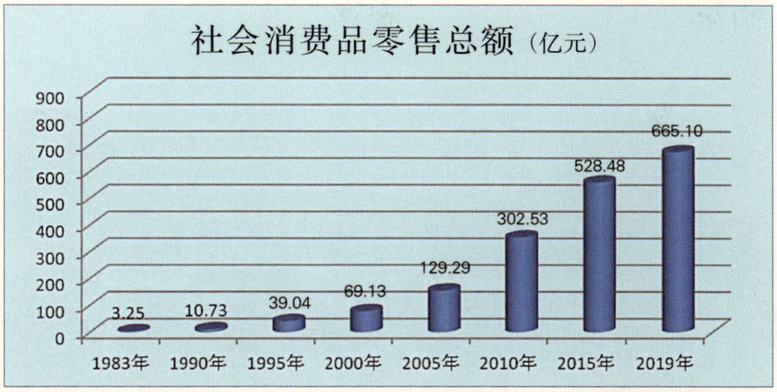
社会消费品零售总额（亿元）
900
800
700
600
500
400
300
200
100
0
3.25
10.73
39.04
69.13
129.29
302.53
528.48
665.10
1983年
1990年
1995年
2000年
2005年
2010年
2015年
2019年

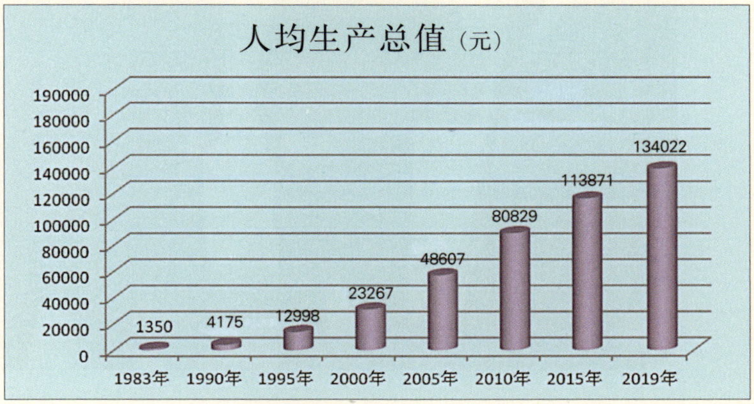
人均生产总值（元）
190000
180000
160000
140000
120000
100000
80000
60000
40000
20000
0
1350
4175
12998
23267
48607
80829
113871
134022
1983年
1990年
1995年
2000年
2005年
2010年
2015年
2019年

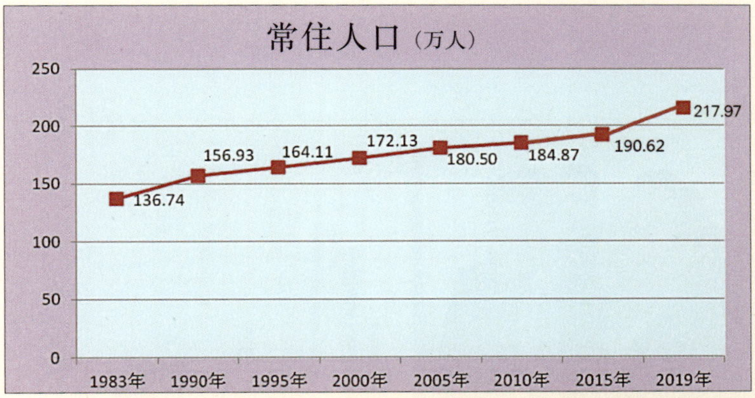
常住人口（万人）
250
200
150
100
50
0
136.74
156.93
164.11
172.13
180.50
184.87
190.62
217.97
1983年
1990年
1995年
2000年
2005年
2010年
2015年
2019年

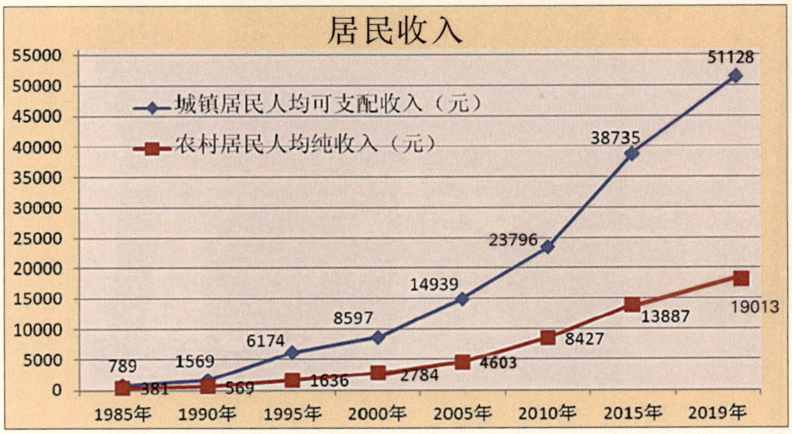
居民收入
55000
50000
45000
40000
35000
30000
25000
20000
15000
10000
5000
0
城镇居民人均可支配收入（元）
农村居民人均纯收入（元）
789
1569
6174
8597
14939
23796
38735
51128
381
569
1636
2784
4603
8427
13887
19013
1985年
1990年
1995年
2000年
2005年
2010年
2015年
2019年

时政要闻

SHIZHENGYAOWEN

2019年4月3日，市委书记李宽端（前排左三）到利津县调研基层党建和乡村振兴工作

（市委办公室供稿）

2019年3月5日，市委副书记、市长赵志远（前排左二）到明月湖基金中心调研

（市政府办公室供稿）

2019年7月16日，市委副书记、利津县委书记陈必昌（左三）在利津县调研薄弱村并走访贫困户

（市委办公室供稿）

2019年5月20日，市人大常委会主任郑建军（前排左二）到东营经济技术开发区所联系的重点企业、重点项目进行调研

（市人大常委会研究室供稿）

2019年1月18日，市政协主席陈泽浦（前排左二）到广饶县稻庄镇走访调研困难群众 （市政协办公室供稿）

2019年3月15日，东营市召开全市迎接国家卫生城市复审动员暨健康城市建设工作会议（市卫生健康委供稿）

2019年9月12日，东营市“不忘初心、牢记使命”主题教育工作会议召开（市委组织部供稿）

2019年4月26日，东营市渤海区域环境综合治理攻坚战誓师大会召开（市生态环境局供稿）

2019年6月6日，东营市招商引资招才引智北京恳谈会在北京召开（市投资促进局供稿）

2019年12月14日，东营市召开生态环保和“四减四增”三年行动计划方案论证会
（市生态环境局供稿）

2019年3月18日，2019年东营市重点项目集中开工活动举行
（东营日报社张泉江摄）

2019年4月28日，东营市举行胜利油田医疗卫生机构分离移交交接仪式 （市卫生健康委供稿）

2019年9月4日，东营首档电视问政节目《问政东营》第五期播出 （市生态环境局供稿）

聚焦东营

JUJIAODONGYING

2019年2月18日，东营市被文化和旅游部、财政部命名为第三批国家公共文化服务体系示范区。3月19日，市委常委、宣传部部长贾瑞霭在全国公共文化产品供给侧改革现场经验交流会现场领牌

（市文化和旅游局供稿）

2019年1月20日，东营市举办首届“智汇光谷·共赢未来”青年博士论坛

（东营经济技术开发区管委会供稿）

2019年7月1日，东营市中医院（挂东营市胜利医院牌子）、东营市传染病医院、东营市精神卫生中心揭牌仪式在胜利医院举行

（市卫生健康委供稿）

2019年9月25日，东营港区2×10万吨级液体散货泊位工程开工建设

（东营港经济开发区管委会供稿）

2019年9月29日，东营市招商引资服务中心、东营市招才引智服务中心揭牌

（市投资促进局供稿）

2019年11月20日，东营市重点水务工程和城市基础设施项目集中开工仪式举行（市城投集团供稿）

2019年11月28日，东营市北二路沿线及金湖银河片区综合开发PPP项目签约仪式举行（市住房城建管理局供稿）

2019年12月31日，东青高速青州何官互通立交工程建成通车（市公路事业发展中心供稿）

2019年12月17日，东营市举行市直公租房智慧管理平台启动仪式（市住房城建管理局供稿）

城市新貌
CHENGSHIXINMAO

东营雪莲大剧院 （市委宣传部供稿）

金融港 （市住房城建管理局供稿）

丽日湖公园 （市住房城建管理局供稿）

明潭湖公园 （市住房城建管理局供稿）

明月湖湿地公园 （市住房城建管理局供稿）

全民健身公园
（市住房城建管理局供稿）

悦来湖公园 （市住房城建管理局供稿）

清风湖公园 （市住房城建管理局供稿）

实施"四好农村路"建设工程。2019年，全市农村公路路网改造建设235.74千米，自然村通达47.54千米，路面状况改善525.57千米，改造危桥10座，建成站点11个。图为利津县陈庄镇1号渡口路 （市交通运输局供稿）

实施城区道路贯通工程。2019年打通部分断头路，提升通行效率。图为沙河路建设情况
（市住房城建管理局供稿）

实施电动汽车充电设施建设工程。2019年，全市新建充电站15座，全部竣工验收并投入使用。图为东营市东城南一路人力资源和社会保障局充电站
（东营供电公司供稿）

实施城乡幼儿园建设工程。2019年，有10所幼儿园竣工，1所幼儿园主体工程完工，图为2019年8月建成的东营区理想之城幼儿园 （市教育局供稿）

实施公共健身设施优化工程。2019年，更新维护乡镇（街道）健身设施2100件，7处试点社区二代健身器材安装使用。图为社区配备的二代健身器材
（市体育局供稿）

实施城市社区养老服务中心建设工程。2019年，建设社区养老服务中心15个，图为东营经济技术开发区东城街道清风社区九星居养老服务中心
（市民政局供稿）

实施高铁专线出行工程。2019年，东营至济青高铁青州北站、临淄北站快线正式开通，20辆22座高铁快线车辆全部投入使用。图为G01济青高铁快线

（市交通运输局供稿）

实施民生综合保险工程。2019年，接报有效报案59301起，支付58191起、2053.05万元，超出保费总额1257万元。图为2019年8月与保险公司签订保险协议

（市应急管理局供稿）

实施中心城内涝整治工程。2019年，完成中心城积水点改造46处，泵站改造8处。图为辽河路积水点改造完工 （市水务局供稿）

实施基层公共文化服务效能提升工程。2019年全市荐购图书113998册。图为开展“你选我购”图书速借活动 （市文化活动中心供稿）

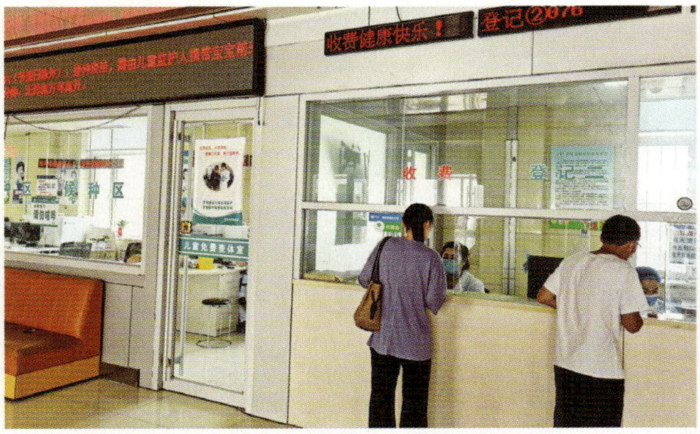

实施公共卫生服务能力提升工程。2019年，对全市59个预防接种门诊和39个狂犬病暴露预防处置门诊进行智慧化改造提升。图为东营市东城社区数字化预防接种门诊 （市卫生健康委供稿）

2019年，胜利油田聚焦“老区保卫战、新区进攻战、页岩油攻坚战”，高效勘探取得新进展，新增探明石油地质储量4644万吨、控制石油地质储量6696万吨、预测石油地质储量8259万吨。图为2019年12月26日，胜利油田举办2019年度勘探专家论坛 （王志伟摄）

2019年3月5日，孤东采油厂为赴东北松原采油、气厂业务承揽员工举行欢送仪式 （郑文摄）

2019年，胜利油田深入实施绿色低碳发展战略，能耗总量与强度连续5年下降。图为东辛采油厂营1丛式井组 （朱玉东摄）

2019年9月17日，油气井下作业中心举行科威特市场出征仪式 （朱克民摄）

2019年12月9日，河口采油厂义页平1井设施大型压裂施工 （吴木水摄）

滨南采油厂和鲁明公司多方位开展资源共享、技术应用。图为滨南采油厂把输送到鲁明公司滨672-1平台单井多功能存储罐内的原油运走

（朱克民摄）

胜利发电厂实施4号机组通流改造，煤耗同比下降0.46克/千瓦时 （李建强摄）

生态之城
SHENGTAIZHICHENG

保护区湿地 （自然保护区管委会供稿）

潮汐树 （自然保护区管委会供稿）

黄河入海流 （自然保护区管委会供稿）

芦花飞雪
（自然保护区管委会供稿）

湿地保护 （杨鹏飞摄）

鸟类家园 （自然保护区管委会供稿）

万鸟翔集 （杨斌摄）

自然保护区夕照 （张祥龙摄）

2019年6月30日，东营市举办庆祝中华人民共和国成立七十周年暨建党九十八周年专场文艺晚会 （市文联供稿）

2019年4月20日，中国万达 · 2019黄河口（东营）国际马拉松赛在东营市举行 （市体育局供稿）

2019年4月29日，东营市文化旅游智库成立并为4位专家颁发聘书
（东营日报社于中平摄）

2019年6月23日，第一届千人现场作文大赛在国家方志馆黄河分馆举行
（市委党史研究院供稿）

2019年8月19日，东营市组织召开第二个“中国医师节”庆祝大会（市卫生健康委供稿）

2019年7月16日，组织举办2019年东营市社会文艺团体优秀新创文艺作品评选大赛（市文化和旅游局供稿）

2019年9月21—22日，在东营市举行首届中国东营黄河口散文大会（市文联供稿）

2019年9月25日，庆祝中华人民共和国成立七十周年系列活动“我们的新时代”东营市群众合唱大赛决赛在清风湖公园举行（市文联供稿）

2019年11月28日，组织开展《东营文明行为促进条例》进社区宣传活动（市文明办供稿）

2019年10月11日，东营区举行夜间经济暨约客油城秋夜文化节启动仪式

2019年2月23—24日，东营区举办2019“春风行动”暨东营商贸园人才（用工）招聘会

2019年6月7日，金丰农场获丰收

东营区

东营区总面积1178.17平方千米，辖4个镇、4个街道。2019年年末全区常住人口51.78万人，户籍人口48.7万人。2019年，全区实现生产总值为431.3亿元，按可比价格计算，比上年增长7.0%。其中，第一产业增加值11.5亿元，增长0.1%；第二产业增加值136.5亿元，增长9.3%；第三产业增加值283.3亿元，增长6.1%。三次产业的比例调整为2.7 ∶ 31.6 ∶ 65.7，第三产业增加值占比较上年提高0.1个百分点。固定资产投资比上年下降16.2%。完成进出口160.0亿元，比上年增长16.1%。实现一般公共预算收入38.9亿元，增长3.5%。一般公共预算支出31.2亿元，同比下降12.2%。社会消费品零售总额302.5亿元，比上年增长1.8%。全区居民人均可支配收入49941元，增长7.9%。其中，城镇居民人均可支配收入51819元，增长6.6%；农村居民人均可支配收入21867元，增长8.9%。2019年，东营区名列全国综合实力百强区第78位，创建为国家生态园林城市、国家外贸转型升级基地、全国家长学校建设实验基地、全省双拥模范区、全省城市社区治理创新实验区，被认定为建设新时代文明实践中心省级试点区、省级“十三五”服务业综合改革中期评估优秀试点区、首批省级外贸转型升级试点县、全国紧密型县域医共体建设试点县，入选省标准化综合改革暨“山东标准”建设项目计划，获省第九届全民健身运动会先进单位称号。

2019年7月20日，举办史口镇第四届文化旅游嘉年华系列之荷花龙虾节

小城镇建设

（本页资料由东营区委党史研究中心供稿）

2019年3月18日，全市重点项目集中开工活动河口区分会场为唐正新能源电池项目奠基

2019年5月1日，举行首届河口区特色农副产品百家电商营销大赛启动仪式

河口区

河口区地处黄河三角洲最前沿、胜利油田腹地，行政面积2267.44平方千米，全区户籍人口22万人，辖4个镇（包括仙河镇）、2个街道，177个行政村（包括仙河镇4个村）。境内驻有山东河口经济开发区、黄河三角洲综合训练基地和9个油田二级单位（包括仙河镇辖区内油田二级单位）。2019年，全区实现生产总值181.35亿元，其中，第一产业增加值18.79亿元，第二产业增加值85.94亿元，第三产业增加值76.62亿元。固定资产投资下降37.2%，实现社会消费品零售额增长2.3%，全区累计完成进出口总额56.04亿元。实现公共财政预算收入23.95亿元，实现公共预算财政支出24.44亿元。城镇居民人均可支配收入48248元，农村居民人均可支配收入19886元。河口区先后获全国双拥模范区、中国最具投资价值旅游区、山东省原生态旅游景区、省级食品安全先进区、全省安全生产工作先进单位、省级专家服务基地、2019年度全省人力资源社会保障宣传工作先进单位、抗击台风抢险救灾先进集体等称号。

2019年8月22日，举行中科钢研、国宏中宇（河口）年产11万片碳化硅衬底片项目开工仪式

2019年9月21—22日，河口区举行2019年“中国农民丰收节”庆祝活动

鸣翠湖旅游风景区一角

（本页资料由河口区委党史研究中心供稿）

2019年1月22日，垦利区举办首届农民春节联欢晚会

2019年5月19日，垦利区开展“黄河入海 我们回家 清音雅韵 献礼祖国”——大型古筝旗袍秀活动

垦利区

垦利区地处黄河入海口，辖5个镇、2个街道、1个省级经济开发区，版图面积2331平方千米，年末全区常住人口25.31万人。2019年，全区实现生产总值265.1亿元，比上年增长2.5%。其中，第一产业增加值28.8亿元，增长1.3%；第二产业增加值143.2亿元，增长2.9%；第三产业增加值93.1亿元，增长2.1%。产业结构继续优化，三次产业结构10.9 ∶ 54.0 ∶ 35.1，第三产业增加值占比比上年提高0.7个百分点。固定资产投资75.4亿元，比上年下降50.8%。规模以上工业企业108家，新增规模以上工业企业5家，实现工业总产值631.3亿元，同比增长1.4%，工业增加值增长2.0%。全年完成境内财政总收入40.3亿元，比上年增长8.6%。完成一般公共预算收入28.9亿元，增长6.8%；一般公共预算支出32.4亿元，增长4.0%。实现社会消费品零售总额79.4亿元，比上年增长1.8%。居民人均可支配收入36303元，比上年增长8.2%。其中，城镇居民人均可支配收入47343元，增长6.9%；农村居民人均可支配收入19815元，增长8.6%。进出口总额131.5亿元，比上年下降7.1%。年内，获全国主要农作物全程机械化示范县称号。

2019年5月30日，垦利区举办中国·小张第三届麦田文化旅游节暨庆“六一”主题活动

2019年9月21日，“我和我的祖国”垦利区庆祝中华人民共和国成立70周年文艺晚会举行

2019年10月26日，举行盛世康养·东营胜利颐养中心开业剪彩仪式

（本页资料由垦利区委党史研究中心供稿）

广饶县

广饶县位于黄河三角洲高效生态经济区和山东半岛蓝色经济区的核心区域，濒临渤海莱州湾。全县总面积1165.63平方千米（包括丁庄街道），辖6个镇、3个街道，2个省级经济开发区，人口53.39万人。广饶自秦设县，古称乐安、千乘、琅槐，是兵圣孙武故里、吕剧发祥地和齐笔原产地，被联合国地名组织评定为千年古县。广饶县是全省、全国最早成立农村党支部的地区之一，流传和保存了全国首版《共产党宣言》中文译本，具有光荣的革命传统。2019年，全县实现生产总值589.2亿元，比上年增长4.2%。其中，第一产业增加值43.7亿元，增长0.3%；第二产业增加值354.9亿元，增长4.4%；第三产业增加值190.6亿元，增长4.7%。全年实现中央及地方财政总收入122.4亿元，一般公共预算收入完成43.6亿元，增长4.2%，地方一般公共预算支出50.2亿元，增长1.0%，社会消费品零售总额213.2亿元，进出口总额616.1亿元，比上年增长0.8%。城镇居民人均可支配收入45877元，农村居民人均可支配收入21880元。2019年，广饶县入选全国县域经济100强、全国综合实力百强县市，被中央精神文明建设指导委员会授予建设新时代文明实践中心试点县称号，获全国主要农作物生产全程机械化示范县、"中国好粮油"示范县等称号。

2019年11月21日，广饶县新动能双招双引（深圳）项目精准对接会召开

红色刘集

小城镇建设

智能温室大棚

智能化工业生产线

（本页资料由广饶县委党史研究中心供稿）

利津县

利津县位于山东省东北部，黄河三角洲腹地，北濒渤海，东依黄河，总面积 1301.02 平方千米，辖 4 个镇、2 个乡、2 个街道、1 个省级经济开发区。常住人口 30.04 万人。2019 年实现地区生产总值 221.46 亿元，比上年增长 7.9%。其中，第一产业增加值 25.94 亿元，第二产业增加值 108.07 亿元，第三产业增加值 87.45 亿元。地方一般公共预算收入 18.01 亿元，地方一般公共预算支出 30.04 亿元，进出口总额 152.63 亿元。城镇居民人均可支配收入 40512 元，农村居民人均可支配收入 18706 元。利津县通过国家卫生县城验收、全省全领域无差别“一窗受理”改革试点验收，入选全国第三批率先基本实现主要农作物生产全程机械化示范县、全省四星级新型智慧城市建设试点县、全省财政金融政策融合支持乡村振兴试点县，被评为全省城乡环卫一体化先进县、全省创建“四好农村路”示范县，被省委、省政府表彰为国庆 70 周年安保维稳先进县。

2019年8月1日，利津县承办首届东营市乡村振兴传统技艺技能大赛——水煎包制作大赛决赛

利津县凤仪社区棚户区改造安置社区

利津县盐窝镇黄河口滩羊产业园内肉羊标准化健康养殖示范基地项目

利津县西李村高标准农田

利津县开发区企业

（本页资料由利津县委党史研究中心供稿）

目　　录

特　载

大事记

东营概貌

中国共产党东营市委员会

东营市人民代表大会

东营市人民政府

中国人民政治协商会议东营市委员会

纪检　监察

民主党派　工商联

人民团体

军　事

法　治

经济管理

黄河口

综述

黄河防汛

农　业

综述

种植业

畜牧业

渔业

水务

农业机械

石　油

工　业

旅游业

金融业

综述

银行

保险

证券　期货

商贸服务业

综述

市场建设

粮食流通

供销合作

烟草专卖

医药经营

石油经营

信息产业

经贸合作

开发园区

财政　税务

交通　邮政　电力

城乡建设

生态环境

科学技术

教 育

文化 体育

卫生　健康

社会生活

区县概况

人　物

附　录

索　引

Contents

Special Records

Chronicle of Major Events

General Introduction to Dongying

CPC Dongying Committee

Dongying Municipal People's Congress

Dongying Municipal People's Government

Dongying Municipal Committee of Chinese People´s Political Consultative Conference

Discipline Inspection and Supervision

Democratic Parties, Federation of Industry and Commerce

Mass Organizations

Military Affairs

Legal System

Economic Administration

Yellow River Estuary

Agriculture

Petroleum

Industry

Culture and Sports

Medical Care and Health

Social Life

Overview of Districts and Counties

Figures

Appendix

Index

特载

李宽端在市委六届六次全体会议上的讲话

（2019年12月4日）

同志们：

这次市委六届六次全体会议的主要任务是，以习近平新时代中国特色社会主义思想为指导，全面贯彻落实党的十九大和十九届二中、三中、四中全会精神，深入贯彻落实习近平总书记对山东工作重要指示要求，分析当前形势，完善思路举措，安排部署当前和今后一个时期的主要任务，动员全市上下抢抓历史机遇，勇担时代重任，积极主动作为，奋力开创新时代东营高质量发展的新局面。

当前，全市上下正在深入学习贯彻党的十九届四中全会精神。党的十九届四中全会是一次具有开创性、里程碑意义的重要会议，全会通过的《中共中央关于坚持和完善中国特色社会主义制度、推进国家治理体系和治理能力现代化若干重大问题的决定》，深入回答了在我国国家制度和国家治理体系上“坚持和巩固什么、完善和发展什么”这个重大政治问题，是一篇马克思主义的纲领性文献，也是一篇马克思主义的政治宣言书。习近平总书记在全会上的重要讲话，为坚持和完善中国特色社会主义制度、推进国家治理体系和治理能力现代化提供了科学指南和基本遵循，为我们指明了正确方向。全市上下要树牢“四个意识”、坚定“四个自信”、做到“两个维护”，认真抓好四中全会精神的学习宣传贯彻，切实把思想和行动统一到全会精神上来，把智慧和力量凝聚到实现全会确定的各项目标任务上来。市委将根据中央部署和省委要求，制定关于深入学习贯彻党的十九届四中全会精神的意见，进一步作出全面部署。

前段时间，我们召开市委常委会“不忘初心、牢记使命”主题教育调研成果交流会暨全市第二次“解放思想大讨论”务虚会，聚焦事关全局和长远的重大问题、制约发展的瓶颈问题、群众反映强烈的突出问题，深入开展讨论，研究对策措施，进一步统一了思想和行动。下面，根据市委常委会研究的意见，我讲四个方面的问题。

一、准确把握形势，坚定推动东营高质量发展的信心和决心

当前，东营发展正处在转折转型的关键时期，既面临外部环境严峻复杂、经济下行压力加大、新旧动能转换胶着的重大挑战，又呈现出先行指标稳健、向好因素积聚、发展活力增强的良好态势。全市上下要把握大势，坚定目标方向不动摇，坚决扛起推动新时代东营高质量发展的重任。

从去年以来的工作看，新时代东营发展的格局基本形成，全市上下干事创业的热情更加高涨。全市上下深入学习贯彻习近平总书记视察山东重要讲话、重要指示批示精神，全面落实“走在前列、全面开创”目标要求和省八大发展战略，紧紧围绕市委六届四次全会确定的新时代东营发展的目标定位，深入实施“三大战略”，突出抓好“四项重点工作”，全力推进“五个三年行动计划”，推动东营事业发展发生了深刻变化。面对复杂严峻的经济形势和经济增长的下行压力，全面落实“六稳”政策措施，全市经济承压前行、企稳回升，总体保持平稳发展态势。加快新旧动能转换，着力构建“5+2+2”产业体系，突出抓好石化产业转型升级，威联化学200万吨/年对二甲苯项目建设进展顺利；橡胶轮胎企业重整有序推进，国瓷功能陶瓷材料、高性能电子铜箔、高性能纤维等新材料项目加快实施，航空航天产业发展势头良好，“黄河入海、我们回家”旅游品牌的影响力明显提升。围绕优化营商环境，着力深化“放管服”改革，在全省率先建立政府解决企业难题直通车制度，开展“百名局长服务百家企业”“银行行长走进百家企业”等活动，全力支持服务企业发展。妥善处置企业资金债务风险，守住了不发生系统性金融风险的底线。扎实办好中心城内涝整治、城区道路贯通等民生实事，加快调整理顺中小学管理体制，优化医疗资源配置，油田“四供一业”移交进展顺利。积极创新社会治理，在全省率先建立社会治理网格化服务管理体系，全市5年以上信访积案全部化解“清零”。全力做好安全环保工作，全市没有发生重大安全生产事故，环境空气质量综合指数居全省第5位。扫黑除恶专项斗争深入推进，圆满完成国庆70周年安保维稳任务。扎实推进“不忘初心、牢记使命”主题教育，深入开展“担当作为、狠抓落实”大竞赛、大比武，广大党员干部奋发有为、比学赶超，形成了推动东营发展的强大正能量。

从面临的瓶颈制约看，一些长期想解决的问题已经或正在突破见效，高质量发展的支撑保障能力进一步增强。着力深化制度供给侧改革，理顺了市和区城市建设管理体制，并进行了财政体制、“双招双引”体制机制、文化旅游管理体制、科技创新政策机制、投融资及产业基金等方面的一系列改革创新。基本理顺了东营经济技术开发区、东营港经济开发区体制，正在加快推进省级以上各类开发区体制机制改革创新。着力强化创新驱动，市级财政用于科技创新和人才方面的资金支出比去年增长58.5%，国家级稀土

催化研究院挂牌成立,黄河三角洲现代农业技术创新中心等产业创新平台推进顺利。着力抓好重大交通设施建设,加快京沪高铁二通道天津——东营——潍坊(烟台)段、济南——滨州——东营高铁、济南至高青高速公路、东青高速公路扩容改造等前期工作,长深高速广饶——高青段竣工通车,东青高速何官互通立交工程年底有望投用;东营港疏港铁路、10万吨级航道等工程进展顺利,胜利机场通航城市增至15个。坚持以规划引领提升城市建设品质,制定出台系列制度文件,统筹抓好老旧小区改造、城市更新、新片区规划,加大拆违拆临力度,天鹅湖城市湿地工程、北二路沿线及金湖银河片区综合开发项目启动建设,无内涝城市和湿地城市建设扎实推进。

从当前宏观形势看,东营迎来了前所未有的重大机遇,推动高质量发展的优势条件更加凸显。国家继续实施积极的财政政策,实施更大规模的减税降费,加强对实体经济特别是小微、民营企业支持;较大幅度增加地方政府专项债规模,更多投向补短板、调结构、惠民生重大项目建设;加快推进交通强国建设,加大水利工程及配套设施建设力度。省委、省政府围绕做好"六稳"工作、加快新旧动能转换、加强交通和水利等重大基础设施建设,推出了一系列政策措施。这些都为我们推动东营高质量发展带来了重大利好。尤其要看到,黄河流域生态保护和高质量发展上升为重大国家战略,东营作为黄河入海口城市、黄河三角洲中心城市,具有地理区位、经济实力、发展空间、生态环境等诸多优势,面临前所未有的重大历史机遇。我们要抢抓机遇、抓实机遇,在黄河流域生态保护和高质量发展中展现东营担当、作出东营贡献。

二、完善思路举措,巩固提升新时代东营发展的新格局

全市明年及今后一个时期工作的总体要求是,以习近平新时代中国特色社会主义思想为指导,全面贯彻落实党的十九大和十九届二中、三中、四中全会精神,深入贯彻习近平总书记对山东工作重要指示要求,牢牢抓住黄河流域生态保护和高质量发展上升为重大国家战略的历史机遇,以"走在前列、全面开创"为新使命,以落实省八大发展战略为支撑点,紧紧围绕"打造山东高质量发展的增长极,黄河入海文化旅游目的地,建设富有活力的现代化湿地城市"目标定位,深入实施开放、融合、聚焦"三大战略",突出抓好项目建设、"双招双引"、环境打造、金融动能转换"四项重点工作",抓紧抓实湿地城市建设、交通基础设施建设、创新型城市建设、乡村振兴、海洋强市建设、"优势产业+人工智能"、旅游富民、生态环保和"四减四增"、创新社会治理"九个三年行动计划",统筹推进稳增长、促改革、调结构、惠民生、防风险、保稳定各项任务,全面建成小康社会,奋力开创新时代东营高质量发展的新局面。

(一)牢牢把握新时代东营发展的目标定位。我市提出"打造山东高质量发展的增长极,黄河入海文化旅游目的地,建设富有活力的现代化湿地城市"的目标定位,完全符合中央精神,符合省委、省政府的部署要求,必须始终坚持、在实践中不断丰富和完善,确保一张蓝图绘到底。

打造山东高质量发展的增长极,就是牢牢把握高质量发展要求,在全国全省发展大格局中找准定位、提升标杆,围绕构建具有东营特色和持续竞争力的"5+2+2"产业体系,坚持大抓园区、大抓平台、大抓产业、大抓企业、大抓项目、大抓环境,以要素聚集提高产业创新力、竞争力、辐射带动力,在全省新旧动能转换和高质量发展中创出特色、走在前列。

打造黄河入海文化旅游目的地,就是在实施黄河三角洲生态保护的基础上,充分利用我市的世界级旅游资源,围绕打响"黄河入海、我们回家"文化旅游品牌,突出抓好与大企业集团的合作,突出打造观览河海交汇这一核心线路产品,突出做美城市这一核心载体,突出做大做强文化旅游产业,把东营打造成为亲近母亲河、体验原生态、享受慢生活的文化旅游胜地,向世界展示我国大江大河三角洲文明的标志地。

建设富有活力的现代化湿地城市,就是牢固树立"精明增长""精致城市"理念,坚持以规划引领提升城市建设品质,以制度规范城市建设管理,涵养多元厚重、开放包容、积极向上的人文精神,彰显"蓝绿交织、清新明亮,湿地在城中、城在湿地中"的鲜明特色,促进城市内涵发展,着力打造宜居宜业宜游,富有开放气息、时代气质、生态魅力的现代化湿地城市。

(二)深入实施"三大战略"。实施开放战略,就是要进一步强化开放发展理念,抓住我省获批设立山东自贸区、中国—上合组织地方经贸合作示范区的机遇,推进全方位深层次开放,为山东打造对外开放新高地作出东营贡献。积极融入环渤海地区合作发展、京津冀协同发展、黄河流域生态保护和高质量发展,找准突破口、发力点,促进资源对接、项目合作、信息共享,推动协同发展。引导企业主动加强与"一带一路"沿线国家的经贸合作,拓展发展空间,助力稳定外贸增长,提高利用外资水平。实施融合战略,就是推进产业融合、产城融合、城乡融合、油地校融合、军民融合,进一步研究政策、搭建平台,挖掘潜力、实现突破。实施聚焦战略,就是聚焦"5+2+2"产业,聚焦行业龙头企业、隐形冠军企业、高成长性中小企业,聚焦创新平台建设和产业生态打造;就是聚焦省级以上开发区、高新区、农高区和黄河口生态旅游区、金湖银河片区,并控制好高铁片区;就是推动政策、资源持续向重点产业、重点企业、重点项目、重点区域聚焦。

(三)继续抓好"四项重点工作"。项目建设、"双招双引"、环境打造、金融动能转换"四项重点工作",是加快新旧动能转换、实现新时代东营发展目标的重要途径,要盯紧不放、抓紧抓好。在项目建设上,始终坚持发展以项目为导

向、工作以项目论英雄，把产业发展、城市建设、基础设施建设、社会民生建设都落实到具体项目上，以有效投资和项目建设坚定发展信心，增强发展后劲，为东营高质量发展提供有力支撑。在“双招双引”上，紧紧盯住世界500强企业、国内外综合实力突出的旗舰型企业、细分领域的隐形冠军企业、高科技领域的独角兽企业，盯住高等院校和高层次科研院所、专家团队，分部门分系统跟踪研究，制定个性化、有吸引力的政策措施，开展有针对性地上门招引，提高“双招双引”的实效。在环境打造上，按照全国领先、对标国际化的一流标准，坚持效率至上、群众优先的服务理念，强化有效制度供给，着力营造精简高效的政务环境、公平正义的法治环境、诚信守约的人文环境、绿水青山的生态环境，以一流的营商环境厚植高质量发展的沃土。在金融动能转换上，推动全市上下增强危机意识、机遇意识，保持定力、勇于担当，积极争取省里的支持，坚持企业、银行、市及县区政府共同发力，尽快解决金融领域问题，争取今年年底看到转机，明年继续好转，再通过2~3年的努力，实现东营金融生态回归。

（四）抓紧抓实“九个三年行动计划”。为使工作重点更突出、工作任务更清楚、工作责任更明确、工作措施更具体，明年实施湿地城市建设、交通基础设施建设、创新型城市建设、乡村振兴、海洋强市建设、“优势产业+人工智能”、旅游富民、生态环保和“四减四增”、创新社会治理“九个三年行动计划”。这“九个三年行动计划”是我们做好东营工作、推动高质量发展的具体抓手，是实现明年目标任务的重要举措。各牵头领导、责任部门要抓紧制定完善行动方案和年度计划，把目标任务细化实化为具体项目和措施，落实好推进责任、完成时限、工作要求，明确明年“干什么、为什么干、怎么干、谁来干”，组建强有力的工作专班，全力攻坚突破，确保落地落实。

三、积极主动作为，奋力开创东营高质量发展的新局面

各级各部门要牢牢把握新时代东营发展的目标定位、战略举措和重点任务，勇于担当作为，持续精准发力，更加扎实有效地抓好各项工作。

（一）牢牢把握稳中求进工作总基调，全力稳定经济增长。把稳增长放在更加突出的位置，加强经济运行调度分析，扎实做好“六稳”工作，努力保持经济运行在合理区间，打牢高质量发展的坚实基础。

一是抓好重点项目建设。坚持以产业规划引领产业项目、企业项目，以城乡规划引领基础设施项目、公共服务项目、社会民生项目，以超前谋划争取项目主动，以健全机制破除制约瓶颈，推动项目滚动接续、快速落地、尽早达效。对前期筛选论证的重点项目，要尽快完善手续，做好前期工作，积极争取进入国家和省里的项目“盘子”，尽早开工建设。对已开工项目，要加强调度、集中发力，全力抓进度，争取尽快建成投用。要落实好重点项目领导包靠和“3+N”重点项目推进例会、城市规划建设管理“1+N”例会制度，发挥好重大项目并联审批制度、有关工作专班、企业直通车的作用，分层次分领域解决项目推进中的困难问题。试行工业项目前期手续容缺推进制度，强化要素资源跟着项目走的综合保障机制，确保大项目好项目落得下、早见效。

二是高质量推进“双招双引”。各级各有关部门要把“双招双引”作为“一把手”工程来抓，确保取得更大成效。要更专业，突出省级以上开发区、高新区、农高区主体作用，充分发挥市招商引资、招才引智“两个服务中心”及市直有关部门“双招双引”服务中心的作用，充实专业招商机构力量，让专业的人干专业的事，提高招引的针对性、实效性。要更精准，围绕“5+2+2”产业体系，根据产业发展规划，重点招引可以延伸产业链条和补齐发展短板的项目，全力支持帮助企业“量身定做”招商项目，有目的地引进上下游配套企业。要更协同，充分调动政府、企业和专业机构、各类商协会的积极性，更多采取商协会招商、资本招商、基金招商、大数据招商等方式，形成“双招双引”的大合唱。要更高效，对重点招商项目，实行重大项目线索直报制度，落实分级负责、领导包靠、专班推进工作机制，专业团队靠上服务，全力抓签约、抓落地、抓见效。建立重大项目顶格推进制度，总投资超过100亿元的重大内资项目、超过1亿美元的外资项目，由市委、市政府主要领导同志牵头推进。

三是全力支持服务企业。各级各部门特别是党员领导干部要牢固树立“为企业服务就是为发展大局服务，为企业家站台就是为推动高质量发展站台”的理念，积极主动为企业提供“店小二”式服务，做到有求必应、无需不扰。要引导企业家树立国际眼光，坚定发展信心，引导企业聚焦主业加强研发、深挖潜能，开拓市场、做优品牌，推动创新发展。对企业业务洽谈、签约、客商接待等活动，需要领导干部出面的要积极出面，在企业遇到困难时要主动站出来为企业纾难解困。这次提交全会审议的《关于弘扬企业家精神进一步支持企业家干事创业的意见》，政策含金量高，措施针对性强，要认真抓好落实，确保真正发挥作用，为企业健康发展、企业家和非公有制经济人士健康成长创造良好环境。

四是加快重大基础设施建设。扎实推进北二路沿线及金湖银河片区综合开发、天鹅湖城市湿地工程、庐山路南延等城市基础设施项目，进一步完善城市功能，带动城市发展。深入实施“交通基础设施建设”三年行动计划，在规划引领下，抓好东营港10万吨级航道、10万吨级深水泊位、25万吨级单点系泊工程及小清河通航等重点项目建设；争取济南——高青高速公路年底开工；对明年确保开工的京沪高铁二通道天津——东营——潍坊（烟台）段、济南——滨州——东营高铁、东青高速公路扩容改造工程要靠上服务，全力向前推进；进一步优化东营胜利机场航线航班，推进中转枢纽机场建设，力争通过3—5年时间，构建起较为完善的对外综合交通体系。对小清河干流及分洪道治理、中心

城“两河”及内水系综合治理等重点水务工程，要倒排工期、挂图作战，严格质量标准，努力建成精品工程。

（二）加快新旧动能转换，努力推动高质量发展。抓住当前新旧动能转换的窗口期、机遇期，以供给侧结构性改革为主线，以科技创新为动力，大力优化产业结构，加快转换增长动力，推动全市经济脱胎换骨、涅槃重生。

一是着力构建现代产业体系。围绕“5+2+2”产业和集群发展规划，引导企业实施技改项目、合资合作、混合所有制改革，以重点突破带动产业链条延伸、整体提升。石化产业，重点依托PX项目，向上整合炼化产能，建设千万吨炼油装置；向下延伸芳烃产业链条，重点建设PTA、新型聚酯、改性树酯等新材料项目，突出抓好新加坡首化集团新材料、日本三菱工程塑料和中国化工、中国振华、中能源等合作项目。同时坚持“先立后破”原则，优先支持参与整合企业新上产业层次、盈利水平更高的高端化工项目或其他产业项目，再淘汰现有炼油产能，促进产业可持续发展。橡胶轮胎产业，要组建行业整合基金，加强与国内外知名企业的合资合作，加快橡胶轮胎行业整合提升，集中打造5家左右进入全球轮胎行业前列的企业，打造一批专、精、特、新的橡胶材料和配件企业，形成全国一流、国际知名的高端橡胶产业基地。石油装备产业，要一手抓科技兴企，加强技术研发，推进智能制造，提高核心竞争力；一手抓市场开拓，完善市场和技术服务网络，抢占国际市场，拓展发展空间。有色金属产业，要控制现有铜冶炼规模，加快延伸产业链条，向铜精深加工方向发展。新材料产业，要依托国家级稀土催化研究院、霍尼韦尔协同创新中心等科创平台，集聚政策、人才、服务等要素，推动化工和有色金属两大传统产业逐步向电子化学品、精细化学品和铜基新材料方向发展；壮大功能陶瓷材料、高性能纤维材料产业规模和优势，逐步向5G、电子功能和稀土催化材料方向发展。现代高效农业，要坚持以工业化理念推进农业现代化，以发展工业园区的模式加快农业园区建设，做优叫响“黄河口”特优农产品品牌，集聚土地、资本、科技、人才、信息等现代要素，形成产加销、贸工农一体化的农业全产业链。充分发挥黄三角农高区作用，加强与中科院及中国农科院、中国农业大学、山东农业大学等的合作，优先建设黄河三角洲现代农业技术创新中心，重点围绕盐碱地综合治理和开发利用，培育壮大特色种业、智能农机装备、大健康功能食品和科技服务业等主导产业，示范引领现代农业发展。文化旅游产业，要深入实施“旅游富民”三年行动计划，高标准建设黄河三角洲生态文明教育基地，深入挖掘讲好黄河入海生态故事，打造河上线、海上线、大美湿地线、研学线、油田精神文化线等精品旅游醉美线路，扎实推进“旅游+乡村+体育赛事+展会”，进一步打响“黄河入海、我们回家”旅游品牌。生物医药产业，要聚焦产业前沿领域，建立全产业链服务平台，加快高端创新资源与产业资源聚集，引进代表性企业和项目，不断壮大产业规模。航空航天产业，要深化与中国商飞、北京航空航天大学的合作，搞好航空产业规划，加强空港产业园配套设施建设，积极推进空客和南航再交付中心、C919大型客机交付中心等重大项目，为打造重要的空港产业园和中转枢纽机场，培育东营未来产业持续努力。

当前，新一轮科技革命和产业变革正在兴起，5G、物联网、大数据、人工智能、区块链等与经济社会发展加速融合。我们要顺应变革趋势，坚持传统产业提升与新兴产业培育并重，深入实施“优势产业+人工智能”三年行动计划，加快人工智能技术产业应用和工业互联网平台建设，推动5G与工业互联网融合叠加、互促共进，促进制造业数字化、网络化、智能化升级。通过加快数字产业化和产业数字化进程，积极培育“四新”经济，推动新兴产业加速成长、扩大规模。对实施“人工智能+”的企业和项目，对纳入省试点的企业和项目，要制定出台精准政策，给予扶持、奖励。

二是优化新旧动能转换空间。深入实施“乡村振兴”三年行动计划，牢牢把握“五个振兴”的要求，坚持规划引领、统筹谋划，一体推进乡村振兴、脱贫攻坚和农村人居环境整治工作。把示范片区建设作为重要抓手，推动产业与生态、农村、农民融合，打造具有东营特色的现代版“富春山居图”。强化“村级集体经济是党的执政经济”意识，把发展村级集体经济列入各级“一把手”工程，通过项目强村、物业惠村、产业立村、电商活村等办法，促进村级集体收入增长和农民增收。聚焦精准扶贫精准脱贫，加强扶贫项目运营管理，探索完善解决相对贫困的机制办法，进一步巩固提升脱贫成效，谋划好明年评估验收，确保高质量打赢脱贫攻坚战。海洋是新旧动能转换的重要领域，是高质量发展的战略要地。要充分发挥我市海洋资源丰富的优势，深入实施“海洋强市建设”三年行动计划，立足全市海洋产业发展现状，引导省级以上开发区规划建设涉海产业园，大力发展现代海洋渔业，积极培育海洋装备、海洋生物医药、海洋新能源、海洋环保等新兴产业、绿色产业，推动海洋牧场升级与海上旅游相结合，做大做强海洋经济。

三是强化科技创新和人才支撑。深入实施“创新型城市建设”三年行动计划，立足高新技术产业和企业发展，统筹人才、企业、机构、平台、项目等创新资源，着力突破一批产业关键技术，通过科技赋能再创东营产业发展新优势。积极搭建“政产学研金服用”创新创业共同体，重点推进稀土催化研究院、氧化铝纤维研究院、高端化工产业技术研究院、国家现代农业技术创新中心等创新平台建设，同时依托企业主体建设重点实验室、企业技术中心、工程研究中心等技术创新平台，发挥好胜利油田“四院一中心”作用，推动行业关键技术攻关。组织实施“千企技改”工程，积极培育新兴产业和高新技术企业、行业领军企业、科技型中小微企业，不断壮大科技型企业队伍。加快5G网络建设，以5G产业赋能为主攻方向，注重加强场景应用，打造融合创新生态圈，助力推动经济社会数字化转型。积极发展创业风险投资，加大科技信贷支持力度，优化科技金融服务环境。坚持科技创新市场导向，完善技术转移转化体系，推进人才服务便利化改革。深度对接产业和企业发展需求，加大对企业引进人才支持力度，制定柔性引才政策，对企业在市域内外包括国外发展急需或特需人才实行“一事一议”给予支持。建立灵活有效的机制，用足用好胜利油田和石油大学科技人才资源，将他们纳入我市人才统计和政策支持范围，更好地培育区域高质量发展新动能。

四是加快金融生态回归。围绕构建更加契合企业和产业高质量发展的金融环境，加强银企对接，努力畅通融资渠道，创新融资方式，提高金融服务企业能力。面对企业资金债务风险，市和县区党委、政府要不回避、不推诿，敢于担当、主动作为，银行机构和企业要坦诚互信、共度难关。要加快出险企业不良资产处置，稳妥化解企业风险，推动企业涅槃重生。要做实银企合作平台，深化银企互信企业名单制管理，深入开展“银行行长走进百家企业”活动，引导银行机构千方百计稳定优质诚信企业的用信规模。对生产经营总体正常、产品有市场有技术、遇到临时资金周转困难的企业，通过应急转贷、“无还本续贷”、降息让利、延长付息周期等方式予以帮助。由市委政法委牵头，公安、检察、法院及银保监等部门组建专班，严厉打击恶意逃废金融债务行为，营造诚实守信的良好金融生态环境。扎实推进规模企业规范化公司制改制，积极培育“四新”中小上市挂牌企业，让更多优质企业尽快对接资本市场。建立政府和社会资本合作项目库，采用规范的PPP模式，聚合政府与社会资本的力量，加强公共服务项目的投资建设和运营管理。

（三）全面加强生态保护，大力改善生态环境。牢固树立“绿水青山就是金山银山”的理念，深入实施生态环保和“四减四增”三年行动计划，努力让东营生态优势转化为竞争优势、发展优势。

一是突出抓好黄河三角洲生态保护。坚决贯彻习近平总书记“9.18”重要讲话精神，系统研究谋划、高水平确定我市黄河三角洲生态保护和高质量发展规划及专项规划，牢牢把握“重在保护、要在治理”的要求，谋划一批生态保护、水系连通、湿地修复、基础设施等项目，谋划一批创新平台、现代农业、绿色能源、高端石化等项目，谋划一批黄河入海文化旅游项目，全力打造大江大河三角洲生态保护示范区、国家绿色循环能源石化基地和黄河入海文化旅游目的地。

二是加强水气土治理。落实我市生态环保“1+1+8”系列文件，坚持问题导向，坚决抓好环保督察整改落实和重点任务，确保环境质量持续改善。突出抓好全市城乡居民饮水质量提升工程，重点对15座规模化水厂实施深度处理工艺改造，加强城乡饮水管理，逐步形成“一县（区）一张网一公司，一直管到户”的格局，更好地满足群众对饮水质量、饮水安全的更高需求。突出抓好空气异味治理，聚焦工业企业、污水处理厂、畜禽养殖业、餐饮油烟等重点行业和重点领域，摸底排查形成“异味污染地图”，按照“一源一策”制定整改方案，持续用力推进治理。突出抓好固废危废治理，落实危险废物“一园一策”“一企一档”，加快综合布局的固废危废处置中心建设。在彻底整改已发现涉废问题的同时，全面排查摸清底数，按照先急后缓的原则，分类分批妥善解决历史遗留问题。突出抓好河流治理，严格落实河长制、湖长制、湾长制，坚持污染减排和生态扩容两手发力，强化全流域综合治理，确保河流水质稳定达标。

三是聚力保护海洋生态环境。坚决打好渤海区域环境综合治理攻坚战，加大海洋环境风险防控力度。坚持陆海污染一体化治理，持续加强入海排污口排查整治，推动近岸海域水质稳中向好。优化海岸带开发空间布局，严格执行围填海禁批政策，落实海洋生态红线管控措施。加强与中国海洋大学、中科院海洋所等科研院所的技术合作，全方位强化海洋环境保护治理，扎实开展海岸带生态保护系统修复，加强海洋生物资源养护，确保我市海洋生态环境持续改善。

（四）加强城市规划建设管理，倾力打造现代化湿地城市。现代化湿地城市，落脚点是城市。要严格落实《关于加强规划引领提升城市建设品质的实施意见》，深入实施“湿地城市建设”三年行动计划，努力提高城市的吸引力和承载力。

一是进一步完善城市架构。高标准完成国土空间规划，按照“中心城+卫星城”的架构，进一步明确各板块、各组团的功能定位和控制要求，加快构建“一主一副一次三组团、多地区中心”发展格局。东营经济技术开发区、东营区、垦利区都要围绕在中心城区的功能定位，加快产业对接、交通对接、生态对接，重点推进环境改善、功能完善、产城融合和品质提升，使每个组团都成为东营发展的重要支撑。黄三角农高区、金湖银河片区及将来的高铁片区，要按照多地区中心定位，实行差异化发展，打造各具特色、拉动城市提升的重要区域。

二是着力提升城市建设品质。围绕加强规划引领提升城市建设品质，搞好地方立法，明确法定导则，为全面落实中心城空间布局、塑造城市风貌、推进产城融合等各项要求提供法治保障。围绕提升城市吸引力，着力完善城市功能，统筹推进教育、卫生、文化、养老、健身、商业、娱乐等配套设施建设，让我们的城市更加舒适、更加安全、更加温馨。推进实施城市修补修复工程，加强老旧小区改造和城市更新，加快片区开发建设，有规划、有时序地推进城市立面整治，让城市时时处处精致。完善城市亮化规划，开展商业特色街区综合整治，建设夜间经济示范街区，让城市夜间更加精彩。

三是努力彰显城市特色风貌。坚持用法治方式来保护环境，用生态的办法来改善生态，扎实推进“湿地城市建设”

三年行动计划，抓好《东营市建设湿地城市方案》的落实，推进实施一批断头路打通、河道水系贯通工程，因地制宜规划建设湿地公园、湿地小区和湿地生态廊道、小微湿地精品，把田园生活引入城市，把各类鸟类留在城市，打造湿地特色鲜明的城市。坚持“雨水就近入河”“少建管道、多建河道”理念，加强城市排水基础设施建设，推进河道水系贯通改造，完善水循环体系，提升城区行洪排涝能力，加快无内涝城市建设。

（五）大力保障和改善民生，不断增进群众福祉。牢固树立以人民为中心的发展思想，加强社会民生建设，扎实做好就业、社会保障等工作，办好事关群众切身利益的实事好事，更好地满足广大群众对美好生活的需要。进一步理顺教育资源配置，优化中小学布局。支持胜利中心医院加快发展，推动市人民医院与省立医院深度合作、全面合作，建设提升市中医院。加大对特殊群体的帮扶救助力度，妥善安排困难群众基本生活。认真谋划明年民生实事，切实解决饮水质量提升、空气异味治理等群众最关心的问题。毫不放松地抓好安全生产工作，持续深入开展扫黑除恶专项斗争，严厉打击非法集资、“套路贷”等违法犯罪活动，切实维护群众生命财产安全。

（六）推进流程再造，为高质量发展提供动力保障。弘扬自我革命精神，坚持刀刃向内，积极探索创新，加快构筑科学规范、运行高效，与高质量发展相匹配、相适应的制度流程体系。聚焦手续最简、环节最少、成本最低、效率最高，持续深化“放管服”改革，推进政务服务流程再造。全面推行“一窗受理、一次办好、一网通办”，加快构建“互联网+政务服务”体系，着力打造东营的营商环境升级版。实施机关运行流程再造，督促各级各部门单位完善重大决策研究论证机制，对重大事项实行“自上而下”顶格决策；推动部门内部流程扁平化、部门之间流程协同化、层级工作贯通化，最大限度减少层级、提高效率；理清上下级职责，推动广大党员干部一级带着一级干，一级做给一级看，促进工作高效落实。深化“创新社会治理”三年行动计划，完善网格化运行机制和服务群众快速响应机制，推动镇街力量下沉，动员各方面共同参与，打造全省领先的社会治理网格化服务管理体系。整合城乡管理、安全运行、应急管理等相关信息和资源，成立市城乡运行综合管理中心，加强应急管理体系和能力建设。持续深化开发区体制机制改革，推动省级以上开发区瘦身强体、剥离社会事务管理职能，全面推行“党工委（管委会）+”体制，整合建立大部门，实行扁平化管理，突出抓好干部人事、薪酬管理制度改革，提升管理效能，更好发挥主战场、主阵地作用。

四、营造风清气正政治生态，为推动新时代东营高质量发展提供坚强保证

推动新时代东营高质量发展，关键在人，关键在干。各级各部门要加强党的领导，抓好党的建设，教育引导广大党员干部直面问题挑战，勇担发展重任，狠抓工作落实，确保各项事业扎实推进。

（一）巩固主题教育成果。坚持敬终如始，继续扎实抓好每一个动作，确保“不忘初心、牢记使命”主题教育善作善成，取得更大成效。牢牢抓住学习贯彻习近平新时代中国特色社会主义思想这一主题主线，持续深入学，联系实际学，推动学习往深里走、往心里走、往实里走。当前，要组织全市上下深入学习贯彻党的十九届四中全会精神，牢牢把握四中全会提出的重大思想观点、重大制度安排、重大工作部署，坚定中国特色社会主义制度自信，真正做到学懂弄通做实。切实加强意识形态工作，着力解决民族宗教领域突出问题，抓好网络空间治理，牢牢把握意识形态工作领导权、主动权。持续深化主题教育专项整治，扎实推进检视问题整改，推动各级各部门不断把主题教育成果转化为担当作为、干事创业的不竭动力和实际成效。

（二）持续改作风转作风。牢牢把握新时代党的建设总要求，压实各级党组织管党治党主体责任，以自我革命精神纵深推进全面从严治党，用良好的党风鼓舞士气、振奋精神、凝聚力量。各级领导干部要大力弘扬斗争精神，增强斗争本领，做到有危险时冲在前面、有困难时带头解决、有责任时勇于担当，切实在斗争实践中经风雨、见世面，壮筋骨、做贡献。要求下级做到的自己首先做好，带动大家层层尽职尽责，提升标准水平，干好本职工作，形成不需要督查督导的自觉。广大党员干部要积极投身“担当作为、狠抓落实”大竞赛、大比武，放开手脚、抛开杂念，以“钉钉子”精神抓工作落实，在竞赛比武中你追我赶、奋勇争先。扎实开展对标学习温州工作，通过系统全面深入对标学习，解放思想、更新观念、改进工作，勇于打破惯性思维和路径依赖，找到破解难题的新思路、解决问题的新办法、推动发展的新举措。

（三）坚持正确用人导向。始终坚持“实在、实干、实绩”的用人导向和“四看一听”选人机制，注重在全市“担当作为、狠抓落实”大竞赛、大比武中和各工作专班一线考察识别干部，变“伯乐相马”为“赛场选马”，优先选拔使用政治过硬、本领高强的干部，优先选拔使用敢于负责、敢于担当、善于作为、实绩突出的干部，优先选拔使用符合高素质专业化要求、具有专业精神专业能力的干部。要把培养年轻干部作为干部培养的“一号工程”，坚持选育管用相结合，着力打造老中青结合、梯次接续合理的高素质专业化干部队伍。要有针对性地把优秀年轻干部派到重点工作部门、重点工作专班和项目建设、“双招双引”、信访维稳等一线经受锻炼，安排到上级部门、先进地区挂职学习，切实增强年轻干部的工作本领、履职能力。

（四）加大反腐倡廉力度。干事创业需要新风正气和良好生态。各级党组织要主动担当、认真落实全面从严治党的政治责任，强化党委主体责任和纪委监督责任，保持惩治

腐败高压态势，巩固拓展作风建设成效，切实抓好省委巡视“回头看”反馈问题整改，持续深化政治巡察，集中整治群众反映强烈的突出问题。加强对权力运行制约监督，形成决策科学、执行坚决、监督有力的权力运行机制，一体推进不敢腐、不能腐、不想腐的体制机制。各级党员领导干部要强化纪律规矩意识，自觉遵守中央八项规定精神和廉洁自律准则，始终不放纵、不越轨、不逾矩，永葆共产党员本色。

同志们，推动新时代东营高质量发展，责任重大、任务艰巨。让我们更加紧密地团结在以习近平同志为核心的党中央周围，深入学习贯彻习近平新时代中国特色社会主义思想，认真贯彻落实党的十九届四中全会精神，在省委、省政府的坚强领导下，不忘初心、牢记使命，担当作为、狠抓落实，为打造山东高质量发展的增长极，黄河入海文化旅游目的地，建设富有活力的现代化湿地城市而不懈奋斗！

政府工作报告

——2020年1月10日在东营市第八届人民代表大会第四次会议上

东营市市长　赵志远

各位代表：

现在，我代表市人民政府向大会报告工作，请予审议，并请市政协委员和其他列席会议的同志提出意见。

一、2019年工作回顾

刚刚过去的一年很不平凡。在市委的坚强领导下，全市上下以习近平新时代中国特色社会主义思想为指导，以庆祝新中国成立70周年和开展“不忘初心、牢记使命”主题教育为动力，深入学习贯彻党的十九大和十九届二中、三中、四中全会精神，全面贯彻落实习近平总书记对山东工作重要指示要求，坚决贯彻党中央国务院、省委省政府和市委决策部署，牢牢把握新时代东营发展的目标定位，担当作为，狠抓落实，经济社会发展取得新的成绩。

（一）经济发展企稳回升。面对经济下行压力，我们精准发力，有效应对，全面推动“六稳”落地见效。初步统计，全年经济增长4.5%以上，可比口径实际增长5.5%左右；一般公共预算收入达到245.1亿元，剔除减税降费政策影响，实际增长15.3%；城镇居民人均可支配收入增长7%，农村居民人均可支配收入增长8%。建立经济运行分析联席会议制度，实行“3+N”重点项目会商机制，市重点项目完成投资390.4亿元。大力“双招双引”，突出与央企国企合作，到位外来资金232.8亿元，在东营央企数量达到22个。在全省率先建立政府解决企业难题直通车制度，搭建惠企政策服务平台，市领导联系重点企业，百名局长服务百家企业，银行行长走进百家企业，一批企业难题得到化解。顶格减征税费88.58亿元。7家企业入围中国企业500强，15家企业入围中国民营企业500强，17家企业入围省民营企业100强。

（二）动能转换多点突破。坚持以项目建设为抓手，着力构建“5+2+2”产业体系，新的发展动能不断积蓄。实施和储备新旧动能转换优选项目158个，其中20个列入省重点和第二批优选项目。各类新旧动能转换基金认缴133.8亿元。获批政府专项债券额度48.2亿元。“四新”经济投资占比达到42.1%。工业转型升级扎实推进。高水平编制石化、橡胶、有色金属、石油装备、新材料和生物医药等产业发展规划，开工建设过30亿元项目8个，实施技改项目218个。7个园区、25家企业通过省化工园区和监控点认定。实施高成长型中小企业培育计划，首批35家企业主营业务收入增长15%，高于规上工业10个百分点。现代高效农业加快发展，新增市重点农业龙头企业10家、全省知名农产品品牌5个，培育市级农业“新六产”示范主体57家，市现代农业示范区创建成为省级现代农业产业园。现代服务业势头良好，实施光谷未来城、大数据港等过亿元项目30个，平台经济蓬勃发展，文化旅游业明显升温。加大科技创新力度，国家级稀土催化研究院挂牌成立，黄河三角洲现代农业技术创新中心建设顺利，新增院士工作站7家、省级以上创新平台26个，高新技术产业比重提高4.5个百分点，万人有效专利拥有量增长19.9%。华泰纸业获得国家科技进步一等奖。

（三）三大攻坚战成效明显。加快金融动能转换，强化政府担当，政监银企联动，着力化解企业债务风险，实现不良贷款余额和不良贷款率“双下降”；实施银企互信企业名单制管理等一系列金融产品和服务创新，省政府在我市召开全省金融支持东营高质量发展座谈会，为金融环境改善注入了新动力。加强危化品、道路交通等安全生产专项整治，成立海上应急救援中心，成功处置韩国籍“五号汽船”液化气泄漏重大险情，生产安全事故起数、死亡人数继续实现“双下降”。强力推进中央、省环保督察反馈问题整改，开展渤海区域环境综合治理，实施93个水气土污染治理项目，严惩环境违法行为，环境空气质量综合指数列全省第5位，市控以上河流水质继续改善。加强湿地保护，修复湿地4.8万亩。深化精准扶贫，着力补齐短板，全面提升脱贫质量，脱贫攻坚工作扎实推进。对外援建和下派帮扶取得新成效。

（四）城乡区域融合共进。天鹅湖城市湿地、金湖银河片区及北二路沿线综合开发、中心城“两河”及内水系综合治理工程启动实施,华山路等11条城区“断头路”实现贯通;加强无内涝城市建设,改造中心城区积水点46处,在防汛中发挥了重要作用。全市改造提升城中村15个、老旧小区10个,新开工棚户区改造安置房2959套。扎实推进乡村振兴和农村人居环境整治,建设改造“四好农村路”277公里,完成12个黄河滩区村旧村台改造。胜利油田办社会职能分离移交工作走在全国前列,中国石油大学胜利学院转设公办普通本科高校加快推进,黄三角农高区改革发展取得新进展,综合训练基地停偿工作顺利实施。京沪高铁二通道天津——东营——潍坊(烟台)段、济南——滨州——东营高铁前期工作加快推进,东青高速青州何官互通立交、长深高速广饶至高青段建成通车,黄大铁路东营段、东营港疏港铁路试运行,济南——高青高速公路开工建设。东营港南防波堤、10万吨级航道导堤完成主体,2个10万吨级泊位开工建设,胜利机场通航城市增至15个,建成油气管网157.4公里,小清河干流及分洪道治理等水务工程启动实施,城乡供电设施进一步完善。

(五)改革开放纵深推进。深化“一窗受理、一次办好、一网通办”改革,中心城区的市级行政审批事项可在区级大厅办理,基层便民服务站点实现全覆盖,社会投资工程实现“拿地即开工”审批,新注册市场主体6.2万户,完成规模企业规范化公司制改制140家,新增挂牌企业52家。市属国有企业新组建、重组整合为4家,县区属经营性国有资产实现集中统一监管。东营港经济开发区、垦利经济开发区体制机制改革创新试点圆满完成。农村集体产权制度改革基本完成。全面扩大对外开放,深入实施“境外百展市场开拓计划”,积极应对中美经贸摩擦,实现进出口1620亿元;预计实际使用外资突破2亿美元,比上年翻了一番多。

(六)民生福祉持续提升。城镇新增就业5.3万人,失业人员再就业2.55万人。城市低保标准提高到每人每月620元,农村低保标准提高到每人每年5400元,企业退休人员基本养老金提高到人均每月2555元,在全省率先制定支出型贫困家庭最低生活保障办法。理顺学校管理体制,新建、改扩建城乡中小学30所、幼儿园21所。东营职业学院入选中国特色高水平高职学校和专业建设计划。市中医院、市传染病医院、市精神卫生中心挂牌成立,市妇幼保健中心综合楼开工建设,公立医院医用耗材加成全面取消,国家卫生城市复审通过考核。在全省率先完成居民健康卡、社会保障卡系统对接、信息共享。佰昆康复医院等一批民营医养结合项目投用,新建社区养老服务中心15家。省级食品安全城市创建通过验收。创建成为第三批国家公共文化服务体系示范区。成功举办国际马拉松赛、国际公路自行车赛、市第十一届运动会。在全省率先建立社会治理网格化服务管理体系,5年以上信访积案全部化解“清零”。扫黑除恶专项斗争纵深推进,圆满完成新中国成立70周年等安保维稳任务。人口计生、慈善救助、双拥共建、国防动员、军人事务、工青妇、残疾人、红十字、老龄等事业全面进步,地方史志、民族宗教、外事侨务、驻外联络、机关事务、统计、对台、口岸等工作加快发展,中央、省驻东营单位作出新的贡献。

(七)政府自身建设切实加强。全面加强政府系统党的建设,“不忘初心、牢记使命”主题教育取得明显成效。深入推进法治政府建设,自觉接受市人大及其常委会的法律监督、工作监督和市政协的民主监督,办理市人大代表建议244件、政协提案268件。政府机构改革全面完成,推行“一口三办”最快政府协调机制,政府工作效率明显提升。以“工作落实年”为抓手,开展“担当作为、狠抓落实”大竞赛大比武,深入基层调查研究、解决困难,干部队伍作风进一步转变。

各位代表!一年来,我们砥砺奋进,办了一些大事难事。威联化学PX项目作为全国唯一一个储备转规划的项目开工建设,为全市形成炼化一体化格局打开了通道。“黄河入海、我们回家”旅游品牌初步打响,黄河口生态旅游区创建成为国家5A级景区,正在吸引世界的目光。7个乡村振兴示范片区高点起步,引领广大乡村加快走向繁荣。高铁推进步入“快车道”,今年就要开工建设。省级以上开发区、市区城市建设管理、“双招双引”、文化旅游、财政管理等体制机制改革创新实现重要突破,市属国有企业整合全面启动,发展动力活力迸发。聚焦重点加快流程再造,规划引领提升城市建设品质、支持企业家干事创业等制度相继出台,制度供给更加精准有效。面对百年不遇的“利奇马”台风暴雨袭击,全市上下众志成城、科学应对,全力防洪排涝,紧急转移安置群众,没有发生疫情等次生灾害,夺取了抢险救灾重大胜利。

各位代表!过去的一年,路途充满艰辛,成绩来之不易,我们在高质量发展的征程中迈出坚实步伐。这是以习近平同志为核心的党中央领航掌舵、正确指引的结果,是省委省政府和市委坚强领导、科学决策的结果,是市人大、市政协有效监督、鼎力支持的结果,是油军校、农高区和社会各界团结一心、奋力拼搏的结果。在此,我代表市人民政府,向全市人民,向各位市人大代表、政协委员和各界人士,向所有为东营发展作出贡献的同志们、朋友们,表示衷心的感谢并致以崇高的敬意!

在肯定成绩的同时,我们也清醒认识到,经济社会发展中还存在一些困难和问题:稳增长压力加大,有效投资乏力,出口困难增多,财政收支矛盾突出;企业融资、招工等多难并存,综合成本居高不下;创新能力不强,人才竞争优势不明显,“四新”经济发展较慢;防范化解企业债务风险任务繁重,空气异味等环境污染问题依然突出,安全生产仍存隐患;民生领域还有不少欠账和短板,优质教育医疗资源供给不足,交通出行不够便捷;有的干部工作标准不高、服务意识不强,与新时代新要求不相适应。对此,我们一定直面问题，不回避、勇担当，认真加以解决。

二、2020年总体要求和目标任务

今年是全面建成小康社会和“十三五”规划收官之年，尽管仍需爬坡过坎，但面临更多更好发展条件。发展机遇前所未有，黄河流域生态保护和高质量发展上升为重大国家战略，今年将开局起步，东营作为黄河入海口城市具有得天独厚的优势，我们快速编制规划、谋划项目，主动对接国家规划，全面融入国家战略，借大势成大事的千载良机已经到来。发展方向更加清晰，市委六届六次全会进一步为新时代东营发展指明了方向，“四项重点工作”“九个三年行动计划”论证充分，重点更聚焦、措施更实化，今年将有总投资1653亿元的151个重点项目开工建设，还有总投资1323亿元的19个重点项目正在前期推进，特别是威联化学PX项目、利华益环氧丙烷联产苯乙烯项目、高端化工产业技术研究院、国家级稀土催化研究院、一汽智能网联汽车试验场等亮点纷呈、陆续发力，美好前景可期。发展环境更为宽松，放管服改革加快推进，政务服务效率不断提高，减税降费政策红利持续释放，金融支持东营高质量发展成为省级决策、银行共识，关心厚爱企业家的氛围日益浓厚，企业茁壮成长的“阳光雨露”更加充沛。最为关键的是，东营人民历来有不怕困难、艰苦奋斗的精气神，我们拿出当年披荆斩棘的移民拓荒精神、战天斗地的油田会战精神、老一代企业家的创业打拼精神，拧成一股绳、聚力抓发展，就没有过不去的坎，就一定能在高质量发展上闯出一条新路！

做好今年政府工作，要以习近平新时代中国特色社会主义思想为指导，全面贯彻党的十九大和十九届二中、三中、四中全会精神，深入贯彻习近平总书记对山东工作重要指示要求，紧扣全面建成小康社会目标任务，抓住用好黄河流域生态保护和高质量发展重大国家战略机遇，坚持稳中求进工作总基调，坚持新发展理念，坚持以供给侧结构性改革为主线，坚持以改革开放为动力，以“走在前列、全面开创”为引领，全面落实省八大发展战略，紧紧围绕新时代东营发展的目标定位，全力实施开放、融合、聚焦“三大战略”，突出抓好“四项重点工作”和“九个三年行动计划”，扎实做好“六稳”工作，统筹推进稳增长、促改革、调结构、惠民生、防风险、保稳定，保持经济运行在合理区间，确保全面建成小康社会和“十三五”规划圆满收官，奋力开创新时代东营高质量发展新局面。

主要预期目标是：经济增长6%左右，一般公共预算收入增长1%以上，城乡居民人均可支配收入分别增长7%左右、7%以上，城镇登记失业率控制在3.5%以内。全面完成省下达的约束性指标。

实现上述目标，必须锁定新时代东营高质量发展的目标任务，把市委六届六次全会和市委经济工作会议的部署要求作为总牵引，紧紧抓住“四项重点工作”和“九个三年行动计划”，组建强力作战队伍，制定支持引导政策，加强督查严格考核，确保各项任务落地落实；必须坚持稳中求进工作总基调，紧盯“六稳”举措落地见效，突出抓好园区、平台、产业、企业、项目和环境，加快新旧动能转换，以稳求进、以进固稳；必须确保实现全面建成小康社会目标任务，牢固树立以人民为中心的发展思想，突出抓重点、补短板、强弱项，用人民的获得感检验全面建成小康社会成色；必须抓住黄河流域生态保护和高质量发展重大国家战略机遇，高标准编制实施黄河三角洲相关规划，加快推进一批重大项目，着力建设大江大河三角洲生态保护示范区、国家绿色循环能源石化基地、沿黄沿海重要枢纽城市、黄河入海文化旅游目的地，打造成为黄河流域高质量发展的增长极和对外开放的新高地；必须坚持以高水平治理推进高质量发展，加快构建推动经济高质量发展的制度体系，把制度优势转化为治理效能；必须全市一盘棋、上下一股劲，系统谋划、协同推进，厚植区域发展新优势！

三、2020年重点工作

发展是第一要务，是当务之急。必须坚持新发展理念，坚持把稳增长放在更加突出的位置，坚持以项目为导向，凝心聚力推进高质量发展。

（一）坚定不移转型升级，在优化产业结构上攻坚突破。聚焦“5+2+2”产业，重点实施总投资1108亿元的115个产业项目，加快新旧动能转换，打造先进制造业集群，筑牢高质量发展根基。

做强做优特色产业。石化产业，按照“先立后破”原则，支持减油增化，新上一批高端化工项目，依托PX项目向上整合炼化产能、向下延伸产业链条，推进地炼企业转型发展，形成“一区、一片、多点”发展格局，加快建设万亿级石化产业集群。橡胶产业，实施高性能绿色环保子午胎等项目，支持企业加快重组提升、加强品牌建设，集中打造5家左右进入全球轮胎行业前列的企业，培育一批专、精、特、新的橡胶材料和配件企业。石油装备产业，坚持科技兴企与市场开拓并举，实施高端智能油气能源装备等项目，引导重点企业抱团发展，积极走出去到“一带一路”沿线国家布局。有色金属产业，支持龙头企业控规模、提质量、延链条，重点发展电子级铜材产品。新材料产业，集聚生产要素，实施功能陶瓷新材料产业园、高性能隔热防护材料等项目，推动功能陶瓷材料、稀土催化材料、高性能纤维材料等产业加快发展。支持造纸、纺织、盐化工等产业创新发展。

发展壮大优势产业。实施“乡村振兴”三年行动计划。着力发展现代高效农业，依托农业龙头企业，做精做优黄河口大闸蟹、大米、莲藕、滩羊等品牌，实施一批设施农业重点项目，新培育市级农业“新六产”示范主体50家以上，促进农民增收。抓好“米袋子”“菜篮子”“肉案子”，为市民提供更多的优质供给。突出抓好7个乡村振兴示范片区，统筹迁村并点、增减挂钩、土地流转、产业发展，切实发挥示范引领作用。深化农村人居环境整治，建立完善长效机制，协同推进农村改厕、污水垃圾处理和城乡环卫一体化。实施"海洋强市建设"三年行动计划，大力发展现代海洋渔业，积极培育海工装备、海洋生物医药等新兴产业，加快建设垦利康华、河口通和等现代海洋牧场，组建黄河三角洲生态保护与资源持续利用研究院。大力发展文化旅游业，实施"旅游富民"三年行动计划，加强与人民网、中青旅等大企业集团合作，充分发挥黄河口生态旅游区龙头作用，做优做美城市这一核心载体，深入挖掘讲好黄河入海生态故事，精心打造观海线、观鸟线、大美湿地线等8条线路，加快实施金湖银河文旅小镇、黄河三角洲生态文明教育基地、东津渡教育康养度假区等55个重点旅游项目，全面加强城市形象宣传，进一步提升"黄河入海、我们回家"旅游品牌影响力。编制物流产业专项规划，重点规划建设东营港、中心城区等综合物流园区，快速壮大现代物流业。

加快发展未来产业。生物医药产业，发挥精细化工、传统医药产业优势，加快药物研发，实施天东公司药物制剂、新发药业新醛等项目，培育壮大现有骨干企业，做大做强高端化药和现代中药产业，形成集聚效应、规模优势。航空航天产业，依托空港产业园，深化与中国商飞、北京航空航天大学战略合作，争取建设C919大型客机交付中心，加快推进美国米德新型PET芯材等项目，打造民机试飞基地、山东北翼空港经济中心。

推进优势产业+人工智能。实施"优势产业+人工智能"三年行动计划。加快数字产业化、产业数字化，实施9个产业智能提升工程，抓好海科化工智能制造试点示范等57个"人工智能+"重点项目。加快人工智能技术产业应用和工业互联网平台建设，推动行业、企业智能化示范改造，培育5个智能工厂、20个数字化车间，促进制造业数字化、网络化、智能化升级。

*（二）聚力增强发展动能，在强化支撑保障上攻坚突破。*围绕"双招双引、科技创新、环境打造、经济体制改革"四项重点，大胆突破、持续推进，不断为高质量发展注入强劲动力。

强力推进双招双引。突出专业招商，充分发挥市招商引资、招才引智"两个服务中心"及市直有关部门"双招双引"服务中心作用，提高招引针对性时效性。加强精准招商，围绕省"十强"产业、市"5+2+2"产业体系、"四新"经济，筛选100家央企国企、世界500强企业作为重点目标企业，加快招引延伸产业链条、补齐发展短板的项目；发挥企业和园区的招引主体作用，"量身定做"招商项目，引进上下游配套企业、行业领军人才、创新创业团队和专业技能人才。加快推进与新加坡首化、日本三菱、中国海油、中国一汽、中国化工、中国中车、中国振华、中国能源等战略合作。建立重大项目顶格推进机制，促进项目高效落地。坚持以招引促开放。引导外贸企业积极应对国际贸易摩擦，加强与"一带一路"沿线国家的经贸往来，开拓多元化出口市场，保持对外贸易稳定增长。支持紧缺性资源、关键装备技术等进口。加大利用外资力度。整合展会资源，提升办展水平。加快东营港一类对外开放口岸建设，提升综合保税区发展水平，打造对外开放的重要平台。

强力推进科技创新。创新决定未来，决定城市命运，决定长远发展。必须树立强烈的创新理念，实施"创新型城市建设"三年行动计划，通过创新再塑东营产业发展新优势。整合油地校科技人才资源，推进石油大学高等研究院、东营产业技术研究院、东营经济技术开发区重点功能区块建设，加快聚集科研力量，打造区域创新中心。支持东营高新区创建国家级高新区。搭建"政产学研金服用"创新创业共同体，支持黄河三角洲现代农业技术创新中心建设，年内高端石化、健康食品2家创新创业共同体进入省级行列；依托国家级稀土催化研究院、北航东营研究院、石油装备产业技术研究院，建设首批市级创新创业共同体。支持企业建设院士工作站、重点实验室、企业技术中心、工程实验室等研发机构，省级以上平台达到220家。市财政安排3亿元专项资金，支持制造业企业实施更大力度、更高水平的技术改造，以更新技术、优化工艺、改进装备、升级产品、节约能源等为主攻方向，实施总投资341亿元的131个技术改造项目，加快向高端化、品牌化、绿色化转型。加快培育创新型企业，高新技术企业、科技型中小微企业分别发展到300家、600家，引进和培育一批瞪羚企业、独角兽企业和行业隐形冠军。积极发展创业风险投资，加大科技信贷支持力度，优化科技金融服务环境。加快创建国家知识产权强市。深化质量强市建设，鼓励争创中国质量奖、省长质量奖。

强力推进环境打造。坚持效率至上、群众优先、企业为尊，着力打造一流营商环境。持续推进简政放权，年内实现市和县区、开发区"同权审批"，部分公共服务事项下沉基层便民服务中心办理；推进审批服务精简提速，为企业开办注销、工程建设项目审批、供电审批、不动产登记、办税、跨境贸易等提供加速度；加快打破"信息孤岛"，推进政务数据互联互通。建立政务服务"好差评"制度。加强社会信用体系建设，实现信用信息全量归集，制定出台信用"红黑名单"管理办法，探索开展"信易贷""信易批"工作，让守信企业享受便利。各级政府要带头讲诚信，全面推进依法行政，加快建设诚信政府。牢固树立"为企业服务就是为发展大局服务，为企业家站台就是为推动高质量发展站台"的理念，实施企业家素质提升计划，完善政府解决企业难题直通车制度，继续开展"百名局长服务百家企业"等活动，让尊崇企业家、弘扬企业家精神在东营蔚然成风。

强力推进经济体制改革。深化开发区体制机制改革创新，4月底前完成省级以上开发区改革任务。支持胜利油田勘探开发、改革创新，在区域改革发展中发挥更大作用。深化国资国企改革，做大做强做优市属国有企业。全力支持民营企业改革发展。支持大企业深化改革、坚守实业、做强主业，在稳增长中发挥支撑作用。完善促进中小企业发展的政策机制，新培育高成长型中小企业50家，推进"个转企"300家、"企升规"300家。深入实施规模企业规范化公司制改制，积极支持企业上市挂牌、股权融资、运用保险资金，引导支持企业学会善用各级各类基金。全面落实减税降费政策，降低企业用电、用气、物流等成本。坚持要素跟着项目走，统筹使用土地、能耗等指标，优先保障市重点项目。高度重视和关注消费税改革动向，多渠道增加财政收入。

（三）突出提升品质特色，在建设湿地城市上攻坚突破。坚持"精明增长""精致城市"理念，加快城市内涵发展，着力打造宜居宜业宜游、富有生态魅力的现代化湿地城市。

高水平规划城市。按照"中心城+卫星城"架构，进一步明确各板块、各组团的功能定位和控制要求，高标准编制国土空间总体规划。中心城加快构建"一主一副一次三组团，多地区中心"发展格局，东营经济技术开发区、东营区、垦利区要推进产业对接、交通对接、生态对接，加快环境改善、功能完善、产城融合、品质提升。黄三角农高区、金湖银河等重点片区要各具特色、拉动城市提升，实现差异化发展。其他县区要完善规划体系，明确城市特色风貌，打造现代化新型小城市。继续支持利津跨越发展。

高品质建管城市。实施"湿地城市建设"三年行动计划，彰显"蓝绿交织、清新明亮，湿地在城中、城在湿地中"的鲜明特色。加快实施天鹅湖城市湿地、金湖银河湿地、东三路生态湿地、东八路生态环境综合整治提升等工程，建设6个湿地公园、20处湿地保护小区，把田园生活引入城市，把各种鸟类留在城市。贯通东一路、西一路、西二路等水系，加快河相通、水相连、能循环。强化城市更新，加大老旧小区、老旧片区改造力度，打通西三路、潍坊路等10条"断头路"，建设5处公共停车场。加快市生活垃圾焚烧发电厂二期等工程建设，积极推行生活垃圾分类。加强城市精细化管理，持续开展违建临建、餐饮油烟、背街小巷等专项治理，着力解决网约车、小区物业管理等问题，让我们的城市更舒适、更安全、更温馨。

高效率建设基础设施。实施"交通基础设施建设"三年行动计划。京沪高铁二通道天津——东营——潍坊（烟台）段、济南——滨州——东营高铁全线开工。东青高速扩容改造达到开工条件，加快推进庐山路南延、德州路西延暨东津黄河大桥、兴河大道工程。建设东营港2个10万吨级泊位，对6个码头进行改扩建。积极推进小清河复航，开展广利港连接小清河航道前期工作。实施227个重点水务工程。新建原油成品油管网214公里。优化胜利机场航线航班，加快打造中转枢纽机场。

（四）着力补齐小康短板，在打赢三大攻坚战上攻坚突破。打赢三大攻坚战，是全面建成小康社会的重大关口，必须发起总攻，志在必胜。

以"绣花功夫"脱贫攻坚。持续巩固"两不愁三保障"成果，不断完善扶贫开发长效机制，做到摘帽不摘责任、不摘政策、不摘帮扶、不摘监管。对有返贫风险的脱贫人口进行监测，对有致贫风险的一般农户进行即时帮扶。一体谋划推进农村脱贫、贫困户内外卫生、农村精神文明建设等工作。推进黄河南展区房台村搬迁安置，全面完成黄河滩区旧村台改造，让全市人民同步迈入全面小康社会。

以"铁腕手段"治理污染。深入贯彻习近平生态文明思想，突出精准治污、科学治污、依法治污，构建多元共治的污染防治体系。实施生态环保和"四减四增"三年行动计划，全面落实11个重点问题治理方案，确保空气优良率持续提高，河流水质进一步改善。以中央、省环保督察及驻区督察反馈意见整改为抓手，认真落实河长制、湖长制、湾长制、森林湿地长制，加强"散乱污"综合治理，实施92个水气土污染治理项目，重点整治空气异味、河流污染、固废危废、城市扬尘、汽车尾气等突出问题。提升智能监管水平，加强生态环保交叉执法，始终保持高压态势。实施自然保护区生态恢复和生物多样性保护工程，修复湿地7000亩。加强能源高效利用，着力构建能源节约型城市。

以"底线思维"防范风险。强化银企互信、政府担当、系统治理，坚持依法依规、市场运作，加快金融动能转换，统筹解决金融领域突出问题，今年争取继续好转，再通过2~3年努力，实现金融生态回归。深化金融供给侧结构性改革，支持引导银行机构保持信贷规模稳定性、信贷业务连续性，加大金融支持实体经济力度。精准严厉打击恶意逃废金融债务行为。持之以恒抓好安全生产，以创建省级安全发展示范城市、国家安全隐患排查治理体系示范试点为抓手，突出危化品、道路交通、建筑施工、海上作业、公共场所等重点行业领域整治，让经济发展安全、群众生活安澜。

（五）始终坚守为民情怀，在解决群众关切上攻坚突破。自觉践行以人民为中心的发展思想，在民生热点痛点难点上精准施策，在关键要害处靶向发力，让民生更好地顺应民心。

扩大就业创业。实施就业优先政策，创造更多就业岗位，统筹抓好高校毕业生、农民工、困难群众等群体就业，实现城镇新增就业3.3万人以上。大力开展职业技能提升行动，新增高技能人才2000人以上。扎实做好农民工工资保障工作。

优先发展教育。优化城镇教育设施布局，新建、改扩建中小学28所，完成第三期学前教育三年行动计划。减轻中小学教师负担。促进义务教育优质均衡发展和高中阶段教育特色发展。持续扩充优质教育资源，加快推进油地教育融合。大力发展高等教育和职业教育，推进中国石油大学胜利学院转设工作。支持东营职业学院、市技师学院、山东胜利职业学院建设发展。积极发展民办教育，开工建设与中国能源集团合作办学项目。加强师德师风建设，打造高素质教师队伍。

加强社会保障。实施全民参保精准行动，稳步提升“五险”待遇标准。推进医养结合发展，提高养老服务供给能力，不断完善居家、社区和机构养老服务配套设施。做好关键时点、困难人群基本生活保障，织密扎牢民生保障“安全网”。深入开展双拥共建，加强退役军人管理服务，加快军民融合发展。积极发展老龄、残疾人、红十字、慈善和社会福利事业，让城市充满爱心和温暖。

建设健康东营。深入开展爱国卫生运动，巩固国家卫生城市创建成果。加快创建全省首批健康城市。深入推进医改工作，推动市人民医院与省立医院深度合作，支持胜利中心医院加快发展，建设改造市中医院、市传染病医院、市精神卫生中心，完成市妇幼保健中心综合楼建设工程。推进国家紧密型县域医共体试点县建设，实现基层医疗机构标准化建设全覆盖。加强食品药品安全监管，守护群众“舌尖上的安全”。

繁荣文体事业。加强黄河文化研究，推动黄河文化创造性转化和创新性发展。开展“进千村乐万家”等系列文化惠民活动，完善提升各级文化场馆服务功能。实施“吕剧振兴”工程，扶持吕剧精品创作。办好国际马拉松、公路自行车等系列赛事，推进体育健身产业市场化发展，争创全民运动健身模范市，打造体育之城。

加强社会治理。实施“创新社会治理”三年行动计划，健全网格化运行和服务群众快速响应机制，推动力量下沉、资源下沉，抓好网格员职责赋能和教育培训；建设城乡运行综合管理中心，整合相关信息和资源，与社会治理网格化服务管理体系相融合，提高应急管理体系和应急能力建设水平，争创“全国市域社会治理现代化试点合格城市”。扎实推进扫黑除恶专项斗争和全国禁毒示范城市创建，完善网络违法犯罪防控体系，严厉打击涉众型金融犯罪和电信诈骗犯罪。依法管理宗教事务。加强信访工作，发挥人民调解、仲裁等作用，多元化解矛盾纠纷。加快推进全面依法治市，深入开展“七五”普法，健全公共法律服务体系，争创全国法治政府建设示范市。

办好民生实事。(1)提升城乡居民饮水质量。(2)对190个老旧小区进行维修改造。(3)整治中心城内涝问题，重点改造33处积水点、67个小区。(4)综合治理空气异味。(5)推进教育资源扩容，新建、改扩建10所幼儿园，改扩建中心城部分优质高中学校。(6)提升医疗卫生服务保障能力，将高血压、糖尿病患者门诊用药纳入医保范围，加强基层医疗卫生机构建设。(7)加快5G网络设施建设。(8)改造建设全民健身中心，为40个社区配备二代健身器材。(9)为符合条件的在职企业职工发放技术技能提升补贴，培训企业职工1万人次以上。(10)加强食品安全检测体系建设，对全市农产品批发市场、农贸市场、大中型商场超市、大型食堂进行食品快速检测。(11)改善中心城拥堵路段53所学校周边通行环境。(12)实施农村便捷出行工程，建设改造“四好农村路”184.8公里，推进农村道路向进村入户延伸。

各位代表！群众利益无小事，民生工作大于天。我们一定坚决兑现向全市人民的承诺，努力交出一份人民满意的民生答卷！

四、全面加强政府自身建设

新形势新任务，对政府工作提出新要求。我们一定时刻把发展的重任扛在肩上，把群众的利益放在心头，努力创造无愧于党、无愧于人民、无愧于时代的崭新业绩。

（一）要心中有党，旗帜鲜明讲政治。把坚持和加强党的全面领导放在政府工作首位，坚持用习近平新时代中国特色社会主义思想指引政府工作，增强“四个意识”，坚定“四个自信”，做到“两个维护”，始终在思想上政治上行动上同以习近平同志为核心的党中央保持高度一致，坚决贯彻落实党中央国务院、省委省政府和市委各项决策部署。发扬斗争精神，增强斗争本领。严格落实意识形态工作责任制，守好意识形态阵地。

（二）要心中有民，牢记宗旨解民忧。拿出更多硬招实招，着力解决群众操心事烦心事揪心事，任何时候都不能忘记为了谁、依靠谁、我是谁。坚持政府过“紧日子”，让群众和企业过“好日子”，将更多财力投入到民生领域。实施机关工作流程再造，提高政府工作效率。充分运用互联网技术和信息化手段开展工作，通过东营“掌上通”推进“马上办”。完善“开门决策”机制，特别是让企业家更多参与到涉企政策制定中来。

（三）要心中有责，攻坚克难勇担当。全体政府工作人员要认真落实“重点工作攻坚年”要求，发扬东营干部的好作风，有危险时冲在前面、有困难时带头解决、有责任时勇于担当，以撸起袖子加油干的精气神，积极投身大竞赛、大比武，把进位争先、创先争优作为考核政府部门的首要标准，以担当带动担当，以作为促进作为。深入开展对标学习温州工作，打破惯性思维和路径依赖，积极谋划破解难题的新思路、解决问题的新办法、推动发展的新举措。

（四）要心中有戒，从严治政不懈怠。坚决落实全面从严治党要求，加强政府廉政建设，坚决防止和克服形式主义、官僚主义。认真执行市人大及其常委会的决议决定，扎实办好人大代表建议和政协提案并纳入政府决策，自觉接受人大和政协监督。加强审计监督，切实尊崇制度，增强制度自觉，坚持用制度管权管事管人，从源头上防范工程建设、产权交易等重点领域廉政风险。全体政府工作人员要强化纪律规矩意识，始终不放纵、不越轨、不逾矩，让清廉从政、清正干事成为政府工作的鲜明底色。

各位代表！我们正处在一个爬坡过坎、负重奋进的关键时期，实现新时代发展目标等不来、喊不来，只能靠行动实干而来。让我们更加紧密地团结在以习近平同志为核心的党中央周围，在省委、省政府和市委的坚强领导下，不忘初心、牢记使命，只争朝夕、笃定前行，为打造山东高质量发展的增长极，黄河入海文化旅游目的地，建设富有活力的现代化湿地城市而不懈奋斗！

“不忘初心、牢记使命”主题教育

全市“不忘初心、牢记使命”主题教育于2019年9月12日正式启动，至2020年1月13日基本结束。全市590个单位、6149个基层党组织、11.8万名党员参加主题教育。省委第三巡回指导组全程指导。中央第四巡回督导组和省委领导同志给予肯定。

一、深入开展学习教育。市委紧扣深入学习贯彻习近平新时代中国特色社会主义思想这一主线，采取个人自学、举办读书班、理论中心组学习等多种形式，带头真学深学实学，着力在学懂弄通做实上下实功夫。市县举办读书班17期，组织1215名县处级以上领导干部、2779名科级干部关起门来、稳下心来系统全面研学；各级党委（党组）围绕8个专题、党史新中国史、十九届四中全会精神，开展专题研讨666次；举办基层党组织书记轮训班12期、党员培训班114期，培训基层党组织书记5848人次、村和社区党员60124人次。在落实8个专题、党史新中国史、4项专题教育和十九届四中全会精神学习基础上，聚焦习近平总书记对本系统本行业重要讲话精神，要求各级各单位进一步列出1—2个题目深入学习研讨。同时，采取编排文艺晚会、制作纪录片、编写典型教材等多种方式，利用身边正反两方面典型开展教育；开展不忘初心、牢记使命主题征文，举办“网上知识测试”，征集优秀文章340余篇，3万余名党员干部参加知识测试，推动学习往深里走、往心里走、往实里走。

二、深入开展调查研究。一是开展领题调研。各级党委（党组）紧扣中央提出的“四个围绕”要求，立足单位职能职责和工作短板，研究确定调研重点，制定计划、领题调研，县处级以上领导干部确定调研题目1421个，深入分管领域和工作对象、服务对象中间，有针对性地摸实情、找症结，研究提出解决问题、改进工作的思路和办法措施。二是深入交流成果。在充分调研基础上，市委召开调研成果交流会暨全市第二次解放思想大讨论务虚会，29名市级领导逐一发言，140个市直单位列席，提出130余项思路措施。在市委常委会示范带动下，全市各级各部门单位在深入调研基础上，及时召开高标准调研成果交流会，结合单位职能职责提出思路措施4600余项，形成制度成果672个。三是讲好专题党课。县级以上党员领导干部按照要求讲专题党课，重点讲认识体会、差距不足、思路措施、感悟收获，把学习教育、调查研究的成果转化为干事创业、推动发展的强大动力。10月31日，市委书记李宽端以“践行初心使命，积极担当作为，奋力开创新时代东营高质量发展新局面”为题，为全市党员干部讲了一次高质量专题党课，有力统一了思想、增强了共识、激发了干劲。各级党员领导干部11月上旬普遍讲了专题党课。

三、深入检视剖析问题。一是征求意见查不足。市委常委会面向基层建立“直通车”，采取上门走访、集体座谈、发放征求意见表等9种形式，征求基层党组织书记、党代表、高层次人才、第一书记、市级老干部、企业负责人等11类、1079人的意见，梳理归结出7个方面52个具体问题。各级党委（党组）采取基层提、上级点、调研找、自己查、同志谈等方式，多渠道收集意见建议5900余条，汇总列出班子问题清单941项，即知即改问题清单553项，联动整改问题清单92项，领导干部个人问题清单3128项。二是对标先进找差距。深入开展“对标先进”工作，10月14—15日，市委组成党政考察团赴温州市对标学习，深入学习产业转型升级、化解金融风险隐患、创优营商环境等方面的经验做法；县区和市直重要部门单位立足职责对标温州有关县区和部门，着力查找在思想解放、流程再造、制度创新方面的差距，切实在对标学习中统一思想、凝聚共识、坚定信心、破解难题。三是对照党章党规找不足。各级党员干部学习《中国共产党章程》《关于新形势下党内政治生活的若干准则》《中国共产党纪律处分条例》，重点围绕“18个是否”，把自己、职责和工作摆进去，以正视问题的自觉和刀刃向内的勇气，全面查找各种违背初心和使命的问题，逐条列出问题及具体表现。11月8日，市委常委会带头召开对照党章党规找差距专题会议，11月中旬前，各级领导班子全部按要求召开专题会议，对照党章党规全面查找问题，达到寻找差距、改进工作、相互促进、共同提高的目的。

四、深入推进整治整改。坚持以整改开局起步、把整改贯穿始终、用整改检验成效，市委常委会分两批列出整改问题25个，全部整改完成；常委同志带头包靠信访积案，全市73件5年以上信访积案全部化解“清零”。一是聚焦专项整治任务抓整改。对中央和省委确定的专项整治任务，结合东营市实际进一步找准表现、定实措施，制定“1+9”方案体系，提出199项整治措施，建立工作台账、半个月一调度，实行清单式管理、项目化推进，已全部完成或取得阶段性成效。二是聚焦群众急难愁盼抓整改。紧紧盯住群众最关心的教育医疗、社会保障、生态环境等领域，解决群众的操心事、烦心事、揪心事。对群众关注的136个重点解决事项在新闻媒体集中公示，并组织责任单位一把手在电视上“露脸说事”，让群众监督整改过程和结果。对“问政东营”“行风热线”等渠道群众反映的问题盯上抓整改，“问政东营”反映的139个问题，已解决127个，达91.4%；“行风热线”播出45期，群众反映问题536个、办结498个，达93%。三是聚焦发展突出问题抓整改。市委以开展主题教育为契机，集中精力破解制约高质量发展的重大问题。针对东营市传统产业结构重、转型升级慢、企业资金债务风险突出等制约发展的突出问题集中力量攻坚克难，油田与地方教育医疗管理体制不理顺、开发区管理体制机制不适应等难点问题实现破题。深入推动思想解放、制度创新、流程再造，制定《关于深化制度创新加快流程再造的实施意见》，新增国家级、省级试点61项，完成试点任务28项。将优化营商环境纳入全市专项整治，从简政放权、优化服务、一网通办、创新监管4个方面提出15项创新举措，675项政务服务事项实现“一网通办”“全程网办”；在全省率先建立解决企业难题“直通车”，市县政府直接为企业解决难题380余件，审批事项少、办事效率高、服务质量优、群众获得感强的营商环境更加浓厚。同时，把开好专题民主生活会作为领导班子和党员领导干部守初心、担使命，找差距、抓落实的一次政治体检，高质量召开专题民主生活会和组织生活会，党员领导干部受到严格的党性锻炼。

五、分类指导确保实效。市委把主题教育作为重要政治任务，坚持用严的标准把好质量关，用严的要求把好责任关，用严的机制把好过程关，推动主题教育扎实开展。市委成立12个巡回指导组，采取现场指导、调阅材料、谈心谈话等方式，对县区和市直单位靠上指导、严格把关，召开现场观摩会13场次，交流经验做法，有力推动了面上工作开展。建立“两推送一评估”机制，市委主题教育领导小组办公室定期向单位推送问题清单、任务清单“两张清单”，建立即时评估办法，每完成一项工作，按照“好、较好、一般、差”评定等次，督促各级党委（党组）把工作抓在平时、严在日常。聚焦落实“六个一”要求，区分农村、城市社区、机关事业单位、“两新”组织、中小学校、公立医院、国有企业、离退休人员、流动党员等9个领域基层党组织，分别制定主题教育任务清单，避免同质化、一般粗，推动规定动作落到实处。用好县乡2923名党建指导员力量，县区统一培训，明确指导责任，沉在基层抓指导，实现对农村、社区、“两新”组织主题教育指导“全覆盖”。基层党员普遍反映，这次主题教育抓得紧、学得深、改得实，切切实实受到教育。

大事记

1　月

1日　即日起，全市职工基本养老保险、失业保险和工伤保险缴费基数每月最高上限分别降至16345元、3270元。

2日　市政府建立政府解决企业难题直通车制度。

同日　东营区、河口区、利津县创建为省级慢性病综合防控示范区。

3日　东营市人民医院与东营市正骨医院医联体签约暨揭牌仪式举行。

4日　2018年度县区（开发区）和市直有关党（工）委书记履行全面从严治党责任和抓基层党建工作述职评议会议召开。

6日　市消防救援支队举行迎旗、授衔和换装仪式。

7日　市委全面深化改革委员会召开第一次会议。

8日　省人大常委会委员、代表资格审查委员会主任委员厉彦林一行走访驻东营的全国、省人大代表。

8—18日　全市"扫黑除恶"专项斗争成果巡展举办。

10日　全市经济工作会议召开。

同日　全市宣传思想工作会议召开。

11日　市委书记李宽端走访看望省"千名干部下基层"服务队成员。

同日　市纪委市监委通报2018年全市党风廉政建设和反腐败工作情况。

同日　东营市烟台商会成立。

13日　首都城投集团与东方华龙集团合作签约仪式举行。

同日　利和浮桥正式运营。

13—14日　省创城验收组一行就创建省级食品安全城市到东营验收。

17日　"选择山东"云平台投资齐鲁行走进东营项目对接会举行。

同日　东营港经济开发区招商引资推介会在上海举行。

18日　2019年东营市文化科技卫生"三下乡"活动在垦利区启动。

20日　东营市首届"智汇光谷·共赢未来"青年博士论坛举办。

20—22日　省第七考核组就2018年度保障农民工工资支付工作开展情况到东营考核。

21日　全市推进"学习强国"学习平台工作会议召开。

22日　市委常委会召开2018年度民主生活会。

同日　东营市现役军人立功喜报集中送发暨悬挂光荣牌工作启动仪式举行。

同日　东营市第一届冬季全民健身运动会举行。

22—27日　2019"黄河入海"旅游商品展暨东营市第九届旅游商品创新设计大赛举办。

24日　中共东营市纪委六届四次全体会议召开。

25日　年产2万吨铜箔项目签约仪式举行。

25—28日　市政协八届三次会议召开。

26日　第三届"东营学子家乡行暨高校英才进东营"人才交流会举办。

26—29日　市八届人大二次会议召开。选举赵志远为东营市市长。

29日　全市部分商会暨外来投资企业座谈会举行。

31日　8时，胜利油田累计生产原油12.01亿吨。

2　月

12日　河口区人民政府、东营港经济开发区、山东特检集团战略合作签约仪式举行。

14日　中国（东营）知识产权保护中心正式开展专利快速预审服务申请主体备案工作。

18日　东营综合保税区建设发展有限公司与加拿大维度集团战略合作签约仪式举行。

同日　胜利石油工程公司"桁架桩腿自升式钻井平台关键技术研究与应用"项目获中国石化集团公司科技进步一等奖。

20日　全市重点产业发展规划汇报会召开。

21日　市委书记李宽端会见聚量集团、聚均科技董事长邵平一行。

22日　油地联席会议召开。

同日　全市推进养犬管理民生实事落实工作现场会召开。

25日　油地校联席会议召开。

同日　2019年度全市人力资源和社会保障工作会议召开。

同日　东营港疏港铁路项目获交通运输部2.5亿元无偿补助资金支持。

26日　中海石油（中国）有限公司与东营市合作开发渤海区域垦利油田框架协议签约仪式举行。

同日　全市公安工作会议召开。

28日　全市机关党的工作会议召开。

同日　全市统战部长会议召开。

同日　全市宣传部长会议召开。

同日　全市司法行政工作会议召开。

3　月

1日　全市首张新版营业执照在广饶县广饶街道发出。

2日　全市安全环保工作会议召开。

同日　市委副书记、市长赵志远会见大唐山东发电有限公司党委书记、董事长陈明良一行。

4—6日　省安全生产和消防工作第四考核组就安全生产和消防工作到东营督导考核。

5日　东营市庆祝“三八”妇女节暨“最美女性”颁奖大会召开。

同日　省政府第六调研组就鲁政发〔2018〕21号、24号、26号3个重要政策文件贯彻落实情况到东营调研。

7日　市委副书记、市长赵志远会见凤岐茶社总裁傅骞一行。

同日　六届市委第五轮巡察工作动员部署会召开。

同日　全市农村工作、人居环境整治、扶贫开发工作会议召开。

8日　市委副书记、市长赵志远到胜利油田调研科技创新和基础设施建设工作。

同日　济南关区首次进口阿联酋原油从东营海关入关。

同日　16时，黄水东调应急工程（东营段）麻湾入沉沙池泵站试运行完成，正式达到通水条件。

9日　上海聚均科技有限公司与胎大王信息科技有限公司合作签约仪式在上海举行。

11—12日　省政协调研组就促进民营经济高质量发展到东营调研。

12日　全市“旅游富民”三年行动计划重点项目洽谈会召开。

13日　全市纪检监察干部监督工作暨警示教育大会召开。

同日　空客飞机全寿命管理方案经理兼再交付中心项目经理沃尔夫冈·科塔斯一行到东营考察。

同日　东营港霍尼韦尔UOP协同创新中心石化企业技术优化研讨会举行。

14日　扫黑除恶专项斗争山东战役东营“攻坚战”新闻发布会召开。

同日　市政府与济南海关举办促进综合保税区高水平开放高质量发展政策宣讲会。

15日　市委副书记、市长赵志远会见山东省商业集团党委书记、董事长高洪雷一行。

同日　市委副书记、市长赵志远会见省机场管理集团有限公司党委书记、董事长王卫中一行。

同日　全市审计工作会议召开。

18日　2019年东营市重点项目集中开工活动仪式举行。

同日　全市河长制湖长制专题工作会议召开。

19日　东营市技师学院入选第三批山东省示范性中等职业学校立项建设单位。

同日　东营市保险纠纷仲裁调解中心揭牌仪式举行。

20日　全市文联工作会议召开。

20—21日　省高院党组书记、院长张甲天就人民法庭工作到东营调研。

21日　全市农村人居环境整治三年行动领导小组第一次会议召开。

同日　胜利油田科技项目入孵暨创新创业训练营开营。

同日　胜利油田胜中区域职工服务中心揭牌成立。

22日　日照港——京博输油管道工程（广饶段）开工。

同日　油城环保世纪行工作会议暨2019年活动启动仪式召开。

24—31日　市委副书记、市长赵志远率团参加日韩山东商务周活动。

25日　市委书记李宽端会见中机公司董事长阮光一行。

同日　市委书记李宽端会见中国工商银行山东省分行行长付捷一行。

同日　中国通用技术集团香港国际资本有限公司、中机公司、科瑞集团三方举行瑞基互联网+工业品交易服务平台战略投资签约仪式。

同日　全国油城报业合作联盟成立。

25—28日　华侨城旅游投资管理有限公司到东营考察洽谈项目。

25—29日　全市乡镇（街道）党（工）委书记专题培训班举办。

27日　2019年山东省16市文化馆馆长培训班在东营举行。

同日　东营市胜利大学生创业园被认定为第四批全国创业孵化示范基地。

27—28日　省政协调研组就“发挥中心镇的辐射带动作用”到东营调研。

28日　全市县区人武部党委第一书记述职会议召开。

28—29日　省灾后重建指挥部调研组到东营调研。

29日　全省地震应急救援综合演练协调会在东营召开。

同日　全市维护国家政治安全暨“扫黑除恶”专项斗争工作会议召开。

同日　全市市场监管工作会议召开。

30日　东营“政产学研金服用”创新创业共同体对接活动暨庆瑞科创园成立签约仪式举行。

同日　浙江物产化工集团与华盛橡胶有限公司合资成立山东领航轮胎有限公司签约仪式举行。

4　月

1日　全国首家“全功能住宅专项维修资金系统核心

云平台”在东营上线。

2—4 日　全市优秀共产党员示范培训班在胶东党性教育基地举办。

同日　市供销社“放心农资惠万家”化肥直供活动在广饶县启动。

4 日　全市“传承·2019清明祭英烈”活动举行。

同日　广饶县入选全国集中统一组织合同能源管理试点县。

8—11 日　全市优秀村党组织书记“乡村组织振兴”专题培训班举办。

10 日　广饶县成立全市首家县级融媒体中心。

同日　第一季度县区(市属开发区)经济运行及重点工作调度会在广饶县召开。

11 日　全市领导干部警示教育大会召开。

12 日　市委党的建设工作领导小组召开会议。

13—17 日　中国黄河口(垦利街道)第十七届桃花文化旅游节举办。

同日　全市第一个镇级社会治理网格化服务管理平台在广饶县花官镇启动。

15 日　山东东营·重庆酉阳东西部扶贫协作联席会议召开。

16 日　京东云(东营)数字经济产业园项目签约仪式举行。

同日　市机关事务局被列入第二批全国机关事务标准化试点名单。

16—17 日　市委书记李宽端带队到上海学习考察推进合作。

17 日　全国人大常委会原副委员长、中国关工委主任顾秀莲到东营考察调研。

同日　“东营光谷未来城杯”第三届油地青年创新创业大赛启动。

同日　高端石化产业技术转化服务平台上线发布仪式举行。

17—19 日　2019第二届中国(东营)国际石油化工贸易展览会举办。

18 日　市委副书记、市长赵志远会见中国中信集团有限公司副董事长、总经理王炯一行。

18—21 日　韩国江原道三陟市副议长金珉澈、京畿道杨州市副市长金大淳一行到东营访问。

19 日　2019首届黄河口产融结合论坛举行。

20 日　中国万达·2019黄河口(东营)国际马拉松赛举行。68个国家和地区的35676人报名参赛。肯尼亚选手菲利克斯·基穆塔伊获全程马拉松男子组冠军,埃塞俄比亚选手艾菲拉·贝尔哈获全程马拉松女子组冠军。

同日　市委书记李宽端会见山东大学校领导王琪珑一行。

23 日　全省政协“时代风采——委员履职进行时”主题宣传活动启动仪式暨政协委员故事展演在垦利区举行。

同日　市委书记李宽端会见浪潮集团董事长兼CEO孙丕恕一行。

同日　东营科创创业投资基金成立暨合伙协议签约仪式举行。

同日　全市“你选我购”图书速借活动启动。

23—26 日　全省人防机动通信车通信科目训练在东营举行。

24 日　全市教育工作会议召开。

25 日　黄河入海口鑫茂航旅小镇项目签约仪式在天津举行。

同日　黄河口高质量发展国际论坛暨东营市民营企业家协会揭牌仪式举行。

26 日　东营市渤海区域环境综合治理攻坚战誓师大会召开。

27 日　市委、市政府决定在全市开展“担当作为、狠抓落实”大竞赛、大比武。

同日　全市促进中小企业发展工作座谈会召开。

28 日　胜利油田医疗卫生机构分离移交交接仪式举行。

29 日　省文化和旅游厅厅长王磊到黄河口生态旅游区调研。

同日　全市关心下一代工作会议召开。

29—30 日　黄河入海文化旅游目的地品牌建设研讨会举办。

30 日　全市庆祝“五一”国际劳动节大会召开。

同日　东营实现全省社保卡无缝隙“一站式”服务。

同日　市住房公积金管理中心与全国公积金数据平台实现对接。

同日　东营景明渔业产业技术研究院揭牌暨国家淡水渔业工程技术研究中心黄河三角洲水产苗种繁育技术分中心签约仪式举行。

5　月

1 日　第八届黄河三角洲湿地槐花节开幕。

同日　全市首个林业行业国家标准——《长江以北海岸带盐碱地造林技术规程》正式实施。

4 日　黄河三角洲酒器博物馆开馆。

5 日　东营市学习贯彻纪念“五四”运动100周年大会精神座谈会举行。

同日　市委机构编制委员会召开第一次会议。

5—7 日　第二届黄河三角洲(东营·河口)加快新旧动能转换推进产才融合高层次人才对接会举办。

6 日　全市银行行长座谈会召开。

同日　东营职业学院人工智能学院成立。

同日　全市首批15名新消防员入职。

6—7日　省政协副主席王艺华就“培育农产品品牌创建主体”到东营调研。

7日—9月11日　第四届东营读书节举办。

8日　市委台港澳工作会议召开。

8—9日　省调研组就非洲猪瘟防控和畜牧业生产等工作到东营调研。

9日　山东省社会保障基金理事会、山东省财金投资集团与东营市签约推动高质量发展合作框架协议。

同日　全省地震应急救援综合演练在东营举行。

同日　东营船舶交通管理系统启用仪式举行。

同日　全国国外标准体系建设委托项目验收会在东营召开。

10日　副省长刘强就危险化学品企业安全生产工作到东营督导检查。

同日　全省首个清洁供暖无烟小镇落户东营区。

同日　垦利区海北遗址二次考古发掘开工。

13日　“齐鲁工惠”东营站上线启动仪式举行。

14日　市委副书记、利津县委书记陈必昌赴山东大学访问推进校地合作。

同日　市中级人民法院二审公开宣判李某某等15人“涉黑”案。

15—17日　第十届中国（广饶）国际橡胶轮胎暨汽车配件展览会举办。

16日　山东特检集团与利津县签署合作协议暨山东特检泰山大学科技园东营基地挂牌仪式举行。

同日　中国·振华石油化工有限公司揭牌仪式举行。

17—19日　清华大学研究生“相约黄河口”社会调研活动举办。

17日—6月17日　美丽黄河口·全国中国画、油画作品展举办。

18日　市委副书记、市长赵志远会见北京易科汇投资管理有限公司合伙人、董事长徐海忠一行。

18—19日　东营市党政考察团到淄博考察学习。

19日　全市“四减四增”暨中央生态环境保护督察“回头看”反馈问题整改工作专题会议召开。

20日　市委副书记、市长赵志远与北京中诚弘毅股权基金管理有限公司、青科创实业集团、中铁十四局集团等客商进行座谈。

21日　全市征兵宣传进校园暨大学生征兵宣传月启动仪式举行。

同日　全市社会治理网格化服务管理工作现场推进会召开。

同日　大型新编历史吕剧《梅骨丹心》首演。

21—23日　市委副书记、市长赵志远带队到北京、天津对接央企洽谈工作。

22日　新版“中国东营”政府门户网站正式上线。

23日　临沂市党政考察团到东营考察学习。

同日　东营港经济开发区入选中国化工园区30强。

同日　小清河复航工程PPP项目获省政府批复。

同日　汇佳科技——山东大学AI共享大数据联合实验室揭牌仪式举行。

同日　东营方圆有色金属有限公司入选山东制造·硬科技TOP50品牌榜。

23—24日　“全球青年创新创业项目齐鲁汇”路演东营站暨“东营光谷未来城杯”第三届油地青年创新创业大赛决赛举行。

24日　市委副书记、市长赵志远会见中国能源工程集团有限公司总经理段玉林一行。

同日　山东省暨东营市第十六届社会科学普及周开幕。

同日　5G油气能源行业应用技术研究战略合作签约仪式举行。

同日　东营广元生物科技股份有限公司院士工作站揭牌仪式举行。

25日　德国莱茵科斯特集团董事长艾瑞克·莫斯卡瓦一行到东营考察交流。

同日　创建红色教育基地启动仪式暨黄河知青博物馆开工、文献资料捐赠仪式举行。

26日　淄博市党政考察团到东营考察学习。

同日　2019年东营市“N+1”筑梦新时代庆祝“六一”关爱儿童活动举办。

27日　市委书记李宽端会见霍尼韦尔中国总裁余锋一行。

28日　全市防汛抗旱工作电视会议召开。

同日　中国地质调查局青岛海洋地质研究所与东营市工作对接座谈会召开。

29日　市委副书记、市长赵志远会见韩国制钢株式会社会长河盛植一行。

同日　全市耐盐碱植物选育推广座谈交流会召开。

同日　全市体育工作暨创建全民运动健身模范市动员会召开。

6　月

1日　市热动力教育培训基地和热力技术研究实验基地揭牌。

3日　东营市暨东营经济技术开发区2019年安全生产月活动启动仪式举行。

4日　东营港10万吨级码头岸线获批。

同日　东营职业学院国际学院成立。

4—5日 市人大常委会开展安全生产“一法一条例”执法检查。

5日 市委副书记、市长赵志远会见中国民用航空局总工程师殷时军，北京航空航天大学党委常委、副校长王云鹏一行。

同日 山东省基础教育学校发展共同体（小学段）校长论坛在东营举行。

同日 东营至济青高铁青州北站、临淄北站4条高铁快线开通。

6日 东营市招商引资招才引智北京恳谈会举行。

同日 2019年度东营市渔业资源增殖放流活动启动仪式举行。

7—8日 中国体育彩票·2019东营城南龙舟争霸赛举办。

7—9日 东营市2019年“文化和自然遗产日”集中宣传活动举行。

9日 东营市“湿地学校”建设启动仪式举行。

11日 全市13个村庄入选第一批美丽村居建设市级试点村庄。

12日 “黄河讲堂”启动仪式在国家方志馆黄河分馆举行。

同日 中国铝用炭素（第一届）智能研讨会暨（山东·利津）炭素产业高层次人才对接会召开。

同日 中铁十四局集团有限公司与利津县签署战略合作框架协议。

同日 全市5个集体获2017—2018年度全国青年文明号称号。

13日 东营光谷未来城首批入驻企业授牌及签约仪式举行。

15—16日 第七届黄河口职业技能竞赛暨东营经济技术开发区第三届职业技能竞赛举行。

16日 全市首家采用“4D”现场管理体系的开放式厨房在垦利区投入使用。

18日 “东营市诗词学会创作基地”“东营市摄影家协会创作基地”“东营湿地画派写生创作基地”3个基地启动仪式举行。

同日 高广项目主线路基贯通仪式举行。

同日 东营佰昆康复医院及佰悦居·东营佰昆颐养中心揭牌仪式举行。

20日 北京世园会“东营日”活动举行。

同日 东营新侨创新创业联盟成立大会举行。

21日 东八路湿地（城南段）首次生态补水任务完成。

22—23日 中国路通·2019黄河口（东营）自行车巡回赛第一站、第二站举行。

23日 市委副书记、市长赵志远会见香港中华厂商联合会山东省考察团一行。

同日 “黄河入海，我们回家”——写出我心中的黄河千人现场作文大赛举行。

24日 市政府廉政工作会议召开。

24—25日 省人大常委会委员、教科文卫委主任委员仉兴玉一行就《山东省学前教育条例（草案）》立法到东营调研。

25日 市直机关企事业单位党组织、在职党员到社区集中报到仪式举行。

26日 市委农业农村委员会第一次会议召开。

同日 市委海洋发展委员会召开第一次全体会议。

同日 重庆酉阳文化旅游推介会在东营举行。

27日 中心城水环境治理工作会议召开。

同日 全省公安机关出入境管理部门抓党建带队建促业务工作现场会在东营召开。

同日 全市档案馆长会议召开。

28日 全市“担当作为、狠抓落实”大竞赛、大比武暨“七一”表彰奖励大会召开。

同日 东营市首个农村集体经济组织登记证在广饶县广饶街道西毛村颁发。

30日 “党旗颂 中国梦”庆祝中华人民共和国成立七十周年暨建党九十八周年专场文艺演出举行。

30日—7月1日 黄河水利委员会主任岳中明一行到东营调研。

6月 中心城46处积水点改造完工。

7 月

1日 东营市中医院（东营市胜利医院）、东营市传染病医院、东营市精神卫生中心揭牌仪式举行。

同日 东营市住房保障大数据审核系统2.0版上线。

2日 省委常委、政法委书记林峰海一行就防范化解重大风险，影响当前社会安全稳定的矛盾风险及对策建议到东营调研。

同日 第二季度县区（市属开发区）经济运行及重点工作调度会在东营区召开。

同日 东营市专利申请资助实施办法发布。

3—4日 省政协副主席刘均刚一行就黄河生态带建设、有关重点项目等工作到东营督导调研。

3—4日 省督导组就“扫黑除恶”专项斗争涉黑涉恶线索“百日会战”工作开展情况到东营督导检查。

4日 全市妇女儿童工作委员会全体成员（扩大）会议召开。

同日 统一石油化工有限公司与东营国安化工有限公司合作签约仪式举行。

4—5日 省双拥模范城考评组就全国双拥模范城创建工作到东营考评验收。

5日 东营市通过国家节水型城市复查验收。

同日 第20届中国海外学子创业周·东营人才引进项目签约仪式在大连举行。

同日 2019两岸青少年情牵黄河口交流活动启动仪式举行。

6日 中国巨鑫源集团10万吨级现代化芦笋产业集群项目签约仪式举行。

9日 国家调研组就促进黄河流域生态文明建设工作到东营调研。

同日 广饶县入选全省2019年“中国好粮油”示范县(市)名单。

9—13日 人力资源和社会保障部乡村振兴高级研修班在东营举办。

10日 省民族宗教委一级巡视员岳富强一行到东营调研。

同日 2019东台基层社区交流活动启动仪式举行。

同日 全市外经贸工作座谈会召开。

同日 20时,《问政东营》第一期播出。

11日 全市规模企业规范化公司制改制培训会议召开。

11—12日 全市乡村振兴示范片区现场观摩会召开。

15日 经省委批准,王晓军任东营市委委员、常委。8月20日,市八届人大常委会第21次会议任命王晓军为东营市副市长。

同日 市委副书记、利津县委书记陈必昌到北京调研在京流动党员党组织。

16—17日 驻滨州市的部分省十三届人大代表就文化和旅游融合发展到东营调研。

17日 市委副书记、市长赵志远到新疆疏勒县调研对口援疆工作。

同日 全市防震减灾科普大会召开。

17—18日 省委常委、统战部部长张江汀就非公有制经济和民主党派工作到东营调研。

17—18日 副省长任爱荣到东营调研。

17—18日 东营市“万名干部下基层”工作专题培训班举行。

18日 2019东营经济技术开发区(上海)“双招双引”恳谈会在上海举办。

同日 2019年东营市地震应急救援综合演练举行。

18—19日 省政协副主席唐洲雁带领少数民族和宗教界部分委员到东营开展以“看发展、看变化、强责任、强素质、强能力”为主题的活动。

19日 黄河三角洲第十一届油品贸易洽谈会暨河口区“双招双引”推介会举行。

20日 第四届“东营学子家乡行”人才招聘活动首场招聘会举行。

20—21日 台湾新华劳动党主席韩云洁到东营考察。

21日 东营职业学院AHK中德(东营)职业培训中心成立。

23日 华东(东营)新能源智能网联汽车试验场项目座谈会召开。

同日 市委保密委员会全体会议暨全市保密工作会议召开。

24日 生态环境部执法局督察专员李天威就环渤海入海排污口现场排查工作到东营督导检查。

同日 省督导组就农村改厕工作到东营督导检查。

25日 市委副书记、市长赵志远会见金浦投资控股集团执行总裁孙诚一行。

同日 全市高校党建和思想政治工作座谈会召开。

26日 全国股转系统东营专场挂牌仪式在北京举行。

同日 常压罐车检测防伪管理系统平台在垦利区试运行。

同日 市知识产权保护中心获批知识产权侵权纠纷检验鉴定技术支撑体系建设试点单位。

27日—10月31日 第三届东营文化惠民消费季举办。

29日 东营市率先在全省开展企业自主评审职称试点。

同日 全市财源建设工作会议召开。

30日 全市民主党派工作座谈会召开。

同日 长深高速高青至广饶段关键控制性工程——小清河特大桥3号主桥合龙。

同日 东营市被确定为国家医联体建设试点城市。

同日 东营市首个科技服务业团体标准《科技成果标准化评价规范》发布。

30—31日 全省公安交通管理重点工作暨深化警保合作现场推进会在东营召开。

31日 东营市庆祝建军92周年慰问演出举行。

同日 东营市赴重庆市酉阳县鲁渝农业扶贫协作农业专业技术人才动员培训会召开。

8 月

1日 市委书记李宽端会见中国化工油气股份有限公司党委书记、董事长王大壮一行。

同日 市委书记李宽端会见“全国模范退役军人”获得者薄歆宁。

同日 市委网络安全和信息化委员会第一次会议召开。

2日 市委书记李宽端主持召开部分市属国有企业座谈会。

同日 东营市理顺学校管理体制工作动员大会召开。15日,东营市调整理顺学校管理体制交接仪式举行。

4日 市委副书记、市长赵志远到重庆酉阳调研扶贫协作工作。

同日 2019年东营市“全民健身日”主题活动启动仪式举行。

4—5日 全国政协重点提案调研组到东营调研。

5日 东营港区北防波堤2个10万吨级泊位工程港口岸线使用许可获批复。

同日 《东营市志(1996—2013)》出版发行。

8日 全市脱贫攻坚培训会议召开。

9日 稀土催化研究院签约成立仪式举行。

同日 2019“黄河入海 吕韵乡情”文化惠民演出活动启动。

9—27日 市委巡察组反馈六届市委第五轮巡察情况。

10日—9月30日 中国·垦利郝家第十三届葡萄文化旅游采摘节举办。

11日 市委常委会(扩大)会议安排部署防范应对第9号台风“利奇马”工作。

12日 省委常委、省纪委书记、省监委主任陈辐宽就防汛防台风工作到东营督导检查。

12—13日 省人大立法调研组就《山东省海上搜寻救助条例(草案)》《省乡镇人民政府工作条例(草案)》《省学前教育条例(草案)》到东营听取修改意见和建议。

14日 市委书记李宽端会见南航租赁公司总经理许峰、空客(中国)工业合作负责人高正一行。

同日 市委书记李宽端会见省港口集团有限公司董事长霍高原一行。

15日 省卫健委党组书记、主任袭燕一行就信息化、基层卫生及灾后卫生防疫等卫生健康工作到东营督导调研。

同日 第八届中国创新创业大赛(山东赛区)暨2019年山东省中小微企业创新竞技行动计划新材料领域启动仪式举行。

15日—10月15日 孙子文化旅游季系列活动举办。

16日 全市“情系受灾群众”慈善募捐活动捐款仪式举行。

17日 省水利厅厅长刘中会就小清河防汛工作到东营检查指导。

18日 庆祝新中国成立70周年集中法治宣传教育活动举行。

19日 东营市在全省率先完成全国第二批城市房屋网签备案联网工作。

20日 市委全面依法治市委员会第一次会议、市委外事工作委员会第一次会议、市委审计委员会第一次会议召开。

同日 东营市信用建设促进会成立大会暨第一次会员大会举行。

21日 市委常委会召开扩大会议,研究省委巡视组关于巡视垦利区、广饶县、利津县反馈意见整改落实工作有关事宜。

同日 省服务海洋经济高质量发展智库工作队对接会在东营召开。

21—22日 全省公安机关打击涉众型经济犯罪配合防范重大风险工作现场会在东营召开。

22日 东营——酉阳东西部扶贫协作联席会议召开。

同日 全市公安工作会议召开。

同日 全市15家企业入选2019中国民营企业500强。

同日 中科钢研、国宏中宇(河口)年产11万片碳化硅衬底片项目开工仪式举行。

25日 东营市“荣归桑梓 扬帆起航”退役军人欢迎仪式举行。

26—27日 省政协副主席王艺华一行围绕省政协重点提案关于“整合救助信息,建立社会救助信息综合平台”到东营开展督办。

26—27日 省扫黑除恶专项斗争案件线索评查组到东营督导检查。

27日 2019黄河三角洲大数据产业峰会举行。

同日 东营市医疗保障专家指导委员会成立。

28日 全市海上应急救援中心建设推进会召开。

28—29日 省政协副主席、民建省委主委郭爱玲一行就“加快建成绿色可持续的海洋生态环境”建议落实情况到东营调研。

29日 市委书记李宽端会见浪潮集团董事长兼CEO孙丕恕一行。

同日 东营市国土空间总体规划编制部署动员会召开。

同日 油地校产学研对接会暨东营石油装备产业技术研究院揭牌仪式举行。

30日 台湾工业合作协会、中华经贸文教交流协会一行到东营考察投资发展环境。

同日 2019中国东营黄河口诗会暨首届山东文学周启动仪式举行。

同日 C919大型客机104架机转场东营试飞基地。

同日 16时,麻湾灌区、曹店灌区引黄闸同时开闸放水,标志着黄水东调工程(东营段)应急调水正式开始。

30日—9月15日 第三届东营文化惠民消费季主题消费活动举行。首届黄河口(东营)国际啤酒美食节举行。

31日 中国路通·2019黄河口(东营)自行车巡回赛第三站举行。

8月 全市企业退休人员基本养老金人均月增加养老金165元、提高至2554.82元。

9　月

1日 2019黄河口(东营)国际公路自行车赛举行,伊朗力敏纳自行车队的沙波瓦洛夫获国际职业赛冠军。

同日　中国·东营首届黄河口大闸蟹开捕节举行。

3日　全市溴素生产企业治理和打击非法违法生产化工产品专项行动会议召开。

3—4日　2019年全国蝗虫可持续治理现场会在东营召开。

3—5日　2019第四届全国(东营)有色金属工业展举行。

4日　院省共建黄河三角洲现代农业技术创新中心座谈会召开。

同日　全市巡察工作会议暨六届市委第六轮巡察工作动员部署会议召开。

同日　5G赋能智慧油田建设应用研究战略合作签约仪式举行。

同日　中科院种子创新研究院山东基地揭牌仪式举行。

5日　东营市第一中学获全国教育系统先进集体称号,东营职业学院周连兵、河口区新户镇中学高胜滨获全国模范教师称号。

同日　东营市残疾人联合会第七次代表大会召开。

7日　全市开发区体制机制改革正式启动。

同日　东营市与省财金集团签署战略合作协议。

7日—10月7日　中国黄河口(垦利街道)第十六届蜜桃·冬枣采摘节举行。

8日　2019第三届全国净滩日东营分会场公益主题活动举行。

9日　全市2019年新兵入伍欢送大会举行。

同日　全市庆祝第35个教师节座谈会召开。

10日　全市全面推行行政执法"三项制度"工作会议召开。

同日　青年企业家创新发展国际峰会2019东营行活动举办。

同日　市实验小学"国家防震减灾科普示范学校"授牌仪式举行。

10—12日　全市民主党派、工商联负责人和无党派代表人士参政议政培训班举行。

11日　2019年度县区(开发区)党(工)委书记向市纪委全会述责述廉会议召开。

同日　第六届"诗光潋滟民丰湖"中秋诗会举办。

12日　东营市"不忘初心、牢记使命"主题教育工作会议召开。

同日　全市外贸外资工作座谈会召开。

13日　2019年疏勒县贫困大学生援疆助学金发放仪式在疏勒县实验学校举行。

16—22日　2019年国家网络安全宣传周东营市活动举行。

17日　市委常委会在广饶刘集后村《共产党宣言》纪念馆举行"不忘初心、牢记使命"主题教育第一次专题学习。

同日　山东大学与市政府战略合作框架协议签约仪式举行。

同日　"中紫"系列高营养水稻现场观摩会在东营召开。

同日　大型革命历史故事吕剧《刘胡兰》举行首演。

18日　市委书记李宽端会见空客再交付中心项目经理、飞机全寿命服务方案部门负责人沃尔夫冈·科塔斯一行。

同日　大陆集团考察团到东营考察交流。

同日　市行政争议审前和解中心正式揭牌成立。

19日　山东石大富华新材料科技集团有限公司股东投资协议签约仪式举行。

19—21日　东营市第十一届运动会举行。

20日　山东省暨东营市第十届"中国统计开放日"活动启动仪式举行。

21日　第三季度县区(市属开发区)经济运行及重点工作调度会议召开。

同日　庆祝中华人民共和国成立70周年"黄河入海雪莲绽放"千人咏诵公益活动举行。

21—22日　首届中国东营黄河口散文大会举行。

23日　全市2019年"中国农民丰收节"庆典活动举行。

24日　中国商飞公司与东营市合作对接会召开。

同日　市委书记李宽端会见博世马勒集团管理委员会主席兼全球CEO杨卓君一行。

同日　第一期"智慧东营"大讲堂举办。

25日　东营港区2×10万吨级液体散货泊位工程开工。

同日　东营市海上应急救援中心揭牌仪式暨2019年东营海域应急综合演练举行。

同日　庆祝中华人民共和国成立70周年"我们的新时代"东营市群众合唱大赛举行。

同日　东营获批按疾病诊断相关分组付费省级试点城市。

26日　第四届东营·海外留学人才石油装备产业对接洽谈会举办。

26—28日　第十二届中国(东营)国际石油石化装备与技术展览会举办。

26—28日　2019中俄创新合作周暨首届中俄创新创业大赛东营分会场活动举行。

27日　市政协举行庆祝新中国暨人民政协成立70周年各界人士茶话会。

同日　东营市侨界庆祝新中国成立70周年文化艺术展暨座谈会举行。

28日　全市干部下派帮扶工作会议召开。

同日　东营首个地方标准《绿色机关建设指南》正式

实施。

29日　市委书记李宽端主持召开企业家座谈会。

同日　东营市招商引资服务中心、东营市招才引智服务中心揭牌成立。

同日　东营市技术转移转化中心揭牌成立。

29日—11月30日　东营市“庆祝新中国成立70周年”书画摄影剪纸大赛优秀作品展举办。

30日　中共东营市委召开党外人士座谈会。

同日　全市大气污染防治工作专题会议召开。

10　月

1日　即日起，全市城乡低保、特困人员救助供养标准分别提高至每人每月620元、每人每年5400元。

3日　全市“1+1+8”污染防治攻坚战工作部署暨驻区督察迎检会召开。

5—7日　2019黄河口汽车场地越野赛(秋季)举行。

9—10日　中青旅控股股份有限公司党委副书记、总裁邱文鹤，光大集团协同发展部高级专家杨超等一行到东营实地考察文化旅游产业发展情况。

10日　副省长于国安以省人大代表身份到东营调研。

11日　省委常委、秘书长孙立成就“不忘初心、牢记使命”主题教育到东营督导调研。

同日　江河流域水资源管理现场会在东营召开。

12日　全省食品安全协管员网格员作用发挥专题现场会在垦利区召开。

12—13日　2019“黄河口”中小城市剧院发展论坛在东营举办。

13日　市委常委、统战部部长聂建军会见香港新田乡乡事委员会访问团一行。

13—17日　庆祝中华人民共和国成立70周年“看东营”摄影精品展举行。

14日　经省委批准，柳景武任东营市委委员、常委。29日，市委常委会决定柳景武任市委组织部部长。

14—15日　东营市党政考察团到温州市学习。

14—15日　东营市工会第七次代表大会举行。

16日　全市迎接国家生态园林城市现场考查动员会议召开。

同日　东营市商事纠纷人民调解委员会成立。

17日　市委军民融合发展委员会第一次全体会议、市委财经委员会第一次会议、市委统战工作领导小组全体会议召开。

同日　广饶县华泰集团有限公司职工葛海军、广饶县陈官镇董庄村村民董玉兰、胜利第三十四中学教师曹丽霞获第七届全省道德模范称号。

18日　东营市招商引资招才引智青岛恳谈会举行。

19—20日　“东营金牌工匠”颁奖仪式暨东营市第十四届职工职业技能竞赛举行。

19—20日　2019年山东省“互联网+教师专业发展”工程初中英语省级工作坊现场会议在东营召开。

20日　黄河三角洲大数据港开园暨油城创新走廊集中签约仪式举行。

22日　市纪委市监委与民主党派和无党派人士座谈会召开。

23日　2019中国商飞公司支持东营市高质量发展恳谈会召开。

同日　东营市与清华大学公共安全研究院战略合作协议签约仪式暨城市安全发展专题报告会举行。

同日　山东省未成年人检察工作社会支持体系建设推进会在东营召开。

23—25日　第二届国际三角洲论坛暨黄河三角洲生态·农业·科技研讨会在东营举行。

23—26日　“全国百家党报社长总编东营行”活动在东营举行。

24日　省人大调研组就《山东省台湾同胞投资保护条例》贯彻实施情况到东营开展执法调研。

同日　在市八届人大常委会第22次会议上，“国槐”确定为东营市市树、“荷花”确定为东营市市花、“东方白鹳”确定为东营市市鸟。

25日　民建中央人口医药卫生委员会、民建北京市西城区委赴东营开展义诊活动暨民建东营市委“星级支部”创建工作经验交流现场会议召开。

同日　全市创建省级食品安全市县工作推进会召开。

26日　市委常委、统战部部长聂建军会见台湾水沙连艺术摄影家协会一行。

27日　东城内水系清淤主体工程完工。

同日　东营康复医院项目签约。

28日　市政协举行庆祝新中国和人民政协成立70周年书画展暨文史资料和文史图片展、爱国主义教育基地揭牌仪式。

同日　市工商联向新疆疏勒县爱心捐赠启动仪式举行。

28—29日　国家生态园林城市考查组到东营进行考核验收。

28—29日　第一届山东省青年志愿服务公益创业赛暨示范项目创建活动在垦利区举行。

29日　中国·东营首届短视频论坛举行。

同日　“新材料　新能源　智慧经济”高峰论坛举办。

30日　市委书记李宽端会见山东银保监局党委书记、局长王俊寿一行。

30日—11月1日　全市残疾人法律救助暨信访维权培训班举行。

31日　全省化工专项行动和高耗能行业高质量发展工作座谈会召开。

同日　东营海洋经济发展论坛举办。

31日—11月1日　省人大常委会委员、代表资格审查委员会主任委员厉彦林到东营走访联系人大代表。

11　月

1—3日　"2019著名高校毕业生东营行"活动举办。

2日　华东（东营）智能网联汽车试验场项目奠基仪式举行。

同日　河口区与唐正能源控股有限公司、华为技术有限公司签署全面合作协议。

6日　全市金融（财税）干部挂职工作会议召开。

7日　省级湾长会议在东营召开。

同日　全市"不忘初心、牢记使命"主题教育专项整治推进工作会议召开。

同日　全市创建全国文明城市工作推进会议召开。

同日　2019年度县区长市直部门单位国有企业负责人向市纪委全会述责述廉会议召开。

同日　东营移动5G网络暨首条5G街开通仪式举行。

7—8日　全国工商联副主席、中国光彩会副会长谢经荣一行就推进"万企帮万村"行动和乡村振兴战略工作到东营调研。

8日　市委常委会会议召开，学习中国共产党第十九届中央委员会第四次全体会议公报。

9—10日　全省危险化学品道路运输全过程信息化监管现场会在东营召开。

11—12日　九三学社中央副主席赖明一行就湿地保护课题到东营调研。

12日　国际新材料与新能源CEO访华团东营行暨国际新材料与新能源合作交流会召开。

同日　全市脱贫攻坚"回头看"暗访督导约谈会议召开。

13日　东营市整治食品安全问题联合行动暨省级食品安全城市创建"回头看"新闻发布会召开。

同日　"东营E卡通"微信程序上线试用。

同日　全市农商银行科技成果转化贷款风险补偿业务合作签约仪式举行。

同日　全市第三届医院品管圈大赛举办。

14日　省住房城乡建设厅厅长王玉志到东营调研。

同日　市委书记李宽端会见山东援疆指挥部总指挥、省政府副秘书长、喀什地委副书记杨国强。

同日　全市小清河复航工程海河联运港口选址座谈会召开。

同日　2019年度全市高标准农田建设集中开工仪式举行。

15日　全国政协常委、人口资源环境委员会副主任姜大明一行到东营调研。

同日　全市深化医改工作会议召开。

同日　市级国库集中支付电子化系统正式上线。

15—16日　沿黄九省（区）政协黄河流域生态保护和高质量发展协商研讨第二次会议在东营举行。

15—16日　"黄河入海、我们回家"全国网络媒体东营行活动举行。

17日　全市"1+1+8"污染防治攻坚战驻区督察反馈问题整改专题会议召开。

19日　市委人大工作会议召开。

同日　市委政协工作会议召开。

同日　全市学习贯彻党的十九届四中全会精神宣讲团成立暨宣讲工作动员会召开。

同日　东营市2019导游、解说员风采大赛暨"东营银行杯"金牌导游大赛颁奖典礼举行。

20日　省人大常委会委员、法制工作委员会主任姚潜迅走访驻东营的全国、省人大代表。

同日　全市重点水务工程和城市基础设施项目集中开工仪式举行。

21—23日　全国方志馆建设经验交流会暨方志馆业务培训班在东营举行。

22日　全市加强易制毒化学品管控工作现场会召开。

24日　省委宣讲团党的十九届四中全会精神报告会举行。

26日　东营市综合交通网中长期发展规划研讨会议召开。

27日　市委书记李宽端会见济南海关关长赵儒霞一行。

同日　省科协助力创新驱动发展工程共建学会企业创新共同体授牌仪式暨专利技术培训活动在东营举办。

28日　北二路沿线及金湖银河片区综合开发PPP项目签约仪式举行。

同日　全市召开创建无障碍环境市县工作会议。

同日　《东营市全面建设生态城市五水统筹治理规划》在北京通过评审。

28—29日　全市社会治理网格化服务管理工作培训班开班。

29日　首届山东省人工智能职业教育大会在东营召开。

同日　市委全面依法治市委员会守法普法协调小组第一次会议召开。

同日　2019年全市农产品质量安全工作推进会议举行。

同日　河口区与上海徽德教育科技有限公司签订中德

双元制职业教育学院项目投资协议。

30日　“人民楷模”朱彦夫同志事迹报告团到东营举行报告会。

同日　长深高速高青至广饶段正式通车。

12　　月

1日　市属国有企业国有资产整合运营监管动员会议召开。

2日　省公安厅党委副书记、常务副厅长丁冠勇就公安工作到东营调研。

同日　2019年东营市“全国交通安全日”活动举行。

2—3日　2019年全市重点项目观摩举行。

3日　山东省东营生态环境监测中心揭牌。

同日　东营市首届入校科技成果精准对接活动举行。

4日　中国共产党东营市第六届委员会第六次全体会议举行。全会审议通过《关于深化制度创新加快流程再造的实施意见》《关于推动开发区体制机制改革创新促进高质量发展的实施意见》《关于弘扬企业家精神进一步支持企业家干事创业的意见》。

5日　省商务厅调研组就国家级展会发展情况、成品油流通监管工作到东营调研。

同日　2019年东营市志愿服务先进典型表彰大会召开。

5—6日　《人民日报》“行走黄河”专题采访组到东营采访。

6日　全市健全完善农村改厕规范升级和后续管护长效机制工作专题会议召开。

同日　全市优化提升简化获得电力现场推进会召开。

同日　第24届黄河口科技论坛举办。

6—7日　省退役军人事务厅厅长时培伟一行就退役军人事务工作开展情况到东营调研。

6—7日　黄河三角洲盐生药材科技产业高层论坛在东营召开。

7日　国家级稀土催化研究院研发与产业孵化基地开工暨数据中心启用仪式举行。

同日　市直公租房智慧管理平台启动仪式举行。

9日　市纪委公开返还侵害群众利益违纪资金现场会召开。

9—10日　山东省传统文化体验教育第四届年会暨传统文化公开课观摩会在东营举行。

10日　市委常委会召开“不忘初心、牢记使命”专题民主生活会。

同日　2019年山东援疆奖学金发放仪式在疏勒县东营第二希望小学举行。

11日　金融支持东营高质量发展座谈会召开。

同日　山东新旧动能转换正邦项目基金签约仪式举行。

12日　全市统一战线“两建两推三保障”专题活动阵地建设现场观摩暨民主党派主题教育活动座谈会召开。

同日　全市257个村庄被命名为山东省卫生村。

14日　市委书记李宽端，市委副书记、市长赵志远会见国家民航局总工程师殷时军，中国工程院院士、北京理工大学校长张军一行。

同日　生态环保和“四减四增”三年行动计划方案论证会举行。

同日　“创新型城市建设”三年行动计划方案论证会举行。

15日　“交通基础设施建设”三年行动计划方案论证会举行。

同日　“双招双引”工作方案论证会举行。

16日　“旅游富民”三年行动计划方案论证会举行。

17日　“海洋强市建设”三年行动计划方案论证会举行。

17—20日　全市开展建筑业企业专项执法检查。

18日　“创新社会治理”三年行动计划方案论证会举行。

同日　全市全面深化改革推进落实现场会召开。

同日　东营职业学院入选教育部、财政部“双高计划”第一轮建设单位名单。

19日　“乡村振兴”三年行动计划方案论证会举行。

同日　“优势产业+人工智能”三年行动计划方案论证会举行。

同日　省委台港澳办一级巡视员张民忠到东营督导检查对台工作。

同日　市城市建设投资集团有限公司揭牌仪式举行。

20日　“政东营·正能量”东营市首届头条政务大会召开。

同日　市纪委市监委组织开展“亲清月谈”活动。

20—21日　山东大学科技成果直通车(东营站)活动在东营举行。

21日　“环境打造”工作方案论证会举行。

同日　全市企业获省科技进步奖一等奖2项、二等奖2项、三等奖4项。

23日　全市道德模范座谈会召开。

同日　学习贯彻全国离退休干部先进集体和先进个人表彰大会精神暨王玉清事迹报告会在东营举行。

同日　2020年新年音乐会举行。

同日　东营市选派优秀年轻干部赴温州“体悟实训”在温州市开班。

24日　东营区黄河路街道、河口区河口街道、垦利区垦利街道、广饶县广饶街道、利津县利津街道被确定为全省首批省级医养结合示范乡镇(街道)名单。

25日 东营市乡村振兴好青年联盟成立。

26日 省委第三巡回指导组“不忘初心、牢记使命”主题教育座谈会在东营召开。

同日 广饶县被省卫健委命名为第三批省级健康促进县(市、区)。

同日 “东营市大气污染源清单编制项目”通过验收，标志着全市大气污染源排放清单编制工作完成。

27日 东营市与黄河水利委员会黄河水利科学研究院共建“黄河三角洲生态保护和高质量发展研究中心”签约仪式举行。

同日 市委副书记、利津县委书记陈必昌到东营市浙江商会调研。

同日 市人大常委会主任郑建军到东营市川渝商会走访调研。

同日 东营市文化旅游体育发展集团、东营交通发展集团有限公司揭牌仪式举行。

同日 全市拆违拆临(无违建创建)工作推进会议召开。

同日 全市农村改厕规范升级和后续管护长效机制工作现场会议召开。

28日 “湿地城市建设”三年行动计划方案论证会举行。

同日 山东省第三届冬季全民健身运动会在东营开幕。

同日 项目建设攻坚方案论证会举行。

30日 东营市2019年度见义勇为事迹通报会议召开。

31日 中国共产党东营市第六届委员会第七次全体会议举行。全会审议通过《中共东营市委关于深入贯彻落实党的十九届四中全会精神的实施意见》。

同日 东营港疏港铁路全线铺轨完成。

同日 利津县王庄沙区林场被认定为全省规模化生态林场。

同日 24时，东青高速青州何官互通立交工程正式通车。

东营概貌

自然环境

【地质】 东营市地处华北拗陷区之济阳拗陷东端，地层自老至新有太古界泰山岩群，古生界寒武系、奥陶系、石炭系和二叠系，中生界侏罗系、白垩系，新生界第三系、第四系；缺失元古界，古生界上奥陶统、志留系、泥盆系、下古炭统及中生界三叠系。凹陷和凸起自北而南主要有埕子口凸起（东端）、车镇凹陷（东部）、义和庄凸起（东部）、沾化凹陷（东部）、陈家庄凸起、东营凹陷（东半部）、广饶凸起（部分）等。

【地貌】 地势沿黄河走向自西南向东北倾斜。西南部最高高程为28米（大沽高程，下同），东北部最低高程1米，自然比降为1/8000～1/12000；西部最高高程为11米，东部最低高程1米，自然比降为1/7000。黄河穿境而过，背河方向近河高、远河低，背河自然比降为1/7000，河滩地高于背河地2～4米，形成"地上悬河"。全市微地貌有5种类型：古河滩高地，占全市总面积的4.15%，主要分布于黄河决口扇面上游；河滩高地，占全市总面积的3.58%，主要分布于黄河河道至大堤之间；微斜平地，占全市总面积的54.54%，是岗、洼过渡地带；浅平洼地，占全市总面积的10.68%，小清河以南主要分布于古河滩高地之间，小清河以北主要分布于微斜平地之中、缓岗之间和黄河故道低洼处；海滩地，占全市总面积的27.05%，与海岸线平行呈带状分布。 （史言）

【气候】 东营市地处中纬度，背陆面海，受亚欧大陆和西太平洋共同影响，属暖温带大陆性季风气候，基本气候特征为冬寒夏热，四季分明。春季，干旱多风，早春冷暖无常，常有倒春寒出现，晚春回暖迅速，常发生春旱；夏季，炎热多雨，温高湿大，有时受台风侵袭；秋季，气温下降，雨水骤减，天高气爽；冬季，天气干冷，寒风频吹，多刮北风、西北风，雨雪稀少。主要气象灾害有霜冻、干热风、大风、冰雹、干旱、涝灾、风暴潮灾等。境内南北气候差异不明显。多年平均气温12.8℃，无霜期206天，≥10℃的积温约4300℃，可满足农作物的两年三熟。年平均降水量555.9毫米，多集中在夏季，占全年降水量的65%，降水量年际变化大，易形成旱、涝灾害。

2019年，东营市年均气温14.5℃，较常年偏高1.3℃；年降水量673.9毫米，较常年偏多25%；年日照时数2407.1小时，较常年偏少9%。分季气候特点：冬季低温日数多，冷暖交替明显，大部时段无有效降水，雾和霾时有出现；春季前后期气温高、中期气温低，降水分布不均，5月降水量和降水日数均为历史同期次少值；夏季气温偏高，雨量充沛，高温热浪和强降水时有发生，8月受台风暴雨影响出现旱涝急转，日最大降水量刷新历史峰值；秋季温高雨少，受雾、霾等影响日照时数不足。

2019年东营市各月日照时数统计表

单位:小时

区县	1月	2月	3月	4月	5月	6月	7月	8月	9月	10月	11月	12月	年合计
东营区	192.8	132.7	256.4	240.0	297.4	253.1	217.7	197.1	213.9	188.6	163.8	148.8	2502.3
河口区	171.6	115.3	241.6	220.6	285.8	243.1	211.3	194.5	216.3	201.7	170.0	149.4	2421.2
垦利区	186.6	129.7	253.0	224.0	269.0	240.5	203.9	186.8	201.0	181.4	154.1	191.6	2421.6
广饶县	147.3	106.4	232.3	205.7	281.4	241.8	193.3	176.3	191.4	186.8	151.2	141.4	2255.3
利津县	176.8	113.5	245.6	223.5	298.1	254.1	214.7	204.7	213.2	194.7	155.4	140.8	2435.1

2019年东营市各月降水量统计表

单位:毫米

区县	1月	2月	3月	4月	5月	6月	7月	8月	9月	10月	11月	12月	年合计
东营区	0.2	3.5	6.4	35.1	4.2	31.3	74.0	427.9	2.8	7.1	18.7	10.7	621.9
河口区	0.0	3.3	6.3	37.6	1.2	33.8	141.2	483.1	9.8	8.5	30.2	9.2	764.2
垦利区	0.0	4.1	5.6	31.1	0.7	40.8	66.0	349.9	4.2	7.3	21.4	11.4	542.5
广饶县	0.0	3.2	4.3	35.8	29.3	49.3	116.2	478.2	4.2	19.4	20.8	17.8	778.5
利津县	0.0	2.6	6.2	34.7	0.2	45.2	122.0	414.9	2.9	7.5	15.7	10.5	662.4

2019年东营市各月气温要素统计表

单位:℃

项目		1月	2月	3月	4月	5月	6月	7月	8月	9月	10月	11月	12月	年
月平均气温		-0.9	0.8	9.6	13.9	22.3	26.0	28.1	26.0	23.1	15.2	8.5	1.2	14.5
极端最高气温	极值	13.7	14.9	26.0	30.4	38.3	37.1	38.7	36.5	34.3	31.6	23.3	13.7	38.7
	日期	24	24	26	17	23	18	5	1	8	3	12	28	5/7
极端最低气温	极值	-12.6	-11.2	-4.3	-0.8	3.0	14.8	17.1	14.3	8.4	0.7	-6.1	-11.8	-12.6
	日期	16	9	7	1	6	10	1	30	19	26	28	31	16/1

（市气象局 马新建）

【土壤】 全市土壤分为褐土、砂姜黑土、潮土、盐土及水稻土五个类别。褐土主要分布于小清河以南区域，占全市土壤总面积的4%左右，是全市粮棉菜高产、稳产区。砂姜黑土主要分布于小清河南褐土区的低洼处，占全市土壤总面积的0.6%，适种小麦、玉米、高粱等浅根作物，在农业上是较有潜力的土壤类型。潮土占全市土壤总面积的59%，是全市主要耕种土壤，经耕作改良适种小麦、玉米、棉花等作物。盐土在近海呈带状分布，占全市土壤总面积的36%，自然植被有芦苇、黄须菜、茅草、蒿子等，以开发水、牧养殖(植)为主。水稻土主要分布于利津、垦利老稻区，占土壤总面积的0.2%，经多年水耕熟化，初步具备幼年水稻土的特征。

土壤墒情 2019年3月1日—11月1日，每月1、11、21日对各县区采样地块小麦、玉米、棉花等不同农作物10厘米、20厘米、40厘米深度的土壤进行墒情监测。东营市降水量较历年同期偏多，较上年同期偏少，由于降水、蒸发、灌溉等客观原因，土壤墒情呈周期性波动变化。3—5月降水量较历年同期与上年同期均偏少，除个别采样地块出现轻度干旱或中度干旱，大部分采样地块均呈现适宜或偏湿状态。进入汛期后，受5月降水偏少及麦地进入成熟期影响，6月上旬部分地块偏旱。除河口区义和庄站，6月中旬全市其他各采样地块因进行有效灌溉，旱情得到缓解。因7月为高温少雨天气，个别地块出现轻旱。8月中旬受到台风影响，全市出现强降水和大风天气，各区县农作物均出现大面积倒伏、农田积水严重；下旬天气晴好，光温适宜，对灾后的田间管理及农作物恢复正常生长有利。9—10月，降水量较历年同期与上年同期均偏少，农作物陆续收割，义和庄、利津站等部分监测地块显示偏旱，其他墒情站点采样地块墒情较适宜。从全年监测数据看，河口区义和庄站土层为砂壤土，砂土抗旱能力弱，易漏水排水。

【水文】 雨情 中部降水偏少明显，短时强降雨频发。2019年，东营市平均降水量648.1毫米，与历年相比偏多18.4%，与上年相比偏少32.5%。全年降水时空分布不均，时间上主要集中在7—8月，占全年降水量的77.9%；空间上主要集中在东营北部和南部，降水量最大的广饶县为降水量最小的垦利区的1.3倍。汛期短时降水强度较大并伴有雷电，城区出现“雨中积水”或是“短时积水”。其中，汛前(1—5月)平均降水量为47.8毫米，比历年同期少46.3%，比上年同期少76.2%；汛期(6—9月)平均降水量为551.0毫米，比历年同期偏多35.7%，比上年同期偏少23.9%；汛后(10—12月)平均降水量为49.3毫米，比历年同期偏少5.5%，比上年同期多42.8%。受台风“利奇马”影响，8月10日9时—13日10时，全市平均降水量为352.8毫米(折合水量29.0亿立方米)。其中，东营区341.8毫米，河口区346.2毫米，垦利区311.4毫米，广饶县393.4毫米，利津县375.1毫米。最大点降水量为利津县明集雨量站545.5毫米。该次降雨范围广、历时长、总量大，覆盖东营市全境。最大1小时降雨量为62.5毫米，出现在东营区王营站，重现期为20年一遇。最大3小时降雨量为116毫米，出现在东营区王营站，重现期为25年一遇。最大24小时降雨量为384毫米，出现在广饶县西刘桥站，重现期超500年一遇。最大3日降雨量为460毫米，出现在河口区义和庄站，重现期为200年一遇。

河道水情 2019年，对东营市内小清河、支脉河、广利河、溢洪河、草桥沟等主要的17条内河水位、流量进行监测，全市主要内河水位均有不同程度的涨落过程。汛期，东营市有13座水文站超出警戒水位，褚官河侯王站出现漫堤情况。在8月11—13日均出现汛期最大流量，其中，流量>100立方米/秒水文站5座；流量>200立方米/秒水文站1座；流量>300立方米/秒水文站1座；流量>400立方米/秒水文站2座；流量>500立方米/秒水文站2座。汛期各站实测流量最大为8月12日支脉河西马楼水文站536立方米/秒。台风“利奇马”期间，全市各河道短时间内水位普涨，城区出现大面积积水；东营市境内的小清河、支脉河、广利河、溢洪河、草桥沟、沾利河等17条主要河流均出现较大洪水过程，洪水峰高量大，历史罕见。其中，小清河石村水文站实测到历史最大洪峰流量521立方米/秒，相应水位5.85米，重现期达50年一遇，超过上年出现的历史最大洪峰流量368立方米/秒。支脉河王营水文站实测洪峰流量458立方米/秒，相应水位4.73米，重现期超过30年一遇，略小于历史最大洪峰流量490立方米/秒，为该站有资料以来的第二大洪峰流量。经对全市26处水位站资料进行对比，东营市台风“利奇马”期间暴雨洪水河道水位涨幅大部分在2～3米，涨幅在4米左右的河道有小清河、支脉河、群众沟。非汛期，全市内河水位正常，均在警戒水位以下，且水势较平稳，水位起伏主要受季节变化、上下游水利工程调蓄及海水顶托的影响，少部分河道出现河干情况。 (市水文局 刘鹏)

地表水 按流域划分，东营市现行水系可以划分为黄河流域水系、海河流域水系及淮河流域水系。只有黄河本身属于黄河流域，其他河流以黄河为界线，黄河以北属海河流域，黄河以南属淮河流域。海河流域水系多为南北走向，共有潮河、沾利河等14条河流；淮河流域水系多为东西走向，共有小清河、支脉河、广利河、永丰河等25条河流。①黄河流域水系。黄河东营段河长138千米，河道是黄河下游之窄河段，两岸堤距0.5～5千米，河道曲折系数1.2，比降为1/10000，属弯曲型单式河道。渔洼至入海河口段长70千米，河道淤积延伸，改道频繁，堤防纵横交错，堤距宽窄不一，属于强烈堆积型河流。黄河口位于渤海湾与莱州湾交汇处，系陆相弱潮堆积性河口，由河流近口段、三角洲及滨海区组成，总面积约9000平方千米。黄河由东营入海以来，在以宁海为起点的三角洲洲面上发生50余次分叉、决口，导致尾闾流路多次变迁。黄河滩区是指东营段河道主槽至两岸临黄大堤之间的河床地段。西河口以上两岸滩区总面积约154平方千米，可耕地面积1.36万公顷，其中90%的土地开发耕种。西河口以下河口地区，行洪面积440平方千米，有胜利油田职工从事勘探、采油等开发建设。②海河流域水系。东营市海河流域位于黄河以北，包括河口区和利津县，水系主要由潮河及其支流褚官河与太平河、马新河、沾利河、草桥沟及其支流草桥沟东干流、挑河、神仙沟及其支流新卫东河等14条河道组成，境内总长度475.58千米，流域面积2785.55平方千米。③淮河流域水系。东营市淮河流域地处黄河以南，包括东营区、垦利区、广饶县。主要包括小清河及其支流淄河、阳河、泥河子、预备河，支脉河及其支流小河子、武家大沟、广蒲河、五干排，广利河及其支流溢洪河、东营河、老广蒲河、五六干合排、六干排，永丰河及其支流三排沟，张镇河和小岛河等25条河流。市境内总长度670.55千米，流域面积5540.77平方千米。

东营市海河流域骨干河道基本情况表

序号	河道名称	长度(千米)		流域面积(平方千米)		防洪流量(立方米/秒)	说明
		总计	本市	总计	本市		
1	潮河	73.5	24.85	1408	87.76	462.10~495.95	跨市
2	褚官河	31.7	29.1	220.1	175.1	51.96~148.94	跨市
3	太平河	25.9	25.9	122.73	122.73	27.71~122.73	
4	马新河	55.6	38.78	275	205	14.81~295.20	跨市
5	沾利河	58.62	58.62	300.85	300.85	23.86~300.85	
6	草桥沟	41.65	41.65	516.81	516.81	48.36~338.85	
7	草桥沟东干流	26	26	177.92	177.92	47.61~177.92	
8	挑河	37.17	37.17	324.91	324.91	81.45~324.91	
9	神仙沟	46.77	46.77	395.05	395.05	68.22~395.05	
10	红旗沟	17.44	17.44	68.22	68.22	0.00~68.22	
11	新卫东河	19.3	19.3	203.4	203.4	33.26~203.40	
12	黄河故道	55	55	150	150	–	
13	生态河	35	35	–	–	–	
14	郭河	20	20	57.8	57.8	–	
合　计		543.65	475.58	4220.79	2785.55	–	

东营市淮河流域骨干河道基本情况表

序号	河道名称	长度(千米)		流域面积(平方千米)		防洪流量(立方米/秒)	说明
		总计	本市	总计	本市		
1	小清河	229	34	10433.6	654.78	980.00~2770.00	跨市
2	泥河子(织女河)	48	18.98	355	112.21	132.15~167.26	跨市
3	预备河	42.5	26.27	450	228.4	167.12~231.04	跨市
4	支脉河	135	58.14	3356	935.07	526.68~687.05	跨市
5	小河子	49	30.45	378	202.34	137.81~211.89	跨市
6	武家大沟	31.88	31.88	456.72	456.72	45.31~235.29	
7	新广蒲河	45.42	45.42	321.74	321.74	100年一遇，86.84~305.68	
8	五干排	21.94	21.94	58.35	58.35	100年一遇，34.53~117.80	
9	老广蒲沟	28	28	89.42	89.42	100年一遇，40.75~148.67	
10	五六干合排	18.09	18.09	59.5	59.5	100年一遇，45.02~112.81	
11	广利河	54.63	54.63	875.87	875.87	100年一遇，128.89~616.22	
12	东营河	21.47	21.47	83.4	83.4	27.37~97.19	
13	六干排	26.7	26.7	86.1	86.1	16.01~71.23	
14	溢洪河	48.63	48.63	353.76	353.76	100年一遇，87.06~334.97	
15	永丰河	32.17	32.17	245.45	245.45	19.28~174.96	
16	三排沟	25.5	25.5	100.7	100.7	35.21~95.74	
17	张镇河	27.09	27.09	136.22	136.22	55.29~120.76	
18	小岛河	27.75	27.75	281.61	281.61	32.55~195.51	
19	阳河	60.6	13.85	229.68	30.68	137.95~144.40	跨市
20	淄河	152	37.64	1411	–	900	跨市
21	工农河	23.5	1.4	55	3.3	–	跨市
22	打渔张河	27.1	6.5	139	40.8	–	跨市
23	花官大沟	20	13.15	61	51.35	–	跨市
24	广北新河	12	12	80	80	–	
25	清户沟	8.9	8.9	53	53	–	
合　计		1216.87	670.55	20150.12	5540.77	–	

地下水　①区域分布。东营地区处于黄河下游，地下径流缓慢，土壤含盐量高，咸水分布广泛。浅层淡水主要分布在广饶南部及利津——陈庄沿黄河一带，黄河故道多处分布上层滞水；深层淡水分布于东营区——利津以南地区。根据区域构造特征和地下水赋存条件，区域内的水文地质单元可分为黄泛平原与山前平原两个水文地质单元。黄泛平原区位于小清河以北，面积7414平方千米，沉积物的岩性以粉砂、细砂、黏土、亚黏土为主，沿海地带常见有海相贝壳。上部存在巨厚的咸水体，咸水底界面埋深由小清河沿岸100米过渡到东北沿海大于400米。浅层地下水矿化度大于5克/升，为咸水区。山前平原区位于广饶县境内小清河以南，面积636平方千米，沉积物主要来源于泰沂山区由淄河等河流搬运来的冲积物。地层由南向北缓倾，具有典型的山前冲积平原水文地质特征：垂直方向，自上而下，含水层颗粒由细变粗；水平方向，由南向北，含水层颗粒由粗变细，结构由单一变层状，地下水埋深由深变浅，水力性质由潜水逐步过渡为承压水，矿化度也逐步增高，由淡水过渡为微咸水、咸水。②地下水运动特征。浅层地下水的运动特征南北有所不同。南部淄河冲洪积扇地区地下水补给条件良好，除大气降水补给外，还有山区地下水的侧向补给，地下水的流向总体上自南向北运动。由于降落漏斗的形成，局部区域地下水是运动方向有所改变。北部冲积海积平原地区，以大气降水补给为主，还有黄河侧渗及灌溉回归等其他补给形式，地下水自西南向东北运动，蒸发和人工开采是主要的排泄方式。深层地下水补给来源主要受南部山前地区及西部临区水平径流补给，地下水流向分别为自南向北和自西南向东北，人工开采和径流入海是主要的排泄方式。③地下水位动态变化主要受降水、人工开采和引黄灌溉的影响。2019年1—12月全市各区县地下水埋深呈现波浪形趋势。全市平均埋深最大月份出现在7月1日，为7.51米；最小月份为9月1日，为5.52米。其中，广饶县地下水位监测井7月1日埋深最大，为13.37米；利津县9月1日埋深最小，为1.48米。全市地下水年平均埋深为6.28米，超采区地下水年平均埋深为16.17米。超采区最大点埋深为51.09米，位于广饶县李鹊镇苏家村东100米。

（市水务局　孙光辉）

【海域】　东营市海岸线南起小清河向广饶一侧，北至顺江沟向河口区一侧，全长413千米。0米至岸线滩涂面积1019平方千米。-10米等深线以内浅海面积4800平方千米。沿岸海底较为平坦，浅海底质泥质粉砂占77.8%，沙质粉砂占22.2%。海水透明度为32~55厘米。海水温度、盐度受大陆气候和黄河径流的影响较大。冬季沿岸有2~3个月冰期，海水流冰范围为0~5海里，盐度在35‰左右；春季海水温度为12℃~20℃，盐度多为22‰~31‰；夏季海水温度为24℃~28℃，盐度为21‰~30‰；东营海域为半封闭型，大部岸段的潮汐属不规则半日潮，每日2次，每日出现的高低潮差一般为0.2~2米，大潮多发生于3—4月和7—11月，潮位最高超过5米。易发生风暴潮灾。风暴潮存在明显季节性变化，风暴潮灾害一年四季均有发生，冬半年发生的次数明显多于夏半年，秋冬交替时节发生风暴潮的频率最大。近海在黄河及其他河流作用下，含盐度低，含氧量高，有机质多，饵料丰富，适宜多种鱼虾类索饵、繁殖、洄游。

自　然　资　源

【土地资源】　东营市土地总面积82.43万公顷，其中，农用地42.96万公顷，占总面积52.12%；建设用地14.21万公顷，占总面积的17.24%；未利用地25.26万公顷，占总面积的30.65%。①农用地中，耕地22.92万公顷（占全市土地总面积的27.80%），园地0.42万公顷，林地2.27万公顷，牧草地0.56万公顷，农村道路1.26万公顷，坑塘水面8.80万公顷，沟渠6.25万公顷，设施农用地0.48万公顷。②建设用地中，城镇村及工矿用地9.55万公顷，交通运输用地1.31万公顷，水域及水利设施用地3.35万公顷。城镇村及工矿用地中有城市用地1.82万公顷，建制镇1.07万公顷，农村居民点4.68万公顷，采矿用地1.87万公顷，风景名胜及特殊用地0.11万公顷；交通运输用地中有铁路用地0.09万公顷，公路用地1.07万公顷，机场用地0.04万公顷，港口码头用地0.10万公顷，管道运输用地0.01万公顷；水域及水利设施用地中有水库水面2.07万公顷，水工建筑用地1.28万公顷。③未利用地中，其他草地0.86万公顷，河流水面1.56万公顷，沿海滩涂9.36万公顷，内陆滩涂2.25万公顷，盐碱地面积11.23万公顷。

【水资源】　多年平均水资源总量9.01亿立方米，其中，地表水资源量为8.21亿立方米，多集中在夏季，大部分排入海洋，利用率较低。多年平均地下水资源量为0.80亿立方米，主要分布在小清河以南地区，其北为咸水区。黄河是境内主要客水水源，多年平均径流量为314.7亿立方米，年际间丰枯变化较大。近年东营市尽可能多引、多蓄黄河水，多年平均年引水量10亿立方米左右。2019年，黄河供水11.93亿立方米，其中，非农业用水5.16亿立方米，农业用水6.77亿立方米。向中心城区生态供水1.8亿立方米，为刁口河补水0.21亿立方米，现行流路自然保护区补水0.4亿立方米。小清河东营境内河长34千米，境内流域面积585平方千米，多年平均入境径流量为5.82亿立方米；支脉河境内河长68.2千米，流域面积1508平方千米，多年平均入境流量为2.82亿立方米。

【矿产资源】　主要有石油、天然气、地热、岩盐、石膏、地下卤水、油页岩、煤、矿泉水、贝壳、砖瓦黏土等。东营市是胜利油田主产区,至2019年年底,胜利油田发现油气田81个,累计探明石油地质储量55.30亿吨;投入开发油气田74个,累计生产原油12.22亿吨,井口累计生产天然气588.34亿立方米。地热资源主要分布在以东营城区为中心的东营潜凹区和以河口——孤岛——仙河为中心的车镇潜凹区以及垦利、广饶、利津部分地区,分布面积5655平方千米,查明地下热水资源量3447亿立方米,是全省地热资源最丰富的地区。岩盐主要分布在东营凹陷地带,估算资源量1096.79亿吨。煤的发育面积约630平方千米,主要分布于广饶县东北部和河口区西部,估算资源量61.8亿吨。全市地下卤水资源量58.43亿立方米,油页岩资源量1544.6亿吨,矿泉水可采资源量365万立方米/年,砖瓦黏土资源量28.44万立方米。

【生物资源】 农作物品种数百个。木本植物44科、79属、179种(含变种),其中,用材树种主要有刺槐、毛白杨、旱柳、国槐、白榆等,经济树种主要有苹果、梨、枣等;草场类植物有35科、84属、93种;中草药类植物300余种,其中,有采集价值的近70种;有浮游植物116种,蕨类植物4种。畜禽类约11科、20余种、40余个品种,主要有猪、牛、羊、鸡、家兔等。有各种野生动物1626种,鸟类368种,占全国鸟类总种数的21%,有候鸟271种。鸟类中,国家一级重点保护鸟类有白鹳、丹顶鹤、大鸨、白头鹤、金雕、白尾海雕、中华秋沙鸭、遗鸥、东方白鹳、黑鹳等12种,国家二级保护鸟类有大天鹅、小天鹅、疣鼻天鹅、灰鹤、白枕鹤、黑脸琵鹭等51种,每年迁徙路过的鸟类有600余万只。水生动物有641种,其中,有淡水鱼类108种、海洋鱼类85种;主要经济鱼品种有草鱼、刀鲚、鲫鱼、鲤鱼、鲈鱼等。 (史言)

建置区划

【位置面积】 东营市位于山东省北部黄河三角洲地区,中华民族的母亲河——黄河,在东营市境内流入渤海。处于连接京津冀和胶东半岛的枢纽位置,是环渤海经济区与黄河经济带的交汇点,是黄河三角洲的中心城市。境域小清河以南广饶县境成陆较早,据2013年11月发现一处后李文化遗址考证,南部广饶县境内早在8000年前就有人类居住繁衍;西部利津县地大约成陆于春秋战国时期;北部、东部系近代黄河泥沙造陆所成,仅有近百年历史。东营市地理位置为北纬36° 55′~38° 10′,东经118° 07′~119° 10′。东、北临渤海,西与滨州市毗邻,南与淄博市、潍坊市接壤。南北最大纵距123千米,东西最大横距74千米,土地总面积8243平方千米。

【建置】 东营市建市前的历史主要沿广饶县、利津县、垦利区历史追溯。位于市域南部的广饶县历史悠久,于西汉高祖六年(公元前201年)置县;位于市境西部的利津县,于金明昌三年十二月(1193年1月)以永利镇升置利津县;垦利区境大部系黄河新淤地,1943年,在中共垦区抗日民主政权的基础上建立垦利县。至建市前,广饶、利津、垦利的建置、隶属迭次变更。

1961年4月,华北石油勘探处在广饶县原辛店公社东营村附近打成境内第一口勘探井——华八井,获日产8.1吨工业油流,拉开华北石油会战序幕。1962年9月23日,在东营构造上打得营2井获日产555吨油流,为当时全国日产量最高的油井。为纪念打出这一高产油井之日,胜利油田始称"九二三厂"。随着石油勘探开发会战的深入发展,东营村一带逐步形成由油田会战指挥部和一些二级单位机关及后勤单位组成的矿区城镇,称为"基地"。1965年3月,为支援石油会战,经中共山东省委批准,惠民地委在此设立县级工作机构——中共惠民地区东营工作委员会和东营办事处,但无行政辖区,只组建、统辖一批为矿区服务的商业、金融、邮电等机构。1971年6月11日,九二三厂更名为"胜利油田"。为适应胜利油田发展和开发建设黄河三角洲的需要,1982年8月,山东省政府向国务院请示成立省辖地级市——东营市;同年11月10日,国务院以〔82〕国函字249号文件批复省政府请示,划原惠民地区的垦利、利津2县,广饶县的4个公社,沾化县的4个公社,博兴县的1个公社和3个大队,成立省辖地级东营市。1983年8月30日,国务院以〔83〕国函字175号文件批复山东省政府请示,把广饶县划归东营市。1983年10月15日,东营市成立庆祝大会召开,东营市正式挂牌成立。

【区划】 建市初,全市划为东营、牛庄、河口3个区,广饶、利津、垦利3个县,共辖3个镇,55个人民公社,1780个生产大队。1984年撤社改乡、撤队改村。1987年6月,牛庄区与东营区合并为东营区。此后多次进行乡镇规模调整,撤、并一些乡镇。2016年8月,垦利撤县设区。

2019年12月,全市有5个县区,25个乡镇(23个镇,2个乡),15个街道,267个居民委员会(地方186个,油田81个),1779个村民委员会(含农高区49个村民委员会)。其中,东营区有6个街道、4个镇(文汇街道、黄河路街道、东城街道、辛店街道、胜利街道、胜园街道、牛庄镇、六户镇、史口镇、龙居镇),有居民委员会94个,村民委员会195个;河口区有2个街道、4个镇(河口街道、六合街道、义和镇、仙河镇、孤岛镇、新户镇),有居民委员会26个,村民委员会173个;垦利区有2个街道、5镇(垦利街道、兴隆街道、胜坨镇、郝家镇、永安镇、黄河口镇、董集镇),有居民委员会20个,村民委员会328个;广饶县有3个街道、6个镇(广饶街道、乐安街道、丁庄街道、大王镇、稻庄镇、李鹊镇、大码头镇、陈官镇、花官镇),有居民委员会21个,村民委员会508个;利津县有2个街道、4个镇、2个乡(利津街道、凤凰城街道、北宋镇、盐窝镇、陈庄镇、汀罗镇、明集乡、刁口乡),有居民委员会11个，村民委员会509个；东营经济技术开发区有居民委员会89个，村民委员会11个；东营港经济开发区有村民委员会6个；农高区有村村民委员会49个。（市民政局）

人口　民族

【人口】 2019年，全市人口保持平稳增长。年末，全市常住人口217.97万人，比上年年末增加0.76万人。其中，城镇常住人口150.93万人，比上年年末增加1.07万人。常住人口城镇化率为69.24%，比上年年末提高0.20个百分点。全市出生20886人，出生人口统计合格率98.1%，出生人口性别比106.7，生育登记覆盖率98.4%。（市统计局）

【民族】 境内居民主体为汉族。2019年，全市有43个少数民族成分，少数民族常住人口7000余人。境内少数民族人口最多的是回族，其他人口较多的有满族、蒙古族、土家族、壮族、苗族、白族等。（市委统战部）

2019年东营市国民经济和社会发展综述

2019年，全市上下坚持稳中求进工作总基调，坚持新发展理念，以供给侧结构性改革为主线，做好“六稳”工作，全年经济运行稳中有进、结构持续优化、高质量发展稳步推进。全市实现生产总值2916.19亿元，按可比价计算，比上年增长4.2%。其中，第一产业增加值145.73亿元，增长0.5%；第二产业增加值1675.11亿元，增长4.0%；第三产业增加值1095.35亿元，增长4.9%。

一、农业生产总体平稳。全年实现农林牧渔及其服务业总产值281.78亿元，按可比价计算，比上年增长0.5%。瓜果产量16.99万吨，增长17.1%；牧业生产稳中向好，肉蛋奶总产量69.64万吨，增长7.4%。

二、工业生产稳中向好。全年规模以上工业增加值比上年增长4.4%，增速分别较一季度、上半年和前三季度加快2.7、2.5、1.7个百分点，列全省第5位。从重点行业看，橡胶和塑料制品业增长12.1%，有色金属冶炼和压延加工业增长9.5%，石油加工业增长7.0%，化学原料和化学制品制造业增长6.5%，分别高于规模以上工业增加值增速7.7、5.1、2.6、2.1个百分点。高新技术产业产值增长15.2%，占规模以上工业总产值比重达32.1%。

三、投资呈现回升势头。全年固定资产投资比上年下降32.6%，降幅较前三季度收窄13.6个百分点。新开工5000万元以上项目268个，较上年增加33个。“四新”经济投资占比达40.6%。房地产完成投资185.41亿元，增长10.9%。商品房销售面积264.45万平方米，下降12.9%。商品房销售额186.59亿元，下降1.6%。

四、服务业支撑作用增强。全年服务业增加值占全市生产总值的比重为37.6%，比上年提高1.3个百分点。服务业增加值增速分别高于GDP、第二产业增加值增速0.7、0.9个百分点。服务业对GDP增长贡献率为40.2%，拉动全市经济增长1.7个百分点。以战略性新兴服务业、高技术服务业等为代表的服务业新动能不断成长壮大，服务业结构调整深入推进。2019年1—11月，全市规模以上服务业营业收入增长13.8%，27个行业中有20个行业营业收入实现增长，增长面为74.1%。其中，互联网和相关服务、软件和信息技术服务业、娱乐业营业分别增长114.4%、18.9%、45.5%。

五、消费市场平稳增长。全年社会消费品零售总额比上年增长2.2%。按经营单位所在地分，城镇消费品零售额增长1.9%，乡村消费品零售额增长4.1%。按行业分，批发业零售额增长5.0%，零售业零售额增长2.5%，住宿业零售额增长3.7%，餐饮业零售额下降4.4%。按限上限下分，限额以下消费品市场活跃，限额以下社会消费品零售总额增长6.8%，高于社会消费品零售总额4.6个百分点。

六、外贸结构不断优化。全年外贸进出口总额1629.15亿元，比上年下降0.6%。其中，出口342.76亿元，下降7.1%；进口1286.39亿元，增长1.3%。一般贸易出口占比为61.6%，高于加工贸易出口占比30.4个百分点。

七、财政金融运行稳健。全年一般公共财政预算收入245.10亿元，比上年增长0.2%。其中，税收收入172.18亿元，下降2.6%；非税收入72.93亿元，增长7.4%。税收收入占财政收入比重为70.2%。一般公共预算支出306.19亿元，与上年基本持平。全市本外币各项存款余额3865.71亿元，比年初增加139.19亿元。

八、市场物价基本稳定。全年居民消费价格指数（CPI）上涨2.9%，处于温和区间。八大类商品和服务项目价格“五升三降”。其中，食品烟酒类上涨8.2%，居住类上涨3.8%，其他用品和服务类上涨2.4%，医疗保健类上涨1.2%，教育文化和娱乐类上涨1.0%；生活用品和服务类下降0.1%，交通和通信类下降2.1%，衣着类下降2.9%。工业生产者出厂价格指数（PPI）下降1.2%，工业生产者购进指数（IPI）下降2.2%。

九、城乡居民收入稳步增加。全年居民人均可支配收入40602元，比上年增长8.0%。其中，城镇居民人均可支配收入51128元，增长6.7%；农村居民人均可支配收入19013元，增长8.7%。居民人均消费支出25360元，增长7.5%。其中，城镇居民人均消费支出30730元，增长6.3%；农村居民人均消费支出14344元，增长8.2%。

2019年全省及各市主要经济指标情况表

地区	地区生产总值(亿元)	第一产业增加值(亿元)	第二产业增加值(亿元)	第三产业增加值(亿元)	规模以上工业企业营业收入(亿元)	规模以上工业增加值增速(%)	固定资产投资增速(%)	进出口总额(亿元)	出口总额(亿元)	进口总额(亿元)	一般公共预算收入(亿元)	居民人均可支配收入(元)
全省	71067.5	5116.4	28310.9	37640.2	84541.94	1.2	−8.4	20420.93	11130.37	9290.56	6526.64	31597
济南市	9443.40	343.10	3265.20	5835.09	6803.27	4.2	12.6	1103.29	622.53	480.77	874.19	41472
青岛市	11741.31	409.98	4182.76	7148.57	10389.46	0.6	21.6	5925.59	3411.90	2513.69	1241.67	45452
淄博市	3642.40	149.30	1817.80	1675.30	5275.10	1.3	−44.6	883.08	418.96	464.12	368.67	37543
枣庄市	1693.91	158.87	736.98	798.06	1254.17	2.1	−15.8	146.72	139.43	7.29	147.26	26291
东营市	**2916.19**	**145.73**	**1675.11**	**1095.35**	**7877.99**	**4.4**	**−32.6**	**1629.15**	**342.76**	**1286.39**	**245.10**	**40602**
烟台市	7653.45	550.42	3185.48	3917.55	7733.64	5.0	5.0	2906.83	1733.69	1173.14	595.42	37783
潍坊市	5688.50	517.42	2291.04	2880.04	8571.46	−0.7	−23.2	1788.07	1131.92	656.15	571.06	32518
济宁市	4370.17	503.84	1760.01	2106.32	6662.46	1.4	−3.6	461.79	285.22	176.57	405.01	28055
泰安市	2663.60	288.70	1036.20	1338.70	2106.34	5.4	−23.3	172.21	134.48	37.73	224.71	29690
威海市	2963.73	288.61	1196.34	1478.78	2808.79	2.3	−15.0	1402.13	921.41	480.71	249.85	39593
日照市	1949.38	167.77	831.88	949.73	3218.43	8.6	−16.5	1052.56	406.63	645.92	170.37	27577
临沂市	4600.25	409.48	1742.48	2448.29	4608.63	−6.2	−23.5	836.68	681.28	155.40	330.01	27619
德州市	3022.27	311.88	1263.70	1446.69	2740.14	4.8	−13.6	345.43	204.04	141.40	206.27	22608
聊城市	2259.82	317.60	806.88	1135.34	3195.27	1.8	−41.2	409.13	207.44	201.69	196.63	21602
滨州市	2457.19	230.21	1041.01	1185.97	7376.97	3.2	−23.5	873.01	311.64	561.37	242.96	28517
菏泽市	3409.98	323.56	1453.74	1632.68	3919.82	2.2	8.1	485.27	177.03	308.23	221.92	20673

2019年全市分县区主要经济指标情况表

地区	地区生产总值		第一产业增加值		第二产业增加值		第三产业增加值		进出口总额		财政收入		规模以上工业增加值增速(%)	固定资产投资增速(%)	社会消费品零售总额增速(%)
	绝对量(亿元)	增速(%)	绝对量(亿元)	增速(%)	绝对量(亿元)	增速(%)	绝对量(亿元)	增速(%)	绝对量(亿元)	增速(%)	绝对量(亿元)	增速(%)			
全市	2916.19	4.2	145.73	0.5	1675.11	4.0	1095.35	4.9	1629.15	−0.6	245.10	0.2	4.4	−32.6	2.2
东营区	431.26	7.0	11.46	0.1	136.47	9.3	283.32	6.1	159.99	16.1	38.90	3.5	7.0	−16.2(含油田) −43.1(不含油田)	1.8
河口区	181.36	7.7	18.79	1.0	85.94	12.9	76.62	3.0	56.04	−7.2	23.88	3.8	16.4	−37.2	2.3
垦利区	265.03	2.5	28.81	1.3	143.17	2.9	93.05	2.1	131.53	−7.1	28.87	6.8	2.0	−47.8	1.8
广饶县	589.22	4.2	43.67	0.3	354.91	4.4	190.64	4.7	616.13	0.8	43.62	4.2	5.5	−45.8	2.4
利津县	221.46	7.9	25.94	0.4	108.07	11.8	87.45	4.9	152.63	−3.8	18.01	10.2	12.7	0.2	1.6
东营经济技术开发区	415.44	6.0	6.26	−2.5	220.91	5.1	188.27	7.6	165.81	−17.0	36.71	−6.4	5.6	−36.8	3.8
东营港经济开发区	162.03	5.7	10.80	−3.5	101.37	5.3	49.86	9.9	347.01	6.1	18.61	3.0	5.4	−28.6	1.6

（市统计局　徐钦奇）

机构与领导人

（时间截至2020年4月27日）

一、市级领导班子

中共东营市委员会

书　记：李宽端

副书记：赵志远　陈必昌

常　委：贾瑞霭（女）　聂建军　孙早军　田和友

　　　　韩　辉　王晓军　柳景武　边志伟　苟增杰

秘书长：苟增杰

东营市人民代表大会常务委员会

主　任：郑建军

副主任：李金昆　杨梦斌　陈安忠　李永元

秘书长：李宗洲

东营市人民政府

市　长：赵志远

副市长：王晓军　李俊峰　刘美华（女）　乔恩言

　　　　冯艺东　韩利学　戚思宇

秘书长：郭新民

政协东营市委员会

主　席：陈泽浦

副主席：田青云　王吉能　生钦勇　杨同更

　　　　张义泉　张　敏（女）　刘志坚

秘书长：高　雳

中共东营市纪律检查委员会（东营市监察委员会）

书记（主任）：孙早军

常务副书记（副主任）：李守军

副书记（副主任）：徐国泉

纪委常委（监委委员）：王守业　孟宪忠　崔学军

监委委员：张金成　秦志超

二、市中级人民法院、市人民检察院

东营市中级人民法院

院　长：廖伟忠

东营市人民检察院

检察长：丁西超

三、市人大专门委员会、市政协专门委员会

东营市人大财政经济委员会

主任委员：徐荣华

东营市人大监察和司法委员会

主任委员：董希涧

东营市人大城乡建设环境保护委员会

主任委员：成希琴（女）

东营市人大农业与农村委员会

主任委员：李在忠

东营市人大教育科学文化卫生委员会

主任委员：王跃彬

东营市人大民族侨务外事委员会

主任委员：徐庚祥

东营市人大法制委员会

主任委员：刘仁豪

东营市人大社会建设委员会

主任委员：张兰海

政协东营市委员会提案委员会

主　任：张学全

政协东营市委员会经济委员会

主　任：王志安

政协东营市委员会教科卫体委员会

主　任：马新华

政协东营市委员会港澳台侨和外事委员会

主　任：王跃军

政协东营市委员会社会法制委员会

主　任：王泮清

政协东营市委员会文化文史和学习委员会

主　任：李孟发

政协东营市委员会人口资源环境委员会

主　任：王春红（女）

政协东营市委员会委员联络委员会

主　任：王殿军

政协东营市委员会农业和农村委员会

主　任：陈立福

四、市委工作机构、市委巡察机构

中共东营市委办公室
主　任:禹金春

中共东营市委组织部
部　长:柳景武
常务副部长:李全民

中共东营市委宣传部
部　长:贾瑞霭(女)

中共东营市委统一战线工作部
部　长:聂建军
常务副部长:孙继续

中共东营市委政法委员会
书　记:田和友
常务副书记:牛永昌

中共东营市委政策研究室
主　任:牟清海

中共东营市委网络安全和信息化委员会办公室
主　任:史新建

中共东营市委机构编制委员会办公室
主　任:崔相国

中共东营市委市直机关工作委员会
书　记:何宏强

中共东营市委巡察工作领导小组办公室
主　任:初　晓

中共东营市委巡察一组
组　长:黄风云(女)

中共东营市委巡察二组
组　长:田居光

中共东营市委巡察四组
组　长:张光莹

中共东营市委老干部局
局　长:张增国

五、市直群团组织

东营市总工会
主　席:田青云
常务副主席、党组书记:盖九志

共青团东营市委员会
书　记:王　燕(女)

东营市妇女联合会
主　席:侯丽霞(女)

东营市科学技术协会
主　席:李兆君

东营市归国华侨联合会
主　席:赵　军

东营市文学艺术界联合会
主　席:刘清滨

东营市社会科学界联合会
主　席:马庆华

东营市工商业联合会
主　席:生钦勇
常务副主席、党组书记:高申廉

东营市残疾人联合会执行理事会
理事长:李中元

东营市红十字会
会　长:刘美华(女)
常务副会长、党组书记:李英慧(女)

东营市计划生育协会
会　长:王吉能
常务副会长:徐冬梅(女)

六、民主党派市委

民盟东营市委员会
主　委:刘树亮

民建东营市委员会
主　委:王新明

九三学社东营市委员会
主　委:刘志坚

民革东营市委员会
主　委:张义泉

七、市政府工作部门、部门管理机构、派出机构

东营市人民政府办公室
主　任:李　辉

东营市发展和改革委员会
主　任:郭顺先

东营市教育局
局　长:孙红军

东营市科学技术局
局　长:邵红双(女)

东营市工业和信息化局
局　长:杜振波

东营市公安局
局　长:戚思宇
政　委:樊守林

东营市民政局
局　长:赵永刚

东营市司法局
局　长:郑少锋

东营市财政局
局　长:师　辉

东营市人力资源和社会保障局
局　长:石循刚

东营市自然资源局
局　长:陈荫鲁

东营市生态环境局
局　长:丁建民

东营市住房和城乡建设管理局
局　长:崔建华

东营市交通运输局
局　长:宋迎章

东营市公路事业发展中心
主　任:宋迎章

东营市水务局
局　长:陈步科

东营市农业农村局
局　长:燕浩林

东营市扶贫开发办公室
主　任:王英明

东营市现代畜牧业发展服务中心
主　任:柳宝旺

东营市海洋发展和渔业局
党组书记:许冬霞(女)
局　长:张善东

东营市商务局
局　长:西牧山

东营市文化和旅游局
局　长:陈桂林

东营市卫生健康委员会
主　任:燕振诚

东营市退役军人事务局
局　长:王福军

东营市应急管理局
局　长:刘良范

东营市地震监测中心
主　任:刘相永

东营市审计局
局　长:魏光青

东营市外事办公室
主　任:高瑞国

东营市政府国有资产监督管理委员会
主　任:李剑钧

东营市行政审批服务局
局　长:扈新安

东营市市场监督管理局
党组书记:冯玉峰
局　　长:王秀凤(女)

东营市知识产权保护中心
主　任:赵国苓

东营市体育局
局　长:陈延星

东营市统计局
局　长:宋保辉

东营市医疗保障局
局　长:许建仁

东营市机关事务管理局
局　长:由立志

东营市地方金融监督管理局
局　长:王学春

东营市信访局
局　长:盖举波

东营市油地校融合发展办公室
主　任:袁永鹏

东营市投资促进局
局　长:李慧芬(女)

东营经济技术开发区管理委员会
主　任:常淮诚

东营港经济开发区管理委员会
主　任:杨同贤

东营综合保税区管理委员会
主　任:荆向辉

山东黄河三角洲国家级自然保护区管理委员会
主　任:荀宏水

八、正县级以上(不含部门单位所属、管理)事业单位

中共东营市委党校
校　　　长:李宽端
常务副校长:李廷华

中共东营市委党史研究院(东营市地方史志研究院)
院　长:杜金华

东营日报社
社　长:孙家恩

东营市档案馆
馆　长:张维岭

东营市人民政府研究室
主　任:燕志强

东营仲裁委员会办公室
主　任:薛在山

东营职业学院
党委书记:孙　波
院　　长:李延成

东营市技师学院
党委书记:马洪军
院　　长:梁海伟

东营市住房公积金管理中心
主　任:刘　童(女)

中国国际贸易促进委员会东营市委员会
会　长:刘杰元

东营市供销合作社联合社
理事会主任:陈景新

东营市文化活动中心
主　任:李德发

东营市广播电视台
台　长:徐教连

东营市现代农业示范区管理中心
主　任:荀宏水

(市委组织部)

中国共产党东营市委员会

综　述

2019年，中共东营市委坚持以习近平新时代中国特色社会主义思想为指导，深入学习贯彻中共十九大和十九届二中、三中、四中全会精神，以庆祝新中国成立70周年和开展“不忘初心、牢记使命”主题教育为动力，落实“走在前列、全面开创”目标要求和省八大发展战略，围绕“打造山东高质量发展的增长极，黄河入海文化旅游目的地，建设富有活力的现代化湿地城市”的目标定位，统筹做好稳增长、促改革、调结构、惠民生、防风险、保稳定各项工作，纵深推进全面从严治党，推动新时代东营发展取得新进展、新成效。

加强政治思想建设，坚决做到“两个维护”。坚持把学懂弄通做实习近平新时代中国特色社会主义思想作为首要政治任务，教育引导广大党员干部树牢“四个意识”、坚定“四个自信”、做到“两个维护”。①扎实开展“不忘初心、牢记使命”主题教育。先后召开6次常委会会议、5次专题会议和领导小组会议研究部署，把握主题教育的正确方向。分两期集中举办主题教育读书班，并举行重温习近平总书记视察山东重要讲话、重要指示批示精神专题学习研讨。利用两天时间，召开市委常委会“不忘初心、牢记使命”主题教育调研成果交流会暨全市第二次“解放思想大讨论”务虚会，聚焦事关全局和长远的重大问题、制约东营高质量发展的瓶颈问题、群众反映强烈的突出问题，提出130余项对策建议。坚持主题教育从整改起步、把整改贯穿始终，制定“1+9”专项整治方案，199项整治措施均已完成或取得阶段性成效。②坚决贯彻党中央决策部署。对习近平总书记发表的重要讲话、作出的重要指示批示，对党中央作出的重大决策部署，及时跟进学习，坚决抓好贯彻落实。全年组织常委会会议传达学习16次、理论学习中心组集体学习12次、举办“智慧东营”大讲堂2次。深入学习宣传贯彻中共十九届四中全会精神，召开市委六届七次全会作出全面部署，组织举办两期县处级干部专题学习班，成立宣讲团分赴基层进行宣讲，推动四中全会精神深入人心。开展贯彻落实习近平总书记视察山东重要讲话、重要指示批示精神“回头看”，对加快新旧动能转换、实施乡村振兴战略、经略海洋、打好“三大攻坚战”、打造对外开放新高地等重点任务持续抓好落实，确保在东营落地生根。③严格落实意识形态工作责任制。健全完善意识形态工作责任体系、制度体系、考核体系，开展意识形态工作半年督查、乡镇（街道）专项督导，组织对高校思想政治工作进行专项巡察。加强意识形态领域舆情会商研判，加强网络宣传管理，维护意识形态领域安全。组织庆祝新中国成立70周年系列活动，激发广大干部群众的爱国情怀和奋斗精神。

牢固树立和贯彻新发展理念，全力推动东营高质量发展。①加强对经济工作的领导。面对经济下行压力，加强经济运行调度，全面落实减税降费政策，制定推动“六稳”工作35条、财源建设20条、支持企业家干事创业25条等一系列政策措施，促进经济持续健康发展。抢抓黄河流域生态保护和高质量发展上升为重大国家战略的历史机遇，部署编制黄河三角洲生态保护和高质量发展规划，筛选论证生态保护、基础设施、高端产业项目，努力使东营的规划进入国家的规划、东营的项目成为国家的项目。召开市委六届六次全会，深化完善新时代东营发展的思路举措和重点任务，深入实施“三大战略”，突出抓好“四项重点工作”和“九个三年行动计划”，使东营发展的重点更加突出、任务更加明确、责任更加清晰、措施更加具体。②推动经济平稳增长。突出抓项目稳投资，建立重大项目滚动督查、并联审批和“要素资源跟着项目走”等机制，落实重点项目市级领导包靠和“3+N”会商机制，全力促开工、抓进度，市级重点项目完成投资390亿元。申报政府专项债券项目，获批专项债券额度48.2亿元。突出支持服务企业发展，在全省率先建立政府解决企业难题直通车制度，组织开展“百名局长服务百家企业”“银行行长走进百家企业”等活动，为企业减征税费88.58亿元，促进企业健康运行。突出稳定外贸增长，引导企业转变外贸增长方式，开拓新兴市场，实现进出口1629亿元。当年全市实现生产总值2916.19亿元，比上年增长4.2%；规模以上工业增加值增长4.4%；一般公共预算收入245.1亿元，剔除减税降费政策影响实际增长15.3%；城乡居民人均可支配收入分别增长6.7%、8.7%。③加快推进新旧动能转换。围绕构建“5+2+2”现代产业体系，制定政策、搭建平台，培育引进龙头企业，实施高端高质项目，推动产业集群发展。实施和储备新旧动能转换项目158个，其中20个列入省重点和第二批优选项目，2019年“四新”经济投资额占全市投资总额的比重达到40.6%。突出抓好石化产业转型升级，以鲁北高端石化产业基地核心区建设为牵引，加快构建“一区、一片、多点”发展格局，有序推进地炼企业产能整合转移，促进化工产业向高端迈进。威联化学对二甲苯等重点项目进展顺利。橡胶产业，坚持内部整合与外部招引相结合，集中培育有影响力的大型行业骨干企业，培育一批“专精特新”橡胶材料和配件企业。新材料产业，发挥山东国瓷等龙头企业作用，规划建设功能陶瓷材料产业园、新材料产业园和5G产业园，加快实施5G用关键材料、高端电磁线等项目。文化旅游产业，深入实施“旅游富民”三年行动计划，打造“醉美”线路，初步打响“黄河入海、我们回家”文化旅游品牌，黄河口生态旅游区游客人数翻了一番，创建成为国家AAAAA级旅游景区。④坚决打好“三大攻坚战”。完善企业债务风险监测预警机制，稳妥做好出险企业风险处置工作，严厉打击恶意逃废金融债务行为，全市不良贷款余额、不良贷款率实现“双下降”。省政府专门召开金融支持东营高质量发展座谈会，金融支持东营高质量发展成为省级决策、银行共识。推进直接融资，完成规范化改制企业140家，新增“新三板”挂牌企业5家，新增区域股权市场挂牌企业47家。做好脱贫攻坚工作，确保“两不愁三保障”落实到位，探索解决相对贫困的长效机制，不断巩固脱贫攻坚成果。深入实施生态环保和“四减四增”三年行动计划，加强水气土污染治理，推动环境质量持续改善。市控以上河流水质稳定达标，四项污染物减排和环境空气质量改善考核位列全省第1。⑤着力增创发展优势。突出重点领域，着力拉长长板、补齐短板，拓展东营高质量发展空间。把握“五个振兴”的要求，大力实施乡村振兴战略，新增市重点农业龙头企业10家、全省知名农产品品牌5个；着力打造市级特色示范片区7个，其中2个片区成为省级乡村振兴齐鲁样板示范片区。加强美丽乡村建设和农村人居环境整治，建设“四好农村路”277千米，完成12个黄河滩区村的旧村台改造。培育现代海洋产业，加快建设海洋强市。按照“精明增长”“精致城市”理念，制定《关于坚持规划引领提升城市建设品质的实施意见》等系列政策文件，形成用制度规范城市建设管理的格局。加强湿地城市和无内涝城市建设，统筹老旧小区改造和城市更新，加快推进北二路沿线及金湖银河片区综合开发、东八路生态环境综合整治、天鹅湖城市湿地工程等重点项目，进一步彰显“蓝绿交织、清新明亮，湿地在城中、城在湿地中”的城市风貌。创建成为国家生态园林城市。加快完善现代化综合交通体系，京沪高铁二通道天津——东营——潍坊段、济南——滨州——东营高铁前期工作进展顺利，长深高速广饶至高青段、东青高速何官互通立交工程建成通车，济南——高青高速公路开工建设，黄大铁路东营段、东营港疏港铁路试运行，东营港南防波堤、10万吨级航道导堤完成主体，2个10万吨级泊位开工建设，东营机场通航城市增至15个。

扎实推进制度创新流程再造，激发发展的动力和活力。制定《关于深化制度创新加快流程再造的实施意见》《关于推动开发区体制机制改革创新促进高质量发展的实施意见》《关于弘扬企业家精神进一步支持企业家干事创业的意见》，在政府运行体制机制、财政管理体制、城乡运行管理机制等重点领域推出一系列改革举措。持续深化“放管服”改革，全面推行“一窗受理、一次办好、一网通办”，推进“市县同权”“一枚印章管审批”。加强对省级以上开发区体制机制改革创新的研究谋划和顶层设计，在抓好东营港经济开发区、垦利经济开发区两个改革创新试点的基础上，加快推进其他开发区改革，推动建立更加精简高效的管理体制、更加灵活实用的开发运营机制、更加激励竞争的干部人事管理制度、更加系统集成的政策支持体系，更好地发挥开发区主战场、主阵地作用。成立市招商引资、招才引智“两个服务中心”，12个市直部门同步设立“双招双引”服务中心，加大高质量、精准化“双招双引”力度。打造“政产学研金服用”创新创业共同体，国家级稀土催化研究院挂牌成立，正在搭建高端化工创新创业共同体等产业创新平台，加快黄河三角洲现代农业技术创新中心建设，7家院士工作站获省科技厅备案。加强国有企业重组整合，将33家市属一级企业及所属企业整合为4家市管企业集团和2家非市管企业，培育主业突出、具备持续竞争力的骨干企业集团。创新社会治理，在全省率先建成“多网合一、一网运行”的社会治理网格化服务管理体系，加快设立城乡运行综合管理中心，进一步提高应急管理体系和应急能力建设水平，创建“全国市域社会治理现代化试点合格城市”，推进市域社会治理现代化。

大力保障和改善民生，不断增进群众福祉。解决群众关心的难点、痛点、堵点问题，办好13件民生实事，城镇新增就业5.3万人，失业人员再就业2.55万人，在全省率先制定支出型贫困家庭最低生活保障办法，城乡低保标准分别提高到每人每月620元、每人每年5400元。调整理顺中小学管理体制，新建改建城乡中小学30所、幼儿园21所。优化医疗卫生资源配置，市中医院、市传染病医院、市精神卫生中心挂牌成立，市妇幼保健中心综合楼开工建设，国家卫生城市复审通过考核。市老年大学新校建成投用。创建成为第三批国家公共文化服务体系示范区，全国文明城市创建工作实现常态化。推进油地校融合发展，胜利油田“四供一业”等办社会职能分离移交、中国石油大学胜利学院转设公办普通本科高校、黄河三角洲综合训练基地停偿工作进展顺利。重视解决群众诉求，对73件5年以上信访积案，由市级领导带头包靠，全部化解“清零”。抓好安全生产，加强危化品、道路交通等专项整治，成立海上应急救援中心，维护全市安全生产形势稳定。严格落实食品安全责任，保障人民群众生命安全和身体健康。深入开展“扫黑除恶”专项斗争，推进全国禁毒示范城市创建，增强群众的安全感。面对百年不遇的“利奇马”台风暴雨袭击，团结带领全市上下众志成城、科学应对，全力防洪排涝，紧急转移安置群众，没有发生疫情等次生灾害，维护人民群众生命财产安全。抓住全省补水利基础设施短板的机遇，着眼于从根本上解决城市内涝、河道行洪不畅等问题，谋划推进总投资129亿元的227项工程，其中小清河流域防洪综合治理工程争取省级专项资金27亿元。

纵深推进全面从严治党，持续优化政治生态。①充分发挥市委总揽全局、协调各方作用。召开市委人大、政协工作会议。支持人大、政府、政协和法院、检察院依法履责、开展工作。加强统一战线政治引领，加强对群团工作的领导，国防动员、双拥共建等工作扎实开展。集中精力抓好中央宗教工作督查问题整改，不断提高宗教工作水平。②扛牢压实管党治党政治责任。全面推行县区(开发区)党(工)委书记和市直党工委书记履行全面从严治党责任和抓基层党建工作述职评议制度、县区(开发区)党(工)委书记向市纪委全会述责述廉制度，常态化开展廉政约谈、廉政谈话，深化主体责任项目化推送制度，探索实行分管市领导主导诫勉谈话制度，开展党员领导干部向本单位党员大会述责述廉工作，督促各级党组织守土有责、守土负责、守土尽责。抓好省委巡视整改“回头看”整改方案落实，督促县区党委抓好巡视整改工作。深化政治巡察，完成六届市委第五轮、第六轮巡察。③推动基层党建创新发展。实施村党组织带头人队伍整体优化提升行动，抓好43个农村党建示范片区，倒排173个薄弱村开展新一轮集中整治，基本消除集体经济收入5万元以下的村。建立机关企事业单位党组织、在职党员社区“双报到”制度，从退役军人等群体中公开选任60名村党组织书记。机关党建深化“两规范一创建”工作，城市党建实施规范化提升行动，非公企业党建推行“一统六联、整园建强”模式，推动各领域党建工作全面进步、全面过硬。④加强干部人才队伍建设。坚持“实在、实干、实绩”用人导向，完善“四看一听”选人机制，坚持在重点工作、重点项目和工作专班一线跟踪调研、考察识别干部。加强干部上挂下派、上下交流任职、岗位交流，加大油地校三方县级干部互派挂职力度，扎实做好“万名干部下基层”工作，选派32支服务队、324名干部赴基层挂职锻炼。把培养年轻干部作为干部培养的“一号工程”，选拔100名优秀年轻干部进行重点培养。完善招才引智激励政策，制定盘活胜利油田、石油大学人才资源工作方案，推动人才政策向胜利油田、省黄三角农高区全面开放，引进培养市级以上高层次人才230余名。⑤持续转作风改作风。严抓作风建设，查处形式主义、官僚主义问题249起，处理295人。深入开展“担当作为、狠抓落实”大竞赛、大比武和对标学习温州工作，激励广大党员干部奋发有为、干事创业。落实正向激励、防错容错纠错、诽谤诬陷核查“三个办法”，为19名受到不实举报的党员干部澄清正名。落实中央“基层减负年”和省委“工作落实年”有关要求，大力精简会议文件，统筹规范督查检查考核工作，切实减轻基层负担。⑥加大正风肃纪力度。查处违反中央八项规定精神问题231起，处理299人；开展漠视侵害群众利益问题专项整治，共查处问题626个，处理775人。持续保持反腐败高压态势，各级纪检监察机关立案772件，党纪政务处分694人，严肃查处霰景亮、燕景广、王泽武等严重违纪违法案件。

市委常委会高度重视加强自身建设，带头学懂弄通做实习近平新时代中国特色社会主义思想，严格执行民主集中制，严肃党内政治生活，大力弘扬求真务实作风，努力提高班子驾驭能力和领导水平。（市委办公室　韩增博）

重要会议、文件及活动

【重要会议提要】 1月10日，全市经济工作会议召开。会议以习近平新时代中国特色社会主义思想为指导，深入学习贯彻中共十九大和十九届二中、三中全会精神，全面落实中央经济工作会议、全省经济工作会议精神，围绕贯彻落实市委六届四次全会的部署要求，总结2018年全市经济工作，安排部署2019年经济工作任务。市委书记李宽端出席会议并讲话，市委副书记、代市长赵志远主持会议并作总结讲话，市委副书记、利津县委书记陈必昌，市政协主席陈泽浦出席会议。市几大班子领导，市法院院长，市检察院检察长，各民主党派主要负责人，市直各部门、单位主要负责人，各县区、市属开发区党政主要负责人，省级开发区、高新区主要负责人，35家企业主要负责人参加会议。胜利石油管理局、中国石油大学、省黄三角农高区管委会有关负责人应邀参加会议。

1月10日，全市宣传思想工作会议召开。会议坚持以习近平新时代中国特色社会主义思想为指导，深入学习贯彻习近平总书记关于宣传思想工作的重要思想和全国宣传思想工作会议精神，按照全省宣传思想工作会议的部署要求，研究安排当前和今后一个时期全市宣传思想工作。市委书记李宽端出席会议并讲话，市委副书记、代市长赵志远，市委副书记、利津县委书记陈必昌出席，市委常委、宣传部部长贾瑞霭主持会议并作总结讲话。市委常委、市委意识形态和宣传思想工作领导小组成员，各县区和市直有关部门主要负责人等参加会议。

1月24日，中共东营市纪委六届四次全体会议召开。会议深入学习贯彻习近平新时代中国特色社会主义思想，全面贯彻落实十九届中央纪委三次全会精神，按照省纪委十一届四次全会的部署要求，总结2018年全市党风廉政建设和反腐败工作，研究部署2019年任务。市委书记李宽端出席会议并讲话，市委副书记、代市长赵志远，市委副书记、利津县委书记陈必昌，市政协主席陈泽浦出席。市纪委常委会主持会议。市委常委、市纪委书记、市监委主任孙早军代表市纪委常委会作了题为《坚定践行“两个维护”持续深化标本兼治巩固发展反腐败斗争压倒性胜利》的工作报告。市委常委，有关市领导，市纪委委员，各县区和市直部门单位负责人等参加会议。

6月28日，全市“担当作为、狠抓落实”大竞赛、大比武暨“七一”表彰奖励大会召开。会议表彰全市优秀共产党员、优秀党务工作者、先进党组织和各条战线涌现出来的先进集体、先进个人，激励全市上下深入学习贯彻习近平新时代中国特色社会主义思想，以先进为榜样，不忘初心、牢记使命，干事创业、比学赶超，努力在全市“担当作为、狠抓落实”大竞赛、大比武中展现新作为，为推动新时代东营高质量发展作出新贡献。市委书记李宽端出席会议并讲话，市委副书记、市长赵志远主持会议，市委副书记、利津县委书记陈必昌宣读市委、市政府表彰通报和市委表彰决定，市人大常委会主任郑建军，市政协主席陈泽浦出席。会议以视频形式召开，市设主会场，各县区、市属开发区设分会场，市几大班子领导，市法院院长，市检察院检察长，市直各部门单位、各县区和市属开发区主要负责人，30家民营企业主要负责人，29家银行机构、10家保险公司主要负责人，胜利石油管理局有限公司、胜利油田分公司、省黄三角农高区管委会有关领导应邀参加会议。

9月12日，东营市“不忘初心、牢记使命”主题教育工作会议召开。会议深入学习贯彻习近平总书记关于开展“不忘初心、牢记使命”主题教育的重要论述，按照中央部署和省委要求，对东营市开展“不忘初心、牢记使命”主题教育进行动员部署。市委书记李宽端，省委第三巡回指导组组长卢保民出席会议并讲话，市委副书记、利津县委书记陈必昌主持，市人大常委会主任郑建军，市政协主席陈泽浦出席。会议以视频形式召开，市设主会场，各县区、市属开发区设分会场，市几大班子领导，市直各部门、单位党组（党委）主要负责人，各县区、市属开发区党（工）委主要负责人等在主会场参加会议。

10月29—30日，市委常委会“不忘初心、牢记使命”主题教育调研成果交流会暨全市第二次“解放思想大讨论”务虚会召开。会议以习近平新时代中国特色社会主义思想为指导，深入学习贯彻习近平总书记视察山东重要讲话、重要指示批示精神，贯彻“不忘初心、牢记使命”主题教育有关要求，围绕新时代东营发展的目标定位和战略举措、重点任务，聚焦事关全局和长远的重大问题、制约东营高质量发展的瓶颈问题、群众反映强烈的突出问题，交流调研成果，分析问题症结，深入开展讨论，提出解决问题、改进工作的思路对策，进一步推动主题教育深入扎实开展，奋力开创新时代东营高质量发展的新局面。市委书记李宽端主持会议并讲话，省委第三巡回指导组组长卢保民到会指导，市委副书记、利津县委书记陈必昌，市人大常委会主任郑建军，市政协主席陈泽浦出席。市几大班子领导，市法院院长，市检察院检察长，各县区、市属开发区和市直各部门、单位主要负责人等参加会议。

11月19日，市委人大工作会议召开。会议以习近平新时代中国特色社会主义思想为指导，深入学习贯彻习近平总书记关于坚持和完善人民代表大会制度的重要思想，学习贯彻中共十九届四中全会精神，全面落实省委人大工作会议要求，对做好新时代全市人大工作作出安排部署。市委书记李宽端出席会议并讲话，市委副书记、利津县委书记陈必昌主持，市人大常委会主任郑建军，市政协主席陈泽浦出席。有关市委常委，市人大常委会副主任，市法院院长，市检察院检察长，各县区和市直有关部门主要负责人等参加会议。

11月19日，市委政协工作会议召开。会议以习近平新时代中国特色社会主义思想为指导，深入学习贯彻习近平总书记关于加强和改进人民政协工作的重要思想，贯彻落实中共十九届四中全会精神，按照中央政协工作会议和省委政协工作会议的部署要求，总结交流经验，安排部署下一步工作。市委书记李宽端出席会议并讲话，市委副书记、利津县委书记陈必昌主持，市人大常委会主任郑建军，市政协主席陈泽浦出席。有关市领导，住东营全国、省政协委员，市有关方面和部门单位主要负责人参加会议。

12月4日，中国共产党东营市第六届委员会第六次全体会议召开。全会以习近平新时代中国特色社会主义思想为指导，全面贯彻落实中共十九大和十九届二中、三中、四中全会精神，深入贯彻落实习近平总书记对山东工作重要指示要求，贯彻省委有关部署，审议通过《关于深化制度创新加快流程再造的实施意见》《关于推动开发区体制机制改革创新促进高质量发展的实施意见》《关于弘扬企业家精神进一步支持企业家干事创业的意见》。会议由市委常委会主持，市委书记李宽端讲话，市委委员和市委候补委员出席，市纪委常委和有关方面负责人、部分市第六次党代会基层一线代表列席会议。

12月31日，中国共产党东营市第六届委员会第七次全体会议召开。全会深入学习贯彻习近平新时代中国特色社会主义思想，听取和讨论李宽端受市委常委会委托所作的工作报告，审议通过《中共东营市委关于深入贯彻落实党的十九届四中全会精神的实施意见》。全会由市委常委会主持，市委书记李宽端讲话，市委委员和市委候补委员出席，市纪委常委和有关方面负责人、部分市第六次党代会基层一线代表列席会议。（市委办公室　王涛）

【重要文件提要】《中共东营市委、东营市人民政府关于坚持农业农村优先发展　做好“三农”工作的实施意见》　内容要点：牢牢把握稳中求进总基调，落实高质量发展要求，坚持农业农村优先发展，对标全面建成小康社会“三农”工作必须完成的硬任务，加快农业农村现代化进程，聚焦产业振兴、人才振兴、文化振兴、生态振兴、组织振兴“五个振兴”，落实干部配备、要素配置、财政投入、公共服务“四个优先”，坚持规划引领有序发展，统筹推进实施乡村振兴战略，深化农业供给侧结构性改革，推动农业高质量发展，巩固提升扶贫成果，坚决打赢脱贫攻坚战，扎实推进农村人居环境整治，建设生态宜居美丽乡村，不断深化农村改革，激发农业农村发展活力，健全乡村治理体系，维护农村社会和谐稳定，确保到2020年实现预定目标任务，为打造乡村振兴齐鲁样板作出东营贡献。

《中共东营市委、东营市人民政府关于印发〈东营市金融动能转换三年行动计划（2019—2021年）〉的通知》　内容要点：深入贯彻落实全国金融工作会议和省、市金融工作会议精神，认真贯彻落实市委六届四次全会精神，以提高金融服务质效、防范化解金融风险、加强信用体系建设、优化金融生态环境为主要任务，坚持金融动能转换和新旧动能转换相得益彰，促进经济金融融合发展；坚持把化解金融风险作为当务之急，坚决打好金融风险防范化解攻坚战；坚持把服务实体经济发展作为根本目的，提高金融服务保障能力，为实现全市产业转型升级、经济高质量发展提供强劲动力。

《中共东营市委、东营市人民政府关于推进防灾减灾救灾体制机制改革的实施意见》 内容要点：坚持以防为主、防抗救相结合，常态减灾和非常态救灾相统一，以人为本、综合减灾，以分级负责、属地管理为主，依靠党委领导、政府主导、社会力量与市场机制广泛参与的原则，进一步完善体系、落实责任、整合资源、统筹力量，健全统筹协调体制，完善灾害管理机制，完善灾后恢复重建机制，提升综合减灾能力，深入推进东营市防灾减灾救灾体制机制改革。到2020年，努力实现从注重灾后救助向注重灾前预防转变，从应对单一灾种向综合减灾转变，从减少灾害损失向减轻灾害风险转变，全面提升综合防灾减灾救灾能力，为人民群众生命财产安全提供坚实保障。

《中共东营市委、东营市人民政府关于印发〈东营市“旅游富民”三年行动计划（2019—2021年）〉的通知》 内容要点：深入贯彻落实市委六届四次全会精神，紧紧围绕打造“黄河入海文化旅游目的地”的目标定位，以富民惠民为主线，按照“一核引领、两带崛起、三区突破”的发展思路，实施黄河入海核心吸引物培育，沿黄和滨海旅游休闲产业集聚带建设，黄河水城、金湖银河和孙武湖旅游度假区建设，旅游融合，乡村旅游五大富民工程；构建立体交通游览、旅游公共服务、精准营销推广、旅游政策保障和旅游人才支撑五大支持体系，擦亮“黄河入海”品牌，打造全域旅游发展的东营样板，推进文旅融合发展的东营实践，把文化旅游产业发展成为富裕东营的支柱产业、幸福东营的惠民产业和宜居东营的生态产业。

《中共东营市委关于进一步加强市委常委会自身建设的意见》 内容要点：深入贯彻落实习近平新时代中国特色社会主义思想和中共十九大精神，树牢“四个意识”，坚定“四个自信”，坚决做到“两个维护”。坚决维护核心，对党绝对忠诚；扛牢第一责任，从严管党治党；加强思想建设，坚定信仰信念；规范议事规则，提高决策水平；严格程序标准，科学选人用人；自觉改进作风，主动服务群众；提升目标定位，推动事业发展；严守纪律规矩，自觉接受监督，把市委常委会建设成为对党绝对忠诚、对组织绝对坦诚、牢记政治责任、忠诚干净担当的坚强领导集体。

《中共东营市委、东营市人民政府关于开展“担当作为、狠抓落实”大竞赛、大比武的意见》 内容要点：深入贯彻习近平总书记视察山东重要讲话、重要指示批示精神，认真落实省委、省政府部署要求，紧紧围绕“打造山东高质量发展的增长极，黄河入海文化旅游目的地，建设富有活力的现代化湿地城市”的目标定位，开展“项目建设”“双招双引”“环境打造”“金融动能转换”“生态环保”“旅游富民”“夯实基层基础”“企业转型升级”“创新发展”“干部素质能力”竞赛比武。迅速掀起大竞赛、大比武的热潮，鼓励引导广大党员干部担当作为、干事创业，比学赶超、创先争优，奋力开创新时代东营高质量发展的新局面。

《中共东营市委、东营市人民政府关于全面深化新时代全市教师队伍建设改革的实施意见》 内容要点：深入贯彻全国教育大会、全省教育大会精神，全面加强教师思想政治工作，提升教师队伍素质，深化教师管理体制机制改革，落实教师地位待遇，全力确保政策举措落实，造就党和人民满意的高素质专业化创新型教师队伍，努力办好人民满意的教育，为打造山东高质量发展的增长极，黄河入海文化旅游目的地，建设富有活力的现代化湿地城市奠定坚实基础，提供重要教育科技支撑。

《中共东营市委、东营市人民政府关于印发〈新时期产业工人队伍建设改革实施方案〉的通知》 内容要点：把产业工人队伍建设作为实施科教兴国战略、人才强市战略和创新驱动发展战略的重要支撑和基础保障，按照政治上保证、制度上落实、素质上提高、权益上维护的总体思路，改革不适应东营市产业工人队伍建设要求的体制机制，加强和改进产业工人队伍思想政治建设，提升产业工人技能素质，保障产业工人合法权益，运用互联网促进产业工人队伍建设，创新完善产业工人队伍发展机制，强化产业工人队伍建设支撑保障，造就一支适应时代要求、有理想守信念、懂技术会创新、敢担当讲奉献、门类齐全、梯次合理的高素质产业工人队伍。

《中共东营市委关于在全市开展“不忘初心、牢记使命”主题教育的实施意见》 内容要点：把深入学习贯彻习近平新时代中国特色社会主义思想作为根本任务，全面把握守初心、担使命，找差距、抓落实的总要求，坚持抓思想认识到位、抓检视问题到位、抓整改落实到位、抓组织领导到位，以彻底的自我革命精神解决违背初心和使命的各种问题，努力实现理论学习有收获、思想政治受洗礼、干事创业敢担当、为民服务解难题、清正廉洁作表率的目标。深入贯彻落实习近平总书记视察山东重要讲话、重要指示批示精神，聚焦市委六届四次全会确定的目标任务，扎实开展“担当作为、狠抓落实”大竞赛大比武，引导全市党员干部勇做新时代泰山“挑山工”，奋发有为、干事创业，深入实施“三大战略”，突出抓好“四项重点工作”和五个“三年行动计划”，努力推动新时代东营高质量发展。

《中共东营市委、东营市人民政府关于深化制度创新加快流程再造的实施意见》 内容要点：按照全省“走在前列、全面开创”目标和八大发展战略，紧紧围绕“打造山东高质量发展的增长极，黄河入海文化旅游目的地，建设富有活力的现代化湿地城市”的目标定位，聚焦政务服务加快流程再造，方便群众办事，压减受理时间，强化数据支撑，提升服务效能；聚焦机关工作加快流程再造，优化议事决策流程，建立最快协调推进机制，再造执行落实流程，完善督导问效机制；聚焦社会治理加快流程再造，创新社会治理网格化机制，建立城乡运行综合管理体系，完善社会信用体系，为新时代东营高质量发展提供有效制度机制保障。

《中共东营市委、东营市人民政府关于弘扬企业家精神进一步支持企业家干事创业的意见》 内容要点：全力践行“企业为尊”理念，发扬东营企业家拼搏实干的创业精神、敢为人先的创新精神、敬业奉献的担当精神和永不言败的奋斗精神，提升地位尊重企业家，大张旗鼓激励企业家，旗帜鲜明保护企业家，精准高效服务企业家，真心实意关爱企业家，着眼长远培养企业家，增强企业家创新创造、开放合作、诚信履责的能力和水平，全力支持和服务企业家干事创业，让东营成为一个尊崇企业家、弘扬企业家精神的城市。

《中共东营市委关于深入贯彻落实党的十九届四中全会精神的实施意见》 内容要点：坚持以习近平新时代中国特色社会主义思想为指导，全面贯彻党中央决策部署，认真落实省委工作要求，提高政治站位，用中共十九届四中全会精神统一思想凝聚共识，明确目标方向；高水平推进市域治理现代化，深入落实党的领导制度体系，确保更好实现党的全面领导；深入落实人民当家作主制度体系，大力发展社会主义民主政治；完善现代法治体系，推进更高标准法治东营建设；构建优化协同高效的依法行政体制，建设人民满意政府；加快建设现代化经济体系，推动经济高质量发展；完善先进文化发展制度体系，推动文化事业繁荣发展；完善民生保障制度体系，提高人民群众满意度获得感；完善社会治理体系，保障人民安居乐业、社会安定有序；完善生态文明建设制度体系，构建人与自然和谐发展新格局；完善党统一领导、全面覆盖、权威高效的监督体系，不断强化对权力运行的制约和监督；加强对制度建设和治理能力建设的领导，建立健全贯彻执行责任体系和工作机制，为坚持和完善中国特色社会主义制度、推进国家治理体系和治理能力现代化贡献东营力量。 （市委办公室 陈诚）

【重大活动】 3月18日，2019年重点项目集中开工活动举行。动员全市上下聚焦聚力项目建设，担当作为、狠抓落实，迅速掀起项目开工热潮，以项目建设的实际成效，推动全市经济高质量发展。市委书记李宽端宣布项目开工，市委副书记、市长赵志远讲话，市领导郑建军、陈泽浦、张庆华、张润国、韩辉在主会场出席活动，市委常委、副市长张润国主持开工活动。市领导陈必昌、何学民、聂建军、孙早军、田和友、李俊峰、刘美华、冯艺东、韩利学、戚思宇在分会场出席活动。

4月20日，中国万达·2019黄河口（东营）国际马拉松赛举行。中国田径协会主席段世杰，副省长孙继业，省政府办公厅二级巡视员张连三，省体育局局长李政，市委副书记、市长赵志远，市委副书记、利津县委书记陈必昌，市人大常委会主任郑建军，市委常委、副市长张润国，市委常委、宣传部部长贾瑞霭，副市长刘美华，副市长、胜利石油管理局有限公司副总经理乔恩言，市政协副主席田青云，省黄三角农高区管委会副主任毕建明，中国石油大学东营校区管委会副主任孙海峰出席起跑式。

8月10日，市委书记李宽端到市防汛抗旱指挥部指挥调度2019年第9号台风“利奇马”防范工作。市委常委、秘书长张庆华，副市长韩利学参加。8月11日，市委书记李宽端到中心城区胶州路与潍河路路口、府前大街与东一路路口、西二路泵站、广利河明海闸督导检查城市防汛排涝工作。市委常委、秘书长张庆华参加活动。

9月17日，市委常委会在广饶县刘集后村《共产党宣言》纪念馆举行“不忘初心、牢记使命”主题教育第一次专题学习。市委书记、市委“不忘初心、牢记使命”主题教育领导小组组长李宽端主持专题学习，省委第三巡回指导组组长卢保民到会指导，市人大常委会主任郑建军，市政协主席陈泽浦，市委常委、秘书长张庆华，市委常委、宣传部部长贾瑞霭，市委常委、东营军分区政委何学民，市委常委、统战部部长聂建军，市委常委、市纪委书记、市监委主任孙早军，市委常委、政法委书记田和友，市委常委、副市长王晓军，参观《共产党宣言》纪念馆，重温入党誓词，接受革命传统教育，并围绕“理想信念”“宗旨性质”进行研讨交流。

9月26—28日，第十二届中国（东营）国际石油石化装备与技术展览会在东营黄河国际会展中心举行。副省长任爱荣出席并宣布开幕，中国国际贸易促进委员会副会长张慎峰、市委书记李宽端分别致辞，中国工程院院士、中国石油和石化工程研究会第十一届理事会理事长曹耀峰，中国设备管理协会会长牛昌文，市人大常委会主任郑建军，市政协主席陈泽浦，市委常委、秘书长张庆华出席，副市长冯艺东主持开幕式。来自54个国家和地区的360余家企业、1500余名客商参加，期间举办展览展示、对接洽谈、会议论坛等活动。

9月27日，市委书记李宽端就推进黄河三角洲生态大保护和湿地城市建设进行调研。实地察看黄河三角洲国家级自然保护区生态恢复和文化旅游项目、天鹅湖城市湿地工程、东八路湿地生态修复工程、市全民健身公园和奥体中心体育馆等情况，听取有关部门汇报，就项目规划建设管理等事宜进行研究。市委副书记、利津县委书记陈必昌，市人大常委会主任郑建军，市委常委、秘书长张庆华，市委常委、宣传部部长贾瑞霭，市委常委、东营军分区政委何学民，市委常委、统战部部长聂建军，市委常委、市纪委书记、市监委主任孙早军，市委常委、副市长王晓军，副市长、胜利石油管理局有限公司党委常委、副总经理乔恩言，副市长冯艺东，市政协副主席田青云参加调研。

10月14—15日，市委书记李宽端率领东营市党政考察团到浙江省温州市，对标学习温州推进改革发展的经验做法。市领导陈必昌、郑建军、陈泽浦、贾瑞霭、聂建军、孙早军、王晓军、李俊峰、韩利学、戚思宇参加活动。浙江省委常委、温州市委书记陈伟俊，市委副书记、市长姚高员，市委副书记、政法委书记陈浩，温州市领导胡剑谨、姜军、厉秀珍等参加活动。

12月2—3日，2019年全市重点项目观摩举行。市委书记李宽端，市委副书记、利津县委书记陈必昌，市人大常委会主任郑建军，市政协主席陈泽浦等市各大班子领导，各县区、开发区和市直有关部门主要负责人参加活动。

（市委办公室　刘志泉）

市委办公室工作

【参谋辅政】 坚持把参谋辅政作为第一要务，聚焦全市“四项重点工作”“九个三年行动计划”加强思考研究，起草黄河三角洲生态保护和文化旅游产业发展、全市经济高质量发展、数字经济发展等方面调研报告10余篇，一些对策建议被纳入市委决策。提升文稿质量，按照市委主要领导“听得懂、看明白、便执行”的要求，坚持吃透上情、了解外情、摸透下情，力求贴得紧、跟得上、有创新，起草各类文稿500余篇、300余万字，市委领导在全市经济工作会议、市委全体会议讲话等文稿得到市委领导肯定。高标准做好文件拟制工作，做好上级精神与东营实际结合，突出政治性、指导性、实用性，制发市委及办公室文件84件；提升公文处理效率和质量，收发、传阅上级各类文件1193件、10700余人次，从未造成积压、丢失、泄密和延误。推动信息工作开源、拓面、提质、增效，处理紧急信息21起，编发《东营信息》等刊物492期、信息2400余条，报省信息245期、1356条，被采用162条，98条信息转报中央办公厅，信息上报质量和采用率明显提升。集中办好《今日要览》及《今日要览（专报）》，每天第一时间搜集整理中央、省领导讲话和重要政策文件精神，以及省、市中心工作和领导关注的重点问题，为领导决策提供第一手信息。

【组织协调】 协助市委“总揽全局、协调各方”，加强与上下左右、油地军校的协调沟通，坚持市几大班子秘书长联席会议制度，确保各项工作紧密衔接、高效有序。值班备勤突出严谨细致、规范高效，上传下达准确到位，来文、来电、来函、来访等工作高效运转，全年办理传阅单288份，下发会议活动通知286件。会议活动突出超前谋划、周密安排，以周、月、年为节点拟定市委重要会议活动安排计划，加强会议活动预判和统筹，组织市委常委会会议35次，组织其他各类会议241次，其中，组织全市第二次“解放思想大讨论”务虚会、“4+9”行动方案论证会、市委六届六次、七次全会等重要会议100余次，市重点项目观摩、庆祝新中国成立70周年等重大活动10余次，市委领导调研督导活动70余次。“利奇马”台风期间，强化应急保障和统筹调度，保障市委领导会商研判、专题调度、现场指挥等工作的有序开展。接待活动突出勤俭节约、热情周到，完成接待任务530批次、来宾4900余人次，其中，省部级以上领导108人次；水利部江河流域水资源管理现场会、沿黄九省（区）政协黄河流域生态保护和高质量发展协商研讨会等重大活动接待服务工作，以及东营市党政考察团到温州考察、到北京“双招双引”恳谈会等活动联络服务工作，均取得成功；全省新旧动能转换现场观摩接待服务工作得到省、市领导高度评价。牵头事项突出主动担当、靠前调度，对省委巡视反馈意见整改工作牵头成立工作专班，做好省委巡视东营市整改“回头看”反馈意见和市委督促垦利区、广饶县、利津县巡视反馈意见整改工作，先后组织开展现场监督检查2次；根据省委进一步放大巡视整改效应有关要求，督促部门单位查找和整改突出问题31个。

【服务保障】 深入开展保密宣传教育和监督检查，全年组织教育培训1400余人次，检查机关单位109个。建立档案管理工作局馆联络机制，加强档案执法检查，档案管理更加规范。加强大楼安保和巡逻值守，协助做好信访接待工作，维护大楼办公秩序。完善行政财务内部控制、资产管理等制度，做好财务收支、资金管理、账务处理、报表编制等工作，行政后勤服务保障规范有序。严控文印成本，严抓文印质量，提高质量效率和保密水平。加强公务车辆管理，安全出车1000余台次、20余万千米。

【督促检查】 落实中央“工作落实年”和省委“基层减负年”部署要求，制定《2019年市级督查检查考核年度计划》，按照“能减则减、能并则并”原则，整合压减优化事项，剔除重复督查、多头督查、无序督查事项，督查检查考核事项下降81.66%，提高督查的精准性、实效性。针对中央和省决策部署，全年组织开展专项督查118项，办理省委领导批示件60件，向省报送情况报告60余件次。针对市委决策部署和重点工作，强化重点工作月调度、重点项目半月滚动督查、领导安排事项周调度等制度，分解立项任务900余项，编报《督查专报》54期。强化专项查办力度，办理市委领导批示件610件，人大代表建议、政协委员提案办理满意率、办结率均为100%。

【精文简会】 把精文简会作为硬任务、硬要求，不折不扣抓好落实。坚持源头管控、标本兼治，实行总量控制、计划管理、动态调整，推动会议文件“减量、提质、增效”，让基层和部门腾出更多精力干工作抓落实。严格执行发文指标控制、发文审批、前置审核三项制度，审核“发文必要性”“合法合规性”，在发文审签单上列出该文种已发文数量、指标余量、发文依据供领导审签文件时掌握；对某一文种发文数量出现超标趋势时及时提出预警，采取措施控制，制发市委文件下降49.7%。坚持少开会、开短会、开管用的会，实行会议审批报备制度，减少会议数量，改进会议形式，提高会议

实效,市委召开会议下降45.45%。(市委办公室　郅伦山)

组　织　工　作

【组织开展主题教育】　2019年,把牵头开展“不忘初心、牢记使命”主题教育工作作为最重要的政治任务,周密安排、统筹推进。坚持学思践悟,紧扣学习贯彻习近平新时代中国特色社会主义思想,市县乡村四级采取读书班、轮训班、个人自学、集中研讨、专题教育等多种方式,组织11.8万名党员干部读原文、学原著、悟原理,筑牢思想根基。坚持问题导向,对群众反映强烈的不担当不作为、形式主义官僚主义、督查检查过多过频等9个方面的突出问题,提出199项专项整治措施,已全部完成或取得阶段性成果,为群众和企业解决难题850个。坚持严督实导,成立12个巡回指导组,制定47条具体标准,分9个领域明确任务清单,督促指导各级党组织高标准开展主题教育。东营市有关做法在全省第二批主题教育工作推进会议上作经验介绍,得到中央第四巡回督导组和省委领导的肯定。

【干部选用和监督管理】　坚持新时期好干部标准,强化“实在实干实绩”用人导向,以实绩论英雄,凭实绩用干部。更加注重基层导向,建立一线跟踪调研、考察识别干部工作机制,2019年提拔重用具有县乡基层工作经历的干部24人,占提拔重用总数的一半以上。注重培育年轻干部,开展优秀年轻干部专项选拔培养,100余名年轻干部进入组织视野,选派50名年轻干部赴温州体悟实训,有部分年轻干部走上重要领导岗位。注重落实激励政策,稳妥做好公务员职级晋升工作,为719名科级干部、67名县级干部晋升职级;推进“担当作为、狠抓落实”大竞赛、大比武,“七一”前集中表彰先进集体50个、先进个人151人。注重发挥考核“指挥棒”作用,改进优化综合考核体系,考准考实干部实绩,对年度考核优秀的,从精神和物质方面给予表彰奖励。

2019年6月28日,东营市“担当作为、狠抓落实”大竞赛、大比武暨“七一”表彰奖励大会召开　　(市委组织部供稿)

【基层党组织建设】　强化党建引领,推进基层社会治理,2.9万名在职党员到城市社区“双报到”,完善共驻共建机制,开展党员联户、志愿服务等活动,发挥党组织和党员在社会治理中的作用。加大软弱涣散基层党组织整顿力度,对全市倒排出的173个软弱涣散村党组织,每村安排1名县级班子成员联村、1名镇街班子成员包村、1名“第一书记”驻村、1个机关单位结对帮扶;对村级班子不健全、村内无合适人选的村,公开选任60名机关干部、退役军人、返乡创业人员,到村直接担任村支部书记。大力发展村级集体经济,开展“万名干部下基层”活动,选派32支服务队、324名干部驻村帮扶,争取各方面资金5300余万元,扶持集体经济发展壮大,基本消除集体收入5万元以下村。

【人才工作】　坚持优化政策引才,出台鼓励社会力量引才奖励办法等19项配套政策;召开企业引才专题座谈会,开展“政策送企”活动,编制2019年全市人才需求清单、企业技术需求清单,为企业引才用才牵线搭桥。坚持产才对接招才,参与举办“双招双引”(招商引资、招才引智)北京恳谈会、青岛恳谈会,指导举办石化产业高端人才对接交流会等11场产才对接活动,邀请国内外309名专家到东营市对接洽谈。坚持搭建平台育才,中科院现代农业工程实验室、国家级稀土催化研究院等人才平台工程建设取得新成效,新增企业技术中心、工程实验室、院士工作站等省级以上创新平台26个;调整优化市级重点人才工程,实施2019年度首席技师、乡村之星、和谐使者、文化名家、金融之星等市级人才评选表彰,评选10名黄河三角洲学者、20名黄河三角洲产业领军人才、196名其他市级人才。坚持资源融合聚才,落实油地校人才融合发展的“15条措施”,将人才政策全面覆盖油田、农高区和中央、省驻东营单位。2019年,新增省级以上高层次人才12名,完成省定考核任务的165%。

【公开选任村党组织书记】　市委组织部学习枣庄、青岛等地先进经验,结合东营实际,制定公开选任村党组织书记工作方案和《关于激励广大党员干部到村担任村党组织书记的若干意见》,对选任范围、任职时间、比选方式以及政治经济待遇等作出规定。11月18日,通过《东营日报》、市政府网站、灯塔——东营党建在线等平台发布《公开选任村党组织书记公告》，采取一封信形式将有关要求发给市直部门单位负责同志，召开会议向县区作出安排，全市325人报名。市委组织部牵头，以县区组织部为主，采取资格审查、面试面谈、组织考察等方式，确定选任人员60名，到10个集体经济薄弱村、35个班子软弱涣散村、15个信访矛盾问题村担任党组织书记。

【一线考察识别干部】 坚持把全市项目建设、双招双引、环境打造、金融动能转换"四项重点工作"以及湿地城市建设、交通基础设施建设、乡村振兴、旅游富民、社会治理体系建设等"九个三年行动计划"工作一线作为培养、识别和使用干部的"赛马场""主阵地"，健全和深化一线跟踪调研、考察识别干部机制，变"伯乐相马"为"赛场选马"。突出精准性，科学确定调研考察对象。着眼全市经济社会发展大局，明确一线调研考察的目标任务，聚焦调研考察对象，把一线调研考察作为推动全市重点工作、重大工程项目提速增效的重要举措。突出导向性，明确调研考察的标准内容。坚持"实在、实干、实绩"导向，突出"三察五看"，做到"一把尺子量人"，全面、客观、准确地考察评价干部。突出多样性，灵活运用多种方式常态化、近距离考察识别干部。推动组工干部向重点工作和基层一线下沉，通过分组跟踪联系、定期集中调研、开展专项考察等方式，深入了解掌握工作专班和有关干部在关键时刻、重要节点、重大事件中的表现。突出实效性，把一线调研考察成果转变为激励干部的强大动力。在跟踪调研、单位推荐、综合研判的基础上，发挥一线调研考察"指挥棒"作用，对"关键时候冲得上、碰到硬仗打得赢"的干部大胆选拔使用，最大限度调动干部干事创业积极性，让想干事、能干事、干成事的干部脱颖而出。

【选派优秀干部赴温州"体悟实训"】 12月22日，市委组织部从全市选派50名优秀年轻干部赴温州进行体悟实训。体悟实训紧扣市委对标学习温州部署要求，采取集中授课、现场教学和单位学习实践相结合方式进行，在温州市委党校集中授课、现场教学，重点开展行政审批制度改革、经济转型升级、金融风险防控、科技创新、人才战略等相关课程，随后组织学员到各自对应的服务经济发展部门、行政审批窗口单位、经济开发区等部门单位开展实践学习。体悟实训期间，成立临时党支部，下设五个小组对选派干部实行集中管理，要求学员撰写学习日志、学习心得、调研报告，并利用晚上时间集体研讨交流，督促学员学思践悟、学以致用。

（市委组织部研究室　刘业仕）

宣传工作

【理论武装工作】 ①推动理论武装向深里走、往实处做。制定市委中心组集体学习《组织实施规程》，2019年组织市委中心组集体学习12次，3次走进基层社区，采取"调查研究""红色教育""警示教育"与集体学习研讨相结合开展学习，举办"智慧东营"大讲堂2期，促进学用结合。②在全省率先建立中心组学习巡听制度，2019年转入常态化巡听，市县两级对308个中心组学习进行巡听指导，促进各级中心组学习规范开展；率先开展打造中心组学习示范课工作，推动中心组学习走进实践一线，形成"调研观摩式""结对联合式""测评促进式""结构化研讨式"等新的学习方式，在全市进行推广，增强学习实效。③深入开展中共十九届四中全会精神学习宣传宣讲，市委常委带头宣讲，市县乡三级分别成立宣讲团，开展宣讲800余场。丰富宣讲形式，开展"中国梦·新时代·祖国颂"百姓宣讲120余场，涌现出青马讲堂、"小马扎+"等一批特色宣讲做法，在全省宣讲比赛中获一等奖2个，获优秀组织工作奖。④做好"学习强国"工作，学员活跃度、供稿位居全省前列，推广使用经验被中央宣传部刊发。

【意识形态工作】 ①把巡视巡察作为压实意识形态责任重要抓手，做好巡视"回头看"工作，查找新问题，放大整改成果。建立意识形态工作责任制专项巡察工作协调机制和流程，完成对市委第六轮巡察16个单位的专项巡察，对市委第四、第五轮巡察36个单位意识形态工作问题整改进行跟踪督办。②针对基层意识形态工作相对薄弱问题，深入村庄、社区等基层单位开展"四不两直"调研督查，组织对全市所有乡镇、街道、市属国有企业和高校进行全覆盖专项督导，组织专题培训4期、面对面宣讲指导24场。③把风险防控作为工作重点，制定意识形态领域安全风险防控预案、网络安全事件应急预案等制度，建立问题风险处置闭环流程，组织问题风险排查1轮、会商研判4次，下发问题风险告知单26份，督促有关部门堵塞管理漏洞，推动意识形态领域形势持续向好，东营市推送的宣讲稿《坚决扛起意识形态工作政治责任》被中央宣传部评为"优秀理论宣讲报告"。

【新闻宣传】 ①市内宣传。组织"担当作为、狠抓落实""新旧动能转换"等重大主题宣传，形成全媒体、立体化宣传态势，发挥聚民心、鼓实劲的重要作用。"风雅颂·东营""东营24小时"等特色传播活动引起广泛关注。开办"问政东营""新闻啄木鸟""行风热线"等专题专栏，推出"问政东营"11期、"行风热线"137期、"新闻啄木鸟"125篇（条），聚焦难点、痛点、堵点问题，开展舆论监督，成为督促工作落实、问题解决的重要方式。②市外宣传。讲好东营故事，在中央和省级主流媒体、重点网络媒体发稿5800余篇（条），其中，重头稿件300余篇，提升城市知名度、美誉度。③网络舆情处置。把舆论反映作为了解群众诉求、补足工作短板的重要渠道，构建形成全天候舆情统计分析链条、舆情处置闭环

“问政东营”节目直播现场 （市委宣传部供稿）

模式，坚持“线下及时解决，线上及时回应”，稳妥处置重点舆情255项，全市未发生重大舆论事件。④媒体融合取得新进展，深入贯彻习近平总书记关于媒体融合发展重要论述精神，推动5个县区全部挂牌成立融媒体中心，市级媒体融合改革加快推进，打造“新闻+政务+服务”综合平台。

【精神文明建设】 ①庆祝新中国成立70周年，组织开展“壮丽70年·奋斗新时代”“我和我的祖国”等主题宣传，年内组织200余项主要庆祝活动。在全省有关比赛中获优秀组织奖2项，1名选手获红色故事金牌志愿讲解员称号，1名选手获演讲比赛一等奖并代表山东省参加全国决赛。②发挥新时代文明实践中心“传播思想、实践文明、成就梦想”的百姓之家作用，县（区）中心、乡镇（街道）分中心实现全覆盖，建成村（社区）实践站1189个、实践基地478处，建设网上供需对接平台，按照“常规项目中心派、个性需求群众点”模式，开展文明实践活动1.1万余场次，服务群众41.5万余人次。广饶县被列为全国试点，6个案例入选全省典型案例。③推动文明城市创建常态化法治化，颁布实施《东营市文明行为促进条例》，持续开展系列环境秩序整治和文明实践活动，让文明成为城市的品质、市民的习惯。在上半年全省文明出行测评中名列全省第3、同类城市第1。深化乡村文明行动，推进移风易俗，巩固城乡环卫一体化成果，县级以上文明村覆盖率达86.94%。④加大在普通党员群众中选树典型力度，围绕“工作落实年”，推出一批改革型、开放型、创新型、落实型先进典型，一批道德模范、最美人物、身边好人，3人当选“第七届全省道德模范”，2人当选全省“新时代好少年”，1人当选“山东省岗位学雷锋标兵”。⑤把握“立德树人”根本任务，构建全员全过程全方位育人体系，学校思想政治工作得到加强。⑥形成较完善的志愿服务组织、管理、运行、保障体系，全市注册志愿服务团队1882支，注册志愿者39.5万人。

【文化改革发展】 ①推进黄河文化传承弘扬，建设全国第二家国家方志馆分馆——黄河文化馆等系列场馆。东营市在文化和旅游部召开的保护传承弘扬黄河文化座谈会上作典型发言。②构建形成较为完善的市县乡村四级公共文化服务网络，提高服务标准，创新服务模式，推出数字文化广场建设、文化场馆总分馆建设等示范做法，东营市创建成为第三批国家公共文化服务体系示范区。③推进文化惠民，办好“黄河口”系列文化活动、黄河口诗会、东营读书节、“到人民中去”文艺志愿服务活动、乡村剧场建设等12件文化实事，“进千村乐万家”文化惠民活动做法被中央组织部选入《贯彻落实习近平新时代中国特色社会主义思想在改革发展稳定中攻坚克难案例》。④繁荣文艺创作，推出吕剧《梅骨丹心》、儿童剧《一船星光梦》等优秀文艺作品，5部作品入选全省第十三届“文艺精品工程”，居全省第2位。⑤培育文化产业主体，组建市文化旅游体育集团，黄河文化传媒集团推出雪莲系列自制剧12部，举办2019“黄河口”全国中小城市剧院发展论坛，发起成立中小城市剧院发展联盟，走出一条中小城市剧院经营之路。

【宣传文化系统党的建设和人才队伍建设】 ①推进宣传思想战线“不忘初心、牢记使命”主题教育，在理论学习“深”、政治站位“高”、担当作为“强”、为民服务“实”、廉洁自律“严”上下功夫，取得明显成效。②开展增强“四力”(脚力、眼力、脑力、笔力)教育实践工作，坚持每季度进行“述理论政策、述典型经验、述工作思路”述学，

2019年9月25日，庆祝新中国成立70周年系列活动——东营市群众合唱大赛举办 （市委宣传部供稿）

提高宣传干部政治素质、专业本领。③加强宣传文化人才队伍建设，实施“东营文化名家”“东营文化英才”“黄河口文化之星”“优秀青年文化人才培养”等人才工程，1人入选“齐鲁文化英才”。

（市委宣传部 刘博）

统 战 工 作

【多党合作工作】 2019年，出台政党协商计划，开展会议协商活动10次（其中市委、市政府主要领导参加3次），书面协商活动5次，征求意见建议122条，15个部门对政党协商提出的意见建议进行反馈落实。民盟主委《东营市地热资源开发的规划设想及建议》获市委主要领导批示。民主党派组织8个全年重点调研课题均结稿并进入成果转化阶段。组织党外代表人士围绕生态环境保护开展专题调研5次，市政府督查室对调研情况进行督办落实。市法院、市检察院、市公安局、市教育局等14个部门主动聘任特约人员开展相关活动。

【党外代表人士队伍建设】 梳理汇总党外代表人士安排使用情况，充实更新党外人士数据库。把党外代表人士教育培训纳入人才和干部教育培训总体规划，举办6个培训班次，培训党外代表人士400余名。推进党外干部挂职锻炼工作，召开党外挂职干部座谈会，推动工作开展。出台《关于完善同党外代表人士谈心交流制度的意见》，确定24名党外代表人士作为市委常委联系交友对象，市委常委开展联系交友活动4次，开展谈心交流活动20余次。持续开展“双百”活动，推进中国海洋大学与东营市共建黄河三角洲海洋产业发展研究院。在垦利区“同心家苑”打造党外知识分子实践创新基地，为党外知识分子发挥作用搭建载体和平台。

2019年7月26日，市政府召开全市经济运行情况通报会，听取党外人士意见建议 （市委统战部供稿）

【经济领域统战工作】 ①实施“惠企政策落实”工程，形成“三个一批”战略推进实施等调研报告，通过机关网站转载国家、省、市支持民营经济发展的惠企政策，扩大政策知晓面；开展“送政策上门精准对接”服务民营企业活动，累计走访民营企业370余家、商会60余家。②实施“高质量发展教育培训”工程，围绕“学标杆进名企”主题，在北京大学等高校举办培训班3期，到清华紫光等企业考察学习，累计培训企业家220余人次。③实施“领导干部联系服务经济组织”工程，实行市委统战部、市工商联领导班子成员联系民营企业、商会制度；在市级领导联系民营企业的基础上，协调建立市级领导联系服务协会商会制度。④开展“双招双引”牵线搭桥行动，成立民营企业家协会，启动“双招双引”联盟；协助河口区举办2019黄河三角洲（中国东营）第十一届油品贸易洽谈会暨河口区“双招双引”推介会；组织省工商联商会与企业家到利津考察。⑤开展协作联动保驾护航行动，加强市工商联与公、检、法和仲裁等部门的合作，探索建立保护民营企业和民营企业家权益沟通协调机制；与人民银行合作建立中小企业金融协作机制，开展“银行+商会+企业”金融服务品牌创建活动，组织开展银企对接会21次，解决融资需求28.2亿元。⑥开展“三个一批”提质增效行动，鼓动支持民营企业“走出去”发展外向型经济、登陆资本市场上市融资、参与混合所有制改革和军民融合深度发展实现新突破。⑦开展非公党建品牌创建行动，组织各商会党支部赴西柏坡等党性教育基地开展党性教育，加强商会党支部规范化建设，新成立商会党支部3个。

【新的社会阶层人士工作】 健全完善市新的社会阶层人士联谊会会长办公会议、理事会会议、轮值会长等制度。加强新的社会阶层调研培训，围绕青年新的社会阶层人士思想政治等工作开展调研并形成调研报告。开展“新阶层党旗红”品牌创建活动，在全市集中打造一批实践教育基地，为新的社会阶层人士发挥作用搭建平台载体。参与社会公益事业，组织开展“四世同堂合家福”公益拍摄、“东营新阶层唱响心中的歌”庆祝新中国成立70周年快闪拍摄、新的社会阶层人士联谊会LOGO有奖征集、“2019东营市新联会关爱贫困学生送温暖”等活动。

【台湾工作】 深化东台各领域交往交流，推动应邀赴台团组47批、289人次赴台参访，高层领导带队赴台实现新突破。2次组织社区交流团入台开展村里交流，邀请台南市、高雄市基层里长到东营市举办“2019东台基层社区交流活动”，推进东台基层交流常态化。打响“情牵黄河口”交

2019年6月14日，全市新阶层代表人士、统战干部组织拍摄"东营新阶层唱响心中的歌"快闪活动　　（市委统战部供稿）

流品牌，相继举办"2019两岸青少年情牵黄河口"等重点对台交流项目3项，先后邀请台北市"中国画学研究会"艺术家两批次到访，举办"海峡两岸书画交流笔会"活动，青少年、文化、社区、教育等领域交流实现常态化。在南投县、高雄市举办"日月潭·黄河口"风光艺术摄影联展，并在台湾多家城市巡展，黄河口文化入台成效显著。运用新媒体手段开展对台宣传，先后在新华网、中国台湾网发表信息20余篇，被"鲁台之窗"微信公众号等采用信息稿件200余篇。印发《关于促进东台经济文化交流合作的若干措施》(64条惠台措施)，深化东台经贸合作。组织参加第25届鲁台会等重点节会，先后邀请台湾企业、行业协会18批、158人次到东营市考察召开投资说明会，推介投资环境。组织赴昆山、济阳、东莞、深圳等地开展招商，邀请台商到东营市考察。推动东营市21家企业赴台参访，跟踪企业赴台交流成果，促进东营市企业与台湾企业在对台贸易、技术创新、品牌推广等方面合作。召开全市台湾同胞投资企业协会换届大会，做好台协会联系服务工作。

【港澳海外统战工作】　广泛联系港澳台同胞、海外侨胞和海外社团，扩大港澳台海外联谊工作覆盖面。先后邀请德国山东商会访问团、澳大利亚澳中商贸联合会经贸合作访问团、世界华人企业家联合会、德国莱因克斯特集团公司等社团、商会和企业100余人次，到东营考察交流。组团赴港澳开展考察交流活动3次，拜访香港经济导报社、香港福建社团联会、澳门山东工商联会、中国基金公司等社团和企业负责人，建立长期稳定的交流合作机制，促进东港经济、科技、文化、教育交流。推进东营与香港基层交流活动，建立健全交流机制，以香港东营商会为依托，推动东港民间交流从村级上升到乡级；探索友好学校交流模式，推动缔结"姊妹学校"研学活动。做好"双招双引"工作，推动市中华职教社与澳大利亚国际工商学院签署《友好合作协议》，提高东营职业院校国际化办学水平。东营市海外联谊会先后与15个社团签署《社团合作框架协议》，聘请15名社团领袖担任名誉会长，多方面宣传东营、传播齐鲁文化、讲好中国故事·东营篇，增强港澳台同胞、海外侨胞的国家认同、民族认同、文化认同、发展道路认同。团结广大港澳台同胞、海外侨胞回报桑梓、为国服务，推介东营市重点产业项目，促成合作项目5个。开展东营籍港澳人士基本情况调查，发掘东营市港澳资源，建立旅港澳乡亲数据库，依法保护港澳同胞合法权益。

【侨务工作】　开展侨资企业调研活动，组织科瑞公司、国瓷公司等企业及相关部门召开专题座谈会，反映侨商和涉外企业困难诉求。向省政协报送《关于发挥侨务活动和侨资在外资和对外投资中作用的意见建议》。发挥侨务资源优势，推动中阳碳素公司、齐发化工与马来西亚总商会、恒源炼油有限公司达成合作意向，助力地方经济社会发展。与俞雨龄、卢清波等20名有影响的华人华侨、知名侨领建立联系。东营市海外联谊会与马来西亚中国丝路商会、雅加达山东同乡联谊会签署《社团合作框架协议》。组织10位华侨华人中的专业人士参加"第十届华交会"，达成10余个合作意向，签约过亿元项目2个。开展关爱工程，对部分困难归侨侨眷、侨界知识分子、外派教师家属等30人开展走访工作。开展新侨创新创业联盟成立大会和东营侨星志愿者服务队授旗仪式。开展华文教师外派工作，联合教育部门新派2名华文教师，1名教师续约1年，华文外派教师储备库增加11人。加强侨务法律法规宣传教育，通过"社区侨务工作示范单位""侨法宣传角""送温暖"等侨法宣传工作平台，扩大侨务法律法规的知晓面，营造全市知侨、爱侨、护侨的社会氛围。　（市委统战部　李画音）

政　策　研　究

【以文辅政】　围绕中心、服务大局，贯彻落实市委决策部署，强化服务的前瞻性，发挥以文辅政作用。①围绕出思路、当参谋，加强学习研究，发扬工匠精神，起草每一篇文稿，力求有高度，把准方向讲政治、不偏差；接地气，基层一线听得懂、能落实。全年参与起草把关领导讲话、工作汇报等各类重要文稿230余篇、近200万字。撰写的《担当实干　聚力攻坚　全力推动东营高质量发展》《锐意改革创新铸就历史辉煌　践行初心使命再谱时代华章》等8篇理论文稿在《山东通讯》《大众日报》等报刊发表。②立足谋全局、贴基层，聚焦市委中心工作和群众关心的热点问题，开展有深度、专业化的调查研究，形成《一家炼化企业的高质量发展之路——关于利华益集团的调研与思考》《关于我市农业机械化发展情况的调查》等调研报告16篇，其中，印发送阅件6篇。发挥全市调研龙头作用，印发《关于改进调查研究作风提高调查研究实效的通知》，引导各级各部门改进调查研究工作，加强与基层调研联系点、调研联络员、特邀研究员的沟通对接，构建上下联动、部门协作、资源共享的“大调研”工作格局。组织服务好市委常委调研，严格执行市委常委调研情况季调度和领题调研课题月调度制度，推动以上率下形成浓厚调研氛围。③坚持拓视野、研政策，深入研究上级政策，结合东营实际，制定《东营市对标追赶工作方案》《关于开展“担当作为、狠抓落实”大竞赛、大比武的意见》等市委重要政策文件26个。围绕为市委决策提供信息服务，及时研究整理报送上级最新政策和外地重大举措、典型做法，编印《政策要览》《外地动态》207期。④突出高质量办党刊，紧扣权威性、指导性、可读性，编发《东营通讯》12期，编辑稿件200余篇，特别是围绕“庆祝新中国成立70周年”等重大活动开辟专栏，推出一批有深度、有影响的精品力作。

【推进改革创新】 发挥市委改革办统筹调度、协调服务职能作用，协助市委精心谋划推进重大改革事项，筹备召开市委深改委会议4次、群团改革领导小组会议1次，市委、市政府及市委办公室、市政府办公室印发改革文件70余个，全市80项重点改革任务和40项重点制度创新得到有效落实。①推进重大改革举措落实。建立重点改革任务、制度创新、有望走在全国前列的改革创新经验、改革试点“四本台账”，有序推进改革任务落实。向上争取改革试点，全市新增国家级、省级试点61项，10余项改革试点经验被国家和省推广。实行市级领导领衔推进重点改革事项，推动全市第一次“解放思想大讨论”务虚会确定的20项重点课题圆满结题，形成政策文件13个、发展规划7个、工作方案4个、调研报告5个。②强化督察考核问效。发挥督察推动改革落地的重要作用，对“一次办好”、融媒体建设、医共体建设、信用体系建设等改革工作进行督察调研，发挥改革督察打通关节、疏通堵点、提高质量的作用。组织开展第二批改革任务落实情况“回头看”，对2017年以来省里出台的146个改革文件和配套文件进行梳理，逐项列出台账、倒排工期，督促42个改革牵头部门加快推进落实。③加强典型示范引领。引导各县区、开发区和市直部门单位勇于创新创造，培育总结200余项创新性实事和创新成果，推出一批走在全国全省前列的改革创新典型。加强改革典型宣传推介，搜集各级各部门改革经验，编发《改革动态》17期，《垦利区委深改委发挥职能作用抓改革落地》作为省委改革办重点推荐案例上报中央改革办。在垦利区召开改革现场会，并在全市推广垦利区推进改革落实落地的经验。

【财经服务】 加强对全市财经工作的组织协调、督导调度，推动经济高质量发展。①建章立制。市委财经办成立以来，推进机构和运行机制建设，制定出台市委财经委员会工作规则、市委财经委员会办公室工作细则等规范性文件，探索建立财经工作联络员例会、重大财经信息报送、联合督导推进等6项机制，推动各项工作规范有序开展。②参谋大局。围绕经济形势研判和重大事项谋划，筹备召开市委财经委员会会议2次，参与起草财经重要会议讲话、汇报材料、会议纪要等文稿30余篇，制定《全省经济工作会议重点任务分工落实方案》《关于加强全市自然灾害防治能力建设的工作方案》等政策文件5个。做好信息搜集和工作调度，通过重大情况专题调度、财经信息专报等形式，及时向市委财经委反映情况，推动科学、精准决策。③搞好对接。加强与上级的对接争取和调研服务工作，做好省委财经办到东营市调研经济运行、新旧动能转换重大项目建设等3次调研接待，按要求逐季度报送全市经济运行情况，畅通经验上报、问题反馈的渠道，促进财经工作开展。

【服务基层】 围绕加强党的基层组织建设，发挥政研职能作用，做好社区共建、下派帮扶和驻企联络工作。以社区报到、联系帮扶村企为载体，开展结对共建活动，组织开展“庆国庆，迎重阳，关爱老年人”等社区志愿服务活动5次，党员干部参加社区、帮扶村志愿服务活动65人次。完成驻企联络工作任务，协助盈光新材料公司抓好技术创新、人才引进，获企业赠送的题为“为企业排忧解难、做人民满意公仆”的锦旗。做好下派帮扶工作，加大协调服务力度，帮助史口镇张店村实施投资3600万元的现代化养殖项目；投资15万元，帮助利津街道韩大庄村实施水库修缮等工程，解决村内107公顷耕地灌溉用水难题，助推产业发展和民生改善。

（市委政研室　戴昊育）

网　信　工　作

【网上宣传引导】 ①做好中央领导网上宣传。以学习贯彻习近平新时代中国特色社会主义思想为引领，做好习近平总书记重要活动、重要讲话网上宣传和解读阐释，深入宣传阐释总书记的新思想、新观念、新论断、新要求。②开展庆祝新中国成立70周年主题宣传。组织市内网络媒体在首页首屏显著位置开设“壮丽70年　奋斗新时代”等专题专区宣传，刊发稿件700余篇，点击量500万人次。组织开展微视频接力传播活动，拍摄制作的“东营24小时”微视频在全省推送转发，并在人民网、凤凰网、新浪网等主流网站播发，社会反响良好。联合各县区、市属开发区推出“东营24小时·县区（开发区）篇”系列微视频，提升传播效果。③展示东营新形象。围绕市委、市政府中心工作，改进传播模式，打造网络传播矩阵，在人民网、新华网、今日头条等主流网站及平台推送重头稿件1000余篇，做大做强网上正面舆论。策划开展“这就是东营”网络主题宣传，开设“美丽东营我的家”“醉美东营时间”“金秋看东营”“点睛新东营”“打卡新东营”“匠心传承看东营”6个专题专栏，推出各类图文、短视频作品100余篇（个）。开展“黄河入海、我们回家”全国

2019年11月15—16日，“黄河入海　我们回家”全国网络媒体东营行活动举办　（市委网信办供稿）

网络媒体东营行活动，刊发稿件900余篇。创新网络宣传路径的经验做法，得到省委宣传部肯定。④网聚社会正能量。发挥党员干部引领和表率作用，发起党员干部净化个人网络空间倡议活动。加强网络舆论引导，举办网络舆论引导专题培训班，邀请中央网信办和市内知名专家进行授课，东营市经验做法被中央网信办《网络传播》杂志刊登。组织开展“政东营·正能量”网络传播活动。联合组建全市青年网络文明志愿者队伍，组织开展“i东营”网络主题活动。创新开展网络人士统战工作，召开全市新媒体工作座谈会，推动新媒体联合会发挥作用，凝聚思想共识，扩大网络“朋友圈”。东营市在全省网络人士统战工作会议上作典型发言。

【网络生态治理】　①夯实网络基础阵地。全面摸排属地网络平台底数，做到管理更有针对性。加强制度建设，制定30余项制度规范，确保网络管理全过程有章可循、有规可依。以机构改革为契机，推动市县网信体系建设，优化市委网信办机构职能设置，推动5个县区成立网络安全和信息化委员会。②持续净化网络空间。抓牢抓实网络意识形态工作责任，持续治乱净网、强基固本，壮大主流舆论平台，对灰色地带积极转化争取，对黑色地带敢于亮剑。③坚决抵制网络谣言。针对不法分子冒充武警发布不当信息、网传台风“利奇马”期间有市民外出触电身亡、道路井盖全部打开排水等网络谣言，及时发布辟谣信息，避免引发舆情事件。其中，《又见谣言！网民发布不实信息被依法行政拘留5日！》入选2019年全省优秀网络辟谣作品。东营市创新基层网络生态治理的经验做法得到省委网信办主要领导批示。

【网络安全和信息化】　完善网络安全工作措施，建立权责明确的网络安全统筹协调机制。对全市关键信息基础设施开展网络安全检查，重点对21个部门单位的互联网应用系统漏洞隐患进行督促整改，保障全市互联网信息服务系统平稳运行。完成重要会议、重大活动等期间的网络安全保障工作，东营市未发生网络安全事件。组织开展2019年国家网络安全宣传周东营市活动，举办校园日、电信日等7个主题日活动，增强干部群众的网络安全意识。创新网络安全知识宣传，以三国故事为原型制作《三国志之网络战记（第二季）》公益动漫，利用网言网语、寓教于乐的方式引导网民安全上网，引起热烈反响。深化信息领域创新成果应用，推动20个智慧东营项目建成投用，提升信息化工作水平。

【网信管理体制机制和干部队伍建设】　完善网信管理体系。召开市委网信委第一次会议，制定工作规则、工作细则，推动形成总揽全局、协调各方的网信工作领导体系。开展增强“四力”教育实践，打造新时代“网信铁军”经验做法得到省委网信办肯定，并在《支部生活》、学习强国等平台发表。　（市委网信办　马庆亮）

机构编制工作

【市县党政机构改革】　①做好机构改革后续工作。根据上级改革总体部署，推进财政局“三定”规定制定等改革收尾工作，做好市县党政机构改革迎检评估。开展“三定”规定执行情况调研评估，对收集的103个问题和48条建议逐一落实，确保各项改革任务落到实处。②推进规范“属地管理”工作。梳理制定《东营市县乡“属地管理”事项主体责任和配合责任清单目录》，明确自然资源、生态环境、城乡建设等7个领域的53项“属地管理”事项。各县区研究制定“属地管理”事项的“施工图”“说明书”，逐项明确工作流程、细化责任分工。建立“乡呼县应、上下联动”平台，完善交办事项准

2019年8月1日，市委网络安全和信息化委员会第一次会议暨市委意识形态和宣传思想工作领导小组第二次会议召开　（市委网信办供稿）

2019年12月20日，东营市“属地管理”经验交流暨现场会在东营区召开

（市委编办供稿）

入、部门考核评价、派驻机构统筹管理等配套制度，确保规范“属地管理”工作落实落地。③推进开发区体制机制改革。按照“两剥离、两整合”的改革要求，调整规范开发区管理机构设置，构建精简高效的行政管理体系。年内，东营港经济开发区、垦利经济开发区试点改革方案报省备案，并有序推进。④协同推进相关领域改革。调整市纪委市监委派驻纪检监察组、市委巡察组及其内设机构等事项，健全纪检、监察组织机构设置。配合做好清理规范议事协调机构相关工作。配合完成省药品监管体制调整、省黄三角农高区“两剥离”等工作。

【事业单位改革与监管】 ①做好公益类事业单位改革准备。分层级做好市直、县区事业单位梳理摸底、测算分析等工作，对涉改事业单位开展实地调研，初步提出市直事业单位优化整合的测算方案。②推进从事生产经营活动事业单位改革。在摸清涉改部门单位经济效益、资产情况和意见诉求等情况基础上，对相关事业单位的改革路径进行分析研判，确保经营类单位改革稳妥推进。③推进综合行政执法体制改革。整合组建市场监管综合执法支队、市交通运输执法监察支队，规范安全生产、卫生健康、自然资源等5个领域的执法机构名称和业务范围，保留14支市级执法队伍，实现部门领域内一支队伍管执法。推进执法重心下移，明确城市管理领域执法交由区级承担，将市城市管理行政执法监察支队划转东营经济技术开发区管理。④推进市县编制资源向基层倾斜。优先将简政放权、控编减编等调剂出的编制分配给乡镇（街道），向乡镇（街道）下放561名事业编制，充实加强基层工作力量。⑤强化事业单位监管。随机选取20个事业单位法人开展“双随机一公开”监督检查及年度报告公开随机抽查，规范事业单位从业行为。完成2018年度429个事业单位的绩效考核，完善2019年度差异化考核实施办法，对311个事业单位的主体业务和年度重点工作任务进行审定，提升事业单位履职效能。

【权责清单标准化建设】 ①简政放权工作。根据省政府相关文件和法律、法规、规章修订情况，通过取消、承接、下放、更名等方式，调整市级行政权力事项43项。推进市属开发区一枚印章管审批改革，将26项行政许可事项直接下放市属开发区实施，将92项行政许可事项以使用“2号公章”的形式委托市属开发区实施，充分赋予开发区独立自主的项目审批管理权。②编制部门和开发区权责清单。结合党政机构改革，对全市10类行政权力事项进行优化调整，指导督促市直43个部门单位全部完成权责清单规范。印发《关于做好改革试点开发区权责清单编制工作的通知》，督促改革试点开发区及时通过权责清单管理系统认领权责事项。③探索开展部门履职评估。选取职责整合力度较大的市市场监管局、市住房城乡建设管理局、市自然资源局和市行政审批服务局4个部门，在职责融合、职能运行和权责清单实施等方面进行督导评估。

【机构编制管理】 ①贯彻实施《中国共产党机构编制工作条例》。提出东营市贯彻落实的具体措施，组织开展学习宣传、教育培训等工作。对照《中国共产党机构编制工作条例》规定和上级配套政策，全面清理规范机构编制管理文件，做好“立改废”工作。②用编进人计划安排和编制使用审核。安排下达市直机关事业单位追加用编进人计划349名，对下半年招考、调入及遴选计划进行审核，提出军转干部及退役士兵安置建议计划，确保补充人员符合编制使用管理规定。编制完成2020年全市机关事业单位用编进人建议计划。③规范机构编制管理。严格执行实名制管理规定，及时更新维护实名制数据。通过财政统发工资网上联审，实现人员编制动态监管。完善领导职数管理和问题整改“两本”台账，建立问题分类目录，制定专项措施，明确整改期限，加强督促落实。开展机关事业单位编外用人专项调研，提出编外用人规范管理的措施和建议。④机构编制管理基础工作。有序推进“智慧编办”建设。做好新版机构编制综合管理信息系统启用和培训等工作。开展行政体制改革和机构编制管理研究，做好机构编制信息宣传。其中，东营区“乡呼县应、上下联动”平台建设作为省创新基层管理体制典型经验在《新闻联播》报道。

【机构编制和人员管理协调配合】 为发挥机构编制在组织人事管理全流程中的基础性作用，东营市健全完善组织、机构编制、人社部门协调配合机制，前移审核关口，形成监管合力。①核准前置，严把入口。按照“编制在先”原则，明确调入人员、部门内部人员调整、科级干部调整三种情形，在正式办理调配手续前须到机构编制部门履行编制和职数使用审核手续，建立组织、机构编制、人社部门协调配合的“四先四后”工作机制，从源头杜绝超编进人、超职数（职级）配备干部和“吃空饷”等问题发生。②流程集成，闭环管理。以用编进人计划安排、编制使用管理、出入编手续办理为主线，将原来分散在三个部门的机构编制管理与人员调配审批程序，进行集成串联，形成管理闭环，解决以往“重职数使用、轻编制管理”的问题。③信息共享，无缝衔接。综合运用大数据技术建立健全数据对接机制，实现组织、机构编制、人社部门间信息数据共享共用、同步更新，初步建立协同高效、无缝衔接的工作机制。

【构建城乡运行综合管理体系】 ①信息融合。顺应向信息化要编制的趋势，集成政务服务热线、120急救、市容环境、防汛、供排水、安全生产、消防、治安、交通、环保、气象、市场监管等与城市管理和安全运行相关的管理资源，共享共用数据信息，克服传统管理中信息获取渠道少、情报信息碎片化、反应速度慢等缺陷，实时掌握运行状况、发现问题、及时响应。②协同联动。政务服务热线、120急救中心入驻综合管理平台并实行一体化管理，派驻城管、消防、公安、油地校融合办等12个部门业务骨干实行集中办公，建立信息共享、联席会商、协同评估工作机制，聚合管理和指挥职能，保障城乡运行综合管理平台高效运行。③“平战结合”。开发常态、应急、专项三类智能管理场景，平时承担对城乡管理和安全运行的监测、指导，遇有突发事件和自然灾害时承担突发事件信息的收集报送、汇总分析、预警发布和应急值守等工作，及时跟进应急指挥和救援处置。通过“平战结合”的运行模式，增强城乡应对各类突发事件和疑难问题的风险防范能力。

【搭建“乡呼县应、上下联动”响应平台】 ①加强基础保障。依托社会治理网格化服务管理平台及工作体系，在全市划分基础网格4010个、专属网格2088个，配备6100余名专职网格员，40个乡镇（街道）均明确分管领导和1名具体联络员负责调度“属地管理”工作。研究确定市级层面落实网格员工资补助2000万元，信息系统建设经费630余万元。印发《全市社会治理网格化服务管理事项责任清单（二）》，明确对53项“属地管理”事项开展固定化、常态化巡查。②理顺办理流程。建立“网格员发现问题——乡镇（街道）呼叫——平台受理——部门响应——结果反馈”的运行体系。乡镇（街道）派专人负责对“乡呼”工作的准确性、必要性进行甄别筛选、审核确认，确保“呼的准”。县（区）社会治理网格化服务管理平台负责对“属地管理”清单事项进行受理派发、督查跟办，确保“转的快”。部门单位收到呼叫后，与乡镇（街道）联络员沟通，了解问题实情，及时派出专业队伍解决呼叫事件，确保“应的好”。③完善配套制度。逐步建立完善交办事项准入、清单动态管理、部门考核评价、依单监管问责等6项配套制度，探索建立沟通联动融合、快速响应处理、专项整治配合3项机制，确保“乡呼县应、上下联动”平台形成集事项受理、派发、反馈、督导、沟通融合为一体的长效运行模式。

（市委编办　周煜晨）

机关党建

【概况】 2019年，市委市直机关工委开展“不忘初心、牢记使命”主题教育，围绕中心、建设队伍、服务群众，着力“走在前作表率”，狠抓各项工作推进落实。东营机关党建工作经验在全国机关党建研讨会上作典型交流，“两规范一创建”成为全国第二届党建创新成果“百优案例”。至年底，工委所属党组织707个(其中，党委77个，党总支29个，党支部601个)，党员总数10267名。

【思想政治建设】 ①强化理论武装。贯彻中央和国家机关党的建设工作会议精神，市委书记李宽端带头参加所在支部主题党日活动，听取工委负责同志作会议精神专题辅导报告，对加强机关党的建设提出明确要求。召开市县工委书记座谈会，专题学习贯彻会议精神，组织基层党组织开展专题学习研讨，推动会议精神落地落实。成立中共十九届四中全会精神市直机关宣讲团，主要领导参加市委宣讲，班子成员分片区深入基层宣讲，实现市直机关全覆盖。发挥中心组领学促学作用，工委理论学习中心组开展集体学习研讨14次，对8个重点部门单位开展党组中心组学习巡听，9个单位的创新做法入选全市中心组示范课试点案例。②高质量开展主题教育。抓严抓实工委自身主题教育，各项工作在市直机关走在前列，在全市县级班子中第一个召开专题民主生活会，上级领导评价“辣味足、质量高”。加强对机关基层党组织指导督促，实行“九个一”工作措施（制发一份主题教育任务书、举办一期党支部书记集中培训、编印一本基本知识“口袋书”、制作一部党务知识微动漫、拍摄一部市级榜样专题片、编印一本先进典型事迹选编、研发一个“双报到”信息化平台、组织一次质效提升行动、开展一次党务督查调研），推动主题教育走深走实。③严格落实意识形态工作责任。落实“三个纳入”要求，工委全委会专题研究意识形态工作2次，传达贯彻上级部署要求10次，开展舆情会商研判3次。结合中心组学习巡听和党务督查工作，对59个市直部门单位落实意识形态工作责任制情况进行督查。举办市直机关意识形态工作专题讲座，提升专业能力。④深化理想信念教育。围绕新中国成立70周年，举办“中国梦·新时代·祖国颂”百姓宣讲活动，获全市组织工作奖。与相关部门联合举办习近平用典展、历史剧《刘胡兰》、“党旗颂·中国梦”专场演出，制作“听故事·守初心”等系列作品

2019年6月5日，市直机关“中国梦·新时代·祖国颂”百姓宣讲比赛举办

（市委市直机关工委供稿）

54个，在“学习强国”平台刊发。指导市直机关开展各类庆祝活动74场，唱响爱党爱国主旋律。

【基层组织建设】 ①强化系统设计。实施基层组织建设行动计划，制定《市直机关加强党的基层组织建设三年行动实施方案》，分别明确2019—2021年基层组织建设的主题、任务和目标要求，并配套制作微动漫。②加强支部建设。打造“两规范一创建”升级版，加快流程再造，构建“1+N”工作标准体系，全年转接组织关系7279人次、指导216个基层党组织如期换届，发展党员74人。推进过硬支部建设，全面推广党支部评星定级，年内培育打造党建示范点15个、五星级党支部105个、优秀支部工作法73个，以点带面促整体提升。③建设专业队伍。在全省最早实行县级党员领导干部兼任党支部书记制度，235名县级干部担任党支部书记。以机构改革为契机，配齐配强机关党务干部869人。选任兼职组织员88名，壮大工作力量。实施党务干部专业能力提升工程，分类、分层开展基层党支部书记、组织员等培训班14期，直接培训2516人次，党务干部队伍整体素质得到有效提升。④建立常态化运行机制。为保障工作落实，建立重点任务项目化推送机制，每月推送1~2项党建任务，年内推送20项重点任务，并将任务落实情况纳入年度党建考核。为精准指导，建立片区联系机制，工委班子成员分包片区，每周下基层面对面指导、一对一帮扶，年内到基层指导169场次。为强化督导，建立“每月一调度、每季一分析、半年一排查”运行机制，对发展党员、党组织换届等基础工作实行定期排查、动态管理、集中整改。开展“拉网式”党务督查，协调有关单位抽调人员成立督查组，由县级干部带队对51个单位14项重点任务进行督查，实打实查找问题，面对面征求意见，建立台账抓实整改。

【党风廉政和机关作风建设】 ①突出建章立制。以机构改革为契机，加强与市纪委监委的协调沟通，厘清职责关系、明确职责定位、压实各方责任。支持纪检监察工委、机关纪委履行监督责任，印发《关于在市直机关实施纪律检查建议制度的意见（试行）》《关于做实做细市直机关日常监督的实施意见》，推进廉洁机关建设。②加强机关纪委建设。坚持挺纪在前，健全机制、规范运行。加强市直机关纪委队伍建设，选优配强纪检干部，年内成立59个市直部门单位机关纪委，配备纪检专兼职干部380余人，其中，各单位机关纪委书记全部由副县级以上干部担任。举办机关纪委书记培训班，培训人员82人，提高履职能力。③强化监督执纪问责。组织党员干部参观警示教育基地、观看警示教育片、举办廉政讲座等，持续强化党风廉政宣传教育，筑牢思想防线。实践运用好“四种形态”，从点滴问题抓起，从具体问题管起，持续正风肃纪。年内对7名违纪党员给予党纪处分，指导各级党组织累计开展党纪党规学习培训160余场次，开展警示教育120余场次，推动党风廉政建设深入发展。

【服务中心工作】 ①开展大竞赛大比武。聚焦市委中心工作，突出市直机关特点，重点围绕简政放权、为民服务、公正执法、爱岗敬业等，健全落实党员挂牌上岗、示范窗口创建、岗位目标责任管理等制度，指导督促广大基层党组织和党员在大竞赛大比武中争优创先。坚持党建与业务融合，组织实施党建创新服务项目161个。②抓好机构改革期间机关党建工作。发挥党建政治引领作用，与市委组织部联合印发《关于在机构改革中加强机关党的建设的通知》，指导各部门单位做好机构改革期间的思想政治工作。印发《关于进一步规范市直机关基层党组织设置的通知》等3个文件，指导督促45个部门单位在机构改革中同步做好组织体系调整完善。分4个调研组

2019年3月20—22日，市直机关专职党务干部培训班举办

（市委市直机关工委供稿）

开展“百日大调研”活动，围绕5类16项重点内容，对30个重点涉改单位全面调研摸排，强化精准指导，保障机构改革和业务工作开展。③聚力一线服务发展。推动机关党建向工作链条和服务链条前端延伸，实行“四个在一线”工作法(即党的组织设置优化在一线、支部和党员作用发挥在一线、问题和矛盾解决在一线、业绩和形象创树在一线)。指导各级党组织资源下沉、力量下移，做好下派帮扶、联户帮困、“双报到”等工作，开发“双报到”信息化平台，指导84个部门单位、8754名在职党员，分别与19个社区、76个居委会建立共建机制，累计为群众办实事好事7566件。④发现榜样弘扬先进。树立“实在实干实绩”鲜明导向，在一线发现和培树典型，广泛开展“发现榜样”活动，用身边教育身边人。年内评选表彰先进基层党组织35个、优秀共产党员80名、优秀党务工作者40名，其中有8人入选省市级榜样。将榜样事迹拍摄成片、编印成册，扩大宣传效果，营造对标先进、比学赶超的浓厚氛围。⑤激发群团组织活力。指导市直机关25个单位成立妇联组织，10个单位成立工会组织，13个单位完成工会换届，加强群团组织力量。深化“职工之家”“巾帼文明岗”创建，举办“黄河口机关讲坛”职工心理健康讲座、机关女干部“好书共品读”、2019东营相亲大会、市直机关足球赛、困难职工救助等活动，组织参加“五好”家庭评选及廉洁好家风宣讲，市直机关群团组织推荐各类先进集体12个、先进个人15人。（市委市直机关工委　董玉阳）

保　密　工　作

【保密监督管理】　①聚焦风险化解。围绕失窃密风险防范化解工作，成立由市委办公室、市政府办公室、市委宣传部等13个单位组成的工作专班，制定预案，系统梳理9类风险隐患，细化分解38项工作任务。召开市工作专班专题会议，明确任务要求，制定69项工作措施，并指定牵头单位、配合单位和责任人员负责落实。②聚焦基础管理。定密管理方面，开展定密事项报备工作；开展定密管理工作专题调研，召开座谈会4场次，发放收回有效调查问卷25份，制发定密管理工作相关法律法规及其解读汇编。涉密人员管理方面，印发相关文件开展涉密人员分类确认，指导各机关、单位严格保密审查，合理确定涉密岗位和人员，严格落实涉密人员教育、培训、重大事项报告等制度；加强出国（境）人员保密管理，严格涉密人员出国（境）审查，协调市委组织部、市外办分别对因私、因公出国（境）人员进行行前保密提醒教育。计算机网络管理方面，协调电子政务部门推进党政机关、涉密单位互联网集中接入；加强涉密网络管理，严格涉密网络方案评审、测评审查、风险评估各环节管控，督促指导各建设使用单位建设达标、程序规范、管理到位。涉密载体管理方面，开展涉密载体集中清理活动，首次将打印机硒鼓、光盘纳入清理范围；配备一级涉密载体销毁设备，基本具备纸介质、电磁介质、光介质销毁能力。依法治密方面，梳理10项保密行政管理部门权责清单，编制市国家保密局“三项制度”；落实保密行政执法人员持证上岗制度，统一失泄密案件查处文书规格，规范保密行政执法行为。

【保密宣传教育】　①扩大受训群体覆盖面。抓住领导干部这一“关键少数”，发挥党校保密教育培训的主渠道、主阵地作用，把保密教育培训作为党政领导干部进修培训、公务员初任培训和干部任职培训的必修课程。全年市、县区两级党校完成保密教学65个班次、210个课时，覆盖所有主体班次；定期举办专题培训班，对保密管理人员、广大涉密人员（含资质企业单位）进行保密教育培训。全年市、县区两级组织保密专题业务培训班9期，受训人员1400余人；开展外出宣讲，市、县保密局干部受邀到部门单位讲保密课33余场次，受训人员2000余人；加大保密法宣传，提高公民保守国家秘密的法治意识和法治观念。全年开展5次保密宣传志愿者服务活动，引导2300余名群众关注“保密观”微信公众号，发放保密鼠标垫1000余个、《公民保密常识须知》2000余份。②丰富宣教内容。对有保密培训需求的单位，制定符合该单位工作实际的课件，实行“私人定制”送课上门；引导各级各部门征订宣教资料开展内部教育，组织征订警示教育片光盘36张，《日常工作与泄密隐患》300本，《举案说法警钟长鸣：近年来典型失泄密案例警示录》20本，《保密工作》《保密科学技术》1800余份。③创新宣教手段。利用领导班子中心组学习、宣传图片展览、以会代训等传统方式开展保密宣传的同时，运用“互联网+”思维，探索创新方式方法。市委保密办定期对有关保密常识和典型泄密案例进行收集、整理，以保密提醒形式分期推送各部门单位，每月不少于1期，在市、县两级保密工作微信群中定期编发保密微知识、保密微课堂、保密微图片，引导各部门单位开展保密专题党课、保密常识测试、保密文化作品征集等系列活动。

【保密检查查处】　①开展专项检查。年初，市委保密办根据全市机构改革总体部署，对涉及机构撤并组建、涉密载体移交、涉密业务划转的16个重点单位进行专项检查，帮助这些单位查找问题不足、摸排风险隐患、明确整改措施，推动机构改革期间保密管理要求落到实处。②开展全面排查。以保密排查工作为抓手，重点检查保密工作责任制落实情况及涉密载体、涉密人员、计算机网络等关键环节。6月起，检查95个市直机关、单位和5个县区，覆盖率87%。各县区结合保密排查开展评议工作，检查机关、单位407个，其中，被评议为优秀的86个、合格的292个、不合格的29个。市、县区累计检查计算机1083台、网络5个、保密室320个、移动存储介质46个。③加大整改问责力度。对存在问题的单位下发整改通知，建立工作台账，实行销号管理，定期调度整改进度，确保整改到位。

【保密科学技术】 2019年，全市保密工作经费，用于基础设施建设，提高保密工作信息化水平，发挥保密技术作用，对违规线索及时进行查处。 （市委保密办　王小红）

老干部工作

【概况】 至2019年年底，全市有离退休干部17905人，党员10397人。其中，离休干部285人，平均年龄90.8岁，党员226人；退休干部17620人，平均69.8岁，党员10171人。

【离退休干部党建工作】 ①夯实离退休干部党组织建设。发挥离退休干部党工委带动作用，指导部门单位加快机构改革后离退休干部党组织调整，选好配强党组织书记、支部委员、党建联络员力量，全市离退休干部党支部达到331个。②加强离退休干部党员教育培训。结合“每月学习活动日”，抓好离退休干部党员中的“不忘初心、牢记使命”主题教育，制定《离退休干部党组织主题教育任务清单》，以适当方式灵活组织他们参加学习教育。10月，举办全市离退休干部党支部书记和老干部工作者“不忘初心、牢记使命”专题培训班；12月，举办全市第二期退休党员干部主题研习班，引导广大老干部不忘初心本色、助力改革发展。③推动“一方隶属、多方管理”机制实施。在辽河社区召开“一方隶属、多方管理”工作试点推进会，拨付10万元用于社区共享式党建活动室建设和活动开展，推动离退休干部党建向社区延伸。鼓励各单位将内部离退休干部党建活动室对外共享，确定8个部门单位和社区的党建活动室作为全市首批共享式党建活动室。④选树典型。“七一”期间，市委离退休干部工委表彰60名优秀离退休干部党员、40名优秀离退休干部党务工作者、40个先进离退休干部党组织和15个离退休干部党建工作先进单位。向上推荐示范典型，13个老干部工作和离退休干部先进集体或个人受到省、市表彰。东营市推荐的河口区民政局原局长王玉清被评为全国离退休干部先进个人，先后受到中共中央总书记习近平、省委书记刘家义接见。12月，组织举办学习贯彻全国离退休干部先进集体和先进个人表彰大会暨王玉清事迹报告会。

【服务保障】 ①落实政治礼遇。打造“线上+线下”“集中+分散”“推送+自选”的政治引领工作模式，按规定组织老干部阅读文件、就近参观考察、参加重要会议和重大活动，定期编印《市情通报》，举办“黄河口大讲堂”“金秋学堂”，把“政治上关心”老干部的要求落到实处。②加强服务管理。离休费保障、医药费保障和财政支持“三个机制”有效运行，各定点医疗机构均开设就医“绿色通道”，离休干部医药费全部纳入财政预算、按规定据实报销，护理费、丧葬费、抚恤金等相关政策规定，全部第一时间、不折不扣落实到位。2019年，离休干部护理费标准由每人每月3000元调整至3400元。③深化服务举措。全面落实“重大节日走访、生日寿辰祝福、生病住院探望、突遇变故慰问、日常服务跟进”五项举措，体现组织对离休干部的尊重和关怀。拟定《关于做好离退休干部逝世后组织关怀工作的意见》，为部门单位提供政策依据。④推行干部退休“五个一”活动。指导部门单位开展干部退休“五个一”（开一次座谈会、过一次组织生活、送一封慰问信、留一句祝福语、领一个微志愿）活动，组织干部光荣退休，为新退休干部更好融入社区、发挥作用创造良好条件。

【文化养老工作】 ①加强文化养老阵地建设。投资1.9亿元、占地面积2.35公顷的市老年大学新校投入使用。拓展老年大学四级办学网络，打造28所“市级老年大学示范校”，市县乡和重点村居老年大学（学校）基本实现全覆盖。②提升办学水平。推进“红色校园、幸福校园、智慧校园、平安校园”建设，坚持以学员需求为导向，精准优化课程设置，年内开设46个专业、113个教学班，注册学员3442名。加强教学理论研究，市老年大学获“全国优秀教学大纲建设校”二等奖，是全省唯一获此荣誉的市级老年大学。运用“互联网+”现代信息技术，发展老年教育远程教学模式，构建“智慧校园——金秋在线”远程教育平台，实现课堂教学双向远程互动。9月，市老年大学获“全国老年远程教育试验区指导单位”称号。③开展文化活动。开展“不忘初心跟党走”全市老干部艺术节系列活动、“我和我的祖国”社区文艺展演等特色活动，老干部活

2019年12月23日，学习贯彻全国离退休干部先进集体和先进个人表彰大会精神暨王玉清事迹报告会举办 （市委老干部局供稿）

2019年12月31日，东营市第十届老干部艺术节文艺展演举行
（市委老干部局供稿）

动范围和影响力不断扩大。

【发挥老干部作用】 ①助力全市改革发展。围绕新时代东营发展的目标定位，聚焦全市“三大战略”“四项重点工作”和“九个三年行动计划”等中心工作、重点任务，组织引导老干部为改革发展献计出力。市政府原顾问周世德的意见建议得到市委书记李宽端批示。②开展志愿服务。市县全部成立老干部志愿者协会，各部门单位普遍成立老干部志愿服务队，经常参加活动的老干部志愿者近万人。发掘、支持老干部志愿服务项目，组织广大老干部在参与社区治理、促进文明创建、关爱弱势群体等工作中释放正能量，涌现出“搭把手”“红色快递”“幸福代理”等知名活动品牌。③支持关工委工作。加强青少年思想道德教育，开展党史、国史、法治宣传、生态道德等主题教育活动，全市56个关心下一代教育基地接待青少年12万人次。4月17日，全国人大常委会原副委员长、中国关工委主任顾秀莲到东营市考察党建和关工委建设、五老志愿者协会工作情况，给予肯定。同月26日，市委书记李宽端对关工委工作作出批示，全市“党政推动、关工委主动、党建带动、各方联动、资源共享”的工作格局进一步完善。④强化舆论宣传引导。依托市内主要媒体和新媒体平台，开设“美丽老干部”“金秋之声”等系列专题栏目，引导老干部话初心、谈变化、献良策，为全市改革发展营造良好氛围。 （市委老干部局　韩梦林）

党　校　工　作

【教学工作】 2019年，举办各类专题研讨班20期，培训学员3273人；协助和承担市直部门培训班次17期，培训人数1400余人。①优化教学内容设置。突出中共理论教育，完善习近平新时代中国特色社会主义思想教学体系，把市委市政府重大决策部署纳入教学内容，开发新专题36个，4门课程被评为“全省干部教育培训好课程”，其中，“学习贯彻习近平新时代中国特色社会主义经济思想”被推荐参加全国好课程评选；2人获全省党校系统优秀教学奖，1人获全省党校系统精品课比赛一等奖，1人应邀赴全国人大授课。②深化教学改革创新。采取“党校+党性教育基地+对标先进地区学习”模式，组织学员赴杭州市委党校、浙江嘉兴红船干部学院、苏州工业园、南京市委党校进行学习进修。创新课堂教学方式，开设主题分享、沙盘模拟等创新课程，广泛应用辩论式、案例式、现场教学与结构化研讨等教学方式。加大领导干部上讲台力度，邀请市领导和部门领导38人次作报告。③严格规范学员管理。突出学员主体地位，健全完善以学员党支部、班委会为核心的学员自主管理模式，实行“五个一”自我评价措施，实现学员自我管理、自我教育、自我服务。综合运用党性分析、现场教育、先进典型教育、警示教育、研讨交流、实践锻炼等方式，提升党性教育质量。④推进业余教育。2019级经管专业录取54人，党建专业录取30人，2015级论文答辩45人全部通过。严格规范做好教学管理服务，在全省率先探索实行教学评估制度，对评估结果进行分析使用，形成对教师、学员及班主任的监督，在2018级党建专业探索试行“导师制”，干部业余教育管理更加规范有效。⑤加强系统建设。制定《推进全市党校系统基层党校体系建设实施方案》，设立市国资委分校，在全市建立35所基层党校，全年有8万余名基层党员进党校接受系统培训，拓宽党校教育覆盖面。统筹全市党性教育基地建设，评定命名一批星级党性教育基地。发挥业务指导功能，实施全市党校系统“五个一”带动工程，协助推进省委党校“2+1”牵手计划，发挥全市党校系统整体功能。

【科研工作】 ①加强课题研究。围绕新旧动能转换、防范金融风险、社会基层管理、乡村振兴战略等全市中心工作和重点难点问题，组织教师深入开展课题研究。全年完成课题55项；立项课题57项，其中，东营市社科课题23项，全市党校系统科研课题28项，省级课题6项。②做好决策咨询。全年完成《东营市乡村治理的难点与破解之策》等资政报告15篇，得到市委常委批示7篇，有较大实用价值的资政报告8篇，为市委、市政府和部门单位提供具有战略性、前瞻性、总结性的对策建议，打造新型智库。③健全完善制度机制。制定《经费资助项目资金管理及使用办法》《科研协作暂行办法》，激发教研人员主动性，增强科研发展活力。采取“一个选题、县区同做”“单位点题、党校做题”等方式与县区党校、部门单位开展科研协作，进行联合攻关。通过全省党校系统科研工作评估，被评为“科研工作先进单位”，制定实施《东营市党校系统科研工作评估办法》，组织对县区党校进行科研工作评估。④营造浓厚学术氛围。组织参加或承办

2019年3月5日，市委党校2019年春季学期开学典礼举行（市委党校供稿）

主题研讨活动9次，发表理论文章27篇，有46项科研成果获奖，编辑《黄河口论坛》3期。在重要节点、重大时段及时发出党校声音，当好党的理论和重大决策部署的“传声筒”，增强思想引领能力。全年到基层开展社会宣讲316场次，受教育党员群众3万余人次。

【队伍建设】 校委班子落实民主集中制，坚持集体领导和分工负责相结合，执行校委议事决策程序规范。推进科级干部选拔任用和职务职级并行改革，提拔重用科级干部6人，交流任职5人，职级晋升13人。全员参与部门培训跟班管理、送出去到上级党校进修学习等渠道培养，提高干部队伍素质。全年有21人次被评为全省优秀教师、优秀理论教育工作者和市优秀社科专家等先进个人。

【基础设施建设】 投资改造学员宿舍教学楼，更新教室设施、电教信息化设备和学员文体健身设施，采购大型经典文献图书，改善办学条件，保持老校运转。启动新校建设，规划占地24公顷，一期已完工，二期正设计招标。

（市委党校　王腾）

党史史志研究

【概况】 2019年，续修《东营市志（1996—2013）》完成，《东营改革开放实录》出版发行。出版《追梦足迹——中华人民共和国成立70周年东营境域发展成果拾萃》，收录各类条目640条，计64.5万字，图片530余幅。在全省党史优秀科研成果奖评选中，《东营改革开放实录》获著作类一等奖，《追梦足迹》《社会主义革命和建设时期东营党史人物》获二等奖；研究论文在省市获奖10余篇，其中入选“山东社科论坛”优秀论文集2篇。市委党史研究院（市地方史志研究院）被省委党史研究院、省人力资源和社会保障厅表彰为全省党史史志系统先进集体，被省文明委命名为省级文明单位。

【资料征编】 完成《中共东营市委纪事（2019）》征编工作，全书分为19个部类，收录150余个党组织工作概况，总计74万余字。《东营年鉴（2019）》10月由中华书局出版发行，全书96.6万字，设35个类目，收录图片238幅、随文表格94个。做好《中共山东年鉴（2019）》《山东年鉴（2019）》承编工作，提交全市工作概况等材料，总计4万余字。完成《山东省现代化强省建设实录（2018）》供稿任务，撰写2017年6月—2018年12月大事记，提报典型经验3篇、专题研究报告1篇。《东营大事记》年内编辑发行4期，每期7万余字。启动《改革开放以来东营市、县（区）委书记口述历史》征编工作，完成25位历任书记的采访及文稿整理工作。

【宣传教育】 借助国家方志馆黄河分馆打造研学基地，与市内外多所中小学校合作开辟教学“第二课堂”，组织245批次、15359名青少年到馆开展研学活动。创办“黄河讲堂”，首批推出11位讲师、12个课题，实现年内授课15次、听众2400余人。对《东营党史》期刊进行改版升级，新增“党史文献”“史志纵横”等栏目，内文由48页增至64页，年内出版四期。推进党史史志“七进”工作开展。向东营职业学院、武警东营支队、东营区龙居镇等13个单位捐赠党史史志成果600余册；与大唐东营发电有限公司签约共建，举办联展和巡展；举办“学习革命先辈，加强党性锻炼”等党史教育讲座，为乡镇、社区、企业送去专题党课。与市电视台联合推出《黄河口史话》10期，宣讲红色故事专题节目3期；实现“一馆一刊一网一微一课”，运用国家方志馆黄河分馆、

2019年6月12日，举行“黄河讲堂”启动仪式　（市委党史研究院供稿）

《东营党史》期刊、东营市情网、国家方志馆黄河分馆公众号、黄河讲堂等平台，开展中共党史、东营地情普及教育。

【国家方志馆黄河分馆】 全年接待游客逾13万人次，涵盖全省16个地市、全国20余个省份。“执古之道·御今之有——习近平用典专题展”列为市直机关党建重点工作任务，139个单位5897名党员参观学习；“还我河山——黄河口抗战陈列展”列入全市主题教育必学内容，获批中央党史和文献研究宣传专项支持，争取资金20万元，为全省4个入选项目之一。举办“变迁——东营老照片陈列展”“乡村巨变——常凤宁农民画作品展”。组织“写出我心中的黄河——中小学生千人现场作文大赛”、经典诵读优秀节目展演、“黄河颂·中国梦”有奖征文、“爱我黄河·歌唱祖国”燃情快闪等。打造“一源三江”文化品牌，与长江文明馆、西双版纳傣族自治州民族博物馆建立合作关系，举办“三江文化”合作研讨会，签署“一源三江”文博事业合作发展备忘录。9月，在全国地方志机构新任负责人培训班上，东营作经验介绍。11月21—24日，全国方志馆建设经验交流会在东营召开，推广东营经验。

2019年4月10日，“一源三江”文博事业促进会合作备忘录签订仪式暨首届三江文化合作研讨会举行
（市委党史研究院供稿）

【业务指导】 指导县区方志馆建设提档升级，8月31日东营区区情馆（方志馆）揭牌，展陈面积2000平方米。开发“老字号”系列特色文化产品，编纂《黄河口老地方》，基本完成组稿。完成《东营市工商行政管理志》《东营市质量技术监督志》《东营市社科联志》3部市直部门志评审把关。

（市委党史研究院）

东营市人民代表大会

综　　述

2019年，市人大常委会学习贯彻中共十九大和十九届二中、三中、四中全会精神，贯彻落实习近平总书记关于坚持和完善人民代表大会制度的重要思想，围绕市委重大决策部署，牢记初心使命，忠实履职尽责，为推进全市经济社会发展和治理体系、治理能力现代化作出贡献。

坚持党的全面领导，推进新时代人大工作创新实践。①强化政治引领。把学习贯彻习近平新时代中国特色社会主义思想作为贯穿人大工作的主线，在思想上政治上行动上同党中央保持高度一致。把贯彻落实习近平总书记关于坚持和完善人民代表大会制度的重要思想作为首要任务，健全完善学习制度，开展中心组学习、常委会履职学习、政策法规专题学习90余次，举办讲座17场。开展“不忘初心、牢记使命”主题教育，组织研讨交流22次，形成调研报告37篇，深入企业、社区、农村等宣讲11场、上党课35次，收集意见建议176条，查摆问题85个，制定整改措施97条，党员干部政治素质明显增强、干事能力有新提高。抓实抓细意识形态工作，自觉履行政治责任。严格执行重大事项报告制度，就人大依法履职中的重大问题，及时向市委请示报告。②服务中心大局。围绕市委重大决策部署，在服务保障大局中展现新作为。完成市委交办的安全生产监督检查、重点项目推进、疏港铁路建设、基层联系点以及开发区体制机制改革、高等教育发展调研等工作。依法行使重大事项决定权，先后作出批准市级决算、预算调整的决议，批准政府债务限额和新增债务预算调整方案。作出确定市树、市花、市鸟的决定。坚持党管干部与人大依法任免干部有机统一，全面实施网上法律考试、供职承诺、审议表决、宪法宣誓、任后监督等制度规程，依法任免国家机关工作人员39人。③深化创新实践。把握新时代人大工作规律，推进制度创新、流程再造。实行专项报告初审制、建议转办清单制、办理事项销号制、办理成效票决制四项制度。出台人大预算审查监督重点向支出预算和政策拓展制度性文件。创新评议方式，对8个市政府组成部门开展工作评议，促进依法行政。改进执法检查运转程序、方式方法，“四不两直”、吸收专家参与成为执法检查的常态，检查报告提交常委会会议审议成为惯例。

依法履行监督职责，推进经济社会高质量发展。①聚焦经济运行和新旧动能转换开展监督。关注全市经济运行情况，听取审议国民经济和社会发展计划执行情况专项报告，面对经济下行压力，多次召开专题会议，督促破解发展难题，激活发展要素，加快新旧动能转换，做优做强实体经济。听取审议“双招双引”三年行动计划实施情况的报告，提出围绕“5+2+2”产业体系，推进专业招商、优化营商环境等意见。听取审议“金融动能转换”三年行动计划实施情况的报告，提出加大重点领域监测预警，抓好风险防范化解，提高融资服务质效，优化金融生态环境等意见。听取审议“旅游富民”三年行动计划实施情况的报告，提出增强统筹规划意识，探索融合发展路径，创新长效运营机制等意见。对乡村振兴、外经贸、外事等工作进行调研，提出意见、建议。②聚焦政府资金资产深化监督。推动出台市政府向市人大常委会报告国有资产管理情况的制度性文件，首次听取审议行政事业性国有资产管理情况的专项报告，审议国有资产管理情况的综合报告，摸清国有资产家底，促进国有资产规范透明。完善依法审查批准预算、依法监督预算执行的全口径、全过程预算监督体系。加强对政府债务规模、用途的审查，督促政府定期报告政府债务情况，将新增政府债务纳入预算管理。深化部门预算监督，选取8个部门预算进行重点审查。市县两级人大全部建成预算联网监督中心，实现省市县三级纵向贯通，与财政部门横向联通。发挥审计监督作用，听取审议审计查出问题整改落实情况的报告，对市民政局、市财政局、市住房和城乡建设管理局、市海洋发展和渔业局4个部门的整改情况进行满意度测评。在全省率先建立监察监督与审计监督联动机制。③聚焦安全发展持续监督。按照市委要求，持续开展安全生产监督检查。每季度由常委会领导牵头，组成4支队伍，采取“四不两直”方式，先后对2018年安全生产监督检查发现问题整改情况和涉爆粉尘安全、学校安全、城镇燃气安全等重点领域进行监督检查，抽查企业、单位61家，发现问题隐患267项，提出整改建议79条，分别形成监督检查报告，报市委并转市政府办理，市委主要领导

2019年，每季度由常委会领导牵头，组成4支队伍，采取“四不两直”方式，对安全生产监督检查发现问题整改情况和重点领域进行监督检查

（市人大常委会研究室供稿）

4次作出批示。对《中华人民共和国安全生产法》《山东省安全生产条例》贯彻实施情况开展执法检查，推动“一法一条例”在东营市有效实施。对宗教事务条例贯彻实施情况开展执法检查，促进宗教事务依法治理。④聚焦生态环保强化监督。听取审议全市环境状况和环境保护目标完成情况的报告，对生态环境保护和“四减四增”三年行动计划实施情况进行专题调研，对《中华人民共和国大气污染防治法》《山东省大气污染防治条例》实施情况开展执法检查，紧扣“向异味污染宣战”主题，组织两次“油城环保世纪行”活动，督促打好污染防治攻坚战，推动生态环境质量持续改善。

强化立法引领保障，推进治理方式转变和治理能力提升。①开展地方立法工作。完善“党委领导、人大主导、政府依托、各方参与”的立法格局，发挥人大在立法中的主导作用。加强生态环保领域立法，出台《东营市大气污染防治条例》《东营市海岸带保护条例》，为推动生态文明建设提供法治保障。加强民生领域立法，《东营市城市供水条例》经第一次审议。围绕提高立法质量，坚持和完善“两审三通过”、立法咨询、立法联系点等工作机制，推动科学立法、民主立法、依法立法。坚持立法与实施并重，加强对东营市地方性法规实施情况的监督，把制度机制有效转化为治理效能。②加强监察和司法工作监督。贯彻监察法，支持监察机关依法行使监察权。听取审议市法院关于破产审判工作情况的报告，推动出台规范破产重组、“僵尸”企业出清办法。听取审议市检察院关于公益诉讼检察工作情况的报告，督促加强对食品药品安全、环境污染治理等领域公益的维护。③加强备案审查，维护法制统一。按照“有件必备、有备必审、有错必纠”原则，对13件市政府规章和县区人大规范性文件进行审查。建立备案审查综合信息平台，设置专门场所，开展专业培训，完善规范性文件数据库，增强备案审查能力。

践行以人民为中心的发展思想，推进保障和改善民生。①围绕“幼有所育”，听取审议全市学前教育工作情况报告，针对学前教育城乡发展不均衡、资源供给不足等问题，建议考虑城镇化和二胎政策实施等因素，整合教育资源，优化城乡布局，提高公办幼儿园质量，规范民办幼儿园管理，督促改善学前教育环境。②围绕“劳有所得”，听取审议全市就业工作情况报告，针对经济下行、“就业难”与“招工难”并存以及农民工工资兑付等问题，督促落实就业优先战略，解决就业结构性矛盾，促进创业带动就业，完善公共就业服务体系，保障农民工合法权益。③围绕“病有所医”，听取审议“健康东营”建设情况报告，针对基层优质医疗资源短缺、城区儿童防疫站点偏少等问题，提出健全综合防治体系、发展壮大医养结合和健康产业等意见建议，督促加强全科医生和高水平专业人才建设，提升基层医疗水平和应急处置能力。④围绕“住有所居”，听取审议全市住房和城乡建设管理工作情况报告，督促加大房地产市场专项整治，推进棚户区和老旧小区改造，完善公租房供给制度，加快建立租购并举的住房保障体系。建议坚持规划引领，理顺管理体制，提升服务功能，统筹解决好农村改厕不彻底，燃气“村村通”工程气源不足、价格偏高、使用效益不好等问题。⑤围绕“弱有所扶”，听取审议全市城乡低保工作情况报告，针对低保对象核定不精准、信息不共享等问题，建议重公平、严管理、强联动，加强与其他社会救助制度的衔接，提升服务质量，解决低收入群众的实际困难。针对脱贫攻坚质效有待提升等问题，听取审议专项报告，督促做细基础工作，注重精准施策，强化造血功能和托底保障，增强脱贫实效。⑥围绕“诉有所应”，做好人大信访工作，年内受理群众来信31件，来访145起、172人次，承办省人大转办函22件，全部按法律政策办理，回应社会关切，化解矛盾纠纷，维护群众合法权益。

发挥代表主体作用，激发人大工作生机活力。①创新制度机制。坚持和深化“双联系”制度，调整走访联系区域，分5路集中联系代表122人次，面对面征求意见建议163条，督促解决群众关注的难点堵点痛点问题。建立代表工作站120个，组织引导各级代表进站接待选民，收集社情民意，回应群众关切。完善代表履职监督、评价、激励机制，开展代表承诺和述职评议工作。探索推行街道议政会制度，为驻街道人大代表和居民知情知政、参政议政搭建平台。省人大常委会领导作出批示，要求在全省推广。②强化服务保障。夯实基层基础工作，召开基层人大工作座谈会，举办全市乡镇人大干部培训班、代表履职培训班，基层人大履职实效增强。推进代表履职平台建设，畅通代表知情知政渠道，为代表履职创造条件。加强代表管理服务，实行量化考核，对43名履职优秀代表进行通报表扬。组织基层代表列席常委会会议、参加视察调研，推荐担任社会监督员、参与重大事项听证、电视问政、道德模范评选等，拓展代表履职的广度和深度。组织驻东营市的全国、省人大代表围绕大气污染防治“一法

2019年，市人大常委会出台《东营市大气污染防治条例》《东营市海岸带保护条例》，为推动全市生态文明建设提供法治保障　　（市人大常委会研究室供稿）

一条例”贯彻实施和精准扶贫等工作开展视察，赴淄博、滨州两市围绕“文旅融合发展”和“民营经济高质量发展”学习考察。组织市人大代表就新旧动能转换、乡村振兴战略实施等议题开展跨区域视察。组织各级人大代表会前集中视察，为审议报告、提出议案建议做好准备。③增强代表建议办理实效。市八届人大三次会议以来收到代表建议255件，全部办结并答复代表，代表满意与基本满意率100%。抓好办理回复、跟踪问效、“回头看”关键环节，分阶段持续督促办理。组织召开督办会4次，确定10件重点建议，由常委会各主任牵头督办，市政府分管副市长领办，有关专门委员会跟踪督办。建好用好建议办理网络平台，开展办理情况满意度测评，督促承办部门当面答复代表，部门主要领导面复率达50%以上。首次听取审议政府组成部门代表建议办理情况的专项报告，通报表扬优秀代表建议和办理优秀单位、优秀个人，建议质量及办理效果提升，发展健康养老产业、加强普惠幼儿园建设、提高城区防涝能力等代表建议得到办理。

加强素质能力建设，提升履职水平。①加强党建引领。常委会党组发挥把方向、管大局、保落实的作用，落实全面从严治党主体责任，严格履行“一岗双责”，严肃党内政治生活，抓好基层党组织建设和党风廉政建设。打造“服务代表，情系人民”党建品牌，推进党建与中心工作、代表工作、业务工作深度融合。②加强能力建设。按照“提高政治站位、忠实履职尽责、建设过硬队伍、竭诚服务人民”的总体要求，规范履职行为，改进工作作风，崇尚“实在实干实绩”，营造风清气正、干事创业的良好环境。加强专门委员会建设，发挥专门委员会在议案审查、调研视察、联系代表、建议督办等方面作用。到青岛、温州等地人大对标学习，借鉴先进经验和创新做法，改进提升履职效能。③加强机关建设。开展“全员练兵、全面规范、全力作为”主题实践活动，推进“实力机关、活力机关、和谐机关”建设，增强机关服务保障能力。建立健全调查研究、机关管理、规范服务等规章23项，提高工作规范化、科学化水平。抓好人大信息宣传，在省级以上新闻媒体刊发稿件50余篇。改版升级人大网站和微信公众号，讲好人大故事，传播人大声音，推动人民代表大会制度深入人心。（市人大常委会研究室　赵玲玉）

重　要　会　议

【市八届人大三次会议】　1月26—29日召开。会议听取审议代市长赵志远所作的政府工作报告、市人大常委会主任郑建军所作的东营市人民代表大会常务委员会工作报告、市中级人民法院院长廖伟忠所作的东营市中级人民法院工作报告、市人民检察院检察长王新建所作的东营市人民检察院工作报告，审查关于东营市2018年国民经济和社会发展计划执行情况与2019年计划草案的报告、关于东营市2018年预算执行情况和2019年预算草案的报告，全部作出批准的决议。补选赵志远为东营市人民政府市长，边志伟、刘仁豪、李在忠、李梦来、张兰海为东营市人大常委会委员。表决通过市人大有关专门委员会组成人员名单。会议举行新任职人员向宪法宣誓仪式。

【市人大常委会会议】　2019年，市八届人大常委会召开7次常委会会议。

市八届人大常委会第17次会议　1月22日召开。市人大常委会副主任李金昆、杨梦斌、陈安忠、李永元，秘书长杜延明出席会议。李永元主持会议。副市长刘美华、市中级人民法院院长廖伟忠、市人民检察院检察长王新建列席会议。市政府有关部门负责人、市人大常委会机关县级干部列席会议。会议审议通过《东营市人民代表大会常务委员会关于调整东营市第八届人民代表大会第三次会议召开时间的决定(草案)》；审议通过东营市人民代表大会常务委员会工作报告(草案)；审议通过市八届人大三次会议建议日程(草案)；审议通过市八届人大三次会议各类建议名单和列席人员范围的决定(草案)；审议通过市八届人大常委会代表资格审查委员会关于个别代表的代表资格的报告；听取审议市人大常委会主任会议关于市八届人大三次会议筹备工作情况的报告；听取审议市政府关于市八届人大二次会议以来市政府系统代表建议、批评和意见办理情况的报告；审议市人大常委会人事代表工作委员会关于市八届人大二次会议以来代表建议、批评和意见办理情况的报告(书面)；补选山东省第十三届人民代表大会代表；通过人事任免事项；为新任职人员颁发任命书；举行宪法宣誓仪式。

市八届人大常委会第18次会议　2月27日召开。市人大常委会主任郑建军出席会议并讲话，副主任李金昆、杨梦斌、陈安忠、李永元，秘书长杜延明出席会议。李金昆主持会议。市委常委、市纪委书记、市监委主任孙早军，副市长刘美华，市中级人民法院院长廖伟忠，市人民检察院检察长王新建列席会议。市政府有关部门负责人、市人大常委会机关县级干部和部分人大代表列席会议。会议传达学习省十三届人大二次会议精神；听取审议市政府关于全市学前教育工作情况的报告；听取审议市中级人民法院关于破产审判工作情况的汇报；表决通过人事任免事项；举行新任职人员宪法宣誓仪式。

市八届人大常委会第19次会议　4月16日召开。市人大常委会主任郑建军出席会议并讲话，副主任李金昆、陈安忠、李永元，秘书长杜延明出席会议。陈安忠主持会议。市委常委、市纪委书记、市监委主任孙早军，副市长、市公安局局长戚思宇，市中级人民法院院长廖伟忠列席会议。市政府有关部门负责人、市人大常委会机关县级干部和部分人大代表列席会议。会议听取审议市政府关于外事工作情况的报告，听取审议市人民检察院关于公益诉讼检察工作情况的报告；审议票决市政府关于市八届人大常委会第11次、13次、14次会议提出的有关审议意见办理情况的报告(全市公共卫生服务体系建设、农村公共文化服务体系建设、水气土污染整治)，审议票决市人民检察院关于刑事执行检察工作审议意见办理情况的报告，以上办理情况的报告均被评定为满意等次；审议表决市八届人大常委会代表资格审查委员会关于个别代表的代表资格的报告；表决人事任免事项。

市八届人大常委会第20次会议　6月26日召开。市人大常委会主任郑建军出席会议并讲话，副主任李金昆、杨梦斌、陈安忠、李永元，秘书长杜延明出席会议。李永元主持会议。市委常委、市纪委书记、市监委主任孙早军，副市长李俊峰，市中级人民法院院长廖伟忠列席会议。市政府有关部门负责同志、各区县人大常委会负责人、市人大常委会机关县级干部和部分人大代表列席会议。会议听取审议市政府关于提请审议《东营市大气污染防治条例(草案)》的议案；听取审议市政府关于提请审议《2019年东营市新增地方政府债务限额及市级预算调整方案》的议案，并作出批准的决议；听取审议市政府关于全市环境状况和环境保护目标完成情况的报告，审议市人大城乡建设环境保护委员会关于对《全市环境状况和环境保护目标完成情况的报告》的初审意见；听取审议市监察委员会关于开展侵害群众利益不正之风和腐败问题专项整治工作情况的报告，审议市人大监察和司法委员会关于对《开展侵害群众利益不正之风和腐败问题专项整治工作情况的报告》的初审意见；听取审议市人大常委会执法检查组关于检查《中华人民共和国安全生产法》《山东省安全生产条例》贯彻实施情况的报告；表决人事任免事项；审议市人大民族侨务外事委员会关于检查《宗教事务条例》贯彻实施情况的书面报告。

市八届人大常委会第21次会议　8月20日召开。市人大常委会主任郑建军出席会议并讲话，副主任李金昆、杨梦斌、陈安忠、李永元，秘书长杜延明出席会议。李金昆主持会议。市委常委、市纪委书记、市监委主任孙早军，副市长韩利学，市中级人民法院院长廖伟忠，市人民检察院检察长王新建列席会议。市政府有关部门负责人、各区县人大常委会负责人、市人大常委会机关县级干部和部分人大代表列席会议。会议听取审议市政府关于提请审议《东营市海岸带保护条例(草案)的议案》；审议《东营市大气污染防治条例(草案修改稿)》；听取审议市政府关于东营市2019年上半年国民经济和社会发展计划执行情况的报告；审议市人大财政经济委员会关于对《东营市2019年上半年国民经济和社会发展计划执行情况的报告》的初审意见；听取审议市政府关于东营市2018年市级财政决算和2019年上半年预算执行情况的报告，审查审议东营市2018年市级财政决算和2019年上半年预算执行情况，并作出决议；听取审议市政府关于东营市2018年度市级预算执行和其他财政收支的审计工作报告，审议市人大财政经济委员会关于对《东营市2018年度市级预算执行和其他财政收支的审计工作报告》的初审意见；听取审议市政府关于全市城乡低保工作情况的报告，审议市人大社会建设委员会关于对《全市城乡低保工作情况的报告》的初审意见；听取审议市政府关于全市实施“旅游富民”三年行动计划情况的报告，审议市人大教育科学文化卫生委员会关于对《全市实施“旅游富民”三年行动计划情况的报告》的初审意见；表决通过《东营市人民代表大会常务委员会关于东营市人民代表大会常务委员会预算审查工作委员会更名为东营市人民代表大会常务委员会预算工作委员会的决定(草案)》；表决通过《东营市人民代表大会常务委员会关于修改〈东营市人民代表大会常务委员会人事任免办法〉的决定(草案)》；通过人事任免事项；会议决定任命王晓军为东营市人民政府副市长，举行宪法宣誓仪式。副市长王晓军作表态发言。

市八届人大常委会第22次会议　10月23—24日召开。市人大常委会主任郑建军出席会议并讲话，副主任李金昆、杨梦斌、陈安忠、李永元，秘书长杜延明出席会议。杨梦斌主持会议。市委常委、市纪委书记、市监委主任孙早军，副市长李俊峰，副市长、市公安局局长戚思宇，市中级人民法院院长廖伟忠，市人民检察院检察长王新建列席会议。市政府有关部门负责人、各区县人大常委会负责人、市人大常委会机关县级干部和部分人大代表列席会议。会议表决通过《东营市大气污染防治条例(草案表决稿)》；表决通过《东营市海岸带保护条例(草案修改稿)》；听取审议市政府关于2018年度全市行政事业性国有资产管理情况的专项报告，审议市政府关于2018年度全市国有资产管理情况的综合报告，审议市人大财政经济委员会关于《2018年度全市国有资产管理情况的综合报告》及《2018年度全市行政事业性国有资产管理情况的专项报告》的初审意见；听取审议市政府关于全市脱贫攻坚工作情况的报告，审议市人大农业与农村委员会关于对《全市脱贫攻坚工作情况的报告》的初审意见；听取审议市政府关于“健康东营”建设工作情况的报告，审议市人大教育科学文化卫生委员会关于对《“健康东营”建设工作情况的报告》的初审意见；听取审议市政府关于全市“双招双引”三年行动计划实施情况的报告，审议市人大财政经济委员会关于对《全市“双招双引”三年行动计划实施情况的报告》的初审意见；听取审议市政府关于提请确定市树、市花、市鸟有关情况的说明，表决《东营市人民代表大会常务委员会关于确定市树市花市鸟的决定(草案)》，确定国槐为市树，荷花为市花，东方白鹳为市鸟；对市公安局、市科学技术局、市自然资源局、市水务局、市政府外事办公室、市行政审批服务局、市市场监督管理局、市信访局进行工作评议，评议等次均为满意；审议票决市政府关于市八届人大常委会第15次、第18次会议提出的有关审议意见办理情况的报告；审议票决市中级人民法院关于破产审判工作审议意见办理情况的报告；审议市人大城乡建设环境保护委员会关于检查《中华人民共和国大气污染防治法》和《山东省大气污染防治条例》实施情况的报告；审议市人大城乡建设环境保护委员会关于全市生态环境保护和“四减四增”三年行动计划实施情况的调研报告；会议表决人事任免事项，进行宪法宣誓仪式。

市八届人大常委会第23次会议　12月26日召开。市人大常委会主任郑建军出席会议并讲话，副主任李金昆、杨梦斌、陈安忠、李永元，秘书长杜延明出席会议。陈安忠主持会议。市委常委、市纪委书记、市监委主任孙早军，副市长冯艺东，市中级人民法院院长廖伟忠列席会议。市政府有关部门负责人、各区县人大常委会负责人、市人大常委会机关县级干部和部分人大代表列席会议。会议表决通过《东营市人民代表大会常务委员会关于召开东营市第八届人民代表大会第四次会议的决定(草案)》，听取审议市政府关于提请审议《东营市城市供水条例(草案)》的议案，听取审议市政府关于提请审议《2019年东营市市级预算调整方案(草案)》的议案，并作出批准决议；审议市人大财政经济委员会关于2019年东营市市级预算调整方案(草案)的初步审查意见；听取审议市政府关于全市就业工作情况的报告，审议市人大社会建设委员会关于对《全市就业工作情况的报告》的初审意见；听取审议市政府关于全市住房和城乡建设管理工作情况的报告，审议市人大城乡建设环境保护委员会关于对《全市住房和城乡建设管理工作情况的报告》的初审意见；听取审议市政府关于全市金融动能转换工作情况的报告，审议市人大财政经济委员会关于对《全市金融动能转换工作情况的报告》的初审意见；听取审议市政府关于东营市2018年度市级预算执行和其他财政收支审计查出问题整改情况的报告，审议市人大财政经济委员会关于《东营市2018年度市级预算执行和其他财政收支审计查出问题整改情况的报告》的初步审查意见；听取审议审计重点整改部门市民政局、市财政局、市住房和城乡建设管理局、市海洋发展和渔业局整改情况的报告，并进行满意度测评，均被评定为“满意”等次；听取审议市教育局、市工业和信息化局、市交通运输局、市农业农村局关于市人大代表建议办理情况的报告；听取审议市政府关于市八届人大常委会第21次会议有关审议意见办理情况的报告；审议票决市人民检察院关于公益诉讼检察工作审议意见办理情况的报告，被评定为“满意”等次；通过人事任免事项；会议任命丁西超为市人民检察院副检察长、代检察长，举行宪法宣誓仪式。丁西超作表态发言。　　（市人大常委会研究室　赵玲玉）

人　事　任　免

【人代会选举】　市第八届人大三次会议　于1月29日，补选赵志远为东营市人民政府市长，补选边志伟、刘仁豪、李在忠、李梦来、张兰海为东营市第八届人民代表大会常务委员会委员，通过补充的东营市第八届人民代表大会有关专门委员会组成人员，名单如下：社会建设委员会主任委员张兰海，副主任委员邵小龙，委员王安峰、王燕(女)、李洪刚、张文明、陈增辉、唐丕斌；监察和司法委员会主任委员董希润，副主任委员赵学强、李从涛，委员王建新、李仁东、张志峰、尚吉永、庞广志、董书平；农业与农村委员会主任委员李在忠，副主任委员张春栋；法制委员会主任委员刘仁豪，副主任委员李梦来。

【常委会任免】　市八届人大常委会第17次会议　于1月22日决定：接受徐守华辞去东营市第八届人民代表大会常务委员会委员职务的请求，报东营市第八届人民代表大会第三次会议备案。根据东营市代市长赵志远的提请，决定任命：陈荫鲁为东营市自然资源局局长，田和德为东营市人民政府外事办公室主任，李剑钧为东营市人民政府国有资产监督管理委员会主任，王学春为东营市地方金融监督管理局局长。原东营市国土资源局局长、东营市人民政府外事与侨务办公室主任职务自然免除。

市八届人大常委会第18次会议　于2月27日，通过补充刘仁豪、李在忠、张兰海为东营市第八届人民代表大会常务委员会代表资格审查委员会委员。李明安在市八届人大三次会议上辞去东营市第八届人民代表大会常务委员会委员职务，按照有关规定，其担任的东营市第八届人民代表大会常务委员会代表资格审查委员会委员职务相应终止。

市八届人大常委会第19次会议　于4月16日决定：接受边志伟辞去东营市第八届人民代表大会常务委员会委员职务的请求，报东营市第八届人民代表大会第四次会议备案；根据东营市监察委员会主任孙早军的提请，决定免去陈立福的东营市监察委员会副主任职务。

市八届人大常委会第20次会议　于6月26日决定：接受张润国辞去东营市人民政府副市长职务的请求，报东营市第八届人民代表大会第四次会议备案。根据东营市市长赵志远的提请，决定任命：丁建民为东营市生态环境局局长，李慧芬为东营市投资促进局局长。免去：伍其东的东营市生态环境局局长职务，霰景亮的东营市投资促进局局长职务。根据东营市监察委员会主任孙早军的提请，任命徐国泉为东营市监察委员会副主任；免去焦绪奎的东营市监察委员会副主任职务。根据东营市人民检察院检察长王新建的提请，免去李金宝的东营市人民检察院副检察长职务，张彬的东营经济技术开发区人民检察院副检察长职务。

市八届人大常委会第21次会议　根据东营市人民政府市长赵志远的提请，于8月20日决定任命王晓军为东营市人民政府副市长。重新公布张树芹为东营市人民代表大会常务委员会预算工作委员会主任。根据东营市中级人民法院院长廖伟忠的提请，任命：董国华为东营经济技术开发区人民法院综合审判庭庭长，刘金涛为东营经济技术开发区人民法院立案庭庭长。免去：纪红广的东营市中级人民法院民事审判第二庭庭长、审判员职务，董国华的东营经济技术开发区人民法院民事审判庭庭长职务，刘金涛的东营经济技术开发区人民法院立案审监庭庭长职务。根据东营市人民检察院检察长王新建的提请，免去任海涛的东营市人民检察院检察员职务。

市八届人大常委会第22次会议　根据东营市市长赵志远的提请，于10月24日决定任命西牧山为东营市商务局局长。决定免去张庆升的东营市商务局局长职务。

市八届人大常委会第23次会议　根据东营市中级人民法院院长廖伟忠的提请，于12月26日任命：潘霞为东营市中级人民法院民事审判第四庭庭长，吕彦松为东营市中级人民法院执行三庭庭长，董庆忠为东营市中级人民法院执行二庭庭长。免去：潘霞的东营市中级人民法院刑事审判第三庭庭长职务，吕彦松的东营市中级人民法院执行二庭庭长职务，董庆忠的东营市中级人民法院东营港经济开发区审判庭庭长职务。根据东营市人民检察院检察长王新建的提请，免去甄义社的东营市人民检察院检察员职务。决定接受王新建辞去东营市人民检察院检察长职务的请求，报东营市第八届人民代表大会第四次会议备案。按照法律规定，须报经山东省人民检察院检察长提请山东省人民代表大会常务委员会批准。根据东营市人大常委会主任会议的提请，任命丁西超为东营市人民检察院副检察长、代检察长。　（市人大常委会研究室　赵玲玉）

重　要　活　动

【省人大领导指导调研】

1月8日，省人大常委会委员、代表资格审查委员会主任委员厉彦林带队到东营走访驻东营的全国、省人大代表。

4月11日，省人大常委会副主任于晓明带队到东营开展大气污染防治"一法一条例"执法检查。

5月20—21日，省人大常委会副主任王随莲带队对东营贯彻实施水污染防治"一法一条例"情况开展执法检查。

5月22—23日，省人大常委会委员、省人大社会建设委员会副主任委员王兆玉带领安全生产"一法一条例"执法检查组到东营进行执法检查。

6月18—19日，省人大常委会秘书长孙建功带领执法检查组就安全生产和应急管理法律法规贯彻实施情况到东营进行执法检查，并召开座谈会。

6月24—25日，省人大常委会委员、教科文卫委主任委员仉兴玉率调研组就《山东省学前教育条例（草案）》立法到东营进行调研。

10月23—25日，省人大常委会委员、省人大民侨外委副主任委员王成波一行7人就《山东省台湾同胞投资保护条例》贯彻实施情况到东营调研。

【常委会及机关重要活动】

1月11日，市人大常委会及机关两级党组理论学习中心组举行集体学习。集体学习习近平总书记在中央政治局第十次集体学习时的讲话和《中共山东省委关于认真学习宣传贯彻习近平总书记对大众日报创刊80周年重要批示精神的通知》。

1月31日，在春节即将到来之际，市人大常委会主任郑建军到河口区义和镇走访慰问困难群众、残疾人、生活困难党员、困难职工、退役军人。

3月21日，市人大常委会及机关两级党组理论学习中心组进行集体学习，学习中共中央办公厅《关于解决形式主义突出问题为基层减负的通知》《中国共产党重大事项请示报告条例》。

4月3日，按照省人大常委会统一要求，市人大常委会组织驻东营的省十三届人大代表对东营市贯彻实施《中华人民共和国大气污染防治法》《山东省大气污染防治条例》的情况进行专题调研。

4月29—30日，市人大常委会派出4个监督检查组，对2018年安全生产监督检查中发现问题、整改落实情况进行监督检查，对相关企业、场所安全生产情况进行再检查。

5月28日，在"六一"国际儿童节来临之际，市人大常委会主任郑建军到市实验幼儿园、市实验小学走访慰问。

6月4—5日，市人大常委会对全市贯彻实施安全生产"一法一条例"情况进行执法检查，同时合并开展涉爆粉尘和金属冶炼企业安全生产监督检查。

6月25日，"七一"来临之际，市人大常委会主任郑建军到利津县陈庄镇临河村走访慰问老党员和困难群众，并调研扶贫工作。

6月27日，市人大常委会及机关两级党组理论学习中心组进行集体学习。集体学习习近平总书记在"不忘初心、牢记使命"主题教育工作会议上的讲话，山东省"不忘初心、牢记使命"主题教育工作会议精神和《党政领导干部考核工作条例》，并进行研讨交流。

7月16—17日，滨州市人大常委会副主任吕德章带领驻滨州市的部分省十三届人大代表就围绕文化和旅游融合发展到东营开展专题调研。市人大常委会副主任李金昆、副市长韩利学参加调研。

7月29—31日，市人大常委会举办市人大代表履职培训班。市人大常委会党组副书记、副主任李金昆，部分市人大常委会委员、市人大代表和市人大机关干部共120余人参加。

9月3—4日，根据市人大常委会统一安排，市人大常委会驻会组成人员分成4组，赴各县区及市属开发区监督检查学校安全工作。

9月5日，在第35个教师节来临之际，市人大常委会主任郑建军、市人大常委会副主任李永元到市育才学校和胜利一中走访慰问教职员工。

9月16日，市人大常委会及机关“不忘初心、牢记使命”主题教育工作会议召开，安排部署市人大常委会及机关“不忘初心、牢记使命”主题教育工作。

10月27—28日，市人大常委会举办全市乡镇(街道)人大干部培训班。全市乡镇人大、街道人大工委负责人及工作人员80余人参加。

11月1日，市人大常委会党组“不忘初心、牢记使命”主题教育调研成果交流会召开。市人大常委会党组书记、主任郑建军主持并讲话，省委第三巡回指导组副组长王保国出席并讲话。

11月19日，市委人大工作会议召开。会议以习近平新时代中国特色社会主义思想为指导，深入学习贯彻习近平总书记关于坚持和完善人民代表大会制度的重要思想，学习贯彻中共十九届四中全会精神，全面落实省委人大工作会议要求，对做好新时代全市人大工作作出安排部署

12月5日，根据《东营市人大常委会2019年安全生产监督检查实施方案》和《关于开展城镇燃气安全监督检查的通知》要求，市人大常委会派出4个监督检查组，对城镇燃气安全工作开展监督检查。

12月11日，市人大常委会党组召开“不忘初心、牢记使命”主题教育专题民主生活会。省委第三巡回指导组组长卢保民到会指导并作点评，市人大常委会党组书记、主任郑建军主持并代表市人大常委会党组作检视剖析。

（市人大常委会研究室　赵玲玉）

专门委员会工作

【财政经济委员会】 加强计划、预算审查监督，市八届人大三次会议会前及期间，对计划、预算报告和草案进行审查，就2019年计划、预算执行工作提出意见建议27条，向人代会提交审查结果报告；围绕常委会听取审议市政府2019年上半年计划执行情况的报告、预算执行情况的报告等7项计划、预算方面的议题，组织开展调研20次，召开审查会议5次，形成初审意见与审查报告7件，提出意见建议102条，发挥计划、预算的引领、规范和约束作用。强化专项工作监督，对东营经济技术开发区体制机制改革、“双招双引”、金融动能转换、优化营商环境、安全生产5项重点工作及市科技局、市水务局、市工信局3个政府组成部门工作开展情况和代表建议办理情况，开展专题调研、评议调研、执法检查、监督检查24次，形成初审意见、调研报告、执法检查报告11件，提出意见建议132条。采取重点督办、会议督导和调研督查办法推进建议办理，市八届人大三次会议期间代表提出的35件财经类建议面复率、办结率和满意率均为100%。

【监察和司法委员会】 围绕关于侵害群众利益不正之风和腐败问题专项整治工作情况、关于破产审判工作情况、关于公益诉讼检察工作情况等常委会审议议题，组织开展调研，分别形成初审意见，为常委会审议提供参考。对常委会会议形成的11条审议意见，通过调研督导、电话联系等方式督促办理。对《东营市养犬管理条例》贯彻实施情况、电动车交通安全专项整治工作进行调研，提出意见建议60余条转相关部门办理。参与常委会安全生产检查、集中走访联系代表、政府部门工作评议等工作。推进代表建议督办工作，相关的15件代表建议面复率、办结率和满意率均为100%。

【城乡建设环境保护委员会】 围绕全市环境状况和环境保护目标完成情况、全市生态环境保护和“四减四增”三年行动计划实施情况进行调研，梳理发现8个方面问题，提出7个方面意见建议，转政府相关部门办理，推动全市生态环境改善；先后就全市水气土污染整治工作审议意见办理情况、2018年中心城重点城市建设项目完成情况审议意见办理情况进行调查，并提交市人大常委会审议票决。根据省市县三级联动项目安排，就大气污染防治“一法一条例”开展执法检查，并就环保突出问题特别是异味整治工作情况开展调研，走访检查企业、单位86家(个)，发现问题178个。会同有关部门对《东营市大气污染防治条例(草案)》调研和审议，整理汇总5个方面、31个问题，推动相关立法工作开展。围绕“向异味污染宣战”主题，组织开展2019年度油城环保世纪行系列活动，组织市内主流媒体深入一线开展采访活动，加强舆论监督，改善生态环境质量。

【农业与农村委员会】 开展乡村振兴战略实施情况专题视察，对全市脱贫攻坚工作情况进行专题调研，分别形成初审意见，为常委会审议提供参阅材料。对全市田园综合体建设情况、海洋牧场建设情况、防范化解自然灾害情况等群众关心的热点、难点问题进行调研，形成调查报告，为常委会依法科学决策提供依据。对《东营市海岸带保护条例》进行审议，提出6个方面、13条修改意见；对《东营市城市供水条例》进行审议，提出19条具体修改意见；督办涉农建议39件，全部办结并答复代表，代表满意率100%。

【教育科学文化卫生委员会】 围绕学前教育、旅游富民、健康东营等常委会审议议题，深入实地调研，形成初审意见，为常委会审议提供参考。提请常委会对学前教育工作审议意见办理情况进行票决，推动解决群众关心关注的问题。围绕全市公共卫生服务体系建设审议意见办理工作、全市农村公共文化服务体系建设审议意见办理工作开展调研，推动开展二次办理，提高办理质效。配合省人大到东营市

开展《山东省学前教育条例》立法调研。参与代表建议督办，涉及本委的63件代表建议全部办理完毕并答复代表。参与常委会安全生产检查“回头看”、安全生产“一法一条例”执法检查等工作。

【民族侨务外事委员会】 围绕常委会审议议题，对全市外事工作进行调研，形成初审意见，为常委会审议提供参考。对《宗教事务条例》贯彻实施情况进行执法检查。对社科联工作进行调研。协助省人大对东营市《山东省台湾同胞投资保护条例》贯彻实施情况、《山东省宗教事务条例》修订工作进行调研。督办重点代表建议2件。参与常委会安全生产检查、政府部门工作评议等工作。

【法制委员会】 全年开展立法调研活动8次，召开委员会全体会议4次，对《东营市大气污染防治条例》《东营市海岸带保护条例》法规草案进行统一审议，提出法规草案修改稿和建议表决稿。严格履行监督职责，加强与对口联系部门（市司法局）的日常工作联系，针对“社区矫正”“法律援助”的工作情况开展调研。

【社会建设委员会】 围绕常委会审议议题，就全市城乡低保工作、就业工作开展调研，组织调研活动11次，形成初审意见2篇，供常委会组成人员审议时参阅。组织开展安全生产监督检查，对2018年安全生产监督检查发现问题整改情况、安全生产“一法一条例”贯彻实施情况和学校安全、城镇燃气安全等重点领域进行监督检查，抽查企业、单位61家（个），发现问题隐患267项，提出整改建议79条，分别形成监督检查报告，报市委并转市政府办理，市委主要领导4次作出批示，推动监管措施落地见效。建立健全委员会议事规则、工作联系办法等规章制度，参加全省人大社会建设工作会议，组织召开委员会联系部门工作会议、全市人大社会建设工作会议。协助省人大常委会开展安全生产“一法一条例”执法检查。推进代表建议办理，对委员会相关的代表建议逐一督办，征求代表建议，代表建议办结率和满意率均为100%。 （市人大常委会研究室　赵玲玉）

东营市人民政府

综　　述

2019年，全市上下以习近平新时代中国特色社会主义思想为指导，以庆祝新中国成立70周年和开展“不忘初心、牢记使命”主题教育为动力，学习贯彻中共十九大和十九届二中、三中、四中全会精神，贯彻落实习近平总书记对山东工作重要指示要求，贯彻党中央国务院、省委、省政府和市委决策部署，把握新时代东营发展的目标定位，担当作为，狠抓落实，经济社会发展取得新成绩。

经济发展企稳回升。面对经济下行压力，精准发力，有效应对，全面推动“六稳”落地见效。全年经济增长4.2%；一般公共预算收入达到245.1亿元，剔除减税降费政策影响，实际增长15.3%；城乡居民人均可支配收入分别增长6.7%、8.7%。建立经济运行分析联席会议制度，实行“3+N”重点项目会商机制，市重点项目完成投资390.4亿元。大力“双招双引”，突出与央企、国企合作，到位外来资金232.8亿元，在东营央企数量达到22家。在全省率先建立政府解决企业难题直通车制度，搭建惠企政策服务平台，市领导联系重点企业，百名局长服务百家企业，银行行长走进百家企业，一批企业难题得到化解。顶格减征税费88.58亿元。7家企业入围中国企业500强，15家企业入围中国民营企业500强，17家企业入围省民营企业100强。

动能转换多点突破。坚持以项目建设为抓手，着力构建“5+2+2”产业体系，新的发展动能不断积蓄。实施和储备新旧动能转换优选项目158个，其中20个列入省重点和第二批优选项目。各类新旧动能转换基金认缴133.8亿元。获批政府专项债券额度48.2亿元。“四新”经济投资占比达到42.1%。工业转型升级扎实推进。高水平编制石化、橡胶、有色金属、石油装备、新材料和生物医药等产业发展规划，开工建设过30亿元项目8个，实施技改项目218个。7个园区、25家企业通过省化工园区和监控点认定。实施高成长型中小企业培育计划，首批35家企业主营业务收入增长15%，高于规模以上工业10个百分点。现代高效农业加快发展，新增市重点农业龙头企业10家、全省知名农产品品牌5个，培育市级农业“新六产”示范主体57家，市现代农业示范区创建成为省级现代农业产业园。现代服务业势头良好，实施光谷未来城、大数据港等过亿元项目30个，平台经济蓬勃发展，文化旅游业明显升温。加大科技创新力度，国家级稀土催化研究院挂牌成立，黄三角现代农业技术创新中心建设顺利，新增院士工作站7家、省级以上创新平台26个，高新技术产业比重提高4.5个百分点，万人有效专利拥有量增长19.9%。华泰纸业获得国家科技进步一等奖。

三大攻坚战成效明显。加快金融动能转换，强化政府担当，政监银企联动，着力化解企业债务风险，实现不良贷款余额和不良贷款率“双下降”；实施银企互信企业名单制管理等一系列金融产品和服务创新，省政府在东营市召开全省金融支持东营高质量发展座谈会，为金融环境改善注入新动力。加强危化品、道路交通等安全生产专项整治，成立海上应急救援中心，成功处置韩国籍“五号汽船”液化气泄漏重大险情，生产安全事故起数、死亡人数继续实现“双下降”。强力推进中央、省环保督察反馈问题整改，开展渤海区域环境综合治理，实施93个水气土污染治理项目，严惩环境违法行为，环境空气质量综合指数列全省第5位，市控以上河流水质继续改善。加强湿地保护，修复湿地4.8万亩。深化精准扶贫，着力补齐短板，全面提升脱贫质量，脱贫攻坚工作扎实推进。对外援建和下派帮扶取得新成效。

城乡区域融合共进。天鹅湖城市湿地、金湖银河片区及北二路沿线综合开发、中心城“两河”及内水系综合治理工程启动实施，华山路等11条城区“断头路”实现贯通；加强无内涝城市建设，改造中心城区积水点46个。全市改造提升城中村15个、老旧小区10个，新开工棚户区改造安置房2959套。扎实推进乡村振兴和农村人居环境整治，建设改造“四好农村路”277千米，完成12个黄河滩区村旧村台改造。胜利油田办社会职能分离移交工作走在全国前列，中国石油大学胜利学院转设公办普通本科高校加快推进，黄三角农高区改革发展取得新进展，综合训练基地停偿工作顺利实施。京沪高铁二通道天津——东营——潍坊（烟台）段、济南——滨州——东营高铁前期工作加快推进，东青高速青州何官互通立交、长深高速广饶至高青段建成通车，黄大铁路东营段、东营港疏港铁路试运行，济南——高青高速公路开工建设。东营港南防波堤、10万吨级航道导堤完成主体，2个10万吨级泊位开工建设，胜利机场通航城市增至15个，建成油气管网157.4千米，小清河干流及分洪道治理等水务工程启动实施，城乡供电设施进一步完善。

改革开放纵深推进。深化“一窗受理、一次办好、一网通办”改革，中心城区的市级行政审批事项可在区级大厅办理，基层便民服务站点实现全覆盖，社会投资工程实现“拿地即开工”审批，新注册市场主体6.2万家，完成规模企业规范化公司制改制140家，新增挂牌企业52家。市属国有企业新组建、重组整合为4家，县区属经营性国有资产实现集中统一监管。东营港经济开发区、垦利经济开发区体制机制改革创新试点圆满完成。农村集体产权制度改革基本完成。全面扩大对外开放，深入实施“境外百展市场开拓计划”，积极应对中美经贸摩擦，实现进出口1629.2亿元；实际使用外资2.44亿美元，同比增长151%。

民生福祉持续提升。城镇新增就业5.3万人，失业人员再就业2.55万人。城市低保标准提高到每人每月620元，农村低保标准提高到每人每年5400元，企业退休人员基本养老金提高到人均每月2555元，在全省率先制定支出型贫困家庭最低生活保障办法。理顺学校管理体制，新建、改扩建城乡中小学30所、幼儿园21所。东营职业学院入选中国特色高水平高职学校和专业建设计划。市中医院、市传染病医院、市精神卫生中心挂牌成立，市妇幼保健中心综合楼开工建设，公立医院医用耗材加成全面取消，国家卫生城市建设复审通过考核。在全省率先完成居民健康卡、社会保障卡系统对接、信息共享。佰昆康复医院等一批民营医养结合项目投用，新建社区养老服务中心15个。省级食品安全城市创建通过验收。创建成为第三批国家公共文化服务体系示范区。举办国际马拉松赛、国际公路自行车赛、市第十一届运动会。在全省率先建立社会治理网格化服务管理体系，5年以上信访积案全部化解“清零”。“扫黑除恶”专项斗争纵深推进，完成新中国成立70周年等安保维稳任务。人口计生、慈善救助、双拥共建、国防动员、军人事务、工青妇、残疾人、红十字、老龄等事业全面进步，地方史志、民族宗教、外事侨务、驻外联络、机关事务、统计、对台、口岸等工作加快发展，中央、省驻东营单位作出新的贡献。

政府自身建设切实加强。全面加强政府系统党的建设，“不忘初心、牢记使命”主题教育取得明显成效。深入推进法治政府建设，自觉接受市人大及其常委会的法律监督、工作监督和市政协的民主监督，办理市人大代表建议244件、政协提案268件。政府机构改革全面完成，推行“一口三办”最快政府协调机制，政府工作效率明显提升。以“工作落实年”为抓手，开展“担当作为、狠抓落实”大竞赛、大比武，深入基层调查研究、解决困难，干部队伍作风进一步转变。 （市政府办公室秘书一科）

重要会议与政令辑要

【市政府常务会议提要】 2019年，市政府召开常务会议22次。

1.第8—34次，1月6日召开。研究2019年“四张单子”项目、2018年全市国民经济和社会发展计划主要指标预计完成情况与2019年安排建议、《关于市区城市建设管理事权及财权调整的意见》《深化市以下财政管理体制改革的实施意见》，传达全省深化“一次办好”改革现场推进会议精神，研究东营市贯彻落实意见。

2.第8—35次，1月11日召开。研究市属开发区调整代管范围划转移交有关工作、《关于深入推进城市安全发展的实施方案》。

3.第8—36次，1月17日召开。研究人代会有关材料、东营港化工产业园扩区情况、《关于进一步稳定和扩大就业的实施意见》《大海集团破产重整资金筹措工作方案》。

4.第8—37次，1月30日召开。研究《省审计发现问题整改落实方案》、农业农村和扶贫有关工作、全市河长制湖长制湾长制工作、《东营市农村饮水安全两年攻坚行动工作方案》、国家卫生城市复审迎检及健康城市建设、中科院黄河三角洲现代农业工程实验室有关情况、全省“扫黑除恶”专项斗争工作视频会议主要精神及东营市专项斗争开展情况。

5.第8—38次，2月26日召开。传达省十三届人大二次会议精神，传达渤海综合治理攻坚战座谈会精神、全省审计工作会议精神，研究东营市贯彻落实意见。研究《东营市生态环境机构监测监察执法垂直管理制度改革实施方案》《推动全市溴素行业规范发展实施方案》《东营市城镇居住区配套幼儿园专项整治工作方案》《东营市无证幼儿园专项整治工作方案》《关于全面深化新时代全市教师队伍建设改革的实施意见》《东营市市属国有企业投融资及对外担保监督管理暂行办法》《东营市市级预备费管理办法》以及2018年度乡镇安全生产量化管理考评、与中海油合作情况。

6.第8—39次，3月18日召开。传达全国两会精神，研究创建全民运动健身模范市、筹办2019黄河口（东营）国际马拉松赛和市第十一届运动会有关情况，研究《关于推进市属开发区一枚印章审批及使用“2号”公章的意见》《山东省人民政府关于取消下放一批省级行政许可等事项的通知》承接处理建议、《东营市中心城区2019年房地产用地供应、土地储备和开发整理计划》。

7.第8—40次，4月12日召开。研究《东营市行政机关负责人出庭应诉管理办法》、调整东营综合保税区规划设立B区、划定垦利区城镇土地使用税土地等级范围。传达省对口支援和扶贫协作工作领导小组会议精神、统计法治和第四次经济普查座谈会精神，研究东营市贯彻落实意见。学习习近平总书记关于统计工作的重要讲话和重要指示批示精神。

8.第8—41次，4月22日召开。研究《关于加强规划引领提升城市建设品质的实施意见》《东营市高成长型中小企业培育计划》、东营市化工等6个产业规划编制，全市化工生产企业评级评价工作情况，“四张单子”项目一季度进展情况，全市社会信用体系建设有关情况，《关于加强海上交通安全管理工作的意见》，东营市渤海区域环境综合治理攻坚战有关情况。

9.第8—42次，5月8日召开。研究《东营市北二路沿线及金湖银河片区综合开发PPP项目实施方案》《东营市大气污染防治条例（草案）》、市政府关于油地联席会议油田提出问题的解决意见、《东营市危化品领域安全生产巩固提升专项行动方案》、省社保基金理事会省财金集团市政府推动高质量发展合作有关情况、2018年度东营市首席技师评选。

10.第8—43次，5月31日召开。传达国务院第二次廉政工作会议、省政府第二次廉政工作会议精神，研究《迎接建国70周年安全生产专项整治行动实施方案》、市八届人大三次会议议案转建议办理情况、当前统计重点难点工作情况、落实减税降费政策和财政“三保”等有关情况、《中心城“两河”水环境综合治理暨无内涝城市建设工程工作推进方案》。

11.第8—44次,6月23日召开。研究2019年市本级预算调整方案。

12.第8—45次,6月28日召开。研究《东营市聚焦企业和群众关切深化“一窗受理·一次办好”改革工作方案》《关于发挥政府性融资担保机构作用促进全市经济发展的意见》、市级党政机关办公用房权属统一登记工作、全市消防工作情况。

13.第8—46次,7月25日召开。研究《东营市国土空间总体规划(2019—2035年)》编制、《东营市城乡建设用地增减挂钩节余指标调剂使用管理暂行办法》《东营市工程建设项目审批制度改革实施方案》《东营市社会投资工程建设项目“拿地即开工”实施意见》、上半年全市经济运行情况及下一步工作建议、东营市中心城区天然气价格改革、《东营市海上应急救援中心建设方案》《东营市防治海上溢油事件污染海洋环境应急能力建设规划(2014—2020年)修编》《东营市海岸带保护条例(草案)》《东营市调整理顺学校管理体制工作方案》,传达全省煤炭消费压减工作专班第一次会议精神,研究东营市贯彻落实意见。

14.第8—47次,8月28日召开。研究“四张单子”项目进展情况、《东营市中心城区城市基础设施建设管理办法》《东营市中心城城市基础设施配套费征收管理办法》(修订)。传达中央食品安全有关文件精神、省食安委会议精神,研究东营市贯彻落实意见。安排部署当前重点工作。

15.第8—48次,9月20日召开。研究油地校三方《支持中国石油大学胜利学院转设的合作协议》。

16.第8—49次,10月9日召开。研究《东营市重点水务工程实施方案》《东营市“菜篮子”市长负责制考核办法》创建全国禁毒示范城市工作情况、统一全市破产企业部分退役军人有关待遇、《关于进一步做好稳定生猪生产保障市场供应的通知》、提高全市城乡低保、特困人员救助供养标准与东营市“市树、市花、市鸟”评选。

17.第8—50次,10月19日召开。研究《关于全面建立森林湿地长制的实施意见》《关于进一步优化市级政府引导基金政策推动东营新旧动能转换基金加快投资的意见》《关于弘扬企业家精神进一步支持企业家干事创业的意见》、东营机场2020年航线航班计划、实施东三路(北二路至永馆路)生态湿地工程,传达全省城市品质提升三年行动动员视频会议精神,研究东营市贯彻落实意见。

18.第8—51次,11月9日召开。研究《企业家国(境)外培训管理办法》、大海集团风险化解工作、济南至高青高速公路项目有关情况、《黄河口基层名医选拔管理办法》、市委常委会“不忘初心、牢记使命”主题教育调研成果交流会暨全市第二次“解放思想大讨论”务虚会确定重点任务有关情况,学习《山东省企业投资项目核准和备案办法》。

19.第8—52次,11月27日召开。研究《关于深化制度创新加快流程再造的实施意见》《关于推动开发区体制机制改革创新促进高质量发展的实施方案》《东营市北二路沿线及金湖银河片区综合开发PPP项目合同》《东营市城市供水条例(草案)》、推进“市权再放”工作情况、《东营市政务服务管理办法》。

20.第8—53次,11月30日召开。研究《关于市属国有企业国有资产整合运营监管的实施意见》及配套制度、蓝海集团承办山东胜利职业学院、推行“一口三办”举措建立最快政府协调机制。

21.第8—54次,12月20日召开。研究《东营市应急管理三年规划(2019—2021年)》《预防非生产类伤亡事故重点任务工作方案》《关于开展“亩产效益”综合评价工作的指导意见(试行)》、全市扫黑除恶专项斗争开展情况、加强食品安全工作有关情况、《东营市市级储备食用油管理办法》(修订)、8英寸集成电路芯片项目贷款有关情况、2019年市级预算调整、市级预备费动支、市级预算资金追加有关情况、市政府规章和规范性文件清理工作情况。

22.第8—55次,12月29日召开。研究人代会有关材料、2020年“四张单子”项目、《东营市推进城乡运行综合管理体系建设工作方案》、“菜篮子”市长负责制、畜牧有关工作、《关于加快推进企业上市挂牌工作的意见》《东营市燃气管理办法》《东营市房地产开发经营管理办法》《东营市重要湿地和一般湿地认定办法》。 (市政府办公室会议活动科)

【市政府专题会议提要】 2019年,市政府召开专题会议32次。

1.研究中央生态环境保护督察“回头看”挂牌督办问题整改工作。

2.研究市公务用车制度改革有关事宜。

3.研究市直棚户区改造安置房及配套工程产权划转有关问题。

4.研究安排当前市政府重点工作。

5.研究市妇幼保健计划生育服务中心综合楼建设有关问题。

6.研究东营市垦利区人民医院更名有关问题。

7.研究黄河口生态旅游区旅游总体规划等事宜。

8.研究中心城区土地供应等事宜。

9.研究德州路西延项目论证工作。

10.研究与中海油合作有关问题。

11.研究山东齐成石油化工有限公司120万吨/年成品油质量升级项目、山东尚能实业有限公司100万吨/年高标油品升级联合装置项目及山东胜星化工有限公司150万吨/年渣油轻质化项目、油品质量升级项目、芳烃综合利用项目5个项目手续办理问题。

12.研究港口资源整合有关工作。

13.研究市工业和信息化市交通运输安全生产专业委员会部署开展迎接新中国成立70周年安全生产专项整治

行动有关工作。

14.研究城乡建设等7个安全生产专业委员会迎接新中国成立70周年安全生产专项整治行动有关工作。

15.研究农业农村等4个安全生产专业委员会迎接新中国成立70周年安全生产专项整治行动有关工作。

16.研究东营市涉嫌生产、销售不合格油品问题查处整改工作。

17.研究教育等3个安全生产专业委员会迎接新中国成立70周年安全生产专项整治行动有关工作。

18.研究东营港总体规划调整工作。

19.研究加快推进实施乡村振兴工作、经济运行及重点工作。

20、研究加快推进小清河复航工程有关事宜。

21.研究东营高新区创建国家级高新区有关问题。

22.研究调运块石保障胜利油田桩西孤东海堤抢修工作等事宜。

23.研究山东黄河口大闸蟹有限公司股权划转工作。

24.研究胜利一中、胜利三中改扩建及维修工程有关问题。

25.研究全市空气质量反弹及改善工作。

26.研究东营港疏港铁路项目有关问题。

27.研究北京名校毕业生东营行活动有关事项。

28.研究全市“1+1+8”污染防治攻坚战驻区督察反馈问题整改有关工作。

29.研究落实市委专题会议精神有关问题。

30.研究航运小区信访事项办理工作。

31.研究加强沿海及海上综合管理工作有关问题。

32.研究推动溴素企业规范发展等事宜。

(市政府办公室　来小荣)

【政令辑要】 1月27日,市政府发出《关于进一步稳定和扩大就业的实施意见》。主要内容:(1)积极支持企业稳定就业。(2)推动经济发展扩大就业。(3)鼓励大众创业带动就业。(4)加强职业培训促进就业。(5)聚焦重点群体促进就业。(6)加强组织实施保障就业。

4月4日,市政府发出《关于印发东营市推动“六稳”工作落地见效实施方案的通知》。主要内容:(1)千方百计稳就业。(2)转换动能稳金融。(3)精准施策稳外贸。(4)“双招双引”稳外贸。(5)抓实项目稳投资。(6)强化引导稳预期。

7月8日,市政府发出《关于印发东营市建设湿地城市方案的通知》。主要内容:(1)湿地城市建设基础。(2)市域湿地城市构建。全面保护湿地;科学修复湿地;可持续利用湿地;提升湿地城市魅力。(3)中心城湿地城市构建。构建以湿地为特色的组团式生态型城市格局;突出“两带、三河、五片、多点”中心城湿地结构;建设无内涝城市,实现河流水系湿地循环相连。(4)湿地城市建设保障。统筹湿地城市淡水资源;完善湿地城市管理机制;实施湿地城市行动计划;加强湿地项目建设保障;加大湿地城市宣传力度。

7月31日,市政府发出《关于印发东营市优化提升工程建设项目审批制度改革实施方案的通知》。主要内容:(1)总体要求。(2)统一审批流程。精简审批环节;规范审批事项;合理划分审批阶段;分类制定审批流程;实施并联审批;推行区域评估;推行告知承诺制。(3)统一信息数据平台。(4)统一审批管理体系。(5)统一监管方式。(6)保障措施。

8月20日,市政府发出《关于贯彻落实终身职业技能培训制度的实施意见》。主要内容:(1)基本原则。(2)明确培训重点。(3)壮大培训载体。(4)创新培训模式。(5)完善培训机制。

10月21日,市政府发出《关于在市场监管领域全面推行部门联合“双随机、一公开”监管的实施意见》。主要内容:(1)工作目标。(2)重点任务。统筹推广应用省工作平台;完善抽查事项清单;建立健全名录库;科学制定抽查计划;完善抽查检查实施机制;强化结果公示运用;做好个案处理和专项检查工作。(3)保障措施。

4月26日,市政府办公室发出《关于印发东营市高成长型中小企业培育计划的通知》。主要内容:(1)明确培育工作目标。(2)支持企业提质增效。降低企业社保费率;支持企业项目建设;提升企业创新能力;推动“专精特新”发展;加强惠企政策落实。(3)加大金融扶持力度。开展应收账款融资;强化续贷转贷支持;支持企业直接融资。(4)择优开展重点培育。(5)加强组织领导保障。

4月30日,市政府办公室发出《关于加强海上交通安全管理工作的通知》。主要内容:(1)加强信息化建设,提升安全监管水平。建设海上交通安全信息化平台;推进海上交通安全信息共享;实现海上交通安全智慧监管。(2)突出管理重点化解重大安全风险。加强港口管理;加强船舶管理;加强海上新兴业态管理;加强从业人员管理。(3)健全长效机制,推进联防共治。完善预警联动机制;建立联合执法机制;健全打非治违机制。(4)加强组织领导,确保任务落实。

5月21日,市政府办公室发出《关于印发东营市加强政务诚信建设实施方案的通知》。主要内容:(1)总体目标。(2)主要任务。夯实政务诚信基础工作;建立健全政务诚信管理体系;推进重点领域政务诚信建设。(3)保障措施。

7月15日,市政府办公室发出《关于印发东营市全面推行行政执法公示制度执法全过程记录制度重大执法决定法制审核制度工作方案的通知》。主要内容:(1)工作目标。(2)工作任务。全面推行行政执法公示制度;全面推行执法全过程记录制度;全面推行重大执法决定法制审核制度;全面推行行政执法信息化建设。(3)保障措施。

9月30日,市政府办公室发出《关于进一步压缩不动产登记办理时间的通知》。主要内容:(1)总体目标。(2)主要任务。优化登记业务流程;压缩登记办理时间;精简登记申请材料;推进"互联网+不动产登记";拓展登记服务内容;推进数据信息互通共享;夯实不动产登记信息基础。(3)保障措施。

10月31日,市政府办公室发出《关于印发东营市职业技能提升行动实施方案(2019—2021年)的通知》。主要内容:(1)总体要求。(2)有针对性地开展重大职业技能培训。重点实施企业职工、骨干企业高端技能人才、大学生、农村劳动者、退役军人、特种作业人员、家政服务人员、就业困难群体职业技能提升计划。(3)大力提升职业技能培训服务能力。加强载体建设;创新服务模式;拓宽评价渠道;明确补贴标准。(4)加强组织领导。

11月19日,市政府办公室发出《关于深化产教融合促进职业教育高质量发展的实施意见》。主要内容:(1)总体要求。(2)主要任务。加快完善产教融合发展机制;结合产业发展需求优化专业设置;扩大职业院校用人自主权;提升教师队伍素质能力;培育高素质技能人才;加强产教融合主体对接;健全校企双主体育人机制;鼓励社会力量参与举办职业教育;提高技术技能人才待遇水平。(3)保障措施。

12月20日,市政府办公室发出《关于印发深入开展消费扶贫助力打赢脱贫攻坚战实施方案的通知》。主要内容:(1)总体要求。(2)工作措施。动员各方力量扩大贫困地区产品和服务消费;多措并举推进农产品流通体系建设;提升农业产业化规模化水平。(3)有关要求。

(市政府办公室　徐诗邦)

民　生　实　事

至2019年年底,东营市13件民生实事的17个子项全部完成年度目标任务。

(一)市民便捷出行。项目内容:中心城区路口交通优化工程、中心城区智能信号系统建设。完成情况:中心城30个路口渠化改造全部完成;中心城马拉松沿线交通标线验收,其他道路交通标线施划5.8万平方米,完成率193%。153台联网信号机、77台(20个路口)雷达流量检测设备、477台(101个路口)视频流量检测设备、67处信号灯杆复新、129处灯具更换维修全部完成;交通数据融合应用平台系统建成投用。

(二)中心城内涝整治。项目内容:停车场(位)规划建设、积水点改造、泵站改造。完成情况:在市行政审批局和市机关事务局建设2个立体停车场,新增75个停车位。路内停车泊位施划全部完工,施划停车泊位2372个,配套设置停车位标志和禁止长时停车标志。中心城46个积水点改造工程均完工。西二路南、西四路南、商贸城、太行山路、济南路、西一路北、西二路北、西四路北8个泵站均完工。

(三)城区道路贯通。项目内容:打通部分城市断头路,提升通行效率。完成情况:华山路、沙河路、小清河路、泸州路、水城路、建成住宅小区周边市政配套工程(胜宏荣域片区道路)均竣工;西三路南延完成主路罩面,主体工程完工。

(四)城乡幼儿园建设。项目内容:城乡幼儿园建设、普惠性补贴项目。完成情况:11所幼儿园建设项目中,10所竣工,1所主体工程完工。普惠性民办幼儿园财政补贴完成补助资金发放工作,拨付681万元;民办幼儿园普惠学位2593个,超出计划1293个。

(五)中小学老旧校舍改造。项目内容:对部分已严重影响教育教学安全的老旧校舍进行拆除重建或改扩建,对部分建设投用时间较长的校舍进行维修改造。完成情况:市直学校维修改造完工;胜利教育老旧校舍拆除重建正进行基础施工。

(六)"四好农村路"建设。项目内容:实施农村公路路网提档升级、自然村通达工程等改造建设277千米,路面状况改善工程502千米,危桥改造10座,客运站点建设10个。完成情况:全市农村公路路网提档升级项目67个(266.33千米),完成235.739千米。自然村通达工程确定标段5个(47.56千米),完成47.54千米。路面状况改善工程确定标段5个(502千米),完成525.568千米。改造危桥10座全部完工。建设客运站点10个,建成站点11个。

(七)电动汽车充电设施建设。项目内容:在全市新建15座电动汽车充电站,其中,城区公共充电站14座,公交专用充电站1座。完成情况:全市新建15座充电站,全部完成竣工验收并投入使用。其中,东营区2座,垦利区2座,广饶县1座,东营经济技术开发区9座,东营港开发区1座。

(八)实施民生综合保险。项目内容:实施民生综合保险项目,将自然灾害、居民家庭意外事故造成的人身伤亡和财产损失,政府实施紧急救助费用以及参与抢险救灾人员在抢险救灾过程中出现的人身伤亡等纳入保障范围,进一步健全灾害事故防范保险救助体系。完成情况:全年接报案67329起,经核实,有效报案59301起("利奇马"台风案件59110起,日常案件191起)。其中,支付58191起、2053.05万元("利奇马"台风案件58031起、2008.83万元,日常案件160起、44.22万元),超出保费总额(796万元)1257万元;其余1110起、96.3万元,因居民姓名、身份证号码、银行卡号不完全对应导致银行支付退回,督促保险公司完善有关信息,将救助资金支付到位。

(九)城市社区养老服务中心建设。项目内容:全市建设15个城市社区养老服务中心,打造集居家养老服务站、托老所等多功能于一体的社区养老服务综合体。完成情况:建设社区养老服务中心15个,全部投入运营并达到运营规范。其中,东营区3个、河口区2个、垦利区3个、广饶县3个、利津县2个、东营经济技术开发区2个。

(十)公共健身设施提升优化。项目内容:更新维护乡镇(街道)健身设施2100件;在7个社区配备二代健身器材,推动智能化体育设施建设。完成情况:2100余件健身器材和7个试点社区的二代健身器材均完成安装并投入使用。

(十一)公共卫生服务能力提升。项目内容:严重精神障碍患者诊治救助、预防接种门诊标准化建设;进一步加大养犬管理执法力度,建立健全基层养犬管理机制,发现流浪犬捕捉率达到100%。完成情况:将全市严重精神障碍患者7765人纳入保障范围(其中,东营区1600人,河口区727人,垦利区1061人,广饶县2113人,利津县1369人,东营经济技术开发区523人,东营港开发区130人,省黄三角农高区242人),实现合规费用全额报销。预防接种门诊标准化建设:59处预防接种门诊、39个狂犬病暴露预防处置门诊全部建成。全市4个犬只收容救助留检所建成投入使用,至年底全市共捕捉流浪犬和查缴禁养犬1569只,行政处罚228人次,流浪犬捕捉率100%。全市设置临时免疫点1778处,组建免疫队伍263支,免疫人员604人。编发免疫技术指南2000册、免疫风险告知书20万份、犬只免疫证15万本。全市摸排应免犬只132918只,免疫率100%。委托第三方检测机构,对各县区、市属开发区、省黄三角农高区的家犬狂犬疫苗免疫效果进行抽样检测。

(十二)基层公共文化服务效能提升。项目内容:实施基层公共文化服务效能提升工程,带动提升基层公共文化服务效能,完善基层公共文化服务设施,在全市新建50个数字文化广场;扶持发展20个社会文艺团体(庄户剧团),提高送戏下乡演出质量;继续开展"你选我购"图书速借活动。完成情况:50个数字文化广场全部建成投用,并通过实地验收。举办2019年东营市社会文艺团体优秀新创文艺作品评选大赛汇报演出暨颁奖晚会,对60余部优秀作品进行表彰;组织遴选优秀社会文艺团体与全市国家AAAA级旅游景区进行结对展演,在重点景区展演23场次。全市推荐购买图书113998册,实洋306.68万元;其中,市本级推荐购买图书47110册,实洋155.1万元。

(十三)东营——济青高铁青州北站、临淄北站等专车出行。项目内容:购置20台22座新能源车,接驳东营至济青高铁青州北站、临淄北站,建立交通出行平台,通过乘车网上预约等方式,为群众乘坐济青高铁提供便捷服务。完成情况:东营至济青高铁青州北站、临淄北站快线正式开通,20台高铁快线车辆全部投用,服务旅客35142人次。

(市政府办公室督查室)

市政府办公室工作

【聚焦中心任务】 ①重大事项谋划。把参谋决策摆上首要位置,聚焦中心工作,主动谋实策、出实招,参与研究制定一批可操作、可执行的行动方案和扶持政策。落实市委六届四次全会部署,协助市政府领导细化完善工作措施和配套政策,参与制定《加强规划引领提升城市建设品质实施意见》《高成长型中小企业培育计划》等文件,促进工作部署加速落实。第四季度市委相继召开"解放思想大讨论"务虚会和六届六次全会,确定突出抓好"四项重点工作"、抓紧抓实"九个三年行动计划"的总体工作布局,发挥牵头作用,协助市政府领导研究制定13个行动方案,明确2020年乃至以后三年的目标任务、具体措施和重点项目,为全局工作推进夯实基础。②重大部署落实。面对经济下行压力,把推动"六稳"落地摆上突出位置,协助市政府领导每月召开经济运行会商会、联席会,每季度深入县区召开重点工作调度推进会,建立下沉县区指导服务制度,促进经济平稳健康运行。突出抓好重大项目建设,协助市政府领导完善"3+N"重点项目会商等制度机制,建立新旧动能转换可视化督导服务平台,每月调度督导市重点项目等"四张单子"进展情况,保障项目建设推进。③重大改革落地。按照新一轮政府机构改革确定的职能定位,抽调人员组建工作专班,组织实施一批重大改革任务。协助市委、市政府抓好顶层设计,牵头起草《推动开发区体制机制改革创新促进高质量发展实施意见》《深化制度创新加快流程再造实施意见》《聚焦企业和群众关切深化"一窗受理·一次办好"改革工作方案》等重要文件。牵头推动重点领域改革落地见效,两个省级开发区改革试点完成,全面推行"一窗受理、一次办好、一网通办"改革,推进"市县同权""一枚印章管审批",实现社会投资工程"拿地即开工"审批,优化营商环境政策落实"中梗阻"专项整治取得阶段性成效。

【政务运行】 ①高标准办文。按照"既快又好"要求,提高办文质量,提升以文辅政能力。全年起草综合文稿约550万字,审核制发公文160件,高标准完成市政府工作报告、经济运行高质量发展情况汇报等重要文稿。加强调查研究,完成调研报告59篇,撰写信息793条,19篇调研信息成果获国务院、省政府领导批示。深化精文简会,纳入总量控制范围的会议、文件数量同比下降44.9%、57.4%,面向基层的督查事项下降84.3%。②高水平办会。全国政协及国家发改委、水利部、自然资源部等上级部门多次到东营对黄河流域生态保护和高质量发展国家战略进行实地调研,省委、省政府组织开展新旧动能转换项目落地现场观摩会、召开金融支持东营高质量发展座谈会、举行地震应急救援综合演练,改进完善会议组织、政务接待等制度流程,加强统筹协调,做好接待服务工作,保障各项重要会议活动进行。协调举办国际橡胶轮胎展、石油装备展、有色金属展等重要展会,东营市被评为"壮丽70年中国会展十大会展名城"。③高效率办事。学习借鉴浙江温州经验,推行"一口三办"机制,对提请市政府研究协调的事项,由市政府办公室"一个口子"受理、"一个口子"反馈,实行主办负责制、首办负责制、限时办结制,以最快速度解决协调事项。围绕上级重大部署,市委、市政府确定重要工作,改进督查方式,及时跟进督导,有效推动工作落实,牵头承办的244件市人大代表建议、268件市政协委员提案全部办结，办理满意率均为100%。开展省级政府机关规范化建设标准化试点单位创建，优化规范制度流程，促进政府工作高效有序运转。在应对“利奇马”台风暴雨、韩国籍“五号汽船”液化气泄漏重大险情中，协助领导坚守一线、昼夜工作，全力做好协调调度、信息报告等工作，为事件妥善处置提供决策和服务保障。④后勤保障。秉持“勤俭节约”的工作理念，坚持精细化服务，严格落实中央八项规定精神，保障政府及办公室工作高效运转。规范接待分工、陪同安排、接待标准等有关内容，对符合接待范围的公务活动，凭公函及办公室领导签批意见予以接待。全年公务接待活动50余次、600余人次。加强经费使用全过程监督，强化公务用车审批管理，提高文印质量，做好离退休干部工作。抓好固定资产管理，按照合理配置、低价高质的原则购买配发办公用品。

【利企惠民】 ①支持企业发展。树立“以企为尊”服务理念，作为牵头部门在全省率先建立政府解决企业难题直通车制度，搭建“1+2+3”服务组织体系，设立惠企端APP、“6312345”惠企热线、企业难题直报单3个平台，全年累计受理企业反映问题508件、办结411件，帮助企业解决一大批堵点、难点问题。优化口岸营商环境，全市进出口整体通关时间降为26.5小时和2.2小时，比上年分别压缩63.2%、79.4%。②办好民生实事。梳理群众最关切、最直接、最期盼的现实利益问题，筛选确定2019年度13件、17项市办民生实事，明确细化省20件民生实事责任分工，全程跟踪办理，完成年度任务。其中，开工建设幼儿园11所，城市社区养老服务中心15个，高铁快线、中心城内涝整治等项目按期完成。牵头论证提升城乡居民饮水质量等12件2020年度市办民生实事。③联系服务群众。在全省率先启动“政务外网村村通”工程，推动20个智慧东营项目建成投用，市大数据平台获“2019数字政府特色评选50强”数据应用领先奖，开通全省首个政务服务微信小程序“东营掌上通”，上线便民服务高频事项100余项，实现群众办事“掌上问、掌上查、掌上办”。深化政务公开，及时回应群众关切，应公开文件全部公开。优化政务服务热线工作机制，全年受理市民反映问题48万件，按时办结率99.81%，市民满意率98.37%。

(市政府办公室人事科)

政府调研

【综合文稿起草】 ①以文辅政。牵头完成东营市第八届人民代表大会第四次会议《政府工作报告》起草工作。参与起草全市经济工作会议讲话、市政府全体会议讲话、市政府廉政工作会议讲话等重要文稿。2019年，起草领导讲话、工作汇报等综合性文稿330余篇，约130万字。②出谋划策。牵头制定政府解决企业难题直通车制度有关文件。按照市委和市人大安排，牵头研究论证并形成“关于弘扬黄河文化打造黄河入海文化旅游目的地”等拟提交全国、全省人代会的建议21项。③总结亮点。牵头落实市政府信息宣传联席会议制度，总结民生保障领域工作经验12项，审核修改新闻稿125篇。撰写的《讲斗争艺术须做到三个统一》《坚持产业聚集服务聚力　扛起高质量发展的东营担当》《奋进新时代、实现新作为，奋力开创东营高质量发展新局面》等文章，在《学习时报》《决策参阅》《山东经济战略研究》发表。

【调查研究】 紧跟市委、市政府重大决策部署，开展重大调研课题14项，8项调研成果获市委、市政府主要领导批示，4项调研课题在省政府系统优秀调研成果评选中获奖。①黄河三角洲生态保护和高质量发展。开展关于加强黄河三角洲湿地生态环境保护与修复问题的调研，提出将黄河三角洲湿地生态保护上升为国家战略层面的建议，省政协主席作出肯定性批示。主动对接服务国家战略，开展“黄河‘能源流域’的认识”“做好黄河三角洲水的文章”等课题研究。②新时代东营发展战略。开展“关于推动我市开放型经济高质量发展”“以产业融合为重点　推进油地融合向深向实发展”“关于推动我市海洋经济高质量发展”“关于全市成长型中小企业发展情况的调研”“关于汽车试验场及智能网联汽车产业发展情况的调研”“关于推动我市会展产业高质量发展的调研”等调研课题。③高质量发展热点、难点问题。完成“全市乡镇(街道)发展中面临困难问题的调研”“关于全市投资政务环境有关问题的调研”“关于消费税改革对我市财政收入影响有关问题的调研”“关于全市企业税收和上市挂牌企业信贷支持有关情况的调研”等课题。

【政府系统调研力量整合】 ①统筹推进调研工作。印发《关于印发2019年全市政府系统专项调研课题的通知》，在全市政府系统组织开展专项课题53项。对这些课题定期对接、强化调度，让更多调研成果进入各级、各部门决策。②优秀调研成果评选。完成2018年度全市优秀调研成果评选工作，编印《2018年度全市优秀调研成果选编》，调动全市各级各部门开展调研工作的积极性。③调研成果交流。依托《黄河三角洲研究》《调研专报》两大交流平台，提升决策服务信息质量。2019年，编印《黄河三角洲研究》6期、刊发文章120余篇，编发《调研专报》11期。④服务政府决策。开展“一线调研”行动，依托21个政府决策服务调研基地，设立“社情民意直通窗口”，通过点上工作反映面上情况。

(市政府研究室　万振强)

人事工作

【人才培养】 2019年，东营市新增高技能人才3949人，超额完成省定任务。启动实施职业技能提升行动，完成职业

2019年11月1日，全市石油化工企业技能人才精益管理能力建设培训班举办
（市人力资源和社会保障局供稿）

技能培训3万余人。以培养高级工以上企业职工为重点，依托市技师学院，创新推进工匠学院建设，举办3期高层次技能人才综合能力提升研修班、焊接专业和化工专业高技能人才研修班，培训高技能人才155人。选取方圆、海科、国瓷等7家企业在全省率先开展"政企共育"技能人才计划，采取部门主办、企业承办、技师学院协办、县区跟班管理的模式培训603人。培养推荐优秀人才，新获评省突出贡献中青年专家4人、泰山产业领军人才产业技能类1人、齐鲁首席技师8人、省技术能手5人、博士后创新实践基地4家、齐鲁技能大师特色工作站建设单位1家，其中，省突出贡献专家获评数量全省第1。全市新评选市突出贡献中青年专家20人、市首席技师15人、市技术能手50人、市首席技师工作站7个。开展黄河口职业技能竞赛，纳入市级竞赛项目22项，涉及130个工种。组织开展第46届世界技能大赛山东（东营）选拔赛，69名选手参加33个项目省级选拔赛，市技师学院组织承办省3个选拔赛项目，并获油漆与装饰、综合机械与自动化2个项目的前3名。

2019年8月，第四届"东营学子家乡行"人才招聘活动举行
（市人力资源和社会保障局供稿）

【招才引智】 ①聚焦"5+2+2"产业体系发展，制定《关于贯彻落实〈东营市招商引资招才引智激励政策〉的通知》《东营市鼓励社会力量引进高层次人才奖励办法》等配套细则，推进落实"双招双引"激励政策。②加快引进企业急需人才。组织企业参加寒暑假举办的第三届、第四届"东营学子家乡行"人才招聘会。第三届招聘会入场企业数310家、入场人数16106人、现场达成就业意向5717人；第四届招聘会分综合招聘、现代服务业专场、成长型中小企业专场3个专场，入场企业228家，入场人数7500人、现场达成就业意向2922人。组织参加"山东大学服务山东十六地市"人才引进专场招聘会，组织赴北京大学、清华大学等高校参加"山东——名校人才直通车"活动，达成就职意向300余人。举办第四届东营·海外留学人才石油装备产业对接洽谈会，来自中国工程院等高校院所40名专家和20位"海归"企业家、融创专家与113家企业负责人对接洽谈，达成合作意向46个。③加快盘活油地校人才资源。承担全省高层次人才开发服务"同城待遇"落实试点，坚持"同城同政策"，将市域内胜利油田、石油大学等单位人才，纳入人才补贴政策范围，为84名油田引进人才发放补贴69.42万元。坚持"同城同项目"，将胜利油田、石油大学等单位纳入黄河三角洲产业领军人才、市有突出贡献的中青年专家等人才项目，联合组织推荐享受国务院特殊津贴人员、泰山产业领军人才工程。坚持"同城同服务"，统一高层次人才认定标准，统一为油地高层次人才申领"山东惠才卡"，首次对油田48名高层次人才颁发"东营优才卡"。④培育人力资源服务产业。贯彻落实支持市人力资源服务产业园发展的5条措施，按照不同类型企业、不同纳税规模制定奖励办法。2个市级产业园实现产值10.21亿元，税收1152万元。推动家政服务业发展，落实从业人员意外伤害保险补贴政策，补贴标准由60元提高到100元，为全省最高。打造家庭服务机构品牌，市老年乐园通过全省家庭服务职业培训省级示范基地复核，获得50万元奖补资金。

【人才服务】 参与机构改革、学校管理体制改革、绩效奖励制度改革和事业单位公车改革，配合推进农高区、开发区、投促局及市属国企改革改制，做好人员转隶、选配、安置和薪酬制度改革等工作。首次制定机关事业单位绩效考核奖励办法并发放考核奖。印发《关于下放事业单位岗位设置核准权限的通知》，完成县区、开发区事业单位岗位设置核准权限下放工作。深化职称放管服改革，将中小学教师中级职称评审、全日制院校毕业生职称资格确认和外地调入人员中级职称资格确认权限等事项下放县区（开发区），遴选10家企业在全省率先开展企业自主评审职称试点。制定《关于进一步改进全市教育卫健部门所属学校医院公开招聘工作的意见》，拓宽招聘方式，简化招聘程序，落实学校医院单位招聘人才的自主权。推进市属学校、医院实行自主公开招聘，探索面试前置方式，提高选人的科学性。完成2019年"双百引才计划"选聘工作，选聘博士9人、硕士112人。专门出台文件设立事业单位引进人才专项岗位，搭建市属事业单位引进人才与本地人才职称晋升"双通道"。落实人才服务绿色通道制度，为234名高层次人才颁发"东营优才卡"，配备服务专员，落实交通出行、旅游服务、医疗保健、户籍办理、居留签证等22项服务事项。

（市人力资源和社会保障局　赵子松）

政务服务

【概况】 2019年，市政务服务中心受理政务服务事项37.3万件，按时办结率100%；市公共资源交易中心完成公共资源交易项目965个，计划投资额83.31亿元，成交金额77.21亿元，资金节支率7.32%，其中市本级集中采购公开招标项目电子化率96.67%。

【优化政务服务】 ①推进"一枚印章管审批"。落实相对集中行政许可权改革部署，承接117项划转事项。市政府办公室印发《关于建立行政审批与监管协调联动工作机制的通知》，建立联络会商、信息互通、业务协同等审管互动和信息双向反馈机制，推动审批和监管无缝衔接。编制并公布局权责清单事项106项，配合推进市属开发区"一枚印章管审批"及使用"2号公章"工作，17项行政权力依法委托东营经济技术开发区、东营港开发区行使；根据流程再造要求，推进"市县同权"，拟"下放"事项83项。②完成全领域无差别"一窗受理"改革试点。组织开发建设涵盖"预约叫号、综合收件、分类审批、监控预警、办件汇总"五大功能的"一窗受理"综合平台。利津县作为省级试点单位，投资6000万元建成启用"一家两中心"（市民之家、政务服务中心、便民服务中心）政务服务大厅，建立"1+N"一窗受理模式（行政审批局178项事项实行全领域无差别"一窗受理"，社保医保、公积金、涉税服务其他板块实行分类"一窗受理"），11月21日，完成省政府办公厅改革试点验收。河口区作为市级试点单位，将大厅受理窗口划分为"主题式"一窗受理区和"无差别"一窗受理区，商事登记、社会事务、城建交通等321项政务服务事项纳入"无差别"窗口办理，受理窗口从25个压缩至6个，"一窗受理"分类受理率100%。东营区政务服务中心突破固有受办模式，在政务服务大厅设置9个综合受理窗口和4个统一出件窗口，将涉及交通运输、城市管理、文化教育、医疗卫生、农业生产、食品生产等204项政务服务事项纳入综合窗口统一办理，全领域无差别事项覆盖率55%。③推进"一网通办"。推进平台互联互通，完成市政务服务平台与省、市两级12个部门自建系统，市大数据平台、"东营掌上通"等多个应用接口的对接，13个市直部门的15个业务系统与省统一身份认证平台的对接。基本完成"6+1"（6即行政许可事项、行政给付事项、行政裁决事项、行政确认事项、行政奖励事项、依申请其他权利事项；1即依申请公共服务事项）类政务服务事项标准化梳理及上网运行，市级认领事项目录6163项，发布实施清单6005项，拆分办理项250项。依申请行政权力事项、公共服务事项全部录入系统。推动事项"网上办"，推出全市首批675项"全程网办"政务服务事项，建成用电业务市级"一链办理"系统，在全省第3个实现用电许可网上全程办理。推进"中介超市"建设，会同住建、市场监管等行业主管部门，起草《市政务服务大厅"中介超市"进驻方案》，拟组织19家中介服务机构进驻政务服务大厅。完善"网上中介超市"功能，拟定"网上中介超市"运行、服务和监管机制，组织部分中介服务机构入驻。

【公共资源交易】 ①规范公共资源交易秩序。对抽取评审专家，实行"专家集中进场、专人监督分类抽取、代理机构统一认领"，严控专家名单解密时间。主动接受监督，探索实施"彩色马甲"亮明身份，为进场交易各方配备不同颜色马甲。强化内部管理，把工作全流程划分为"受理、交易、评审、监督"四个阶段，变"一个项目一人负责到底"为"分头负责、分段施工"，并建立阶段负责人轮岗制度。②优化保证金收退，保证金收退业务进驻市政务服务中心，设置服务窗口，减少环节1个、压减退还时限1天；完成保证金收退业务系统建设，推进保证金收退全程网办。③开展招标采购"四优先服务"，压缩招标时间。对北二路沿线及金湖银河片区综合开发PPP项目等"四张单子"（水气土污染项目、民生项目、重点项目、政府投资项目）的25个项目，优先受理、编制文件、发布公告、组织开标。公开招标的项目从受理到开标最短用时26天。

【便民服务】 ①"一窗办"。在全市组织实施全领域无差别"一窗受理"改革，市政务服务大厅完成行政审批、服务企业、便民服务"三个专区"布局建设，行政许可事项分领域"一窗受理"率100%，推动社保、医保、公积金等业务全部实现"一窗通办"。②"网上办"。年内市级"10+1"（10即行政许可事项、行政给付事项、行政裁决事项、行政确认事项、行政奖励事项、行政处罚事项、行政强制事项、行政征收事项、行政检查事项、依申请其他权利事项；1即依申请公共服务事项)类42150项事项全部上网运行,依申请政务服务可全程网办事项6094项,占比97.9%,列全省第4位。公布全市首批"全程网办"政务服务事项675项,推出"秒批、秒办"事项48项。③"帮着办"。出台帮办代办制度,组建帮办代办队伍,年内开展帮办服务2135人次,代办服务61件;健全"吐槽找茬"、窗口无权否决、服务动态优化、政务服务"好差评"等机制,在省内率先实行《东营市政务服务管理办法》,以制度促服务。④"随时办"。推出"非工作时间政务服务",节假日、双休日和工作日午休时间办理社保、公积金等45项高频民生事项,办理事项4704件、提供服务4091人次,有效解决群众办事"上班时间没空办、下班时间无处办"的堵点问题。建成24小时自助服务区,982项事项可自助办理、查询、证照打印,为群众提供全天候服务。

2019年11月29日,市应急管理局牵头组织开展危化品道路运输业事故应急救援演练 (市应急管理局供稿)

【窗口管理】 ①健全督查监管机制。印发《政务服务管理办法》。20个常驻部门单位领导到窗口检查指导、现场办公90余人(次),各进驻部门单位在各级各类宣传平台发表政

设立"找茬窗口" (市行政审批局供稿)

务服务工作信息300余篇。②健全考核激励机制。印发《东营市政务服务中心进驻人员管理考核办法(试行)》,实行季通报、年考核,每季度对进驻人员及进驻中介机构进行考核通报,全年印发督查考核通报5期,评选"党员先锋岗"20人次、"优秀服务标兵"60人次。

(市行政审批局 牛宗锋 秦文珊)

应 急 管 理

【概况】 2019年,东营市在全省率先建成投用融合各部门应急信息数据、市县乡三级一体的应急救援指挥调度平台。在全省率先建成投用应急协调联动的应急指挥中心;东营市海上应急救援中心和危化品应急救援中心建成投用,为建设鲁北高端石化产业基地核心区提供应急保障。巩固提升消防综合救援队伍力量能力,对7支社会化专业应急救援队伍和以胜利油田及地方重点企业为主的45支企业专业救援队伍进行规范,并建立应急调度机制。在全省率先修订完善市级总体应急预案和42个自然灾害类、安全生产类专项预案,并编制操作手册,开展预案演练。组建成立涵盖19个行业领域、37个专业门类的应急处置专家队伍。依托社会化专业应急救援机构建立市级应急基地、物资储备基地,与市内规模大、布点广的大型餐饮机构、大型超市签订应急餐饮保障与应急物资联储代储协议。与三大电信运营商、东营电台合作,构建覆盖全市的预警信息发布体系,发布恶劣天气预警29次,发送预警短信9400余万条。应急值守严格落实24小时值班、领导带班和信息报告制度,确保及时上报重要信息,第一时间处理险情。

年内,全市发生各类生产安全事故40起、死亡41人,同比分别下降14.89%、25.45%,未发生较大及以上生产安全事故;承办全省地震应急救援综合演练和全省危化品道路运输全过程信息化监管工作现场会,经受"利奇马"台风等灾害险情考验,确保国庆70周年期间安全生产形势稳定。

分行业事故情况。商贸制造业:发生事故3起、死亡3人。农林牧渔业:未发生事故。建筑业:未发生事故。交通运输业和仓储业:发生事故35起、死亡36人。其中,道路运输业事故35起,死亡36人。其他行业:发生事故2起、死亡2人。

分区域事故情况。①东营区:发生事故3起、死亡3人,事故起数、死亡人数同比分别下降25.00%、57.14%。②河

口区：发生事故3起、死亡3人，事故起数、死亡人数同比持平。③垦利区：发生事故9起，死亡9人，事故起数、死亡人数同比持平。④广饶县：发生事故16起、死亡16人，事故起数、死亡人数同比均下降15.79%。⑤利津县：发生事故4起、死亡4人，事故起数、死亡人数同比分别下降33.33%、50.00%。⑥东营经济技术开发区、东营港开发区：未发生生产安全事故。⑦其他区域：发生事故5起、死亡6人，事故起数、死亡人数同比分别下降37.50%、33.33%。

【城市安全发展】 作为全省安全发展示范城市试点市和省安委会确定的率先创建全省安全发展示范城市的两个地市之一，市委、市政府印发《关于深入推进城市安全发展的实施方案》，市安委会办公室印发重点任务分工方案，细化明确责任单位和完成时限，对任务措施落实情况定期调度推进。组织实施7大类、20个具体工程项目，作为市民生工程和重点项目推进，提升城市安全基础设施水平与安全保障能力。市政府与清华大学公共安全研究院签订战略合作框架协议，助推城市安全发展。年内，摸排各类城市风险点21万条，编制城市风险评估报告。借助社会治理“一张网”工作体系，将68项涉及安全的事项列入网格员职责清单，4月起每日排查消除公共安全隐患。12月23—25日，省安委会对东营市创建省级安全发展示范城市工作实地评估验收。

【安全生产专项整治】 ①6—10月，在全市开展迎接新中国成立70周年安全生产专项整治行动。检查企业37006家次，排查隐患81474项，立案处罚企业1129家，责令停产停业企业270家，行政处罚926.33万元。②7月4日—8月15日，在全市开展“两场所、两建筑”集中摸排治理活动。摸排4.1万家，建立清单台账，对638家进行关闭取缔和清理规范。③12月起，在全市对危险化学品等重点行业领域开展为期半年的安全生产集中整治。至年底，全市检查企业8938家次，排查隐患12994项，立案处罚企业40家，责令停产停业企业32家，行政处罚74.48万元。

【双重预防体系建设】 2019年，把双重预防体系建设作为防范化解安全生产重大风险的重要措施，全市238家危化品生产企业、195家规模以上工贸企业全部建成运行双重预防体系。①成立双重预防体系建设工作领导小组，印发《全市工矿商贸企业安全生产风险隐患双重预防体系建设推进工作方案》，将双重预防体系建设工作纳入年度安全生产考核，实行月报表制度，分行业、分类别建立企业清单，形成企业数据库。②将双重预防体系知识作为企业主要负责人和安全管理人员安全生产知识与管理能力考核的重要内容，纳入取证考试题库。开展现场观摩、培训等活动，分级、分行业依托标杆企业开展现场观摩，推动双体系创建运行。年内，举办观摩培训会71期，1152家企业累计6856人参加。③实施《东营市生产经营单位安全生产风险隐患双重预防体系建设工作考核办法》《安全生产差异化精准监管执法实施办法》，通过考核将企业划分为A、B、C（好、中、差）三个等级，根据考核等级开展差异化执法检查。④依托市数字化安全监管平台开发建成双重预防体系绩效考核系统，对企业双重预防体系运行情况开展网上巡查，实时掌控。全市所有应建双重预防体系的高危行业及规模以上工贸行业企业均在平台登记注册，形成“一企一档”。⑤推进小微企业双重预防体系创建，全市在68家小微企业推广应用。

【宣传教育培训】 ①年内完成“三项岗位人员”考核51212人次，比上年增长34%，考核合格率73%。②加强和改进企业安全生产培训及考核工作，构建全员培训、标准统一、教考分离、管理规范的安全培训及考核体系。对全市安全生产培训机构逐一现场核查，规范办学条件；依托市数字化安全监管平台对培训过程实行全程监管。③合理布局全市安全生产考试点，严格实行培训考试分离，通过凭证入场、随机排座、全程录音录像等措施，严格考核纪律，对考核作弊行为通报处理。④开展企业全员安全生产“大学习、大培训、大考试”专项行动，全市1255家企业、76449人次参加活动，组织主要负责人专题培训班14场，交流研讨会5场，培训2756人次，考试3120人次。组织全市1200余名企业主要负责人参加模拟考试和全省大统考。举办全市炼化企业班组长双重预防体系及安全管理能力提升培训班，全市重点炼化企业130余人参加培训。⑤以“防风险、除隐患、遏事故”为主题组织安全生产、应急管理宣教活动。“安全生产

2019年6月3日，东营市暨东营经济技术开发区2019年安全生产月启动仪式举行

（市应急管理局供稿）

月”期间，拍摄《歌唱祖国 守望安全》主题MV，参加全国危化品及全民安全应急知识竞赛获全省第2名，开展危化品企业公众开放日、“安全生产咨询日”“应急演练周”等宣教活动，营造社会关注安全生产氛围。⑥开展安全生产公益宣传。在东营电视台和东营广播电台播放安全生产公益广告及宣传口号，在网易新闻开通东营应急专题。借助市应急管理局网站和微信公众号普及安全生产知识，提升社会公众安全生产意识。

【数字化安全监管平台建设】 新建双重预防体系绩效考核系统和行政处罚全流程审批系统，对隐患排查治理、风险管控、企业数据中心、重大危险源等10余个子系统进行功能优化提升，累计新增或修改功能500余项，与省应急管理厅信息资源库、重大危险源在线监控系统及市工商信用系统等10余个子系统实现数据对接，累计共享数据50万余项。开展数字化安全监管平台应用专题培训12场次，培训全市各级执法人员、业务骨干和重点企业1000余人。至2019年年底，全市数字化安全监管平台纳入企业3632家，各级安全监管执法人员录入执法检查记录23745条，隐患138087条，企业通过平台自查上报隐患351586条；录入企业安全生产量化考核数据9021条，投诉举报信息825条，录入各类人员安全资格证书33900条，通过平台向各级应急部门工作人员和企业发送短信528904条。数字化安全监管平台获国家2019年度执法行业信息化（智慧应急）最佳创新驱动实践奖。

【工矿商贸企业安全监管】 至2019年年底，全市有非煤矿山企业139家，工贸企业1197家，其中，金属冶炼企业31家，涉氨制冷企业12家，粉尘涉爆企业57家，有限空间2196处。①推进非煤矿山和工贸行业双重预防体系建设。每月调度县区工作开展情况，对全市工贸行业和胜利油田双重预防体系建设进行调研，举办4期工贸行业双重预防体系建设暨重点领域安全培训班。至年底，全市规模以上工贸企业双重预防体系全部建成并运行。②开展安全生产标准化建设。采取“月调度、季公示”方式，督促县区推进工贸行业安全生产标准化创建。全年有42家非煤矿山企业、247家工贸企业达标三级标准化，9家企业达标二级标准化。③重点行业领域安全监管。对金属冶炼、涉氨制冷、粉尘涉爆、涉有限空间作业企业等高危行业领域开展专项整治工作，发现隐患5700余条，罚款40余万元。

2019年10月30—31日，全市工贸行业双重预防体系建设暨重点领域安全培训班举办 （市应急管理局供稿）

【危险化学品企业安全监管】 至2019年年底，全市有危化品生产企业275家，使用企业11家，经营企业1325家。①指导213家危化品企业实施特殊作业全程视频监控，增配受限空间有毒有害气体连续检测装置132套。推动94家涉及一、二级重大危险源企业建成重大危险源在线监控及事故预警系统，实时采集物联网工艺参数、报警数据及视频监控信息。开展2次装卸环节联合执法检查，检查企业47家，整改问题隐患126项，制定装卸作业操作规程，督促危化品企业落实装卸安全管理主体责任。指导督促449家化工生产企业建立“一企一档”。推进“机械化换人，自动化减人”，摸排3人以上操作岗位167个，累计减少3人以上操作岗位52个。督促县区聘请11家中介机构对221家危化品生产储存企业安全仪表系统及本质安全风险进行评估诊断，整改消除问题隐患3083项。建立环保设施安全评估、停产化工企业、关闭转产企业和10人以上厂房4个专项台账，加强安全管控。②牵头组织公安、交通部门推进危化品车辆监管业务重塑和流程再造，打造危化品车辆“全过程、一体化”监管工作样板。推动145家装卸平台气相线加装流量监测装置，实现“七联锁”的本质安全。协调交通部门为全市26974辆外地车辆办理电子信息卡，提升全市14个危化品车辆专用停车场和8个罐体清洗维修点运营使用水平。东营市危化品车辆全过程信息化工作做法在全省推广，在应急管理部简报刊发。③开展3轮危化品生产储存企业“全覆盖”检查，累计检查企业1887家次，整改消除问题隐患13783项，行政处罚企业112家次，倒逼企业落实安全生产主体责任。开展易制毒化学品管控“补短板、堵漏洞、防流弊”专项行动，严控非药品类易制毒流弊风险。④将双重预防体系建成运行作为标准化达标的前置条件，推进标准化与双重预防体系一体化开展。承办全省轻烃行业小微企业现场观摩会，组织召开1期标准化中介机构约谈整改会议，参与15次标准化评审现场核查，公布5期三级标准化达标企业名单，核发71家危化品企业三级标准化证书，危化品生产企业三级及以上标准化达标率100%。

【执法监察】 2019年，市、县、乡三级执法队伍执

2019年12月5日，市安全生产执法监察支队对东营金茂铝业高科技有限公司开展执法检查 （市应急管理局供稿）

法检查生产经营单位15071家次，发现整改各类隐患70233项，办理各类违法案件778起，行政处罚2311.13万元。其中，市安全生产执法监察支队检查生产经营单位437家（次），下达整改指令书726份，督促整改各类事故隐患3226条，立案46起，行政处罚362.19万元。①按照属地监管、分级负责的原则，明确执法管辖范围和执法检查职责，实现市县乡三级执法工作全覆盖。②推行差异化精准监管执法新模式，以全市数字化安全监管平台为载体，通过对企业风险隐患“双重预防体系”运行进行绩效考核评级结果A、B、C(好、中、差)和安全生产日常动态监管情况，开展不同频次与内容的执法检查。③修订完善安全生产行政处罚自由裁量基准，明确28大类、393项安全生产违法行为的行政处罚标准，对20项性质较为严重的安全生产违法行为确定为顶格处罚。④开展5次市级异地执法检查，检查企业290家，发现隐患4280项，立案处罚企业198家，立案违法行为605项。⑤配合完成全省危化品异地重点执法检查活动、全省安全生产异地执法检查活动，对检查34家企业发现的354项隐患，督促企业整改到位。

【投诉举报】 2019年，市安全生产举报投诉中心受理举报投诉事项55件。其中，8330190举报电话受理29件、市应急管理局网站接报14件，上访1起，信访1件，上级转办10件。对举报投诉事项采取转交县区、市有关部门办理和市安委会办公室督办相结合的方式全部办结。从投诉举报内容看，受理的55件举报投诉中涉及安全生产隐患21件，占比38%；涉及安全距离4件，占比7%；涉及安全事故3件，占比6%；涉及非法储存危险化学品8件，占比15%；涉及非法调油3件，占比6%；涉及非法经营5件，占比9%；涉及非法生产5件，占比9%；其他类举报6件，占比10%。

【防灾减灾】 ①3月底开始，开展市、县、乡、村四级自然灾害灾情信息员培训，2000余人参加。②制定《市应急局加强全市自然灾害防治能力建设实施方案》《推进防灾减灾救灾体制机制改革重点任务分工方案》，建立东营市自然灾害防治工作联席会议制度。与发展改革部门会商市级救灾物资调运流程，提交2019年度救灾物资储备计划，完成全市物资储备库和救灾物资调查统计。与民政部门沟通，确保灾情时能随时调拨市级救灾物资。“利奇马”台风救援期间，紧急调拨5批市级以上救灾物资支援广饶县抢险救灾；争取上级自然灾害补助资金4245万元，申请并下拨市级自然灾害生活救助资金500万元。③印发《东营市灾害民生综合保险工作实施方案》，建立灾害民生综合保险联席会议制度，成立市级灾害民生综合保险运营管理中心，设立市灾害民生综合保险案件处理平台。“利奇马”台风过后，第一时间公布灾害民生综合保险报案方式，简化理赔流程，组织承保单位开展入户勘查理赔，累计理赔结案58691笔，支付金额2072万元，理赔金额超出保费总额1276万元。④开展防灾减灾日、国际减灾日宣传活动。按照省减灾委部署，推荐“全国综合减灾示范社区”2个，“全省综合减灾示范县”1个，“全省综合减灾示范社区”6个。

【火灾防治】 东营市有13个生态林场和1个国家级自然保护区（山东黄河三角洲国家级自然保护区），总面积2.67万公顷，森林防火任务较为严峻。①指挥协调。11月，调整成立分管副市长任总指挥的东营市森林草原防灭火指挥部。②执法检查，排除火灾隐患。制定专项检查方案，全面排查林区火灾隐患，年内出动人员600余人次，排查整治一般火

“利奇马”台风期间，紧急调拨应急救援和生活保障物资 （市应急管理局供稿）

灾隐患430余处。③宣传教育。各县区、市属开发区、市森林防火指挥部相关成员单位出动宣传车414车次，发放“明白纸”11000余份，发送防火公益短信24.7万条。

（市应急管理局　尚帅）

外　事　工　作

【因公临时出国】　实行因公出国计划指标、任务目标“双标”管理机制，编制全市年度出访计划，经市委外事工作委员会审批后执行。制定业务联审、外事专办等制度，坚持“因事定人、人事相符”的原则，对照因公临时出国有实质性内容的16项任务和60条要素，对出访团组进行全方位审核把关，坚决制止无实质内容的一般性出访、考察性出访、照顾性出访、搭车出访等违规违纪行为。加强纪律监督执行。采取出国前培训等形式，组织学习中央和省、市关于因公出国管理的政策规定，要求出访人员签订《东营市党政干部因公出国（境）遵守外事纪律承诺书》。团组归国后15天内公示出访报告。2019年，办理因公临时出国团组76批、222人，其中，组团48批、191人，随团28批、31人。

【涉外管理】　做好涉外安全、“三非”外国人治理等工作，对外国人到华邀请、外国驻华机构人员到东营市活动及举办涉外展会等严格审核把关，妥善处置韩国籍汽船液化气泄漏等3起涉外案事件，保障全市涉外安全总体稳定。邀请函审核审发规范有序，全年为2个政府部门、1所高校、48家企业办理对外邀请手续198批、386人次，涉及27个国家和地区。开展预防性领事保护知识宣传活动，在学校、企业、社区、旅行社、出入境服务大厅等开展30余场次领保宣传活动，发布重要安全预警信息87条。印制海外安全风险防范和领事保护指南、中国公民海外旅行常见问题等，提升企业和公民海外安全防范意识与应急处置能力。

2019年7月17日，市外事办联合市公安局出入境管理支队在出入境服务大厅开展“安全文明出境游宣传月”活动　（市外事办供稿）

【国际交流】　①加强友城开拓。重点选取与东营市经贸文化交流密切的城市，特别是处于“一带一路”重要节点、资源丰富、与东营市市场互补的城市，加强联络联谊。至年底，东营市与世界上28个国家、41个城市建立友好关系。筹备参加山东国际友城合作发展大会，邀请韩国杨州市政府代表团、葡萄牙企业家代表团参加。②巩固深化日韩交流。东营市经贸代表团访问日本、韩国，开展系列招商推介、商贸洽谈、合作交流等活动，举办东营（首尔）投资合作恳谈会，签约3个合作项目，合同额1650万美元。与韩国京畿道杨州市开展公务员交流，双方互派1名公务员研修。与韩国三陟市、杨州市、群山市互派体育代表团参加各自城市主办的马拉松大赛，推动形成定期交流机制。东营市英华园学校、晨阳学校分别与韩国京畿道始兴市君西高中、忠清南道论山市论山内洞小学结为友好学校关系。市青少年足球协会、丁庄街道中心小学代表团赴韩国杨州市开展足球友谊赛。韩国杨州市外食高等学校师生到蓝海职业学校开展友好交流活动。派代表团赴日本爱媛县松山市参加第21届中日韩友城交流大会，推介东营市文旅资源及优惠政策。③深化“一带一路”合作。发挥东营优势与特色，对接融入国家战略。推进与俄罗斯及泛俄地区在石油装备制造等领域开展合作，邀请东盟使节、东南亚客商参加广饶橡胶轮胎展，推动与俄罗斯阿尔梅季耶夫斯克市、葡萄牙佩苏达雷瓜市等城市建立和深化友好合作关系。参加第二届中拉地方政府合作论坛，作为地方政府代表发言并互动推介，推动东营市与拉美地区的交流与合作。邀请荷兰贸易促进委员会济南代表处等机构和企业到东营市召开中荷项目交流座谈会，就引进现代农业项目达成初步合作意向。

【重要到访】　4月18—21日，韩国江原道三陟市友好城市代表团到东营市访问。韩国江原道三陟市、京畿道杨州市友好城市代表团参加2019黄河口（东营）国际马拉松赛。

5月15—16日，中国—东盟中心贸易投资部主任郭传维带领泰国、印度尼西亚、菲律宾驻华使馆使节代表团参加第十届中国（广饶）国际橡胶轮胎暨汽车配件展览会，并与东营市联合举办中国（东营）—东盟轮胎汽配产业投资峰会暨“孙武故里·投资广饶”双招双引推介会和中国（东营）—东盟轮胎汽配产业投资峰会圆桌会议。

10月17—19日，东营市外事工作海外联络站葡萄牙站—葡萄牙新丝路协进会副会长宝泓率企业家一行7人参加山东省友城大会，在东营市举办中葡合作交流座

2019年10月17日，葡萄牙新丝路协进会副会长宝泓率企业家一行到东营访问（市外事办供稿）

谈会。代表团一行到胜利新大集团和山东国瓷功能材料有限公司调研，参观“黄河入海 我们回家”东营籍书画名家回乡展，并考察黄河文化发展情况。

10月27—30日，联合国绿色经济行动伙伴计划—中国东营市绿色经济试点示范项目（三期）“山东东营湿地生态系统服务功能价值评估与保护对策研究”项目组一行3人到东营市调研。

11月12—13日，联合国绿色经济行动伙伴计划—中国东营市绿色经济试点示范项目（三期）“东营市工业园区绿色转型评估与实现路径研究”项目组一行4人到东营市调研，在垦利经济开发区、东营高新区和东营经济技术开发区座谈交流，了解工业园区绿色转型面临的问题与政策需求等情况。

【重要出访】 3月24—31日，市委副书记、市长赵志远率团赴日本、韩国访问。在日本期间，参加山东省（东京）投资合作交流会，拜访宇部兴产、安川电机、日本横滨橡胶株式会社、三菱电机株式会社等日本知名企业，宣传推介东营市投资环境及新旧动能转换重大项目。在韩国期间，参加山东—韩国经贸合作与展示洽谈会，举办东营（首尔）石化及汽配产业投资推介洽谈会，访问韩国SK控股集团，宣传推介东营市投资环境，介绍东营市重点新旧动能转换项目，吸引韩国企业进行投资合作；访问东营市友好城市—韩国群山市，推动双方开展更多合作。

4月14—21日，副市长韩利学率团赴澳大利亚、新西兰访问。在澳大利亚期间，拜访Lisheen Wagyu公司、墨尔本莫纳什农业食品创新中心、澳大利亚农牧业出口有限公司、悉尼博斯渔场、Leppington Pastoral Company等，推动东营市同澳大利亚在农业、畜牧业、渔业、养殖废弃物处置及资源回收利用领域的合作与交流。在新西兰期间，拜访新西兰农业集团有限公司、新西兰NAC贸易有限公司、惠灵顿新西兰牛羊肉进出口局，介绍东营市工厂化农业政策及招商引资政策等，推动双方达成合作协议，吸引国外企业到东营市投资和合作。

5月28日—6月2日，东营经济技术开发区管委会党工委书记常淮诚率团赴美国、智利访问。在美国期间，参加第50届美国（休斯敦）国际石油、天然气装备展览会，拜访美国米德复合材料集团公司、休斯敦医疗中心、美中商会达拉斯等，宣传推介东营市投资政策，洽谈推进与区内企业的项目合作。在智利期间，拜访智利铜业委员会、智利国营铜业公司，推动与东营市方圆铜业的项目合作；拜访康赛普西翁大学，洽谈方圆—康大未来铜技术联合研究中心项目建设问题。

10月22—26日，副市长韩利学率团赴韩国参加《关于特别是作为水禽栖息地的国际重要湿地公约》首届国际湿地城市市长圆桌会议，与国际湿地公约有关组织及其他国际湿地城市建立友好交流关系。

10月24—31日，副市长冯艺东率团赴比利时、英国访问。在比利时期间，访问世界500强、全球化工巨头索尔维集团，推动索尔维集团与山东华泰集团在绿色化学合成等深加工产品与服务领域开展深层合作；拜访中国贸促会驻比利时代表处总代表徐晨滨和比利时布鲁塞尔自由大学宣传推介品牌企业与产品，鼓励海外人才到东营市就业创业。在英国期间，访问世界500强企业英国石油公司，推进其与东营市石化企业在技术、贸易、投资等领域的合作；访问萨里大学，拜访校长逯高清，推动该校化学系与黄河三角洲可持续发展研究院在东营经济技术开发区共建化工研究院；访问英国剑桥清华科技园、剑桥大学高等光子和电子中心，在伯明翰举办东营“轮胎品牌”推介会等，宣传推介东营市优势产业和产品，促进贸易投资与合作，提升东营市海外知名度。

【外事工作海外联络站】 2019年，以“一带一路”国家和地区为重点，建立12个外事工作海外联络站，开展宣传推介、“双招双引”活动60余次，推动交流合作项目20余个，服务出访团组10余个。其中，巴西联络站洽谈能源投资项目以及平安里约城市项目，带动东营市相关企业共同参与项目；加拿大联络站协助市人民医院和加拿大白求恩医学协会互派医师交流研修；马来西亚联络站从博特拉大学为东营市申请商业管理50个、计算机专业15个入学名额；葡萄牙联络站组织葡方16家企业参加山东友城合作发展大会；匈牙利联络站推进新大集团的泡沫铝项目。加拿大联络站和德国联络站推进东营市企业采购智能修井机项目；巴西联络站在里约州伊塔石油天然气展、中巴影展开闭幕式等活动中宣传推介东营市；南非联络站制作《黄河入海，我们回家》宣传材料，在南非在线等网络媒体宣传推介。

【"外事服务进企业"活动】 对全市19家重点企业开展调研，制定外事服务进企业实施意见，提出服务企业20项具体举措。建立领导干部联系企业暨服务企业直通车制度，向企业宣传介绍外事政策，解答企业咨询。年内，累计到企业调研24次，为19家重点涉外企业搭建外事服务通道，推动对外合作项目16个，办实事、解难题12件，提供各类咨询服务100余次，为26家企业申办59张APEC商务旅行卡。

（市外事办　李卫康）

2019年11月29日，东营市机关事务管理与服务标准化试点通过省考核评估验收

（市机关事务管理局供稿）

机关事务管理

【标准化建设】 4月，东营市被国家机关事务管理局、国家标准化管理委员会确定为后勤服务标准化国家级试点。落实后勤服务标准化国家级试点工作部署，出台《机关事务标准化建设工作方案》，搭建涵盖基础通用、事务管理、保障服务、内部支撑4个方面、10个体系的标准框架，修订完善标准文本295项，确保标准贯穿各项工作、各个环节、各个岗位，真正实现制度全覆盖、管理无盲区、指标科学明晰、操作简单易行、标准规范统一。8月，《绿色机关建设指南》获批发布，成为山东省机关事务系统2019年度发布的9项标准之一，是唯一的地市级标准，也是东营市有地方标准发布权以来第一个地方标准。9月，公务用车、餐饮服务被列入省机关事务标准化专项试点。11月，作为全省唯一的机关事务管理与服务标准化试点通过验收。

【信息化建设】 规划实施综合办公服务平台、"智慧餐厅"、国有资产数据平台、公务用车智能化管理等信息系统建设，实现网上审批、网上监管和数字化管理，简化办事服务流程。其中，智慧餐厅实现刷脸就餐、在线点餐、云柜取餐、营养分析等功能。公务用车智能化管理系统依托"智能用车"模块，搭建"单位自留车辆优先、车管中心车辆应急、社会租赁车辆补充"三级梯度保障机制，试运转1个月，市级党政机关自有公务用车行驶里程增至15万千米，租用社会车辆费用支出减少近1/2，解决单位自有车辆不敢用、闲置率高、社会车辆租赁费用居高不下等问题。

【办公用房管理】 规范办公用房管理。完成市级机构改革党政机关办公用房调整工作，调剂涉及24个部门单位，调配办公用房面积8451平方米。在全省率先完成市级党政机关办公用房权属转移登记，向使用单位颁发使用权证，为办公用房权属统一登记、调配使用、维修改造等"六统一"管理夯实基础。实施数据测绘、安全鉴定和智能图文管理信息系统建设，党政机关办公用房管理实现数字化。

【公务用车管理】 落实公务用车"五统一"管理制度，完善公务用车智能管理信息系统运行机制，新建公车保障分平台2个，招标汽车租赁企业11家，构建起"自留车辆优先、统管车辆应急、社会车辆补充"的三级梯度保障机制。推广新能源汽车，配合市供电公司等单位做好充电站的选址建设，2个8个车位及4个4个车位充电站建成投入运行，投放6辆新能源汽车参与公务出行保障。

【公共机构节能】 集中对112栋办公楼耗能情况开展能源审计。6月，举办"公共机构节能宣传月"活动，推广应用新能源、新技术、新产品。坚持以创促建，新创建4个国家级、4个省级节约型公共机构示范单位。实施生活垃圾分类宣传进机关、进学校等"五进"活动，配置分类垃圾回收设施。在

2019年6月11日，全市公共机构节能宣传月暨新能源汽车推介活动启动仪式举行

（市机关事务管理局供稿）

省对东营市“双控”目标责任考核中，公共机构领域获满分。

【公务接待管理】 贯彻落实《党政机关国内公务接待管理规定》，建立全市公务接待管理工作联络员制度，定期汇总市、县两级动态信息，不定期开展专项监督检查，加强督导交流，推进公务接待管理工作协调规范运行。2019年，东营市被省机关事务局确定为全省唯一地市级公务接待信息化建设试点单位。

【后勤保障】 ①房产管理。加强直管小区管理，重点强化卫生保洁、绿化养护、设施维护维修、安全保卫等日常管理，完成7个大中型维修改造项目审批，维修改造2.5万平方米。②餐饮管理。发挥统一服务保障优势，实施5家餐厅改造提升工程，借助智慧餐厅管理系统和“清包”模式管理，实现“统一收费标准、统一餐厅管理、统一就餐服务”。规划实施网上订餐取餐、应急保障配送餐、购物超市进驻直管小区等个性化服务保障，开通机关事务“金点子园地”，听取后勤保障需求，优化服务保障内容。③市政府大楼管理。规范物业服务，对年度采购50万元以下的物业项目公开招标，60家机构被纳入物业服务定点采购名录，单位面积物业服务费压减率15%。做好市政府办公大楼物业服务及“美化增绿”工程。

【机关事务创新发展】 ①改革创新市场化运作模式。探索提出“政府部门定功能、定标准，潜在服务商竞投资(让利)”的“两定一竞”运作模式，在市直机关中心食堂引入齐鲁银行东营分行投入88万元，建成智慧餐厅管理信息系统，并无偿配套智能结算台等硬件设施。按照“两定一竞+”的思路，在政府少投入甚至不投入的情况下，建成国有资产综合管理平台、公务用车智能化管理系统，开展党政机关办公用房统一测绘等工作，节省财政资金434.1万元。②探索推行合同能源管理机制。引入社会资金396.77万元，开展办公楼屋顶光伏发电试点，在不花政府一分钱的情况下，可实现电费收益分成18万元，节约屋顶防水费用99.6万元。③推动国有资产保值增值。对周转住房等国有资产进行全面清查，及时清退违规占用周转住房。推动闲置资产盘活利用，对市直周转住房、市直机关闲置办公设备设施摸底清查，研究制定盘活利用办法，确保国有资产物尽其用，物尽所值。

(市机关事务管理局　霍亚群)

油地校融合发展

【凝聚融合发展共识】 2月，分别召开油地、油地校联席会议，确定油地融合发展重点工作，形成全方位、一体化融合发展的共识，三方联合开展油地校深度融合发展机制和激励政策、油地校产业发展与人才科技资源共享等重点课题研究。实行双向交流挂职，12名油地校县处级干部到与融合发展紧密的相关部门、单位开展为期一年的挂职锻炼。

【健全融合发展推进机制】 完善油地校联席会议制度，三方主要领导参加，研究确定重大问题和事项。建立专题会议制度，三方分管领导根据工作需要随时召开，研究解决融合事项推进实施中遇到的困难和问题。建立日常联系沟通制度，三方有关领导经常会面，及时沟通情况，解决存在问题，三方部门单位和县区、开发区加强协调沟通和工作配合，主动对接承办事项。建立督查通报制度，对研究确定的融合事项定期调度及通报，形成三方各个层面及时“提出问题——研究问题——解决问题——再深入提出问题”的工作推进平台和机制。

【完善融合发展激励政策】 市政协副主席田青云牵头完成《油地校深度融合发展机制和激励政策研究报告》，市委、市政府印发《油地校深度融合发展激励政策》，从鼓励投资创业、促进人才科技资源共享等8个方面提出26条激励政策。抓好人才与科技政策一体化，全面梳理东营市高层次人才引进、创新创业平台载体建设等10个方面、59项政策，延伸覆盖到胜利油田、石油大学。

【落实融合发展重点事项】 ①地校融合方面，以东营市和石油大学研究确定的“四个一”融合发展路子为抓手，推进科教园区建设。石油大学胜利学院转设为省属普通本科高校工作通过省教育厅高评委、教育部高评委的实地评审论证。起草完成石油大学高等研究院和东营产业技术研究院建设的筹建方案，石油大学组建部分拟入驻团队并展开前期工作。山东石大科技特殊作业实训项目建设方案经市应急局审批同意，300万元省专项支持资金到位。②油地融合方面，把科技和人才作为融合重点，制定《盘活胜利油田石

2019年2月25日，油地校联席会议召开　（市油地校融合发展办公室供稿）

2019年4月16日，稽查人员在东营集输原油库检查

（市油地校融合发展办公室供稿）

油大学人才资源工作方案》，推进落实15个方面的具体措施。向84名油田引进人才发放补贴，向油田拨付创新公共服务平台补助资金60万元，支持油田、石油大学取得科技成果17项，胜利油田8人入选市级以上人才工程，向油田48人发放"东营优才卡"。石油大学技术转移中心和成果转化中心在东营挂牌成立。油地双方推进产业融合，支持油田勘探开发，优化供地、环评、安评等工作，加强工农关系协调，持续开展油区秩序和油气管道安全整治，促进油田增产提效。推动油田加大在东营投资力度，加大从东营本地企业的采购力度，促进东营市石油装备、化学药剂、智能环保设备等企业的产品生产和技术创新。推进油地社会民生事业融合，油田移交居住小区174个，正在维修改造113个。将油田小区划分为392个网格进行管理，设置社区居委会81个并全部完成选举，完成油田职工住房不动产证办理4.3万套。推进油田62家学前教育机构、69所医疗卫生机构的移交工作。深化油区秩序综合治理，确保油区治安大局稳定，开展较大集中整治行动4次，取缔非法收油窝点9个，查获涉油车14辆，取缔窃气、窃电点14个，抓获并移交涉油犯罪嫌疑人21名。保障油气管道安全运行，开展春节、"两会"、70周年国庆、油气输送管道高后果区安全管理和油气输送管道安全生产检查活动，聘请中石化及油田管道保护专家开展执法检查。（市油地校融合发展办公室　刘东东）

信 访 工 作

【概况】 2019年，接待到市上访1663批次、13490人次，同比分别下降21.9%、25.8%；到省上访337批次、977人次，同比分别增长5%、10.2%；进京上访311批次、475人次，同比分别增长9.1%、7.7%；发生进京到非接待场所上访19人次，同比下降48.6%。受理群众来信862件，同比下降22%；受理网上信访事项8800件，同比增长35%，占信访总量的75.35%；人民网留言152条，同比增长216.67%。市信访局被省人力资源和社会保障厅、省信访局表彰为"全省信访工作先进集体"。

【信访积案攻坚化解】 ①梳理省、市5年以上积案73件，由16位市级领导包案；5年以下积案，由186位县级领导包案，制定针对性、实效性强的化解方案，明确化解工作的路线图、时间表，确保攻坚化解有序推进。②建立市、县分管领导牵头化解责任机制和综合交办机制，对信访积案按行业领域和问题属地进行双向交办。横向按行业、领域由市级领导负责督导调度，研究制定有关政策；纵向按属地交办，县区及市直有关部门单位负责对积案逐案落实县级包案领导、具体承办人、化解措施、化解时限等。③发挥市信访联席会议和专班作用，针对积案较多的县区、镇街分片召开专题调度会25次；针对重点领域分类召开专题调度会11次；针对积案化解推进慢的单位，召开案件分析研判会61次。实行一线帮促、提级办理制度，市、县、乡三级联合化解。④省级交办10年以上信访积案4件，5—10年信访积案50件，5年以下信访积案389件，全部化解"清零"，在全省第一个实现"三个100%"，位居全省第1名。市级自行排查信访积案767件，化解率100%，实现三年任务一年完成。省、市两级签订息诉罢访协议书的信访积案，没有发生一起重复信访。

【推进"三个信访"】 ①"阳光信访"。深化网上信访受理平台，开通手机信访APP和微信信访，做到网上信访向"掌上"延伸，实现"让数据多跑路、群众少跑腿"的服务理念。做好人民网网民留言办理工作，被人民网评为2019年人民网网民留言办理工作"活力奋进单位"。深化信访业务智能辅助系统开发，在全省率先研发"智慧信访"平台，该平台获"2019中国政府信息化管理创新奖"。②"责任信访"。推行群众信访"最多访一次"，深化领导干部公开接访、带案下访等制度，压实初信初访首办责任，开展"人民满意窗口"创建活动，把信访部门打造成全天候、零距离、有温度的服务窗口。市信访接待中心、垦利区信访接待中心、利津县信访接待中心被评为全省信访系统首届"人民满意窗口"单位。③"法治信访"。加大诉访分离和依法分类处理信访诉求工作力度，完善律师参与信访工作制度，引导信访诉求优先导入法定途径。创新"访调对接"模式，打造"朱大姐调解工作

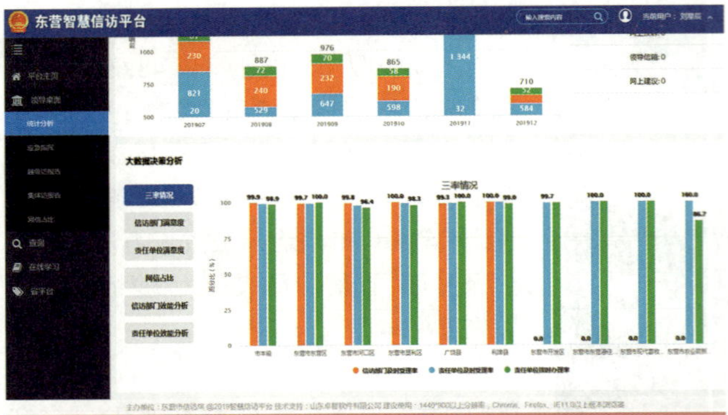

2019年5月，东营市“智慧信访”平台获“2019中国政府信息化管理创新奖”　　（市信访局供稿）

室”，调解疑难复杂信访问题50余件。各县区制定《依法打击信访活动中违法犯罪行为的通告》，对信访活动中的违法行为依法处置，形成“打击一个、教育一片”的氛围。

【信访事项办理】 ①通过信、访、网、电等渠道受理信访事项11477件，每件做到案情分析到位、转送交办到位、跟踪评查到位，信访事项及时受理率、按期办结率均达100%，群众满意率98.2%，多项指标列全省前列。②建成全省首个信访业务“点对点”培训教室，分期对县区、乡镇专职工作人员151人进行“小班化”培训，全市信访业务规范化建设位于全省前列。

【重要节点信访安保】 ①每月通报到市到省进京上访情况，对越级上访问题突出的县区、市属开发区开展重点治理，点对点帮促指导。②市、县、乡三级每天安排一名党政领导干部公开接访，信访部门全天候开门接访，把信访群众吸附在市内，把矛盾问题化解在基层。③启动信访信息“零报告”机制和联合值班工作机制，健全完善滚动排查、信息报送、分析研判、即时交办、动态管理、化解销号等制度。④统筹谋划部署，组织工作力量赴北京、济南和青岛等地值班备勤，完成新中国成立70周年大庆、全国“两会”、第二届“一带一路”国际合作高峰论坛等重大活动的信访工作。市信访局被省委、省政府授予“全省新中国成立70周年安保维稳工作先进集体”称号。

【基层基础工作】 ①坚持关口前移。将矛盾纠纷排查化解融入社会治理网格化职责，加强源头治理、防范化解，对1600余件不稳定因素，逐件落地核查，限期消除隐患。对群众关注的冬季供暖、农民工工资拖欠、网络金融等问题，进行调研提出建议，推动批量化解。②开展重点领域专项整治。开展城乡建设、劳动社保、交通运输、集资融资等领域信访问题联合治理，协调解决群众关心的热点、难点问题，把大量信访问题化解在市内，东营市新产生信访事项中存量占比为3.3%，是全省新增存量最少的市。③围绕大局建言献策。运用市政府“3+N”“1+N”例会工作机制，及时将相关领域发生的集体访呈报市政府；对县区或市直部门难以化解的信访问题，向市委、市政府报送专题报告，推进“老大难”信访问题的化解。　　（市信访局　杨学伟）

扶贫开发

【脱贫攻坚责任制落实】 ①坚持党政齐抓。市委、市政府主要领导带头研究谋划扶贫工作，带头开展暗访调研，市委常委会、市政府常务会议先后多次部署脱贫攻坚工作，推动中央和省脱贫攻坚决策部署在东营落地。在一、二季度县区（市属开发区）重点工作调度会上，专题调度脱贫攻坚。市四大班子领导采取“四不两直”方式到联系乡镇、村和贫困户进行暗访调研，发现问题现场反馈、督促抓好整改，促进全市扶贫工作开展。②高效推进落实。先后组织召开市扶贫开发领导小组（扩大）会议、全市脱贫攻坚“回头看”工作会议、全市脱贫攻坚培训会议等市级层面会议8次，部署开展脱贫攻坚“回头看”，全面排查问题，抓好整改落实，以问题整改促脱贫质量提升。③开展暗访调研。开展全市脱贫攻坚“回头看”暗访督导，第一轮暗访39个乡镇（街道）、82个村、658户贫困户，第二轮暗访39个乡镇（街道）、131个村、909户，第三轮暗访39个乡镇（街道）、96个村、683户，查看扶贫产业项目50个。开展“问需基层”工作调研，走访17个镇（街）600余户贫困户，对90余户贫困户的帮扶责任人进行电话调查。

【全市脱贫攻坚“回头看”】 ①全面排查问题。4—6月，开展“回头看”排查，按照“不漏一户、不漏一人”的要求，围绕“工作责任是否落实到位、贫困户收入是否稳定达标、‘两不愁三保障’是否落实到位、产业项目运行管理是否到位、帮扶责任人责任是否落实到位、特殊困难群体是否帮扶到位”6个方面，对建档立卡贫困户、因病因灾等导致生活困难的非贫困户，全面排查问题。8月，按照省扶贫开发领导小组《关于扎实开展脱贫攻坚“回头看”着力解决“两不愁三保障”突出问题的通知》要求，制定印发实施方案，继续开展“回头看”问题排查，确保不留死角。年内排查2万余户，排查发现影响脱贫稳定性、脱贫基层基础工作不扎实等方面问题4400余项。②坚决整改到位。对排查发现问题，建立整改台账，坚持立查立改，年内收入不稳定、义务教育、基本医疗、住房安全、饮水安全等“两不愁三保障”问题全部整改完成。提高脱贫稳定性，稳定增加贫困户收入，对有劳动能力的贫困人口通过就业帮扶、开发公益岗等方式拓宽就业渠道；对无劳动能力的贫困人口，通过低保保障、扶贫基金分配、孝善养老金等做好兜底。至年底，建档立卡贫困人口纳入低保7694人；12010人领取孝善奖励443.25万元。加快推进贫困户危房改造，排查鉴定危房近3000户，通过修缮重建等方式全部整改完成。加强项目运行管理，对2018年前实施的243个项目逐一排查解决问题，实行县区、乡镇项目整改责任制，提升项目资产运行成效，至6月底全部整改完成，所有已建项目全部见效。强化工作责任落实和帮扶工作，整改完成入户家庭资料不完善等问题500余项。印发《东营市扶贫帮扶责任人管理考核办法》，强化帮扶责任人管理考核，以县区、乡镇科级干部为主调整充实帮扶队伍，安排最得力的干部帮扶最困难群体。帮扶责任人严格落实“四包”要求（包政策解读、包脱贫稳定、包卫生清洁、包档案资料清晰），每2个月至少走访1次，每月至少电话随访1次，及时帮助贫困群众解决生产生活困难。“回头看”期间，新调整帮扶责任人3215人，其中县级干部34人、科级干部2989人，年内全市有帮扶责任人6057名。

【精准对接帮扶政策】 严格落实“四不摘”要求（摘帽不摘责任、摘帽不摘政策、摘帽不摘帮扶、摘帽不摘监管），对脱贫享受政策贫困人口持续帮扶。年内建档立卡贫困人口享受残疾人两项补贴4903人次、750.3万元；参加居民基本医疗保险享受个人缴费部分补贴政策24315人、673.86万元；资助贫困家庭学生1423人、211.9万元；发放“雨露计划”补助462人次、138.15万元。纳入2019年度扶贫特惠保险4.3万人，至10月底，理赔2.8万余人次、1210余万元。

【规范项目资金管理】 2019年，实施总投资1947.15万元的扶贫产业项目22个，完工22个，持续促进贫困户稳定增收。开展2018年产业扶贫项目绩效评价工作。争取存量和新建光伏项目纳入国家补贴。加强扶贫资金使用监管，印发《关于加强2019年度财政专项扶贫资金使用管理的意见》，规范扶贫资金使用管理。推进金融扶贫，做好扶贫小额信贷、富民生产贷等工作，至9月底，累计发放贷款804万元，带动350余名贫困户就业增收。

【统筹行业社会扶贫】 加强行业扶贫。印发《打赢脱贫攻坚战三年行动工作任务分解落实方案》，推动“1+28”政策体系落实。加强社会扶贫。深入推进“百企帮百村”，组织民营企业（商会）对103个省、市扶贫工作重点村开展帮扶工作，惠及贫困人口5600余名。开展“青春扶贫·益暖东营”精准扶贫志愿服务行动，服务贫困群众1600余人次。

【夯实基层基础工作】 ①压实工作责任。开展县区党委和政府、市扶贫开发领导小组成员单位2018年度扶贫开发工作成效考核。开展遍访贫困对象行动，四级书记开展遍访9100余人次，遍访脱贫任务比较重的乡镇40个次、扶贫工作重点村166个次、贫困户1.4万户，排查发现问题2546项。开展扶贫领域腐败和作风问题专项整治。②做好扶贫基础工作。开展贫困人口信息动态调整工作，组织开展“三类群体”摸排，核查整改、补充采集建档立卡数据3000余项，数据质量居全省第3名；9月起，按照省“应纳尽纳、应扶尽扶”要求，全面摸清即时帮扶人口和脱贫监测户底数，给予重点关注，有效防止新致贫及返贫。加强扶贫干部培训，举办各类扶贫工作培训班100余期，培训1.4万人次。强化涉贫信访舆情监测，监控各类信息42万余条，处置信访舆情70起。③加强扶贫宣传。在中央和省主要媒体刊发报道100余篇，在《东营日报》、东营电视台《聚焦精准扶贫》专栏等市级媒体集中宣传报道30余期。2家单位、4名个人被省扶贫开发领导小组表彰为2019年全省脱贫攻坚先进集体和先进个人。④完善档案资料。持续规范“一户一档”，充实调整贫困户“一户一档”档案目录清单，督促县区、镇街根据贫困户年度收入时间节点，对家庭收入统计表、年度收入证明材料进行完善和更新，抽查700余户贫困户户内档案资料。发放《脱贫攻坚“找差距、抓落实”帮扶手册》1.2万余本，做好扶贫政策宣传和排查，精准对接、落实扶贫政策，持续提升贫困人口满意度。

2019年9月11日，全市基层干部脱贫攻坚专题培训班举办

（市扶贫开发办供稿）

（市扶贫开发办　崔大鹏）

对口援疆与扶贫协作

【对口援疆】 2019年，投入援疆资金48761万元(其中东营市5727万元)，实施项目28个。新选派29名专业技术人才进疆开展工作，东营市、县政府主要负责人赴新疆疏勒县考察对接9次。①产业援疆。推动建立四级联动衔接就业模式，帮助当地群众省内就近就业14028人。年内，引导45家企业，共建产业园区1个，完成消费扶贫1379万元。②改善民生。实施脱贫攻坚及改善民生项目21个，总投资3.9亿元。③人才援疆。在教育、卫生领域启动“组团式”援疆工作，帮助疏勒县组建4个特色科室，建成远程会诊中心。④交流交往。与疏勒县15个乡镇、110个村组成结对关系，捐赠资金和物资折合1851万元。⑤基层基础工作。实施乡村鹰眼、高空云防指挥系统、乡村4G无线监控等项目，提升基层反恐维稳能力。

【扶贫协作】 2019年，扶贫协作重庆酉阳县投入政府援助资金5770万元(其中东营市2400万元)，实施援建项目55个，带动贫困人口12794人。①智力支持。选派64名干部人才赴酉阳开展工作。为酉阳引进医疗新技术27项，举办各类培训班28期。②产业合作。共建产业园1个，实际完成投资额418万元，完成消费扶贫销售额1580万元。③劳务协作。举办劳务协作培训项目10期，培训贫困群众379人次，转移到山东就业贫困户39人，就地就近就业251人。④结对帮扶。开展携手奔小康行动，为酉阳捐款捐物折合564.3万元。

(市发改委　田国海)

会　展　工　作

【概况】 2019年，全市举办会展活动229场次，其中，举办展会46场次，同比增长12.19%；展会总展览面积32.61万平方米，全年举办展览面积2万平方米以上的较大型展会5场次，吸引观众41.96万人次，实现交易额约438亿元。东营市被评为“壮丽70年中国会展十大会展名城”。

2019年东营市举办展会情况表

序号	展会名称	时间	地点	展览面积(平方米)	展位数(个)	参展商(家)	观众人数(人)	贸易额(亿元)
1	垦利第九届汽车展销会暨进口食品年货会	1月11—13日	黄河口经贸文化交流中心	5000	150	150	20000	0.05
2	2019中国(广饶)首届国际年货采购展览会	1月18—24日	广饶国际博览中心	4000	30	30	2000	0.004
3	2019山东·东营第六届精品年货博览会	1月22—27日	黄河国际会展中心	3000	130	100	6000	0.1
4	2019“黄河入海”旅游商品展暨东营市第九届旅游商品创新设计大赛	1月22—27日	黄河国际会展中心	12000	42	42	6000	—
5	第三届“东营学子家乡行暨高校英才进东营”人才交流会	1月26日	黄河国际会展中心	2000	380	380	16000	—
6	2019首届黄河口科技教育博览会	2月5—19日	黄河国际会展中心	10000	50	50	20000	0.02
7	动漫展——邂逅祭2.0	2月10—11日	广饶国际博览中心	5000	50	50	2000	0.01
8	2019“春风行动”大型招聘会	2月12日	广饶国际博览中心	1700	200	200	3000	—
9	金牌建材家居联盟	3月2日	广饶国际博览中心	1000	18	18	1200	0.008
10	大牌联盟	3月9日	广饶国际博览中心	5000	13	14	1000	0.002
11	“人工智能　智慧生活”大型科普展	3月9—10日	广饶国际博览中心	1000	25	1	1500	—
12	广饶第十三届春季车房展	4月4—7日	广饶国际博览中心	25000	62	62	38500	1.13
13	广饶红木展	4月4—23日	广饶国际博览中心	2000	1	1	5000	0.02
14	东营生态家装节	4月13—14日	黄河国际会展中心	5000	1	1	6000	0.02
15	2019第二届中国(东营)国际石油化工贸易展览会	4月17—19日	黄河国际会展中心	13000	41	41	20000	231
16	东营市首届家电展销会	4月21日	黄河国际会展中心	4000	1	1	1500	0.03
17	2019春季汽车博览会	4月25—28日	黄河国际会展中心	30000	60	60	30000	3
18	广饶大牌家具联盟	4月27日	广饶国际博览中心	1000	18	18	1000	0.002
19	广饶智能科技教育博览会	4月27日—5月5日	广饶国际博览中心	2900	1	1	5000	0.002

续表

序号	展会名称	时间	地点	展览面积(平方米)	展位数(个)	参展商(家)	观众人数(人)	贸易额(亿元)
20	2019苏杭丝绸、服装服饰商品(东营)直销展暨农副产品特色食品展销会	5月4—12日	黄河国际会展中心	6000	200	200	50000	0.08
21	第十届中国(广饶)国际橡胶轮胎暨汽车配件展览会	5月15—17日	广饶国际博览中心	48000	705	705	100000	200
22	2019首届江浙沪皖粤闽丝绸服装商品直销展	6月1—26日	广饶国际博览中心	2000	32	32	5000	0.001
23	广饶家居唯品汇	6月16日	广饶国际博览中心	1000	15	15	1000	0.002
24	爱家联盟夏日嘉年华	6月22日	广饶国际博览中心	1000	15	15	1000	0.002
25	2019东阳红木工厂清仓聚惠展	7月26日—8月26日	黄河国际会展中心	4000	1	1	4000	—
26	翠翠舞蹈10周年庆典	7月29日	广饶国际博览中心	1400	1	1	800	—
27	广饶啤酒嘉年华	8月2—8日	广饶国际博览中心	1000	20	20	3000	0.003
28	动漫展	8月3—4日	广饶国际博览中心	10000	21	35	4000	0.002
29	2019年广饶县秋季招聘会	8月24日	广饶国际博览中心	1700	148	148	800	—
30	门萨全脑教育	8月24日	广饶国际博览中心	5000	1	1	1500	—
31	2019第四届全国(东营)有色金属工业展	9月3—5日	黄河国际会展中心	8000	150	150	20000	—
32	广饶县第四届旅游美食节	9月10日—10月10日	广饶国际博览中心	2000	50	50	5000	0.002
33	中国广饶第九届秋季汽车暨房产展销会	9月12—15日	广饶国际博览中心	12000	55	55	10000	0.57
34	庆祝新中国成立70周年主题科普展	9月12—15日	广饶国际博览中心	1500	—	—	2000	—
35	“孙武湖畔”主题摄影展	9月20日—10月10日	广饶国际博览中心	2000	70	—	6000	—
36	秋季中山红木展	9月21—29日	广饶国际博览中心	1500	1	1	1000	0.003
37	2019第十二届中国(东营)国际石油石化装备与技术博览会	9月26—28日	黄河国际会展中心	44000	365	365	40000	—
38	2019品牌服装羊绒皮草博览会暨名优食品展销会	10月10—21日	黄河国际会展中心	5000	330	330	40000	0.06
39	美的超级品牌日	10月26日	广饶国际博览中心	1000	10	1	2000	0.001
40	2019东营秋季汽车博览会	10月26—29日	黄河国际会展中心	20000	58	58	20000	2
41	广饶大牌建材节	11月2日	广饶国际博览中心	1000	30	30	3000	0.002
42	广电家博会	11月2—3日	黄河国际会展中心	6000	1	1	3000	0.002
43	2019首届服装及农副产品展销会	11月12—21日	广饶国际博览中心	1350	60	40	3000	0.002
44	年会	12月28日	广饶国际博览中心	1000	—	1	500	—
45	奥星石化年会	12月29日	广饶国际博览中心	2000	—	1	1000	—
46	“青岛中南之夜”嘻哈包袱铺跨年相声晚会	12月31日	广饶国际博览中心	4000	—	1	3000	—

【主体展会】 落实市政府关于展会“品牌化、高端化、实用化”的要求，实施“一展一策”，办好主体展会，培育提升“4+1”展会平台。四大工业展会总展览面积11.4万平方米，参展企业1302家，观众17.5万人次，达成意向协议446个，金额431亿元，同期举办33场高规格会议活动。第十届中国(广饶)国际橡胶轮胎暨汽车配件展览会发展成为全球第二大轮胎专业展会，展览面积由首届的1.2万平方米增至4.8万平方米；参展企业由179家增至705家，54家全球轮胎75强及世界500强企业参展；专业观众10万余人次，1600余名专业采购商参展。第十二届石油装备展展览面积4.4万平方米，布展企业365家，参观采购企业2000余家，参观人数突破4万人次，专业采购商9200余人。第二届中国(东营)国际石油化工贸易展览会按照全球展览业协会(UFI)标准组展办展，总展览面积1.3万余平方米，布展企业41家，11个国家的25家世界500强企业参展，专业采购商2200余人，企业高层比例约80%，观众突破2万人次。第四届全国(东营)有色金属展展览面积0.8万平方米，参展商150家。

【会展市场】 统筹培育会展市场，征集公示25场规模以上展会，协调展会档期，加强日常监管服务，开展行业安全生产专项整治和文明办展活动,维护会展市场秩序,繁荣会展市场。2019年,市场化展会数量增加,成为会展市场主体。全市举办展会46场次,其中市场化展会44场次。产业集中区域市场化展会发展迅速,中心城区举办展会15场次,广饶县举办展会30场次,区域会展市场活跃。办展环境和市场氛围日益优化,吸引越来越多的外地会展公司到东营市举办展会活动。北京市鹏寰东方国际展览公司连续8年在东营市举办服装展,北京泓杉国际文化传媒公司连续6年举办精品年货会。

【信息调研】 研究提出的《关于培育我市主体展会"品牌化、高端化、实用化"发展的对策建议》《关于中国(东营)国际石油石化装备与技术展览会与中国(东营)国际石油化工贸易展览会整合有关问题的汇报》《关于做好2019年全国有色金属生态环境保护会(论坛)暨有色金属工业展有关情况的汇报》,进入政府决策程序。牵头论证提出参加2019一乡一品国际商品博览会暨第四届全国民族地区发展大会建议方案。开展"调研深化年"活动,确定四个专项调研课题,形成较高质量调研成果。坚持一月一统计、一季一分析,按季度及时总结分析会展业运行情况。及时发布重点展会信息,报送展览业发展情况。开展党政机关境内举办展会活动自查。

【平台搭建】 组织主体展会参加2019中国国际服务贸易交易会、2019中国会展产业交易会、"山东会展"品牌专题展示活动,特装展示东营市会展业发展成果、办展优势等情况,宣传推介东营市橡胶轮胎展、石油装备展、有色金属展、石油化工展和农博会等主体展会。参加第三届全国会展节庆创新发展交流大会、第十一届中国城市会展发展大会,第十五届中国国际会展文化节、2019中国会展业年会,学习会展创新理念,拓宽发展思路,促进行业交流。在《中国会展》第8期、《中国会展业年会会刊》进行专题宣传3期。规范东营会展网管理运行,年内组织更新信息300余条。

(市会展办　张振岭)

电子政务和智慧东营建设

【概况】 2019年,市电子政务和信息资源管理中心以大数据开发利用为核心,整合共享政务信息系统,推进智慧东营建设。在中国社会科学院信息化研究中心、清华大学国家治理研究院、国脉研究院联合发起的"2019(首届)数字政府特色评选50强活动"中,东营市大数据平台获"数据应用领先奖";市政府门户网站信息公开栏目、"东营政府网"微信公众号分别被电子政务理事会评为"政府网站精品栏目"和"2019年'微服务'卓越奖";市电子政务和信息资源管理中心被山东信息协会评为"信息化工作先进单位"。

【政务网络基础建设】 ①电子政务网络建设。开展村级政务网络专题调研,形成《关于对全市村级电子网络建议情况的分析及对策建议》,印发《东营市村级政务网络整合建设工作方案》。②政务云应用。争取将市政务云作为全省首批密码测评试点,通过省密码管理局测评。加快业务系统上云,年内新增上云系统88个,全市133个单位、422个系统上云运行,应上云率98%以上。③网络安全体系建设。完善网络安全体系,建设移动办公VPN集群、上网行为日志、跨网安全交换平台,完成市电子政务外网、大数据平台等共用设施的三级等保测评,集入侵防护、行为管理、态势感知等为一体的安全防护体系更加完善。④非涉密领域安可替代工程。超前完成协同办公系统终端的兼容适配,完成全市第一批2620台非涉密安可终端设备的配发安装,确保全部上桌使用。

【政务数据开发】 印发《东营市政务信息系统整合共享提升实施方案》,坚持"通、聚、用"工作思路,满足跨层级跨部门协同应用数据需求。①加快数据"联通"。结合机构改革,重新梳理完成资源目录;完成省市数据平台级联,实现功能同步。加快交换共享,整合各部门交换渠道30个,68个政府部门互联互通,初步消除"信息孤岛"。②加强资源集中。丰富基础库数据,新增"一标三实"、危化品企业、税务登记等数据,汇聚数据1亿余条。③深化大数据"应用"。发布资源目录1万余个,开发接口9000余个,交换数据9000余万条,市大数据平台日均调用10万余次。按照多码融合模式,在全省率先实现电子社保卡与居民健康卡双卡"融合支付",建立"互联网+医疗健康服务"的医保支付新路径,方便群众看病就医;危化品道路运输监管实现"全过程一体化",11月9日,全省危险化学品道路运输全过程信息化监管现场会在东营市召开。

【政务应用】 ①建成市政府网站群平台,整合所有59家政府网站,全省首家迁移至省统一技术平台。完成"中国东营"政府门户网站升级改版。强化日常监管,引入第三方检测服务,在国家、省级普查通报中,东营市政府网站全部合格达标运行。②开发全省首个政务服务微信小程序"东营掌上通",上线130余项功能,注册用户23万人,实现企业和群众办事从"线下跑、四处问、多头办"向"掌上问、掌上查、掌上办"转变,成为"一窗受理·一次办好"的重要平台载体。③全面推行协同办公系统,构建"市办公门户——单位桌面——科室办公——个人账户"四位一体的网上办公新模式,注册部门用户1100余个,办公人员用户30918人,移动办公用户8315人。建成贯通国家、省、市、县、乡五级的视频会议系统,2019年保障本级视频会议87场次。④牵头建成全市统一的新旧动能转换可视化督导服务平台,实现重点项目管理、企业直通车、督查调度、可视化监管等功能。年内，注册企业2030家，儒商大会重点签约项目、2019年省重点项目、新旧动能转换优选项目视频接入率均为100%，列全省第1。

【智慧东营建设】 ①顶层规划设计。委托国内高水平专业机构，编制《“智慧东营”顶层设计》，并通过由2名院士参加的专家组评审。②项目归口管理。落实《智慧东营建设项目管理办法》，引入第三方机构实施项目评估，评审项目65个，预算资金2.57亿元，审减节省资金3320余万元。③技术服务保障。加强项目指导调度，2019年市民便捷出行、城乡网格化平台、智慧医疗等20个项目建成投入使用。④创新建设运营模式。探索建立“政府+企业联盟”的智慧东营建设运营新模式，构建“政府主导、企业参与、市场运作、多方协作”的新格局。年内，东营市与浪潮集团签订战略合作框架协议。⑤新型智慧城市试点工作。利津县入选“2019年四星级新型智慧城市建设试点”。

（市电子政务和信息资源管理中心　刘沈阳　张希蒙）

中国人民政治协商会议东营市委员会

综　述

2019年，市政协常委会依靠和带领全体政协委员，贯彻落实中央和省委、市委政协工作会议精神，坚持团结和民主两大主题，按照"围绕中心贴得更紧、建言资政质量更高、服务大局实效更好"的工作要求，聚焦新时代东营发展目标定位，履行政协职能，发挥专门协商机构作用。

市委把政协工作纳入总体工作布局，与党委中心工作一起谋划、研究、部署，支持政协依章履职，发挥人民政协在基层治理体系中的作用，召开市委政协工作会议，研究部署全市政协工作。年内，开展"月度协商"等各类协商活动20余次，调研、视察、考察活动30余次，提交资政报告20余篇；立案提案283件；收集社情民意信息2000余篇，向省政协报送700余篇，向市委、市政府报送信息专报21期，服务党政科学民主决策。

紧扣大局协商议政，全力助推高质量发展。常委会紧扣"三大战略"实施中的大事要事，抓住制约经济发展的短板瓶颈，深入调研、广泛协商，出实招、献良策。紧扣创新引领高质量发展，就"加快创新驱动，打造高质量发展增长极"主题开展常委会专题协商议政，市政府分管领导和相关部门负责人到会通报情况并听取意见，15名常委、委员围绕建设新材料产研孵化器、精准扶持培育瞪羚企业、打造创新型企业家队伍等作大会发言，并形成专题议政报告报送市委决策参考，有的建议转化为具体举措；针对当前创新和研发能力弱的问题，围绕加快提升企业创新能力、深化油地融合推进科技平台建设、精准培育科技型中小微企业、推进地方特色科研机构建设等，多角度开展调研，深入分析面临的问题和挑战，从培育创新主体、加强科技成果转化等方面提出30余条建议，为激发创新活力建言献策；聚焦助推民营经济持续健康发展，就民营企业发展状况进行调研，选择200位民营企业家开展问卷调查，对比先进地区经验做法，提出增加有效制度供给、加快审批服务流程再造、加大制造业企业扶持力度等建议；围绕打造良好营商环境，就优化民营企业融资环境、外商投资环境协商议政，为市委、市政府制定相关政策措施提供参考。参与全市重点领域改革工作，针对市委交办的东营港经济开发区体制机制改革、油地校融合发展重大改革课题，有关主席加强督导调研，强化调度指导，细化工作措施，带领工作专班推进落实，东营港经济开发区体制机制改革试点工作完成，油地校融合发展多项工作取得实质性进展。致力乡村振兴战略实施，就乡村产业振兴重点难点开展常委会专题协商议政，为助推乡村产业兴旺提供智力支撑。关注重大项目建设，组织委员对重点项目推进情况开展集中视察；落实市级领导联系重点项目、重点企业，定期深入联系项目和企业宣传政策、引导预期、提振信心、纾难解困，累计协调解决困难问题30余个，为推动实体经济发展献计出力。

坚持履职为民理念，服务民生改善社会和谐。聚焦群众最关心、最直接、最现实的利益问题，就盘活用好石油大学东营校区教育资源、城镇居住区配套教育设施规划建设开展调研视察，提出的意见建议被相关部门采纳落实；就学龄前婴幼儿照护、养老服务业发展、全市食品安全体系建设、加快推进公共卫生服务体系建设等，广泛协商议政，谋划改进之策，加强监督推动。坚持把年度民生实事征集作为助推解决群众操心事、烦心事、揪心事的重要履职内容，广泛征求意见，深入调研论证，提出城乡居民饮水质量提升、普惠性幼儿园建设、中心城内涝积水点改造等12项公共服务项目，部分列入民生实事。坚持把履职触角向基层延伸，通过提案、社情民意信息等形式，围绕整合胜利医院医疗资源、打造智慧养老东营模式、深化无障碍环境建设等提出民生类建议300余条，助力破解民生领域的热点、难点问题。坚持在为民服务中践行初心，继续组织医药卫生界委员深入乡村、企业、社区开展"健康直通车"活动，组织经济、文艺等界别委员开展扶贫帮困、志愿服务、送文化下乡等活动20余次。关注社会治理与和谐稳定，围绕大数据与社会综合治理深度融合、基督教信教群众发展状况开展调研协商；推荐60名委员担任社会监督员，参加问政东营、行政执法等社会监督活动20项、200余人次；连续多年组织开展旁听法院庭审活动，为"法治东营"建设监督建言，维护社会公平正义。以庆祝新中国和人民政协成立70周年为契机，加强思想引领，广泛凝聚共识，谋划组织各界人士茶话会、专题报告会、书画展览、文史资料和图片展、"人民政协辉煌70年"集中宣传等系列活动，全面立体反映新中国和人民政协辉煌成就，弘扬爱国精神，凝聚奋进力量。加强东营政协文史馆建设管理，开展"政协开放日"活动，广泛宣传党史、国史、政协史，被授予市级爱国主义教育基地、社科普及教育基地称号；收集整理史料120余万字、图片1800余幅，编纂出版《东营村庄记忆》，获省政协文史资料一等奖，发挥存史、资政、团结、育人的作用。

关注生态环境保护，助力美丽东营建设。常委会坚持"绿水青山就是金山银山"理念，持续关注生态环境保护，全方位履职、全过程建言，发挥政协作用、贡献政协智慧。抓住黄河流域生态保护和高质量发展上升为国家战略的重大历史机遇，协助省政协承办沿黄九省（区）政协黄河流域生态保护和高质量发展研讨会，从更高层面引领黄河流域走绿色发展生态优先之路，提升黄河口对外影响力和关注度；围绕事关黄河三角洲可持续发展的重要问题，通过提案、社情民意信息、大会发言等形式向上呼吁建言，争取政策支持，其中，关于加大黄河生态用水保障、调整"八七"分水方案、实施黄河三角洲生态大保护计划等建议，分别被全国政协、中办及有关部委内参件采用。围绕全市生态环境保护和"四减四增"三年行动计划，持续开展环保督查调研，改进方式方法，提升监督实效，组织政协委员、专家、环保部门和新闻记者，采用“四不两直”方式，分四路每季度开展一次督查调研，民主监督与舆论监督联动发力，推动生态环境治理政策措施落到实处。年内，先后开展督查调研5轮、20次，提出问题44项，完成整改33项，向市委报送督查调研专报4期，市委主要领导批示要求明确整改时限，确保整改落实到位；市政府及相关部门研究整改措施，建立整改台账，推动危废处置能力不足、废水废气排放、工地扬尘污染等问题整改。围绕黄河口生态环境保护与开发、地热资源开发利用、固体废物安全处置、加强农村垃圾治理等调研建言，助推打好污染防治攻坚战，让群众共享碧水蓝天。

强化提质增效导向，彰显政协协商民主优势。常委会注重强化质量意识，探索发挥专门协商机构作用的新形式新途径，推动各项工作创新发展、提质增效。深化“月度协商”实践，坚持每月突出一个主题，扩大协商参与面，让委员、专家当“主角”，使协商的过程成为发扬民主、建言资政、释疑增信、凝聚共识的过程，形成以全体会议为龙头、专题议政性常委会议为重点、月度协商为常态的协商格局。先后围绕推进建设黄河入海文化旅游目的地、加快航空产业发展等开展“月度协商”活动8次、提案办理协商活动11次，31个部门单位、200余人次参加协商，90余人次专题发言，就一系列重要问题提出对策建议，达成广泛共识。立足提升建言质量，注重借助专家“外脑”，从省内外聘请31名专家、学者，建设富有政协特色的应用型智库，拓宽履职专业视角，强化建言资政智力支撑。改进调研方式方法，采取委托第三方调查、上下联动等方式开展调查研究，探索建立资政报告会审机制，实行双重把关，提升调查研究质量和实效。创新提案工作思路，坚持质量优先，严把立案审查关，持续开展重点提案培育、重点提案督办，探索提案内容公开、“二次督办、二次答复”工作，推动提案由数量型向质量型、答复型向落实型转变。注重提高社情民意信息工作质效，优化特邀信息员队伍，突出地域特色重点约稿，探索运用微视频网络资政，信息质量不断提升，在全省政协信息工作考核中位居前列。创新宣传载体，全面改版升级门户网站，建设运行“东营政协”微信公众号，开辟“商在政协”专栏，延伸协商民主社会影响力，被评为全省政协宣传工作先进集体。

开展主题教育，提升自身建设水平。常委会主动适应新形势、新任务对政协工作提出的新要求，以加强党的建设为引领，强化自身建设，夯实履职基础。开展“不忘初心、牢记使命”主题教育，坚持把学习教育、调查研究、检视问题、整改落实贯穿始终，形成调研报告17项，提出意见建议212条，推动解决事关群众利益、影响高质量发展的难点问题，树立忠诚干净担当的良好形象。坚持以主题教育推动政协党建工作深入开展，自觉履行管党治党主体责任，加强政协党的组织建设，重大会议活动建立临时党组织，探索在界别建立功能型党支部，推进党的组织对党员委员全覆盖、党的工作对政协委员全覆盖；加强基层组织建设，退休干部党支部被市委表彰为先进党组织，第一党支部被评为基层党建示范点。加强委员队伍服务和管理，建立健全学习培训机制、履职管理机制，连年组织委员培训班，举办“政协讲坛”，实现委员培训全覆盖；制定并落实委员履职量化考核办法，引导广大委员增强委员意识，做好“委员作业”，树立委员形象，3名委员获全省政协“点赞感动你的政协委员故事”活动“百舸扬帆”奖，以身边榜样激励委员担当作为。加强界别建设，制定关于加强和改进界别工作的意见，推动界别活动经常有序开展。加强机关建设，开展工作落实年、精神文明创建活动，打造担当作为、团结和谐、乐观向上的工作团队。

（市政协办公室　成全国）

重　要　会　议

【政协第八届东营市委员会第三次会议】　1月25—28日召开，会议应出席委员294名，实到274名。会议听取并审议通过陈泽浦代表八届市政协常委会所作的工作报告和生钦勇代表八届市政协常委会所作的提案工作报告。会议期间，与会委员列席市八届人大三次会议，听取并讨论政府工作报告、市中级人民法院工作报告、市人民检察院工作报告及其他报告。对以上报告，委员们均表示赞同。市委书记李宽端，市委副书记、代市长赵志远，市委副书记、利津县委书记陈必昌分别参加委员分组讨论。与会委员围绕全市经济社会发展的重要问题和群众普遍关注的热点难点问题协商议政，提出许多中肯的意见和建议。大会收到提案419件，经审查立案217件。

【常务委员会议】　2019年，政协第八届东营市委员会共召开5次会议。

八届九次常委会议　1月22日，市政协八届九次常委会议召开。市政协主席陈泽浦出席会议，市委常委、副市长张润国就《政府工作报告》（征求意见稿）起草情况作说明。市政协副主席田青云、王吉能、生钦勇、杨同更、张义泉、张敏、刘志坚，秘书长高雳及市政协常委出席会议，生钦勇主持会议。会议审议通过关于接受宋秀峰等7名委员辞去委员（常委）的决定；听取市委组织部、市委统战部关于增补八届市政协委员和补选八届市政协常委情况的说明；审议通过增补的八届市政协委员；审议通过关于设置市政协农业和农村委员会的决定，审议通过关于市政协文史资料委员会、科教文卫体委员会更名的决定；审议通过有关人事事项；审议通过政协第八届东营市委员会常务委员会工作报告和提案工作报告并推定报告人；协商通过关于召开政协第八届东营市委员会第三次会议的决定；审议市政协八届三次会议议程（草案）；审议通过市政协八届三次会议日程；

审议通过市政协八届三次会议秘书长、副秘书长名单；审议市政协八届三次会议选举办法（草案）；审议通过市政协八届三次会议各组召集人名单；审议市政协八届三次会议总监票人、监票人名单（草案）；审议通过市政协八届三次会议常委轮值名单；审议市政协2019年协商工作计划（草案）。会议书面听取2018年市政协反映社情民意信息工作情况的报告。

八届十次常委会议　1月28日，市政协八届十次常委会议召开，市政协主席陈泽浦，市政协副主席田青云、王吉能、生钦勇、杨同更、张义泉、张敏、刘志坚，秘书长高雳等出席会议。杨同更主持会议。会议听取大会秘书处关于各组讨论情况的综合汇报，审议并通过市政协2019年协商工作计划，审议有关选举事项，审议政协第八届东营市委员会提案委员会关于市政协八届三次会议提案审查情况的报告（草案），审议政协第八届东营市委员会第三次会议决议（草案）。

八届十一次常委会议　3月20日，市政协八届十一次常委会议召开，会议传达学习全国"两会"精神，围绕学习贯彻全国"两会"精神、做好当年政协工作进行分组讨论，增进思想共识，明确努力方向。市政协主席陈泽浦出席会议并讲话，市政协副主席田青云、王吉能、生钦勇、杨同更、张义泉、刘志坚，秘书长高雳和市政协常委出席会议，张义泉主持会议。

八届十二次常委会议　7月29日，市政协八届十二次常委会议召开，听取市政府关于2019年上半年全市经济社会发展情况及下半年工作安排的通报；围绕"加快创新驱动，打造高质量发展增长极"主题进行专题协商议政。市政协主席陈泽浦出席会议并讲话，市政协副主席田青云、王吉能、生钦勇、张义泉、张敏、刘志坚，秘书长高雳和市政协常委出席会议，田青云主持会议。副市长李俊峰通报全市上半年经济社会发展情况和下半年工作安排。

八届十三次常委会议　11月20日，市政协八届十三次常委会议召开。市政协主席陈泽浦出席会议并讲话，市政协副主席王吉能、生钦勇、杨同更、张义泉、张敏、刘志坚，秘书长高雳和市政协常委出席会议，王吉能主持会议。会议传达学习市委政协工作会议精神；围绕"推进乡村产业振兴战略实施"主题进行专题协商议政，听取市政协农业农村委关于加强农产品品牌建设、引领产业振兴情况的汇报；听取市农业农村局、市海洋发展和渔业局关于乡村产业振兴情况的通报；审议通过《政协东营市委员会提案工作细则》和有关人事事项。（市政协办公室　成全国）

重大活动

【全国、省政协到东营考察调研】

省政协副主席韩金峰到东营市调研　3月11—12日，省政协副主席韩金峰率调研组到东营市，就"促进民营经济高质量发展"进行调研。市委副书记、市长赵志远，市政协主席陈泽浦，市委常委、统战部部长聂建军，副市长李俊峰，市政协副主席田青云等参加。调研组先后到东营区、东营港经济开发区部分企业调研，并与东营市有关部门单位和部分民营企业家代表座谈交流。

省政协调研组到东营市调研　3月27—28日，省政协港澳台侨和外事委主任于毅率调研组到东营市，就"发挥中心镇的辐射带动作用"进行调研。市政协副主席刘志坚陪同相关活动。调研组先后到广饶县大王镇、利津县陈庄镇、垦利区董集镇进行实地调研，并召开座谈会听取相关情况汇报。

"时代风采——委员履职进行时"活动启动仪式暨政协委员故事展演举行　4月23日，全省政协"时代风采——委员履职进行时"主题宣传活动启动仪式暨政协委员故事展演在垦利区举行。省政协党组副书记、副主席吴翠云宣布活动启动，市政协主席陈泽浦，省文化和旅游厅一级巡视员李国琳，省政协办公厅副主任、联合日报社社长朱兴刚，省工商联副主席高洪岩等为获奖委员颁奖，市政协副主席田青云、各市政协分管负责人出席。

省政协副主席王艺华到东营市调研　5月6—7日，省政协副主席王艺华率调研组到东营市，就"培育农产品品牌创建主体"进行调研。市政协主席陈泽浦、省黄三角农高区管委会常务副主任郭九成、市政协副主席田青云、省黄三角农高区管委会副主任毕建明参加。调研组先后到利津县、省黄三角农高区、广饶县部分企业、农业项目现场和农民专业合作社调研，并召开座谈会听取相关情况汇报，与有关部门和企业负责人座谈交流农产品品牌创建工作。

省政协副主席刘均刚到东营市调研　7月3—4日，省政协副主席刘均刚一行到东营市督导黄河生态带建设、有关重点项目，并到基层政协联系点调研。市委副书记、利津县委书记陈必昌，市政协主席陈泽浦，市政协副主席杨同更、秘书长高雳等参加活动。在河口区，刘均刚一行召开座谈会，听取全区经济社会发展情况及政协工作开展情况汇报，并到山东中车大型直驱电机生产基地、河口区中心敬老幸福院、"绿野仙踪"乡村振兴示范片区调研。

省政协副主席唐洲雁一行到东营市考察　7月18—19日，省政协副主席唐洲雁带领少数民族和宗教界部分委员，到东营市开展以"看发展、看变化、强责任、强素质、强能力"为主题的活动。省政协常委、民族和宗教委员会副主任杨学峰，省政协委员、民族和宗教委员会副主任张丽波，市政协副主席王吉能、刘志坚参加活动。

省政协副主席王艺华到东营市督办省政协重点提案　8月26—27日，省政协副主席王艺华一行到东营市，围绕省政协重点提案关于"整合救助信息，建立社会救助信息综合平台"开展督办。市政协主席陈泽浦，副主席田青云、张敏，秘书长高雳参加活动。

沿黄九省(区)政协黄河流域生态保护和高质量发展协商研讨第二次会议在东营举行　11月15—16日，沿黄九省(区)政协黄河流域生态保护和高质量发展协商研讨第二次会议在东营市举行，深入学习贯彻习近平总书记在黄河流域生态保护和高质量发展座谈会上重要讲话精神和中央政协工作会议精神，围绕加强黄河流域生态保护、促进沿黄旅游高质量发展协商研讨。全国政协常委、人口资源环境委员会副主任姜大明出席会议并讲话，省政协主席付志方出席并致辞，副省长于国安介绍山东有关情况。沿黄九省(区)政协领导出席会议并作交流发言，省政协副主席刘均刚主持会议。国家发改委地区经济司司长郭兰峰、水利部黄河水利委员会副主任周海燕，市委书记李宽端、市政协主席陈泽浦等参加活动。

省政协副主席程林到东营市调研　11月28日，省政协副主席程林率调研组到东营市，就东营市融入"一带一路"建设和挖掘对外开放潜力中存在的风险、化解风险的对策建议听取意见，调研了解所联系的企业和项目有关情况。市政协主席陈泽浦，市政协副主席刘志坚参加活动。

【其他重要活动】

市政协开展生态环境保护督查调研　2月28日，市政协副主席生钦勇、刘志坚分别带领市政协生态环境保护督查调研组到利津县、垦利区督查调研。3月5日，市政协副主席王吉能、张义泉分别带领市政协生态环境保护督查调研组到东营经济技术开发区、河口区督查调研。

市政协开展委员集中面复和提办双向互评活动　5月24日，市政协组织政协委员到市教育局开展委员集中面复和提办双向互评活动，市政协副主席、市工商联主席生钦勇参加活动。

市政协召开提案二次督办工作座谈会　5月30日，市政协召开提案二次督办工作座谈会，组织提案办理单位围绕2019年度二次督办提案的办理情况进行协商交流，市政协副主席、市工商联主席生钦勇参加会议。

市政协召开"不忘初心、牢记使命"主题教育工作会议　9月16日，市政协召开"不忘初心、牢记使命"主题教育工作会议，对市政协党组暨机关开展主题教育工作进行动员部署。市政协党组书记、主席陈泽浦出席会议并讲话，市政协副主席田青云主持会议，市政协副主席生钦勇、杨同更、张义泉、张敏、刘志坚，秘书长高雳及机关全体党员干部参加会议。市委第三巡回指导组组长由立红出席并讲话。

市政协举行庆祝新中国暨人民政协成立70周年各界人士茶话会　9月27日，市政协举行庆祝新中国暨人民政协成立70周年各界人士茶话会。市政协主席陈泽浦出席并致辞，市政协副主席生钦勇主持，市政协副主席杨同更、张义泉、张敏、刘志坚，市老领导陈锡山、于树健等，市政协秘书长高雳参加。

市政协举行党风廉政建设警示教育暨专题报告会　10月22日，市政协组织党员干部到市廉政教育中心举行党风廉政建设警示教育暨专题报告会。市政协副主席田青云、生钦勇、杨同更、刘志坚，秘书长高雳参加活动。

市政协举行庆祝新中国和人民政协成立70周年书画展暨文史资料和文史图片展、爱国主义教育基地揭牌仪式　10月28日，市政协举行庆祝新中国和人民政协成立70周年书画展暨文史资料和文史图片展、爱国主义教育基地揭牌仪式。市政协党组书记、主席陈泽浦，市委常委、宣传部部长贾瑞霭，市政协副主席田青云、王吉能、生钦勇、杨同更、张义泉、张敏、刘志坚出席。陈泽浦、贾瑞霭为东营政协爱国主义教育基地揭牌。

市政协党组开展"不忘初心、牢记使命"主题教育调研成果交流会　11月1日，市政协党组开展"不忘初心、牢记使命"主题教育调研成果交流会。省委第三巡回指导组组长卢保民出席并讲话，市政协党组书记、主席陈泽浦主持并讲话，市政协副主席田青云、王吉能、生钦勇、杨同更、张义泉、张敏、刘志坚、秘书长高雳等出席会议。市委主题教育领导小组办公室有关负责人参加。

市委政协工作会议召开　11月19日，市委政协工作会议召开，以习近平新时代中国特色社会主义思想为指导，学习贯彻习近平总书记关于加强和改进人民政协工作的重要思想，贯彻落实中共十九届四中全会精神，按照中央政协工作会议和省委政协工作会议的部署要求，总结交流经验，安排部署下步工作，推动新时代全市政协事业发展。

市政协及机关两级党组举行中共十九届四中全会精神集中学习研讨　11月21日，市政协及机关两级党组举行中共十九届四中全会精神集中学习研讨。市政协副主席田青云、王吉能、生钦勇、杨同更、张义泉、张敏、刘志坚，秘书长高雳及县处级以上干部参加，田青云主持并讲话。

（市政协办公室　成全国）

专门委员会工作

【提案委员会】　2019年，收到提案436件，审查立案283件，占提案总数的64.9%。其中，委员提案259件，民主党派提案21件，界别提案2件，专门委员会提案1件。提案中经济建设方面70件，政治建设方面23件，文化建设方面47件，社会建设方面117件，生态文明建设方面26件。立案提案分别送交69个承办单位办理，至年底，提案均已办复，委员满意率98.9%。①提高提案质量。继续开展重点提案培育工作，召开市政协重点提案培育工作会议，会后提案委指导委员撰写高质量提案。确定20余项重点提案选题，选育一批较高质量的提案。发出《关于征集市政协八届四次会议提案的信》，提前向各位委员、市政协各参加单位、市政协各

2019年8月16日，市政协重点提案培育工作会议召开（市政协办公室供稿）

专委会征集提案。对委员撰写提案进行培训，督促委员深入调研、提交高质量提案。②加大提案督办力度。2019年选育重点提案11件，市政府和市政协领导分别对重点提案提出办理意见。11件重点提案交由市政协主席会议成员领衔督办。其中《深化资源整合共享加快推进智慧政务建设》《整合中心城北部医疗资源高标准规划建设医养结合示范片区》等重点提案办理实效明显。选择15件提案，开展提案办理“二次督办”工作。其中整合健康数据资源、共享共用健康信息，加强餐厨废弃物资源化利用，加强湿地保护和建设，建立黄河口知青纪念馆等提案办理效果明显。召开市政协提案办理工作会议。加强与市委、市政府督查部门协作，督导《关于进一步加强人民政协提案办理工作的实施意见》的落实情况，分别到市教育局、市住房和城乡建设管理局2个提案办理单位视察督导。对答复类别为B类（所提问题正在解决或已列入计划逐步解决）的提案，开展“二次答复”工作。③提升提案服务水平。修订《提案工作细则》，对提案质量、办理质量和服务质量等方面细化完善；改进和完善评选表彰办法。与东营日报社、东营电视台、东营广播电台等新闻媒体共同做好4期“提案追踪”栏目报道，实现承办单位、委员、群众、新闻媒体之间互动，拓展提案办理协商的深度和广度。

【经济委员会】 ①经济委员会组织开展提升企业创新能力调研，提出有针对性、前瞻性、系统性的意见建议，得到市政府主要领导的肯定。组织委员参与全市重点工程项目视察，实地察看项目进度，委员们对发展中面临问题分析研究，提出意见和可行措施。开展推动东营市油地校深度融合发展调查研究。联合油地校、教育、发改、自然资源以及东营区等部门单位对东营市油地校深度融合发展进行再研究、再推动，召集部门征求意见座谈会13次、油地校三方协商座谈7次，在推动胜利学院转设地方公办高校、东营科学城推动建设、地热资源开发利用、油田职工住房不动产证办理等多项工作取得突破性进展。②组织优化民营企业融资环境月度协商，形成优化东营市民营企业融资环境协商报告，为党政决策提供参考。组织重点提案督办协商。就重点提案《加快发展航空产业　推动产业转型升级》进行督办，组织委员到东营经济技术开发区商飞集团、北航东营研究院实地观摩，召开重点提案办理协商座谈会，明确重点提案办理的目标意义和重点环节。经济委全程跟踪，并定期督导办理进度。③把调研协商视察过程中发现的民生民计问题，形成社情民意信息，上报40余篇，绝大多数被省政协和市政府有关部门采纳，反映群众呼声，推进部分问题的妥善处理。加强联系委员工作，全年开展走访联系委员活动9次，联系委员70余人次。

【农业和农村委员会】 ①2019年，农业和农村委员会围绕推进农村垃圾治理工作深入市内外开展调研，综合评估当前农村人居环境特别是生产生活生态融合共生基本情况，分析存在的问题和制约因素，从机制、技术、投入等方面提出建议和措施，形成调研报告《农村垃圾治理全面行动正当时》上报省政协。就“东营市乡村产业振兴战略实施情况”开展专题协商议政，提出具有前瞻性和可操作性的意见和建议，为市委、市政府决策提供参考。组织委员成立生态环境保护督查调研组，围绕中央、省环保督察反馈问题及交办信访案件整改落实情况、基层和群众关于环保问题的信访举报等问题进行重点督查调研，定期向市委写出督查情况报告。②召开提案督办协商会议，推动重点提案《关于拓宽投融资渠道加快乡村振兴的建议》办理，市农业农村局、地方金融监管局、财政局汇报提案办理情况，并组织委员座谈交流。③开展联系界别和民主党派活动，支持和保障联系民主党派和界别参加政协协商、开展联合调研。组织委员参与反映社情民意信息工作，征集涉及“三农”工作的社情民意信息10余条。

【人口资源环境委员会】 ①2019年，人口资源环境委员会组织政协委员和专家就东营市黄河入海口生态建设问题、环境保护问题、开发利用问题等开展协商，提出六项具有可行性的意见和建议，形成的专题协商报告纳入市委、市政府决策。抓住黄河流域生态保护和高质量发展上升为国家战略的重大历史机遇，协助省政协承办沿黄九省（区）政协黄河流域生态保护和高质量发展研讨会，全国政协和省政府、省政协等有关领导、政协委员、专家学者和职能部门负责人到东营，共商黄河流域生态保护和高质量发展大计，从更高层面引领黄河流域走绿色发展生态优先之路，提升黄河口对外影响力和关注度。②围绕社会关注的生态环保问题开展民主监督。围绕全市生态环境保护和“四减四增”三年行动计划，组织政协委员、专家、环保部门和新闻记者，采用“四不两直”方式，每季度开展一次督查调研，推动生态环境治理政策措施落实。年内，先后开展督查调研5轮、20次，提出问题44项，完成整改33项，向市委报送督查调研专报4期，市委主要领导批示要求明确整改时限，确保整改落实到位；市政府及相关部门研究整改措施，建立整改台账，推动废水废气排放、工地扬尘污染等问题整改。③联合市生态环境局、城市管理局等部门，组织委员、专家到东营区、垦利区调研并召开座谈会，就加强东营市固废危废处理工作提出意见和建议，形成专题调研报告，为党委政府决策提供参考。围绕“湿地城市建设”课题，组织部分委员和专家实地视察，就如何建设具有蓬勃生机活力、浓厚现代气息、独特城市风貌的现代化湿地城市履职建言。组织政协委员上报社情民意信息30余篇。对重点提案《抓牢抓实农业产业升级，打造乡村振兴“东营样板”》开展督查，提高办理质量。

【教科卫体委员会】 ①教科卫体委员会开展“加快推进公共卫生服务体系建设”月度协商活动，提出转变公共卫生服务观念、提升城乡居民健康水平、培养优质卫生人才队伍、补齐公共卫生服务短板、提升基层卫生服务水平等意见建议，供市委参考。召开重点提案办理协商座谈会，对重点提案《整合中心城北部医疗资源高标准规划建设医养结合示范片区》进行督办，推动提案办理。②开展“深化油地融合推进科技创新平台建设”调研，提出加强顶层设计和科学规划、进一步加大政策扶持力度、找准油地平台共建共享的切入点、创新机制营造共建共享环境、更加注重推动成果转化等建议，供市政府参考。组织教育界委员开展“城镇居住区配套教育设施规划建设情况”视察，形成《关于推进胜利锦华中学周边市政配套建设的建议》等多篇社情民意信息，转有关部门采纳落实。③开展“健康直通车”活动，组织医药卫生界委员及市人民医院、市妇幼计生保健中心专家一行16人，到帮扶村大码头镇小刘桥村开展送医下乡活动，让200多名村民在家享受市级诊疗服务，为村民送上价值万余元的200余件便民药箱。继续开展“进农村、进社区、进企业、进学校、进窗口”调研周活动，就“乡村振兴”课题到农村调研。年内报送社情民意信息信息27篇。组织联系界别委员撰写大会发言，向常委会提报多篇书面发言。做好联系重点企业、重点项目等工作。每季度参加市政协环保督查调研组实地督查活动，赴河口区等地对生态环保突出问题进行督查调研。

【社会法制委员会】 ①2019年，社会法制委员会把协商贯穿重点提案办理全过程。对市政协八届三次会议上民建东营市委的重点提案《深化资源整合共享加快推进智慧政务建设》进行专题协商督办。②针对东营市创建升级食品安全城市情况，围绕加强食品安全监管建设开展视察活动，连续3年把加强食品安全监管体系建设民生实事来抓，促进东营市“食品安全城市”的创建。围绕大数据与社会综合治理深度融合发展积极建言，与市委政法委、市电子政务管理中心等单位、相关委员组成调研组，开展学习调研、月度协商。围绕法治建设监督。与市中级人民法院联系，组织委员旁听社会关注度高、教育警示意义大的刑事案件审理，实施有效监督，促进司法公正。③组织委员、专家就推进东营市养老事业发展进行调研，形成调研报告在全市工作务虚会上得到主要领导肯定。组织委员撰写报送社情民意和工作信息30余条。

【港澳台侨和外事委员会】 ①2019年，港澳台侨和外事委员会组织委员就优化提升外商投资环境进行调研协商。形成专题调研报告，提出5条建议，得到市委、市政府重视。围绕“全市基督教信教群众发展状况”专题组织市委统战部等3个部门到东营区、广饶县开展视察，摸清全市基督教信教群众发展状况，形成视察报告提出相关建议，促进全市民族团结、社会稳定。围绕支持侨商助力东营发展情况，形成专题报告，为营造安商富商氛围建言献策。②围绕社会关注、群众关心、问题集中、事关经济社会发展的重大问题，组织撰写提案38篇。针对重点提案《加强地热资源开发利用，建设名副其实的温泉之城》，组织委员、提案人和办理单位市自然资源局到东营区、东营农高区进行督办。③建立健全联系委员履职档案。加强与省、市、县区政协及市直相关部门的联系、沟通和交流，改进工作方式，提升履职能力。

【文化文史和学习委员会】 ①2019年，文化文史和学习委员会围绕“推进黄河文化旅游目的地建设”开展界别协商活动，形成《关于推进黄河文化旅游目的地建设》协商报告，为市委、市政府决策提供参考。②完成《东营村庄记忆》的审核，文字120万余字，图片1300余幅，11月由中国文史出版社出版发行。《东营村庄记忆》在省政协文史工作会议上获一等奖。开展农场记忆资料征集，年内广北农场、黄河农场等部分史料基本征集完成。提供《山河齐鲁多娇——山东概览（东营卷）》稿件3000余字、图片10余张。向《山东政协年鉴（2018）》“东营市政协篇”提供资料2万余字。举办文史资料和文史图片展，展出市和区、县出版的文史资料103辑、代表性照片35幅。举办庆祝新中国和人民政协成立70周年书画展，展出书法作品75幅、中国画90幅。③围绕“文化旅游目的地建设”开展界别活动。全年开展走访联系委员活动9次。开展重点提案协商督办，围绕《深化诚信体系建设，为高质量发展提供有力支撑》召开重点题案办理协商会。发动界别委员提报16条社情民意信息。

【委员联络委员会】 ①加强委员联络服务。统计委员基本信息变化情况，编印第八届市政协委员通讯录。调整市政协委员联系组，让工作变动的委员及时参加市政协组织开展的各项履职活动。应12个部门单位邀请推荐委员60余人次担任社会监督员，组织委员参加社会监督活动20余次，共200余人次。8月，对全体市政协委员1—7月履职情况进行考核，根据考核情况寄发履职提醒，促其履职。②开展委员联络活动。协调督促3个联系组开展跨住地视察活动，12个联系组开展在本住地的视察活动。组织特邀界市政协委员到济宁、枣庄两市围绕文化产业发展开展界别考察活动，组织住东营市省政协委员围绕东营市中心工作开展视察活动。③开展委员履职"三个一"活动(每位委员每年至少提出一件高质量的提案、反映一条有价值的社情民意信息、办一件为民的实事)，树立委员良好形象，擦亮政协委员招牌。

（市政协办公室　成全国）

纪检　监察

综　　述

2019年1月24日，中共东营市纪委六届四次全体会议召开

（市纪委市监委供稿）

2019年，全市纪检监察机关履行党章和宪法赋予的职责，立足东营实际，推动纪检监察工作高质量发展，全市党风廉政建设和反腐败工作取得新进展、新成效。坚守政治机关定位，深入推进政治监督具体化、常态化，坚决把“两个维护”落实到纪检监察各项具体工作中。持续督查落实中央八项规定精神，驰而不息纠治“四风”，从讲政治的高度查纠形式主义、官僚主义，将集中整治与脱贫攻坚、“扫黑除恶”等工作相结合，强力助推“工作落实年”。突出重点，精准发力，有力削减存量，有效遏制增量，巩固发展反腐败斗争压倒性胜利。强化日常监督，深化派驻（派出）监督，开展巡察监督，与胜利油田纪委、审计机关建立协作配合机制，在做实做细日常监督上探索创新、实现突破。持续整治群众身边腐败和作风问题，深化扶贫领域腐败和作风问题专项治理，开展“扫黑除恶”专项斗争监督执纪问责，开展侵害群众利益不正之风和腐败问题专项整治，增强群众获得感、幸福感、安全感。旗帜鲜明为干事创业者撑腰鼓劲，在量纪处理中充分考量干部平时工作业绩，加大容错纠错、澄清保护力度，构建亲清新型政商关系，打造良好干事创业环境。从严从实抓好自身建设，创办“书记领学·星光课堂——市纪委市监委马克思主义理论读书班”，以机关“上精神”为指引，推进实施“淬火”行动，组织开办“砺剑实训营”审查调查青年业务骨干实训班，从严从快查处违纪违规纪检监察干部，打造纪检监察铁军。（市纪委市监委　李芳）

重要会议及活动

【市纪委六届四次全体会议】 1月24日，中共东营市纪委六届四次全体会议召开。会议学习贯彻习近平新时代中国特色社会主义思想，全面贯彻落实十九届中央纪委第三次全体会议精神，按照省纪委十一届四次全会的部署要求，总结2018年工作，部署2019年工作任务。

【聘请第一届特约监察员】 2月28日，东营市监察委员会召开第一届特约监察员聘请会议，优选聘请20名特约监察员。市委常委、市纪委书记、市监委主任孙早军出席会议，为特约监察员颁发聘书并讲话。会议印发《东营市监察委员会特约监察员工作办法》，并邀请市人大常委会机关、市政协机关、市委统战部有关领导参加会议。5月29日，邀请15名第一届特约监察员走进市纪委市监委机关，实地参观有关部室、廉政教育中心展厅，召开座谈会征求意见建议。

【巡察工作动员部署会】 3月7日，六届市委第五轮巡察工作动员部署会召开，安排部署市委第五轮巡察工作。9月4日，全市巡察工作会议暨六届市委第六轮巡察工作动员部署会召开，安排部署市委第六轮巡察工作。

【全市纪检监察干部监督工作暨警示教育大会】 3月13日，市纪委市监委召开全市纪检监察干部监督工作暨警示教育大会。会议集中观看省纪委制作的关于刘士合、张建华警示教育片，传达市委书记李宽端批示精神，通报省纪委专项检查、市纪委系统巡察发现的主要问题，市委常委、市纪委书记、市监委主任孙早军出席会议并讲话。会议采取视频形式，市里设主会场，各县区设分会场，全市纪检监察系统全体干部620余人参加会议。

【全市领导干部警示教育大会】 4月11日，市委召开全市

2019年2月28日，东营市监察委员会第一届特约监察员聘请会议召开

（市纪委市监委供稿）

2019年4月11日，全市领导干部警示教育大会召开　（市纪委市监委供稿）

领导干部警示教育大会，市委书记李宽端出席会议并讲话。会议集体观看《“圈”之祸——刘士合严重违纪违法案件警示录》《刚愎自用的代价——张建华严重违纪违法案件警示录》2部警示教育片，市委常委、市纪委书记、市监委主任孙早军主持会议并通报2018年以来全市查处的10起违纪违法典型案例。

【2019年上半年工作暨百日攻坚行动总结会议】 7月25日，市纪委市监委召开2019年上半年工作暨百日攻坚行动总结会议。市委常委、市纪委书记、市监委主任孙早军出席会议并讲话。会议传达学习中央纪委国家监委和省纪委省监委“不忘初心、牢记使命”主题教育专题党课暨全国全省纪检监察工作会议精神，各县区纪委书记和东营经济技术开发区、东营港经济开发区纪工委书记汇报上半年工作情况，并通报市纪委市监委关于开展侵害群众利益不正之风和腐败问题专项整治百日攻坚行动情况，安排部署下半年工作。

【举办“砺剑实训营”】 市纪委市监委统筹全市纪检监察系统优势资源，集中开展“砺剑实训营”，计划用一年时间，分10批对全市300名纪检监察干部开展轮训。8月12日—9月26日，“砺剑实训营”第一期审查调查青年业务骨干培训班正式举办。11月27日—12月13日，举办第二期“砺剑实训营”。

【2019年度县区(开发区)党(工)委书记向市纪委全会述责述廉会议】 9月11日，2019年度县区(开发区)党(工)委书记向市纪委全会述责述廉会议召开。会上，县区(开发区)党(工)委书记紧扣“责”和“廉”两大主题，向市纪委全会述责述廉，并接受市纪委委员的询问和民主评议。市委常委、市纪委书记、市监委主任孙早军出席会议并讲话。

【人防系统腐败问题专项治理工作会议】 9月26日，市纪委市监委组织召开全市深入推进人防系统腐败问题专项治理工作会议，对推进人防系统腐败问题专项治理工作进行安排部署。

【举办“书记领学·星光课堂——市纪委市监委马克思主义理论读书班”】 10月11日晚，市纪委市监委探索理论学习教育新模式，“书记领学·星光课堂——市纪委市监委马克思主义理论读书班”举办。市委常委、市纪委书记、市监委主任孙早军领学《共产党宣言》，市纪委市监委部分班子成员和32名年轻干部参加。年内共举办12期读书班。

【与民主党派和无党派人士座谈会】 10月22日，市纪委市监委与民主党派和无党派人士座谈会召开。市委常委、市纪委书记、市监委主任孙早军主持会议，市政协副主席、市工商联主席生钦勇，市政协副主席、九三学社省委常委、市委主委刘志坚出席会议。会议通报2019年以来全市党风廉政建设和反腐败工作情况，就如何开展好市纪委市监委机关“不忘初心、牢记使命”主题教育和纪检监察工作征求意见建议。

【公开返还侵害群众利益违纪资金】 12月9日，市纪委市监委在东营区史口镇张店村召开现场会，公开返还侵害群众利益违纪资金。会上，宣读有关处分决定，传达上级有关要求，通报《东营市纪委市监委第一批专项整治漠视侵害群众利益问题工作成果》，并现场向张店村集体返还侵害群众利益违纪资金。市委常委、市纪委书记、市监委主任孙早军

2019年12月9日，公开返还侵害群众利益违纪资金现场会召开
（市纪委市监委供稿）

出席会议并讲话。

【开展“亲清月谈”活动】 12月20日，市纪委市监委组织开展“亲清月谈”活动，邀请全市骨干企业家代表参加。市委常委、市纪委书记、市监委主任孙早军参加活动，班子成员与部分企业家代表座谈交流。会议强调，广大企业家要树立社会责任意识，做到守法诚信经营，干干净净、清清爽爽与公职人员交往，为全市经济社会高质量发展作出贡献。

（市纪委市监委　李芳）

纪检监察工作

【践行“两个维护”】 坚决把“两个维护”落实到纪检监察各项具体工作中，查处违反政治纪律和政治规矩案件11起11人。把督促检查党的路线方针政策和重大决策部署落实情况作为首要政治任务，从严查处推进新旧动能转换不力、生产安全事故、环保督察反馈意见整改等背后的责任和作风问题，确保政令畅通。2019年，共问责300起、239人、133个党组织。

【管党治党政治责任建设】 协助党委推进全面从严治党，市纪委主要领导多次带队对县区党委和市直有关部门单位党委（党组）落实主体责任情况进行专题督导，传导压力、压实责任。深化主体责任项目化推送制度，协助市委推送项目和典型案例12期、24个。

【聚焦监督首要职责】 ①强化日常监督。紧盯“关键少数”，分两批召开县区党政正职和市直部门单位主要负责人向市纪委全会述责述廉会议。②深化派驻（派出）监督。推进监察工作向功能区延伸，两个开发区监工委挂牌成立，稳步推进市管国有企业、国有金融企业、市属高职高专纪检监察机构改革和县区派驻机构全覆盖改革。全市纪检监察机关派驻机构共处置问题线索53件，立案12件，党纪政务处分6人。③开展巡察监督。开展六届市委第五、第六轮巡察，巡察部门单位23个，提级巡察乡镇（街道）6个，移交问题线索55件，立案4起，给予党纪政务处分6人、组织处理9人。④建立协作配合机制。与胜利油田纪委签署《关于建立协作配合工作机制的意见》，制定《关于进一步加强纪检监察机关与审计机关协作配合的实施意见》。

【纠正“四风”】 坚持从讲政治的高度查纠形式主义、官僚主义，将集中整治与脱贫攻坚、污染防治、环保问责和“扫黑除恶”等工作相结合，与“担当作为、狠抓落实”相结合，强力助推“工作落实年”。2019年，共查处形式主义、官僚主义问题249起295人，党纪政务处分85人。开发形式主义、官僚主义电子问卷APP，向122个市直部门单位发放、收集调查问卷27057份，汇总写实性问题2600余条，生成统计报告122份，整改问题900余项。

【惩治腐败】 2019年，全市共受理信访举报3217件，立案772件，党纪政务处分694人，移送司法机关12人，采取留置措施28人；贯通运用监督执纪“四种形态”处理2153人次，其中，第一、二种形态占比89.4%；开展人防系统腐败问题专项治理，督促追缴人防工程易地建设费3.27亿元。

【整治群众身边腐败和作风问题】 ①开展漠视侵害群众利益问题专项整治，聚焦征地拆迁、环境保护等12个领域集中开展整治，查处问题599个，党纪政务处分207人，组织处理532人，移送司法机关8人，召开现场会公开返还侵害群众利益违纪资金。②深化扶贫领域腐败和作风问题专项治理，查处问题294起，处理335人，党纪政务处分38人，公开通报曝光142起、163人。③开展“扫黑除恶”专项斗争监督执纪问责，围绕“黑恶势力”违法犯罪、坐大成势的原因，查处问题69起，处理112人，给予党纪政务处分100人。④开展侵害群众利益不正之风和腐败问题专项整治百日攻坚行动，成立33个百日攻坚行动小组，立案277起，处理498人。

【打造良好干事创业环境】 落实正向激励、澄清保护、容错纠错、重点观察等制度措施，对171名受处分干部进行关爱回访，将77名党员干部列入重点观察，查处诬告陷害行为4起，为19名受到诬告陷害的党员干部和4个单位澄清正名；在量纪处理中充分考量干部平时工作业绩，对29名党员干部作从轻减轻处理。围绕构建亲清新型政商关系，召开民营企业家座谈会，落实《东营市政商交往“四张清单”》《关于在审查调查工作中涉及民营企业应把握的若干要求》等制度，最大限度保护民营企业家合法权益。

【纪检监察队伍建设】 在“不忘初心、牢记使命”主题教育中作出表率，创办“书记领学·星光课堂——市纪委市监委马克思主义理论读书班”。巩固深化“全国文明单位”创建成果，以机关“上精神”为指引，推进实施“淬火”行动，选派85人参与上级纪委监委有关专案组或专项工作，组织开办“砺剑实训营”审查调查青年业务骨干实训班，实训两期、72人。优选聘请20名第一届特约监察员，组织开展走进市纪委市监委机关开放日活动。坚持刀刃向内，严肃处理反映纪检监察干部信访举报和问题线索36件次，给予组织处理19人，党纪政务处分4人。

（市纪委市监委　李芳）

民主党派　工商联

中国国民党革命委员会东营市委员会

【概况】 至2019年年底，中国国民党革命委员会东营市委员会（以下简称民革东营市委）设基层委员会1个，支部11个。有民革党员119人，担任省政协委员2人（1人担任省政协常委）、市政协委员10人（1人担任市政协副主席）、市人大代表2人、县区政协委员11人。

【思想建设】 ①理论学习。召开民革东营市委主委会、全委学习会议，组织进修班，学习贯彻习近平新时代中国特色社会主义思想和中共十九大精神，担负参政党时代使命与政治责任。②“两建两推三保障”专题活动。3月8日，成立“两建两推三保障”（加强基层组织建设、阵地建设，推出一批调研成果、一批先进典型，保障思想作风持续转变、职能作用充分发挥、社会服务创新发展）专题活动领导小组，召开动员会议，印发《关于开展“两建两推三保障”专题活动实施方案》，部署安排工作。③开展“不忘合作初心，继续携手前进”主题教育。5月25日，在河口区河口百年义和历史文化展馆，成立东营市首个民革党员爱国主义教育基地。6月26—29日，组织40名党员赴陕西延安开展红色革命教育，参观中共中央旧址，领悟延安精神内涵；走进梁家河，参观村史馆、知青旧居，重温习近平总书记知青岁月。9月25日，民革党员马成云参加中共东营市委统战部主办的“同舟共济复兴路　不忘初心再出发”全市统一战线献礼共和国70华诞主题演讲比赛，获一等奖。

2019年6月26—29日，民革东营市委组织40名党员赴陕西延安开展红色革命教育　（民革东营市委供稿）

【组织建设】 ①创建“民革示范支部”。民革东营市委河口区支部获民革中央第一批“民革示范支部”称号。民革东营市直三支部、民革东营市直四支部参加民革省委示范支部创建交流会，进行书面交流。②打造“民革党员之家”。党员自筹、基层党组织共建、民革东营市委补贴相结合，建立基层支部活动室8个，统一授牌，统一规章制度，统一配备办公桌、电脑、打印机等硬件设施。③成立民革东营市企业家联谊会。9月5日，召开成立大会，印发《民革东营市委关于成立民革东营市企业家联谊会的决定》《民革东营市企业家联谊会章程》，选举产生第一届领导机构，30名民革党员企业家加入。

【参政议政】 ①建言献策。参加山东省政府党组“不忘初心、牢记使命”主题教育征求意见座谈会、东营市政府党风廉政建设会议、东营市政协特邀信息员工作恳谈会等，为经济社会发展重大问题出谋划策。②民主监督。部分民革党员担任检察院、市场监管局特邀员、政府顾问，在不同领域进行民主监督；多名律师民革党员被纳入东营市法律专家库；支部党员在所属县区参加县区委、政府、人大、政协等部门情况通报会，进行民主监督。③关注民生。全年提交社情民意信息100余篇。东营市政协采用39篇（东营市政协转报山东省政协29篇，山东省政协采用报全国政协2篇），市直有关部门书面反馈1篇，省政协转件5篇，全国政协征稿1篇。其中，《建议从五方面入手做好黄河三角洲湿地生态保护与修复工作》被中央统战部《零讯》采用。民革东营市委总成绩全省上升至第6名，民革山东省委表彰张义泉、陈建民2人为反映社情民意信息优秀信息员。④参与政务。5月25日，举办社情民意信息培训，邀请民革山东省委参政议政部周梅授课；组织党员到东营市河口区就社区综合治理、社区养老实地调研，做好参政议政基础工作。东营市政协八届三次会议上提交个人提案12篇，集体提案4篇（《东营市浅海滩涂贝类资源现状与可持续利用对策》《关于近海水产养殖现状及可持续利用对策》《关于打造黄河入海文化旅游目的地的建议》《解决我市工业企业用工难的几点建议》），市人力资源和社会保障局、市海洋发展和渔业局、市文化和旅游局针对提案专门组织协商座谈会，进行答复。

【社会服务】 ①走访慰问捐资助学。结对帮扶东营市利津县盐窝镇杨柳村，1月20日，走访慰问20户困难家庭，送去面、油、奶，赠送王国锋书写对联；捐助1名孤儿5000元；帮扶四年贫困学子考上长安大学汽车学院硕士研究生。同日，走访慰问利津县盐窝镇东洋江村困难群众，送去3000元过年物资。1月30日，走访慰问环卫工人，送上新春问候和慰问品5万元。②结对帮扶。党员缴纳特殊党费25400元，上缴民革山东省委，结对帮扶贵州省纳雍县左鸠戛乡。10月17日，由企业家联谊会出资赴纳雍县左鸠戛乡，帮扶先锋村3户贫困家庭15000元，赞助1位贫困学生1000元。③关爱民革老党员。1月28日，走访慰问民革东营市委老党员，送去米、面、油等。春节为失独民革老党员申请1万元补助金。④服务社会。打造“博爱”“中山”志愿服务品牌。1月24日，民革东营西城支部走访东营市广饶县稻庄镇高庙村，送去5000元慰问品，律师党员肖峰为1对农民工夫妇提供法律援助；民革东营河口区支部“点亮微光·民革党员在行动”，资助2名贫困学生2000元；民革东营市直四支部“精准扶贫送温暖”，到东营市广饶县花官镇于家村走访20户贫困户，送去油、米及慰问金10000元，到东营市广饶县丁庄街道中心小学开展“翰墨书香”进校园活动，捐赠书法用品300余套，价值2万余元；民革东营市直一支部利用党员多为教师的优势，为“绿色小记者站”资助生态服装、举办义务课堂，燕飞提供暑期免费辅导，无偿带领学生赴沂蒙等地开展信念教育、现场观摩，崔健创办的润声琴行，协助文化馆承担公益文化艺术培训，张长青为教育讲座提供场地；民革东营油田支部在东营市公安局交警支队开展义诊活动。民革东营市直二支部联合市人民医院到东营区史口镇元里村开展送医下乡专家义诊。（民革东营市委员会　王健）

中国民主同盟东营市委员会

【概况】 至2019年年底，中国民主同盟东营市委员会(以下简称民盟东营市委)有盟员326人，平均年龄54.68岁，大学以上文化程度占83.44%，高中级职称占74.23%。年内发展盟员16人，净发展率4.15%，新发展成员中大学以上文化程度占87.5%，中级以上职称占37.5%，平均年龄37.81岁。

【思想建设】 ①“两建两推三保障”专题活动。3月20日，民盟东营市委召开“两建两推三保障”专题活动动员大会。3月起，开展“学习强国”学习活动，建立学习组织，年底对积分排名前10的盟员进行表彰；将中共刘集支部旧址作为民盟东营市委传统教育基地，6月20日，组织50余名盟员在广饶县《共产党宣言》纪念馆举行“中国民主同盟东营市传统教育基地”揭牌仪式。②“不忘合作初心，继续携手前进”主题教育。9月7日，民盟东营市委召开“不忘合作初心，继续携手前进”动员会，印发活动实施方案，通过座谈研讨、理论宣讲、中心组学习等方式开展主题教育；以中华人民共和国成立70周年、中国共产党领导的多党合作和政治协商制度确立70周年为契机，参加书画展、演讲比赛、快闪等庆祝活动。同月28日，拍摄“不忘合作初心，继续携手前进”主题教育活动《歌唱祖国》微视频；12月20日，举办“不忘合作初心，继续携手前进”主题教育宣讲会。③典型教育宣传。参与民盟山东省委以“典型就在身边”为主题的“弘扬爱国奋斗精神、建功立业新时代”先进典型事迹宣讲，推选优秀盟员3人；通过市委统战部、民盟市委会网站及《力量》期刊，宣传民盟东营市委优秀履职成果，讲好多党合作民盟故事。

【组织建设】 5月28—31日，赴民盟济南、日照、威海市委会考察“盟员之家”建设与反映社情民意信息工作先进经验，就如何进一步推进“盟员之家”建设进行交流。9月26日，与东营经济技术开发区东城街道明月社区联合新建“盟员之家”活动室1个；12月12日，全市统一战线“两建两推三保障”专题活动阵地建设现场观摩活动在明月社区“盟员之家”举行。全年重大节日走访慰问老盟员、老干部50余人次。

【参政议政】 协助民盟省委完成“环渤海一体化发展”“山东对接京津冀协同发展”“山东省城镇公共污水处理系统建设情况”“打好渤海环境综合治理攻坚战作战方案落实情况”“加快自由贸易区试验区制度创新，更好地发挥改革开放示范引领作用”等课题调研与民主监督工作。1月25—28日，东营市政协八届三次会议上提交集体提案5篇，社情民意信息45篇，采用29篇。7月17—18日，山东省政协、民盟山东省委专家一行8人到东营就有关城镇公共污水处理系统建设情况、打好渤海环境综合治理攻坚战作战方案落实情况进行调研、座谈。10月24日，成立参政议政部，召开工作会议，对东营市政协八届四次会议重点提案撰写进行安排。参加东营市委、市政府和有关部门协商会、情况通报

2019年9月28日，民盟东营市委组织医疗专家在东营经济技术开发区东城街道明月小区举行义诊活动　（民盟东营市委员会供稿）

会、座谈会，提出意见建议。

【社会服务】 6月1日，民盟东营市委与通艺艺术学校联合举办庆六一“学雷锋、通艺行”爱心一日捐文艺演出，赠送学生《雷锋的故事》，现场募捐书籍200本。购买及组织盟员捐赠书籍近1000本，捐献给湖北恩施为贫困山区土家族孩子建立的“云生书屋”。6—11月，举办“民盟东营市委健康社区行”义诊活动，组织医疗专家40余人次，在东营恒瑞文化广场、东营区六户镇王岗村、农高区丁庄街道缪道村、东营经济技术开发区东城街道明月社区、广饶县大码头镇小刘桥村等，向群众讲授医疗知识，提供诊疗服务。

（民盟东营市委员会　程晓东）

中国民主建国会东营市委员会

【概况】 至2019年年底，中国民主建国会东营市委员会（以下简称民建东营市委）有会员199人，平均年龄47.7岁，大学以上文化占69.9%。省政协委员3人，市政协委员16人（其中市政协常委6人）。1人为省公安厅特约监督员、省高级人民法院特邀监督员，5人为各类市级监督员。民建东营市委被民建中央评为“脱贫攻坚先进集体”，被民建省委评为“2019年度工作突出先进单位”。1名市委副主委被民建中央评为“脱贫攻坚”先进个人，18名会员被民建省委评为优秀会员。

【思想建设】 ①“不忘合作初心，继续携手前进”主题教育。成立主题教育活动领导小组，印发活动方案，8月1日，民建东营市委爱国主义教育基地揭牌仪式在东营市垦利区渤海垦区革命纪念馆举行。8月17—18日，民建东营市直二支部与民建山东省直六、七支部就如何践行“不忘合作初心，继续携手前进”“社区嵌入式医养结合智慧养老”新模式交流调研，参观民建东营市委爱国主义教育基地东营市黄河文化馆。9月24日，民建山东省委“不忘合作初心，继续携手前进”阶段性工作总结会召开，民建东营市委作书面交流。10月25日，民建东营市委与民建北京市西城区委建立友好市级组织，在东营会堂举行签约仪式，探讨“星级支部”创建工作经验，搭建民建东营、北京“双招双引”工作平台。②“两建两推三保障”专题活动。3月1日，召开“两建两推三保障”专题活动动员大会，印发活动实施方案和全年工作运行表，责任到人，量化考核。3月底，18个支部召开动员会议，开展专题活动，其中，民建东营市直二支部、民建东营市直五支部、民建东营垦利区支部签署联合共建协议；民建东营市直二支部与东营区胜北社区、东营区残联签署服务协议；民建东营垦利区支部成立同心公益联盟服务队。11月8日，开展“星级支部”工作创新集中评议，对支部创新工作及“两建两推三保障”专题活动述职测评。③信息宣传。全年发表宣传稿件49篇，其中，中央级媒体13篇，《开展星级支部创建活动建设富有活力的市级民建组织》被民建山东省委评为2019年度新闻宣传优秀作品。④特色文化。打造“一家人、一家亲、同追梦”特色文化。3月，开展“我为民建家人做件事”活动，申报服务事项28个，其中，市级服务项目13个，支部服务项目15个，人均参与项目3个，总参与量580余人次。4月13日，民建东营市直五支部与参政议政委员会、妇女委员会联合举办“我为东马助把力”趣味运动会。5月12日，民建东营市直三支部牵头，依托东营汇文书画院成立民建东营市委书画创作基地。6月21日，民建东营市直二支部牵头，依托亲祥源中医院建立民建东营市委“健康东营”服务基地。8—10月，民建东营市直六支部、民建东营市直四支部、民建东营市直五支部开展“我为民建家人健康列计划”“五公里健康跑”“医疗保险政策宣讲”“我为民建家人做件事”系列活动。

【组织建设】 ①双向约谈。民建东营市委主委与领导班子成员及骨干会员开展双向约谈24人次。掌握会员思想动态，凝聚发展共识。②入会面谈考核。市委与支部两级主委共同面谈考核，全年23名积极分子参加面谈会，14人履行入会程序。③“星级支部”创建。按照《民建东营市委“星级支部”创建活动实施办法》，调整“星级支部”评价标准。12月，评选星级支部16个，表彰优秀会员48人。2019年第1期《民建工作交流》刊发民建东营市委“星级支部”创建活动开展情况，印发全国各省组织学习交流并报中央统战部。④“会员之家”改造。结合“两建两推三保障”专题活动，对18个支部“会员之家”活动场所扩容提标。12月12日，民建东营市委“会员之家”活动场所参与全市“两建两推三保障”专题活动阵地建设现场集中观摩。⑤会内监督。以民主集中制为基础，完善市委领导班子谈心会和民主生活会制度。结合主题教育活动，召开2019年度民建东营市委领导班子民主生活会，开展批评与自我批评。

【参政议政】 ①社情民意。全年报送社情民意信息100余篇，采用50余篇。其中《应尽快修颁蜂蜜国家标准的建议》被中央统战部《零讯》采用，国务委员王勇作出批示。②建言献策。市政协八届三次全体会议上提交集体提案2件，个人提案23件。其中，集体提案《关于深化资源整合共享加快推进智慧政务建设》及个人提案《整合中心城北部医疗资源高标准规划建设医养结合示范片区》《关于规范东营民营医院经营的建议》被列为2019年度东营市政协重点提案。③高层协商。全年参加东营市委、市政府高层协商会，市中级人民法院、市人民检察院征求意见会，情况通报会等协商活动10次，书面协商3次，《大力提升职业教育发展水平，培养高素质技能型人才队伍，推动工业高质量发展》意见建议被市委、市政府及有关部门采纳。

2019年8月29日，民建东营市委成立15周年座谈会暨同心思源公益基金2019年度集中捐赠仪式举行　　（民建东营市委员会供稿）

【社会服务】 ①同心思源公益基金。至2019年年底，基金捐款到位资金255万元。全年开展对外捐赠14次，帮助家庭困难学生102名，捐款14.2万元。参与省委统战部助力乡村振兴县区行、学校房屋修缮维护、援疆、帮扶残疾人家庭等活动，捐款17万元。8月29日，民建东营市委成立15周年座谈会暨同心思源公益基金2019年度集中捐赠仪式举行，为“民主党派助力乡村振兴县区行”活动筹资10万元，用于省委统战部与民建省委确定的帮扶项目，捐赠2019年度同心思源公益基金慈善捐款26万元。②医疗帮扶。民建东营市委联合民建中央人口医药卫生委员会、民建北京市西城区委医疗专家赴广饶县人民医院进行医疗帮扶，组织专家查房、义诊、讲座等；3月17日，会员企业东营市美年大健康体检中心为东营区牛庄镇东庞社区100余名老人开展健康体检，减免费用51万元；11月19日，民建东营市直五支部、民建东营市直二支部、民建东营垦利区支部开展失能人员走访慰问活动，为2户家庭送去慰问金2500元。　　（民建东营市委员会　王芳）

中国致公党东营市支部委员会

【概况】 至2019年年底，中国致公党东营市支部委员会（以下简称致公党东营市支部），有党员43人，平均年龄45.6岁，大学以上文化程度占97.7%，高中级职称占65.1%。年内发展党员2人。党员中担任市政协委员5人（2人担任市政协常委）、县区政协常委4人。

【思想建设】 ①理论学习。2019年，中国致公党东营支部委员会（以下简称致公党东营支委）围绕“履职落实年”主线，紧抓“两建两推三保障”专题活动，通过基层党员、新党员、中青年骨干培训班、入党积极分子培训，学习习近平总书记关于统一战线与多党合作重要论述，学习统一战线理论与中国致公党党章党史，将理论学习与继承发扬中国致公党优良传统结合，弘扬与践行中国致公党“致力为公，侨海报国”宗旨。②主题教育活动。9月29日，开展“不忘合作初心，继续携手前进”主题教育学习会，组织理论研讨、学习交流、调研查摆，印发活动实施方案。③“两建两推三保障”专题活动。建设致公党东营支部学习教育基地，将“致公”元素融入黄河口知青小镇红色教育基地，打造“致公之家”，开辟“致公田”，加强致公党党史教育统一战线理论宣传。坚持榜样引领，推选担当作为带头人王秀凤、环境守卫者蔺爱国，发挥典型示范带动作用。

2019年5月25日，致公党东营支部学习教育基地授牌
（中国致公党东营支部供稿）

【组织建设】 ①党员发展。5月28日、6月5日，对15名入党积极分子分两批集中谈话、培训，全年新发展党员2名，正式党员增至43人，积极分子20余人。2019年，致公党东营市委被致公党山东省委评为“第一批示范支部”。②制度建设。2019年召开全委会1次、支委会6次，推行工作量化考核机制，将参政议政、调研考察、“侨海”活动等工作任务量化分解、逐项赋分，按季度统计个人与小组得分，督促党员能力与素质提升。

【参政议政】①政治协商。参加东营市委、市政府、市委统战部召开的协商会、情况通报会、党外人士座谈会，参与大政方针、政府报告协商讨论，围绕全市发展中的重大问题建言献策。全年提交《加强宠物狗饲养管理的建议》《关于借助大型活动窗口推动我市全域旅游宣传服务升级的建议》《关于在中学生宿舍设置适合大个头学生床铺的建议》《加强引导和管理　促进集约发展提升餐饮具集中消毒产业规范化水平》《深化诚信体系建设　为高质量发展提供有力支撑》《实施新旧动能转换　培育和发展食品产业》《推进"一次办好"改革，助力高质量发展》等个人提案11件、集体提案2件，其中《深化诚信体系建设　为高质量发展提供有力支撑》被列为重点提案。②调查研究。承担省委会关于瞪羚企业发展的调研课题，在全省对海归人员创建的典型瞪羚企业实地调研，形成《关于我省"瞪羚"等高成长性企业发展状况的调研报告》，提出针对性对策与建议，得到东营市政府关注与采纳。

【侨海工作】①拓展海外联谊。致公党东营市委被致公党山东省委评为2019年度"创先争优"对外联络工作先进集体。致公党东营支部4名党员加入东营市欧美同学会（留学人员联谊会）。②服务企业发展。与东营市侨联联合搭建东营新侨创新创业园，建立"致公党东营创业孵化基地"，提供项目规划指导、协作联动、政策扶持、宣传推介服务。③对接海外留学生。5月17—19日，举行党员联系海外留学生活动，组织来自美国、缅甸、巴基斯坦、柬埔寨等国家及国内15名清华大学在校留学生、研究生到东营进行社会调查、学习交流、就业考察。

【社会服务】①"酉好货"产品推广。参与"山东东营·重庆酉阳东西部扶贫协作"交流会，组织本地企业与重庆市酉阳县特色产品展示推介组接洽，现场签订采购协议；开展"酉好货"以购代捐，消费扶贫，购买农产品金额76216.4元。"消费扶贫，助力酉阳"活动被评为2019年度"创先争优"社会服务贡献奖。②关爱基层群众。发挥党员医务工作者优势，协调组织东营市人民医院、东营康慧体检中心开展基层义诊14场次，惠及1200余人，价值29万余元；开展"关爱老人·情暖社区"爱心义剪活动10次，惠及1012人。③爱心捐赠救助。党员参与爱心捐助、学生救助活动，开展东营区龙居养老院敬老活动和"送端午、送爱心"帮扶活动，捐款捐物3万余元。④关注青少年。联合东营市阳光四点半社区托辅中心设立"致公党东营青少年服务中心"，提供学习、娱乐、交流场所；致公党河口党小组打造"悦读经典、传承美德"公益诵读品牌，联合黄河口综合素质培养基地印制《孟子》《论语》各300本，举办活动14场次。

（中国致公党东营市支部委员会　梁楠楠）

九三学社东营市委员会

【概况】至2019年年底，九三学社东营市委员会（以下简称九三学社东营市委）有社员152人，平均年龄50.8岁，其中，在职在岗127人；大学以上文化141人，其中，硕士、博士45人；具有高级职称86人，中级职称41人；全国人大代表1人，市人大代表1人，市政协委员13人。年内7名入社积极分子批准入社。

【思想建设】①"两建两推三保障"专题活动。3月8日，召开"两建两推三保障"专题活动动员大会。围绕思想政治建设、组织建设、履职能力建设、作风建设与制度建设，将专题活动与履行参政党职能相结合。②"不忘合作初心，继续携手前进"主题教育。8月30日，召开动员大会，印发活动实施方案。各基层委、基层支社专题动员部署，学习习近平新时代中国特色社会主义思想、中国特色社会主义参政党建设文件精神。③红色教育活动。4月4日，东营区支社组织10余名社员祭奠革命烈士；4月16—19日，20名社员赴江西井冈山开展"重温红色历史、继续携手前进"主题学习；9月21日，50余名社员赴东营市垦利区渤海垦区革命纪念馆开展红色教育活动。

2019年4月16—19日，九三学社东营市委赴江西井冈山开展"重温红色历史、继续携手前进"主题学习
（九三学社东营市委员会供稿）

【组织建设】①"优秀支社"创建。3月8日，九三学社东营市委四届八次全委会印发《九三学社东营市委"优秀支社"创建实施办法》《优秀支社评价标准》，从组织建设、制度建

设、参政议政、社会服务、社市委重点工作等10个方面开展定量评价。②活动阵地改造。九三学社东营市委制定考核标准，各支社完善活动场所，建设“社员之家”。年内各支社在原有规范化活动室基础上，重点打造“九三学社科技创新服务基地”；依托东营区第六空间打造社员活动基地，社市委“社员之家”落户该地；整合东营经济技术开发区支社现有社员活动室，提升改造为“九三讲堂”，开展2期讲堂活动；成立“社员之家”平台试点推广工作领导小组，制定实施方案，组织业务培训，在职社员手机APP安装激活率超90%。③社会活动开展。年内，九三学社东营市委青工委牵头举办“庆祝中华人民共和国成立70周年”手机摄影大赛、“九三学社校园行”“书香九三”读书会、茶艺插花会；参与社山东省委、东营市委统战部组织的“齐鲁青年论坛”“庆祝建国70周年演讲比赛”，2名骨干社员获聘社山东省委特邀宣传员。

【参政议政】 ①完善机制。10月25日，九三学社东营市委成立参政议政委员会，印发《参政议政委员会工作规则》，通报各支社参政议政工作情况，定期召开工作调度会议。九三学社东营市委被评为2019年度参政议政工作先进集体。②履职建言。年内提交集体及个人提案30余件。其中《关于统筹协调黄河口生态保护与开发的建议》中标社省山东委重点调研课题，《防范化解市属国有企业风险让“黑天鹅”飞不起，让“灰犀牛”冲不动》《突破海洋生物医药产业发展，助力东营海洋强市建设》被东营市政协选为常委会议发言材料；《大力发展学前教育，促进教育均衡发展》《关于地方政务新媒体发展的建议》被东营市委统战部确定为重点调研课题。围绕东营市委、市政府中心工作与人民群众关心热点难点问题，九三学社东营市委开展调研10余次；全年提交社情民意信息70余篇，其中《补齐四个短板，完善海洋防灾减灾体系的建议》《警惕“洋高考”，推动教育供给侧改革》等40余篇被社中央、省、市政协采用，九三学社东营市委被评为2019年度信息工作先进集体；参加东营市委、市政府、市政协等组织的座谈会、征求意见会、协商会、环保督查视察、问政东营等活动50余人次。③加强培训。9月21日，九三学社东营市委举办一期主题教育活动培训班，邀请九三学社中央参政党理论研究中心罗道全教授作“如何撰写好社情民意信息”辅导报告，邀请全国人大代表司留启作“我的参政经——如何做好参政议政工作”辅导报告。

（九三学社东营市委员会　戴格）

东营市工商业联合会

【概况】 2019年，东营市工商联围绕“两个健康（非公有制经济健康发展和非公有制经济人士健康成长）”工作主题，引导全市广大非公有制企业和非公有制经济人士助推全市民营经济高质量发展。垦利区工商联、广饶县工商联、东营市浙江商会、东营市工商联女企业家商会获“山东省工商联先进集体”称号，垦利区工商联、广饶县工商联、河口区工商联被省工商联推荐参加全国“五好”县级工商联评选。

【思想建设】 开展“不忘初心、牢记使命”主题教育。9月30日，赴渤海垦区革命纪念馆开展红色教育活动。组织庆祝中华人民共和国成立70周年系列活动，开展“我和我的祖国”主题优秀快闪作品展播。10月24日，邀请金一南教授举办“不忘初心　牢记使命——从百年沧桑到大国崛起”公开课，800余人参加；10月30日，组织党员到东营经济技术开发区金翰家园开展主题教育志愿服务活动。同月31日，联合市非公有制经济组织党委到东营市廉政教育基地开展警示教育活动。

【组织建设】 ①会员队伍建设。依托“网上工商联”会员组织系统，全市有会员7228个，录入会员数据5100余条，会员入库率达71%。召开市工商联七届三次执委会议，届中调整执委队伍，实行会议考勤通报制度，建立履职考核机制，严格执委管理。巩固提升“五好”县级工商联和“四好”商会创建成果，细化工作量化指标，印发《东营市工商联2019年“五好”县级工商联和“四好”商会建设工作实施方案》。②所属商会改革发展。印发《商会成立（换届）申请材料目录清单》，规范商会成立（换届）程序，指导2家商会完成换届。开展“僵尸”商会清理整顿，注销长期不能正常开展活动的商会组织3家。每季度召开所属商会会长座谈会，传达学习各级重大决策部署及重要政策文件。年内，新成立所属商会2家，成立异地东营商会3家。③寻标对标学习。参加全省工商联系统“走出去”对标先进学习调研，赴广东、浙江等地学习促进“两个健康”做法与经验；组织县区工商联赴宁波、温州、湖州开展对标学习；赴威海市工商联开展“五好”县级工商联和“四好”商会对口调研。2家县区工商联、2家商会获评山东省工商联先进集体，3家县区工商联被推荐参加全国“五好”县级工商联评选。创新党建模式，开展以“进车间”“进商会”“进社区”“进农村”“进革命老区”活动为载体的“联创共建”活动。

【参政议政】 向省工商联提交提案2件、社情民意21篇，向市政协提交提案33件、社情民意66篇，其中，全国政协采用4篇，省政协采用14篇，呈送市委主要领导4篇，被市政协列为重点提案2件，在《东营通讯》等市级刊物发表调研报告4篇，通过网站、微信公众号发布各类政策信息382条。

【服务经济发展】 ①“惠企政策落实”工程。开展“送政策上门精准对接”服务民营企业活动，市、县（区）工商联领导班子走访民营企业370余家、商会60余家，整理《支持民营企业发展政策汇编》等政策文件，通过“二维码”链接的形式供企业查询使用。②“高质量发展教育培训”工程。围绕“聚焦高质量发展·学标杆进名企”主题，采取“知名高校室内教学”与“参访名企现场教学”相结合方式，在深圳大学、电子科技大学、北京大学举办培训班3期，赴比亚迪、大族激光、西门子、清华紫光等企业考察学习，培训企业家220余人次。③“领导干部联系服务经济组织”工程。新增市领导联系服务协会商会，定期走访调研所联系协会、商会，解决困难问题。④优秀企业荐评。推荐企业参加2019年“中国民营企业500强”“山东民营企业100强”评选活动。全市15家企业入选“中国民营企业500强”，17家企业入选“山东民营企业100强”，入选数量居全省第1位。⑤“双招双引”搭桥铺路。成立市工商联“双招双引”服务中心，聚焦新旧动能转换重大工程和全市“5+2+2”产业，招商推介10次，接待到访客商7次。7月19日，承办2019黄河三角洲（中国·东营）第十一届油品贸易洽谈会，协助举办省工商联民营企业家利津行活动，参与筹办“黄河入海　扬帆东营”双招双引北京恳谈会，组织31家青岛和东营商会负责人参加“激发新动能，合作促发展”双招双引青岛恳谈会。⑥协作联动。与市委政法委联合召开“营造法治营商环境　助推民营企业高质量发展”座谈会，与市法院联合发布《民营企业常见法律风险防控180条》，组织企业参加“检察护航民企发展”开放日等活动。与市法院、市司法局成立商事纠纷调解委员会，与市检察院承办首届“服务保障民营经济发展法治研讨会”。⑦金融服务提质增效。与人民银行建立服务中小微企业金融协作机制，开展“银行+商会+企业”金融服务品牌创建活动，组织开展银企对接会21次，全市16家银行与23家商会达成合作意向，对接146家企业，解决融资需求28.2亿元。⑧非公党建品牌创建。选齐配强市非公有制经济组织党委领导班子，组织各商会党支部赴西柏坡党性教育基地、黄河文化馆、刘集党支部、渤海垦区革命纪念馆等地开展党性教育。在全市开展非公党建工作专题调研，开展专项清理整顿，实施“建组织、扩覆盖”行动，新成立商会党支部3个。

2019年东营市入选“山东民营企业100强”名单(共17家)

万达控股集团有限公司（第6名）
利华益集团股份有限公司（第7名）
华泰集团有限公司（第9名）
山东海科化工集团（第10名）
山东科达集团有限公司（第24名）
山东金岭集团有限公司（第26名）
富海集团有限公司（第39名）
万通海欣控股股份有限公司（第40名）
东营鲁方金属材料有限公司（第43名）
东营方圆有色金属有限公司（第44名）
山东齐成石油化工有限公司（第45名）
山东中海化工集团有限公司（第53名）
山东垦利石化集团有限公司（第54名）
东营齐润化工有限公司（第59名）
山东东方华龙工贸集团有限公司（第62名）
山东科瑞控股集团有限公司（第69名）
路通建设集团股份有限公司（第100名）

【精准扶贫】　①推进“百企帮百村”脱贫攻坚与“百企助百村”乡村振兴行动。组织128家商会及企业与104个贫困村结对帮扶，举办脱贫攻坚工作培训班、“N+1”帮扶贫困家庭活动、扶贫日系列活动等；助力东西部扶贫协作与对口支援，组织16家企业及商会赴重庆市酉阳县12个贫困村对接，签订《帮扶协议书》，向每个村捐赠帮扶资金5万元；联合重庆市酉阳县工商联举办“聚焦高质量发展·学标杆进名企”培训班2期，邀请35名酉阳籍企业家参加，召开产业合作交流对接会；组织企业参加“民营企业南疆行”山东招商项目推介会、省工商联“民营企业喀什行”等活动；动员全市商会组织、会员企业向新疆喀什地区疏勒县贫困群众捐赠衣物、棉被14146件，图书9079册，文具14772件，资金10万元。

2019年9月23日，东营市工商联“百企帮百村”精准扶贫行动推进暨培训会议召开
（市工商联供稿）

（市工商联　郭栋）

人民团体

东营市总工会

【概况】 至2019年年底，全市有直属产业（系统）工会10个，直管基层工会35个。年内，召开东营市庆祝“五一”国际劳动节大会、东营市工会第七次代表大会。举行工友创业助力脱贫攻坚、乡村振兴人才培养“千百万”工程启动仪式、“中国梦·劳动美——争做新时代奋斗者”职工演讲比赛、“东营金牌工匠”颁奖仪式暨东营市第十四届职工职业技能竞赛等活动。市总工会获全国职工劳动安全健康与交通消防应急法律法规知识普及竞赛活动最佳组织单位、省工会优秀审计项目、省女职工维权行动月活动优秀组织单位等称号。

【组织建设】 6月14日，印发《关于组织开展百人以上企业建会专项行动和“集中建会月”实施方案》。8月，“集中建会月”开展农民工集中入会行动，新增农民工会员3.4万人；全市八大领域（“两新”组织、各类园区、特色小镇、创业平台、楼宇商圈、专业市场、货运物流、合作经济组织）建会率81.3%，八大群体（货车司机、快递员、护工护理员、家政服务员、商场信息员、网约送餐员、房产中介员、保安员）入会率90.23%。8月29日，转发山东省总工会《关于严肃社会化工会工作者招聘工作纪律的通知》，招录社会化工会工作者74人，按比例分配到各基层工会。选派50名工会工作指导员挂职非公有制经济组织和社会组织。坚持“会、站、家”一体化建设要求，开展职工服务中心和职工之家建设。至年底，市县级以上（含县级）职工服务中心全部达标，40个乡镇（街道）职工服务中心有18家达标。

【宣传教育】 ①思想政治引领。结合全市实际，制定《全市职工思想政治工作调查问卷》，分片分组下基层开展职工思想政治工作调研活动。2—4月，与市委宣传部联合开展“东营最美职工”评选活动，评出“东营最美职工”10名、“东营最美职工”提名奖10名。11月8日，印发《关于加强和改进新时代职工思想政治引领工作的意见》，规范指导开展职工思想政治引领工作。撰写职工思想政治工作调研报告，获省工会优秀调研成果二等奖。②主题教育活动。6月20日，以庆祝新中国成立70周年为契机，与东营市委宣传部联合开展“中国梦·劳动美——争做新时代奋斗者”全市职工演讲比赛，16名选手参加决赛，演讲视频在“学习强国”山东学习平台展播5个。8月28日，推荐张金海参加全省“中国梦·新时代·祖国颂”百姓宣讲比赛，获故事类一等奖，被聘为省委讲师团百姓宣讲员。6月16日，与市委宣传部、市文联等联合举办东营市第四届“美丽东营·美术精品展”，展出作品64件。8月27日，开展“我和我的祖国——劳动最美”主题网络摄影展。举办“颂歌献祖国——喜迎新中国成立70周年”文学原创作品征文活动。组稿参加省总工会组织的“劳动我最美——网聚职工正能量”短视频互动，“喝彩中国”全省职工文艺演出，职工书画、摄影和征文活动。③职工文化阵地。推荐并获评东营区人民医院、中国农业银行股份有限公司利津县支行为全国工会职工书屋，评选东营区委办公室等市级职工书屋13家。出台加强职工文化活动阵地建设实施意见，指导垦利区工人文化宫迎接省级达标验收。

【权益维护】 ①民主管理。推行“一表一案一品牌”（优秀职工代表、优秀职工提案、打造工作品牌）活动，推进职工代表大会制度。评选职代会优秀提案48项，推广26项，向省总工会推荐优秀提案6项，其中，获优秀提案一等奖1项，三等奖2项。②集体协商。年内与4家律师事务所洽谈签约，联合开展工资集体协商。邀请山东管理学院讲师对工资集体协商指导员、企业家代表和工会干部进行培训。培育5种行业、5个区域和20家企业工资集体协商示范点。完善签订“1+3”集体合同（企业集体合同+工资专项集体合同、女职工特殊权益保护集体合同、劳动安全卫生集体合同）活动方案。举办东营市工资集体协商要约启动仪式，47家东营区企业劳资双方代表签订集体合同。至年底，签订集体合同258件。③法律援助。开展“尊法守法·携手筑梦”服务农民工公益活动、“送法进企业”服务活动。实施重点预警监测，建立劳动关系监测点23个。实施网格化管理，聘任法律诉求信息直报员50名。注册“齐鲁工惠”网上法律援助工作站19个，开展“线上”“线下”法律服务，打造2千米和半小时法律援助服务圈，全年受理法律援助案件66件，办结30件，在齐鲁电视台“工会新时空”栏目播出，被山东

2019年3月14日，东营市工资集体协商启动仪式暨东营区集中签订“1+3”集体合同现场推进会召开
（市总工会供稿）

省总工会评为工会改革创新示范项目第4名，被市委改革管理办公室评为全市创新型典型实例推广。

【技能创新】 联合市人力资源和社会保障局等部门开展“六比一创”劳动竞赛，组织活动37场次，参赛职工5200余名。开展行业职工职业技能竞赛涉及15个行业、31个项目(工种)。指导开展东营市第五届橡胶轮胎、造纸行业技能竞赛，举办东营市第十四届职工职业技能竞赛，其中，包括38个行业230个项目，参赛职工2万余人。评选出优秀技术创新成果和“五小”成果30项，创新示范企业4家，创新型组织7个，创新能手5名；选树命名创新工作室7个，发放创新资助金45.1万元。推进“东营金牌工匠”建设，命名10名“东营金牌工匠”，并授予东营市五一劳动奖章。10月19—20日举行颁奖仪式，发放市政府津贴12万元。申报“齐鲁工匠”7名，2人获命名表彰，省总工会给予12万元奖励。11月25日，成立东营市工匠人才信息库，纳入工匠人才405名。开展东营金牌工匠“精心铸造、匠心传承”宣讲活动20余场次，发放《东营工匠》1000余册，制作播放“匠心筑梦”宣传片，宣讲职工1万余名。

2019年10月19—20日，“东营金牌工匠”颁奖仪式暨东营市第十四届职工职业技能竞赛举行 （市总工会供稿）

【劳模管理】 ①先模评选。获评全国五一劳动奖章获得者2名、全国工人先锋号1个、全省富民兴鲁劳动奖状2个、全省富民兴鲁劳动奖章获得者9名、全省工人先锋号5个。4月30日，召开全市庆祝“五一”国际劳动节大会，表彰市五一劳动奖状称号单位19个，市五一劳动奖章获得者49名，市工人先锋号29个。②服务活动。为20名全国劳动模范发放春节慰问金4万元，为2名全国五一劳动奖章获得者人均发放一次性奖励5000元。将山东省劳动模范春节慰问金纳入年度财政预算，为244名山东省劳动模范发放春节慰问金24.4万元，为10名省级困难劳动模范申请帮扶专项资金14.256万元，为8名破产企业劳动模范发放荣誉津贴2.76万元。分批次组织179名市级以上劳动模范参加国家、省市疗休养，为81名市直市级以上劳动模范健康查体。组织全市部分劳动模范参加市直老干部暨各界人士情况通报会、“不负人民重托——共和国建设者走进检察机关”检察

2019年4月30日，东营市庆祝“五一”国际劳动节大会召开 （市总工会供稿）

开放日劳模座谈会、北京世园会东营日活动。开展新中国成立70周年慰问活动。国庆节走访慰问劳动模范68名，全国劳动模范2000元/人、省市级劳动模范1000元/人标准，发放慰问金7.4万元。召开劳动模范座谈会，为19名全国劳动模范发放“庆祝新中国成立70周年纪念章”。

【女职工工作】 ①提升素质。开展“不忘初心、牢记使命”主题教育。全年各级女职工举办家政服务、手工制作、烘焙面点等培训班349期，参训职工1.2万人。通过教育培训提升学历778名，实现技术等级晋升736名。组织女职工参加“大竞赛、大比武”活动。2019年，全市各级工会组织在卫生、纺织、金融、财会等女职工相对较多的行业开展劳动竞赛203场。②保障权益。3月1日，《山东省女职工劳动保护办法》(以下简称《保护办法》)施行，3月，女职工维权行动月，举办启动仪式，提供法律服务，开展集中宣传活动38场次，举办服务讲座23场次，发放宣传资料1万余份。与市妇女联合会、市人力资源和社会保障局联合组织《保护办法》专题培训。修订7个不同类别的女职工专项集体合同范本，集中签订“1+3”集体合同124份。开展女职工“帮扶送教育”、困难救助和职工子女托管服务等活动。③品牌打造。实施“女职工幸福工程”，开展“女职工幸福大讲堂”活动。全年举办女职工专题讲座103场，受教育职工6800人。新建妈妈小屋32个，妈妈小屋建设101个，命名20个妈妈小屋示范点，发放6万元补贴资金，获评省级妈妈小屋示范点2个。开展“安全幸福作品”评选、职工和谐家庭评选活动。以“安全记心间、幸福永相伴”为主题，评选优秀作品50篇，择优录制音频在广播电台播出；评选职工和谐幸福家庭30户。

【帮扶救助】 ①乡村振兴。印发《关于进一步促进工友创业工作的实施意见》和落实《山东省总工会工友创业助力乡村振兴实施计划》工作方案。开展调查研究，系统摸排工友创业园建设情况和极具发展潜力的创业集体、个人，重点扶持培养。评选一批市级工友创业先进，向山东省总工会择优推荐省级工友创业园6家，农民工之星7人和工友创业优

秀个人1人。其中，东营盛凯农业开发有限公司、山东蓝海生态农业有限公司被授予省级工友创业园称号，获省五一劳动奖状；马春兰被表彰为省级工友创业优秀个人，获山东省五一劳动奖章。委托东营市飞天职业技术培训学校采取线上与线下相结合方式，对农民工、困难职工或家庭成员开展业务培训，实施“千百万”工程(千人培训、百人创业、万人就业)，报名人数20024人，考试合格553人，为133名职工(农民工)颁发创业证书。依托社会力量开发“工创在线”工友创新创业服务平台，推出职业培训、技能培训、专家在线等八大功能。②解困脱困。通过实施联动帮扶、跟踪救助等措施，对原在档48户困难职工分别制定帮扶方案，提前达到解困标准，全部实现解困脱困。配合省总工会开展帮扶资金审计，审查市总工会、东营区总工会和利津县总工会2018年度帮扶资金使用管理及困难职工解困脱困工作。③救助服务。开展春送岗位、夏送清凉、金秋助学和冬送温暖“四季服务”活动，筹集发放帮扶资金233.58万元，走访企业164家，开展慰问活动96次，救助困难职工530户、困难农民工137户，资助学生18人；组织专场招聘会32场次，就业创业服务13861人次，开展就业培训253人次，创业扶持255人次，实现就业580人。5月13日，举行“齐鲁工惠”东营站上线启动仪式，实名制采集20.73万名工会会员信息，注册会员13.77万人，实名认证13.12万人，入驻商家54户，开展普惠活动115场次。接收省职工维权热线“12351”派送案件28件，全部办结。组织16批次、633名一线职工分赴威海、临沂、泰安、青岛、烟台和兖矿集团疗休养基地进行疗休。

(市总工会　张梦华)

共青团东营市委员会

【概况】　至2019年年底，全市有14～35周岁青少年46.9万人，14～28岁青少年26.5万人，其中，共青团员9.5万人。全市有基层团委187个，团总支169个，团支部4638个，基层团工委22个，专职团干部221个。团市委获山东省五四红旗团委等称号，270余个基层团组织和个人受到市级以上单位和部门表彰，其中，27个集体和个人获国家级、省级表彰。

【思想武装】　在市区核心商圈和清风湖城市公园建设市级青马学堂，带动基层在全市范围内新建学堂29所；清单化列好学员库、讲师团、课程表和项目单，选调重点学员700名，组建党校教师为主的42人讲师队伍，研发课程40个，开展基层宣讲宣传活动100余场；培训青年政治骨干，线下培训1万余人次，线上参与330万人次，推优入党366人。

【教育活动】　在新中国成立70周年、"五四"运动100周年、少先队建队70周年等节点，开展以“青春心向党·建功新时代”为主题的爱国主义和革命传统教育活动130场次，通过网络直播吸引青年关注，在央视新闻联播、山东新闻联播等主流媒体播出。加大青春担当好团队、最美青年等青年典型选培力度，277个青年典型获市级以上表彰。研究东营地区团组织发展史，建成封庙村团支部旧址纪念馆，建设少年团校。

【基层团建】　推进基层规范化建设，做好“智慧团建”工作，整理整顿团支部756个、清理团支部260个。树立“全团抓学校”理念，严把团员发展入口关，规范“三会两制一课”和仪式教育，新发展团员5800名，“找回”团员2.8万名，学社衔接率98.5%，居全省第一。加强“青年之家”建设，全市建设青年之家42个，覆盖密度等指标全省第1。

【网上共青团】　落实青少年意识形态工作责任制，改造提升新媒体中心，组建青年网络文明志愿者队伍，开展网宣专题培训，建成以东营共青团微信公众号为主，包含网站、微信、微博、小程序、抖音等团属新媒体矩阵体系，吸粉430万人，获评全省团系统最具影响力政务微博。开展“i东营”网络主题活动，联合举办中国·东营首届短视频网红大会、网络新媒体作品大赛，在今日头条、微博、微信等平台推送“#爱东营#”等话题7000余期、微视频100余个。

【双招双引】　团市委落实省市委“对标先进”工作要求，到温州开展对标学习。举办青年企业家创新发展国际峰会东营行活动，推介东营双招双引政策，邀请国内外嘉宾120名，签约项目5个、投资7600万元。实施“青鸟计划·汇智东营”行动，招募500余名高校学子到东营实习实践。开展“百博联百企”结对服务，为产业转型升级提供智力支持。

【脱贫攻坚】　聚焦“一老一小”两个群体，深化金晖助老、牵

2019年7月17日，东营市青春汇智行动——暑期大学生社会实习实践活动启动仪式举行

(团市委供稿)

手关爱2项行动，招募1000余名青年志愿者结对帮扶200名建档立卡贫困老人、300名农村留守儿童，发放物资50余万元。第九年开展萤火虫助学计划，在全市36个镇街建设萤火虫学堂77所，重点服务农村弱势青少年群体3000余人。推动希望工程事业发展，用好“青益筹”平台，成立“大智之星”东营学子奖学金，年内救助困难学生483名。

【乡村振兴】 做好“乡村好青年”选培工作，成立乡村振兴好青年联盟，举办“青鸟计划·汇智东营”乡村好青年培训班，宣讲乡村产业振兴和金融惠农等政策，年内培育好青年2300余人，其中，1人当选全国青年致富带头人，101人推优入党，470人担任镇村团干部。开展乡村振兴志愿服务，组织大学生1200余人次参加“三下乡”活动，组织电商培训、植树造林、健康义诊等活动230场次。

2019年11月7日，广饶县张守凤家庭农场有限公司负责人刘超获第十一届“全国农村青年致富带头人标兵”称号
（团市委供稿）

【社会治理】 承办全省志愿服务项目大赛，组织首届青年志愿服务公益创业赛暨示范项目创建活动，搭建全省性项目展示交流平台，全市参赛项目获3金4银。开展未成年人检察工作社会支持体系全国试点工作，“12355”热线获评全国未成年人保护专线重点单位。开展“小手拉大手、共筑碧水蓝天”实践活动。组织联络青年志愿者4600余人参与抢险救灾，筹集物资100余万元。

2019年5月23—24日，“全球青年创新创业项目齐鲁汇”路演东营站暨“东营光谷未来城杯”第三届油地青年创新创业大赛决赛举行
（团市委供稿）

【服务青少年】 推动市县（区）两级建立跨部门青年工作联席会议机制。举办油地青年创新创业大赛，发放鲁青基准贷、东青基准贷等创业优惠贷6200万元。开展集中服务未就业青年系列活动，提供岗位1200个，搭建青年退役军人就业平台，提供岗位100余个。举办青少年社会服务项目大赛，开展校园霸凌、防溺水宣教等活动550场次。成立快递行业团工委，服务快递小哥成长发展。（团市委　尚晋）

东营市妇女联合会

【概况】 2019年，全市妇女组织2298个，其中，市级1个，县区5个，乡镇、街道39个，村居（社区）妇联1829个，部门、单位妇联（妇委会）424个。评选市三八红旗手35名、三八红旗集体20个，城乡妇女岗位建功先进集体19个、巾帼建功标兵30人，十佳好军嫂10名、十佳兵妈妈10名。

【组织建设】 6月20日，印发《夯实妇联基层组织建设三年行动实施方案》。推动县区全部完成换届，乡镇妇联完成区域化改革目标，在村改居农村社区建立妇联，各级妇联执委12845人。全市在行业系统建设机关妇联92个，建立“四新”（新领域、新业态、新阶层、新群体）领域妇女组织165个。开展“妇女之家+”建设，引入第三方社会组织、承接公益项目、与新时代文明实践站点共建。全市建立妇女之家、妇女微家、妇女儿童家园等工作阵地2052个，开展家风传承巾帼志愿服务活动。实施基层妇联领头雁培训计划，全年组织各级妇联干部培训班117场次，培训基层妇联执委12845人次。

【宣传培训】 围绕庆祝中华人民共和国成立70周年，开展“巾帼心向党　礼赞新中国”为主题的庆祝“三八”国际妇女节暨“最美女性”颁奖大会、黄河口“和美”妇女文化汇等群众性文化活动。通过网络直播、事迹展播、现场演讲、展示体验等方式，宣传优秀妇女典型，网络直播参与24万人次。开展“百千万巾帼大宣讲”活动，选树市三八红旗手35名、红旗集体20个，组织全国三八红旗手进机关、进社区进行巡讲，创业带头人进学校宣讲；组织市级巾帼文明岗创建活动，新创市级巾帼文明岗57家，复审通过300个。通过招投标形式新选拔41个机构和个人，面向城乡妇女开展市级课题培训469场次，培训妇女2.3万人次；举办全市优秀草根讲师培训班，印制基层宣讲教材，组织舞前半小时培训429场次，参与妇女8179人次。发挥市县乡妇联微信公众号、妇女网等新媒体平台作用，在“东营女性”开辟“巾帼风采”“我为妇联代言”“献礼建国70周年”等专题专栏进行宣传。

【创业创新】 召开东营女性经济发展论坛，举办黄河口巾帼好产品成果展，展示巾帼特色产品近600种，销售额25.71万元。组织巾帼好产品线下对接签约、线上平台推介仪式，推动巾帼好产品线上线下销售，全市36个巾帼创业项目100余种产品与商场、超市签约合作。开展“城乡姐妹手拉手　乡村振兴巾帼行”活动，对各县区特色巾帼产品进行专题推介和展销。编制巾帼创业创新政策汇编，汇编政策15项，推介项目66个。开展市级巾帼双创示范基地创建。命名巾帼双创项目25个，给予资金支持73万元。联合新农校举办全市女家庭农场主培训班，全市示范女家庭农场主、合作组织女性负责人等80人参加。集中市县乡村四级妇联力量开展实地观摩，帮助初始创业妇女选准项目，解决场地、资金、技术等难题。组织创业妇女现场观摩150场次3000余人次，举办点单实用技术培训班248场次，培训妇女9000余人。为创业妇女提供信贷资金7.63亿元，为61个创业项目发放市级巾帼创业贷款贴息78.33万元，争取国家、省级贴息1200余万元。

2019年6月19—21日，全市女家庭农场主(合作组织女性负责人)培训班举办　（市妇联供稿）

【妇女儿童权益】 开展男女平等基本国策进机关、进社区、进学校等“六进”宣传教育活动，举办男女平等基本国策、婚姻辅导志愿者培训班，覆盖面超20万人。开展“幸福护航”行动进村居(社区)，探索社区、社工、社会组织、社会志愿者“四社联动”服务模式，实现辅导中心县区全覆盖。全年开展婚姻辅导3754对，挽救家庭1182个。发挥“三平台”(“12338”妇女维权公益服务热线、“幸福家庭e站”“心理夜话”)护航家庭幸福作用，提供服务4821人次，处理个案466件。发挥维权服务站、“12338”妇女维权公益服务热线等作用，畅通妇女信访维权和矛盾纠纷化解渠道。深化“平安家庭”创建和“亲情助安全”践行活动，举办活动248场次，发放宣传材料5.8万份。推动7岁儿童六龄齿窝沟免费封闭项目开展，争取财政投入378万元，惠及儿童23615名。推动“两癌”检查城乡妇女全覆盖，检查率85%以上。推动中国妇基会“两癌公益保险”项目落地，惠及农村妇女2857人。实施精准扶贫巾帼行动，开展“爱心同行”“她基金”慈善捐助、“巾帼扶贫润生圆梦”等活动，救助春蕾儿童984名，筹集物资折合115.34万元，捐赠衣物9000余件。组织大姐工坊帮带贫困妇女脱贫增收55人，争取国家、省市救助金78万元，救助“两癌”贫困患病妇女192人。

【家庭文明建设】 开展“美丽庭院”创建行动。围绕人居环境集中整治，推动全市18万农村常住户参与创建率90%。组建巾帼志愿服务队1000余支，现场示范培训171场次，印发宣传品20万份，评树示范户2.6万户，示范户14%，实现村村有示范户目标。融合母亲教育、家教指导、亲子实践、故事巡讲等方式，组织“书香飘万家”家庭读书、好书共品读亲子诵读等“弘扬家国情·礼赞新中国”系列活动。在社区实施母亲素质提升工程，建设市级示范母亲讲堂27个。开展各类主题培训112场次，参与妇女5767人次。寻找最美家庭100户、评选五好家庭100户，开展家风传习巾帼志愿服务1200余人次，家风故事巡讲覆盖5.8万人次。

2019年5月15日，“家风传承——我的家庭故事”巡讲暨“书香飘万家”家庭读书活动启动仪式举行　（市妇联供稿）

（市妇联　王文瑾）

东营市归国华侨联合会

【组织建设】 2019年，成立侨联青年委员会、侨星志愿者服务队和新侨创新创业联盟，工作经验在2019年第8期《中国侨联工作》刊载。12月，被表彰为“山东省侨联系统先进集体”。

【服务经济发展】 开展侨企调研，组织侨企赴济南、青岛等侨企考察交流。邀请30余名海外侨商侨领到东营考察、洽谈。借助成立新侨创新创业联盟机会，邀请海外侨团会长20余人参加，进行项目对接，促成阿联酋广东商会与万达石化签订油品购销协议，菲律宾永安实业发展有限公司与黄河口旅游集团签订旅游文化合作协议等5项。帮助兴鲁有色金属、兴源橡胶等企业在泰国、菲律宾举办产品推介会，签订合作备忘录。

2019年6月20日，东营新侨创新创业联盟成立大会召开 （市侨联供稿）

【侨务工作】 3月1日，与市妇联联合举办“东营经济发展论坛”，引领新侨及留学回国人员创新创业。邀请世界银行集团前大数据科学家、美国国际应用科技研究院副院长、华盛金融科技副总裁、市侨联特聘海外顾问徐来参加论坛，主讲《在新时代下工作性质的变革》。6月20日，成立东营新侨创新创业联盟，42家新侨及留学人员创业企业、10家海外侨团企业参与。10月23日，举办“关爱侨企法律伴我行”讲座。11月22日，举办留学生代表就业创业政策咨询座谈会，邀请市人社局就人才引进、就业创业、人事档案、社会保险等政策进行解读，帮助20余位留学回国人员落实就业创业补贴。开展海外人才调查，建立1600余人的市海外人才信息库，撰写《创造优良政策环境 支持留学人员创新创业》市政协提案。开展“送温暖、献爱心”“侨爱心助学”等活动，走访慰问归侨侨眷50余户次，看望重病、住院等困难群众20余人次，发放慰问金、慰问品4万余元。开展困难归侨侨眷调研，建立完善信息库，基本掌握全市生活困难归侨侨眷情况，向省侨联争取资金2万元，慰问侨界困难群众。

【海内外联谊】 全年聘请刘旭杰、张钦伟、张加明3位侨领为市侨联海外顾问、委员。邀请菲律宾中华和平发展促进会会长王永义、日本优医会株式会社社长刘旭杰、泰国山东总商会会长冯文亮、阿联酋广东商会会长张钦伟等到访市侨联，与相关企业洽谈合作。全年在日本、南非、泰国、菲律宾、韩国等设立海外联谊服务站5个。

【文化交流】 7月15—24日，承办以“体验黄河湿地文化、传承孙子兵家思想”为主题的中国侨联“寻根之旅”夏令营，西班牙巴塞罗那20名海外华裔青少年参加。利用韩国新华网、南非侨团新媒体等宣传东营风土人情，扩大“黄河入海，我们回家”品牌海外影响力。8月，组织6000余名中小学生参加第二十届世界华人学生作文大赛，推动青少年中外文化交流，获组织奖。推进黄河文化馆申报中国侨联“中国华侨国际文化交流基地”工作。

【社会服务】 以新侨和留学生为主体，6月组建东营侨星志愿者服务队，注册志愿者240余人，在“阳光四点伴”公益课堂、意大利华侨夫妇“特意”意式餐厅设立侨星志愿者服务基地。发挥志愿者中留学回国人员优势，为“广饶国际橡胶轮胎展”“东营石油装备展”“黄河口马拉松”等国际性展会、赛事提供翻译、外事接待等志愿服务。 （市侨联 马岩昭）

军事

东营军分区

【思想政治建设】 2019年，东营军分区学习贯彻习近平新时代中国特色社会主义思想和习近平强军思想，把加强党的政治建设摆在首位，采取党委理论学习中心组带机关、带人武部“双带联学”模式，组织官兵跟进学习中共十九届四中全会精神、军委基层建设会议精神，开展“传承红色基因、担当强军重任”“不忘初心、牢记使命”主题教育。结合庆祝新中国成立70周年，组织党员干部参加烈士公祭、慰问老党员退伍老兵和升国旗仪式，组织参加国庆阅兵文职人员作体会交流报告，参观垦利区“我爱我的祖国”巨幅稻田画，弘扬爱国主义精神。抓好意识形态工作，围绕香港局势变化及时进行警示教育，确保军分区各级高度集中统一和纯洁巩固。制作“弘扬革命传统”文化墙，新建军分区军史馆暨国防教育展馆，营造强军文化氛围。

【战备训练】 落实习近平主席重要指示，把备战打仗作为党管武装第一要务，按照“一中心、四部门”总体布局，完成国防动员指挥中心一期工程建设。强化应急应战准备，定期召开军事安全形势分析会，深化作战问题研究，修订应急作战准备和非战争军事行动方案预案。建立情报共享机制，制定实施办法，组织军地单位定期开展情报会商。开展军地联训联动，参加全省地震救援综合演练，完成救援物资抢运、人员救援2个课目演示；参加黄河防汛军地联合勘察和首长机关课题训练，接受省军区民兵应急分队实兵拉动检验；组织胜利油田民兵实弹战术演习，连续17年被省军区表彰为“高炮实弹射击优胜单位”。迎战台风“利奇马”，转移群众2685人，加固堤坝4200米，转运沙袋100余立方米、物资3吨。

【国防动员】 深化民兵调整改革工作，组织4次全市检查考评，编实建强基干民兵队伍。贯彻全国、全省征兵工作会议精神，围绕“优质兵员”和“廉洁征兵”两个目标任务，2019年度征兵工作量化考评位列全省第2，在全省大学生征兵工作会议上作典型发言。

【后勤保障】 落实党委统管、预算开支、联审会签等财经制度，修订财务管理规定和物资集中采购管理办法，召开取消家底经费工作会议，明确时限、压实责任。装备管理扎实有效，完成枪支弹药清查和武器调运任务。拓展民兵调整改革装备保障领域，签订装备预征预储协议。加大违规住房清理力度，全面停偿任务按期完成，做好健康查体、机关巡诊、伙食保障和营院绿化美化工作。

【基础设施建设】 坚持向备战打仗和基层官兵聚焦，新建市民兵训练基地。升级基层办公场所、配套应急装备。新建军体训练中心，改造生活和办公用房，改善训练生活条件。加大精准扶贫力度，结对帮扶6个贫困村、29个贫困户和24名贫困生，筹措140余万元，改善村级基础设施、整修乡村公路。

【党委班子建设】 落实全面从严治党要求，突出军委巡视和军委国防动员部党委巡察反馈问题整改，对查摆出的问题制定整改时间表、路线图。严格党内组织生活，召开2次军分区党委常委民主生活会，对团级单位党委班子开展帮抓考核，提升各级党委建设水平，广饶县人武部被省军区表彰为“基层建设先进单位”。开展“弘扬新风正气、狠抓作风纪律”教育整顿活动，加强对廉洁征兵、违规喝酒和经费使用等方面的监督检查，不定期组织明查暗访，促进作风建设深入开展。

（东营军分区　马明　陈仕奇　赵文元　张强民）

武警东营支队

【思想政治建设】 开展“牢记训词，践行使命”专题教育，推进“传承红色基因，担当强军重任”主题教育，组织官兵赴驻地红色教育基地参观见学、重温誓词，深化巩固教育效果。开展暖心工作，为家庭困难及受灾官兵发放困难补助，帮助官兵子女办理入学入托事宜，协调召开退役军人专场招聘会，签订精准扶贫计划书，帮助垦利区新张村修建致富公路。

2019年6月，开展第二季度魔鬼周极限训练　（武警东营支队供稿）

黄河三角洲综合训练基地组织参观东方红党性教育基地

（黄河三角洲综合训练基地供稿）

【遂行任务能力】 学习贯彻《关于聚力推进备战打仗的决定》，以“三种情况第一时间到现场”为目标，从严落实“3+1”战备值班力量体系运行。严格落实每季度支队前指拉动，每月组织战备演练，每周覆盖检查应急班组。国庆安保任务期间，部署实施“三查三拉”战备检查，夯实战备工作基础。8月，参与抗击9号台风“利奇马”救灾任务。

【基层部队建设】 制定《支队精准帮建计划》《按纲服务指导基层计划》，建立健全“主官负总责、常委分片包、部门挂钩帮、基层自主建”帮建责任制，严抓蹲点帮建和当兵蹲连制度落实，将帮建效果与个人、部门评先评优结合起来。开展“学法规、明职责、强素质”专题教育活动，表彰先进党组织、优秀党务工作者、优秀党员，每月下发党日活动安排，开展“牢记誓词、熟知党章、诵读宣言”活动，规范基层中队党日活动秩序。

【后勤综合保障】 推进“伙食精细管理年”活动成果深化，加强伙食费管理、规范副食品配送，开展“我的家乡菜”评比活动，伙食满意度达98%。每月开展卫生巡诊和防病知识讲座。做好官兵体检。推进基础设施建设，为机动中队更换官兵生活设施，为基层维修改造基础设施，升级教导队训练场地及配套设施。

【党委班子建设】 坚持把学习贯彻习近平强军思想作为首要政治任务，推进“不忘初心、牢记使命”主题教育，制定“十个一”推进措施，开展向党旗宣誓、邀请地方专家授课、参观刘集党支部和廉政基地等活动，召开专题民主生活会。围绕立足新编制新体制提高干部“三力”、加强基层组织建设等课题展开研讨，11篇理论文章在《人民武警报》《武警学术》《武警政工》等报刊发表。 （武警东营支队 冯太刚）

黄河三角洲综合训练基地

【思想政治建设】 把握学习贯彻习近平新时代中国特色社会主义思想这一主线，落实党委中心组学习制度，主官带头上党课作辅导，开展专家送学、理论考核、心得展评和知识竞赛等常态化学习，确保官兵职工思想与上级同步同频。开展“不忘初心、牢记使命”主题教育，组织党员干部到临沂革命老区、黄河文化馆、东方红党性教育基地开展实践活动，重温入党誓词，回顾奋斗历程，强化基因传承。结合新中国成立70周年，举办“歌唱伟大祖国”合唱展演、“做时代新人、当联勤先锋”主题演讲比赛，营造浓厚文化氛围，强化育人实效。

【经济建设】 科学调整生产结构、生产方式，邀请上级专家现场调研，召开3次座谈会征求意见，实施自主生产项目25个、455.33公顷，联合生产项目12个、576公顷。发展绿色产业，对获得农业农村部绿色认证的六大系列42个产品进行年检，推动“一团一主业”“一场一特色”现代农业建设。完成1533.33公顷高标准农田建设，争取到八分场和十三分场高标准农田建设项目。筹措资金70万元，实施神仙沟水系沿线护坡综合治理。组建专业销售团队，设立粮油配送中心，提高基地农副产品市场占有率，白酒、酱油、醋等产品推向市场。挖掘黄河口旅游资源，发挥“黄河口湿地槐花节”带动作用，老马场文化馆通过国家AAA级旅游景区验收。

【安全管理】 开展“顾大局、守纪律、讲奉献”专题教育和“学法规、守法规、用法规”活动。开设纪委网上信箱，公开举报电话，在基层设立党务政务公开栏和意见箱，鼓励官兵职工群众如实反映问题。开展军地、军企、军警共建活动，分别与驻地采油厂和公安部门签订联防联治协议，在基层设立警务助理室，联合开展“扫黑除恶”、拆违治乱等专项行动。部署护林防火工作，通过组织军地协作演练，开设防火隔离带，补充维修灭火器材，专人定期巡查，确保职工群众生命财产安全。坚持人防与技防相结合，在重点部位增加17个监控探头。做好基地改革期间职工思想稳定工作，开展谈心交心活动，加强舆情管控和教育引导。

【民生事业】 深化“四助”活动实效，将272户、545人纳入地方城乡贫困人口动态管理系统，发放最低生活保障金62万元。采集退役军人和优抚对象信息，协调落实原乡村医生、原民办教师和独生子女父母奖扶特扶等补助资金50万元。重大节日走访慰问70余户困难家庭，连续7年为职工家属免费查体，定期组织送医送药下基层。投资300万元更换改造供暖设施，协调解决取暖差额资金，对基层分场危旧房屋进行维修改造。落实职工福利待遇，连续15年为职工增资。

（黄河三角洲综合训练基地　姜志成）

人民防空

【工程建设管理】 强化工程质量监督，把好质监手续、技术交底、责任落实、防护结构、竣工资料5个环节。全年开展安全生产巡查44次，发现并督促整改安全隐患65个，实现安全生产零事故。

2019年4月23日，市人防指挥信息保障中心参加全省人防机动通信车科目训练

（市住房城建管理局供稿）

【指挥体系建设】 完成3个信息化项目建设。开展东营重要经济目标综合防护建设试点课题研究，填补国内空白。参加全省地震应急救援综合演练，完成全市第20次防空警报试鸣、"2019黄河口（东营）国际马拉松比赛"通信保障、省军区机关课题训练演练保障等任务。在全省人防系统技能竞赛中，获"指挥通信技能比武竞赛一等奖""无线短波电台比武竞赛一等奖"。

【宣传教育】 利用市住房城建管理局微信公众号举办人防知识竞赛答题活动，参与人数8.6万人次。编印漫画版人防知识宣传手册，在市植物园、共驻共建社区开展人防宣传日活动。结合防空警报试鸣日，召开全市第20次防空警报试鸣新闻发布会，在《东营日报》刊登5期《人防知识100问》，东营电视台公共频道播放《居安思危　备战人防》人防电影科教片。开展人防宣传教育进学校，为中心城区15所学校配发人防宣教器材，在13所学校开展人防知识宣传培训。组织全市20余名学生参加全省中学生人防知识教育夏令营。采用视频同步直播方式，举办"政府开放日·走进人民防空"活动，在线观看人数9.39万人次。

（市住房城建管理局　任明明）

法治

政法与综治

【概况】 2019年，市委政法委持续推进平安东营、法治东营建设，履行维护国家政治安全、确保社会大局稳定、促进社会公平正义、保障人民安居乐业重大职责，推动新时代全市政法工作高质量发展。中央政法委、省委办公厅推广东营社会治理网格化服务管理工作经验，《人民日报》、新华社、中央电视台进行宣传报道；全省市域社会治理现代化工作会议在东营召开；被省委、省政府表彰为“全省新中国成立70周年安保维稳工作先进集体”。

2019年5月21日，全市社会治理网格化服务管理现场推进会议召开
（市委政法委供稿）

【平安东营建设】 制定政治安全、暴力恐怖等领域重大风险防范化解预案，召开全市维护国家政治安全工作会议，推进政治安全领域风险隐患排查、“净网·2019”等专项行动，抓好政法领域意识形态工作，打击防范敌对势力渗透破坏活动。在全国“两会”、第二届“一带一路”国际高峰论坛、海军成立70周年、新中国成立70周年等节点，启动安保维稳工作机制，做好保安全、护稳定各项工作。推进“扫黑除恶”东营攻坚战，全市打掉“涉黑涉恶”类团伙27个，破获各类刑事案件520起，抓获犯罪嫌疑人371名，检察机关提起公诉32件、277人，审判机关审结28件、263人，查扣涉案资产5亿余元。在全市开展“保平安、迎国庆”油区治安综合治理专项行动，打击打孔盗油犯罪，集中整治油区治安突出问题，油区低发案实现常态化。2019年，全市违法犯罪类警情、刑事警情、治安警情同比分别下降41.1%、12.9%、47.3%。

【社会治理创新】 整合基层服务管理资源，将综治、信访、应急、城市管理、交通运输、市场监管等涉及基层社会治理全部纳入“一张网”。全市划分基础网格4010个、专属网格2088个，配备专职网格员6100余人。在市县乡三级设立实体化社会治理网格化服务管理中心，加挂综治中心、矛盾纠纷多元化解中心牌子。依托全市政务大数据平台，建成社会治理网格化服务管理信息系统，为基层社会治理提供信息技术支撑。5月起，全市办理各类网格事项100余万件，消除公共安全隐患15万余件，解决群众诉求9万余项。统筹推进市县乡村四级矛盾纠纷调解平台建设，在重点行业领域建立专业性、行业性调解组织，完善调解、诉讼、仲裁、行政裁决、行政复议等衔接机制。推进“四个一批”专项行动，集中攻坚化解涉法涉诉信访积案，5年以上涉法涉诉信访积案全部化解清零。举办东营市2019年度见义勇为事迹通报会，授予22名市民“见义勇为先进分子”称号。

【法治东营建设】 完成市县（区）两级党委政法委机构改革，对市政法部门开展政治督察，对基层政法单位开展纪律作风督查巡查，对32件涉法涉诉信访积案开展案件评查，纠正侵害群众合法权益行为。印发《关于依法保障服务民营企业健康发展的指导意见》，建立服务保障民营企业联席会议、政法机关领导班子成员联系企业制度，召开服务民营企业发展座谈会，为企业提供政法服务。开展打击恶意逃废金融债务、打击涉众型经济犯罪、打击新型电信诈骗犯罪等专项行动，营造良好经济金融环境。落实国家司法救助政策，向177起司法案件当事人发放救助金243万元。依法做好特赦工作，全市审结特赦案件2批、80起，裁定特赦80人。

【政法队伍建设】 结合“不忘初心、牢记使命”主题教育，抓好政法队伍政治理论学习，教育引导干警学习贯彻习近平新时代中国特色社会主义思想。落实乡镇（街道）政法委员制度，全市39个乡镇（街道）全部配备政法委员。坚持实战引领，定期举办政法大讲堂和专题培训班，开展轮值轮训、实岗练兵、技能比武活动。6月，在华东政法大学举办“全市法治与社会治理创新专题培训班”，全市政法单位70余名干警参加。开展“向党和人民报告——全市政法机关开放日”活动，开放各级政法单位53个，接待到访市民群众2600余人。

（市委政法委　张文涛）

公　　安

【概况】 2019年，全市公安机关完成庆祝新中国成立70周年重大安保任务。暴恐活动重点线索全部清零。推进“扫黑除恶”专项斗争，创新打击电信网络诈骗犯罪机制，开展打击涉众型经济犯罪、成品油违法犯罪、环保领域犯罪，全市违法犯罪类警情、刑事警情、治安警情同比分别下降

开展“保平安、迎国庆”百日行动 （解朋龙供稿）

41.1%、12.9%、47.3%，全市82%的城市社区、95%的农村村居刑事“零发案”。印发《东营市公安机关依法保障和服务民营企业发展50条措施》，建立企业“护航警官”制度。在全省率先完成县级公安机关领导干部和派出所所长交流，实现社区“警官书记”全覆盖。省公安厅在东营召开6场全省公安机关现场会和专项工作会；市公安局先后被省委、省公安厅表彰为全省抗击台风抢险救灾先进集体、2019年度全省优秀市级公安局，获新中国成立70周年大庆安保维稳突出贡献奖。 （市公安局 孙永华 李光）

【队伍管理】 2019年，全市公安机关贯彻落实习近平新时代中国特色社会主义思想，加强公安队伍革命化正规化专业化职业化建设。推进“不忘初心、牢记使命”主题教育，选派31名市局和分县局领导参加公安部、省公安厅政治轮训，举办市级政治轮训班6期；开展“青春心向党、建功新时代”“70年·公安记忆”等主题活动7场次。落实省委、市委“担当作为、狠抓落实”和公安部全警实战大练兵工作部署，在全警集中开展“扫黑除恶”、破案打击等10个方面大竞赛、大比武；组织民警参加全市公安机关“实战砺警”网上练兵考试，参加全省公安机关警体运动会；举办全市基层民警规范执法培训等专题培训18期。创新为民服务机制，推出东营经济技术开发区分局金水派出所等一批“枫桥式公安派出所”；开展入户走访、警营开放日活动，走访群众2.6万人次，开展媒体记者进警营、中小学生进警营等系列开放日36场次。强化战时思想政治工作，开展送奖上岗12场次，即时表彰25个集体、173名民警；1项政治成果创新获公安部三等奖。年内，42个集体、74名民警获市级以上表彰奖励，208名民警被记功嘉奖，涌现出“拆弹专家”牟久红、“齐鲁最美警察”戴魁、全市扫黑除恶先进集体东营分局有组织犯罪侦查大队等先进典型。 （市公安局 于国翰）

【治安行政管理】 ①“枫桥式优秀派出所”创建。5月，在东营分局组织召开全市派出所工作现场推进会，确定12个派出所作为重点培树对象，推动社区警务与基层社会治理深度融合，创新发展新时代“枫桥经验”，东营经济技术开发区分局金水派出所、利津县局北宋派出所被授予省级“枫桥式公安派出所”称号。②养犬管理民生实事。完成全市养犬管理信息系统升级改造，全市布建养犬登记点43个，办理犬牌犬证2.18万套，挂牌数量位居全省第2；建成4个犬只收容救助留检所，收容救助犬只1779只；组建8支专业捕犬队伍，配备专业捕犬人员86名，查缴禁养犬和捕捉流浪犬1569只，查处违法养犬行为2387起，行政处罚228人，全市犬类纠纷投诉警情同比下降19%。③“护航警官”派驻。为133个市重点建设项目、22个市重点推进建设项目和716家规模以上企业派驻145名“护航警官”，开展安全检查120次，排查安全隐患90处，当场整改84处，责令限期整改6处。④改革治安行政管理服务。全市800余家旅馆全部实现“刷脸住店”，旅馆业申办实行告知承诺制，为企业减免材料1200余份；简化企业刻制公章审批备案程序，为企业减免材料10万余份。 （市公安局 付晓奇）

【严打整治】 2019年，全市刑侦部门立刑事案件5094起，同比下降10.6%；破获2280起，同比下降0.06%；抓获1443人、逮捕749人、移诉1107人，分别同比增长6.5%、4.3%、3.5%。其中，破获命案现案9起，命案积案3起。全市打掉“黑社会”性质犯罪组织8个、恶势力犯罪集团6个、恶势力团伙3个，刑拘240人，破案367起，“扫黑除恶”专项斗争取得阶段性成效。全市发生电诈案件1091起，抓获犯罪嫌疑人200人，预警劝阻9319起，避免损失9700万元，止付5001万元，冻结7104万元。推进“云剑”追逃攻坚，抓获网上逃犯497人，其中“云剑”目标逃犯159名。

打击经济犯罪。全市经侦部门立案218起，其中，涉众类案件27起、涉税类案件74起，刑拘177人，取保171人，逮捕66人，移诉113起、231人，涉案价值1900亿元，挽回损失12亿余元。立涉众型经济犯罪案件26起，涉案金额4.7亿余元，涉及投资受损人员6000余人，抓获犯罪嫌疑人12人，其中，刑拘10人，逮捕7人，取保候审5人，移送起诉5起、9人，全市涉众型经济犯罪得到有效遏制。开展涉票犯罪专项行动，立涉税案件74起，抓获犯罪嫌疑人78人，涉案金额2300余万元，挽回经济损失3.5亿余元。推进“云端2019”专项行动，接上级研判、打击线索指令101条，其中，涉众领域18条，财税领域76条，商贸领域4条，金融领域3条。

治安严打整治行动。全面整治治安乱点，开展集中清查行动7次，清查重点行业、场所和区域7820处，打击现行违法犯罪123起，处理违法犯罪人员146人，抓获网上在逃人员17人。持续推进油区治安综合治理，侦办涉油气刑事案件4起，采取刑事强制措施11人，治安案件23起、治安处罚41人，取缔非法收油点2个，查扣涉油车辆17辆。以"四个常态化"机制为抓手，打击"黄、赌"违法犯罪，全市查处"黄、赌"案件149起，其中，行政案件134起，治安处罚320人，刑事案件15起，刑事拘留29人。打击非法经营成品油违法犯罪，办理涉油刑事案件26起，采取刑事强制措施33人，办理行政案件235起，行政拘留247人。开展打击整治枪爆违法犯罪专项行动，收缴各类枪支82支，子弹1851发，雷管230枚，管制刀具40把，易制爆化学品4.1千克。对全市406家危爆单位进行安全检查，排查整改隐患211处。

禁毒部门严打整治行动。开展网络扫毒、"川01"及全省县级公安机关缉毒破案会战等专项行动，保持对涉毒违法犯罪高压打击态势。侦破涉毒刑事案件24起，其中，部级目标案件1起，省级目标案件2起，缴获冰毒、海洛因6415.38克，采取刑事强制措施68人，起诉毒品犯罪嫌疑人72人。发现新增吸毒人员155人，强制隔离戒毒71人。开展全市重点制毒物品管控和全市化工行业大排查专项行动，编制《东营市易制毒化学品购销环节风险及对策工作图解》。建立行业"退出"机制，摸排易制毒化学品企业675家，梳理确定重点企业208家，清理资质不全、内部管理措施不落实的问题企业120家。

食药环侦部门严打整治行动。全市侦办食品药品环境领域刑事案件80起，抓获213人，刑事拘留129人，移送起诉172人，打掉犯罪团伙52个，涉案金额1.63亿元。

（市公安局　靖建歌　孟晓菲　付晓奇　于时军　邵磊）

【网络安全】 落实7×24小时网上动态巡查机制，上报舆情专报315期，过滤删除网上违法信息667条，打击谣言41起，公开辟谣22起。"东营网警"抖音号获评公安部"2019最具影响力网警抖音号"。开展网络安全执法检查，检查重点单位71家，反馈问题320余条，整改安全隐患87处，全市三级以上信息系统等级测评率达98.3%；开展网络安全基础要素排查，摸排IP地址段4936个、网站3927个、LED显示屏492块、监控探头2710个；开展安全隐患风险态势感知分析，通报处置整改安全事件56起，整改高危以上隐患漏洞1190余个；自主研发具有社会动员能力大屏幕信息发布审计暨应急管控系统。开展"净网2019"专项行动，主侦破获部督案件2起，厅督案件7起，抓获犯罪嫌疑人81名，扣押冻结涉案资金2.3亿余元。协助各警种部门侦办案件410起，抓获犯罪嫌疑人265名。受理电子物证勘验取证委托120起，检材332个，出具勘验检查报告122份，提供有价值线索39条，自主抓获网上逃犯38人。完成新中国成立七十周年、海军节、各级"两会"、黄河口（东营）国际马拉松赛等重大活动网上安保任务，被省公安厅评为"新中国成立70周年大庆安保维稳工作成绩突出集体"。

（市公安局　张涛涛）

【边防保卫】 ①构建海防综合管控体系。建立公安、海洋渔业、海事、海关、海警等涉海部门协作机制，完善鲁冀边界海域治安管控机制和潍坊、东营、滨州边界区域联勤联动机制，开展海上联合执法行动6次，联合处置海上走私、非法采矿、海上非法砂石料运输、渔事纠纷等涉海突出问题26个。②强化沿海治安动态管控。围绕新中国70周年大庆安保维稳开展集中清查专项行动，对各类出海作业船舶进行拉网式清查，协助打掉海上"黑社会"性质组织1个，查处违规出海作业船舶46艘，东营沿海治安保持稳定。③做好台风"利奇马"防抗工作。出动警力516人次，车辆166台次，救助渔船9艘，转移海上作业渔船民及边防辖区群众1574人，救助受困群众280人，救助遇险车辆49台，消除安全隐患175处。

（市公安局　付淋华）

【出入境管理】 2019年，全市公安机关出入境管理部门深化"放管服"改革，市公安局出入境推出"中午办证"、节假日办证服务；推进权限下放，东营经济技术开发区分局开通出入境服务，主城区实现多点布局；落实"全国通办"新政，推出高层次人才服务专员机制；开展"双亮双比双争""服务之星"评选活动，提升服务效能，群众满意率位居全省第1；强化涉外管控，临时入境人员住宿"三率"（登记率、及时率、准确率）达到100%。全年受理出入境申请85596件次，清理873家备案单位，通报法定不批准出境人员1587人，完成赴港澳企业商务备案27家，商务备案人员93人，列管常住境外人员240人，采集临时入境信息6946条，查处"三非"（非法入境、非法居留、非法就业）案件25起26人，发现法定不准出境4人。6月，全省出入境工作现场会在东营召开。

（市公安局　郑牧春）

【户政管理】 至2019年年底，全市统计户籍人口694478户1976519人，比上年增加9708人；统计流动人口270430人，累计制发居住证367826个。3月，制定高层次人才户籍办理服务实施细则，对高层次人才实行"一对一"服务。5月，完成本地人口信息管理系统向省级系统对接。6月，全面推行"1+6"（1即一次办好、群众满意，6即一张清单、一窗受理、一表申请、一站办结、一网通办、一线连通）服务模式，申请材料、受理机关、业务流程、办理时限、服务标准实现"五统一"。以东营经济技术开发区分局胜利派出所为试点，配备身份证自助申领机、自助领证机、临时身份证明自助打印机，实现24小时户籍自助服务。12月，部署开展流动人口出租房屋集中清理整治专项行动，居住证全部实现现场制

发,年内现场制发居住证48838个。（市公安局 吴忠玲）

【"110"接警服务】 2019年,以信息化建设为引领构建"大数据"服务支撑体系,优化警情"日清零"扁平化合成化机制,完成18类重大活动安保任务。全年接警681258起,其中有效警情98853起,刑事警情4402起,治安警情12196起,交通类警情74261起;分流非警务警情18218起,有效节约警务资源。发挥情报预警、统筹协调作用,处置规模性聚集事件79起、3930人次,确保重点区域秩序稳定。

（市公安局 徐圣芳）

【交通管理】 2019年,全市公安交警部门围绕"践行新使命、忠诚保大庆"交通安保主线,推进源头隐患清零、路面秩序净化、农村安全守护、宣传警示曝光、社会协同共治"五大行动"。①秩序管控。开展"逢五逢十"、周末夜查等集中整治行动,查处交通违法行为114万余起,连续900天未发生较大以上交通事故。②基础建设。渠化改造路口30个,更换信号灯具129处,343套信号灯实现智能联控,34条道路实现"绿波"通行,中心城区平均行车速度提升27.5%。③"放管服"改革。28个"一次办好"事项全部实现;建成交通事故救助服务大厅(站)7个,受理申请垫付案件152起、垫付救助金475万元。创新推出警保合作农村"两站两员""警保联动中心""反保险欺诈办公室"等特色品牌,省公安厅交管局在东营召开现场会进行推介。（市公安局 甄凤臣）

【监管看守】 2019年,市看守所围绕"要始终把安全放在首位"工作要求,抓党建带队建、抓规范强监管,实现安全监管,被省公安厅授予集体二等功。组织"武警+民警"联合练兵,提升实战能力。落实分押分管、规范留所服刑管理、推进监内考核,确保监区安全有序。深挖、转递线索30余条,协助禁毒支队破获跨省贩毒案,收缴毒品约5千克;推广预约会见、自助登记,启动律师快速会见室;开放廉政警示教育,筑牢防腐拒变思想堤坝。年内办理入所2078人,出所2007人,办理提审3711人次,律师会见5815人次,家属会见481人次。（市公安局 王文慧）

【重大案件】

1月22日,广饶县局侦破"2018.12.21"特大网络诈骗案。该案抓获涉案成员12人,案件移送起诉。

4月19日,东营分局破获"11·16"专案,即魏某某涉嫌组织领导"黑社会"性质组织案件。该案抓获涉案成员15人,破案28起,冻结、扣押资产8279万元。

5月,东营分局破获一起故意杀人案。东营分局成立专案组,通过现场细致勘察,研究被害人生活轨迹与人际交往关系,调取相关监控,走访排查,于5月24日15时许在某小区一电梯内将犯罪嫌疑人王某某抓获。

8月,市公安局、河口分局联合侦办"6·02"专案,即毕某涉嫌组织领导黑社会性质组织案件。至年底,该案抓获涉案成员26人,破案33起,冻结、扣押资产8925.4万元。

（市公安局 靖建歌）

检 察

【概况】 2019年,东营市检察机关履行法律监督职责,持续深化司法体制改革,从严加强检察队伍建设。承办中国法学会刑事执行检察专业委员会第二届年会现场观摩、全省首届服务保障民营经济发展法治研讨会,15起案件入选全国、全省检察机关精品案件,30个集体和个人受到最高人民检察院、省委、省检察院表彰,连续5年保持全国文明单位称号。

【刑事检察】 服务保障民营经济高质量发展,打击危害民营经济犯罪,批捕、起诉破坏市场经济秩序、侵犯知识产权等犯罪373人;坚持罪刑法定、疑罪从无,对企业高管、科研人员慎用羁押强制措施,审查建议变更取保候审2人,监督撤案2件;优化投资环境,批捕、起诉强揽工程、阻挠项目施工等领域犯罪78人;防控金融风险,对31起恶意逃废银行债务犯罪从快批捕、起诉,对认罪态度好、积极主动偿债的依法从宽处理,不捕不诉3人。承办全省首届服务保障民营经济发展法治研讨会,办理一起销售假冒注册商标商品案被评为全省典型案例。推动脱贫攻坚,批捕起诉侵害农民权益犯罪18人。推进"扫黑除恶"专项斗争,批捕涉黑、涉恶犯罪嫌疑人125人,起诉277人,无捕后不起诉案件。《检察日报》头版刊文介绍东营检察机关扫黑除恶"办案监督服务一体化"工作做法。严厉打击刑事犯罪,全年受理审查逮捕案件1015件、1642人,同比分别增长10.93%、7.67%;经审查,批准逮捕793件、1234人,同比分别增长11.38%、10.18%。全年监督公安机关立案、撤案73件,同比增长69.77%,纠正漏捕106人,同比增长89.29%,纠正违法64件,同比增长20.75%。全年受理各类审查起诉案件2646件、3767人,同比分别增长26.67%、26.66%;起诉2427件、3347人,同比分别增长26.8%、34.85%。对应当起诉而未移送起诉的,追诉89人,判决78人;坚持诉判不一备案审查制度,提出抗诉19件,检察长列席审委会17次,讨论案件25件,法院采纳意见15件。

【刑事执行检察】 依法保护刑事被执行人合法权益,纠正监管活动违法52件,提出检察建议5件,纠正监外执行违法55件,纠正财产刑执行监督违法12件,开展羁押必要性审查124件,变更强制措施124人;监督暂予监外执行案件10件;强制医疗执行专项检察3次;监督纠正指定监视居住执行违法1件;对市司法局报送的85件报请特赦案卷进行严格审查,对市中级人民法院移送的80件特赦案件征求意见逐一提出检察意见书。承办中国法学会刑执专业委员会第二届年会现场观摩；“派驻+巡回”看守所检察做法被最高检转发；1件羁押必要性审查案件被评为全国精品案件，1件社区矫正监督案件被评为全省精品案件；2篇论文在全国年会分获二、三等奖；东营区检察院被评为“全国特赦检察工作先进集体”。

【民事检察】 强化法律监督主业，优化办案结构，办理各类民事监督案件254件。聚焦民间借贷、土地承包、房屋买卖等领域，提请、提出抗诉和再审检察建议31件，法院改判23件。通过检察和解、释法说理等方式息诉82件，维护正确裁判权威。对审判和执行中的违法行为提出检察建议79件，法院采纳71件，依法作出不支持监督申请决定59件。解决拖欠农民工工资等问题，支持弱势群体起诉28件，涉及金额360余万元；开展虚假诉讼专项治理，提出监督意见17件，法院采纳22件（含积存案件）。广饶县检察院提请抗诉的11件借款合同纠纷系列虚假诉讼案，涉案金额2270万元，经法院再审全部改判，入选全省检察机关服务大局典型案例。

【行政检察和公益诉讼检察】 办理行政检察监督案件86件，行政生效裁判监督案件12件，支持起诉1件。依法监督纠正行政审判程序违法行为及行政非诉执行违法行为72件。立案公益诉讼案件101件，发出诉前检察建议91件，提起诉讼9件，法院判决支持6件，调解结案7件。其中，发出生态环保领域诉前检察建议24件，提起民事或刑事附带民事公益诉讼6件，督促处理危险废物17300余吨，处理废水9000余平方米，追回环境污染处置费用、生态损害赔偿及修复费用5500余万元。发出食药领域诉前检察建议29件，提起刑事附带民事公益诉讼3件。发出国有财产保护领域诉前检察建议23件，督促收缴国有财产670余万元。发出国有土地出让领域诉前检察建议3件，督促收回国有土地5.33公顷。探索拓展公益诉讼办案范围，垦利区检察院在全市率先发出安全生产领域诉前检察建议2件；东营区检察院办理的武家大沟堤坝毁坏影响行洪安全案，入选全国检察机关“携手清四乱、保护母亲河”专项行动检察公益诉讼十大典型案例。

【控告申诉检察】 2019年，全市检察机关共受理群众来信来访1961件（次），其中，受理来信289件，接待群众来访1672次。审查办理刑事申诉案件43件，国家赔偿及赔偿复议案件2件，司法救助73件，发放救助金42.2万元，审查受理民行监督案件198件。印发《“群众来信件件有回复”工作暂行规定》，打造群众来信办理“四三三”工作模式，确保每一封群众来信及时回复。发挥“12309”检察服务中心作用，畅通群众诉求渠道，推广“阶梯式”矛盾纠纷分层化解机制，保持涉检信访“零积案”、到省进京“零上访”。

【检察技术】 全年受理各类技术案件429件，其中检验鉴定6件，技术性证据审查321件，技术协助98件，现场勘查4件。发出首份司法会计专业领域检察建议，对“涉黑涉恶”案件审查率达到85%以上。

【案件管理】 全市案管部门受理各类案件3459件，制作电子卷宗3946卷。加强流程监控，建立监控日志，发现问题197个，发出期限预警提示578次。加强涉案财物管理，受理涉案物品451件，处理289件；开展职务犯罪涉案财物跟踪清理活动，对转隶后陆续判决的涉案财物进行督促处理。做好辩护人、诉讼代理人接待工作，受理阅卷、会见、提交材料申请1054人次，提供各类卷宗借阅、刻录服务913人次。

【未成年人检察】 办理未成年人犯罪案件54件、95人，被害人是未成年人的案件47件、57人。严格遵守未成年人犯罪案件特别程序规定，为涉罪未成年人提供法律援助17人次，落实法定代理人、合适成年人到场27人次。对17人适用附条件不起诉，进行社会调查36人次，对29人实施犯罪记录封存，对14人进行心理疏导和帮教。推进校园法治共建，市、县（区）两级院检察长、副检察长担任法治副校长，开展送法进校园活动24场次，加快黄河口未成年人联合关爱中心建设，被最高检、团中央确定为全国首批未成年人检察工作社会支持体系建设试点单位。

【规范化建设】 完善案件质量常态化评查机制，随机抽取案件146件，查摆整改问题。完善业务通报制度，每月一次案件数据分析，每季度一次业务调度会。完善重大案件决策机制，被表彰为全国检察机关“检委会规范化建设示范单位”。深化检务公开，公开案件程序性信息5416件，公开法律文书1969份，发布重要案件信息150条；及时发布检察工

2019年8月27日，“检察护航民企发展”检察开放日活动举办（市检察院供稿）

作情况，市检察院网站被评为“全国百佳检察门户网站”。完善律师服务平台，获评“全国检察机关保障律师执业权利示范单位”。

【信息化应用】 完成各类运维任务，保障网络信息系统安全，推进公检法数据联网和应用。探索智慧检务一体发展新模式，完成网站群开发，推进线索管理平台智能化发展。举办首届东检沙龙，省内外20余家单位到院考察交流。承担最高检“基于案件集中管理办案多维评估及检务公开技术研究”项目，发表论文1篇，“智慧检务集成平台开发及应用”项目获东营市科技进步二等奖。

【基层院建设】 深化“一院三品”创建工作，6个基层院共创建18个品牌，形成基层院在本区域的创新产品矩阵和全市系统领域的检察产品矩阵，工作呈阅件被省院陈勇检察长批示，品牌创建成果多次被《检察日报》报道。推进基层院标准化建设工作，河口区检察院完成标准化建设验收。

【检察事务保障】 加强检察事务保障，年初预算5390万元，同比增长26%。加强资产管理，投资45万元建设智能枪弹库，处置资产144万元，其中支援新农村和基层建设4万元。完成《县级人民检察院公用经费保障标准》调研，县级人民检察院公用经费保障标准人均4万元；1人入选东营市高端会计人才培养计划。在省级以上撰发信息简报、调研文章182篇。加强对外宣传和舆情监测，全年撰发稿件218篇，被市级以上媒体采用192篇；发挥新媒体宣传作用，“东营检察”微信公众号编发微信918条，其中原创336条。组织业务培训和岗位练兵9期，受训人员413人；完成上级检察机关和市委轮训及调训73期、161人次；举办“东检学堂”20期，7600余人次参与。全市司法警察出警5575人次，未发生安全责任事故。深化“检察官+法警”办案模式，完成省检察院法警总队“司法警察服务保障公益诉讼”试点任务，试点经验全省转发。强化警务技能提升，防爆队形科目在全省检察机关司法警察警务技能集体科目展演评比中获二等奖；司法警察参与公益诉讼调查取证科目被评为“实战情景模拟演练教学科目”。

【典型案例】 李某某等15人组织、领导、参加“黑社会”性质组织罪案。李某某，男，1975年1月25日出生，汉族，初中文化，东营市垦利区人。1998年左右，李某某纠集李某、姬某某等社会闲杂人员，以盗窃东营莱建原油为业。2001年李某某组织不断发展壮大，逐渐形成以李某某为组织者、领导者，人数众多、人员稳定的“黑社会”性质组织；该组织通过在莱建附近盗窃原油，为他人摆平事端，在红光码头收取保护费，在东营经济技术开发区、东营胜利机场集团有限责任公司周边强揽工程，向建筑工地提供土方、工程机械以及敲诈勒索、强拿硬要等手段获取巨额经济利益，并将获取利益用于组织生存、发展和实施违法犯罪行为；该组织以暴力威胁或其他手段，为非作恶，欺压残害群众，有组织地实施抢劫、故意伤害、寻衅滋事、敲诈勒索、聚众斗殴非法拘禁、保险诈骗、非法持有枪支、弹药等违法犯罪活动31起，在东营经济技术开发区、垦利区永安镇等沿海周边地区形成重大影响，严重破坏经济和社会生活秩序。2018年9月14日，垦利区人民检察院依法向垦利区人民法院提起公诉。2019年1月31日，垦利区人民法院作出一审判决，对“黑社会”性质组织的组织者、领导者李某某，以九项罪名数罪并罚判处有期徒刑二十五年，剥夺政治权利五年，并处没收个人全部财产，对其他被告人分别判处有期徒刑十八年到有期徒刑一年六个月、缓刑二年不等的刑罚。宣判后，李某某等12人不服，提出上诉。东营市中级人民法院依法组成合议庭，通过阅卷，讯问上诉人及原审被告人，并听取市人民检察院检察意见及辩护人意见，2019年5月14日进行二审公开宣判，认定原审判决事实清楚，证据确实、充分，定罪准确，量刑适当，审判程序合法，依法采纳东营市人民检察院提出的检察意见，裁定驳回上诉，维持原判。

王某某受贿案。王某某，男，汉族，1955年4月7日出生于山东省淄博市，大学学历，山东省环境保护厅巡视员，住山东省济南市历下区。该案系经省检察院指定管辖，东营市人民检察院于2019年7月16日以被告人王某某涉嫌受贿罪向东营市中级人民法院提起公诉。2019年10月23日，东营市中级人民法院以被告人王某某犯受贿罪判处有期徒刑十年，并处罚金人民币50万元；对扣押、冻结在案的受贿所得及相关财物予以没收，上缴国库。经法院审理查明：2000—2015年，被告人王某某利用担任山东省环境保护局党组成员、副局长，山东省环境保护厅党组副书记、副厅长，山东省环境保护厅巡视员等职务上的便利，在环保设备招投标、工程项目承揽等方面为戈顿三希科技（南京）股份有限公司、济南德源园林喷泉工程有限公司、山东普利项目管理有限公司等8家企业或个人提供帮助，非法收受他人现金人民币573万元。

（市检察院　陈曦）

法　院

【概况】 2019年，全市法院收案52277件，结案54023件（含旧存），法官人均结案231件，同比分别增长15.09%、21.40%和12.68%；市中院收案5603件，结案5785件（含旧存），法官人均结案116件，同比分别增长17.07%、22.72%和26.09%；办案数量连续5年创新高，一审服判息诉率、法定审限内结案率、平均办案周期等审判质效核心指标居全省法院前列。东营中院被授予“全省人民满意政法单位”“全市担当作为好团队”称号；多名干警获“山东省富民兴鲁劳动奖章”“最美法官”等称号。

【刑事审判】 全年审结一审刑事案件2416件、3316人，其中，故意杀人、故意伤害、抢劫、贩卖毒品等严重刑事犯罪241案380人，同比下降17.18%、8.43%；醉酒驾驶、交通肇事等轻罪案件1617件，占刑事案件总数的66.93%。开展“扫黑除恶”专项斗争，一审审结“黑社会”组织犯罪3案、55人，恶势力犯罪19案、145人，对47名被告人判处五年有期徒刑以上刑罚；二审审结6案、62人，对李某某、武某某等“黑社会”组织首要分子依法予以严惩。把“扫黑除恶”与打财断血、打伞破网相结合，对125人判处财产刑，其中，判决没收个人财产6人，判处罚金575.8万元；移交“涉黑涉恶”及保护伞线索55条，对2名涉案人员依法追究刑事责任。东营市中级人民法院在全省“扫黑除恶”专项斗争推进会上作典型发言。审结贪污、贿赂、渎职犯罪18案、29人，依法审理王某某、霰某某、燕某某、王某某等一批社会关注的职务犯罪案件，判决没收追缴财产4400余万元。依法维护油区治安秩序和生产秩序，惩办“涉油”犯罪19案、62人。依法惩治涉金融犯罪，审结非法吸收公众存款、金融诈骗以及“套路贷”等犯罪42案、86人。依法对符合特赦条件的80名服刑罪犯宣告特赦。加强未成年人违法犯罪预防和权益保障，向教育部门发出遏制“非法校园贷”司法建议。

【民事审判】 全市法院审结一审民事案件11303件，平均审理周期49天，办案效率居全省法院第1。总结家事审判改革经验，完善调解前置、心理辅导、人身保护令等机制，化解婚姻家庭案件2845件。出台劳动争议案件疑难问题阐释31条，健全劳动争议仲裁与诉讼衔接机制，化解劳动争议案件1826件，维护劳动者合法权益和企业用工权益。与公安交警、司法行政、保险监管机构加强协调配合，全面运行交通事故纠纷网上一体化处理平台，提供在线调解、在线鉴定、在线诉讼、一键理赔等服务，实现交通事故纠纷快速处理，审结交通事故、损害赔偿等案件1980件。依法规范房地产市场秩序，审理建设工程、商品房买卖、物业纠纷等案件2723件。做好涉农案件审理工作，审结涉及承包地“三权分置”、征地补偿、农产品买卖案件507件。以服务保障污染防治攻坚战为重点，依法审理环境资源案件124件。

【商事审判】 全年审结一审商事案件16140件，标的额449.21亿元。①优化法治营商环境。依法平等保护各类市场主体合法权益，服务保障实体经济发展，审结买卖、租赁、承揽等合同纠纷案件3067件。运用司法手段鼓励支持引导民营企业发展，审结财产权属、股权转让、公司合并等案件1108件。服务创新驱动发展，审理新技术、新模式、新业态领域的知识产权案件362件。依法保护企业家人身权、人格权和财产权，慎用查封、扣押、冻结等强制措施，减少对企业正常生产经营的不利影响。结合审判实践，制定《民营企业常见法律风险防控180条》，帮助民营企业有效防控风险，依法支持民营经济健康发展。②依法服务金融改革发展。发挥金融审判职能，审结金融借款案件2601件，标的额336.3亿元。与金融监管部门沟通协调，及时提出司法建议，支持金融资本服务实体经济，推动解决企业融资难、融资贵问题。审结民间借贷案件4388件，依法规制高利贷行为，有效防范化解企业经营风险。围绕破解企业“债务链”“担保圈”问题，面向辖区企业、银行、金融监管机构开展专题司法调研，为化解金融风险提出法律解决方案，被确立为全省社科规划研究项目重点课题。③依法促进新旧动能转换。发挥破产审判“医治病企”职能作用，助力产业结构转型升级、“僵尸”企业出清和金融风险防范化解。受理大海、胜通、东辰及关联企业系列重整案件等各类破产案件115件，审结65件。建立风险企业甄别和分类处置机制，创新运用“资产+职工”整体出售的“出售式清算”模式，先后引进博世马勒(上海)科技有限公司、浙江物产化工集团有限公司等10余家企业参与重整投资和产业整合。12月，市中院“大海集团及其关联公司重整案”入选2019年度山东省破产审判十大典型案例。

【行政审判】 加强行政审判工作，连续13年发布行政审判白皮书，审结一、二审行政案件529件，行政机关负责人出庭应诉率95.25%，实体判决中行政机关败诉72件，行政机关一审败诉率同比下降17.82%。加大涉城乡规划、基础设施建设、社会治安等行政纠纷案件协调和解力度，实现行政争议实质性化解。创新融合行政争议多元化解平台，实现行政争议审前和解中心市县区全覆盖。邀请行政机关负责人、市委党校县处级班学员、行政执法人员700余人次旁听案件审理。

【执行工作】 全市法院执行收案18970件，执结19190件(含旧存)，执行到位金额275.74亿元，同比分别增长22.87%、24.60%、10.28%。加大执行和解力度，促进企业与金融机构双赢，和解案件778件，占金融借款案件的15.19%，执结标的额59.18亿元。对1827件涉民生案件开展专项执行，实际执行到位金额1.22亿元，执行到位率60.37%。提升有财产案件执行结案率，做到有财产应处置尽处置，拍卖物品1664件，成交金额4.26亿元，有财产可供执行案件实际执结率98.89%。突出强制执行，组织集中执行活动124次，对62名被执行人财产实施搜查，拘留拘传288人，强制腾迁房屋土地53宗，向公安机关移送涉执行犯罪8案、8人，1名被执行人因拒不执行被判处刑罚。对不如实申报财产、逃避执行行为实施失信联动惩戒，限制被执行人高消费16490人次，发布失信被执行人2114人次。市中级人民法院在“苏浙沪鲁闽四省一市执行协作会议”上作典型发言。

【社会管理综合治理】 落实普法责任制，定期举办青少年法制教育、模拟法庭、“法院公众开放日”活动。落实《中华人民共和国人民陪审员法》，配合司法行政部门选任人民陪审员460人，全市法院人民陪审员参审率达86.61%。发挥法院门户网站和新媒体作用，以案普法、以案释法，召开新闻发布会27场次，开展“法律六进”活动40余场次。落实司法救助制度，为29名生活确有困难的当事人发放司法救助金46万元，依法为经济困难的涉诉企业或群众缓减免诉讼费85案、614.88万元。深化“分调裁”改革，规范诉调对接流程，加强民事纠纷诉前调解工作。全市法院诉前分流案件15218件，委托调解11458件，法院速裁17850件。加快推进“一站式”多元解纷机制建设，邀请调解组织入驻法院，对婚姻家庭、交通事故、劳动争议等13类案件实行调解前置。加强涉诉信访源头治理，引导群众依法有序合理表达诉求，完善涉诉信访导入和终结机制，提前完成攻坚化解目标任务。

【信息化与司法公开】 推进“一站式”诉讼服务中心建设，形成诉讼服务大厅、电子诉讼服务平台、“12368”诉讼服务热线“三位一体”诉讼服务新格局，方便当事人“一次办好”。7月起，除刑事公诉案件外，所有案件均实行网上立案、网上缴费。建成互联网阅卷平台。推进司法公开，上网公布裁判文书57398份，累计直播庭审5422场，向当事人推送审判流程信息、执行信息11万条。推进智慧法院建设，调卷、阅卷等核心业务实现网上办理，上诉卷宗移送时间由30天缩短为零用时。建设全市法院大数据中心，实现数据集中管理、信息互通。

【司法改革】 ①落实司法改革配套措施。深化法院人员分类管理，推进法官助理及书记员、司法行政、司法警察单独序列改革，实现员额法官遴选常态化和管理动态化，补充员额法官4名，完成法官等级晋升59人。基层法院按时完成内设机构改革，机构数量精简53%。打造“法官+法官助理+书记员”新型审判团队，全市法院组建合议制审判团队40个、独任制审判团队157个，形成以员额法官为核心，团队成员分工配合、密切协作的新型团队办案模式。省委政法委、省法院《工作简报》转发东营经验做法。②完善审判权运行机制。落实“谁办案、谁负责”要求，制定法官、法官助理、书记员职责清单。强化院庭长办案责任和监督管理职责，重点办理群体性、疑难复杂、类案冲突4类案件，院庭长办案31384件，占全部案件的58.09%。有针对性地开展业务培训、专题研讨、类案指导，帮助法官提高法律适用能力。中院审理不服基层法院一审裁判的上诉案件2661件，对384件案件改判或发回重审；对不服生效判决的当事人申诉、申请再审、检察机关抗诉等案件，依法启动再审程序，结案26件，维护当事人合法权益。

【队伍建设】 ①强化党建引领。采取“五结合四联动”方式创新党组理论学习，召开主题教育调研成果交流会，形成高质量调研报告35篇，完成检视问题整改事项25项，党员干警累计为民服务办实事267件次。举办全市法院干警先进事迹报告会。5名法官被评为全省法院审判业务专家，1名法官入选全省法学法律研究领军人物。②从严正风肃纪。加强法院内部管理，对7个方面、22类问题建立台账，明确39项整改措施，把严的标准、严的要求、严的措施落实到法院工作全过程。在全市两级法院开展审务督察，对2个基层法院进行司法巡查，完善廉政风险防控机制。建立“驻法纪声”微信推送制度，开展典型案例集中警示教育和纪律作风整顿，筑牢廉洁司法思想防线。③夯实基层基础。建立健全业务指导、案件督办等制度，指导基层法院不断提高司法水平，在人员招录、业务培训、职业保障等方面向基层倾斜。全市基层法院结案48238件，占全市法院结案总数的90%，基层法院化解社会矛盾、服务经济发展、保障人民安居乐业的作用更加突出。

【典型案例】 山东大海集团有限公司等57家公司合并重整案。山东大海集团有限公司(以下简称大海集团)始建于1988年，共有关联企业118家。其中，大海集团和山东金茂纺织化工集团有限公司系中国民营企业500强。东营市中级人民法院分别于2018年11月26日、11月30日、12月12日裁定受理大海集团等28家公司重整申请，并指定管理人。2019年1月23日，东营市中级人民法院组织召开大海集团等28家公司第一次债权人会议，表决通过《财产管理方案》《债委会设立及议事规则》等。2019年2月2日，东营市中级人民法院在充分征求山东恒远融资租赁公司等29家公司意见的基础上，根据大海集团等28家公司管理人申请，裁定山东恒远融资租赁公司等29家公司进入重整程序。2019年7月24日，东营市中级人民法院裁定对大海集团等57家公司实质合并重整。2019年11月25日，大海集团等57家公司第二次债权人会议表决通过《山东大海集团等57家公司合并重整计划(草案)》。2019年12月4日，东营市中级人民法院依法裁定批准重整计划并终止重整程序，仅用一年时间使大海集团等57家公司重获新生，并斩断“担保圈”。

李某某等15人涉黑案。自1998年以来，李某某纠集李某、姬某某等社会闲杂人员，以盗窃东营莱建原油为业。后该组织不断发展壮大，逐渐形成人数众多、人员稳定的“黑社会”性质组织；该组织通过在莱建附近盗窃原油，为他人摆平事端，在红光码头收取保护费，在东营经济技术开发区、东营机场周边通过强揽工程、敲诈勒索、强拿硬要等手段获取巨额经济利益。以暴力威胁或其他手段，为非作恶，

2019年5月14日，李某某等15人组织、领导、参加“黑社会”性质组织罪案二审开庭　（市中级人民法院供稿）

欺压、残害群众，有组织地实施抢劫、故意伤害、寻衅滋事、敲诈勒索、聚众斗殴罪、非法拘禁罪、非法持有枪支、弹药罪、保险诈骗罪等31起违法犯罪事实。该组织在东营经济技术开发区、垦利区永安镇等沿海周边地区形成重大影响，特别是对东营机场周边地区的土方、砂石料、工程机械等行业形成非法控制，严重破坏经济、社会生活秩序。东营市垦利区人民法院于2019年1月31日对该案作出一审判决，对“黑社会”性质组织的领导者李某某，以9项罪名数罪并罚判处有期徒刑二十五年，剥夺政治权利五年，并处没收个人全部财产，对其他被告人分别判处十八年到一年六个月不等有期徒刑。宣判后，被告人李某某等12人不服，提出上诉。2019年5月14日，东营市中级人民法院依法对该案进行二审公开宣判，裁定驳回上诉，维持原判。

（市中级人民法院　张玉芳）

司法行政

【概况】　2019年，全市司法行政系统立足“一个统筹、四大职能”新职责新定位，紧贴全市中心大局，在加快推进法治东营建设中开创司法行政工作新局面。市司法局先后获全国“七五”普法中期先进集体、全国司法行政机关2019年国家统一法律职业资格考试工作表现突出单位等称号，多人获得全国、省部级表彰奖励。按照机构改革的相关部署，原市人民政府法制办公室与原市司法局合并组建为新的市司法局。2019年5月，全市司法行政机构改革任务完成。

【法治政府建设】　①行政立法。围绕市委、市政府中心工作，突出地方特色，科学编制2019年市政府立法计划。制定《东营市大气污染防治条例》《东营市海岸带保护条例》，以法规案提请市人大常委会审议通过并经省人大常委会批准；第200号、201号市政府令先后颁布《东营市燃气管理办法》《东营市房地产开发经营管理办法》；按程序做好《东营市城市供水条例（草案）》提交市人大常委会审议准备。②备案审查。实现市政府重大行政决策、规范性文件合法性审查全覆盖，审查包括市政府涉法议题、行政规范性文件在内的各类文件136件，备案审查市政府部门及县区规范性文件59件；清理规范性文件和规章72件；审查市政府重大合同协议29件、标的额286亿元，参与9项市政府重要法律事务论证，保障市政府重大建设项目顺利实施。③行政执法。印发《东营市全面推行行政执法公示制度执法全过程记录制度重大执法决定法制审核制度工作方案》，召开全市全面推行行政执法“三项制度”工作会议，推动实现“三项制度”在执法部门、执法领域、执法流程全覆盖。印发《关于梳理报送行政处罚（强制）权力事项有关信息的通知》，市县两级行政处罚和行政强制事项全面实现上网运行。全面推进“双随机”联合检查，印发《关于调整〈东营市行政执法联合检查重点行业分类〉的通知》，明确采矿、交通运输、食品药品等14个重点行业联合检查的职责分工和工作要求，公布市级行政执法主体65个。④复议应诉。全市办理行政复议案件334件，综合纠错率58.30%。印发《东营市行政机关负责人出庭应诉管理办法》，明晰“关键少数”出庭应诉责任，举办国家工作人员庭审观摩活动10次、1700余人次，全市行政机关负责人出庭应诉率达93.2%。

【法治宣传】　把宪法学习宣传摆在核心位置，集中开展“12·4”国家宪法日、宪法宣传周和山东省法治宣传教育月

2019年9月6日，中共东营市委全面依法治市委员会办公室挂牌仪式举行　（市司法局供稿）

系列活动500余场，覆盖10余万人次。强化法治文化品牌建设，开展法治公益广告征集展播、吕剧普法专场演出、法律知识电视大赛等系列活动150余场。全市累计建设法治文化公园43个，法治文化长廊486个，村居法治宣传教育阵地1900余个，初步形成覆盖城乡的法治文化阵地网络。全市各级“民主法治示范村（社区）”命名覆盖面达60%以上。

【公共法律服务】 推进“数字法治·智慧司法”建设，探索“互联网+公共法律服务”新模式，推动“智能法律咨询”“在线公证”等业务上线“智慧东营”APP，建成“法治东营”智慧服务矩阵。在全市推行领导干部公共法律服务中心轮值制度。实施“2019法律援助春风行动”，在全省率先推行“经济困难承诺制”、法律援助“当天办”“4G上门服务”等便民措施；开展刑事案件律师辩护全覆盖试点工作。全年受理法律援助案件2845件，同比增长30.16%，挽回经济损失8418万元。

【人民调解工作】 坚持发展“枫桥经验”，引入行政复议案前调解和案前指导纠错机制，强化行政复议立案过程中的调解和解工作，深化信访、法院、公安联动联调工作机制，推进多元化解纠纷体系建设。全市有各类人民调解组织2125个，人民调解员6162名，其中，专业性行业性调解组织70个，专职人民调解员2396名，调处各类矛盾纠纷5351起，调处成功5311起，成功率99.3%。

【律师工作】 围绕服务民营经济高质量发展，引导律师、公证融入全市经济社会发展大局，参与企业融资、产权保护等经济活动。全市共有律师事务所76家，律师869人，担任党政机关和企事业单位常年法律顾问1230家，办理各类法律事务35320件，业务收费21336.8万元，为企业避免或挽回经济损失1.5亿元；基层法律服务所29家，法律服务工作者174名，办理案件1740起；司法鉴定机构7家，司法鉴定人82名，办理案件2874件；深化公证服务“一次办好”，办证9981件，业务收费466万元。6个律所党支部和12名党员律师受到全国、全省表彰。完成国家统一法律职业资格考试，东营考区报名考生1437名，第一阶段参考1081人，成绩合格344人，通过率31.82%；第二阶段参考418人，成绩合格215人，通过率19.89%。

【特殊人群管控帮教】 开展社区矫正安全隐患专项整治活动，全面落实涉黑涉恶人员重点管控措施；健全公检法司“四方联动”工作机制，推动构建刑罚执行共同体；对全市80名符合条件的社区矫正对象予以特赦。全市累计接收社区矫正对象9631人，在矫1635人，累计警告784人次，收监执行31人。构建横向贯通、纵向联合的三级安置帮教工作网络，落实安置帮教人员衔接登记制度和入户走访制度，建立备案预警机制，全市安置帮教人员4863人，无一失控、漏帮。

2019年东营市司法鉴定机构一览表

序号	单位名称	地址	机构负责人	业务范围
1	东营为民法医司法鉴定中心(法医临床鉴定通过省级资质认定)	东营市南一路1216号	陈士远	法医临床鉴定(损伤程度及相关事项鉴定、伤残程度及相关事项鉴定)
2	胜利油田中心医院法医司法鉴定中心(法医临床鉴定通过省级资质认定)	东营市济南路31号	庞闽厦	法医临床鉴定(损伤程度及相关事项鉴定、伤残程度及相关事项鉴定、听觉功能鉴定、视觉功能鉴定);医疗损害鉴定
3	东营垦利区人民医院法医司法鉴定所(法医临床鉴定通过省级资质认定)	垦利区新兴路99号	王利滨	法医临床鉴定(损伤程度及相关事项鉴定、伤残程度及相关事项鉴定)
4	东营利津县中心医院司法鉴定所(法医临床鉴定通过省级资质认定)	利津县利一路132号	季泽平	法医临床鉴定(损伤程度及相关事项鉴定、伤残程度及相关事项鉴定)
5	东营广饶县人民医院法医司法鉴定所(法医临床鉴定通过省级资质认定)	广饶县花苑路180号	魏　勇	法医临床鉴定(损伤程度及相关事项鉴定、伤残程度及相关事项鉴定)
6	东营市康元司法鉴定所	东营市西二路434号	陈刚田	交通司法鉴定(事故车辆认定、事故车辆技术鉴定、车辆行驶速度鉴定、事故形态及过程鉴定、事故损失鉴定、机动车价格鉴定)
7	山东峻德法医司法鉴定所	东营市黄河路38号生态谷15号楼	张圆圆	法医物证鉴定(亲权鉴定、个体识别)

2019年东营市律师事务所一览表

序号	单位名称	地 址	法定代表人	主管机关	组织形式
1	山东地义律师事务所	东营市府前大街123号	田希望	东营市司法局	普通合伙
2	山东鲁北律师事务所	东营市黄河路430-6号	谢玉泉	东营市司法局	普通合伙
3	山东众旭律师事务所	东营市西四路360号	张玉良	东营市司法局	普通合伙
4	山东黄河口律师事务所	东营市东三路138号	刘宝军	东营市司法局	普通合伙
5	山东达洋律师事务所	东营市曹州路39号	孙瑞玺	东营市司法局	普通合伙
6	山东齐征律师事务所	东营市东二路239号	杜渤海	东营市司法局	普通合伙
7	山东天地恒律师事务所	东营市北一路375号	张华庆	东营市司法局	普通合伙
8	山东正义之光律师事务所	东营市黄河路369号	李成银	东营市司法局	普通合伙
9	山东爱智律师事务所	东营市沂州路62号	李大伟	东营市司法局	个人
10	山东法瀚律师事务所	东营市胶州路103号	马志远	东营市司法局	普通合伙
11	山东百祥律师事务所	东营市府前大街53号	郭巧艳	东营市司法局	普通合伙
12	山东领先律师事务所	东营市黄河路430-6	李学宗	东营市司法局	普通合伙
13	山东东胜律师事务所	东营市淮河路305-103号	郭树进	东营市司法局	普通合伙
14	山东恒岳律师事务所	东营市东三路216-1号	孙 伟	东营市司法局	普通合伙
15	山东德文律师事务所	东营市千佛山路7号	李 洁	东营市司法局	普通合伙
16	山东汇研律师事务所	东营市蒙山路38号	王读文	东营市司法局	普通合伙
17	山东鲁成律师事务所	东营市府前大街57-1号	杜众华	东营市司法局	普通合伙
18	山东众成清泰(东营)律师事务所	东营市庐山路1188号	马长生	东营市司法局	普通合伙
19	山东奋飞律师事务所	东营市北二路胜建集团招待所	高伯良	东营市司法局	普通合伙
20	山东景项律师事务所	东营市登州路69号	王金刚	东营市司法局	普通合伙
21	山东恪诺律师事务所	东营市府前大街52号	杨振刚	东营市司法局	普通合伙
22	山东东照律师事务所	东营市黄河路100号	崔富华	东营市司法局	普通合伙
23	山东齐鲁(东营)律师事务所	东营市府前大街65号	李广勇	东营市司法局	普通合伙
24	山东舜翔(东营)律师事务所	东营市黄河路195号	田明静	东营市司法局	普通合伙
25	山东德衡(东营)律师事务所	东营市北一路万达广场	刘伟忠	东营市司法局	普通合伙
26	山东康桥(东营)律师事务所	东营市华泰国际金融中心	崔 强	东营市司法局	普通合伙
27	北京市盈科(东营)律师事务所	东营市府前大街57-1号	蔡伟强	东营市司法局	普通合伙
28	山东崇诺律师事务所	东营市沂州路68号	黄俊华	东营市司法局	普通合伙
29	山东瑞茂律师事务所	东营市东三路111号	郭宇航	东营市司法局	普通合伙
30	北京市汇融(东营)律师事务所	东营市千佛山路17号	秦富亭	东营市司法局	普通合伙
31	山东途安律师事务所	东营市府前大街52号	李 刚	东营市司法局	普通合伙
32	山东国曜(东营)律师事务所	东营市南一路258号	谷艳超	东营市司法局	普通合伙
33	山东体仁律师事务所	东营市庐山路1188号	信鸿狄	东营市司法局	普通合伙
34	山东鲁航律师事务所	东营市庐山路1188号	胡加强	东营市司法局	普通合伙
35	胜利油田公司律师事务部	东营市济南路258号	鲁万忠	东营市司法局	公司律师
36	山东城合律师事务所	东营市南一路282号	崔守星	东营区司法局	普通合伙
37	山东崇义律师事务所	东营市千佛山路17号	于海生	东营区司法局	普通合伙
38	山东胜东律师事务所	东营市黄河路331号	李祥杰	东营区司法局	普通合伙
39	山东平等律师事务所	东营市千佛山路19号	李振才	东营区司法局	普通合伙
40	山东广道律师事务所	东营市运河路661号	徐 波	东营区司法局	个人
41	山东东曦律师事务所	东营市府前大街65号	于广涛	东营区司法局	个人
42	山东瀛超律师事务所	东营市黄河路东泽百荷广场	唐 超	东营区司法局	个人
43	山东准律律师事务所	东营市济南路北、西三路东	姜国义	东营区司法局	个人
44	山东九竹律师事务所	东营市庐山路1051号	朱子峰	东营区司法局	个人
45	山东万东律师事务所	东营市黄河路430-6号	任万东	东营区司法局	个人
46	山东曦宁律师事务所	东营市庐山路1036号	李永刚	东营区司法局	个人
47	山东万容律师事务所	东营经济技术开发区生态谷C座	丁文顺	东营区司法局	普通合伙
48	山东鲁昌律师事务所	东营市千佛山路万海金地大厦	苏文军	东营区司法局	个人
49	山东林索林律师事务所	东营市西四路与黄河路路口	林索林	东营区司法局	个人
50	山东卓普律师事务所	东营市黄河路430-6号	丁希民	东营区司法局	普通合伙
51	山东钧钰律师事务所	东营市南一路258号	杜玉芳	东营区司法局	普通合伙
52	山东德是道明律师事务所	东营市北二路53号	刘 华	东营区司法局	普通合伙
53	山东敢卫律师事务所	东营市南一路270号	张增华	东营区司法局	个人
54	山东端航律师事务所	东营市峨眉山路12号	端 岩	东营区司法局	普通合伙
55	山东齐龙律师事务所	东营市府前大街67号	刘明臣	东营区司法局	普通合伙
56	山东加仑律师事务所	东营市东一路西海通创客中心	赵新波	东营区司法局	普通合伙
57	山东清识律师事务所	东营市黄河路195号	周振元	东营区司法局	普通合伙

续表-1

序号	单位名称	地 址	法定代表人	主管机关	组织形式
58	山东九坤律师事务所	东营市宁阳路城市主人257号	房庆远	东营区司法局	普通合伙
59	山东齐融律师事务所	东营市庐山路1051号	张 强	东营区司法局	普通合伙
60	山东卓爵律师事务所	东营市运河路696号	王作稳	东营区司法局	普通合伙
61	山东国铭凯元律师事务所	东营市府前大街52号	李 强	东营区司法局	普通合伙
62	山东广胜律师事务所	广饶县乐安大街565号	李连国	广饶县司法局	普通合伙
63	山东鼎旭律师事务所	广饶县全福元城市广场	聂仁辉	广饶县司法局	普通合伙
64	山东玉辉律师事务所	广饶县恒丰大厦A9-01A	吴宝玉	广饶县司法局	个人
65	山东良远律师事务所	广饶县孙武路301号	孙少山	广饶县司法局	普通合伙
66	山东德桥律师事务所	广饶县孙武路全福元城市广场	钟 海	广饶县司法局	个人
67	山东鲁北(广饶)律师事务所	广饶县迎宾路339号	韩庆辉	广饶县司法局	普通合伙
68	山东正义之光(广饶)律师事务所	广饶县迎宾路339号	李 坤	广饶县司法局	普通合伙
69	山东高格律师事务所	广饶县广饶中心商务区银座购物广场	王哲强	广饶县司法局	普通合伙
70	山东恒岳(广饶)律师事务所	广饶县宇通商务酒店	于家亮	广饶县司法局	普通合伙
71	山东恒源盛律师事务所	河口区海宁路南首	王育奇	河口区司法局	普通合伙
72	山东益权律师事务所	河口区海宁路345号	曹云霞	河口区司法局	普通合伙
73	山东利顺律师事务所	垦利区振兴路62号	臧成文	垦利区司法局	普通合伙
74	山东岐贵律师事务所	垦利区振兴路88-12号	郭岐贵	垦利区司法局	普通合伙
75	山东诚正勤律师事务所	利津县利一路111号	王希国	利津县司法局	普通合伙
76	山东津城律师事务所	利津县津三路306号	扈荣华	利津县司法局	普通合伙

2019年东营市法律服务所一览表

序号	单位名称	联系人	联系地址
1	东营市东营康元法律服务所	刘海东	东营市西二路434号
2	垦利康元(第一)法律服务所	刘海东	东营市西二路434号
3	广饶康元(第二)法律服务所	刘海东	东营市西二路434号
4	东营市东营天明法律服务所	裴 蕾	东营市黄河路100号嘉润中心
5	东营市东营大正法律服务所	任树丛	东营市府前大街67号万达国际大厦
6	东营市东营华海法律服务所	郭树卫	东营市宁阳路22号
7	东营市东营正大法律服务所	李勇杰	东营市西四路324号胜利油建公司对面
8	东营市东营恒达法律服务所	魏伟夫	东营市太行山路747号东赵大厦
9	东营市东营兴达法律服务所	李江令	东营市济南路217号
10	东营市东营正信法律服务所	万强强	东营市千佛山路万海金地A座
11	东营市东营百胜法律服务所	韩玫玫	东营市莒州路中兴茗居小区
12	东营市东营明珠法律服务所	郭光旭	东营市运河路358号东凯社区办公楼
13	东营市东营君安法律服务所	李 欣	东营市黄河路与香山路口工银大厦
14	东营市东营清源法律服务所	房团辉	东营市新邦涌金广场
15	河口新户法律服务所	季伟娜	河口区新户镇司法所院内
16	东营河口孤岛法律服务所	李龙虎	河口区孤岛镇孤岛社区
17	广饶众鑫法律服务所	刘梦吉	广饶县大王镇潍高路272号
18	广饶广信法律服务所	刘 健	广饶县迎宾路贵和苑9号
19	广饶求正法律服务所	李争锴	广饶县迎宾路恒丰大厦
20	广饶乐安法律服务所	蒋 林	广饶县乐安街道办事处驻地
21	广饶安盛法律服务所	孙丰光	广饶县陈官镇政府驻地
22	广饶花官法律服务所	武明奇	东营市黄河路161号3号写字楼
23	垦利吉松法律服务所	许义东	垦利区振兴路90-1号
24	垦利宜洲法律服务所	张树信	垦利区振兴路90-9号
25	垦利街道法律服务所	欧阳石	垦利区复兴路与和平路口
26	垦利郝家法律服务所	崔继华	垦利区郝家镇政府驻地
27	垦利兴隆法律服务所	王爱新	垦利区兴隆街道办事处驻地
28	垦利准星法律服务所	魏树强	垦利区董集镇政府驻地
29	利津利城法律服务所	李学良	利津县城津三路302号

（市司法局　张俊鹏）

仲　　裁

【概况】　2019年，东营仲裁办受理民商事案件748件，标的额20.9亿元，同比分别增长43.8%、40.4%，案件平均审理周期41天。五届一次会议审议通过新修订《东营仲裁委员会章程》《东营仲裁委员会仲裁规则》。根据5月公布的中国仲裁公信力评估报告，东营仲裁委在全国255家仲裁机构中列第23，山东第3。

【服务民营企业】　建立企业联络员制度，加强与重点企业的沟通联系。领导干部带队上门服务商会、企业30余次，宣讲仲裁制度经济、快捷、保密等优势，引导企业防范法律风险。平等保护民营企业合法权益，依法慎用财产保全措施，维护企业经营安全稳定。依法保密办案，保护商业秘密，维护企业品牌信誉。坚持和发展新时代“枫桥经验”，全力促成调解和解，维护良好的商事关系，调解和解率达58%。参与化解金融风险，优化金融案件审理流程，降低金融案件仲裁费用，开通绿色通道，确保金融案件快立、快审、快裁，依法妥善化解金融案件114件，争议8.9亿元。支持石油化工、石油装备、橡胶轮胎、新材料等特色产业发展，妥善审理涉及特色产业的买卖合同、股权转让、融资担保等纠纷案件93件。

2019年12月27日，东营仲裁委员会换届会议召开　（东营仲裁办供稿）

【服务社会治理】　①矛盾纠纷化解。深化仲裁与诉讼、调解对接，在东营区人民法院设立诉前仲裁调解中心，在市保险行业协会成立保险案件仲裁调解中心，引导当事人用仲裁方式化解纠纷100件，参与调处纠纷300余件。②依法保障民生权益。坚持社会效益优先，积极回应群众纠纷化解新期待，关注住房等基本民生诉求，审结房屋买卖、租赁、物业服务等涉及民生案件348件。③为民服务。县区服务窗口受理案件100件，标的额10亿元，促进纠纷就地化解。在共建社区成立仲裁服务中心，面对面解答群众法律咨询；在帮扶村设立基层法律服务站，第一书记担任负责人；进驻市公共法律服务中心，与人民调解加强工作衔接，近距离为市民提供便捷服务。

【提升素质能力】　5月，与东南大学联合举办仲裁员素质能力提升培训班。从法学理论研究和仲裁实务工作两个方面出发，就合同法、物权法新法律法规的适用等仲裁员关心的热点、难点问题开展研讨交流。12月，举办2019年度第二期仲裁员素质能力提升培训班，对仲裁审理程序进行系统辅导，50余名仲裁员参加培训。　（东营仲裁办　于乔雅）

经济管理

发展与计划管理

【计划与管理概况】 ①计划编制情况。2019年年初,《东营市2019年国民经济和社会发展计划》经市八届人大三次会议审议批准后,市政府以东政发〔2019〕4号文件印发执行。主要预期目标为:地区生产总值增长6%左右,规模以上工业增加值增长6%左右,一般公共预算收入增长5%,社会消费品零售总额增长7%左右,城乡居民人均可支配收入分别增长7%左右,全社会固定资产投资保持平稳增长,进出口总额、吸收外商直接投资保持适度增长,城镇登记失业率控制在3.5%以内,居民消费价格涨幅控制在3%左右。全面完成省下达的约束性指标。②计划完成情况。受长期结构性矛盾和短期不利因素叠加影响,2019年东营发展面临的困难和挑战明显增多,部分指标增速放缓。地区生产总值。市委、市政府针对经济下行采取一系列措施推动经济承压趋稳、逐步回升,实现地区生产总值2916.19亿元,增长4.2%,较上半年回升2.5个百分点。规模以上工业增加值。受产业层次偏低、市场竞争加剧、贸易壁垒增多等多重因素影响,工业运行面临较大压力,全年增长4.4%,在各市普遍下行形势下,总体保持较好增长势头,居全省第5位。固定资产投资。受宏观经济下行、企业盈利空间收窄等因素影响,企业投资意愿和投资能力下降,加之项目纳统要求发生变化,上半年全市固定资产投资下滑明显,最高降幅49.2%。下半年,市委、市政府成立投资运行指挥部,坚持月初、月末2次集中会商,统筹项目纳统、指标核实两个关键,全力推动稳投资,全年固定资产投资降幅收窄至32.6%。一般公共预算收入。在减税降费拉低收入37亿元的情况下,全市实现一般公共预算收入245.1亿元,增长0.2%,剔除减税降费政策影响,实际增长15.3%。社会消费品零售总额。面对石油及制品、汽车等大宗商品销售下滑问题,落实国家、省拓展消费市场各项政策措施,出台商业网点发展规划和推进夜间经济发展的实施意见,全年社会消费品零售总额增长2.2%。进出口总额。应对中美经贸摩擦,开展"外贸政策送万企""百企大走访"活动,组织外贸企业参加美国OTC石油天然气展等103个境内外知名展会和第二届中国国际进口博览会,全年完成进出口总额1629.2亿元,总量居全省第4位,其中进口额居全省第2位。完成城镇居民人均可支配收入51128元、农村居民人均可支配收入19013元,分别增长6.7%、8.7%;吸收外商直接投资2.4亿美元,增长151.6%;城镇新增就业5.5万人,均完成或基本完成年度计划。城镇登记失业率2.6%,居民消费价格增长2.9%,均控制在计划范围内。二氧化硫排放量、化学需氧量排放量、氨氮排放量、氮氧化物排放量等约束性指标均完成省定任务。

（市发改委　溪建文）

2019年东营市国民经济和社会发展计划执行情况表

指标名称	计算单位	2019年计划(%)	2019年	
			完成	增长(%)
一、生产总值	亿元	6左右	2916.2	4.2
二、规模以上工业增加值	%	6左右	—	4.4
三、固定资产投资	亿元	平稳增长	—	-32.6
四、社会消费品零售总额	亿元	7左右	—	2.2
五、一般公共预算收入	亿元	5	245.1	0.2
六、进出口总额	亿元	适度增长	1629.2	-0.6
七、吸收外商直接投资	亿美元	适度增长	2.4	151.6
八、城镇居民人均可支配收入	元	7左右	51128	6.7
九、农村居民人均可支配收入	元	7左右	19013	8.7
十、居民消费价格指数	%	3左右	—	2.9

【经济运行监测】 探索服务经济决策新路子,完善经济运行分析联席会议和会商制度,每月监测经济指标运行情况,会商研判苗头性、倾向性问题,及时提出有针对性的对策措施。制定推动"六稳"工作落地见效"35条"和抓紧抓实后四个月经济运行"32条",台账式推进任务落实。组建7支指导服务队,由市政府班子成员牵头,下沉开展精准指导服务,从市级层面研究解决基层反映的问题。

（市发改委　溪建文）

【规划编制和组织实施】 依据《关于健全东营市"十三五"规划纲要实施机制的意见》,推进"十三五"规划实施,保障规划目标任务有计划、按步骤落实。组织对"十三五"规划纲要实施情况进行深入评估,梳理调度25项主要指标和10方面130大项重点任务完成情况,研究提出推进规划实施的措施建议。启动"十四五"规划前期工作,开展31个重点课题研究,形成"十四五"规划经济社会发展初步思路;梳理申请国家和省支持重大事项、项目99个,争取纳入国家、省"十四五"规划。

（市发改委　李宁）

【价格管理】 ①按照国家、省关于推进天然气价格改革的有关要求,开展中心城区核定管道燃气配气价格、调整居民用气和非居民用气销售价格及建立价格联动机制等工作,经成本监审测算、价格听证会、市政府常务会议审议等工作程序,7月底出台相关政策文件,完成天然气价格改革。核定东营市中心城区居民和非居民用气配气价格为0.71元/立方米。调整中心城区居民用气销售价格,具体为:第一阶梯年用气量288立方米以内(含),每立方米2.16元(含税);第二阶梯年用气量288~480立方米(含),每立方米2.59元(含税);第三阶梯年用气量480立方米以上,每立方米3.24元(含税)。理顺中心城区非居民用气销售价格，中心城区非居民用气销售价格由最高限价管理调整为基准销售价格管理，核定非居民用气具体销售价格由基准销售价格2.86元/立方米上浮至3.10元/立方米。建立天然气价格上下游联动机制，出台《东营市管道天然气价格上下游联动办法》。②居民生活必需品市场调控监管。落实省、市关于生猪市场保供稳价工作的安排，组织召开专题协调会，督导调度保供稳价工作落实情况；落实好冻猪肉储备调控政策，摸清东营市生猪生产及储备现状，向省发改委报送有关情况。会同市市场监管局印发《关于加强市场调控监管稳定蔬菜等居民生活必需品价格的通知》，确保市场和价格基本稳定。③清理规范转供电环节加价。按照省里统一部署，成立东营市清理规范工作专班，通过召开提醒告诫会、政策宣传、实地走访、重点检查等方式，对电价政策执行情况进行督导检查，推动优惠电价政策落实。清理规范工作走访重点转供电单位100家、其他转供电单位90余家。④减税降费。梳理公布东营市行政事业性收费目录、实行政府定价或政府指导价管理的经营服务性收费目录、涉企行政事业性收费目录等5个收费目录清单，实行收费目录清单化管理，强化收费事中事后监管。清理规范涉及东营市公安、国土等5个部门的6个收费项目，放开普通道路车辆救援清障服务费、律师服务费等9个项目的收费标准，营造良好营商环境。根据国家、省有关要求，会同市交通运输局、市口岸办和市市场监管局，督促指导港口经营企业做好收费公示，对收费公示栏不健全、工作不规范的企业进行提醒告诫。会同市市场监管局开展专项清理整治活动，对政府部门及下属单位涉企收费和中介机构收费进行清理规范，强化收费监管。⑤权限内价格和收费标准核定。加强教育收费管理，编制中小学、幼儿园教育培养费用成本表，调查测算胜利一中、英华园学校、金盾司法中等职业学校的教育成本，制定相关学费标准。与市教育局、市财政局对接，制定公办中小学校服最高招标价格。通过开展前期座谈、价格调查等工作，制定东营胜利机场停车场收费政策。延期执行东营市中心城区巡游出租汽车运价和医疗废物处置收费标准。⑥推进环保电价政策落实。按照《关于燃煤发电机组环保设施自主验收后加快落实环保电价政策的通知》要求，组织全市11家未执行环保电价的并网燃煤发电企业申报环保电价，其中，4家并网燃煤发电企业的7个机组获省发改委核准批复并获环保电价补贴。对东营市垃圾焚烧发电项目2017年7—12月和2018年的垃圾处理量及补贴电量进行清算，落实好环保电价政策。⑦成本调查监审。按照国家、省关于加强国有景区收支监管的部署，对涉及东营市的黄河入海口景区、黄河三角洲动物园、孙子文化园等国有景区开展成本调查，完成相关数据的成本测算、汇总上报，为降低国有景区门票价格提供数据支撑。开展农产品成本调查，分析农产品调查数据变动原因并提出合理化建议，指导农户合理种植，及时出售存粮。完成种植意向、存售粮、购买农资、成本预测等农产品成本调查工作。⑧落实价格临时补贴发放政策。根据相关价格指数变动情况，联合财政、民政、人力资源社会保障、退役军人等部门，启动社会救助和保障标准与物价上涨挂钩联动机制，做好补贴标准测算、低收入人群人员统计、价格临时补贴发放等工作。至年底，东营市启动价格联动机制8次，补贴发放月份为4—11月，发放范围包括优抚对象、低保对象、特困供养人员、领取失业保险金人员，补贴发放标准从每人每月10元到128.4元不等，全市共补贴347749人次，补贴金额764.96万元。

（市发改委　刘素珍）

【价格认定】 ①开展涉纪检监察、涉刑事治安案件价格认定工作。2019年，市价格认证中心办理涉纪检监察、涉刑事治安价格认定业务94件，认定金额2475.33万元。其中，出具价格认定结论书75件，出具价格认定复核决定书10件，出具价格认定意见书9件。全市各级价格认定机构办理涉纪检监察、涉刑事治安案件价格认定657件，认定金额4196.52万元。②开展涉税财物价格认定。年内，全市办理涉税业务29件，认定金额2418.35万元。③开展价格争议调处。年内，全市办理价格争议调处3件，涉及金额21.62万元。④开展价格认定服务。8月，参与"利奇马"台风（暴风）灾后损失评定工作，召集9家价格评估公司商议具体评估事宜，审核修订评估公司出具的损失评估报告（草稿）。⑤加强基础建设。建立东营市价格认定专家库，选聘价格认定专家，选定市发改委价格认定业务协助单位。年底与市公安局联合开发建立价格认定网上申办平台。

（市发改委　王鹏）

【价格监测】 ①价格监测信息上报。2019年，市价格监测中心做好280余种重要商品和服务价格的上报，做好每周、月、季度主要农副产品价格形势分析。年内，直接上报价格监测报表590余份，价格监测分析110余篇，审核各县区监测机构及市直"晒价格"监测直报点报表600余份，及时上报率100%。②节假日市场价格监测。在元旦、春节、劳动节、端午节等重大节日期间，做好节假日在岗值班和市场巡查工作，及时报送节假日期间市场价格运行情况。③应急价格监测。根据《山东省价格监测中心关于启动生猪应急价格监测工作的通知》要求，3月13日起，启动生猪应急价格监测，每周三、五按时上报生猪、仔猪应急价格监测信息，每周五上报生猪市场价格动态；8月上旬"利奇马"台风过后，启动重要商品应急价格监测，8月13日起，每工作日按时上报粮油肉蛋菜等20个品种重要农副产品应急价格监测信息。④组织开展专项调研。6月，按照山东省价格监测中心《关于开展小麦市场情况调查的通知》要求，组织对全市小麦生产、成本以及收购情况开展专项调查，了解小麦最低收购价再次下调后生产和市场价格变化情况；11月，按照山东省价格监测中心《关于开展2019年秋粮生产和市场情况调查的通知》要求，开展秋粮生产和市场情况调查，了解玉米及相关产品市场运行出现的新情况、新问题。12月，按照山东省价格监测中心《关于开展粮油、肉蛋价格预期调查的通知》《关于开展房地产市场情况调查的通知》有关规定，开展粮油、肉蛋价格及房地产市场情况的相关调查工作，了解市场运行情况，为国家和省准确研判各类产品价格与市场后期走势提供依据。⑤优化"晒价格"监测品种，完善价格监测人员管理制度。在市发改委网站政务公开栏价格监测板块，将每周一次发布中心城区部分农贸市场及超市农副产品"晒价格"监测品种信息由17种增至35种，将"晒价格"监测信息发布时间由原来只工作日周三发布扩展至法定节假日。加强对监测人员管理，与直属监测点监测人员签订价格监测工作协议。⑥完成《山东省重要能源价格监测报告制度》实施准备工作。根据省价格监测中心通知要求，10月底前在全市新增成品油零售价格监测定点单位3家、CNG零售价格监测定点单位4家、天然气终端价格监测定点单位2家，完成在省价格监测中心的价格监测定点单位备案工作。⑦信息宣传。通过市发改委网站、市政府门户网站每周三定期发布农副产品"晒价格"监测信息，全年发布48期。在中国经济导报网、《山东价格信息》等省级以上媒体发稿40余篇，在前三个季度全省价格监测工作质量考核情况通报中，东营市位于16个地级市价格监测机构信息发布量前列。（市发改委　刘明）

国有资产管理

【概况】　至2019年年底，市属一级企业共6家（包括独资、全资、控股企业，不含市属开发区企业），实有职工4726人，资产总额1666.47亿元，负债总额1178.29亿元，净资产总额488.18亿元，国有资产总量383.70亿元。营业收入56.06亿元，利润总额6.76亿元，上缴税收5.24亿元。

【国有资产监管】　①依法履行出资人职责。2019年，市国资委对5家企业领导班子和领导干部2018年度履职情况进行综合考评。按照经营业绩考核办法和薪酬制度改革方案，对4家企业2018年度经营业绩进行考核。根据年度工作计划，对10家监管企业财务决算报表和经营指标完成情况进行审计，上缴2018年国有资本经营收益184.14万元。制定2019年稽查工作方案，对2家企业进行稽查，督促企业整改问题，维护国有资产安全。②履行基础管理职责。对市属一级企业及其所属企业进行国有产权登记，对县区、市属开发区企业产权登记工作进行指导，实现全市342家国有企业产权登记基础统计全覆盖。推进县（区）属经营性国有资产集中统一监管，各县区、市属开发区、市现代农业示范区管理中心、黄河口生态旅游区管委会所属48家企业全部完成出资人变更，规范公司治理结构，理顺国有资产管理体制。印发《东营市国资委出资人监管权力和责任清单》，对监管事项实施清单管理，提高监管效能。审核批复监管企业重大投融资、担保事项8项，做好涉及重组整合企业的股权划转、协议签订、"三会一层"设置、章程制定等系列工作，配合有关部门开展全省沿海港口、机场资源整合工作。指导"僵尸""空壳"企业出清工作，2019年出清3家。

【国企改革】　①实施市属国有企业国有资产重组整合。印发《关于市属国有企业国有资产整合运营监管的实施意见》，按照产业相近、业务相关、优势互补的原则，通过企业合并、业务拆分、资产划转等方式，将33家市属企业和经营性国有资产重组整合为4家市管企业、2家非市管企业，优化资产配置，加强运营监管，指导企业建立中国特色现代国有企业制度，推动市属国有企业做强做优做大，服务全市经济社会发展、重大项目建设和民生保障工程。②研究制定8项国有企业改革配套制度。制定《关于加强市属国有企业主业管理工作的实施意见》，引导企业聚焦主责主业，推动企业优化投资结构；制定《关于市属国有企业功能界定与分类的指导意见》，对企业实行分类考核；制定《东营市市属国有企业主要负责人和领导班子改革绩效评价暂行办法》，推动国企改革政策落地；制定《东营市市属企业工资总额管理

2019年12月27日，东营交通发展集团有限公司揭牌仪式举行　（市国资委供稿）

办法》，激发企业活力。（市国资委　郭建潇）

市场监督管理

【概况】 2019年，全市各类市场主体达到243586户，新增市场主体61641户，分别同比增长23.96%、65.13%。

【食品安全】 1月14日，迎接省级食品安全城市创建验收。8月28日，市政府召开常务会议，研究调整市食品安全委员会组成人员及各成员单位食品安全主要职责；召开市食品安全委员会全体成员会议，审议印发《东营市食品安全委员会工作规则》《全市近期食品安全工作要点》。开展糖果、白酒等高风险食品生产专项治理。新建14个食品快速检测室，全市食品快速检测室达到76个。开展学校食堂食品安全大培训大观摩大检查大提升行动，对全市460家学校食堂进行全覆盖风险排查，校园周边食品安全长效管理“四个三”工作法（对学校突出三个宣传：一封信、一张盘、一次教育进校园；对校园周边食品供货商把握三个环节：一约谈、一抽检、一本台账记齐全；对经营户采取三项措施：一告知、一警示、一个承诺要落实；对校园周边环境整治抓住三个关键：一张图、一通告、一支队伍防线牢）被省市场监督管理局推广。组织开展羊肉市场专项整治，抽检流通及餐饮环节羊肉200批次。在全省率先推行网络订餐“平台互联+明厨亮灶+食安封签”管理模式，鲜鸡蛋“双证制”管理试点推行，开展非洲猪瘟防控。开展食品药品安全方面损害群众利益问题专项整治、食品安全方面漠视侵害群众利益问题专项整治和“在‘不忘初心、牢记使命’主题教育中整治食品安全问题联合行动”等专项整治行动。完成国际马拉松赛、高考、首届东营美食啤酒节等18项重大活动食品安全保障任务。10月12日，全省食品安全协管员网格员作用发挥专题现场会在东营市召开。11月29日，省食品安全委员会办公室对东营市创建省级食品安全城市工作情况进行“回头看”检查。

2019年2月22日，市市场监督管理局执法监管人员组织畜肉市场索证索票检查　（市市场监督管理局供稿）

【药械安全】 严格监督实施药品GSP（药品经营质量管理规范），完成新开办药品经营企业及GSP认证检查172家，撤销、收回GSP证书11张。检查涉药单位1985家次，抽检药品919批次、药包材5批次，制剂药品合格率100%。市委、市政府出台《关于加强疫苗质量安全监管工作的实施意见》，对6家疾控机构、126个疫苗接种单位进行全覆盖检查。开展家庭过期药品回收活动，无害化销毁过期失效药品21吨。探索“互联网+”在零售环节的应用，693家药店对接“远程问诊”平台，6家连锁企业启动“远程审方”。许可备案医疗器械生产经营事项499项，第三类医疗器械许可现场检查159项，对达不到标准要求的9家企业限期整改。开展春季药品医疗器械化妆品质量风险排查、无菌和植入性医疗器械监督检查，检查医疗器械生产、经营和使用企业1374家次，完成医疗器械抽检54批，发现不合格2批。检查化妆品生产、经营企业88家，完成各类化妆品抽检76批次，不合格1批次。开展不良反应监测工作，全市收集、审核、评价、上报药品不良反应报表3148份、医疗器械不良事件报告505份、化妆品不良反应报表199份、药物滥用报表267份。

2019年4月26日，市市场监督管理局执法监管人员对药品经营企业开展监督检查　（市市场监督管理局供稿）

【特种设备安全】 组织开展全市特种设备使用登记信息核查，排查特种设备使用单位175家，检查特种设备3971台。推进特种设备风险防控和隐患治理双重预防体系建设，培育市、县级标杆企业35家。完成新中国成立70周年安全保障任务，组织检查300余次，检查特种设备1.4万台套，排查隐患510处，下达《特种设备安全监察指令书》203份，全市未发生特种设备责任事故。加强检验监督管理，定检率99.84%，居全省第1。加强电梯监管，推进电梯责任保险，提前完成覆盖率30%以上目标。省市场监管局指定东营市特种设备检验所、东营区质量协会等4家单位为全省特种设备作业人员综合考试机构，中石化胜利油建工程有限公司等2家单位为全省特种设备作业人员焊接考试机构。11

月2日，2019年山东省特种设备焊工职业技能竞赛在东营市举办，市市场监管局获“优秀组织奖”，东营市胜利油田分公司代表队获团体奖。11月16日，市市场监管局获2019年山东省特种设备“博尔特杯”电梯安装维修工职业技能竞赛“优秀组织奖”。12月5日，山东威特化工有限公司率先通过省级化工企业特种设备双重预防体系标杆示范建设企业评估验收。

【工业产品质量安全】 牵头完成生态环境部督办147条问题油品线索调查工作，维护东营市地炼企业产品质量形象。制定《东营市重点工业产品质量安全监管目录（2019年版）》，对11大类产品开展质量监督抽查和联动检查，监督检查生产、流通企业816家（次）、抽检样品1315批次，合格率99.08%；开展炼化企业专家检查，检查企业30家，发现问题207项，全部督促企业完成整改。开展重点领域产品质量安全专项监督检查，以密胺餐具、消防器材、家用电器、电线电缆、装饰装修材料、电动自行车、石油化工产品等关系消费者人身安全的产品为重点，检查企业189家次，抽查样品136批次；检查特种劳动防护用品、建筑材料等生产、流通企业90家次；监督检查校服生产企业、商店、批发市场和大型商超97家。加大生产领域、流通领域成品油、尿素等产品质量监督抽查力度，检查成品油生产企业57家次，抽取样品106批次；抽检加油站和成品油仓储批发企业353家次，抽检样品1064批次，合格率99.72%。

【商事制度改革】 启用新版营业执照，推进应用电子营业执照，推动实施企业名称申报自主化、企业注销便利化、企业登记身份验证实名化。推进“双随机、一公开”监管，开展企业公示信息和经营行为等抽查工作，对全市5094家企业进行抽查，抽查结果公示率100%。市政府出台《关于在市场监管领域全面推行部门联合“双随机、一公开”监管的实施意见》，建立市“双随机、一公开”监管工作联席会议制度，印发《全市市场监管领域部门联合“双随机、一公开”监管抽查工作实施方案》，开展校外培训机构、房地产行业、化工行业、互联网上网营业场所等领域的部门联合“双随机、一公开”抽查。开展市场主体年报公示和涉企信息归集工作，全市企业、个体工商户、农民专业合作社年报公示率分别达89.00%、92.30%、89.64%。归集市场主体注册登记等信息近百万条，全部记载到市场主体名下。

【标准化工作】 全市企业主持和主要参与制定国际标准2项、国家标准6项、行业标准2项。发布地方标准3项、团体标准25项。山东省石油装备标准化技术委员会获批筹建，成为东营市获批筹建的第一个省级标准化技术委员会。“欧洲电信标准化协会（ETSI）及澳大利亚标准体系更新”项目中9243条数据通过验收并导入国家标准文献共享服务平台。东营市标准化信息所标准化服务中小企业发展国家级试点、有色金属资源综合利用国家级循环经济标准化示范单位、国家莲藕栽培标准化示范区、东营市黄河三角洲标准技术服务中心标准化综合服务创新试点建设4个国家级项目完成创建任务且申请验收，东营市东营区龙居镇乡村旅游综合标准化试点、东营市机关事务管理局机关事务管理标准化试点、胜利石油管理局西城社会化服务协调中心社区服务标准化试点、利津县政务服务中心服务标准化试点、东营市河口区人民检察院刑事执行人权保障标准化试点、生猪养殖标准化试点、山东省浅海贝类养殖综合标准化试点7个省级标准化试点项目通过验收。市机关事务管理局获批创建全国第二批机关事务标准化试点。山东省特种陶瓷粉体材料技术标准创新基地、山东省石油装备技术标准创新基地2个标准创新基地和山东华春刺参池塘高效生态养殖标准化试点、东营市人民政府办公室行政管理标准化试点、山东小海豚能源科技服务标准化试点、东营区竹香园物业服务标准化试点、利津殡葬服务标准化试点、胜利石油供热服务标准化试点、东营住房公积金管理与服务标准化试点、东营区门诊慢性病医保延伸服务标准化试点8个标准化试点入围2019年标准化综合改革暨“山东标准”建设项目。东营经济技术开发区管委会申报国家行政审批制度改革基本公共服务标准化试点。1271家企业、涵盖10597个产品、8225项标准声明公开。

【质量品牌和知识产权工作】 2009年，全市新增马德里国际商标200件，累计1393件，列全省2。新增国内商标6480件、新申请国内专利7363件，培育评选2018年高价值专利46项。万达集团股份有限公司获第七届山东省省长质量奖，中国石化股份胜利油田分公司孤岛采油厂首席技师唐守忠获第七届山东省省长质量奖个人奖提名奖。山东凤凰制药股份有限公司获2019年“品质鲁药”品牌建设“领军人物”“综合实力30强”“优秀产品”3个奖项。启动第五届东营市市长质量奖评选。

【计量管理、认证认可和检验检测】 ①实施定量包装商品生产企业计量保证能力自我声明工作。开展加气站和加油站计量专项监督检查，市级抽查加气站22家，加油站18家。开展眼镜制配场所计量专项监督检查，检查眼镜配置场所149家，眼镜配置计量器具509台。②处理285项检验检测机构许可业务。抽查环境监测机构14家。开展常压罐车检验机构专项整治，抽查罐车检验机构11家、机动车检验机构5家。对6家管理体系认证获证企业、3家产品认证获证企业开展专家检查。对29家检验机构开展飞行检查。③快速检测食用农产品42万批次，法定抽检食品14524批次，合格率98.06%。检定计量器具8.6万台件，检验特种设备2.19万台、棉花20余万吨、工业产品6300批次。

2019年9月23日，全市审计机关优秀审计成果展举办　　(市审计局供稿)

【市场监管执法】 组织开展“互联网+监管”事项目录清单梳理工作，市政府出台《关于做好“互联网+监管”事项目录清单梳理工作的通知》，完成省政府要求的监管事项目录清单、检查实施清单梳理工作目标任务。加强广告监管，围绕房地产、金融、药品、医疗等重点领域，监测广告230万条次，省市场监督管理局通报显示东营市传统媒体无违法广告。加强网络交易监管，新建档网络主体3425户，清理规范失效2840户，网络主体6058户。开展2019“网剑行动”，对34个商家、167个单品和服务促销信息样本开展定向监测巡查5142次，发现整改问题31个。监测巡查网络经营主体1万余户次，整改910户，删除违法信息490条。组织开展“扫黑除恶”专项斗争，摸排各类专业市场644个次，排查疑似涉黑涉恶线索14条。开展整治“保健”市场乱象百日行动、非法集资风险专项排查、重点领域价格监督检查、重点领域合同格式条款专项整治等活动。办理市场监管违法案件1519件(其中食品药品领域796件)，涉案货值1396.73万元，罚没金额799.35万元，移送公安机关案件11起。　(市市场监督管理局　范玉亮)

审　计

【概况】 2019年，全市审计机关完成审计项目171个。审计查出主要问题金额587984万元，其中，违规金额9737万元，管理不规范金额578247万元。审计发现非金额计量问题686个；损益(收支)不实56878万元；审计期间整改金额18817万元。审计处理处罚170688万元，其中，应上缴财政金额8390万元，应归还原渠道资金14326万元，应调账处理金额147972万元。审计促进整改落实有关问题资金81780万元，其中，增收节支12364万元(包括上缴财政金额1635万元，归还原渠道资金10729万元)；调账处理金额69416万元。形成审计报告和专项审计调查报告260篇。审计提出建议424条，被采纳审计建议185条。移送处理事项21件。其中，市审计局完成审计项目54个。审计查出主要问题金额362875万元，其中，违规金额6163万元，管理不规范金额356712万元。审计发现非金额计量问题242个；损益(收支)不实54070万元；审计期间整改金额5844万元。审计处理处罚141606万元，其中，应上缴财政金额5980万元，应归还原渠道资金12827万元，应调账处理金额122799万元。审计促进整改落实有关问题资金78504万元，其中，增收节支11023万元(包括上缴财政金额1634万元，归还原渠道资金9389万元)，调账处理金额67481万元；出具审计报告和专项审计调查报告68篇。审计提出建议144条，移送处理落实事项7件。抓好“两个统筹”，在全省审计机关率先创新组织方式，项目融合率74%。加强审计成果运用，审计专题报告、综合性报告被市领导批示13篇，有关经验做法被审计署《工作通讯》采用，实现审计信息在国家层面的新突破。探索建立审计防错容错纠错机制，入围东营市制度创新举措，被推送至省委深改办。印发《关于进一步加强纪检监察机关和审计机关协作配合的实施意见》，在全省率先建立审计机关与纪检监察机关工作联动机制。2019年，市审计局被省委审计委员会办公室、省人力资源和社会保障厅、省审计厅联合表彰为全省审计系统先进集体。

【政策措施落实跟踪审计】 2019年，聚焦重大政策落实，强化政策措施落实跟踪审计。完成清理拖欠民营企业中小企业账款审计调查，对财政政策支持加快发展“十强”现代优势产业集群、“一次办好”、减税降费和农商行服务实体经济政策措施落实情况跟踪审计，跟进开展“利奇马”台风抗灾救灾和灾后重建审计，连续7年开展保障性安居工程跟踪审计，配合省审计厅开展惠民“一本通”数据疑点核查和海洋强省建设政策落实情况审计，助力打好“三大攻坚战”，推动上级重大决策部署在东营落实。

【财政审计】 2019年，聚焦重点领域和重点项目，深化财政审计。对市级财政和16个单位开展预算执行审计，持续关注政府性债务管理和预算绩效管理，首次实现95个市级一级预算单位数据分析全覆盖，查出问题金额15.85亿元。

【经济责任审计】 2019年，聚焦权利规范运行，拓展领导干部经济责任审计。贯彻《党政主要领导干部和国有企事业单位主要领导人员经济责任审计规定》，建立东营市经济责任审计对象管理应用平台，健全经济责任审计工作联席会议制度，落实领导干部经济责任审计任前告知、分类管理、整改监督等制度办法，对51个部门单位的新任领导进行任前告知，会同市委组织部对整改落实情况进行现场督察。对24名领导干部开展任中审计，首次对市直部门开展自然资源资产审计。2019年，全市审计机关共对77个部门单位的81名领导干部实施经济责任审计，其中，任中审计24个，离任审计57个。审计查出主要问题金额90434万元，其中，违规金额1022万元；管理不规范金额89412万元。提交审计报告和审计结果报告163篇，推动建立完善规章制度20余项，审计提出建议183条，被采纳的审计建议88条。

【村级审计】 2019年，全市审计机关落实全市村级审计和党务督查工作推进会议精神，统筹推进村级审计工作，加强对村级干部权力运行的监督，制定村级审计工作意见，规范村级财务管理，服务农村治理体系和治理能力建设。完成对378个薄弱村的审计，发现各类问题832个，违纪违规及管理不规范金额5901.39万元，向3个镇街下达4份移送处理意见。

【交办审计任务】 2019年，聚焦重点任务推进工作，完成东营经济技术开发区、高端石化产业基地和省黄三角农高区国有资产划转移交清产核资，核查金额136.43亿元，开展油田市政设施分离移交跟踪审计，摸清划转移交单位财政财务收支、债权债务等情况，为市委、市政府决策提供参考。实施市财金集团资产负债损益审计、市属国有企业运营状况摸底调查和市级行政事业单位国有资产管理审计，促进国企改革、保障国有资产安全。

【专项资金审计】 2019年，全市审计机关开展专项资金审计23个，延伸审计单位115个，审计专项资金总额82533万元，审计查出主要问题金额81176万元，形成审计报告23篇。

【企业审计】 2019年，全市审计机关完成企业类单位审计项目6个，其中，审计5个，专项审计调查1个，延伸审计单位34个。审计查出主要问题金额69320万元。

【政府投资审计】 根据上级部署，推动投资审计转型发展。结合东营市投资审计工作基本情况，对2016年以来实施的跟踪和结算审计项目进行全面清理，做好正在实施项目的移交和相关规范性文件的废止工作。加强对外聘中介机构实施项目的管理和复核。2019年，开展广利港区航道等5个工程决算审计，对援疆项目进行专项审计，实施跟踪审计402个、结算审计80个，节约建设资金2.77亿元。

【大数据审计】 2019年，坚持科技强审，加强审计信息化建设，推广大数据在财政、政策落实、民生、金融等领域的应用，取得良好效果并得到省审计厅肯定。在全省信息化会议和预算执行审计研讨会上就预算执行和政策落实大数据审计做法作典型发言。争取自然资源资产一张图系统试点。首次采集市编办人员编制、市委组织部村干部和新中国成立前老党员、市工商局信息共享平台，部分金融机构行政事业单位账户等数据，实现对市政府采购中心数据的联网访问。完善电子数据管理制度，规范数据采集、管理、使用的流程，建立数据管理和疑点落实台账。推进金审三期建设，探索开发审计文书综合管理等应用系统，提升信息化保障、服务、应用水平。

【内部审计指导】 2019年，贯彻落实《审计署关于加强内部审计工作业务指导和监督的意见》，加强属于审计监督对象的单位内部审计工作。对东营市独立开展内部审计业务的10家公立医院（包括市本级医院3家，县区医院7家）内部审计工作进行专项检查。聘请内部审计单位的内审人员作为特约审计监督员，11月召开座谈会，完善监督网络，拓展监督渠道，推进国家审计与内部审计工作深度融合。参与内部审计课题研究，将内部审计实践经验总结上升为理论成果，垦利区报送的《审计机关指导和监督内部审计工作路径研究》，被省审计厅内部审计指导中心采用。

（市审计局　张洁）

统　计　工　作

【概况】 ①完成第四次经济普查。全市普查登记法人单位和产业活动单位4.6万家，个体户11.7万户。6月，国家抽查组到河口区开展事后质量抽查，对东营市经济普查工作给予肯定。市统计局、河口区统计局被评为全国第四次经济普查先进集体，其他4个县区局和东营经济技术开发区经发局被评为全省第四次经济普查先进集体，13人获省级以上表彰。②提高统计数据质量。加强日常数据管控，结合整治漠视侵害群众利益问题，在统计系统部署开展统计造假专项整治，组织开展一线核查企业300余家，保障源头数据质量。抓住相关政策窗口期，依法依规化解历史虚数，夯实基础数据。在核查全市重点耗能企业能源消费情况基础上，向省统计局汇报争取，据实调整煤炭消费基数，为东营市推动高质量发展争取环境容量空间。建立拥有1360家企业的“准四上”单位名录库和拥有400家企业的重点监测库，联合市发改委、市工信局、市住建局、市商务局、市财政局等部门出台《东营市“四上”企业培育奖励扶持措施》，加强部门协同和信息共享，抓好“纳统”，2019年全市新增“四上”单位393家，净增193家，净增数居全省第2。③提升统计服务水平。服务稳增长，召开7次会商会议，超前预调预

东营市“最美基层统计人”先进事迹

为凝聚统计改革发展正能量，进一步调动广大统计工作者的积极性创造性，充分发挥先进典型的示范引领作用，市统计局在全市统计系统开展“最美基层统计人”评选活动。经过层层发动、层层推荐，共评选出全市“最美基层统计人”人选10名。

希望推荐人选珍惜荣誉，谦虚谨慎，再创佳绩。全市广大统计工作者要以“最美基层统计人”为榜样，立足本职，扎实工作，为推动东营统计高质量发展作出新的更大贡献！

东营市统计局

2019年9月19日

刘欣欣，女，汉族，1990年4月生，东营区史口镇统计站站长。该同志从事统计工作以来，立足岗位，默默奉献，以服务镇域经济发展为目标，狠抓统计数据质量，做优统计服务，为领导科学决策提供了坚实基础。该同志先后荣获“东营市第三次经济普查先进个人”“东营区1%人口抽样调查先进工作者”“全区城乡一体化记账户先进个人”等荣誉称号。史口镇统计站先后获得“全市文明统计站”“全市五星级统计站”“1%人口抽样先进集体”等称号。

刘冬冬，女，汉族，1978年1月生，东营区黄河路街道统计站站长。该同志坚持以统计网格化为重点，努力推动统计工作进网格、进社区，在街道社区工作站成立全市首个统计调查分队，为统计抽样调查和普查奠定了良好基础。该同志先后获得“全省城镇住户优秀调查员”“全市第二次经济普查先进个人”“全市第六次人口普查先进个人”等荣誉称号。黄河路街道统计站被评为“全市文明统计站”“全市五星级统计站”“示范统计站”。

石凌燕，女，汉族，1991年1月生，河口区孤岛镇统计站站长。该同志始终坚持创新理念，凭着强烈的事业心和责任感，认真学习、刻苦钻研，把孤岛镇统计站打造成了集数据收集、统计分析、企业服务于一体的新型统计服务中心。始终牢记“数据质量是统计工作的生命线”，狠抓基层基础工作，确保源头数据质量真实可靠。该同志多次被评为先进工作者，孤岛镇统计站先后荣获“全市第六次人口普查先进集体”“全市五星级统计站”等荣誉称号。

杨新玉，男，汉族，1979年9月生，河口区新户镇统计站站长。该同志扎根基层，甘于奉献，积极探索基层基础工作与信息化深度融合模式，创建的“三上”企业星级管理系统、统计数据共享平台，掌上统计通等先进经验在全省推广。先后荣获“全省第二次经济普查先进个人”“全省第六次人口普查先进个人”“全市统计系统先进个人”等荣誉称号。统计站先后荣获“全国第二次农业普查先进集体”“山东省第六次人口普查先进集体”“全市五星级统计站”等荣誉称号。

尚凡媛，女，汉族，1984年8……生，垦利区垦……街道统计站副……长。该同志扎……基层，甘于奉献……牢固树立“立……岗位当标兵，……根基层当先锋……的意识，围绕……高统计数据源……质量，先后建……了7类数据监……点。聚焦辖区……济社会发展，……新打造统计产品，以优质的统计服务，为科学决……提供统计支撑。该同志入选首届全市基层统计……才培育工程，先后荣获“垦利区工业经济运行工……先进个人”“统计工作先进个人”等荣誉称号。

王丽平，女，汉族，1989年6月生，垦利经济开发区管委会经济发展局科员。参加工作以来，该同志认真钻研统计业务，及时完成各类统计报表。针对开发区企业数量多的特点，在完成每月常规报表后，第一时间整理汇总各类经济指标表，并及时撰写月度、季度、年度分析报告，为科学研判经济运行状况提供及时、准确的统计服务。先后参与完成第三次农业普查、第四次经济普查等重大统计普查工作，受到领导和同事们的一致赞誉。

房文慧，女，汉族，1985年4月生，广饶县乐安街道统计站统计员。该同志扎根基层，努力钻研业务知识，熟练掌握统计工作技能。先后经历工业统计，固定资产投资统计，建筑业统计，服务业统计、企业名录库管理，农业统计等多个专业岗位锻炼，锤炼为一名业务骨干。先后获得“全省企业‘一套表’联网直报先进个人”“全市第三次经济普查先进个人”“全市工业生产者价格统计先进个人”“广饶县优秀统计员”等荣誉称号。

苟成芳，女，汉族，1988年5月生，广饶县李鹊镇统计站副站长。该同志始终秉承求实、创新、严谨、奉献”的工作作风，立足岗位，开拓创新，建立了镇级固定资产投资项目准备库和追踪表，实现了对项目进展和入库情况的实时监控。同时，积极克服困难，加班加点，对李鹊镇近30年的档案资料进行整理归档，实现了统计档案规范化管理。该同志先后荣获“东营市基层统计先进个人”“广饶县优秀统计员”“广饶县统计工作先进个人”等荣誉称号。

黄新娜，女，汉族，1981年3月生，利津县北宋镇统计办公室主任。该同志始终秉承“诚信统计·服务发展”的工作理念，在平凡岗位上默默坚守，严谨细致地做好每一项工作，坚决抵制各类统计违法行为，维护统计法权威。扎实开展统计分析，为经济发展提供有力的统计参考。积极参与站所升级改造，加强软硬件建设，有效夯实了基层基础工作。北宋镇统计站先后荣获“全市文明统计站”“全市五星级统计站”等荣誉称号。

宋翠萍，女，汉族，1982年1……月生，利津县……罗镇统计站……长。该同志注……统计流程再造……提出了“程序……范、方法科学、……科齐全、数据……实”的工作要求……对待工作一丝……苟，善于换位……考，深入企业……村居，以专业……耐心换取调查……象的支持。注重统计服务创新，积极编发《汀罗……息》，为领导科学决策提供参考，努力当好参谋……手。该同志先后荣获“规模以下工业抽样调查……进个人”“全市‘企业一套表’联网直报先进个……“利津最美职工”荣誉称号。

2019年9月19日，在《东营日报》刊登东营市“最美基层统计人”先进事迹　　（市统计局供稿）

警。强化GDP预警，列出问题清单，提出预警建议。建立“5+2+2”产业、乡村振兴战略、文化产业等监测体系，做好常态化监测，实现对全市特色产业、重点行业发展的及时跟踪监测。聚焦省对市考核、全市综合考核、“双招双引”等重点任务，做好定量指标分析研判，全面推演评估，做好指导服务和对接汇报，为市委、市政府和各部门提供精准服务。全年撰写分析报告50余篇，市领导批示8篇次。举办山东省暨东营市第十届“中国统计开放日”活动，开展现场咨询服务，邀请部分政协委员实地观摩统计生产流程，提高统计工作透明度。④夯实统计基层基础。坚持示范引领、典型带路，实施“十十百”示范引领工程。在广饶县召开全市统计基层基础现场会，实地观摩、互学互鉴基层基础建设亮点，推动基层基础建设向纵深发展。完成全市首批基层统计人才培育工程选拔，10名入选人员纳入管理周期。组织开展全市“最美基层统计人”评选，评选10名基层优秀代表，在《东营日报》刊发先进事迹。举办全市基层统计培训班，加强一线业务指导，提升基层人员素质。

【统计改革】 以改革破难题促发展，贯彻落实市委《关于深化统计管理体制改革提高统计数据真实性的实施意见》，印发《关于统计机构负责人防范和惩治统计造假、弄虚作假责任制规定（试行）》《领导干部违规干预统计工作记录制度》等制度文件，压紧压实统计数据质量责任。开展全省旅游休闲统计改革试点，加强旅游休闲产业统计制度调查研究，提出旅游休闲产业增加值核算改革建议，联合市文化旅游局完成《东营市文旅产业融合创新发展调研报告》。加强与市海洋发展和渔业局沟通交流，推进海洋经济统计试点工作。参与编制完成《东营市海洋及相关产业统计调查工作方案》，严格审核《海洋及相关产业统计调查表式》并报省统计局批准。以东营市第四次经济普查单位名录库为基础，开展海洋单位统计名录库认定工作，建立全市涉海单位名录库。

【统计信息咨询服务】 加强工资、人口、价格指数等民生指标调查，为养老、工资指导线、就业等政策制定提供数据支撑，推动食品价格指数与低保人员生活补贴联动，为社会提供信息服务。组织开展“扫黑除恶”专项斗争群众满意度、营商环境等10余项民情民意调查，访问市民4万余人次，搭建党委政府和部门与社会公众的平台。做好《统计月报》《统计年鉴》等常规统计服务，建设全市宏观经济基础信息库，按月更新统计信息网站，方便社会各界在线查询；利用《东营日报》“数说发展”专栏，每月发布全市经济社会发展信息；及时向市人大两会查询平台提供详实的年度统计数据资料，构建多层次、立体式统计服务载体群。市统计局政务信息被市政府采用数量位居市直部门第5位。做好网上民声、政务公开工作，在线咨询回复率100%。

【统计法治工作】 坚持依法统计依法治统，学习贯彻习近平总书记关于统计工作的重要讲话、指示批示精神，坚决执行中央决策部署。市委理论中心组集体学习习近平总书记关于统计工作的重要讲话、指示批示精神和中共中央、国务院办公厅《关于深化统计管理体制改革提高统计数据真实性的意见》《统计违纪违法责任人处分处理建议办法》《防范和惩治统计造假、弄虚作假督查工作规定》精神，分析当前统计工作情况，从依法统计、应统尽统、固本强基3个方面提出明确要求。市政府常务会议开展相关内容的集体学习。市委下发通知要求各县区、市直各部门组织学习，推动将文件精神传达到乡镇副科级以上干部。举办全市统计法治培训班，推进统计法进党校活动，为市领导和市直部门负责人征订《防范和惩治统计造假、弄虚作假督察工作规定》辅导读本，引导各级领导干部带头尊法、学法、守法、用法。开展“12·4”“12·8”普法宣传，面向广大市民宣传统计法律法规，营造全社会关心关注统计工作的格局。加强常态化统计执法检查，全年组织开展统计执法检查单位20家。组织5人次参加国家和省统计局组织的统计执法检查工作，熟悉执法程序与要求，提升统计执法检查能力。

（市统计局　郭强）

口岸管理

【概况】 ①推进通关改革措施。组织推行“两步申报”等改革举措，全面推行船舶进出境和加工贸易无纸化，手册设立、变更等环节办理时限压缩70%。发挥海关口岸通关时效分析系统的作用，协调处置口岸超长报关问题。推动“串联”改“并联”措施落地。推动海事、港航并联处理船舶载运危险货物进出港口申报，缩短船舶作业等待时间。推进实施联合登临和关检查验改革。整合船舶登临检查、卫生检疫、实货查检和检验鉴定执法作业，实现口岸船货现场查检一次完成。2019年，进口整体通关时间为25.3小时，出口为2.4小时，比2017年分别压减92.9%和89.6%。②落实惠企政策。推进落实进出口环节监督证件简化政策。组织海关推进联网查询和单证共享，进出口环节验核的监管证件由86种减至46种。探索落实海关惠企新举措。东营海关减少纸质单据9项，实现单证精简和“一站式”办结。推广AEO认证、银关保、汇总征税等贸易便利措施，关税保证保险改革成效显著。提升“智慧口岸”信息化水平。海关保税e系统、港口智慧监管平台、进境动物在线检疫监管智慧平台平稳运行，提高监管效率。组织6个单位参加全省营商环境跨境贸易评价指标现场填报，完成信息采集、案例提报和核验工作。2019年，东营港进出外轮900艘次、货物537.3万吨，其中进口原油347.4万吨。③加大组织监管力度。出台营商环境专项优化提升行动方案，组织有关部门对拖轮费、围油栏使用费收取存在的问题进行纠正，对19家口岸收费企业的3项政府定价、4项政府指导价、15项市场调节价收费项目进行审核，落实口岸收费目录清单制度，并按照《港口收费计费办法》进行公示，优化口岸营商环境。④提升口岸核心能力建设水平。按照推动新旧动能转化、重点项目、重大基础设施、海洋强市建设的部署，推进东营港10万吨泊位对外开放查验设施规划，完成项目开工前期手续，进入泊位建设阶段。督促3万吨散杂货泊位液体改造项目立项推进。组织召开口岸核心能力建设联席会议，海关、海事、边防3个查验机构签订《应对口岸公共卫生事件合作机制备忘录》。按月调度统计上报口岸运输数据，并做好分析应对。3次组织召开外籍作业船舶作业许可专题协调会议，督导查验单位加强监管，确保安全生产和环境保护。⑤打击走私综合治理。组织各缉私职能部门破获2起走私冻品大要案，现场抓获走私嫌疑人18人，查获走私冻品830余吨，货值2000余万元。公安部门组织开展打击毒品走私等专项活动，东营市被评为全国禁毒示范城市。查获涉烟违法犯罪案件300余起，其中，走私卷烟近10万支，案值5万元。⑥加强基础工作。推进电子口岸项目建设，东营港EDI系统、进出境船舶监管平台、一次性查验平台投入运营，进出境货物监管服务平台进入建设阶段。会同市文明办印发2019年度文明口岸共建活动方案，完成2019年度文明口岸共建表彰，评选口岸先进单位和最美劳动者；开展庆祝新中国成立70周年《我和我的祖国》视频比赛活动，组织口岸营商环境业务知识培训。

（市口岸办　柴杰）

【海关】 2019年，东营海关发挥职能优势，持续压缩整体通关时间、优化口岸营商环境、助推开发平台建设、筑牢口岸检疫防线，服务东营外贸发展，被市委、市政府授予“担当作为好团队”称号。东营市进出口总值1628.7亿元，同比下降0.6%。其中，进口1286.4亿元，增长1.3%；出口342.3亿元，下降7%。①优化口岸营商环境。把压缩整体通关时间作为重要任务，全年进出口整体通关时间分别降至26.1和2.2小时。针对东营市原油等大宗商品占用资金量大的现实困难，为企业办理关税保证保险549票，释放企业资金114.97亿元。走访市宝港、齐成、亚通等主要油品仓储企业，支持设立3家原油保税仓库，为东营市进口原油延长缓税期，年节省资金约5000余万元。②支持综保区高质量发展。按照国务院关于促进综合保税区升级发展重大决策部署要求，“21条”措施中委内加工、简化进出区管理、便利货物流转、抽样后即放行4项措施在东营综保区落地，增值税一般纳税人资格试点获批，生产企业入驻实现零突破。东营综保区2019年进出口货物12.5万吨、总值26.8亿元，同比分别增长25.7%和33%。③助力东营港扩大开放。探索实施船货一体化监管模式，整合出入境船舶检疫监管5项工作流程，为东营港进出境船舶节约有效作业时间4小时每艘次。开展“口岸天平”行动，严厉打击恶意短重等贸易欺诈行为，全年检验原油、液化石油气等商品366批次，检出货

2019年3月21日，东营海关封存进境非洲猪瘟船舶携带猪肉制品

（东营海关供稿）

物短重32批次，帮助企业对外索赔1307万元。助推东营港通过口岸核心能力建设复核，提升口岸治理水平。全年东营港进出境船舶963艘次。④支持重点项目发展。开展出口轮胎专题调研，建设轮胎法规标准数据库，帮助企业解决技术难题，全国首家轮胎技术性贸易措施评议基地工作模式被海关总署标法中心认定为“东营模式”，东营市全年出口轮胎金额203.9亿元。优化进境种牛业务，开发进境动物在线检疫监管智慧平台，强化进境种牛隔离期间疫情防控，年内检疫监管进境种牛5批、18372头，连续4批进境种牛隔离期间死亡率不足千分之一。⑤夯实国门安全防线。筑牢口岸检疫防线，关注国际疫情动态，做好非洲猪瘟、中东呼吸综合征等疫情防控，举办2019年口岸突发公共卫生事件应急演练，提升卫生突发事件应急处置能力，全年检出携带各类病虫害船舶12艘次。深化“国门利剑2019”专项行动，强化对重点地区、敏感航线、重点企业的进口货物监控，加大对濒危物种、疫区冻品、成品油走私的打击力度，破获2起化妆品走私案和1起非设关地偷运走私冻品进境案。

（东营海关　王一鸣）

【出入境边防检查】　2019年，东营边防检查站更名为东营出入境边防检查站，全体官兵整体转制为第一代国家移民警察。完成进出口货物总量520万吨、货值近180亿元，办理船舶出入境手续883艘次，检查出入境人员15737人次，办理各类证件1000余份，办理行政案件2起、2人，开通“绿色通道”3次，救助1名危重船员。①聚焦管控服务。以口岸基础要素管控和“三区两队一中心”建设为牵引，建设全能型检查员队伍，推进“蓝盾”系列行动，建立党委立体抓党建服务安保工作体系，组建核查办案队，建立常态议抓机制。紧盯一线警力需求，将27名转改士兵全部充实到基层，机关干部分批次全员到一线轮岗执勤。组织开展“蓝盾”、反宣品打击等系列活动，加大出入境船舶、船员行李物品检查力度，发放宣传页300余份，制定情报奖励机制，完成口岸秘密力量物建工作。完善4大类9项口岸处突预案，联合口岸联检单位、企业辅警开展应急处突演练50余次，完成全国“两会”、多国海军活动、国庆70周年、澳门回归20周年等系列安全保卫任务，维护口岸安全稳定。与海事、海关、国保、国安等部门签订联管联控合作框架协议，定期召开联席会议，推动跨部门、行业的信息共享，锚地联合巡查、联合登轮检查常态化。在“限定区域巡防、企业自管护航、全时无缝守港、立体防控织网”4个方面持续发力，组织企业联防队员开展应急处置培训4次、160余人，组织联检单位开展锚地巡查30余次，初步构建联合指挥、快速布警、协同作战、应急救援的大巡防工作体系。制定东营口岸限定区域备案登记管理制度，协调开展东营口岸限定区域划分工作，构建政府主导、边检主责、协同推进的口岸管理格局。实施企业诚信管理，建立诚信清单，组织召开诚信管理通报会，严格落实诚信奖惩机制，放开一批长期登轮许可，让企业体验“诚信通关便利”。细化“放管服”6个方面、17项具体推进举措，出入境边检手续100%通过“单一窗口”受理，实行7×24小时全时、全流程报检服务，“网上办”“一次办”成效明显。②夯实建队基础。开展“锻造高素质过硬边检队伍”培训活动，以“全能型检查员培训”和“全警实战大练兵”活动为抓手，依托跟班巡查、办证实操、错题讲析等制度，培训转改民警120余课时，选派7名业务骨干到济南站、北京总站参加跨区域支援任务，组织10名高中以上学历的新警参加学历提升考试，提升队伍综合

2019年4月11日，东营出入境边防检查站与东营海事局签订口岸合作协议

（东营出入境边防检查站供稿）

素质和业务能力。发挥职能优势，在市、开发区两级财政预算大幅紧缩的背景下，争取财政预算、营房建设、执勤补助等项目资金同比增长8.9%。加大警用装备建设力度，年内投入30万元对原有执法执勤装备进行更新换代，增配执法记录仪管理平台、移动终端、证照智能查验设备等业务装备26类、330件，保障边防检查。

（东营出入境边防检查站　王新）

2019年9月25日，东营市海上应急救援中心成立　（东营海事局供稿）

【海事监管】　2019年，东营辖区安全保障进出港商船4.39万艘次，同比增长14.2%；海上货物运输量4252万吨，同比增长35.4%。开展船旗国/港口国检查初查378艘次，海上巡航5782海里，审批行政许可及服务1.5万件次，征收港口建设费8284万元，实施行政处罚279起，罚款276.78万元，同比增长119.7%和227.8%；发生水上险情4起，救助30人，救助成功率100%。9月25日，东营市海上应急救援中心成立。①构建海上交通安全大格局。市政府发布《关于加强海上交通安全管理工作的通知》，落实安全生产属地责任、行业责任、部门监管责任和企业主体责。与边防、交通等单位联合开展砂石运输专项整治，严厉打击内河船非法参与海上运输行为，查处非法砂石船21艘次、移送行政拘留6人，拆除、取缔非法砂石装卸点28处，设置限行设施17处，非法砂石运输行为得到遏制。船舶大气污染防治内容纳入《东营市大气污染防治条例》，《东营市海上交通安全条例》被列为2020年二类立法项目。落实《全国海事系统基层执法机构建设达标验收方案》，成立推进专项工作组，港区海事处和政务中心通过三化建设验收。②重点船舶监管。抓好东营——旅顺航线客滚船安全监管，深化黄河口旅游船监管工作机制，建立黄河口水上旅游安全综合保障体系，推进水上旅游集约化经营和标准化船型升级。开展小型低闪点液货船监管规律研究，编制《中小型汽油船安全监管指南》。完善中小型液货船“六环节四反馈”（船载危险品运输流程分成码头选船、危货审批、代理告知、码头管控、现场监管和缺陷跟踪六个环节。执法人员在对各环节进行监管时，将有关情况反馈到相应的其他环节）工作法，提升码头选船科学性。推行危险品船舶货油管线试压，解决管系泄漏问题。配合做好环渤海地市污染防治履职审计，督促企业落实船舶防污染主体责任。建立污染物转移处置联单制度，推动到港船舶生活污水接收处置，实现油田作业船舶生活污水免费接收。③应急能力建设。处置“汽船五号”轮液化气泄漏等4起险情，救助30人次，救助成功率100%。精准预防，实现强台风“利奇马”过境期间海上交通“零损失、零伤亡”。东营船舶交通管理系统投入使用，实现全市船舶交通管理方式向主动管理、预控管理的转变。在全省率先成立海上应急救援中心，组织全市应急综合演习，首次使用船载溢油应急雷达、智能救生圈、北斗救生衣等新装备。在全省率先完成《防治海上溢油事件污染海洋环境应急能力建设规划（2014—2020）》修编并通过市政府发布。④服务保障。聚焦地方重点工程，推行预约检查制，制定十万吨级航道工程专项保障方案，保证施工实施；组织开展全市航标移交专业航保部门，为港口企业减轻负担。发布63项“零跑腿和只跑一次”清单，占全部服务事项的89%，压缩行政审批时限50%以上。提升港口码头靠泊能力，纾解临港产业运输成本较高困难。

（东营海事局　李天越）

黄河口

综　　述

【概况】　黄河河口管理局隶属山东黄河河务局，驻地山东省东营市，辖东营、河口、垦利、利津4个区（县）河务局及机关服务中心、经济发展管理局、供水局、东营津泰黄河水利工程维修养护总公司、山东乾元集团公司、东营黄河顺和水务有限责任公司等直属单位。2019年，全局职工1325人，其中在职职工638人。黄河河口管理局管辖防洪工程有设防堤防207千米，其中临黄堤130千米，北大堤49千米，防洪堤28千米；险工23处667段坝岸，长30.59千米；控导工程19处318段坝垛，长34.9千米；各类涵闸29座，其中，临黄堤15座，南展堤10座，防洪堤2座，北大堤2座，设计引黄流量505立方米/秒。

2019年，黄河河口管理局编制《黄河河口治理与发展综合提升实施方案》，推动实施《2019—2020年黄河三角洲应急生态补水方案》，争取生态用水4.48亿立方米，启动《黄河三角洲生态补水规划》编制；防凌防汛工作开展全市黄河防汛抢险实战演习和利津滩区迁安救护演练，签订160台套大型抢险机械设备租赁协议，度过汛期三次洪水过程；加强水资源管理，全年供水11.93亿立方米，其中，农业用水6.77亿立方米，向中心城区生态供水1.8亿立方米，黄水东调工程全线通水，向胶东调水2.41亿立方米；加强工程建设与管理，"十三五"规划黄河下游防洪工程河口段主体工程全部完工，利津河务局通过国家级水管单位复验，胜利险工创建黄河水利委员会"示范工程"；经济工作稳步发展，2019年全局经济收入5.88亿元，其中，水费收入1.41亿元；开展"不忘初心、牢记使命"主题教育活动，创建"黄河先锋党支部"2个、"山东黄河过硬党支部"3个；河口河务局获全国水利系统先进集体称号，路庄管理段获"山东省工人先锋号"和"山东省创新性班组"称号，创建黄河水利委员会首批"示范性先进班组"2个、"山东黄河劳模（高技能人才）创新工作室"3个、山东黄河优秀"五型段所"3个；黄河河口管理局机关晋升为省级文明单位。

2019年，黄河河口管理局向东营市中心城区生态供水1.8亿立方米
（刘金友摄）

【水资源管理】　落实最严格水资源管理制度，加强用水计划管理和用途管制，现场监督检查60次，查处各类违规取用水行为4次，维护用水秩序。全年供水11.93亿立方米，其中，非农业用水5.16亿立方米，农业用水6.77亿立方米（含6—7月应急抗旱引水1.87亿立方米，灌溉农田8.07万公顷，有效缓解农业旱情）。向中心城区生态供水1.8亿立方米，为刁口河补水0.21亿立方米，现行流路自然保护区补水0.4亿立方米。黄水东调工程实现全线通水，向胶东调水2.41亿立方米。

【首次实施河道外生态补水】　2019年，按照生态优先、绿色发展理念，本着改善黄河河道外生态环境、切实发挥好有限黄河水资源的生态效益，在可供耗水量基础上，水利部、黄河水利委员会首次下达黄河河道外生态用水分配计划。依据《山东境内黄河及所属支流水量分配暨黄河取水许可总量控制指标细化方案》，以确保河口自然保护区生态用水为重点，山东黄河河务局统筹各市生态用水计划进行分配，其中东营市获得1.8亿立方米河道外生态用水，占全省总量的45.8%。根据生态用水相关实施方案，2月1日起，路庄闸、曹店闸、胜利闸、一号坝闸、垦东扬水站开闸放水，6月30日结束。补水结束后，中心城生态环境明显改善，第三方对东营市生态补水各项指标进行评价，评估分值65.0，生态补水综合效益评估属于成功。

【工程管理】　2019年，完成维修养护土方14.48万立方米，石方1.14万立方米，植树26.27万株，完成投资3092万元，工程管理"大整治"清理问题52项。神仙沟闸和西河口泵站的管理权移交河口河务局。利津河务局通过国家级水管单位复验，垦利河务局胜利险工创建黄河水利委员会"示范工程"。东营、河口河务局2018年河道和水利工程划界项目通过山东黄河河务局验收。

【水行政执法】　2019年，市县两级巡查743次，发现、制止水事违法行为136起，依法立案查处3起，结案3起，清除违章建筑物、构筑物10余万平方米。组织完成省级河长办认定的41项"四乱"问题整治销号，"清河行动"16个项目整改到位。加大对涉河项目的监管，推进跨河公铁两用大桥、德州路东津黄河大桥等重大涉河建设项目审批进程，组织广饶——东营港天然气管道穿越黄河及刁口河等12个涉河项目的申报、施工许可办理、批复和监督管理工作。规范河道采砂管理，实施有序监管。开展“世界水日”“中国水周”“宪法宣传周”等专项普法宣传活动，举办法治培训班12期，法治讲座7期，组织考试、竞赛13次。黄河河口管理局获山东省“七五”普法中期先进单位称号，垦利、利津河务局成为黄河水利委员会“谁执法谁普法”普法责任制示范点。

【融合发展】 承担的总投资2.79亿元利津县黄河滩区旧村台改造提升工程项目，完成投资1.17亿元。利津县利用黄河大堤兼做东外环道路工程投入使用。代建河口区政府投资1700万元的刁口河故道桥维修加固和生态建设工程。配合推进东营市“河海交汇”河上游线路、沿黄自驾游风景廊道建设等“旅游富民”项目，服务东营经济社会发展。

【黄河河口管理局晋升省级文明单位】 2019年，黄河河口管理局启动省级文明单位创建工作，组织开展“我们的节日”等系列主题活动、群众性文明创建活动120余次，举办专题讲座、巡回演讲14次。开展“相约沂蒙老区”爱心助学活动，捐款1.26万元。4人一对一助学帮扶，每人每年1200元。吕合林获黄河水利委员会“最美黄河人”提名、“最美山东黄河人”称号，管春城等7人获“山东黄河首届道德模范”称号，徐玉堂被东营市授予第六届“道德模范”称号，燕雪峰等4人受到东营市志愿者总会表彰，卢书慧等4人被东营市千善助学中心授予“爱心大使”称号。至年底，黄河河口管理局机关晋升为省级文明单位。

（黄河河口管理局　孙创）

黄　河　防　汛

【防凌防汛】 2018—2019年凌汛期间，东营河段封河23天，最大封河长度20.3千米。管理局各级做好防凌值守、冰凌观测、浮桥拆除等工作，安全度过凌汛期。汛前开展工程普查、河势查勘和险点隐患排查，修订完善各类防洪预案及险点险段抢护方案，落实以行政首长负责制为核心的各级各类责任制。开展防汛宣传月活动，组织群众防汛队伍9万余人，组建各类防汛抢险队45支，培训防汛抢险专家15人，开展全市黄河防汛抢险实战演习和利津滩区迁安救护演练。落实防汛料物，签订160台套大型抢险机械设备租赁协议。创新防汛信息化建设，整合全局防汛视频监控系统和视频连线会议系统，黄河河口汛情监测及防汛指挥平台投入使用。汛期黄河发生三次洪水过程，利津站最大流量3990立方米/秒。管理局及时启动防御大洪水运行机制，24小时值班值守，加强河道工程巡查和观测防守，及时处理苇改闸等5处工程根石走失、坝岸坍塌险情6次，抢险用石4152立方米，确保防洪安全和滩区安全。台风“利奇马”期间，派专家组参加东营市淄河等出险河流抢险，李忠、胡新涛2人受到省委表彰。

【防汛演练】 7月25日，黄河河口管理局在垦利区苇改闸控导组织举行黄河防汛抢险实战演习，垦利、利津、河口黄河防汛抢险队，东营区民兵防汛抢险队共160人参加。演习科目为捆抛柳石枕、人工编抛铅丝笼、修做新型反滤围井、旋桩机旋桩、柳石楼厢。

2019年7月25日，黄河河口管理局在垦利区苇改闸控导举行黄河防汛抢险实战演习　（张园园摄）

【“十三五”黄河下游防洪工程河口段主体工程全部完工】 累计完成土方1356.91万立方米，占合同的100.8%；石方8.65万立方米，占合同的102.37%；堤顶道路70.03千米，占合同的111%，完成投资6.36亿元。其中，2019年完成防洪工程建设土方37.91万立方米，堤顶道路58.07千米。完成黄河下游防洪工程“十四五”可行性研究涉及河口项目的社会稳定风险评估，通过水利部初审。5座引黄涵闸改建可行性研究前置条件办理完成。基层段所供暖设施可行性研究与初步设计通过水利部水利水电规划设计总院审查，一线段所基础设施建设与管理规划编制完成。

（黄河河口管理局　孙创）

农业

综　述

【概况】　2019年，全市实现农林牧渔业增加值159.03亿元，按可比价格计算增长1.2%，规模以上农产品加工业产值610.01亿元，土地规模化经营比重达65%。

乡村振兴示范片区。全市规划建设7个市级乡村振兴示范片区，开展现代农业产业园、青年人才创新创业及农业新技术示范基地、乡村文明家园示范村、五星级村党组织示范村、省市级美丽乡村示范村5项创建活动。建立片区项目库，实施总投资53.4亿元的165个项目。广饶县大王片区、利津县陈庄临河片区被列入乡村振兴齐鲁样板省级示范区创建名单。各县区分别规划建设2个以上县级示范片区，形成乡村振兴示范片区省市县（区）三级联创格局。

农业"新六产"。全市工厂化农业项目300余处，休闲观光农业经营主体发展至310家，接待人次141.7万人，休闲农业从业人员1.15万人，带动农户1万余户。建设利津金河滩、垦利华澳大地等一批集循环农业、创意农业、体验农业于一体的田园综合体。东营市阳光庄园牧业有限责任公司等57家经营主体被认定为全市农业"新六产"示范主体。

农业物质装备和技术条件。全市新增农机总动力11.68万千瓦，总量达到261.41万千瓦，小麦、玉米等主要粮食作物实现全程机械化，农作物耕种收综合机械化率达93%，广饶县创建为全省"两全两高"农机化示范县，垦利区创建为全国主要农作物全程机械化示范县。以市农科院为依托，开展农业新品种、新技术、新模式的试验示范，试验基地达到37个。主要农作物良种覆盖率保持100%，"中棉425"通过国家审定，成为全市第2个主要农作物审定品种。建设智慧农业应用基地1个，建成农机信息化示范点1个，全市拥有农用北斗终端导航16台套、农用植保无人机28台。推进信息进村入户工程，全市1438个行政村完成益农信息社建设。

农业农村改革。全市农业龙头企业、农民合作社、家庭农场、农业服务组织分别发展至682家、2471家、2018家、378家，新建市级农业生产社会化服务平台3个，全市认定省级11个农业生产性服务组织被为省级示范组织。支持农业生产托管服务发展，辐射带动全市土地适度规模经营比重达到65%。印发《2019年农村集体产权制度改革工作方案》，全市99.25%村居完成改革任务。1735个农村集体经济组织完成登记赋码，获得统一社会信用代码。垦利区农村集体股权质押贷款试点进展顺利，全市累计实现村集体经济组织分红2.14亿元。健全农村产权交易市场，累计开展农村土地经营权流转140宗，流转土地面积2760公顷，交易金额1.5亿元。

【农村人居环境整治】　全市累计清理农村生活垃圾41.3万吨，清理村内水塘1882口，清理农业生产废弃物7.9万吨；畜禽规模养殖场设施配建率96.7%，粪污综合利用率91.73%；农作物秸秆综合利用率94.4%。广饶县被列为中央财政农作物秸秆综合利用示范县。农村路网提档升级工程完工235.74千米，自然村通达工程完工47.54千米，200个行政村完成"户户通"建设任务。建设市级"美丽庭院"示范村5个，建成美丽庭院示范户2.6万户。全市农村生活垃圾无害化处理率达97%以上，283个村庄完成农村污水治理。

【高标准农田建设】　2019年，全市建设高标准农田1.53万公顷，其中高效节水灌溉5553.33公顷，总投资30076万元，其中中央资金23000万元。平整土地453公顷，疏浚沟渠949千米，衬砌渠道129千米，建设塘坝2座、泵站55座，改造、新建渠系建筑物2044个，修建田间道路513千米，农田林网工程74千米，架设农田高输电线路51千米，配套变压器39台、配电箱49个。高效节水灌溉措施管灌5465公顷、喷灌90公顷。

利津县陈庄镇533公顷高标准农田建设项目　　（市农业农村局供稿）

【现代农业产业园】　开展省、市、县（区）级现代农业产业园创建，垦利区创建省级现代农业产业园，市现代农业示范区产业园入选2019年省级现代农业产业园创建名单，建设垦利区永安镇现代农业产业园、利津县盐窝镇现代农业产业园、东营区牛庄镇现代农业产业园3个市级现代农业产业园。各县区规划建设10个县级农业产业园，带动全市水稻、莲藕、花卉、奶牛、大闸蟹、海参等主导优势产业发展。

【农业龙头企业】　推进农业龙头企业发展，打造提升粮棉、畜产品、水产品和特色果蔬4大精深加工产业集群。新认定10家企业为第十三批农业产业化市重点龙头企业。山东华誉集团有限公司、山东万得福实业集团有限公司、山东半球面粉有限公司、山东元灏面粉有限公司入选2019农业产业化龙头企业500强。东营市一大早乳业有限公司、山东飞雪粮油食品股份有限公司、广饶中心粮油有限公司被评为山东省农产品加工业示范企业。至年底,全市各类农业龙头企业发展至682家。

【农民合作经济组织】 印发《东营市发展农村土地股份合作社、股份经济合作社和劳动力(劳务)合作社实施方案》,全市农村土地股份合作社发展至15家。开展农民合作社“空壳社”专项清理工作,依法依规分类清理整顿。开展农民合作社示范社创建,新培育市级示范社57家,7家国家示范社通过省级监测。建立2019年“市级优先扶持农民合作社目录”,确定73家合作社为市级优先扶持对象。落实中央补贴资金300万元,支持30家农民合作社改善生产设施条件。开展全市优秀农民合作社评选活动,评选优秀合作社100家。全市农民合作经济组织发展至2530家,其中农民合作社2471家、专业协会59家,固定资产总额17.52亿元,社(会)员近13万人。

【家庭农场】 2019年,全市新增家庭农场585家。认定市级示范场20家,创建省级示范场13家,全市市级以上示范场发展到194家,其中省级示范场36家。开展家庭农场示范创建,引导家庭农场开展标准化生产、品牌化经营。采取农企对接、电子商务、网络营销等方式,推动家庭农场规范化发展。中央财政拨付340万元农业生产发展资金,用于家庭农场示范创建奖补。组织343个家庭农场参加农银对接,获免息贷款或贴息贷款130余万元。家庭农场名录系统录入家庭农场2018家。

【农产品质量安全】 2019年,全市未发生农产品质量安全事件。6月,上报《关于申请评价命名省级农产品质量安全市的函》,申请对东营整建制创建省级农安市进行评价命名。①农产品质量安全监测。开展15次市级蔬菜质量安全抽检,抽检蔬菜样品792个,其中不合格样品6个,合格率99.24%。②农业标准化。黄河口大米、大王秦椒、麻湾西瓜3个地理标志农产品生产技术规程经省农业农村厅发布。新认定省级农业标准化生产基地5个,市级农业标准化生产基地5个。全市省、市农业标准化生产基地分别增至40个、37个。③乡镇农产品质量安全监管机构标准化建设。强化县乡监管队伍建设,强化基础条件建设,9个乡镇(街道)被省农业农村厅认定为“第一批示范乡镇(街道)农产品质量安全监管机构”。④农产品质量安全整治行动。开展蔬菜农药残留及农药专项整治、农资打假专项整治、农产品质量安全监管工作整改提升行动,抽检蔬菜、粮食等样品251个,其中不合格样品3个,抽检农药样品8个、肥料样品16个。与市公安局、市商务局、市市场监督管理局、市供销社等部门联合成立东营市农村假冒伪劣食品治理专项工作组,印发《东营市农村假冒伪劣食品专项整治行动方案》,开展农村假冒伪劣食品专项整治。

【农产品品牌】 山东通和水产有限公司通和牌文蛤,东营海跃水产科技有限公司海跃尚品牌淡干海参、即食海参,山东晨阳菌业有限公司道香一品牌真姬菇,东营市垦利区万隆农林经贸有限公司帝舒牌大米,山东恩泽乳品有限公司奈高牌牛奶、酸奶、牛奶制品8个产品品牌被评为山东省第四批知名农产品企业产品。开展2019年中国农民丰收节金奖农产品评选,通和牌海参等10个产品被评选为金奖农产品。

2019年9月23日,中国农民丰收节庆祝活动在利津县利津街道綦家夹河村文化广场举行　　(市农业农村局供稿)

【农业行政执法】 ①农资打假专项整治。全市办理农药经营许可604家,出动执法人员2533人次,检查农资经营门店2588个次,检查农产品生产基地127家次,抽检农药样品110个,肥料样品50个。立案查处案件8起,罚款7.1万元。②农药行业安全生产监管。落实企业安全生产责任制和属地管理责任,对全市4家农药生产单位进行安全检查。③宣传培训。开展各类宣传指导28次,参与咨询培训1342人次,发放法律、科技书籍等宣传材料2.5万份。

【农业科研】 全年实施科研项目20项,苜蓿、大豆、机采棉、水稻、食用菌、杂粮、葡萄、无花果等优良品种引进筛选、新品种选育及配套栽培技术实现新突破。与涉农企业、农民合作社合作共建科技示范基地,搭建科技创新、成果孵化平台,建设大地乳业苜蓿、禾丰机采棉、一邦水稻、景屋合作社蔬菜种植、利津县兴昌食用菌等试验示范基地37个，全年组织奶牛、水稻、大豆、苜蓿、棉花、食用菌、莲藕、无花果等观摩会20次。

【农业科技教育】 ①农民教育培训。培训新型农业经营主体带头人、现代青年农场主、农业经理人等高素质农民1121人。举办市现代植保技术骨干培训班、广饶县农业科技示范主体培训班、东营区科技示范带头人培训班等，培训学员587人。认定新型职业农民572人。②基层农技推广体系。建设农业科技试验示范基地34个，培育科技示范主体1571个，发布农业主推技术59项，培训农技人员283人。③科技人员下乡指导服务。组建有74名成员的市农业专家库，组织市、县(区)、乡(镇)农技人员开展科技人员下乡服务，开展科技下乡1200余人次，服务指导面积9.3万公顷。④基层农技推广人才定向培养。签约8名公费农科生，由聊城大学、青岛农业大学定向培养。

【农产品产地环境保护】 ①农膜回收利用调查和废旧农膜回收。全市年地膜覆盖面积4.6万公顷，年地膜使用量1492.37吨，回收量996.21吨，地膜回收率66.75%。棚膜覆盖面积2300公顷，年棚膜使用量1576.3吨，回收量1561.9吨，棚膜回收率99%。全市农膜(地膜、棚膜)回收率83.36%。②耕地土壤环境质量类别划分和受污染耕地安全利用。与市生态环境局联合印发《关于开展耕地土壤环境质量类别划分工作的通知》，确定广饶县为全省首批试点县，按照“试点先行，整体推进”原则，推进全市耕地土壤环境质量类别划分。经评价广饶县6.13万公顷耕地均属于优先保护类。

【智慧农业】 邀请中国农业大学设计院、中国通服山东省信息产业服务有限公司等4家规划设计单位，编制《东营市智慧农业规划》，建设智慧农业应用基地1个。实施信息进村入户工程，按“六有”标准(有场所、有人员、有设备、有宽带、有网页、有持续运营能力)，完成1438个行政村益农信息社建设。

【东亚飞蝗监控与防治】 2019年，东亚飞蝗发生面积8.67万公顷次，防治面积4万公顷次，总体防效达95%以上。其中，夏蝗发生面积5.33万公顷，防治面积3.33万公顷；秋蝗发生面积3.33万公顷，防治面积0.67万公顷。夏蝗查治动用运五飞机1架，作业46架次，防治面积2.67万公顷，地面专业化统防统治0.67万公顷。全年夏秋蝗两季防治落实防控资金193万元，动用运五飞机1架、无人机30架、大型药械60台，车辆140台次，农药60吨(化学农药20吨、生物农药40吨)，动用治蝗专业队伍12支，出动查治蝗人员248人次。9月3—4日，全国蝗虫可持续治理现场会在东营召开。

【农村能源建设】 垦利区农作物秸秆综合利用试点项目建设完成，总投资2872.16万元，其中中央补贴资金900万元。广饶县农作物秸秆综合利用项目县建设进展中，总投资2116.87万元，其中中央补贴资金1000万元。

【农业行业扶贫】 制定2019年扶贫工作计划，实施现代农业产业园创建、高效特色产业扶贫、农村一二三产业融合发展、新型农业经营主体培育、农业科技扶贫、农村改革推动脱贫6大工程，巩固提升脱贫攻坚成效。开展农业扶贫领域腐败和作风突出问题专项治理，对各级巡查督导发现问题进行整改。

【农业农村金融服务】 ①农业农村信贷。与中国农业银行东营分行签署“创新金融服务 助推乡村振兴”合作协议，加大农业农村信贷投放力度，至年底，中国农业银行东营分行涉农贷款余额176.11亿元。②融资担保。推动“政银担”合作，实施“鲁担惠农贷”，至年底，全市申报286户，金额16226万元，在保244户，金额9849万元。政府性融资担保公司新增担保额5.82亿元，在保余额12.06亿元。③农业保险。发展政策性农业保险，全年种植业承保面积21.81万公顷。因“利奇马”台风定损面积13.64万公顷，理赔1.87亿元。在广饶县开展农业大灾保险试点，在东营区开展棉花目标价格、莲藕种植保险试点。 (市农业农村局 冯丽)

种 植 业

【粮食生产】 2019年，全市粮食播种面积25.32万公顷，单产5212.65千克/公顷，总产132.00万吨，同比分别下降1.0%、9.1%、9.9%。夏收粮食面积10.66万公顷，单产6040.65千克/公顷，总产64.37万吨，同比分别增长-6.4%、3.4%、-3.2%；秋收粮食面积14.67万公顷，单产4611.15千克/公顷，总产67.64万吨，同比分别增长3.4%、-18.3%、-15.5%。其中，秋收谷物面积13.52万公顷、单产4851千克/公顷、总产65.58万吨，同比分别增长2.2%、-18.0%、-16.2%。玉米面积11.03

2019年6月，收获小麦 (市农业农村局供稿)

万公顷，单产4673千克/公顷，总产51.54万吨，同比分别增长2.7%、-21.7%、-19.6%。稻谷面积2.42万公顷，单产5733千克/公顷，同比分别增长1.6%、-1.5%；总产13.88万吨。豆类面积1.12万公顷，单产1660千克/公顷，总产1.87万吨，同比分别增长19.2%、-5.5%、12.7%。薯类（按折粮计算）面积246公顷，单产7708千克/公顷，总产0.19万吨，同比分别增长18.6%、-3.0%、15.0%。

【棉花生产】 2019年，全市棉花种植面积1.96万公顷，同比下降24.6%。受“利奇马”台风影响，籽棉亩产138.7千克，同比下降8.4%；籽棉总产3.86万吨，同比下降32.8%；籽棉平均价格5.88元/千克，同比下降15.9%。棉花亩产值815.56元，同比下降23.0%；亩成本393.8元，同比下降8.9%；亩效益421.76元，同比下降32.7%。

【蔬菜瓜果食用菌生产】 2019年，全市瓜菜播种面积2.03万公顷，总产103.12万吨。其中，蔬菜种植面积1.82万公顷，总产92.17万吨；果用瓜种植面积0.2万公顷，总产10.95万吨。设施蔬菜播种面积0.52万公顷，总产37.75万吨。其中，日光温室播种面积0.24万公顷，总产27.31万吨。大蒜收获面积0.13万公顷，总产3.10万吨。胡萝卜播种面积0.25万公顷，总产1.55万吨。莲藕种植面积0.47万公顷，总产10.78万吨。食用菌总产4.58万吨，产值40060万元。蔬菜集约化育苗企业12家，实际育苗总量6495万株，其中，嫁接育苗量2186万株。新建、改造大棚600余栋，推广应用自动卷帘机4200余台，推广自动防风机1500套，应用微滴灌设备6000套。推广杀虫灯600套，防虫网230万平方米，黄篮板100万块。推广应用PO膜200万平方米。推广大蒜机械播种技术，引进大蒜播种机3台。

【植物保护】 2019年，全市主要农作物病虫草鼠害中等发生，发生面积82.34万公顷次，防治面积93.15万公顷次，挽回粮食损失20.27万吨、棉花1.04万吨、蔬菜11.04万吨、果品1.50万吨。总损失率控制在5%以下，单个病虫损失率3%以下。①专业化统防统治。全市植保专业化防治组织145个，从业人员1300人，全年统防统治面积44.67万公顷次，统防统治率45%以上。②重大病虫害防控。全年病虫害防治效果90%以上，东亚飞蝗未起飞成灾，草地贪夜蛾未入侵，稻水象甲未扩散。③植物检疫。全市有检疫性有害生物稻水象甲、橘小实蝇2种，实施封锁防控面积0.47万公顷，实施小麦产地检疫6批次，产检面积273公顷，生产合格种子184.5万千克，办理调运检疫36批次、10.8万千克，市场检疫小麦、玉米、棉花、蔬菜种子62.35万千克。

【种子管理】 ①实施省农作物新品种试验、展示示范项目。试验小麦品种34个，玉米品种464个，棉花品种36个，水稻品种137个，大豆品种72个；展示示范小麦品种76个，玉米品种60个。②农作物新品种选育。棉花品种中棉425通过国家审定，玉米品种东玉5号、垦蓝玉32、垦蓝玉58、水稻品种裕粳8号、棉花品种中棉612、中棉425、小麦品种泽麦018参加省作物区域试验。③良种繁育田基地建设。落实棉花良种繁育田167公顷，小麦良种繁育田1000公顷。④农作物种子生产经营备案管理。全市完成备案单位848家，备案单4630份，基本实现种子生产经营备案全覆盖。

（市农业农村局 冯丽）

畜牧业

【概况】 2019年，全市肉蛋奶总产量69.64万吨，同比增长7.4%。其中，肉类总产量26.13万吨，同比增长12.9%；奶类总产量40.14万吨，同比增长10.0%；禽蛋产量3.37万吨，同比下降35.2%。

【循环发展】 提升畜禽废弃物资源化利用，建成有机肥厂17座、产能近200万吨，培育集中处理中心2个、种养结合示范场12家。组织专业人员到场户督导检查458场次，解决问题207个；优化调整“禁养区”，受（办）理来信来访84件。规模场粪污处理设施配建率、粪污综合利用率分别为100%、92%，提前完成省、市目标任务。

【提档升级】 全市亿元以上在建项目6个、总投资16.5亿元，年内完成8.3亿元。培育市级龙头企业5家，创建国家级示范场、省级智能牧场各1家，智慧畜牧业应用基地2个。畜禽规模化养殖比重86%，高出全省10个百分点；推动“粮改饲”发展，全市青贮量74万吨，全株青贮率100%，居全省第1。创新“饲用燕麦——水稻”“小黑麦——水稻”两种轮作模式，作为样板在全国推广。全市奶牛平均单产10吨，分别高出全国、全省32个百分点、28个百分点。落实奶牛、生猪保险等政策资金3900余万元。

【疫病防控】 ①动物检疫免疫。检疫畜禽1755万头（只）、产品3.4万吨，报检检疫率、电子出证率100%；免疫畜禽3126万头（只），应免畜禽免疫率100%；监测样品2万余份，强制免疫抗体合格率均超部、省要求。②非洲猪瘟疫情防控。建立协作联动机制，建成2个省级道路检查站，建成大型洗消中心3个、洗消点6个。推动村级防疫员制度改革，全市186名人员选配到位，提前2年达到省政府要求。全市新增生猪产能30万头。③“利奇马”台风应对。全市畜牧系统及时开展消毒灭源，深入灾区指导、救助，确保全市“大灾之后无大疫”。④家养犬只狂犬病免疫。与公安部门联合做好家犬管理，设置临时免疫点1778个，组建小分队263支，应免犬只13.3万只，狂犬病免疫率100%，完成市委、市

动物疫病监测采样 （市现代畜牧业发展服务中心供稿）

政府确定目标任务。

【畜产品质量安全】 ①专项治理。开展“瘦肉精”、兽药残留等专项治理。出动执法人员2334人次，检查畜牧生产经营企业3472家，排查隐患12处，发放宣传资料25715份。销毁假冒饲料原料460件、18吨，涉案金额1.64万元。②日常监管。加强饲料、兽药等投入品和主要畜产品抽检监控，分别抽检样品548批次、778批次，合格率均98%以上。开展“三品一标”创建，发放宣传资料5000余份，新增无公害畜产品认证8家。加强无公害畜产品管理，全市出动检查人员62人次，检查获证企业59家。③鲜鸡蛋“双证制”管理试点。向省畜牧兽医局推荐东营市垦利区瑞翔家禽养殖有限公司等8家鲜鸡蛋生产企业。

【兽药生产与经营】 至2019年年底，全市有兽药生产企业6家，完成兽药产值18091.6万元，销售额16819.7万元，同比增长56%；兽药经营企业61家，完成销售额1480.2万元，同比增长7.5%。①兽药质量。开展非法生产销售使用兽用生物制品排查，出动执法人员183人次，对120余家规模养殖场进行检查，未发现制售和使用非法兽用生物制品行为。配合省兽药质量检验所进行兽药产品质量抽样，抽取产品16批，其中不合格产品1批。②蛋鸡养殖用药专项治理。规范兽药使用行为，出动执法人员316人次，检查蛋鸡养殖户194户，监测抽检鸡蛋133批次。③国家兽药产品追溯系统应用。全市6家监管单位、6家生产企业、61家经营企业全部完成注册，数据上传率98.5%。④分级管理。评定山东信合生物科技有限公司、山东好利来动物药业有限公司2家企业为年度优秀等级。

2019年东营市兽药生产企业统计表

序号	企业名称	所在县区	是否停产	产值(万元)	销售额(万元)	固定资产总额(万元)
1	山东好利来动物药业有限公司	东营经济技术开发区	否	1480	1280	4000
2	山东康普善药业有限公司		是	63.2	58.5	568.62
3	山东佳诚动物药业有限公司		否	2000	1900	2200
4	山东天牧生物科技有限公司	垦利区	否	712	649	300
5	新发药业有限公司		否	1.4	4.2	9000
6	山东信合生物制药有限公司	利津县	否	13835	12928	14969
合 计				18091.6	16819.7	31037.62

2019年东营市兽药经营企业统计表

县(市、区)	经营企业个数(家)	年销售额(万元)	从业人员数(人)
东营区	4	51.2	13
河口区	17	244	71
垦利区	4	23	20
广饶县	25	1022	100
利津县	11	140	47
合计	61	1480.2	251

【饲料饲草生产及管理】 2019年，全市饲料生产企业22家，添加剂企业9家，年饲料产量48万吨，产值33.01亿元。其中，饲料添加剂产值20.61亿元，占饲料总产值62.5%。新发药业有限公司、山东信合生物制药有限公司等企业的D-泛酸钙、合成维生素和甜味剂等产品出口欧美、东南亚30余个国家和地区。年内，争取“粮改饲”项目资金3900万元，实施主体68家，带动青贮行业发展至2万余人。收储全株青贮玉米等优质饲草料74.48万吨，直接调减籽粒玉米种植2.29万公顷，形成“土地流转+饲草种植+畜禽养殖+粪污还田”新型种养结合闭环发展模式。东营市在成为全省整市制推进“粮改饲”工作示范市，获全省绩效考核总分第1。

2019年东营市饲草料利用及青贮情况表

类别	面积(万公顷)	同比增长%	类别	贮量(万吨)	同比增长%
饲草料作物利用	2.29	9.0	秸秆青贮	74.48	5.3

【畜牧产业化】 ①生态化建设。应用环境控制除臭、异位发酵床和沼气处理污水等设施设备，推广发酵饲料饲喂、益生菌出臭、循环种养等技术。全市规模畜禽养殖场粪污处理设施配套建设率100%，畜禽粪污综合处理利用率84.52%，全面完成省定目标任务。②政策资金争取。争取畜禽养殖废弃物资源化利用、生猪生产、奶业发展等方面的资金1.06亿元。③畜禽良种体系。全市畜禽良种综合覆盖率97.2%。利津六和种鸭有限公司培育的"中新白羽肉鸭"配套系通过国家审定。澳亚奶业成为全国标杆，代表山东省在中国奶业20强峰会作经验交流。④新兴经济主体培育。全市畜牧经济合作组织发展至488家，带动85%的畜牧从业者进入产业链条发展。利津盐窝肉羊养殖园区列入国家农业产业强镇项目和省级工农复合型循环经济示范区（产业园）项目。华澳大地牛奶小镇项目成为黄河三角洲地区田园综合体建设示范样板。

【畜牧企业、项目选介】 东营新发农牧科技有限公司。成立于2013年3月，占地200公顷，总投资1.2亿元，建有标准化羊舍28栋，面积20万平方米，配套建设肉羊颗粒饲料深加工和有机肥加工项目，实施水肥一体化项目，实现种养有机融合。公司设计存养能力5万只，年出栏15万只。至2019年年底，实际存栏肉羊3万只，年出栏9万只，年创产值9000万元。先后被评为"国家级畜禽养殖标准化示范场""山东省首批循环农业示范点"。

利津县盐窝镇肉羊标准化健康养殖示范基地建设项目。总投资3.6亿元，占地面积237.33公顷，主要建设高标准羊舍305栋，面积64.7万平方米，配套建设综合管理区和交易市场等设施。建成后肉羊存栏量可达35万只，年出栏量突破100万只，将成为全国最大单体肉羊养殖基地。该项目实现肉羊良种化、养殖设施化、生产规范化、防疫制度化、粪污处理无害化、监管常态化高标准养殖。

（市现代畜牧业发展服务中心　崔帅）

渔　业

【概况】 2019年，全市渔业增养殖面积11.46万公顷，实现水产品总产量43.9万吨，渔业总产值150亿元。建立全市涉海企业名录库，入户调查涉海规上企业1226家、规下企业1279家。重点项目开工建设48个、建成投产10个，完成投资115亿元。受理用海项目90宗，服务保障东营港25万吨单点系泊等重大用海项目建设。组织第二届黄河三角洲加快新旧动能转换推进产才融合高层次人才对接会，发布科技成果6项。举办培训班36期，培训渔民群众1800余人次。连续15年未发生海上捕捞生产责任事故。

【淡水养殖】 全市淡水养殖面积1.99万公顷，水产品养殖产量80769吨，产值181872万元，养殖品种以淡水鱼、黄河口大闸蟹、黄河口鳖、南美白对虾等为主。

2019年东营市淡水养殖主要产品产量产值表

种类名称	养殖面积(公顷)	同比增±%	产量(吨)	同比增±%	产值(万元)	同比增±%	产　地
淡水养殖总计	19918	1.76	80769	-7.6	181872	-21.7	各县区
其中:鱼	5333	-4.3	64229	-2.2	81183	-11.8	各县区
虾	9553	10.2	8253	-30.8	29711	-43.3	各县区
蟹	5025	-6.3	8215	-8.8	69826	-13.6	各县区
鳖	7	-12.5	72	-28	1152	-21.1	垦利区、广饶县

【海水养殖】 全市海水养殖面积9.47万公顷，实现水产品产量285337吨，产值359724万元，养殖品种有海参、日本对虾、南美白对虾、梭子蟹、半滑舌鳎、四角蛤、文蛤、青蛤、杂色蛤、竹蛏等。

2019年东营市海水养殖主要产品产量产值表

种类名称	养殖面积(公顷)	同比增长±%	产量(吨)	同比增长±%	产值(万元)	同比增长±%	产地
海水养殖总计	94747	-17.11	285337	-17.2	359724	-21.1	各县区
其中:鱼	11	10.0	1970	48.1	6760	48.2	广饶县、利津县
虾	13671	4.3	15260	-7.8	82399	-7.8	各县区
蟹	695	16.8	1026	25.1	12312	22.0	东营区、垦利区
海参	17947	-5.9	7206	-27.9	118899	-29.5	东营区、河口区、垦利区、利津县
贝类	62423	0.61	259868	-18.0	139355	-19.2	各县区

【海洋捕捞】 全市完成捕捞产量69746吨，产值151407万元，主要捕捞品种有鳀鱼、梭鱼、海蜇、毛虾、中国对虾、梭子蟹、四角蛤等。

2019年东营市海洋捕捞主要产品产量产值表

种类名称	产量(吨)	同比增±%	产值(万元)	同比增±%	种类名称	产量(吨)	同比增±%	产值(万元)	同比增±%
海洋捕捞:总计	69746	0.1	151407	5.1	其中:虾	6549	20.5	87466	7.5
一、鱼	41818	-0.7	54503	-1.8	蟹	2816	11.8	47872	11.2
其中:鳀鱼	18101	-9.2	54303	-13.4	三、贝类	16717	-5.9	6686	-8.8
梭鱼	11960	-0.2	18933	-11.9	四、其他	1846	1.7	5413	0.5
二、甲壳类	9365	10.2	86811	5.6	其中:海蜇	992	-45.3	2976	-46.7

【海洋与渔业资源保护】 全年投入放流资金1289万元,实施以增殖放流为重点的渔业资源修复项目,放流中国对虾、海蜇、三疣梭子蟹、中华绒螯蟹等水产苗种3.6亿单位。举办"2019第六届黄河口放鱼节",在金湖银河城市水系放流草鱼、鲢鱼、鳙鱼等滤食性鱼苗20万尾,改善城市水系水质。

2019年东营市渔业资源保护区情况表

序号	保护区名称	建立时间	位　置	面积(公顷)	保护种类
1	东营黄河口文蛤国家级水产种质资源保护区	2006.10	河口区东部浅海	2189	文蛤
2	广饶海域竹蛏国家级水产种质资源保护区	2007.06	广饶县东部浅海	2050	竹蛏
3	黄河口半滑舌鳎国家级水产种质资源保护区	2008.10	利津县刁口乡沿海	10075	半滑舌鳎
4	黄河口四角蛤兰蛤省级水产种质资源保护区	2014.06	垦利区东部浅海	970	四角蛤、兰蛤

【水产品加工与流通】 2019年,全市水产品加工业产值13.4亿元。西苑水产品批发市场、广利渔港和红光渔港等水产品交易市场辐射力增强,东营恒盛农业科技有限公司、东营惠泽农业科技有限公司、黄河口大闸蟹公司等规模较大水产企业电商销售发展较快。

2019年东营市主要水产品加工企业基本情况统计表

单位:万元、吨

企业名称	主要业务	地　址	固定资产	年销售额	年加工能力
东营海跃水产科技有限公司	海参养殖、育苗;刺参、菲律宾蛤仔苗种生产	东营市现代渔业示范区	24713	23800	6000
山东景明海洋科技有限公司	水产养殖、加工、科研、销售、休闲观光	东营市现代渔业示范区永丰路28号	4910	23940	939.45
东营恒盛农业科技有限公司	水产养殖、鲜活水产品销售	东营市汾河路267号	1000	11000	1000
山东海星集团有限公司	浅海养殖、加工及销售;苗种繁育	河口区仙河镇	12000	21000	5000
东营通和水产有限公司	海淡水产品养殖、加工、销售	河口区新户镇	7000	13100	600
东营市海华水产有限责任公司	水产养殖、水产加工、冷藏、销售	河口区河口街道	4000	600	2000
东营市蓝田水产养殖有限公司	水产苗种繁育、养殖、销售;其他水产加工品	垦利经济开发区东安路西	3217	12262	400
东营市海盈水产品开发有限公司	水产品养殖、加工	垦利区红光渔业办事处	6500	16100	17000
山东黄河口大闸蟹有限公司	大闸蟹、甲鱼养殖加工	垦利区永安镇经二西路南	2408.43	4086	220
东营市玉峰水产加工公司	水产养殖、加工、销售	垦利区永安镇政府驻地北	1600	2160	130
山东黄河口水产有限公司	水产养殖、加工、销售	垦利区永安镇	1300	1300	80
东营惠泽农业科技有限公司	水产养殖、鲜活水产品销售	垦利区永安镇	3000	8000	500

【渔政管理】 ①海洋与渔业执法管理。开展"海盾""碧海""护航蓝区建设"、涉渔"三无"船舶整治攻坚行动、海洋违规渔具清理整治和打击电鱼活动专项执法行动,加强重点用海项目和区域执法检查,保障海上渔业生产秩序稳定。加强海蜇资源管理,农业农村部在东营开展海蜇资源品种限额捕捞试点。做好水产品质量安全执法。②涉外渔业综合管理。重点管控具备涉外能力48艘渔船,实行24小时应急值守和渔船管控信息每日定时报送制度。举办涉外渔船管理培训班1期,提高船东、船长遵章守法意识。为10艘渔船申请办理涉韩入渔许可。通报涉韩入渔数据178艘次,完成渔获配额267吨。全年未发生涉外渔业事件。③伏季休渔管理。全市出动执法人员1430人次,执法车辆380车次,执法船艇630艘次,检查渔港码头3000个次,检查渔船10299艘次,依法查处伏休违规案件76起,没收渔获物11400千克,罚款130万元。④渔业安全管理。开展迎接新中国成立70周年渔业安全生产专项整治行动和"港规范、

船可控、人平安”渔业执法行动。开展渔船防碰撞安全教育和渔业船舶突发事件应急救援演练活动，参演人员100余人，医疗救援车辆3台，船只4艘，无人机1架，模拟落水船员救生、渔船消防应急救援。⑤渔船渔港监督管理。完成渔业成品油价格补贴申报、审核工作，为516艘捕捞渔船申请油价补助资金1748.86万元。加强海洋捕捞渔船减船转产及更新改造，完成减船转产34艘，更新改造6艘。执行渔船进出港报告制度，为122艘大中型渔船注册安装渔港通。举办三级渔业职务船员培训班4期，为120人颁发渔业职务船员证书。

【渔村渔民】 全市有河口区新户镇、垦利区红光办事处、广饶县丁庄街道、利津县刁口乡4个海洋渔业乡镇(街道)；有13个海洋渔业专业村，6462户海洋渔业专业户，其中，东营经济开发区专业村1个，专业户1890户；河口区专业村6个，专业户2460户；垦利区专业村4个，专业户1254户；广饶县专业村1个，专业户360户；利津县专业村1个，专业户498户；全市渔业专业劳动力68114人。

2019年东营市渔港基本情况一览表

序号	渔港名称	地　址	等级	港池面积(万平方米)	岸线长度(米)	码头长度(米)	陆域面积(万平方米)	年停泊艘数(艘)	年卸港量(吨)	防灾减灾标准
1	东营中心渔港	河口区仙河镇	中心	56.85	1088	800	64.03	800	100000	50年
2	广利渔港	东营区黄河路街道办事处	一级	67.9	2500	997.5	21.87	800	80000	50年
3	红光渔港	垦利区红光办事处	二级	10.1	1420	1420	31.6	300	28000	
4	刁口渔港	利津县刁口乡	二级	14	2695	380	9.9	200	20000	
5	支脉河渔港	广饶县清河办事处	三级	12	2600	560	20	130	10000	
6	小岛河渔港	垦利区永安镇	三级以下	24.86	668	668	8.22	300	60000	

【渔业技术推广与服务】 ①渔业科技对接。组织“第二届黄河三角洲加快新旧动能转换推进产才融合高层次人才对接会”生态渔业分会场，发布科技成果6项。实施黄河三角洲智慧海洋综合园区、通和水产贝类净化、海洋牧场提升、东营中心渔港及经济区建设4个项目。依托桂建芳院士工作站，实施黄河口“南鱼北繁”技术研究与示范项目。②基层渔业技术推广体系建设。继续实施基层渔业技术推广体系改革与建设补助项目，3个县区被列入农业农村部基层渔业技术推广体系改革与建设项目县。建设县级渔业远程信息化管理服务平台5个，开通企业端平台10个，“渔业通”手机端安装572个，进行渔场标注535个。举办培训班40期，集中培训渔民1900余人次，现场技术指导1500余人次，发放养殖技术手册和“明白纸”5000余份。③科技推广及标准建设。实施“市域范围鱼类资源普查”“黄河三角洲海域魁蚶增养殖技术研究与示范”等科研项目。其中市域鱼类资源普查项目全面收集东营市域鱼类资源种类，对主要水域内常规水质指标进行测定，积累数据800余个；黄河口观测实验点项目对四角蛤蜊和文蛤进行生物学测量，积累数据200余个，形成《2019年黄河口渔业资源环境野外观测实验点工作报告》。依托省现代农业产业技术体系刺参、虾蟹、贝类创新团队，开展相关品种试验、示范和推广工作。其中，刺参团队开展刺参——对虾循环养殖模式优化和示范推广，产量较传统单养刺参提高95%以上，推广养殖面积1333.33公顷；贝类团队开展牡蛎池塘苗种养殖试验和缢蛏对虾池塘混养，放养牡蛎苗种600片，示范养殖面积113.33公顷，收捕缢蛏500吨、日本对虾10吨；虾蟹类团队建立333.33公顷生态养殖技术示范区，开展日本对虾生态养殖、南美白对虾生物防控、河蟹生态养殖等技术示范。获国家海洋优秀科技图书奖1项，授权发明专利4项、实用新型专利1项。

【海洋牧场建设】 建成河口通和公司底播型、东营康华公司装备型、利津鲁鑫公司田园型3家省级海洋牧场，总面积1.66万公顷海域。投资1亿余元，建成3座多功能海洋牧场综合管护平台、1个海洋牧场展示厅、65口深水抗风浪网箱、2个浮式平台及配套管护船只等设施，投放文蛤、杂色蛤等贝类苗种2亿单位。康华海洋牧场平台配套建设集观光、海钓、海底浮潜、水上娱乐于一体综合体，打造黄河入海口观览河海交汇标志性景点。

【海蜇限额捕捞试点】 印发《东营市2019年度海蜇专项资源品种限额捕捞试点工作实施方案》，确定全市参与海蜇限额捕捞渔船221艘，统一发放许可证。开展海蜇资源管理专项执法行动，海上统一抽调县区渔政(海监)执法船7艘、渔民协管船10艘；陆上采取港口轮班蹲守、高密度往复巡查和聚集点突击检查等方式，强化港口监管布控，保持打击非法捕捞海蜇的高压态势。7月15—25日，开展海蜇限额捕捞，落实定点交易，实行渔获速报机制，确保统计数据及时准确。全年增殖放流海蜇苗种1亿单位，海蜇捕捞总产量107.3吨。

（市海洋发展和渔业局　孙晨）

水　务

【重点工程建设】 投资7600万元，完成支脉河治理工程二期、老广蒲沟治理工程、武家大沟王岗拦河闸等“四河三闸”重点防洪减灾工程，治理河道93.02千米，清淤土方367.27万立方米。省调度40项水毁工程修复汛前全部销号，大中型病险水闸除险加固等工程汛前实现“防洪隐患六个清零”。投资3500余万元王庄灌区续建配套与节水改造工程提前完工，新建、改建、维修建筑物27座，衬砌渠道9.6千米。

【行业监管】 ①创新工程推进机制。印发《东营市水务局关于规范水务工程施工招标投标工作的通知》，完成13项市级工程和6项县区工程的招投标管理，核发中标通知书108份。②水务工程质量安全监管。印发《东营市水务局岁修（零星）工程管理办法》《重点工程建设项目规范化管理办法（试行）》等，举办全市水务工程建设质量管理与安全教育培训班。采用“四不两直”方式开展工程质量与安全综合检查17次，下发告知书和整改通知书21份。处理农民工工资拖欠上访事件5起，通过省对市农民工工资支付现场考核。③水土保持。治理水土流失面积32.1平方千米，征收水土保持补偿费3266.88万元。审批生产建设项目112个，督查项目750个，全部上传至国家、省监管系统。开展水土保持“天地一体化”监管，上传录入水土保持方案112个，完成667个疑似违规项目全部查处。④地下水超采区压采。通过水利部开展2018年度南水北调东中线一期工程受水区地下水压采评估，广饶县被认定为国家地下水超采区综合治理项目县，获中央补助资金4000万元。

【水资源保障】 在全省引黄地市中最早获春灌引水指标，灌溉农田18.2万公顷，比上年增加2.68万公顷。5月，南水北调工程广饶供水单元开闸，500万立方米长江水注入孙武湖。黄水东调应急工程（东营段）全面投用，8月底正式向胶东调水，广南水库蓄水超1.15亿立方米。《2019—2020年黄河三角洲应急生态补水实施方案》获黄河水利委员会批复，争取生态用水指标4.48亿立方米，比上年增加2.68亿立方米。

春灌引水　　（市水务局供稿）

【水生态环境】 实施广利河流域沿河截污管线、雨水泵站导排、水系贯通等工程，投资3亿元。实施东城内水系清淤工程，全长3.9千米黄河路水系（东二路至康洋路段）清淤主体工程提前完工。印发《东营市打好黑臭水体治理攻坚战作战方案》，全市4处黑臭水体全部通过省级初见成效评审复核。完成全市1675个村庄污水治理情况普查，各县区编制县域农村污水治理实施方案，283个村庄完成治理。

【防汛抗旱】 台风“利奇马”期间，向广饶县、孤东海堤等处紧急调拨40余万条编织袋、5000平方米土工布、10.5吨铁丝等物资；组织80余台套机械赴小清河子槽河开展紧急分洪；组建7支、150余人排涝抢险队伍到一线救灾；调集21台套大型专用排水机械，支援广饶县厂区积水外排。市水务局被省委、省政府授予“全省抗击台风抢险救灾先进集体”称号，3人被授予“全省抗击台风抢险救灾先进个人”。编制《东营市小清河流域防洪综合治理方案》《东营市重点水务工程实施方案》，获省级无偿建设资金34.01亿元。

【河湖管理】 印发《东营市推动河长制湖长制从“有名”到“有实”工作方案》，各级河长巡河常态化，全年巡河7500余次，巡河总长度11000千米。开展“深化清违整治、构建无违河湖”专项行动，完成清障面积116万平方米，全市被认定156处问题整改全部销号。完成41条河流确权划界，明确河流管理及保护范围。实施“一河（湖）一档”管理，实现省、市、县（区）数据共享。购置5台多旋翼无人机，15人获视距内多旋翼无人机驾驶员合格证。

【民生水务】 编制《东营市中心城无内涝城市建设方案》，中心城46处积水点改造列入2019年度民生实事，完成投资1.7亿元，铺设雨水管线12000米，新建生态矩形排水沟8500米，实施管道清淤36000米。东营市建设“无内涝城市”经验做法被省水利厅、省住房和城乡建设厅推广。投资近1.4亿元全市农村饮水安全两年攻坚行动完成。广饶县（代管）丁庄街道、广饶县陈官镇39个“含氟村”销号，提前1年解决饮水氟超标任务，东营经验在全省推广。市自来水公司日最大供水量21.46万立方米，新增用户全部采用智能远传水表，实现微信、支付宝等网上查询、交费。优化供水报装服务，申报材料由5项减至2项，时限由15个工作日缩减至5个工作日内。

【水务改革】 整合原市黄河水城管理委员会办公室、市调水防汛运营管理中心、市水利局水资源费征收站、市水利经济管理办公室职能，组建市水务事业发展中心。开展《水法》等法律法规“四进”（进机关、进校园、进社区、进乡村）活动。在全省率先建成2个水情教育基地，组建3支节约用水志愿者服务队，283名干部职工成为首批志愿服务队成员。深化“放管服”改革，受理各类行政审批事项64件，按时办结率、群众满意率、服务对象评议满意率均100%。推行行政执法“三项制度”，市级水政执法人员巡查灌渠、河道、海堤4300余千米。市级水政执法机构查办水事案件6起，完成行政处罚收缴23.5万元，年度案件办结率100%。

（市水务局　孙光辉）

农业机械

【概况】 2019年，全市农机总动力261.41万千瓦，大中型拖拉机1.66万台。全市小麦、玉米生产农机化率100%，主要农作物耕种收综合机械化率达93%以上。垦利区创建为全国主要农作物全程机械化示范县，广饶县创建为第一批山东省“两全两高”农机化示范县。

【农机购置补贴】 2019年，全市落实农机购置补贴资金5178.34万元，补贴机具3265台套，受益农户1973户，带动社会购机投入2.04亿元。其中，补贴耕整地机械385台套、种植施肥机械691台套、田园管理机械76台套、大中型拖拉机972台、收获机械707台、收获后处理机械6台套、植保机械71台套、畜牧机械31台套、水产机械147台套、农业废弃物处理设备8台套、农田基本建设机械103台套、农业用北斗终端导航21台套、农用植保无人机92台、粮食清选机械3台套、粮食烘干设备3台套。

【农机作业】 召开全市智能化机采棉播种现场会、“三夏”农机化生产演示会、大蒜机械化种植创新示范现场会、“三秋”农机化生产暨“两全两高”农机新装备演示会，展示农业新机械新机具，推广农机化新技术。以春耕备播、三夏、三秋生产为重点，做好关键时节农机化生产调度，保障农机化生产有序进行。全年共检修各类农机具6.5万余台，储备各类配件1800余万元，组建跨区机收服务队35个，免费发放“跨区作业证”800个。全年投入各类作业机械10万台次，完成农机化作业面积66.67万公顷次。全年完成深松(深耕)作业2.67万公顷，其中，完成省农机深松（深耕）作业试点0.93万公顷。

【农业机械社会化服务】 加强社会化服务组织建设，对5家高效植保农机社会化服务组织进行奖补。全市注册农机合作社219家，其中，国家级示范社5家，省级示范社13家，承担全市65%以上机械化作业任务。推广专业性综合化服务新模式，开展“全程机械化+综合农事”托管、半托管服务的农机合作社达59家，托管土地面积3.6万公顷，占全市耕地面积15.9%。

（市农业农村局　冯丽）

石油

综　述

【概况】　胜利油田是中国石化集团胜利石油管理局有限公司(以下简称胜利石油管理局有限公司)与中国石油化工股份有限公司胜利油田分公司(以下简称胜利油田分公司)的统称,主要以油气生产为主,涵盖油气勘探开发、石油炼制,发供电、供水、供热以及矿区服务等业务。工作区域分为东西两部分,东部主要分布在山东省东营、滨州、德州等8个市、28个县(区)内以及海上辽东东地区,主体部分位于东营市,包括渤海湾盆地的济阳、昌潍等5个坳陷;西部主要分布在新疆、青海、甘肃、宁夏4个省(自治区),涉及准噶尔、吐哈等6个盆地。

胜利油田是20世纪50年代华北地区地质普查和石油勘探的基础上发现并发展起来的。1961年4月,位于东营构造上的华八井首获工业油流,标志着胜利油田的发现。1964年1月,中共中央批准组织华北石油勘探会战,胜利油田勘探会战和开发建设拉开序幕。1964年6月,石油工业部华北石油勘探会战总指挥部成立。1972年8月,改称胜利油田会战指挥部。1989年8月,更名为胜利石油管理局。1998年6月,国家进行石油石化大重组,胜利石油管理局由中国石油天然气总公司划转给中国石油化工集团公司管理,更名为中国石化集团胜利石油管理局。2000年5月,胜利油田油气主业部分重组改制为中国石化胜利油田有限公司,2006年1月,变更为胜利油田分公司。2013年,将管理局的物探、钻井、测井、录井及地面工程建设等业务,整合到中石化石油工程技术服务有限公司。2017年,对胜利石油管理局进行公司制改造,成立胜利石油管理局有限公司。

至2019年年底,胜利油田有二级单位58家,三级单位738家。其中,胜利石油管理局有限公司有二级单位23家,三级单位270家;胜利油田分公司有二级单位35家,三级单位468家。用工总量10.34万人,其中合同制员工9.91万人。拥有高级技术职称(含正高级)1.62万人,中级技术职称1.30万人。

胜利油田有探矿权区块32个,面积8.76万平方千米;采矿权区块71个,面积6501.82平方千米。发现油气田81个,累计探明石油地质储量55.30亿吨;投入开发油气田74个,累计生产原油12.22亿吨,井口累计生产天然气588.34亿立方米。

2019年10月1日,胜利油田机关举行"我和我的祖国"国庆升国旗仪式,庆祝中华人民共和国成立70周年　(王国章摄)

【办社会职能分离移交主体任务基本完成】　胜利油田坚持"交得出、接得住、可持续、更美好",主动与地方政府沟通对接、推进落实,家属区"四供一业"(供水、供电、供气、供热及物业管理)及市政设施、社区管理、学前教育、医疗卫生、公共消防、社会保险职能移交和资产划转全部完成。转变职能定位,配合地方政府做好业务接续发展、小区维修改造、居民管理体系建立等后续工作,配套筹措维修改造、3年过渡期运行等相关费用,93个居委会全部完成选举,社区管理中心体制调整到位,对接驻地区县政府组建8个社会化服务协调中心(站),承担协调政府、联系居民、监督服务职责。

【巩固和谐稳定环境】　推动为民服务举措落实,加快实施职工住房产权登记,累计完成首次登记15.40万套,占总量的76%。改进离退休人员健康查体方式,推进非在职群体区域化管理、落实好相关待遇、提高服务质量。健全住房公积金"通提通贷",2019年释放资金近42亿元。完善油田补充医疗保险办法,扩大适用范围,职工重病补助起付标准由5万元降至1万元,医保就医实现全国联网。持续开展"走基层、访万家"活动,做好困难群体精准帮扶,累计发放救助金、慰问金和慰问品折款6918.50万元,做实职工区域服务中心,服务职工2.50万余人次。深化民主管理,试行"网上职工代表直通车",开展劳动竞赛、青年突击队行动,发挥群团组织桥梁纽带作用。制定防范化解重大矛盾风险维护稳定工作预案,强化舆情管控,落实信访稳定责任,开展油区集中整治行动、涉油案件同比下降23.60%,强化法治教育,加强保密管理,完成庆祝新中国成立70周年等特殊时期安保维稳任务,油田大局保持和谐稳定。

【发挥国企政治优势】　提高党的建设质量,发挥政治优势,引领推动油田改革发展。两批主题教育扎实推进,系统深入学

2019年9月，胜利油田分公司胜利采油厂采油管理五区被授予“中央企业先进集体”称号　（刘丛摄）

习领会习近平新时代中国特色社会主义思想，增强“四个意识”、坚定“四个自信”、做到“两个维护”。抓好“关键少数”促进“绝大多数”，抓实学习教育、调查研究、检视问题、整改落实，局处两级党委中心组集中学习研讨400余次，处级以上党员干部调研986次，坚持巡视整改与主题教育相结合，整改落实各类问题1784个，完善各类制度420项，党支部为员工群众办实事解难题1.10万余件，统筹推进6个方面、20项重点工作，在破解党的建设和改革发展难题上取得成效。强化思想文化引领，突出用新思想新理念引领新实践，宣传贯彻转变观念更新理念160条和机关职能优化76条，开展传承石油精神、弘扬石化传统专项教育，转观念、转方式、转作风取得新成效。组织力提升和人才强企工程持续深化，规范直属单位领导班子成员分工，按业务优化班子结构和职位，实施发现培养优秀年轻干部行动，新提拔40岁以下副处级干部27人，占新提拔副处级干部总数的25.90%。畅通3支人才队伍成长通道，推进机关大岗位管理、大平台成长，落实选配二级副总师、专家向管理区、项目部倾斜措施，增聘15名油田首席技师和技能大师，加大博士后、优才毕业生引进力度。适应新的生产组织方式和企业管理体系，优化调整党组织设置，推进基层党组织规范化标准化建设，开展党建工作考核，推开抓党建述职评议，推进“三点”示范工程、示范党支部书记行，推动党组织和群团工作经费规范用到基层，提高基层组织行为能力，推动党的组织和工作全覆盖。

勘探开发

【高质量勘探】　2019年，胜利油田持续推进高质量勘探，取得3个油气新发现、4个商业发现，超额完成年度油气勘探三级储量任务。年内，新增探明石油地质储量4644.29万吨，新增控制石油地质储量6696.39万吨，新增预测石油地质储量8258.53万吨。胜利油田东部探区深层油气勘探取得新发现，东营北带和渤南洼陷沙四下勘探取得新突破，展示济阳深层较大的增储潜力。东营凹陷、惠民凹陷和埕岛地区发现规模储量阵地。年内，东部探区新增探明石油地质储量2450.48万吨，控制石油地质储量5648.23万吨，预测石油地质储量6149.03万吨。胜利油田西部探区准噶尔盆地哈山地区勘探取得新发现，车排子地区发现规模储量阵地。年内，西部探区新增探明石油地质储量2193.81万吨，控制石油地质储量1048.16万吨，预测石油地质储量2109.5万吨，夯实西部上产资源阵地。

【效益开发】　2019年，胜利油田推进高效产能建设，完善稳产基础投入长效机制，创新攻关接替技术，巩固油田可持续发展基础。年内，生产原油2340.51万吨，生产天然气4.88亿立方米，新增SEC储量3257万吨，储量替代率142%。建产规模不断扩大，创新模式推进未动用储量开发，细化方案设计，优化井位审批节点和流程，一体化加快实施，年内完钻各类开发井1438口，新建（增）产能155.40万吨，同比增加4.40万吨。加强细分注水、大修侧钻、双低单元及停产停注井治理等工作，稀油自然递减率9.10%，比计划降低0.60个百分点。加强稠油油藏全过程热管理，攻关化学降粘和微生物采油技术，稠油油汽比连续4年稳定在0.53。持续扩大化学驱规模，推广提升非均相驱技术，攻关高温高盐化学驱技术，年增油保持在100万吨以上。胜利油田和胜利石油工程公司合作，制定《未动用储量合作开发管理办法》《未动用储量开发运营权流转办法》，实现低渗砂砾岩、浊积岩油藏经济有效开发。2019年，在49个未动用储量区块建产，新增动用储量3376万吨，新建产能48.60万吨，同比增加10.60万吨。

2019年，胜利油田分公司海洋采油厂生产原油337.50万吨　（李雪龙摄）

企业管理

【经营创效】 2019年，实现挖潜增效41.53亿元，胜利油田全部子公司实现盈利、消灭全级次亏损。强化预算管理、成本经营，持续完善"3+4"经营核算体系(3是"三本账"：财务核算账、管理会计账、经营预算账；4是"四个核算单元"：油藏经营管理单位、专业化经营单位、机关科研单位、辅助单位)，推进投资成本一体优化，成立8个挖潜增效工作组开展全要素挖潜，推动"1+2+2"绩效考核体系向基层贯穿延伸，胜利油田分公司油气单位完全成本、盈亏平衡点同比分别降低345元/吨、11.80美元/桶。发供电业务持续加强精细管理、优化运行，综合供电煤耗下降0.50克/千瓦·时，电网事故率下降23.60%；运输、胜大、新能源、海检等业务，聚焦主业、发挥优势、拓展市场，社会化创效能力持续增强；供水、供气、供热、物业等专业化公司，完善技术服务标准体系、提升服务质量水平，胜利油田经营业务实现整体盈利。深化劳动用工模式调整，完善差异化激励政策，引导员工向新增业务、外部市场、创效岗位流动，多层次、全方位开拓外部市场，年内盘活内部用工2.36万人、外闯市场1.66万人；开展资产清查、潜力调查，深挖土地、房屋、设备等资产创效潜力，盘活闲置资产净值3.21亿元，清理无效资产净值4.43亿元；坚持"自己的活自己干"，减少对外委托费用1.26亿元。

【QHSSE管理】 2019年，胜利油田推进本质化安全生产、高标准绿色发展、全方位质量进步、各层级规范管理，坚决守住红线底线。开展联合消防演练，签订消防安全战略合作协议，拓宽应急培训、应急演练、动火监护等方面合作。完成绿色企业创建任务，发布《胜利油田绿色企业行动计划白皮书》，退出自然保护区核心区和缓冲区生产设施202处，完成317辆国Ⅱ柴油车淘汰工作，实施58个能效提升及新能源利用项目，能耗总量与强度连续5年下降。建立覆盖各专业领域、体现关键过程效能的质量目标体系和评价排名机制，组织绿色企业、物资采购等标准体系建设，发布178项技术标准规范均达行业先进水平，外输原油、天然气合格率100%，标准化采购覆盖率96.80%。

【改革管理】 变革传统管理模式、组织架构和生产方式，完善构建现代企业管理体系和运营机制，激发老油田内在活力和发展潜能。油公司体制机制建设持续深化，胜利油田分公司"六项机制"责任落实基本到位，机关职能优化调整基本完成，机制建设38项完善提升清单全面完成；开发单位"七大体系"逐步完善，进一步清晰责任清单，"管理部门+服务中心"组织架构初步构建，在开发单位成立人力资源服务中心，1.50万人实现集中管理；深化落实《新型采油管理区规范建设管理大纲》，117个新型采油管理区全部建成。专业化发展、市场化运营有序推进，高标准编制专业化发展规划，培育核心技术、专业团队和服务品牌，打造发展新优势、效益增长点，作业时效、注汽干度、油水井动态监测成功率等指标有效提升。完善甲乙方市场化运行机制和评价体系，形成甲方强管理降成本与乙方重服务创效益的良性互动，促进资源共享、风险共担、合作双赢。

工程技术

【科技创新】 2019年，胜利油田集聚创新优势，支撑高效勘探开发，抓实8个勘探攻关项目组和8个开发工程项目组，推进基础研究、成果转化、项目考核、合作交流，单点高密度地震、隐蔽性潜山油藏勘探等技术取得新突破，中高渗油藏流场调整、非均相化学驱等关键技术攻关取得新进展，钻井高效提速、斜井分层压裂等未动用储量及非常规油气开发技术取得新进步。提升勘探开发业务协同平台、生产经营一体化平台，为57个信息化应用项目提供云服务，15个勘探开发研究流程实现全过程线上运行，10个专业数据采集实现动态监控，生产、安全、综治等视频集成应用平台在风险防控方面发挥重要作用。加快安全绿色关键技术攻关突破，年内开展课题研究431项，其中，国家级15项、集团公司级107项；申请专利605件，授权392件，其中发明专利389件、授权123件；获国家级奖励2项、省部级奖励22项。

2019年7月26日，胜利油田应急救援中心开展联合消防演练　（王国章摄）

【技能人才队伍建设】 2019年，胜利油田技能培训工作以培训质效为根本，油田层面完成石化名匠、安全能力提升等技能操作培训班550期，培训4万人次、24万人天。分板块抓好班组长在线轮训，年内培训3000余人。参加集团公司首届班组长和新员工培训好课程展评比赛，胜利油田获一等奖5个、二等奖8个和三等奖4个，被授予培训课程开发优秀组织奖。畅通技能人才成长通道，选拔推荐优秀技能人才参加省部级优秀技能人才评选，2人被评为山东省泰山产业领军人才，4人被评为齐鲁首席技师。推进油地人才融合发展，争取东营市人才政策，4人被评为东营市首席技师，1个技能创新工作室被授予东营市首席技师工作站。加强技能人才队伍序列建设，设置二级层面管理高技能岗位3469个，实现二级层面高技能岗位全覆盖，增补5名油田首席技师和10名技能大师。按照集团公司职业技能等级认定试点工作部署，胜利油田被集团公司设立为山东省2家区域认定中心之一。年内，开展技能等级认定7045人，3962人晋升职业技能等级。在中国技能大赛采油工职业技能竞赛中，胜利油田代表队获团体第一名，个人分获2金2银2铜。各类竞赛获奖选手中有2人获“全国技术能手”称号，2人获“中央企业技术能手”称号，4人获“中国石化技术能手”称号，6人晋升高级技师。

(宋占魁　兰峰　杨荣才　于福寅　侯飞　姬光
董伟　谢俊)

工业

综 述

2019年12月19日，全市"四项重点工作"和"九个三年行动计划"方案论证会第九场——"优势产业+人工智能"三年行动计划方案论证会召开

（市工业和信息化局供稿）

【概况】 2019年，全市规模以上工业企业718户，增加值同比增长4.4%；营业收入同比增速5.2%，利润总额同比增速116.9%。其中，胜利油田累计生产原油2225.98万吨，同比下降0.24%；12月，胜利原油价格为2996.3元/吨，同比增速15.9%。胜利油田营业收入同比下降5.7%，利润总额同比下降107.1%。全市地方工业在建项目228个，完成工业投入231.86亿元。其中，上年结转项目52个，年内完成投资59.62亿元，分别占全市的22.8%、25.7%；新开工项目176个，完成投资172.25亿元，分别占全市的77.2%、74.3%。

【经济运行保障】 完善经济运行分析联席会议制度、经济运行会商机制、财税运行和财源建设月度分析会商机制、下沉指导服务机制、经济发展重大事项例会制度等工作机制。成立东营市工业运行指挥部，通过协调督导、运行监测、政策资金、要素保障、项目推进和市场开拓等方式，抓好工业经济稳定运行。分县区、分产业、分规模确定95家重点调度工业企业，每月通过95家重点调度工业企业和19家炼化企业经济运行情况，研判分析全市工业运行态势。建立企业信息数据库，利用数据，深度剖析企业、产业发展面临的问题，研究提出产业、企业健康发展的工作措施。

【推动高质量发展】 编制石化、橡胶等6个产业规划，确定区域布局、链条方向，明确高质量发展路径措施。牵头推进"优势产业+人工智能"三年行动计划，研究提出9个产业智能提升工程、5项攻坚任务、4项保障措施，为高质量发展提供强大驱动力。聘请94名行业专家，组建6个智库，借助"外脑"助推产业发展。研究制定《关于开展"亩产效益"综合评价工作的指导意见》，通过综合评价帮助企业寻标杆、找差距、抓整改、上水平。推进省级产业集群转型升级示范建设，获省石油化工产业集群和石油装备产业集群奖励资金各1000万元。开展化工园区和监控点认定，2019年新认定省级化工园区4家。年内，全市7家化工园区全部通过省级认定，25家企业通过省级化工重点监控点认定，分别占全省的近1/10和1/5。东营港化工产业园和河口蓝色经济产业园完成扩区工作。

【支持企业做优做强】 发挥工业运行指挥部作用，聚焦骨干企业、油田改制企业、创新型中小企业，实施"一企一策"破解难题。7家企业入围2019年中国企业500强、15家企业入围2019年中国民营企业500强、17家企业入围2019年山东民营企业100强。其中，入围中国民营企业500强、山东民营企业100强数量居全省第1。2019年，东营市营业收入过200亿元9家，过100亿元企业23家，过50亿元企业29家，过1亿元企业330家。实施高成长型中小企业培育计划，制定《东营市高成长型中小企业培育计划》《东营市高成长型中小企业评价标准体系和计分方法（试行）》，创新主办银行、担保增信、要素保障等措施，助力高成长型中小企业快速发展。首批35家重点培育企业营业收入、利润同比分别增长17.1%和31.7%，12月公布第二批36家重点培育企业。东营市"政策赋能，聚力培育，打造高成长型中小企业发展梯队"经验做法被工业和信息化部、省工业和信息化厅在全国、全省推广。

【项目建设】 举办2019年全市互联网银企洽谈会，推介项目151个，推介项目资金需求473亿元，23家银行与企业达成合作意向，签约142笔、201.70亿元。组织企业采用新技术、新工艺、新装备、新材料，实施148个技改项目，推动各有1个项目列入国家重点技术改造项目和国家高质量发展

2019年9月4日，高成长型中小企业现场交流会召开

（市工业和信息化局供稿）

专项工业强基项目，获资金6400万元。推动2个项目列入省智能制造试点示范项目，5家龙头骨干装备制造业列入省高端装备领军（培育）企业库，东营市入选数量位列石油化工装备分领域全省第1。

【技术创新】 实施“四新”促“四化”专项，培育示范企业和项目19个，给予持资金380万元。培育省、市级“专精特新”企业44家。新认定山东省瞪羚企业1家。认定省、市级“一企一技术”研发中心70家。新认定山东省小型微型企业创业创新示范基地1家，全市累计达到4家。认定“山东省技术创新示范企业”2个、2019年山东省工业企业质量标杆典型经验1个，284个项目列入省技术创新项目计划，1个企业认定为绿色工厂，2个产品认定为绿色设计产品。1家企业认定为国家级第四批单项冠军示范企业，5家企业通过省级第三批单项冠军企业公示。6个省级新材料首批次产品保险补偿资金项目通过公示，补偿资金1015万元。

【“两化”融合】 落实拨付省级企业上云标杆企业奖补资金40万元、市“企业上云”奖补资金200万元。建设企业上云体验中心1个，培育行业云平台2个，培育本地云应用服务商10家，组织企业上云超1300家。举办“山东省‘两化’融合深度行东营站”活动，全市100余家企业150余人参加集中培训和座谈交流。组织181家企业开展两化融合调查和评估，摸清东营市“两化”融合工作情况。培育工业互联网平台5家。入选省级产业互联网平台项目1个，获省级奖补资金77万元。入选工业和信息化部制造业“双创”平台试点示范项目1个。5家企业入选省“现代优势产业集群+人工智能”融合试点示范。4家公司入选省5G产业试点示范企业及项目。4家企业入选第三批山东省首版次高端软件名单。

【双招双引】 重点推进中船重工鑫旭能源装备有限公司项目、铝基复合新材料及机械配件项目、博世马勒集团BMTS汽车涡轮增压器总成项目、北京展望世纪航空集团利津县航空经济区项目、苏伊士集团固废综合处置及利用中心项目、霍尼韦尔UOP协同创新中心项目落地建设。承办第四届东营橡胶轮胎汽配产业高端人才洽谈会，推动青岛科技大学等高校院所的专家团队与东营市企业签订5项合作协议，发布科技成果56项，推介成果63项。1名专家成为2019年传统产业创新类泰山产业领军人才。

【精准服务】 开展“送政策上门精准对接服务民营企业”活动，编印发放《支持民营企业发展政策汇编》5000余册，组织开展政策宣讲培训活动80场次。开通“东营市惠企政策服务平台”、手机APP、微信小程序等政策宣讲平台，为企业提供实时、分类、便捷查询惠企政策等服务。依托东营市惠企政策服务平台，累计发布政策原文235条、图文解读62条、每日一听199条。实施“百名局长服务百家企业”活动，市直25个部门、县区75个部门与企业结对帮扶，帮助企业解决难题488项。

2019年东营市规模以上工业企业生产和效益情况表

单位:亿元、户

单位	增加值		产销率%		企业户数	营业收入±%	利润总额±%
	12月±%	累计±%	本期累计	±%			
全市工业	11.2	4.4	99.0	−0.8	719	5.2	116.9
东营区	−14.4	7.0	97.6	−1.7	108	2.1	−111.2
河口区	−8.2	16.4	101.2	1.7	72	19.5	75.3
垦利区	5.7	2.0	98.1	−1.4	108	−0.3	−45.6
广饶县	14.8	5.5	100.0	1.3	216	12.5	22.3
利津县	24.3	12.7	99.4	−13.5	75	−0.8	−72.2
东营经济技术开发区	2.5	5.6	97.5	0.1	82	3.9	8.0
东营港经济开发区	11.7	5.4	97.8	0.5	57	0.9	−16.0

2019年东营市规模以上工业企业主要产品产量表

产品名称	计量单位	本期累计	±%	产品名称	计量单位	本期累计	±%
原油	万吨	2225.98	−0.2	合成橡胶	万吨	14.8	29.2
天然气	亿立方米	4.87	1.4	石油钻井设备	台(套)	19306	78.4
原油加工量	万吨	5058.02	21.2	原盐	万吨	173.1	10.6
汽油	万吨	916.35	0.9	烧碱(折100%)	万吨	187.4	−0.4
柴油	万吨	1228.36	−18.0	盐酸(含量31%)	万吨	14.8	−8.8
燃料油	万吨	331.15	−25.5	机制纸及纸板	万吨	151.3	2.6
液化石油气	万吨	705.41	51.3	纱	万吨	11.0	−18.8
精炼铜(电解铜)	万吨	80.10	−0.8	无纺布	万吨	5.4	32.5
铜材	万吨	2.20	−46.8	小麦粉	万吨	18.9	−10.8
电力电缆	万平方千米	20.90	5.4	乳制品	万吨	28.3	25.4
子午线轮胎	万条	10143.10	16.6	聚丙烯树脂	万吨	28.1	45.6
钢帘线	万吨	18.40	40.1	塑料制品	万吨	12.1	−6.0

【企业人才队伍建设】 制定《关于弘扬企业家精神进一步支持企业家干事创业的意见》，从提升地位尊重企业家、大张旗鼓激励企业家、旗帜鲜明保护企业家、精准高效服务企业家、真心实意关爱企业家和着眼长远培养企业家6个方面25条具体措施，为企业健康发展、企业家和非公有制经济人士健康成长创造良好环境。完善企业家队伍人才库。根据企业发展状况和企业家参训情况，实行动态管理，为企业家培训选调提供支撑。年内，入库企业家总数达到677人。开展企业家培育。实施企业家队伍建设"112"工程，组织开展境内外对标、科技特训营、总裁研修班等培训22期次，培训737人次。

2019年东营市规模以上工业企业资产和成本情况表

单位:亿元、人

单位	资产总计		负债合计		主营业务成本		利息费用		平均用工人数	
	本期累计	±%	本期累计	±%	本期累计	±%	本期累计	±%	本期累计	±%
全市工业	7669.7	7	5753.1	7.7	—	4.5	107.5	5.7	284234	-6.6
胜利油田	1555.5	38.9	981.7	62.5	—	-11.7	34.1	144.1	86868	-10.7
东营区	758	-28.9	719.2	-27.3	—	3	14.4	-5.3	44617	4.2
河口区	508.2	55.7	438.4	64.9	—	35.5	2.3	-38.4	10262	-5.8
垦利区	887.1	-1.1	630.7	5.7	—	5.5	11.6	-35.8	27918	-7.9
广饶县	1837.2	6.6	1482	1	—	4.5	18.7	-24.6	69810	-2.7
利津县	531.3	-4.8	334	4.7	—	2.3	14.1	-14.7	13344	-16
东营经济技术开发区	739.7	0.8	433.7	-2.1	—	2.6	1.6	-11.2	18999	-13.8
东营港经济开发区	852.8	14.6	733.3	11.5	—	9.4	10.7	41.3	12416	-6.9

2019年东营市规模以上工业企业资金和亏损情况表

单位:亿元、户

单位	产成品		应收票据及应收账款		流动资产合计		亏损户数		亏损额	
	本期累计	±%	本期累计	±%	本期累计	±%	12月止累计	增减(%)	12月止累计	增减(%)
全市工业	316.6	-4.5	658.7	12.7	4197.1	1.6	294	-3.6	57.1	-53.6
胜利油田	6.6	-8.2	18.2	21.5	43.3	-66.8	0	-100	0	-100
东营区	59.5	-10.6	87.6	-12.4	523	-33.7	35	-16.7	7.2	-66.1
河口区	23.5	102.4	26.3	-16.4	378.8	89.4	28	12	4	90.1
垦利区	31.2	-13.3	104.6	38.5	555.4	9.5	40	11.1	10	26.5
广饶县	128.3	4.5	283.3	19	1264.5	10.3	110	4.8	21.7	11.5
利津县	20.5	-16.5	33.5	70.5	385.5	-6.8	35	-10.3	4.8	42.2
东营经济技术开发区	14.9	-12.7	55.1	17.8	479.6	0.4	24	-31.4	3	-39.2
东营港经济开发区	32.1	-29.9	50	-13.5	567	21.3	22	0	6.5	-41.2

（市工业和信息化局 薄纯艳 王强）

重 点 产 业

【石化产业】 围绕东营港威联化学200万吨/年PX项目，推进东营港千万吨级炼化一体化项目建设。通过加快高端炼化一体化进程，实现石油化工向高端精细化工延伸，依靠产业链优势扩大利润空间，实现高质量发展。利华益集团坚持走"少油多化、炼化一体"技术路径，在延伸化工产业链条方面走在全市前列，投资66.22亿元，加快建设20万吨/年共氧化法环氧丙烷联产45万吨/年苯乙烯、100万吨/年先进催化制烯烃芳烃联合装置。推动化工园区和化工重点监控点认定，东营市上报的7个化工园区全部通过省级认定，利华益维远化学公司、石大胜华公司、新发药业通过省第一批化工重点监控点认定，正和集团、利华益集团等22家企业通过省第二批化工重点监控点认定。受国际原油价格持续波动、恒力石化和浙江石化相继投产、人民币汇率波动等因素影响，成品油市场波动较大，前7个月石化企业亏损较大，8月起成品油市场逐步向好，汽柴油价格上涨，且受年末消化原油进口配额影响，炼化企业生产积极性较高，开工率维持在70%以上。2019年，110家规模以上企业实现营业收入4439.1亿元，同比增长15.5%；实现利润19.1亿元，同比下降36.4%。

【有色金属产业】 东营市阴极铜产能94万吨，居全省第1位、全国第4位，铜材加工能力61.1万吨，主要有铜杆、铜管、铜排、铜带、铜基电磁线等产品。形成3条产业链，即"铜精矿、废杂铜——阳极铜——阴极铜"由粗到精的冶炼产业链、"阴极铜——杆、线、板、带、箔——特种铜材料"等铜材深加工产业链、"阳极泥——稀贵金属提取——废渣安全处置"稀贵金属资源化利用产业链。建有1个国家级、5

个省级企业技术中心，总体技术研发投入占销售收入的比重3%，有各类专利126件，聘有“泰山产业领军人才”“黄河三角洲学者”等7支高层次人才团队。方圆集团的“氧气底吹熔炼多金属捕集技术”拥有完全自主知识产权，填补国内外有色冶金领域的空白，先后获中国有色金属工业科学技术一等奖和山东省科技进步一等奖。年内，实施有色金属技术改造项目3个，总投资2.51亿元，年内完成投资2.25亿元，主要有山东金圆铜业有限公司5万吨微电子电磁线及特种电缆技改项目、东营鲁方金属材料有限公司年处理130万吨铜冶炼渣环保综合利用项目、东营源纳合金科技有限公司200万套/年铝合金空调管件项目。2019年，铜粗炼加工费维持较高水平，铜精矿、废杂铜供应较为宽松，18家规模以上企业实现营业收入785.4亿元，增长3.6%；利润27.0亿元，增长9.3%。

【橡胶产业】 东营市橡胶产业以橡胶轮胎行业为主，以其他橡胶制品业和橡胶配套业为辅，形成以橡胶轮胎为中心，集钢丝帘线、轮胎帘子布、橡胶助剂、轮胎模具、轮胎机械、轮胎胶囊、炭黑为一体的产业体系。东营市企业主导和参与国家标准、行业标准、地方标准9项，团体标准1项。质量管理体系认证企业比例77.8%，拥有中国驰名商标8个，5家企业入选国家“同线同标同质”榜单。有国家级企业技术中心1个，省级企业技术中心5个，省级工程实验室4个，市级企业技术中心10个、市级工程实验室4个。国家轮胎工艺与控制工程技术研究中心广饶研究院、东营市泰斯特橡胶轮胎产业技术研究院、高性能聚合物教育部工程研究中心华盛分中心等机构研发能力提高，研发成果不断出新。2019年，60家规模以上企业实现营业收入515.5亿元，增长5.7%；实现利润8.7亿元，增长10.3%；生产子午线轮胎10143.1万条，增长16.6%。

【石油装备产业】 东营市石油装备产业基础雄厚，产品门类齐全，发展到37个系列、1500余个品种，钻机、抽油机、石油专用管材和制氮设备等生产能力国内第1，连续抽油杆、抽油机、石油专用管的国内市场占有率分别达70%、60%、30%。创新体系较为完善，建有国家级工程技术研究中心1家，省级重点实验室1个，省级工程实验室4个，省级工程技术研究中心9个；省级企业技术中心22个，市级24家；省级工业设计中心5个，市级12个。42个产品被认定为省重点领域首台(套)技术装备产品。科瑞集团成立国内首个产业技术研究院，投资建设“卡尔加里大学(北京)非常规油气技术开发中心”，在美国、加拿大、新加坡等国家成立16个技术研发中心。胜利高原建成全国唯一的国家采油装备工程技术研究中心，有国家专利136件，商标12项，主持或参与制修订国家/行业标准24项。年内，国内油气勘探开发力度加大，装备及油服市场转暖，重点企业订单充足，但部分企业流动资金不足，大单、长单承接能力受限。2019年，110家规模以上企业完成营业收入124.2亿元，下降29.5%；亏损0.5亿元，同比下降68.1%。

【新材料产业】 东营市形成以氧化锆、高纯度钛酸钡等产品为主的功能陶瓷，以碳纤维连续抽油杆、复合材料垫板等产品为主的复合材料应用，以聚碳酸酯、高吸水性树脂等产品为主的化工新材料，以聚酰亚胺薄膜、石墨烯、电池材料等产品为主的电子信息新材料等细分产业。有市级以上企业技术中心24家，国外专家11人、国家万人计划1人、泰山产业领军人才1人。有中国驰名商标1个，山东名牌3个，主持、参与制定行业标准13项。授权专利522项，其中，国内发明专利56项、PCT专利18项。“一种连续制备钛酸钡粉体的工艺”获中国专利金奖。山东国瓷功能材料股份有限公司投资5.5亿元，新上4条生产线。山东国晶电子投资20亿元建设第三代半导体晶体产业集群中心项目，自主研发AD3S合成法制造5N碳化硅微粉试验成功，有效解决国内高纯度碳化硅原料量产难的瓶颈问题；6英寸双坩埚碳化硅单晶炉完成研发，成为国际首台套产品，填补中国第三代半导体关键制程设备空白。年内，实施新材料技术改造项目6个，总投资2.75亿元，完成投资1.1亿元。2019年，71家规模以上企业实现营业收入236.9亿元，同比增长43.4%；利润11.7亿元，同比增长168.4%。

【生物医药产业】 有高新技术企业9家，取得发明专利113项，实用新型专利67项，参与制定国家和行业标准24项，重点领域骨干企业优势较为突出。天东制药采用生物酶提取技术，以粗品肝素为原料，分解提取抗凝类原料药肝素钠和依诺肝素钠，产品通过美国FDA和欧盟EDQM认证，出口量占同类产品的40%。中药制剂方面，山东凤凰制药被列入国家综合性新药研究开发技术大平台(山东)产业化示范企业，3种产品年销售额1亿元左右；山东仙河药业有限公司有1种产品年销售额过亿元。医药中间体、辅料等相关产业骨干企业汇海医药、佛斯特生物、广饶丽枫生物等发展势头良好。高端项目建设加快，新发药业被认定为全省隐形冠军企业，是全球B族维生素种类最全的生产企业，年内投资4.28亿元建设年产9000吨维生素A粉生产线，产品符合国内及美国FDA和欧盟各国医药标准，达到国际先进水平。鲁宁药业投资1.1亿元的高端首仿药物项目，围绕推动医药领域科技成果转化应用，主要生产降血糖药物阿格列汀、沃替西汀，ED治疗药物他达拉非，糖尿病治疗药物硫辛酸，以及心脑血管治疗药物白藜芦醇等，产品均为国内首仿。2019年，17家规模以上企业实现营业收入55.2亿元，利润7.9亿元，同比分别增长2.3%、35.6%。

(市工业和信息化局　薄纯艳　王强)

中 小 企 业

【概况】 至2019年年底，东营市规模以上工业企业、资质等级建筑业企业、限额以上批零住餐企业、规模以上服务业企业等“四上企业”共1908家。其中，规模以上工业中小微企业677家，实现营业收入4066.7亿元、利润41.2亿元。

【服务体系】 ①2019年，新认定市级中小企业公共服务示范平台2个，分别是：山东领客能源科技发展有限公司领客平台、华东石油交易中心有限公司专业类石化产业电商平台。②新认定省级中小企业公共服务示范平台3个，分别是：山东亿顺信息科技有限公司、胎大王信息科技有限公司、东营黄河三角洲继续教育培训中心。③新认定国家级中小企业公共服务示范平台1个：广饶长城投资建设有限公司。④新认定市级中小企业服务机构10家，分别是：东营市华普财税服务有限公司、东营智信信息科技开发有限公司、山东岐贵律师事务所、东营乾泰工程项目管理有限公司、东营乾泰会计师事务所有限责任公司、东营乾泰资产评估事务所(普通合伙)、山东地义律师事务所、山东诚正勤律师事务所、山东金誉企业管理咨询有限公司、冰融信息科技(山东)有限公司。

【创新发展】 ①2019年，新认定市级中小企业“一企一技术”研发中心62个，分别是：山东广域科技有限责任公司、威飞海洋装备制造有限公司、山东宝力生物质能源股份有限公司、胜利油田营海实业集团有限公司、东营安诺其纺织材料有限公司、山东胜利通海集团东营天蓝节能科技有限公司、山东汇海医药化工有限公司、山东石大油田技术服务有限公司、山东垚坤模具有限公司、山东宇佳新材料有限公司、东营市江润石油科技发展有限公司、东营市昊铭润滑科技有限公司、山东凤凰制药股份有限公司、山东隆源橡胶有限公司、东营国安化工有限公司、胜利油田高原石油装备有限责任公司、山东得胜电力股份有限公司、东营俊富净化科技有限公司、山东胜邦塑胶有限公司、东营兆源机电科技有限公司、东营市智通新能源科技股份有限公司、山东胜利长龙管道科技有限公司、东营市瑞丰石油技术发展有限责任公司、山东中天水土资源生态开发建设有限公司、山东万达微电子材料有限公司、山东团尚网络科技股份有限公司、山东汇佳软件科技股份有限公司、东营黄蓝融汇生产力促进中心有限公司、山东卓智软件股份有限公司、山东博达特种电缆有限公司、山东大明精细化工有限公司、山东新港化工有限公司、东营明德化工有限公司、东营华亚国联航空燃料有限公司、山东冠森高分子材料科技股份有限公司、山东汇宇新材料有限公司、山东道一医药科技有限公司、东营市科德化工有限公司、山东峰海石油科技有限公司、山东兆鑫石油工具有限公司、东营市金亿来石油机械有限公司、山东博赛特石油技术有限公司、东营市成功石油科技有限责任公司、欧米勒电气有限公司、东营市金旺石油机械制造有限公司、山东美利农业开发股份有限公司、山东景明海洋科技有限公司、山东荣泰新材料科技有限公司、东营市宝泽能源科技有限公司、利华益维远化学股份有限公司、东营市一大早乳业有限责任公司、东营慈母坊家纺有限责任公司、东营市元捷石油机械有限公司、山东新诺新材料有限公司、山东昇阳精密机械有限公司、东营小宇研磨有限责任公司、山东旭博智能工程有限公司、东营风起生物科技发展有限公司、山东仙河药业有限公司、山东元正检测技术有限公司、东营广元生物科技股份有限公司、东营市日盛农业发展有限公司。②新认定省级中小企业“一企一技术”研发中心8个。分别是：山东汇海医药化工有限公司、东营国安化工有限公司、胜利油田高原石油装备有限责任公司、东营益盟盛化工有限公司、东营安诺其纺织材料有限公司、东营市昊铭润滑科技有限公司、山东瑞奥智能设备股份有限公司、东营海森密封技术有限责任公司。③新认定省级小型微型企业创业创新示范基地1个：东营融创孵化器管理有限公司东营创新创业港。

【企业培育】 ①2019年，新认定市级“专精特新”中小企业29家，分别是：东营市东胜机械自动化有限公司、东营嘉扬精密金属有限公司、东营致远方略软件有限公司、山东瑞多节能环保科技有限公司、山东恒业石油新技术应用有限公司、山东万盛电气有限公司、山东瑞奥智能设备股份有限公司、欧米勒电气有限公司、山东汇海医药化工有限公司、东营兴盛环保科技股份有限公司、东营市金旺石油机械制造有限公司、山东景明海洋科技有限公司、东营盛昶石油机械有限公司、东营贝斯特化工科技有限公司、东营科创生物化工有限公司、山东荣邦汽配有限公司、利津县东顺石油机械制造有限责任公司、东营俊富净化科技有限公司、东营兆源机电科技有限公司、山东金圆铜业有限公司、胜利油田大明新型建筑防水材料有限责任公司、山东旭博智能工程有限公司、山东德仕化工有限公司、华东石油交易中心有限公司、东营华亚国联航空燃料有限公司、东营市科德化工有限公司、山东道一医药科技有限公司、山东净泽膜科技有限公司、山东元正检测技术有限公司。②新认定省级“专精特新”中小企业15家。分别是：东营天东制药有限公司、山东天元信息技术有限公司、胜利油田北方实业集团有限公司、东营市三和石油装备有限公司、山东信合生物制药有限公司、东营海瑞宝新材料有限公司、东营汉威石油技术开发有限公司、山东晟瑞新材料有限公司、东营市海科新源化工有限责任公司、东营嘉扬精密金属有限公司、欧米勒电气有限公司、东营市金旺石油机械制造有限公司、东营联合石化有限责任公司、山东奔月生物科技股份有限公司、东营华亚国联航空燃料有限公司。③新认定山东省瞪羚企业1家：山东永利精工石油装备股份有限公司。④在全市遴选并公布首批高成长型中小企业35家，分别是：山东德仕石油工程集团股份有限公司、山东瑞奥智能设备股份有限公司、东营天东制药有限公司、东营万邦石油科技有限责任公司、东营市汉德自动化集成有限公司、山东胜利通海集团东营天蓝节能科技有限公司、山东汇海医药化工有限公司、东营安诺其纺织材料有限公司、胜利油田万和石油工程技术有限责任公司、欧米勒电气有限公司、东营宝丰汽车配件有限公司、山东九章膜技术有限公司、山东坤宝化工股份有限公司、东营合益化工有限公司、山东陆海钻采科技有限公司、山东和瑞东精细化学有限公司、山东秦恒科技股份有限公司、胎大王信息科技有限公司、东营正宜包装股份有限公司、东营海瑞宝新材料有限公司、东营市一大早乳业有限公司、山东中阳碳素股份有限公司、山东凤凰制药股份有限公司、山东大东联石油设备有限公司、山东隆源橡胶有限公司、胜利油田新大管业科技发展有限责任公司、山东海慧环境科技有限公司、山东胜软科技股份有限公司、山东汇佳软件科技股份有限公司、山东华网智能科技股份有限公司、山东大明精细化工有限公司、东营科宏化工有限公司、山东冠森高分子材料科技股份有限公司、东营华亚国联航空燃料有限公司、山东奔月生物科技股份有限公司。⑤第二批高成长型中小企业36家，分别是：东营汉威石油技术开发有限公司、东营南科电气有限责任公司、山东中泽环境检测有限公司、汇链科技有限公司、山东宇尚节能环保科技有限公司、山东石大油田技术服务股份有限公司、山东凯盟思新材料有限公司、东营曦和新能源有限公司、山东新澳纳纺织科技有限公司、东营源纳合金科技有限公司、东营固泰尔建筑科技有限责任公司、山东垚坤模具有限公司、山东瑞奇新能源科技股份有限公司、山东亿顺信息科技有限公司、山东尤科斯石油装备有限公司、东营市亚泰化工有限公司、东营嘉颐化工有限公司、东营天力盈宏鞋业有限公司、广饶县华普锦纶新材料有限公司、山东东源新材料科技有限公司、泰山石膏(东营)有限公司、山东晟瑞新材料有限公司、东营华致化学新材料有限公司、利津正荣新材料有限公司、山东信合生物制药有限公司、东营俊富净化科技有限公司、东营市元捷石油机械有限公司、山东新诺新材料有限公司、东营欣邦电子科技有限公司、山东中天水土资源生态开发建设有限公司、山东卓智软件股份有限公司、山东道一医药科技有限公司、山东戴瑞克新材料有限公司、东营明德化工有限公司、东营金凤凰化工股份有限公司、山东诺尔生物科技有限公司。

【市场开拓】 ①4月26—28日，山东工力机械有限公司、山东汇佳软件科技股份有限公司、科达半导体有限公司参加在济南举办的2019海峡两岸(山东)创业创富项目博览会暨专精特新中小企业展洽会。②6月24—27日，东营海瑞宝新材料有限公司、山东领客能源科技发展有限公司参加在广州举办的第十六届中国国际中小企业博览会。③10月15—20日，山东恒业石油新技术应用有限公司、山东龙翔实业有限公司、山东德辰科技有限公司、东营科宏化工有限公司、山东东源新材料科技有限公司、山东海丰能源科技有限公司、科达半导体有限公司参加在济南举办的山东友城国际合作发展大会。④11月11—13日，山东蓝月信息科技有限公司、山东华睿易控物联网技术有限公司、山东坤宝化工股份有限公司、山东天弘化学有限公司、山东汇佳软件科技股份有限公司参加在济南举行的第二届中德中小企业合作交流大会。⑤12月4—10日，山东得胜电力股份有限公司、山东华信融资担保有限公司参加山东省赴台湾地区中小企业融资担保学习交流及经贸对接活动。

【人才培训】 ①2019年9月10日，市工业和信息化局邀请市科技局、中国政法大学等部门单位的专家举办全市中小企业融资对接会，22家中小企业参会。②11月9—10日，市工业和信息化局组织68家中小企业负责人参加工业和信息化部举办的多渠道上市与科创板公益辅导(东营大讲堂)。③12月13日，市工业和信息化局邀请市税务局等部门单位的专家举办中小企业政策宣讲会，95家中小企业参会。

【政策支持】 ①继续开展“送政策上门精准对接”服务民营企业活动，编印政策汇编5000册，发放到717家规模以上企业及部分中小企业，组织开展政策宣讲培训活动80场次；继续开展“百名局长服务百家企业”活动，市直25个部门、县区75个部门与企业结对帮扶，帮助企业解决难题488项。②开发“东营市惠企政策服务平台”网站、APP、微信小程序等政策查询平台，发布政策原文235条，图文解读62条，每日一听199条。③争取中央融资担保奖补资金492万元。④安排市级中小企业发展专项资金800万元，奖励2018年认定的省级“一企一技术”研发中心企业和“一企一技术”创新企业16家。⑤山东汇佳软件科技股份有限公司获山东省瞪羚企业培育奖励资金50万元。

2019年7月9日，全市中小企业创新发展政策宣传培训专题会议举办　（市工业和信息化局供稿）

（市中小企业办公室　王明辉）

旅游业

综　　述

【概况】 2019年，全市实现旅游总收入205.7亿元，增长12.7%。游客总人数2017.7万人次，增长9.5%。其中，入境游客消费4559.43万美元，增长0.3%；入境游客人数6.51万人次，增长2.2%。全市国家A级旅游景区56家，其中，国家AAAA级旅游景区8家，国家AAA级旅游景区35家，国家AA级旅游景区13家。山东省旅游强乡镇20个，省级旅游特色村32个，工农业旅游示范点43个，省级星级农家乐22家，省级精品采摘园21家，省级开心农场7家。旅行社及分社109家，其中，AAAAA级旅行社3家，AAAA级2家，AAA级23家。星级饭店24家，其中，五星级2家，四星级7家，四星级14家。旅游商品企业108家。东营市获"2019中国千山·金峰奖——最美全域旅游取景地""2019中国文旅产业最具开发(投资)价值城市"称号。

【旅游规划】 12月，编制完成《东营市黄河入海文化旅游目的地专项规划》，提出以黄河口生态旅游区、中心城区旅游度假区为核心，打造黄河入海风景线、滨海休闲度假线，依托金湖银河文旅小镇、天鹅湖城市湿地景区等重点工程，孙子文化、石油文化、红色文化旅游资源，构建"两区、两线，多点，全域"黄河入海文化旅游目的地。

（市文化和旅游局　郭雨晴）

旅游项目建设

【景区建设】 黄河口生态旅游区对照国家AAAAA级旅游景区创建标准，对景区大门、生态厕所等基础设施进行整改提升。12月25日，黄河口生态旅游区被文化和旅游部拟确定为国家AAAAA级旅游景区。同日，孤岛槐树林温泉旅游区被省文化和旅游厅确定为国家AAAA级旅游景区。年内，新认定垦利区泰升林果游乐园、孙武湖·金水湾景区、利津县文化活动中心、东营白鹭园湿地公园、黄河口知青小镇、东营市档案馆爱国主义教育基地6个国家AAA级旅游景区。推荐山东养生天下农业科技发展股份有限公司等2家企业申报第二批山东省中医药健康旅游示范基地，推荐广饶轮胎工业展览馆等2家企业申报山东省工业旅游示范基地。

【乡村旅游】 ①乡村旅游富民工程。推进景观农业、体验农业、创意农业发展，打造东营区史口镇、河口区新户镇、垦利区胜坨镇、广饶县大王镇、利津县汀罗镇5个乡村旅游集群片区。②文旅融合示范村试点。印发《东营市文旅融合示范村评定标准》，在全市开展文旅融合示范村试点，经评定确立22个示范村，其中东营区六户镇东六户村AA级景区村。③精品民宿度假村建设。支持东营区龙居镇董王民宿、广饶大地溪客等精品民宿发展。5月25日，黄河口知青小镇举行创建红色教育基地启动仪式。④乡村旅游后备箱工程。推动广饶县李鹊镇、利津县汀罗镇省级乡村旅游后备箱工程示范基地建设，加快乡村旅游商品购物商店和电商平台建设。⑤田园综合体建设。推进利津县元泰·印象老家等田园综合体项目建设，拓展农业休闲、旅游、文化、康养等功能。⑥旅游扶贫。指导东营区邵桥村等13个旅游扶贫村开展休闲采摘园、休闲渔业等项目。东营区纪家村、楼李村与蜗牛小镇项目，垦利区西三村与永安镇大闸蟹养殖基地项目，利津县陈家屋子村与东营市首家淡水池塘低碳高效生态养殖技术示范项目签订入股协议，贫困户按股分红。

【重点项目】 2月21日，印发《东营市"旅游富民"三年行动计划2019年工作推进实施方案》，实施五大旅游富民工程，构建五大旅游支撑体系，建立五项工作机制，重点推进旅游项目71个，支撑体系12项，至年底，14个项目全部完工，39个项目进度超75%。黄河口生态旅游区景观提升、石油科技馆布展、黄河科技馆布展、黄河口知青小镇等项目进展迅速。孤岛槐树林温泉旅游区成为全市京津冀主要外部客流市场北部游线重要驿站。沿黄自驾游风景廊道建设利津段、垦利段率先突破。沿海旅游集聚带，实施东八路湿地观光大道综合治理和提升工程，形成赶海拾贝、泥滩捉蟹、红毯观光、湿地游船等新业态项目。全年新建旅游厕所39座、改建8座，至年底，全市共有旅游厕所182座。

【旅游合作】 ①与中青旅集团合作。10月9日，中青旅总裁邱文鹤一行8人到东营，考察金湖银河片区、黄河口生态旅游区，就打造精品项目、服务品牌等达成合作共识。②与华侨城集团合作。在签订《黄河口生态旅游区赋能管理服务协议》《合作备忘录》基础上，对接建立旅游投资开发平台、加强城市旅游品牌宣传等事项。③与西部地区合作。6月24日，重庆市酉阳县与全市3家旅行社签订合作协议，就共同开发东营——酉阳精品旅游线路、文化旅游商品营销、旅游优惠政策等达成合作意向。6月26日、7月11日，举办重庆酉阳·东营旅游推介会、重庆酉阳文化"非遗"产品和特色农产品展销会、新疆疏勒县文化旅游宣传推介等。

2019年东营市旅游景区、工农业示范点、强乡镇、特色村一览表

等级类别		名称	评定年份
国家A级旅游景区·56个	国家AAAA级旅游景区	黄河口生态旅游区	2008
		孙子文化旅游度假区	2012
		红色刘集旅游景区	2013
		天宁寺文化旅游区	2014
		揽翠湖旅游度假区	2015
		龙居黄河森林旅游区	2017
		黄河三角洲动物园	2018
		孤岛槐树林温泉旅游区	2019
	国家AAA级旅游景区	民丰湖休闲娱乐区	2008
		东营市历史博物馆	2008
		胜利油田科技展览中心	2009
		黄河入海口生态农业观光园	2011
		东营区华林庄园	2011
		黄河华滩生态公园	2013
		东营园博园	2014
		东营万象游乐园	2014
		河口区鸣翠湖湿地风景区	2014
		利津县凤凰城滨河休闲旅游区	2014
		雪莲大剧院	2015
		广饶上农休闲旅游区	2015
		蓝海逸园	2016
		龙居桃花岛旅游度假区	2016
		利丰温泉旅游度假区	2016
		利津县博物馆	2016
		新汇东海岸温泉旅游度假区	2016
		兵圣王酒业旅游区	2017
		青丘文化旅游区	2017
		爱尚多肉文化旅游区	2017
		兴隆生态林场	2017
		国家方志馆黄河分馆	2018
		东营区盐文化博物馆	2018
		河口区黄河王酒业文化博览园	2018
		垦利区水语小镇	2018
		垦利区莲心湾旅游度假区	2018
		垦利区伟浩生态园	2018
		广饶县千乘园旅游区	2018
		利津县黄河三角洲国际慢城	2018
		东营市档案馆爱国主义教育基地	2019
		垦利区泰升林果游乐园	2019
		孙武湖·金水湾景区	2019
		利津县文化活动中心	2019
		东营白鹭园湿地公园	2019
		黄河口知青小镇	2019
	国家AA级旅游景区	垦利渤海垦区革命纪念馆	2008
		胜利油田森林木屋	2009
		河口区军马场农博园	2009
		河口区孤岛植物园	2009
		垦利郝家绿色生态观光园	2010
		瀚海海上休闲旅游区	2011
		黄河口古玩城	2014
		义和镇锦绣庄园	2018
		义和镇怡丰庄园	2018
		广饶国际博览中心	2019
		广饶县烈士陵园	2019
		广饶县健士生态园	2019
		广饶县集贤苑	2019

等级类别		名称	评定年份
山东省旅游强乡镇·20个		东营区龙居镇	2008
		东营区六户镇	2009
		河口区孤岛镇	2009
		广饶县丁庄镇	2009
		垦利县郝家镇	2009
		河口区仙河镇	2009
		垦利县胜坨镇	2010
		利津县利津街道办事处	2010
		广饶县大王镇	2011
		东营区牛庄镇	2011
		垦利县垦利街道办事处	2011
		河口区新户镇	2012
		广饶县稻庄镇	2012
		广饶县李鹊镇	2013
		东营区黄河路街道办事处	2014
		垦利县红光渔业办事处	2014
		东营区胜利街道办事处	2015
		河口区义和镇	2015
		垦利县黄河口镇	2015
		垦利区永安镇	2016
山东省旅游特色村·31个		东营区龙居镇小麻湾村	2008
		河口区仙河镇海星村	2008
		垦利县黄河口镇万尔村	2008
		利津县城关镇东关村	2008
		广饶县丁庄镇王道村	2009
		利津县汀罗镇毛坨村	2009
		河口区河口街道八吕村	2009
		东营区牛庄镇王营村	2009
		河口区新户镇东鲍井村	2010
		垦利县郝家镇薛家村	2010
		广饶县大王镇刘集后村	2010
		东营区六户镇东六户村	2011
		东营区牛庄镇大杜村	2011
		河口区河口街道长青村	2011
		垦利县垦利街道办事处卫东村	2011
		垦利县红光办事处红光新村	2011
		垦利县胜坨镇东王村	2011
		东营区史口镇大宋村	2012
		东营区史口镇刘营村	2012
		东营区龙居镇小杨村	2012
		广饶县李鹊镇西大张村	2012
		利津县利津街道办事处毕庄村	2012
		垦利县胜坨镇大白村	2014
		东营区胜利街道辛镇村	2014
		利津县利津街道办事处綦家夹河村	2015
		利津县汀罗镇前关村	2015
		东营区龙居镇朱家村	2016
		东营区史口镇劳家村	2016
		东营区史口镇林家村	2016
		垦利区黄河口镇小高村	2016
		广饶县丁庄镇西马楼村	2016
山东省工农业旅游示范点·43个	工业旅游示范点	胜利油田科技展览中心	2007
		东营市阳光丝业有限责任公司	2009
		河口区孤岛欣马酒业有限公司	2014
		山东省绿洲醇食品有限公司	2014
		山东黄河王酒业有限公司	2015
		东营市兵圣王酒业有限公司	2015

续表

等级类别		名称	评定年份
山东省工农业旅游示范点·43个	农业旅游示范点	黄河入海口生态观光园	2007
		东营揽翠湖旅游度假区	2008
		河口区军马场农博园	2008
		垦利郝家绿色生态观光园	2008
		广饶县丁庄冬枣采摘园	2008
		丽日锄禾农业开发有限责任公司	2009
		胜利油田胜大实业总公司森林木屋	2009
		河口区新户百枣园	2009
		利津县绿野菇业有限责任公司	2009
		东营区华林庄园	2010
		东营区开心农场	2010
		东营区景明水产	2010
		垦利县胜坨镇伟嘉园林	2010
		东营区牛庄镇现代农业产业园	2011
		河口区义和镇申丰农庄	2012
		河口区新户镇志鹏珍禽生态旅游观光园	2012
		河口区仙河镇海星集团	2012
		广饶武圣生态旅游文化交流中心	2012
		广饶县李鹊镇西大张村裕茂园林	2013
		广饶县丁庄镇瀚海海上休闲旅游区	2013
		东营区欢乐庄园	2014
		广饶县润金农林休闲农庄	2014
		广饶县东营康汇四季采摘园	2014
		垦利县万得福高科技生态农业园	2014
		东营区桃花生态农庄	2015
		东营区趣园农家乐	2015
		河口区天天有鱼旅游开发有限公司	2015
		广饶县李鹊镇鹊苑精致农业示范园	2015
		东营区康源农业开发有限责任公司	2016
		东营区金丰家庭农场	2016
		河口区新户镇新芹果蔬合作社	2016
		河口区六合街道伍岳生态园	2016
		河口区孤岛镇神仙园	2016
		河口区新户镇苗丰林木经济旅游示范点	2016
		广饶县稻庄镇广汇家庭农场	2016
		利津县皓月家庭农场	2016
		利津县汀罗镇前关村农业休闲园区	2016
好客人家星级农家乐·22家	五星	广饶武圣府生态旅游文化交流中心	2013
	四星	垦利县丽丽农家饭生态园	2014
		利津县观澜园饭庄	2014
		黄河故道新发鱼汤餐饮有限公司	2014
		广饶县丁庄镇云禧园开心农场	2016
好客人家星级农家乐·22家	三星	河口区义和锦绣庄园	2014
		河口区义和申丰农庄	2014
		河口区孤岛槐林人家	2014
		河口区仙河林槐园	2014
		利津县绿野菇业生态农业园	2014
		东营区龙居镇熬鱼坊	2015
		东营区龙居镇八大碗餐厅	2015
		垦利县董集镇蝶文化农家乐	2015
		黄河口镇黄河口生态苑	2015
		河口区仙河镇槐林农家	2016
		河口区孤岛镇神仙园	2016
		广饶县稻庄镇悠然家庭农场	2016
	二星	东营区黄河展区生态园	2008
		东营区欢乐庄园	2014
		东营区聚龙山庄	2014
		东营区趣园农家乐	2014
		东营区瑞丰家庭农场	2016
精品采摘园·21家		山东蓝海逸园	2014
		东营康源农业开发有限责任公司	2014
		河口区义和申丰农庄	2014
		河口区义和锦绣庄园	2014
		广饶县东营成丰农业观光采摘园	2014
		广饶县孙武湖绿色果蔬基地	2014
		垦利县郝家镇绿色生态观光园	2014
		垦利县永安镇汇丰家庭农场	2014
		利津县聚鑫林果采摘园	2014
		利津县盐窝志强家庭农场	2014
		东营区趣园胜利采摘园	2015
		东营城市中心果蔬采摘园	2015
		河口区孤岛镇绿康蔬菜采摘园区	2015
		垦利县恒达现代农业种植基地	2015
		垦利县龙腾生态农业科技园	2015
		东营飞翔农业开发有限责任公司	2015
		河口区义和镇年丰家庭农场	2016
		河口区义和镇北大屋葡萄采摘园	2016
		河口区西韩无花果采摘园	2016
		东营市伟浩养殖有限公司	2016
		利津盐窝镇新合南村农业观光园	2016
开心农场·7家		广饶县千乘休闲观光园	2015
		垦利县董集镇清湖家庭农场	2015
		垦利县心语莲藕种植家庭农场	2015
		利津县鑫源花木有限公司	2015
		垦利区东王村	2016
		东营市华强农业科技有限公司	2016
		广饶县李鹊镇鹊苑家庭农场	2016

（市文化和旅游局　郭雨晴）

旅游市场开发

【旅游宣传】 实施“四个一”工程（一个央视推广、一个高端研讨会、一系列节庆活动、一个旅游IP形象）。①在中央电视台《朝闻天下》等播放《黄河入海　我们回家》城市形象宣传片。在济南西高铁站、青岛长途汽车站等及重要路口电子屏投放城市形象宣传广告。②4月29日，举办“黄河入海”文化旅游品牌建设研讨会，与全省沿黄9市签订《“黄河入海”文化旅游协议》。③与《中国旅游报》《大众日报》等10余家省市媒体签订合作协议，扩大今日头条、学习强国等新媒体宣传，全年媒体发稿量3100余篇。④组织黄河口旅游区、孙子文化园等景区及山东齐文笔业传承发展有限公司、东营市景明水产有限公司等企业参加2019中国黄河旅游大会、第八届山东省文博会等17场推介活动。⑤开展庆祝新中国成立70周年文化和旅游发展成果采风踩线活

旅游宣传推介　　（市文化和旅游局供稿）

动、山东优质文化旅游产品网络媒体采风活动，展示东营文化旅游资源。⑥开展“冬游齐鲁·东营文化惠民消费季”活动，举办好客山东贺年会活动，重点推出10条冬季旅游线路。⑦委托华侨城集团设计“黄河入海　我们回家”LOGO及内涵解读。其中，黄河口生态旅游区“十一”期间接待游客12.97万人次，实现综合收入644.89万元，均创历史最高水平。

【融合发展】 实施“旅游+”战略，推动体育旅游、研学旅游、工业旅游等新业态发展。“旅游+海洋”方面，推动多功能海洋牧场平台建设；“旅游+教育”方面，以石油科技馆为载体打造集石油文化研学高地，串联盐文化博物馆、电文化博物馆等形成集知识科普、体验考察一体研学线路，孙子文化旅游区开发独具兵家特色研学产品。“旅游+体育”“旅游+展会”方面，依托黄河口国际马拉松赛、黄河口系列足球赛事、广饶国际橡胶轮胎展等举办活动22场。策划“美丽黄河口、欢乐回家人”系列演艺节目进重点旅游景区，在河口区槐花节、垦利赶海拾贝节、东营区龙舟赛等旅游节点，组织文艺节目演出，丰富旅游内容。指导蓝海酒店集团、黄河文化传媒集团、孙子文化园管理有限公司等创建全省十强文化旅游企业。7—10月，开展“文旅融合·惠享生活”为主题东营第三届文化惠民消费季，发放消费券105万元，争取省级定向资金60万元。至活动结束，组织各类活动6000余场次，参与市民30余万人次，直接带动消费859.5万元，间接带动消费1474.1万元。

【旅游商品】 5月23—25日，组织黄河口生态旅游区、黄河口旅行社等参加全省老年旅游大会；5月24日，组织广饶县文化和旅游局、红色刘集景区参加中国旅游商品大赛总结会；5月31日—6月2日，组织旅游景区、商品等10余家企业参加2019山东（济南）国际旅游交易会。齐笔《精品黑檀〈社会主义核心价值观〉狼毫套笔》获第11届海峡旅游博览会铜奖、首届山东省文化和旅游商品创新设计大赛铜奖。指导黄河口生态旅游区开发徽章、抱枕等；指导孙子文化旅游区开发真丝邮票、孙小帅雕塑等；指导红色刘集旅游区开发“宣言红色经典”酒。

（市文化和旅游局　郭雨晴）

节 庆 活 动

【东营市2019“好客山东贺年会”暨第九届旅游商品创新设计大赛】 1月22—27日，在黄河国际会展中心举办。全市30余家旅游商品企业和个人70余件作品参赛，分工艺品、生活用品、东营特色食品、品牌饮品4大类别，评选出4个金奖、8个银奖、10个铜奖。

2019年1月22—27日，东营市2019“好客山东贺年会”暨第九届旅游商品创新设计大赛举办　　（市文化和旅游局供稿）

【2019东营城南庙会】 2月5—19日，在东营区六户镇政府驻地举办。分为文艺展演、特色美食、马戏杂技、民俗展演、游戏游乐、精品特产、展览展示7个板块，举行杂技、秧歌、腰鼓、高跷等民俗文艺展演及传统婚俗展演、庄户剧团展演等，邀请国内各地特色美食小吃、饮品、食品等60余家及30余家“一路一带”沿线国家美食汇和部分进口商品免税店参加。

【第八届黄河三角洲湿地槐花节】 5月1—30日，在河口区孤岛镇万亩槐林举办。举办槐花节开幕式、主题摄影展、沿

第八届黄河三角洲湿地槐花节游人　　（市文化和旅游局供稿）

黄书画名家作品展、文创作品展、河口特色商品展、槐林系列群众文化展演活动。

【2019年中国垦利红光第十一届赶海拾贝旅游节】 6月7—9日，在市现代渔业示范区红滩湿地滨海公园举办。以“齐聚最美海岸，畅游激情红滩”为主题，举行赶海拾贝、泥滩寻宝、水上高尔夫、手机摄影大赛等活动，吸引1万余名游客参加。

赶海拾贝 （于中平摄）

【首届黄河口(东营)国际啤酒美食节】 8月30日—9月15日，在清风湖西岸举办。占地1.4万平方米，设有啤酒大篷和美食长廊各3处，美食长廊商户23家，文旅特色商品展位18个，引进11个国家、49个品牌、200余种啤酒。吸引游客6.5万余次，营业总额960余万元。

2019年8月30日—9月15日，首届黄河口(东营)国际啤酒美食节举行 （市文化和旅游局供稿）

【中国·东营首届短视频网红大会】 10月30日，在雪莲大剧院举办。前期线上举办“黄河入海 我们回家”抖音挑战赛，线下举办中国·东营首届短视频论坛。邀请11位抖音网红集体打开黄河口生态旅游区，通过制造话题、上线贴纸等形式播放量超2200万次。 （市文化和旅游局 郭雨晴）

行 业 管 理

【旅行社】 2019年，新备案核准成立旅行社2家，注销旅行社8家，新备案成立分社2家，注销分社1家。至年底，全市有旅行社90家，分社19家，其中，出境组团社11家，AAAAA级旅行社3家，AAAA级2家，AAA级23家。12月19日，印发《东营市促进旅游产业高质量发展扶持奖励办法》，引导增加游客数量。

2019年东营市旅行社(分社)一览表

序号	旅行社(分社)名称	地 址
1	山东黄河口旅游集团有限公司	河口区和平街南
2	山东毓龙航空国际旅行社有限公司	东营市北一路747号
3	东营市金桥国际旅行社有限责任公司	河口区黄河路54号
4	胜利油田青年国际旅行社有限公司	东营市西四路826号
5	东营鲁风国际旅行社有限责任公司	东营市东三路180号
6	东营利丰国际旅行社有限公司	东营市北一路1232号
7	胜利油田豪威国际旅行社有限责任公司	东营市西三路133号
8	东营市金秋国际旅行社有限公司	河口区海宁路西、河聚路南
9	山东传奇国际旅行社有限公司	东营市西四路牛庄段文化街
10	东营市江川国际旅行社有限公司	东营市沂河路136号
11	东营市凤凰国际旅行社有限公司	利津县利二路187号
12	东营工益国际旅行社有限公司	东营市西三路149号
13	东营联合假日国际旅行社有限责任公司	东营市蒙山路38号
14	东营海洋国际旅行社有限责任公司	河口区河庆路179号
15	东营市天汇国际旅行社有限责任公司	河口区黄河路72号
16	东营风光国际旅行社有限公司	东营市黄河路369号
17	东营油城国际旅行社有限责任公司	东营市东三路135号
18	东营市华信国际旅行社有限公司	东营市东三路107号
19	东营锦程国际旅行社有限公司	利津县利二路西关桥路西169号
20	东营海天国际旅行社有限公司	垦利区兴隆路142-9号
21	东营华旅假日旅行社有限公司	东营市黄河路728号1号楼
22	东营五洲国际旅行社有限公司	东营市红河路219号
23	东营市天涯国际旅行社有限公司	东营市西四路7号
24	东营市记忆之旅旅行社有限公司	东营市淄博路255号

续表-1

序号	旅行社(分社)名称	地 址
25	东营市金色假日国际旅行社有限公司	东营市淄博路105-1号
26	东营市胜利国际旅行社有限公司	东营市胜利大街西、淮河路北
27	东营印象国际旅行社有限公司	河口区海盛路中段
28	东营市九州国际旅行社有限责任公司	东营市辽河路辽河小区
29	东营市友好国际旅行社有限公司	东营市聊城路1号
30	东营市康辉国际旅行社有限责任公司	东营市淄博路132号
31	东营胜油国际旅行社有限公司	东营市济南路106号
32	东营神州旅行社有限公司	东营市银河路28号
33	东营渤海假日国际旅行社有限公司	东营市黄河路355号
34	东营青年旅行社有限责任公司	东营市淄博路82号
35	东营市交通旅行社有限责任公司	东营市济南路85号胜中商务楼
36	胜利油田白云旅行社有限责任公司	东营市北一路188号
37	东营市胜中国际旅行社有限责任公司	东营市北一路中段
38	东营天马旅行社有限责任公司	利津县利二路329-8号
39	东营市乐安旅行社有限公司	广饶县迎宾路232-2号
40	东营市阳光旅行社有限责任公司	东营市北一路1310号
41	东营市顺康旅行社有限公司	广饶县市场街北书店路
42	东营市山水旅行社有限责任公司	东营市沂河路南、曹州路西
43	东营市交运旅行社有限责任公司	东营市黄河路355号
44	东营天驰旅行社有限公司	东营市胜泰路中段
45	东营市飞扬旅行社有限责任公司	河口区黄河路62号
46	东营红海滩国际旅行社有限公司	东营市千佛山路19号
47	东营蒲公英旅行社有限责任公司	东营市黄河路百货大楼C座
48	东营市隆程旅行社有限责任公司	河口区黄河路53号
49	东营市国泰旅行社有限公司	东营市淄博路135号
50	东营丽景旅行社有限责任公司	东营市沙河路2号
51	东营金海岸旅行社有限责任公司	垦利区长途汽车站
52	东营市名仁旅行社有限责任公司	东营市济南路胜兴街10号
53	东营市海峡国际旅行社有限公司	东营市东三路171号
54	胜利油田东胜国际旅行社有限公司	东营市西四路616号
55	东营红蜻蜓旅行社有限公司	东营市天目山路1016-8号
56	东营方舟旅行社有限公司	东营市北一路1330号
57	东营市大地旅行社有限公司	东营市辽河路辽河幼儿园西
58	东营市海韵旅行社有限责任公司	东营市西二路490号五一大厦
59	东营朋程旅行社有限责任公司	东营市北一路万达商城
60	胜利油田黄蓝旅行社有限责任公司	东营市万达国际大厦
61	东营美华旅行社有限公司	东营市银座城市广场B4-125号
62	东营鑫源旅行社有限公司	河口区海宁路109号
63	东营华洋旅行社有限公司	东营市济南路47号
64	东营腾浩旅行社有限公司	东营市淄博路9号
65	东营市春天旅行社有限责任公司	东营市西二路685-6号
66	东营市春江旅行社有限责任公司	东营市黄河路433号
67	东营市百货大楼旅行社有限责任公司	东营市黄河路430-6号
68	山东宜途旅行社有限公司	广饶县大王镇小王路北
69	山东途游旅行社有限公司	广饶县宇通商务酒店
70	东营众程旅行社有限公司	东营市淮河路306号
71	东营锦途旅行社有限公司	东营市西四路630号
72	东营市景灏旅行社有限责任公司	河口区海盛路中段
73	山东大掌柜旅行社有限公司	东营市西四路870号
74	东营唯尔国际旅行社有限公司	东营市淄博路明苑小区
75	东营市泰恒旅行社有限公司	东营市济南路北、中心医院南门西
76	东营市新海岸旅行社有限公司	垦利区东海堤6号
77	山东润谊旅游有限公司	东营市黄河路195号
78	东营市四季同辉旅行社有限责任公司	东营东三路文化市场5号
79	东营隆腾旅行社有限责任公司	河口区孤岛镇永和路
80	山东鑫堃旅游服务有限公司	东营市北一路
81	东营悦橙国际旅行社有限公司	东营市陶然财富港1-109号

续表-2

序号	旅行社(分社)名称	地 址
82	东营市研学旅行社有限公司	东营市惠州路52号
83	东营市乐游旅行社有限公司	东营市南二路与燕山路口
84	山东骏程旅行社有限公司	东营市西三路256号
85	东营海外国际旅行社有限责任公司	东营市东三路121号
86	东营市国际旅行社	东营市府前大街96号
87	东营市蔚蓝旅行社有限责任公司	东营市沂河路176号
88	东营黄河水城旅行社有限公司	东营市胶州路245号
89	山东向日葵旅行社有限公司	东营市千佛山路万海金地大厦
90	东营市兵圣孙武旅行社有限公司	广饶县广饶街道乐安大街1678号
91	山东省中国旅行社东营分社	东营市天目山路万象游乐园西门
92	山东省中国国际旅行社东营分社	东营市淄博路西首
93	港中旅国际(山东)旅行社有限公司东营分公司	东营市府前大街105号
94	中国旅行社总社(青岛)有限公司东营分公司	东营市北一路1232号
95	山东嘉华文化国际旅行社有限公司东营分公司	东营市西四路604号
96	中国国旅(青岛)国际旅行社有限公司东营胜利分公司	东营市曹州路3号
97	山东旅行社国际旅游有限公司东营分公司	东营市北一路747号东赵大厦
98	大连中海远洋国际旅行社有限公司东营分公司	东营市黄河路130号
99	山东交运旅游集团有限公司东营分公司	东营市西三路133号
100	临沂国际旅行社有限公司东营分公司	东营市西四路598号
101	盈科美辰国际旅行社有限公司东营分公司	东营市淄博路132号
102	山东华纳国际旅行社有限公司东营第一分公司	东营市西四路19号
103	我想去看看国际旅行社有限公司东营分公司	东营市西四路630号海通大厦
104	沈阳逍遥游国际旅行社有限公司东营分公司	东营市西三路78号
105	山东旅行社国际旅游有限公司东营胜利分公司	广饶县大王镇河沟村
106	山东珍奇妙国际旅行社有限公司东营分公司	东营市济南路恒瑞文化广场东
107	烟台奥海旅行社有限公司东营分公司	东营市五台山路与青岛路口
108	湖北爱旅纷途国际旅游有限公司东营分公司	东营市沂州路319号
109	江苏乐马国际旅行社有限公司东营分公司	东营市济南路45号

【星级饭店】 金岭国际大酒店、宇通尊悦国际饭店创建为四星级旅游饭店,华泰大厦、大明大厦、新悦大酒店通过四星级饭店评定性复核。至年底,全市有星级饭店24家,其中,五星级2家,四星级7家,四星级14家。东营蓝海国际大饭店获"中国酒店业优秀酒店管理公司""中国酒店业最具影响力本土酒店集团""第五届山东饭店金星奖"等称号。

2019年东营市星级饭店一览表

序号	等级	饭店名称	评定时间	地 址	联系电话
1	五星	东胜大厦	2006	东营市西四路616号	8687777
2	五星	蓝海国际大饭店	2008	东营市庐山路1099号	8266666
3	四星	新悦大饭店	2002	东营市西二路181号	7667777
4	四星	东营宾馆	2005	东营市东三路180号	8062999
5	四星	华泰大厦	2006	广饶县大王镇	2971100
6	四星	大明大厦	2007	东营市济南路57号	7888888
7	四星	河口宾馆	2018	河口区海宁路285号	3888888
8	四星	金岭国际大酒店	2019	广饶县傅家路588号	7729999
9	四星	宇通尊悦国际饭店	2019	广饶县民安路67号	6095888
10	三星	蓝海大饭店	2002	东营市府前大街158号	8081588
11	三星	聚丰大酒店	2003	东营市北一路1232号	8501888
12	三星	西城宾馆	2004	东营市淄博路99号	7669999
13	三星	广饶宾馆	2004	广饶县迎宾路253号	6680600
14	三星	蓝海汇洲大酒店	2008	垦利区新区民丰路	2891999
15	三星	白云饭店	2011	东营市北一路188号	7660888
16	三星	垦利宾馆	2011	垦利区黄河路22号	2898666
17	三星	京华酒店	2015	东营市府前大街80号	7752777
18	三星	新汇东海岸	2015	垦利区红光办事处驻地	2166555
19	三星	长兴宾馆	2015	东营市蒙山路31号	7761999
20	三星	新发饭店	2015	垦利区永安镇永馆路7号	2266777
21	三星	利津蓝海禧华酒店	2017	利津县利三路与大桥路口	7067777
22	三星	东营蓝钻酒店	2017	河口区商场街38号	3333666
23	三星	龙凤祥酒店	2018	东营市天目山路与黄河路口	8028888
24	二星	东营大酒店	1994	东营市商河路71号	7772688

【教育培训】 11月3—19日，举办"展现职业风采、讲好东营故事"为主题导游风采大赛，选取20名优胜者及1名系统推介导游入选全市金牌导游人才库。11月15日，举办2019全市旅行社总经理培训班，培训120余人次。11月20日，举办2019年度星级饭店提质增效培训班，培训80余人次。11月21—25日，举办全市金牌导游强化培训班，开展金牌导游20强选手强化培训。12月11—13日，组织参加全省星级饭店培训班。至年底，全市电子导游证持有人员累计1261人。

【市场管理】 ①行政许可。12月16日，召开行政许可事项交接工作会议，通过服务窗口前移、下沉办公方式向东营区、垦利区、东营经济技术开发区转交涉及旅游13项行政许可事项。②安全生产管理。印发《2019年东营市文化和旅游市场整治行动工作方案》《关于组织对星级宾馆进行全面排查的通知》文件，发动企业开展安全生产自查。开展"全市旅游市场专项整治"、冬季旅游安全等专项整治。开展重要时间节点星级饭店、旅游景点等场所安全生产。至年底，出动执法人员213人次，检查企业（场所）572家次，发现隐患问题40余处。 （市文化和旅游局 郭雨晴）

旅游线路与景点

【旅游线路】 *黄河入海生态旅游线路一日游。*黄河文化馆—城市规划展览馆—红光渔港现代渔业示范区—黄河口生态旅游区—东营雪莲大剧院

*兵圣故里红色旅游线路一日游。*刘集支部旧址—东营市历史博物馆—孙子文化旅游区—东营市吕剧博物馆—渤海垦区革命纪念馆—清风湖湿地公园

*胜利油田工业旅游线路一日游。*油田科技展览中心—华八井—孤东油田—百里围海大堤—海上采油平台景观—石油小镇—万亩槐林—孤东围海大堤

【景点选介】 *黄河口生态旅游区。*国家AAAA级旅游景区，依托国家级自然保护区而建，位于黄河口现行入海口处，总面积1045平方千米，区内拥有河海交汇、生态湿地、珍稀濒危鸟类、滨海滩涂景观和石油工业等独具特色的生态旅游资源，是以保护新生湿地生态系统和珍稀、濒危鸟类为主体的湿地类型保护区。区内生态环境独特，动植物资源丰富，共有动植物2312余种，有丹顶鹤、东方白鹳等12种国家一级重点保护鸟类。该区以独特的生态环境和得天独厚的自然条件，造就"新、奇、特、旷、野"美学特征，形成以黄河入海口、天然苇荡、沼泽湿地、浅海滩涂、野生鸟类等丰富而又独具特色的自然景观。黄河三角洲湿地是全球十九大湿地之一，也是全世界增长最快、中国最大的新生湿地，被国内外生态专家誉为中国暖温带保存最完整、最广阔、最年轻的湿地生态系统，是东北亚内陆和环西太平洋鸟类迁徙重要的中转站、越冬栖息地和繁殖地，是研究生物衍化及演变规律的"基因库"。2017年2月，黄河口生态旅游区通过国家AAAAA级旅游景区景观质量评审。2019年12月25日，黄河口生态旅游区被文化和旅游部拟确定为国家AAAAA级旅游景区。

*孙子文化旅游度假区。*国家AAAA级旅游景区，位于广饶县城。景区规划总面积42平方千米，以孙武湖综合开发为基础，按照"以人为本、生态和谐、突出特色、文化融合"规划设计理念，依据国家AAAA级旅游景区、全国生态旅游示范区与国家级旅游度假区标准建设的集休闲度假、旅游观光、商贸服务、科普教育等功能于一体的综合性旅游度假区。重点布局孙子文化园、欢乐海洋、孙子学院、乐安古城、马鸣寺、XD电影、飞行岛、波浪翻滚等旅游休闲项目。2018年，投资3亿元建设太空梭、文创园、滑雪场等设施。先后获"国家级水利风景区""国家级水土保持科技示范园区""文化旅游最美中国榜""全国中小学生研学实践教育基地""最佳主题游乐度假目的地""中国亲子旅游目的地"等称号。

*天宁寺文化旅游区。*国家AAAA级旅游景区，位于垦利区西部，总占地面积约100公顷，主要包括天宁寺、民俗文化街、溢洪河公园、功德林、佛学院和休闲运动区六大区地。其中，天宁寺主要建设寺庙建筑区、生活服务区、佛教文化宣传区三区，大雄宝殿为国内建筑面积最大；民俗文化街占地20余公顷，主要建设商业文化街和文化园区；溢洪河公园以"滨河佛教文化生态旅游圣地"为定位，以佛学文化为核心，以乡村旅游为重点，成为修习佛法、修身养性的重要场所；佛学院致力于佛学研究和人才培养，打造中国佛教专门人才学习交流的重要场所。整个园区为集培养高素质佛学人才、弘扬地方民俗文化、休闲观光、居家养老于一体多功能综合文化旅游区。

*红色刘集旅游景区。*国家AAAA级旅游景区，位于广饶县大王镇刘集村。刘集村是中国早期基层农民革命斗争的先行村，有着光荣革命传统。景区占地2666.67公顷，建有全国第一个共产党宣言纪念馆、中共刘集支部旧址纪念馆、张太恒上将纪念馆、中共延集支部纪念馆、李耘生事迹陈列室等多个红色景点，展馆地下建设300米的观光地道，融入声、光、电等高科技元素，成为重要红色教育基地。景区内织女河生态林场，涵盖饮马湖、将军湖及拓展中心、采摘区、垂钓区、水上游乐区等特色项目，是集教育、休闲、观光、旅游、餐饮、娱乐于一体的旅游度假胜地。

*揽翠湖旅游度假区。*国家AAAA级旅游景区，位于东营市东、西城中间，规划面积433.33公顷。分为温泉度假中心、观赏植物园、生态体育公园、水上运动乐园、温泉美食小镇五个功能区域，重点打造以温泉、高尔夫、假日酒店等高端旅游产品为主运动休闲度假区。温泉度假中心占地约

14.13公顷，主要建设油田老年公寓、温泉酒店、室内外温泉、温泉会所等；观赏植物园约60公顷，建设黄河三角洲首座室内热带植物温室；生态体育公园规划面积约113.33公顷，包括18洞球场及20公顷运动天地；水上运动乐园修建和绿化堤岸、亲水平台、人工沙滩、游船码头，增加水上运动和游乐设施；温泉美食小镇主要规划特色餐厅和美食一条街等。

龙居黄河森林旅游区。国家AAAA级旅游景区，位于东营区龙居黄河南展区，西临黄河，东至南展大堤，北起五干渠，南到四干渠，涉及14个村。景区内植被丰茂，生态环境优良，自然风光旖旎，黄河文化、龙文化、历史文化厚重，民风淳朴，物产丰富。项目规划面积2733.33公顷，建成龙栖湿地公园、利丰温泉旅游度假村、桃花岛旅游度假区、中科院耐盐科普园等景区景点，区内有国家AAA级旅游景区2个，省级旅游特色村3个，省级乡村旅游品牌经营户2户，生态餐厅、农家餐馆、采摘园16家。先后被评为省级湿地公园和省级水利风景区。

黄河三角洲动物园。国家AAAA级旅游景区，位于东营市新区广利河以南、东青高速以西、南二路以北，占地面积66.67公顷，是集野生动物观赏与保护、科普教育、休闲娱乐于一体的大型综合性城市动物乐园。园区分为迎宾广场、欢乐部落、动物展示区、游乐场以及主题餐厅等功能片区。其中动物展示区饲养有金虎、长颈鹿、白犀、环尾狐猴等珍稀野生动物100余种，数量千余只。游乐场有过山车、大摆锤等大型惊险刺激类游乐设施及大青虫、泡泡球馆等亲子类设施。园区先后引进“海洋馆”“日光猿军团猿剧场”等观赏体验项目。2018年12月创建为国家AAAA级旅游景区。先后获“山东省科普教育基地”“山东省林业科普基地”等称号。

孤岛槐树林温泉旅游区。国家AAAA级旅游景区，位于河口区孤岛镇，占地4666.67公顷，是亚洲地区面积最大、树龄最长平原人工刺槐林。2011年举办首届欣马杯槐花笔会。2012年起举办黄河三角洲湿地槐花节，形成诗歌朗诵会、槐林帐篷节等系列品牌活动。2015年，被评为山东省原生态旅游景区、山东省森林公园。该旅游区是中国摄影基地、山东作家黄河口创作基地、王羲之书法创作基地、山东省音乐家协会采风创作基地。2019年12月创建为国家AAAA级旅游景区。

国家方志馆黄河分馆。国家AAA级旅游景区，位于东营市东城文化核心区。是东营市第一家“国字号”场馆、全国第二座国家方志馆分馆。场馆土建总投资1.6亿元，建筑总面积20351平方米；展陈区面积10928平方米，展陈项目概算投资1.3亿元。展陈以“纵览黄河、感知东营”为主题，包括“中华母亲河”“魅力黄河口”2个板块。其中，二、三、四层为主题展区，分壮美黄河、四季如歌等8个展厅，一层为临展、特展和藏书区。主题展览利用多种展陈手段，展现黄河风采，讲述东营故事，达到“存史、资政、育人”的目的，旨在打造黄河文化标志、全国方志馆样板、东营市文化名片和重要的爱国主义教育基地。2018年5月29日正式开馆，2018年12月创建为国家AAA级旅游景区。至2019年年底，接待游客22万人次。先后获“山东省社科普及工作先进单位”“山东省民族团结教育基地”等称号。

（市文化和旅游局　郭雨晴）

金融业

综　述

2019年7月26日，东营市企业“新三板”集中挂牌仪式举行
（市地方金融监管局供稿）

【概况】 2019年，全市金融业实现年增加值163.06亿元，占全市GDP比重5.6%。至2019年年底，全市本外币各项贷款余额3252.15亿元，较年初下降8.79%；各项存款余额3865.71亿元，较年初增长3.74%；表外业务余额1963.42亿元，增长4.23%。小额贷款公司30家，发放贷款26.09亿元，贷款余额48.51亿元。融资性担保机构17家，新增担保额41.35亿元，在保余额41.12亿元。民间资本管理公司19家，累计投资2.39亿元，投资余额9.79亿元。典当行33家，典当总额6.74亿元，典当余额2.96亿元。融资租赁公司10家，租赁金融1.52亿元，资产余额14.72亿元。金融属性的交易场所5家，成交金额78.56亿元。新型农村合作金融试点合作社8家，发放互助资金20万元。

【信贷投放】 2月，召开2019年度互联网银企洽谈会，签约金额201.70亿元，到位资金131.69亿元。开展银企互信企业名单制管理工作，59家银行用信余额3亿元以上的优质企业纳入管理，贷款余额1135亿元。开展“银行行长走进百家企业”活动，年内35家银行行长走进108家企业，新增信贷投放110亿元。修订银行机构综合考核办法，开展“金融动能转换”竞赛比武。推广无还本续贷、应收账款融资等业务，帮助企业融资399.4亿元。7月8日，印发《关于发挥政府性融资担保机构作用促进实体经济发展的意见》，全年新增政府背景融资担保9.70亿元，同比增长40.38%。

【企业债务风险防控】 ①监测预警。每月监测、调度全市35家年营业收入20亿元以上重点工业企业。年内开展2次融资额2亿元以上企业风险排查。②重点企业债务化解。每月对重点出险企业进行调度分析，有序推进破产企业风险化解工作。③不良贷款处置。督促企业与债权银行对接，支持银行机构创新不良贷款处置方式，通过打包、核销、债转股等方式处置不良贷款。④债券兑付防控。建立发债企业台账，对年底到期或到回售日的企业债券，督促逐笔制定债券兑付资金筹措计划。⑤地炼企业金融风险防控。对全市地炼企业生产经营、资产负债等情况摸底，制定总体方案及单个企业风险防控，推进风险防控。

【直接融资】 ①挂牌上市。年内2家企业报省证监局辅导备案，累计5家；5家企业“新三板”挂牌，47家企业区域股权市场挂牌，分别累计26家、183家。②资源培育。筛选确定30家高成长性中小上市挂牌后备企业，推动21家后备企业纳入市级高成型中小企业名单。组织各类培训6次、500余人次。帮助上市后备企业解决问题35个。③规模企业规范化改制。完成改制企业140家，累计完成658家，占全市改制基数的93.7%。④证券期货。年内3家企业发行债券36.7亿元。中金期货开业运营，兴业证券筹备设立东营分公司。

【保险服务】 ①社会责任。全市保险公司“利奇马”台风赔付灾后案件72313件、金额1.45亿元。②机构创新。引导有条件保险公司与大连商品交易所、郑州商品交易所等对接，推动4家保险机构探索玉米、棉花等作物“保险+期货”业务。③优化环境。与财政部门开展“政银保”保证保险业务宣传，加大推广力度。全年保费收入108.77亿元，同比增长9.27%，累计承担各类风险责任4.18万亿元，支付赔款与给付28.68亿元。

【地方金融组织】 ①服务实体经济。全市地方金融组织发

2019年11月15日，市地方金融监管局到东营市津利民间融资登记服务有限公司现场检查　（市地方金融监管局供稿）

挥灵活、便捷优势，缓解民营、中小微企业融资难题。②规范有序发展。开展专项排查、现场检查，共排查检查地方金融组织94家，整改问题195个。③机构转隶。完成典当、融资租赁、商业保理3类机构转隶，实现统一归口管理。④网贷风险专项整治。开展疑似网络借贷机构摸底排查“回头看”，督促3家停业网贷机构全额清退投资款3300万元。

【防范处置非法集资】 ①建立联动机制。牵头建立市防范处置非法集资联动中心，推动非法集资风险监测纳入社会治理网格化服务事项清单，健全非法集资防范处置机制。②风险排查。对民间投融资中介等领域，每季度开展一次集中风险排查，共排查机构70家。开展为期3个月涉嫌非法集资风险专项排查和广告资讯信息排查清理行动，排查机构2992家，查处、清理非广告资讯信息共554条。③案件风险处置。采取行政处罚、联合处置等手段，稳妥化解处置非法集资风险。做好输入型案件后续处置，“e租宝”登记率列全省第3。④金融防范宣传。年内，各级举办大型集中宣传活动59次，开展“七进”活动500余次。防范非法集资宣传纳入全市普法宣传，开展网络直播、非法集资线索线上有奖举报等活动。开展“携手筑网防范非法集资、同防共治共建和谐社会”网络直播。

【发展环境】 ①争取支持。12月11日，召开金融支持东营高质量发展座谈会。探索金融支持东营高质量发展改革举措写入省政府工作报告。建立金融支持东营高质量发展工作协调机制。②运行分析。每月对全市银行、保险、证券及地方金融组织运行情况进行梳理，形成《金融运行统计》。③人才建设。年内选拔35名东营金融之星，入选省金融高端人才1人、齐鲁金融之星7人。在上海交通大学举办金融动能转换专题培训班。东营银行被确定为全省第一批5家“人才贷”合作银行。（市地方金融监管局　王新丽）

银　　行

【概况】 至2019年年底，全市有各类银行机构35家，各项存款余额3834.91亿元，同比增长3.70%。各项贷款余额3252.15亿元。全市银行业累计处置不良贷款526.14亿元，约占全省处置额1/5，同比多处置200.84亿元。

【银行业监管】 服务实体经济。①加大普惠支持。至年底，全市法人机构单户授信1000万元以下小微贷款增长20.42%，高于各项贷款增速6.41个百分点。有贷款余额户数较年初增加6024户。普惠型小微企业贷款平均利率较上年下降0.63个百分点，法人机构涉农贷款增速高于全部贷款增长8.64个百分点。②加大产品创新。通过知识产权质押融资、应收账款质押融资等方式，加大对高成长型中小企业信贷支持。至年底，对35家高成长型中小企业发放贷款余额16.61亿元。与市税务局推动银行接入“山东省银税互动融资服务平台”，化解银企信息不对称。支持银行创新“轻抵押”担保模式，破解民营小微企业担保难题。至年底，全市知识产权质押贷款余额5.88亿元、应收账款质押融资业务余额59.21亿元。③加大监管力度。开展金融知识宣传月活动，提高社会公众防范风险意识。督导银行业协会成立消保中心。全年处理电话投诉及信访524件，参加“行风热线”4次，解决群众反映问题54件。

防范金融风险。①重点客户风险化解。加快推动大海、胜通、东辰集团风险处置，协调解决风险处置涉及银行机构问题。加大对违反债委会决议机构惩戒力度。至年底，3家集团破产重整进展顺利，大海集团破产重整进入执行期。②重点机构风险化解。逐县区走访政府主要领导，分县区函告需政府帮扶协调事项清单，逐家约谈村镇银行主发起行。风险法人机构存贷款增幅均较上年大幅增长，优化法人治理、股权结构，改善资本和资产质量指标。③重点领域乱象治理。开展“行业规范建设年”活动。开展信用卡分期业务、结构性存款、执行“报行合一”情况和保险中介市场乱象整治。全年对10家银行保险机构罚款255.1万元，警告责任人9名。至年底，全市银行业银承余额899.51亿元，较年初减少24.68亿元，结构性存款余额195.32亿元，较年初减少131.61亿元，理财业务余额569.88亿元、较年初减少61.74亿元。

稳控金融形势。①稳控信用风险。全年累计处置不良贷款526.14亿元，约占全省处置额的1/5，不良余额、不良率五年来首次实现“双降”。建立地炼企业定期和不定期相结合融资监测机制。制定年度担保圈风险防控工作意见。至年底，全市保证贷款占比62.78%，较年初下降5.14个百分点。②稳控法人机构风险。11家法人机构流动性保持总体稳定。建立员工行为管理季度排查、半年报告制度，筛查员工行为疑点数据944条。自查发现员工与借款人存在资金往来、员工对外担保等违规问题26个，整改15个。③稳控资金供给。按照“扶优限劣、区别对待、严控风险”原则，多举措为企业纾困。联合建立银企互信“白名单”制度，制定5批、59家银企互信名单。

2019年东营市银行机构查询表

序号	机构名称	地　址	网　址
1	中国农业发展银行东营市分行	东营市南一路325号	www.adbc.com.cn
2	中国工商银行股份有限公司东营分行	东营市南一路278号	www.icbc.com.cn
3	中国农业银行股份有限公司东营分行	东营市胶州路285-1号	www.abchina.com
4	中国银行股份有限公司东营分行	东营市南一路270号	www.boc.cn
5	中国建设银行股份有限公司东营分行	东营市西二路508号	www.ccb.com
6	交通银行股份有限公司东营分行	东营市东二路213号	www.bankcomm.com
7	恒丰银行股份有限公司东营分行	东营市府前大街61-2号	www.hfbank.com.cn
8	华夏银行股份有限公司东营分行	东营市北一路749号	www.hxb.com.cn
9	中信银行股份有限公司东营分行	东营市府前大街128号	www.citicbank.com
10	招商银行股份有限公司东营分行	东营市东三路176号	www.cmbchina.com
11	上海浦东发展银行股份有限公司东营分行	东营市府前大街67号	www.spdb.com.cn
12	中国民生银行股份有限公司东营分行	东营市北一路726号	www.cmbc.com.cn
13	中国光大银行股份有限公司东营分行	东营市南一路333号	www.cebbank.com
14	兴业银行股份有限公司东营分行	东营市府前大街80号	www.cib.com.cn
15	广发银行股份有限公司东营分行	东营市府前大街78号	www.cgbchina.com.cn
16	平安银行股份有限公司东营分行	东营市府前大街55号	www.bank.pingan.com.cn
17	浙商银行股份有限公司东营分行	东营市府前大街65号	www.czbank.com
18	东营银行股份有限公司	东营市府前大街87-1号	www.dyccb.net
19	青岛银行股份有限公司东营分行	东营市府前大街72号	www.qdccb.com
20	齐商银行股份有限公司东营分行	东营市东二路213号	www.qsbank.cc
21	天津银行股份有限公司东营分行	东营市府前大街55号	www.bankoftianjin.com
22	威海市商业银行股份有限公司东营分行	东营市西二路500号	www.whccb.com
23	齐鲁银行股份有限公司东营分行	东营市东四路45号	www.qlbchina.com
24	烟台银行股份有限公司东营分行	东营市府前大街61-3号	www.yantaibank.net
25	中国邮政储蓄银行股份有限公司东营市分行	东营市南一路东首	www.psbc.com
26	东营农村商业银行股份有限公司	东营市南一路282号	www.sdnxs.com
27	山东广饶农村商业银行股份有限公司	广饶县乐安大街569号	www.sdnxs.com
28	山东利津农村商业银行股份有限公司	利津县城津三路276号	www.sdnxs.com
29	山东垦利农村商业银行股份有限公司	垦利区胜兴路与民丰路交叉路口	www.sdnxs.com
30	东营莱商村镇银行股份有限公司	东营市南一路282号	www.dylsbank.com
31	垦利乐安村镇银行股份有限公司	垦利区景苑路10号	www.kllabank.com
32	广饶梁邹村镇银行股份有限公司	广饶县傅家路与正安路交叉口101号	www.grlzczyh.com
33	东营河口中成村镇银行股份有限公司	河口区河兴路208号	www.cdrcb.com/index/cunzhen.php
34	东营融和村镇银行股份有限公司	东营市东三路218-1号	www.rhvbank.com
35	山东利津舜丰村镇银行股份有限公司	利津县津二路中段	www.ljsfrb.com

（东营银保监分局　刘冬雪）

【中国人民银行东营市中心支行】 服务实体经济。①金融支持新旧动能转换。联合建立全市金融支持新旧动能转换重大工程协作机制，开展“重大项目集中走访对接月”等活动。制定科技金融融合发展指导意见，发放科技成果转化类贷款1.08亿元。②民营企业、中小微企业专项支持。开通民营小微企业票据等重点支持票据再贴现绿色通道，全年办理再贴现11.18亿元，发放再贷款6.1亿元。通过4次降准释放可用资金约42.6亿元。开展“民营和小微企业首贷培植”活动，全市培植首贷客户2188户，发放贷款27.78亿元。建立支持民营中小企业发展协作机制，促成银企合作意向108笔、28.2亿元。开展全市银行机构民营小微企业金融服务创新竞赛，至年底，全市普惠口径小微企业贷款较年初增长15.52%。③金融服务乡村振兴。开展“一县一品”，推出特色金融产品和服务90余项，发放贷款43亿元。开展金融服务“样板村”创建，评选达标样板村26个。加大扶贫小额信贷和央行资金产业扶贫贷推广，发放扶贫小额信贷76万元，央行资金产业扶贫贷230万元。④绿色金融发展攻坚。开展“绿色金融发展百日攻坚”活动，按照“一企一策”原则制定金融服务方案。宣传引导地方法人金融机构发行绿色金融债券、企业发行绿色债务融资工具，全市绿色贷款余额92.35亿元，同比增长66.88%。

防范化解金融风险。①加强风险监测。创建银行不良、逾期贷款台账直报制度，建立全市重点企业信贷情况统计制度，建立出险企业债委会主席行联络制度。②强化风险处置。印发《防控化解区域金融风险攻坚行动实施细则》，提高应对和处置突发事件能力。开展问题投保机构早期纠正工作，推动风险有效化解。③常态化实施工作。设立高风险法人机构监测专员，了解风险化解难点。每半年开展法人机构流动性风险压力测试，按月分析法人机构流动性各项指标，变动异常实行日报制，做好流动性应急准备工作。

提升金融服务管理。①社会信用体系。引导金融机构提高征信查询服务水平，在全市增设10个商业银行自助查询网点，解决查询“远跑路”问题。②国库管理服务。推动河口代理支库接入人民银行国库核心业务系统。完成市级国库集中支付业务电子化改革，实现国库集中支付全流程电子化。③现金管理服务。做好50元以下新版人民币改版升级工作。以现金示范区创建为抓手，探索建立流通人民币整洁度监测网络体系。④支付结算管理服务。稳妥推进取消企业银行账户许可工作，企业开户时间由平均2个工作日缩减至0.5个工作日。加大手机号码支付推广力度，全年“手机号码支付”功能绑定个人银行结算账户23114户。开展打击支付领域违法犯罪工作。

支持涉外经济发展。开展“外汇服务进万企”“诚信兴商宣传月”等外汇政策宣讲。开展宏观审慎跨境融资业务，办理外债备案业务15笔，签约金额75.76亿美元，内保外贷业务26笔，担保金额15.3亿美元，做好企业政策帮扶和贴身服务。开展地方炼化行业跨境人民币业务，全市进口原油结算50.76亿元，同比增长8倍，有效规避汇率损失和风险。

2019年东营市本外币信贷收支情况表

单位:万元

项　目	余额	较年初增加额(+、-)	较年初增长(%)
一、各项存款	38657131	1391948	3.74
(一)境内存款	38635872	1379489	3.70
1.住户存款	18419894	2121816	13.02
(1)活期存款	6098914	638682	11.70
(2)定期及其他存款	12320980	1483134	13.68
2.非金融企业存款	14556206	−82143	−0.56
(1)活期存款	5482985	248813	4.75
(2)定期及其他存款	9073220	−330956	−3.52
3.机关团体存款	5344712	−615947	−10.33
4.财政性存款	289653	100700	53.29
5.非银行业金融机构存款	25408	−144938	−85.08
(二)境外存款	21258	12459	141.59
二、各项贷款	32521522	−3133318	−8.79
(一)境内贷款	32521072	−3121658	−8.76
1.住户贷款	8239774	921959	12.60
(1)短期贷款	1768545	184598	11.65
消费贷款	664615	125913	23.37
经营贷款	1103930	58685	5.61
(2)中长期贷款	6471229	737362	12.86
消费贷款	5790719	409415	7.61
经营贷款	680510	327946	93.02
2.非金融企业及机关团体贷款	24281297	−4043617	−14.28
(1)短期贷款	15083558	−5173878	−25.54
(2)中长期贷款	7540703	692998	10.12
(3)票据融资	1043180	168462	19.26
(4)融资租赁			
(5)各项垫款	613857	268802	77.90
3.非银行业金融机构贷款			
(二)境外贷款	450	−11660	−96.28

（中国人民银行东营市中心支行　任小强）

【中国工商银行东营分行】　至2019年年底，表内外融资余额563亿元，各项贷款余额392亿元。本外币全部存款余额584.76亿元，较年初增长0.59个百分点。不良贷款余额42.34亿元，较年初减少15.64亿元，不良率10.79%。纳税数额地方留存8638.38万元。为神驰原料油成品油及烃类仓储、利华益20万吨/年合成气制乙二醇等项目发放贷款12亿元。办理国际贸易融资210亿元。人行降准口径贷款余额11.8亿元，较年初增加3.2亿元；银保监普惠口径贷款余额12.2亿元，较年初增加3亿元；小微企业流动资金贷款平均利率4.5%。个人贷款余额141亿元。全国首创社保卡自助化项目。更换和新发社保卡30余万张。处置不良贷款56.4亿元，占全市工行系统处置额近20%。“大海系”24.52亿元、“九泰包”7.92亿元不良贷款通过总行审批，实际处置总额近90亿元。为近百家企业办理83亿元再融资、展期等业务。　　（中国工商银行东营分行　崔海鹏）

【中国农业银行东营分行】　至2019年年底，各项存款余额460.1亿元，较年初增加19.3亿元；其中，对公存款增加2.8亿元，个人存款较年初增加16.5亿元。各项贷款余额428.5亿元。大明热源仙河孤岛集中供热、国家能源投资集团(济南)新能源公司经营性固定资产银团贷款累计投放6.8亿元。办理全省农行系统首笔债市宝质押融资950万元。办理票据池融资3000万元。实现结售汇业务44.1亿美元、国际结算75.3亿美元。胜利机场停车场ETC无感支付项目运营。精准扶贫贷款6443万元，带动10户脱贫。惠农e贷6.3亿元，较年初增加4.7亿元。纳税e贷1.1亿元；办理全市首笔线下“税银通”业务，发放全省农行系统首笔超300万元“鲁担惠农贷”。至年底，监管口径小微贷款4.9亿元，较年初增加1.8亿元；有贷客户数293户，较年初增加224户。住房、汽车等民生领域个人贷款7.6亿元。

（中国农业银行东营分行　王同亮）

【中国建设银行东营分行】　至2019年年底，各项存款余额348.6亿元，较年初增加7.1亿元。各项贷款余额220亿元，其中，个人类贷款86亿元，较年初增加10亿元；对公贷款134亿元。实现中间业务净收入2.01亿元，个人条线中间业务净收入1.55亿元；对公中间业务净收入0.55亿元。公司类有效客户占比42.61%；个人有效客户新增0.95万户，有效客户占比36.7%。围绕全市新旧动能转换，至年底，完成8个重点项目授信，新增企业授信金额74.77亿元，投放贷款余额15.34亿元。小微快贷新增户数582户，贷款余额比年初增加3.58亿元。为核心企业上游供应商投放贷款，信贷投放金额1.97亿元；其中，普惠金融贷款投放0.95亿元，“民工惠”投放2392万元。为1247人次农民工发放工资。全年处置不良贷款56.95亿元。至年底，累计为全市社保信息一体化项目投入近3000万元；累计为市住房租赁共享平台投

入1000万元。（中国建设银行东营分行　聂军）

【中国银行东营分行】　至2019年年底，本外币存款余额262.17亿元；贷款余额253.17亿元。国际结算业务52亿美元，跨境人民币结算48.29亿元。实现营业净收入8.97亿元，拨备前利润6.93亿元。科技型中小企业客户投放2户、金额800万元。普惠金融贷款投放8.1亿元，其中新客户投放1亿元。（中国银行东营分行　刘洋）

【中国农业发展银行东营市分行】　至2019年年底，各项贷款余额111.83亿元，较年初增加9.09亿元；存款日均余额32.44亿元，较年初减少6.55亿元；实现账面利润1.05亿元；不良贷款余额4.83亿元，不良贷款率4.35%；现金清收不良贷款0.26亿元，风险贷款1.55亿元；国际结算业务2948.57万美元。发放小麦收购贷款23183万元，同比增加11732万元，收购小麦21083.5万公斤，同比增加5390.5万公斤；发放中央储备稻谷贷款3634万元，收购稻谷1466.5万公斤；发放中央储备玉米贷款1211万元，收购玉米765万公斤。至年底，累计审批涉及黄河流域生态保护水利等项目10个、金额89.42亿元，投放37.69亿元；累计营销棚改项目10个，审批贷款金额35.78亿元，投放棚改贷款20.06亿元，支持棚户区改造拆迁涉及5452户、22992人，改善城乡居民居住面积105.47万平方米。获批农业现代化类项目贷款4个、金额10.65亿元。营销PPP项目9个，贷款金额26.57亿元；其中，完成审批7个、金额15.92亿元。营销小微企业5家，授信金额3530万元。新增存单质押存款3.74亿元。社保定期存款新增3.3亿元。营销棚改债资金4.19亿元。

（中国农业发展银行东营市分行　吴海生　刘喆）

【东营银行】　至2019年年底，资产总额1091.94亿元，较年初增加54.13亿元。资本净额108.78亿元，较年初增加15.48亿元。各项存款819.22亿元，较年初增加122.99亿元；各项贷款余额533.6亿元，较年初增加101.33亿元，存贷款增量居全市银行机构第一位。实现经营利润13.86亿元、净利润4.19亿元，资本充足率12.87%，核心一级资本充足率9.73%。投放信贷资金658亿元，参与新旧动能转换项目64个、授信40.79亿元。普惠金融贷款10.09亿元，新增有贷户1847户，小微、民企客户达9107户，普惠小微贷款加权平均利率7.27%。新增助农取款点193家，总数达221家，扶持建档立卡贫困户71户。上线CBUS5.0等24项信息系统，推出黄河e贷、人才贷等线上产品。推出特色产品19项。新设网点机构11家。完成12亿元募集资金，资本净额108.78亿元，较年初增加15.48亿元。9月26日，与东营市税务局举行“税银合作——退易贷”启动仪式。（东营银行　李新鹏）

2019年9月26日，“税银合作—退易贷”启动仪式举行（东营银行供稿）

【中国邮政储蓄银行东营市分行】　至2019年年底，资产规模191.31亿元，较年初增加7.29亿元。各项存款170.48亿元，较年初增加2.95亿元；各项贷款137.50亿元，较年初增加15.33亿元。个人消费贷款市场占有率9.17%，新增市场占比11.59%。全口径不良贷款率0.34%，较年初下降0.07个百分点。处置不良贷款3146.4万元，其中现金清收2149.71万元。金融精准扶贫贷款1.78亿元，余额2.38亿元，其中，个人贷款320万元，产业及项目贷款1.75亿元。小微贷款年增3.74亿元，监管计划完成率336.7%；小微信贷户数4578户，较年初增加583户；小微贷款整体利率5.83%，小微信贷整体不良率0.83%。

2019年9月21日，中国邮政储蓄银行东营市分行金融知识宣传活动举行（中国邮政储蓄银行东营市分行供稿）

（中国邮政储蓄银行东营市分行　郎咸霞）

【华夏银行东营分行】　至2019年年底，一般性存款余额23.69亿元，日均27.67亿元，其中，个人一般性存款日均8.65亿元，较年初增加2.2亿元；各项贷款余额64.88亿元，其中个人贷款4.30亿元，实现国际结算680.90万美元。各项贷款余额64.88亿元，表外业务余额20.31亿元。处置问题贷款10.72亿元。个人贵宾客户3322户，个人基础客户8055户。提供个人信贷1518户，提供资产增值服务11871户。移动金融6.32万户，较年初增加5054户。

（华夏银行东营分行　姜丽婷）

【东营莱商村镇银行】　至2019年年底，资产总额109.22亿元，各项存款余额87.36亿元，各项贷款62.63亿元，实现营业收入28670.76万元，净利润7179.20万元。

（东营莱商村镇银行　李怀超）

【交通银行东营分行】　至2019年年底，各项存款69.57亿元，较年初增加10.92亿元，其中，对公时点存款61.25亿元，较年初增加8.94亿元；储蓄存款8.32亿元，较年初增加1.98亿元。各项贷款余额共计77.04亿元，较年初增加3.45亿元。其中，对公贷款余额69.8亿元，较年初增加0.94亿元；个人贷款余额7.24亿元，较年初增加2.51亿元。实现中间业务收入4027万元，较上年同期减少1473万元。其中，对公中间业务净收入3860万元，对私财管业务净收入167万元。缴纳地方税收额2472.35万元。对公授信客户155户，授信余额136.23亿元；其中，贷款余额50.8亿元，银承敞口余额13.61亿元，信用证敞口余额21.29亿元。不良贷款处置4.27亿元，其中现金清收0.17亿元，核销4.1亿元。

（交通银行东营分行　宋吉森）

【招商银行东营分行】　至2019年年底，各项存款余额24.06亿元，较年初增加8.39亿元，年日均余额19.97亿元，新增7.01亿元。对公存款时点余额25.66亿元，日均存款余额23.46亿元。（招商银行东营分行　滕连霞）

【中国光大银行东营分行】　至2019年年底，各项存款余额36.94亿元，较年初减少22.54亿元。其中，个人存款8.25亿元，较年初增加1.01亿元。各项贷款余额40.14亿元，较年初减少14.46亿元。其中，不良贷款余额4.82亿元，不良贷款率12%。年底授信余额74.58亿元，授信企业客户数71户。全年实现账面利润0.59亿元。

（中国光大银行东营分行　马永健）

【民生银行东营分行】　至2019年年底，各项存款余额58.26亿元，较年初减少8.88亿元。各项贷款总额55.94亿元，较年初增加8.67亿元。逾期贷款余额6.78亿元，较年初减少1.43亿元；不良贷款余额6.05亿元，较年初增加4.29亿元。交易银行净收入2051万元、现金管理有效户新增34户。国际结算2.92亿美元。实现新增机构客户32户，存款日均2.80亿元。销售非货基金3902万元。落地代发工资客户46户，通过代发新增零售客户2073户。实现现金清收1.86亿元。处置额13.31亿元，其中贷款核销7.87亿元、批量转让总额5.81亿元。（民生银行东营分行　黄连龙）

【中信银行东营分行】　至2019年年底，各项存款余额74.09亿元，较年初增加7.01亿元；各项贷款余额59.71亿元，较年初减少36.72亿元；表外业务余额39.42亿元，较年初减少2.03亿元；实现净利润1.75亿元。

（中信银行东营分行　徐玉姣）

【上海浦发银行东营分行】　至2019年年底，本外币存款26.2亿元，较年初减少10.44亿元。本外币贷款48.69亿元，较年初减少33.03亿元。（上海浦发银行东营分行　赵文艳）

【青岛银行东营分行】　至2019年年底，存款余额53.95亿元，较年初增加21.29亿元。贷款总额81.33亿元，较年初减少0.23亿元。（青岛银行东营分行　孟晓娟）

【齐商银行东营分行】　至2019年年底，各项存款余额24.06亿元，各项贷款余额37.67亿元，纳税总额1424.19万元。

（齐商银行东营分行　梁金金）

【兴业银行东营分行】　至2019年年底，各项贷款余额80.63亿元，较年初增加11.71亿元。各项存款余额140.17亿元，较年初增加31.93亿元。缴纳税收2000余万元。对地炼行业表内外融资金额超过200亿元，地炼企业敞口授信新增超过36亿元。投放威联化学PX项目贷款20亿元、利港铁路项目贷款10亿元。办理首笔票据池项下内保直贷业务5亿元、首笔与财政部清洁基金中心合作开立保函业务。为东营区财金公司、垦利区城投、利津县城投撮合发行企业债业务35亿元。按揭类贷款余额21亿元，增长105%。为利津县红十字会捐款30万元。（兴业银行东营分行　王立国）

【东营融和村镇银行】　至2019年年底，各项存款余额14829.78万元，较年初增加3187.87万元；各项贷款余额10471.54万元，其中，涉农贷款余额2991.27万元，农户和小微贷款合计6563.05万元，户均贷款余额59.16万元，单户500万元（含）以下贷款余额9469.01万元。

（东营融和村镇银行　崔玉磊）

【威海市商业银行东营分行】　至2019年年底，资产总额31.92亿元，各项存款余额29.27亿元，实现经营利润3548.4万元，缴纳税款总额1323.48万元。优先支持小微企业发展，小微企业贷款15.02亿元。

（威海市商业银行东营分行　郭永祥）

【天津银行东营分行】　至2019年年底，一般性存款余额32.54亿元，较年初减少6.05亿元。各项贷款余额45.49亿元；其中，个人贷款2.49亿元，对公贷款43.00亿元。实现中间业务净收入0.2亿元，其中，个金条线中间业务净收入0.02亿元，对公中间业务收入实现0.18亿元。处置对公不良贷款1.15亿元，不良贷款余额2.97亿元，逾期贷款额3.96亿元。民营企业授信56户，授信余额36.72亿元。

（天津银行东营分行　朱岩新）

【平安银行东营分行】 至2019年年底，各项存款余额56.05亿元，各项贷款余额34.84亿元，实现营业净收入9256万元，其中，个人贷款余额较年初增加4.34亿元，同比增长137%。（平安银行东营分行　王鑫）

【广发银行东营分行】 至2019年年底，各项存款余额27.11亿元，存款日均27.71亿元，日均较年初增加4.74亿元。各项贷款余额16.76亿元，贷款日均为26.03亿元。实现营收9706万元，拨备前利润为6739万元。（广发银行东营分行　王建飞）

保　　险

【概况】 至2019年年底，全市有保险公司46家，其中，财险公司25家，寿险公司21家；专业代理机构125家，其中，法人机构7家，分支机构118家。实现原保险保费收入103.26亿元，同比增长6.06%。其中，财险公司实现原保险保费收入29.5亿元，同比增长2.88%；寿险公司实现原保险保费收入73.76亿元，同比增长7.39%。

2019年东营市保险公司一览表

分类	公司名称	地址
财产保险公司（25家）	中国人民财产保险股份有限公司东营市分公司	东营市南一路329号
	中国平安财产保险股份有限公司东营中心支公司	东营市黄河路153号
	中国太平洋财产保险股份有限公司东营中心支公司	东营市南一路258号
	天安财产保险股份有限公司东营中心支公司	东营市东二路239号黄海大厦
	中国大地财产保险股份有限公司东营中心支公司	东营市曹州路39号
	永安财产保险股份有限公司东营中心支公司	东营市运河路673号万和大厦
	中华联合财产保险股份有限公司东营中心支公司	东营市府前大街52号
	阳光财产保险股份有限公司东营中心支公司	东营市蒙山路13号
	安邦财产保险股份有限公司东营中心支公司	东营市府前大街52号
	渤海财产保险股份有限公司东营中心支公司	东营市北一路747号
	都邦财产保险股份有限公司东营中心支公司	东营市蒙山路38号
	亚太财产保险有限公司东营中心支公司	东营市曹州路39号
	浙商财产保险股份有限公司东营中心支公司	东营市府前大街65号
	安盛天平财产保险股份有限公司东营中心支公司	东营市蒙山路38号
	泰山财产保险股份有限公司东营中心支公司	东营市府前大街53号
	太平财产保险有限公司东营中心支公司	东营市府前大街82号
	中银保险有限公司东营中心支公司	东营市府前大街55号
	安华农业保险股份有限公司东营中心支公司	东营市南一路227号
	中国人寿财产保险股份有限公司东营市中心支公司	东营市府前大街53号国贸大厦
	长安责任保险股份有限公司东营中心支公司	东营市府前街53号国贸大厦
	华海财产保险股份有限公司东营中心支公司	东营市南一路227号
	英大泰和财产保险股份有限公司东营中心支公司	东营市南一路286怡和家园
	华安财产保险股份有限公司东营中心支公司	东营市府前大街55号
	国任财产保险股份有限公司东营中心支公司	东营市府前大街82号
	安诚财产保险股份有限公司东营中心支公司	东营市府前大街53号国贸大厦
人身保险公司（21家）	中国人寿保险股份有限公司东营分公司	东营市淄博路66号
	中国平安人寿保险股份有限公司东营中心支公司	东营市府前大街82号
	中国太平洋人寿保险股份有限公司东营中心支公司	东营市南一路258号
	泰康人寿保险有限责任公司山东东营中心支公司	东营市黄河路金领430-6号
	新华人寿保险股份有限公司东营中心支公司	东营市府前大街128号
	太平人寿保险有限公司东营中心支公司	东营市黄河路100号嘉润中心
	合众人寿保险股份有限公司东营中心支公司	东营市西二路474号华纳大厦
	农银人寿保险股份有限公司东营中心支公司	东营市北二路623号
	中国人民人寿保险股份有限公司东营中心支公司	东营市南一路329号
	阳光人寿保险股份有限公司东营中心支公司	东营市香山路829号工银大厦
	国华人寿保险股份有限公司东营中心支公司	东营市曹州路5号
	德华安顾人寿保险有限公司东营中心支公司	东营市府前大街55号
	华泰人寿保险股份有限公司东营中心支公司	东营市黄河路355号富海交运大厦
	富德生命人寿保险股份有限公司东营中心支公司	东营市北一路740号
	建信人寿保险股份有限公司东营中心支公司	东营市济南路71号
	天安人寿保险股份有限公司东营中心支公司	东营市府前大街105号
	华夏人寿保险股份有限公司东营中心支公司	东营市府前大街61号众成大厦
	工银安盛人寿保险有限公司东营中心支公司	东营市胶州路155号
	平安养老保险股份有限公司东营中心支公司	东营市府前大街82号
	信泰人寿保险股份有限公司东营中心支公司	东营市胶州路285-1号
	和泰人寿保险股份有限公司东营中心支公司	东营市府前大街57-1号

【保险公司选介】 中国人民财产保险股份有限公司东营市分公司。2019年,实现保费收入13.07亿元,同比增长2.94%。为全市26.56万机动车辆、173.96万公顷农作物和林木、92.34万头牲畜提供风险保障23832.60亿元,全年支付赔款7.94亿元,上缴税金4000万元,代扣代缴车船税1.08亿元。

查勘理赔现场　　(东营银保监分局供稿)

中国太平洋财产保险股份有限公司东营中心支公司。2019年,实现保费收入2.4亿元,同比增长34%。全年累计支付赔款0.9亿元,上缴税金689万元,代扣代缴车船税1939.12万元。

中国人寿保险股份有限公司东营分公司。2019年,实现保费收入16.44亿元,同比增长3.95%;缴纳各项税金1068.71万元,接受理赔案件3.15万件,支付赔款1.06亿元,满期给付2.7亿元。与市老龄委联合推动银龄安康工程,累计承保183.9万人,累计赔付9582人次,赔付金额1886.88万元。

中国太平洋人寿保险股份有限公司东营中心支公司。2019年,实现保费收入4.98亿元,同比增长2.42%;缴纳各项税金235.17万元,接受理赔案件4983件,支付赔款838.95万元,满期给付0.86亿元。与市残联联合推动残疾人意外伤害保险项目,累计承保1.8万人,累计赔付117人次,赔付金额68.14万元。

太平人寿保险有限公司东营中心支公司。2019年,实现保费收入7.76亿元,同比增长14.21%;缴纳各项税金555.6万元;接受理赔案件3968件,支付赔款2541.38万元,满期给付2148万元。

泰康人寿保险有限责任公司山东东营中心支公司。2019年,实现保费收入5.16亿元;赔款支出1824万元;满期给付3453万元;缴纳各项税金219万元。

新华人寿保险股份有限公司东营中心支公司。2019年,实现保费收入3.68亿元,累计承保15.64万人,累计承担风险责任总额430.29亿元,满期给付1.08亿元,赔款支出2578万元,缴纳各项税金273.56万元。

华夏人寿保险股份有限公司东营中心支公司。2019年,实现保费收入9.3亿元,赔款支出2610万元;缴纳各项税金564万元。

天安人寿保险股份有限公司东营中心支公司。2019年,实现保费收入4.61亿元,赔款支出545.26万元,满期给付94.77万元;缴纳各项税金329.29万元。

(东营银保监分局　刘冬雪)

证券　期货

【概况】 至2019年年底,全市有证券公司20家、证券营业部27家,期货公司4家。全年证券交易额3840.24亿元,同比下降11.06%,客户交易结算资金余额17.19亿元,托管股份市值271.09亿元。期货交易额1431.03亿元,成交268.17万手,客户保证金余额14.36亿元。

2019年东营市证券营业部业务情况表

单位:亿元

序号	机构名称	交易额	同比增长(%)	客户交易结算资金余额	托管股份总市值
1	中泰证券股份有限公司东营北一路证券营业部	1100.47	0.24	5.64	109.89
2	中泰证券股份有限公司东营东三路证券营业部	433.78	0.31	2.22	20.02
3	中泰证券股份有限公司东营西四路证券营业部	265.10	0.17	1.15	10.49
4	中泰证券股份有限公司东营河口海盛路证券营业部	219.80	0.32	1.15	11.24
5	中泰证券股份有限公司东营孤岛永安路证券营业部	272.26	0.18	1.18	11.35
6	中泰证券股份有限公司东营广饶新城大道证券营业部	128.46	0.26	0.51	4.31
7	中泰证券股份有限公司东营仙河鄱阳湖路证券营业部	22.62	0.36	0.09	1.11
8	中泰证券股份有限公司东营垦利胜兴路证券营业部	67.88	0.69	0.19	0.36
9	西藏东方财富证券股份有限公司东营东三路证券营业部	129.26	0.37	0.39	3.86
10	中信证券(山东)有限责任公司东营北一路证券营业部	379.40	0.31	1.16	15.11
11	广发证券股份有限公司东营北一路证券营业部	322.42	0.29	1.55	19.56
12	中信建投证券股份有限公司东营东三路证券营业部	71.30	0.59	0.53	4.03

续表

序号	机构名称	交易额	同比增长(%)	客户交易结算资金余额	托管股份总市值
13	长江证券股份有限公司东营北一路证券营业部	77.33	0.25	0.19	5.57
14	中国银河证券股份有限公司东营府前大街证券营业部	44.19	0.35	0.12	1.54
15	海通证券股份有限公司东营北一路证券营业部	48.96	0.64	0.14	31.58
16	国泰君安证券股份有限公司东营黄河路证券营业部	41.17	0.54	0.17	1.16
17	国盛证券有限责任公司东营天目山路证券营业部	36.53	0.17	0.09	0.59
18	安信证券股份有限公司东营东三路证券营业部	64.85	0.42	0.24	0.46
19	光大证券股份有限公司东营府前大街证券营业部	27.03	−0.62	0.15	1.63
20	大同证券有限责任公司东营黄河路证券营业部	18.10	0.30	0.06	0.47
21	华福证券有限责任公司东营府前大街证券营业部	9.58	0.96	0.02	0.47
22	首创证券有限责任公司东营西三路证券营业部	0.29	0.88	0.00	0.46
23	广州证券股份有限公司东营济南路证券营业部	15.80	−0.20	0.07	0.47
24	山西证券股份有限公司东营北一路证券营业部	8.31	0.50	0.01	0.20
25	国海证券股份有限公司东营府前大街证券营业部	9.96	0.78	0.03	14.67
26	中邮证券有限责任公司东营东四路证券营业部	0.79	1.00	0.02	0.05
27	万和证券股份有限公司东营太行山路证券营业部	24.60	1.00	0.13	0.45
合　　计		3840.24	11.06	17.19	271.09

2019年东营市期货营业部业务情况表

序号	机构名称	成交额(亿元)	本期成交量(万手)	客户保证金余额(万元)
1	鲁证期货股份有限公司东营营业部	1167.29	217.76	132283.62
2	上海东证期货有限公司东营营业部	71.67	10.61	2947.69
3	招金期货有限公司东营营业部	163.80	34.30	4384.21
4	山金期货有限公司东营营业部	28.27	5.50	3980.66
合　　计		1431.03	268.17	143596.18

（市地方金融监管局　王新丽）

商贸服务业

综　　述

【服务业】　2019年，全市实现服务业增加值1095.35亿元，同比增长4.9%。服务业占生产总值比重为37.6%，同比增长1.3个百分点。全市服务业完成税收收入123.9亿元，占全部税收收入20.26%。①服务业平台。山东蓝海股份有限公司蓝海研究院入选2019年省级服务业创新中心。利津县东津医养健康小镇入选2019年省级服务业特色小镇培育单位。东营西郊现代服务区入选2020年省级服务业集聚区培育名单。②综合改革。东营区、垦利区2个省级服务业综合改革试点完成中期评估，其中东营区获优秀等级。开展工业企业剥离生产性服务业工作，全年完成剥离企业37家。③人才培育。东营市美年大健康管理有限公司孟宪坡入选2019年度现代服务业及社会民生产业创新类泰山产业领军人才。山东德仕石油工程集团股份有限公司崔仕章入选2019年度山东省服务业专业人才。④夜间经济。9月26日，印发《关于推进夜间经济发展的实施意见》，提出打造夜间经济示范街区等3个方面的14项任务。至年底，初步形成"一个夜间旅游聚集区、六条夜间购物示范街区、五条夜间美食示范街区"中心城夜间经济发展格局。　（市发改委　林志凯）

【特殊行业】　2019年，全市19家拍卖企业举办拍卖会142场次，同比增长30.28%。实现佣金总额709.08万元，同比下降15.01%。成交额40178.64万元，同比下降61.88%，其中，房地产成交额28752.72万元，同比下降70.98%；机动车成交额2616.28万元，同比增长106.93%；其他类成交额6895.56万元，同比增长75.42%；股权、债权成交额510.93万元，同比增长5739.2%；无形资产成交额943.15万元；土地使用权成交额460万元，同比下降58.18%；文物艺术品、农副产品等均无成交额。

【社会消费品市场】　2019年，全市社会消费品零售总额885.73亿元，比上年增长2.2%。其中，限额以上市场零售额179.18亿元，比上年下降12.7%。按地域分，城镇794.01亿元，比上年增长1.9%；乡村91.73亿元，比上年增长4.1%。按行业分，批发业65.93亿元，比上年增长5.0%；零售业733.03亿元，比上年增长2.5%；住宿业20.08亿元，比上年增长3.8%；餐饮业66.69亿元，比上年下降4.4%。

（市商务局　王雪）

市 场 建 设

【市场监测】　至2019年年底，全市有市场运行监测样本企业105家，其中生活必需品监测企业10家、重要生产资料监测企业4家、重点流通企业31家、信息平台系统企业33家、信息泵系统企业5家、重点调度企业19家，酒类流通企业3家。涵盖大型商超、农副产品批发、餐饮、生产资料等业态，监测品种包括64大类150余个。完善监测网络，发布市场监测信息，全年发布市场分析信息300余条。做好节假日、"利奇马"台风期间市场供应监测和应急保供。

【商贸流通】　12月30日，印发《东营市商业网点发展规划》，为城市商业发展提供路线规循。8月2日，开展"商河路美食节"活动，划分美食、购物、游乐、展示4个区域，规划摊位200余个，70余家外地客商参加。9月13日—10月12日，开展"金秋美食月"消费促进活动，设置东营地域食材展销、黄河口职业技能竞赛、"三名(名店、名厨、名菜)"认定、菜品促销4个板块，20余家参展商参加食材展，展示餐饮食材200余种，30余家餐饮单位参加菜品促销。军绿食品被评为第五批"山东老字号"，全市达到4家。组织半球面粉、欣马酒业、河口军绿、绿洲醇等老字号（名优）企业参加"山东品牌中华行"系列活动。组织企业参展第三届"中华老字号（山东）博览会"，现场销售总额133.7万元，达成意向订单328万元。组织企业参加"山东品牌高铁行"活动，蓝海集团系列商品入选第一批高铁行商品名单。新增二手车交易市场审批工作，新增备案二手车交易市场1家。加强报废汽车现场监督，查处非法报废汽车回收拆解窝点2处，没收、封存回收的报废机动车24辆。　（市商务局　王雪）

粮 食 流 通

【市场化收储】　引导多元主体入市收购，粮食收购市场价格平稳、流通有序，全年收购夏粮37.4万吨、秋粮17.2万吨。

【库存清查】　3月14日，成立全市政策性粮食库存大清查协调小组。4月30日，组建3个普查组，对全市6个地方粮食承储企业的82个货位全面普查。12月11日，省大清查协调小组办公室到东营开展大清查问题整改工作抽查。至年底，自查、普查发现问题全部完成整改。

【储备监管】　印发《东营市市级储备食用油管理办法》。完成3.5万吨市、县储备粮轮换任务。落实商品储备税收扶持政策，全市8家企业纳入山东省2019—2021年享受商品储备业务税收政策企业名单，累计免除税收561万元。落实市级月度、县级不定期检查制度。全市各级政府储备粮油储存安全、质量良好。全年无生产安全事故发生。

【应急预警】　全市确定32个粮油价格监测点、401户城乡固定调查点。确定市级粮食应急加工企业5家、应急配送企业3家、应急供应网点68个，日应急供应能力达2343吨。

做好“利奇马”台风期间抢险救灾和应急保障。全市5家最低收购价收购库点收购小麦23160吨，加工转化企业收购88091吨。

【产业发展】 广饶县入选“中国好粮油”行动示范工程，连续3年保持“中国好粮油行动计划示范县”称号，获中央财政补助1100万元。全市拥有省级以上农业产业化龙头企业7家，全国放心粮油示范企业4家。全年投入3879.9万元建成粮食产后服务中心2个，建成“中国好粮油”行动示范项目2个，企业新增利润700余万元。全年收购优质专用小麦10.8万吨，促进农民增收1728万元。

【产销合作】 全年省外购进26.22万吨，销往省外38.66万吨。山东万得福实业集团有限公司购入大豆15.64万吨，广饶汇通粮食有限公司与中粮集团有限公司、益海嘉里集团等建立合作，收购量省外销售量达72%。万得福、元灏、半球等名牌产品销售全国27个大中城市。第二届山东粮油产业博览会，全市11家参展企业与20家省内企业达成合作意向，交易额3.87亿元。全市11家粮油企业入驻“好粮有网”智慧交易平台。 （市发改委　林志凯）

【中央储备粮东营直属库】 ①仓储基础管理。按照虫害情况合理制定熏蒸方案，全年库区免熏蒸率45%。库存粮基本达到低温或准低温储粮标准。完成“标准仓”“规范库”建设目标。②政策性粮食收储和拍卖。开展政策性粮油拍卖出库工作，销售进口小麦；规范执行最低收购价政策，收购托市小麦；接收第一批国家进口周转储备大豆。③粮食库存自查。重新测量通风箱、通风笼、三角挡粮门体积，重新测量粮堆高度，按新工作底稿计算粮食数量，购置清仓查库电子秤等。④质量管理。配合省公司质监中心做好品检抽样、会检及全国大清查质量普查。对新入库粮执行逐车检验、全仓扦样验收等，落实安全卫生指标。至年底辖区粮食均符合国家标准，储存管理规范。⑤库外储粮风险控制。执行“四位一体”监控措施，做到7×24小时驻库监管。与市发改委、市农业发展银行对委托库点加强风险评估，全年无风险事件。⑥安全生产。落实安全巡查监管APP每日巡查制度。安排专人对智能化管理系统定期巡查。举行消防、防汛演练2次。

（中央储备粮东营直属库有限公司　马海瑞）

供　销　合　作

【农业全程社会化服务】 ①为农服务中心。围绕测土配方、智能配肥、统防统治等服务功能，加强与各类农业经营服务主体合作，打造3~5千米为农服务圈。全年建成为农服务中心2处。②农村电商发展。河口供销宜家建成以仓储配送中心为龙头、中央厨房项目为链接、区域电商运营中心和体验店为节点、大型企业无人售货亭为终端的闭合运营网络，在东营区、垦利区建设电商体验店和销售网点。全年建设区域运营中心1处，电商连锁经营实现销售收入1.7亿元。

【现代农业规模化服务】 发展单环节托管、多环节托管、关键环节综合托管和全程托管等模式，提供耕、种、管、收、储、售等服务，打造土地托管示范片区。广饶县锦绣千村合作社与国外3家企业签订战略购销协议，建设糯玉米土地托管示范片区1000公顷。示范片区带领农户实现种植规模化、生产标准化，生产成本平均降低30%以上，带动种植户300余户，实现产值2000余万元，农民增收280万元。全年打造土地托管示范片区1533.33公顷。

【宣传推介和品牌培育】 4月起，举办麻湾西瓜、广饶蜜桃等3次特色农产品宣传推介，与市妇联等部门联合举办“城乡姐妹手拉手、乡村振兴巾帼行”活动。10月，参加省供销社2019年贫困地区农产品产销对接暨消费扶贫现场会，全市26个名优特农产品参加展出。11月，与市农业农村局开展优质农产品进社区系列展销推介活动。

2019年4月29日，2019黄河口农产品品牌创建·麻湾西瓜新品上市推介周启动仪式举行　（市供销社供稿）

【农业科技服务】 开展测土配方施肥、科学用药、庄稼医院等技术服务，指导农民测土配方施肥用药。举办“放心农资惠万家”活动，现场为群众讲解科学施肥用肥知识。全年开展“放心农资惠万家”系列活动及助力扶贫6次，提供优质放心化肥350吨，受惠农户3000户，重点指导测土配方智能配肥网点6家，实现智能测土配肥3500吨。

【新型农民培训】 3月，在浙江大学举办基层社、合作社为农服务中心负责人高级研修班1期、培训60人。11月，举办2019年东营市供销社发展农村电商暨行业扶贫培训班，培训基层社、农民合作社等负责人100余人。全年举办各类新型农民培训226人次，制作新型农民培训节目片源2部。

（市供销社　胡明欣）

烟草专卖

【概况】 至2019年年底，全市烟草专卖系统有从业人员562人，其中，在岗人员423人。总资产67629.26万元，资产负债率18.4%，国有资本保值增值率100.66%。销售卷烟77005箱，人均条数9.47条，居全省第2；实现单箱销售额29337元，同比增长3.37%；实现利税5.04亿元，其中，上缴税金4.4亿元。查获各类涉烟违法案件712起，查获卷烟411.63万支，同比增长45.99%；查获案值284.11万元，同比增长30.71%；破获制售假烟网络案件3起，刑事拘留18人，逮捕9人，判刑16人。

【卷烟经营】 全市一二类烟销量增长5.64%，四五类烟下降50.94%；重点品牌占比提高2.94个百分点；细支烟销量增长8.87%，鲁产一二类烟增长13.77%。全市建成自律互助小组648个，做到客户参与全覆盖、条盒一价全覆盖、明察暗访不间断，全年开展活动754场，处罚违约客户757户，客户毛利率13%左右。确定“河风海韵”终端服务品牌，实施“档位+星级”货源投放策略，推广云POS系统及全商品扫码零售模式，投入资金154万元及带动零售户投入资金312万余元建成品牌店32个、精品店284个、标准店4296个，打造精品街(区)8条，发展消费者会员6.13万人。全市建成室内吸烟室7个、便民吸烟点2727个。

【专卖管理】 开展“东营利剑”(2019)等专项行动，与市公安局、邮政管理局等联合打击互联网、物流寄递渠道涉烟违法犯罪和真烟倒买倒卖。建立加热不燃烧等新型烟草制品排查机制，制定县域零售点合理布局规定，办证时限压缩至5个工作日。打造“六位一体”的“智·联”数字化专卖管理平台，“微信办证”上线试运行。抓实订单采集、卷烟落地等关键节点监管，处理举报投诉咨询108项。全年发放普法材料2000余份，卷烟真伪鉴别1.28万条。

【管理创新】 整合质量管理、标准化、职业健康管理、廉洁风险防控四大体系，发布流程844个。发布QC成果12项；获省烟草专卖局(公司)立项精益课题2项，“新办零售许可证“零跑腿”模式探索与应用”获省烟草专卖局(公司)系统三等奖；申请实用新型专利3项，获计算机“软件著作权”2项，获省烟草学会优秀论文二等奖、三等奖各1篇。征集、评审、推进关键工作立项创新项目4个，征集岗位创新65个。库存周转次数、单车送货户数、车辆装载率分别增长24.49%、26.87%、4.08%，分拣效率8000条/小时。

(市烟草专卖局　解林东)

医药经营

【概况】 东营市华信医药有限公司下设销售单位6个及康之堂药业连锁有限公司。在岗职工190人，其中中级职称人员54人，初级职称人员112人。从业药师和执业药师资格人员96人。总计仓储面积9894平方米。2019年，实现商品销售额3.9亿元，同比增长13.08%，实现利税1781万元。

【营销网络】 营销网络主要集中在东营市和胜利油田各医疗单位及社区卫生服务中心。经营模式对县级以上医院批发经营；对基层医疗单位(社区卫生服务中心、乡镇卫生院、民营医院、个体诊所、药店等)药品配送；对市民进行药品零售。

【销售零售】 2019年，基本药物实现销售2575万元，较上年增加739万元。完成市市场监管局“过期药品回收”活动。年内新开办门店4家，新增医保刷卡药店2家。中医馆开展“名中医百日行”义诊，完成“东营市中医药名医康之堂工作站”揭牌，引进北京医疗专家合作，成立骨关节疼痛专科。研发膏方、药丸等，满足顾客不同需求。至年底康之堂药业连锁有限公司有药店15家、中医馆1家，实现销售收入3700万元。

2019年东营市主要医药经营情况表

单位:万元

项目	销售额		毛利润	
	当年	同比%	当年	同比%
中药材	268	40.31	93	25.68
中成药	12919	7.1	756	-17.29
西药	24469	10.89	2640	23.88
麻药	1142	8.25	167	-0.59
医疗器械	699	8.88	40	-60.78

(市华信医药公司　李维国)

石油经营

【概况】 2019年，东营石油分公司经营业务为成品油、天然气、化工产品销售，烟草零售、食品、日用百货销售等。销售成品油53.58万吨，天然气销售5167.99万平方米，非油品10389.35万元，上缴利税530.71万元。

【网点建设】 全年新增加油站点6座，综合服务体改造项目1座。便利店改造项目2座，隐患治理项目9座，维修改造项目8座，双罐双线改造项目2座，租赁后改造项目5座，综合服务体改造项目1座。与胜利油田万和石油工程技术有限责任公司、东营交通发展集团成立合资公司。

【质量环保安全】 年内做好国家市场监督管理总局、山东省市场监督管理局油品抽检，油品检测合格率100%。6月，东营质检室运行，至年底检测油品208个批次，累计检测项目679个，检测全部合格。加油站环评通过率100%。“六五世界环境日”开展系列宣传，制作宣传条幅58条，宣传海报53份，站次参与率100%。开展各项应急预案演练活动。强化作业现场管理，严格控制散装汽油销售，专门设立散装汽油销售站点，配备电子设备进行记录、上传公安部门。

东营石油分公司58座加油站基本情况表

单位:个、吨、万元

分类	按类型			按区域				
	大型站(年加油3000吨以上)	中型站(年加油1000~3000吨)	小型站(年加油1000吨以下)	市区	河口区	垦利区	广饶县	利津县
座数	17	20	21	22	5	6	18	7
加油机	84	82	78	94	22	21	76	31
罐容	2170	2420	2472	2740	600	750	2152	820
日加油量	253	103	25	210	41	25	78	27
年销售额	80223	31594	7967	68060	12524	7728	22927	8545

（东营石油分公司　李慧中）

信息产业

综　　述

【概况】 2019年，全市信息产业纳入行业统计范围企业42家，实现营业收入46.51亿元、利润5.03亿元。其中，电子信息制造业企业12家，实现营业收入34.87亿元、利润3.71亿元。软件和信息技术服务业企业30家，实现营业收入11.64亿元、软件业务收入9.58亿元、利润1.32亿元。

【重点工作】 ①组织申报2019年第三批山东省首版次高端软件，山东胜软科技股份有限公司、山东汇佳软件科技股份有限公司、山东云通信息科技股份有限公司、东营汉威石油技术开发有限公司4个软件产品入选。推荐山东胜软科技股份有限公司、东营汉威石油技术开发有限公司申报首版次软件保险补偿。②认定山东天元信息技术有限公司、山东团尚网络科技股份有限公司2家市级软件工程技术中心。山东国瓷功能材料股份有限公司等4家公司入选全省5G产业试点示范企业及项目。③一汽智能网联试验场项目5G网络覆盖进行专题研究。11月2日，一汽智能网联试验场项目签约。

【东营软件园】 ①产业发展。3月，与光谷未来城签署联建东营软件园光谷分园战略合作协议，首期面积5700平方米。引进山东浩洲信息技术有限公司、山东橙果网络科技有限公司等16家企业。至年底，软件园入驻企业172家，从业人员3400余人。其中博士24人、硕士142人，计算机软件技能人才超2200人。全年实现产值15.5亿元，利税2.59亿元。②科技创新。引导企业加大科技研发投入，落实创新创业专项资金奖补。至年底，软件园有双软企业47家，计算机信息系统集成资质企业17家，高新技术企业33家，科技型企业56家。通过ISO/IEC27001国际信息安全管理体系认证企业61家，ISO20000(IT服务管理)50家，CMMI L3/L5国际认证企业26家。新三板、四板和青创板挂牌企业10家。园区企业获得计算机软件著作权1164项，认定软件产品840个，授权专利115件。③公共技术服务平台。建设软件园IDC数据中心机房、黄河三角洲云计算中心等公共服务平台。实施智慧平台、智能监控、智能车辆管理等项目，提高园区服务效率和信息化水平。④人才体系建设。软件园有博士后工作站1家，院士工作站1家，省级研发平台6家。引进"泰山产业领军人才""黄河三角洲学者"等高端人才10余名。山东汇佳软件科技股份有限公司与山东大学软件学院共建AI共享大数据联合实验室，山东天元信息技术有限公司与中国石油大学(北京)地球资源与信息学院开发"非常规油气开发压裂微地震监测技术""井下微地震采集技术"。

（市工业和信息化局　董文杰）

信息化建设

【两化融合】 5月29日，举办山东省两化融合深度行东营站活动，全市100余家企业150余人参加。开展两化融合评估，181家企业完成评估。东营诚成物流园运营管理有限公司"全国危险品物流大数据分析处理中心"项目入选全省产业互联网"个十百"平台奖补示范项目。山东海科化工集团面向危化品行业"双创"赋能平台入选工业和信息化部2019年制造业"双创"平台试点示范项目。山东广域科技有限责任公司"智慧油田安全生产运行智能管理系统"等5个项目入选首批全省"现代优势产业集群+人工智能"试点示范企业及项目。

【企业上云】 制定全市"企业上云"工作方案，明确各县区(开发区)年度上云企业目标任务和工作措施。与市财政局联合印发《东营市云服务券财政奖补实施细则》，落实市"企

东营软件园

（市工业和信息化局供稿）

2019年5月29日，山东省两化融合深度行东营站活动举办
（市工业和信息化局供稿）

业上云”奖补资金200万元。对2018年度省级企业上云标杆山东海科化工集团、东营致远方略软件有限公司奖补资金40万元。开展各类调度会、培训会10余场。建设企业上云体验中心1个，培育行业云平台2个，培育本地云应用服务商10家，组织企业上云超1300家。

（市工业和信息化局　董文杰）

通　　信

【概况】 至2019年年底，全市电信业务总量127.24亿元，电信业务收入18.49亿元，电信基础设施建设总投资2.79亿元。全市建成光缆纤芯186.63万芯千米，9.92万皮长千米；通信管道管程7841.7千米。移动基站14557个，其中，4G基站9231个。城市宽带接入端口132.49万个，农村宽带接入端口99.04万个。固网交换机容量49.4万门，固定电话用户数34.78万户。移动交换机容量455万门，移动电话用户数291万户。全市光纤升级改造工程全面完成，移动网络实现全覆盖，4G网络基本实现全覆盖。

（市工业和信息化局　周军）

【中国联通东营分公司】 ①移动通信网络。实施3期4G无线网容量扩容工程和2019年宏站一期、室分一期工程和口碑场景建设工程，全市4G面覆盖率95.35%。5月17日，全市第一个5G试商用网络在黄河三角洲大数据港建成。与8家单位签订战略合作，联合建设6家5G实验室。孤东采油厂5G高清视频回传组网项目是全省首个能源行业标杆案例。与市卫健委联合推动3个5G远程手术示教项目达产。东营联通100%宽带端口具备100兆及以上接入能力，FTTH端口占比83.5%。开展2019年安全基线核查工作，全年无重大故障和网络安全事件发生。②提升信息化水平。加快推进联通优势特色“智慧城市”建设。全年建设信息化创新项目253个，其中，百万级以上大项目18个。物联网业务向“连接+产品+集成服务”多重模式转型，发展物联网标准化产品518个。③通信保障及网络安全。完成黄河口马拉松赛等重大活动通讯任务，完成C919大飞机东营试飞基地5G网络保障项目。配合厂家完成11个重要系统安全评估、漏洞扫描、整改、复测。完成11个通讯网络单元定级备案和符合性评测。推进实名制和通信诈骗防范工作，无网络与信息安全生产责任事故发生。

（中国联通东营分公司　赵海霞）

【中国移动东营分公司】 2019年，活动客户新增40万户，4G客户突破110万户，渗透率约80%，4G客户净增9万余户。宽带20余万户，魔百和高清电视用户20余万户，魔百和渗透率超80%。①网络建设。年内开通5G基站20余个。当地关键网站覆盖率98%以上。②客户服务。全年开展总经理驻厅活动300余厅次，接待客户3000余人次。开展客户满意工程，提升客户服务满意度。③活动通信保障。完成黄河口国际马拉松赛、抗击“利奇马”台风等重大活动保障。④5G网络。11月17日，开通5G网络，开通全市“首条5G街道”“首个5G校园”“首个5G宾馆”，成为全市首家开通5G网络的通信运营商。⑤政策落实。落实携号转网、提速降费等工作，提升有线宽带品质和无线网络质量。改善优化农村网络质量，全年排除农村区域网络隐患100余处，行政村4G覆盖率100%。

（中国移动东营分公司　孟祥坤）

【中国电信东营分公司】 2019年，全业务投资5145万元，项目立项5863万元，完工227个工程。①接入网建设。至年底，完成宽带城区小区覆盖率100%，村覆盖率40%。农全网开通高清语音业务。完成67个重点项目430个政企接入业务。②移动网建设。完成LTE八期工程建设，新建室外4G基站152个，室内分布34套，滚动扩容精准覆盖小区站点60个，解决网络弱覆盖区域240处，城区4G覆盖率96.2%。③传输网建设。完成室外基站及室内分布传输光缆建设400.85千米，实现当地网中继光缆三路由、重点业务接入双路由。④共建共享。核心市区、县城、重点场景高流量价值区域完善5G网络建设共建共享规划，以SA为目标网架构规划宏站857个，室内分布17套。⑤新兴业务。6月19日，完成全市首家金融机构门户网站IPv6改造。8月，与东营职业学院签署5G战略合作协议。10月21日，签约黄河燃气智慧燃气云平台服务项目。

（中国电信东营分公司　江清玲）

无线电管理

【航空频率保护】 加强对航空等重点业务频段、重点地区无线电监测与干扰排查工作，抓好对航空导航、GPS等频段日常监听监测，加大打击治理工作力度。根据南山国际飞行学院反映导航频率干扰及时排查，对涉及县区广播台站设备问题协调联系整改，做到精准查处干扰航空频率"黑广播"，建立与民航等专用频率保护长效机制。

【网络监测】 完成2019年春运、全国两会、"五一"等节假日和新中国成立70周年重大活动无线电监测值班工作，做好航空导航、水上救援、广播电视等频段监听监测，确保重要业务通信畅通。全年开机监测4.8万小时，监测频段28个，完成12期监测月报的编辑、上报等。开展考场周边电磁环境整治活动，重点做好辖区重要考点周边电磁环境监测，建立频谱样本库，加强对易作弊区域监控、管理。组织联通、移动、电信、铁塔公司组建全市电磁频谱管控营。组建全市通信保障应急班，参加全市国防动员通信保障应急营点验大会。

【依法行政】 查处非法设台和有害干扰，受理并及时查处各类干扰、投诉19起。完成全国高考、省属事业编招考、会计资格等重要考试保障31场，出动监测车45车次，技术人员145人次。完成2019年度全市业余无线电台操作技术能力验证考试工作。完成2019黄河口（东营）国际马拉松赛、公路自行车比赛和国庆期间等重大活动及重要赛事期间无线电安全保障工作。

【法律法规宣传】 开展无线电管理宣传月活动宣传。邀请市实验小学30余名小学生参观无线电科普教育基地，走进锦华一区开展"无线电进社区"科普宣传活动。发放《中华人民共和国无线电管理条例》宣传册400余本、环保宣传袋200余个。做好业余无线电爱好者普法宣传，参加"五五"节活动，现场发放宣传手册，讲解业余无线电通讯应用、突发事件常规通信手段等无线电测向原理和方法。结合马拉松比赛、高考等重大活动及各类考试的无线电保障时机，利用报纸、网站等媒体，开展科普知识及无线电管理工作动态信息报道，全年在各级网站、报刊发布无线电管理工作信息8篇。

（市工业和信息化局　周军）

经贸合作

招 商 引 资

【概况】 2019年,全市新签约招商引资项目165个、计划总投资1442亿元;在建、续建招商项目126个,到位投资232.8亿元;实际利用外资2.44亿美元。其中,10亿元以上项目31个、100亿元以上项目3个,三类500强(世界500强、中国500强、民营500强)投资项目27个,央企国企投资项目36个。引进高精尖缺人才12人、新增省级以上创新平台26个。

【机制创新】 ①强力推动。市委常委会、市政府专题会议多次研究听取"双招双引"工作,实行旬调度、月通报制度,下沉基层指导督促项目落地。②创新工作体系。3月28日,市投资促进局完成机构改革,牵头全市"双招双引"工作。9月29日,成立市招商引资服务中心、招才引智服务中心。制定绩效考核和统筹管理办法,指导13个市直招引责任单位成立"双招双引"服务中心,实行企业化管理、市场化运营,形成"2+13+N"专业化市场化招引机制。制定社会化招引政策措施,选聘6家企业、商协会等签署"双招双引"委托服务协议,推进由政策性招商向市场化招商转变。省级以上开发区推行"党工委(管委会)+招商公司"模式,组建8个专业招商公司。③责任落实。成立招商引资三年行动计划工作专班,建立专班工作会商机制,围绕重大活动、项目推进、问题解决召开调度会议28次。

【招商工作】 ①产业链招引。围绕山东省"十强"(新一代信息技术产业、高端装备产业、新能源新材料产业、现代海洋产业、医养健康产业、高端化工产业、现代高效农业、文化创意产业、精品旅游产业、现代金融服务业)和市"5+2+2"产业(石化、橡胶、石油装备、有色金属、新材料5大特色产业,现代高效农业、文化旅游2大优势产业,生物医药、航空航天2大未来产业),建立资源库、项目库、对外合作企业库,引进华东(东营)智能网联汽车试验场、中车永济绿色能源产业园、航天科技卫星遥感大数据应用产业等项目。②重点区域招引。瞄准欧美、日韩等外资和京津冀、长三角等央企国企、新经济聚集地,开展招商对接、专题推介。市级策划"黄河入海 扬帆东营"系列活动,举办招商引资招才引智北京恳谈会、青岛恳谈会,现场签约26个项目,计划投资552.9亿元。③创新资源招引。举办2019著名高校毕业生东营行、东营学子家乡行、"油地融合杯"创新创业大赛、"世园会"东营日等活动,市政府与山东大学签署战略合作框架协议,与中科院共建黄河三角洲现代农业技术创新中心的重大合作项目落地实施,中科院东营分子设计育种研究中心挂牌运行,国家级稀土催化研究院签约落地。④方式创新。借力橡胶轮胎展、石化贸易展等市内重点展会及青年企业家创新发展国际峰会、中国商飞供应商大会等活动,举办专题推介对接,搭建平台、拓宽渠道。强化"以商招商",依托市内骨干企业开展产业链招商,推进万兴恒业与博世马勒、华泰集团与首化控股、科瑞集团与中机公司、奥戈瑞轮胎与浙江物产等一批企业实现合资合作。强化基金招引,举办2019首届黄河口产融结合论坛、山东(东营)新旧动能转换基金项目推介会。

【项目服务】 ①创新服务举措。优选25名专家学者、企业高管组建产业专家智库,对重大招引项目进行准入评估,把好入口关。对重点项目安排专业招商人员盯靠,从项目流转、洽谈、选址到手续办理提供全过程服务。②抓好项目推进。完善市"双招双引"项目管理系统,实现"双招双引"项目从对接、签约、开工到落地的全周期信息化管理。制定"双招双引"项目推进管理办法,对重点项目、重大活动签约项目实施分级负责、领导包靠、专班推进。建立重点招商引资项目全程代办工作制度,搭建审批"绿色通道",全面实行一窗受理、容缺受理、并联审批、拿地即开工等审批服务。③抓好重点项目调度推进。落实好"3+N"(市重大项目快速决策小组,3即市长、常务副市长、分管市领导,N即市政府秘书长、有关副秘书长,项目涉及部门主要负责人)"1+N"(城市规划建设管理,1个顶层设计、N个配套制度)快速决策机制,推动项目落地。召开企业家座谈会、外来投资企业座谈会、企业引才专题座谈会等,加强与企业家的对接交流。④保障措施。强化激励政策兑现,配套出台实施细则。开发"人才贷"等金融产品,为234名高层次人才发放"东营优才卡",落实交通出行、医疗保健等18项服务事项。

【规划评价】 ①4月12日,印发《2019年全市"双招双引"工作要点》,明确市直责任单位、县区、市属开发区的重点工作和任务目标。12月15日,组织"双招双引"工作方案论证会。②政策保障。4月19日,印发《东营市招商引资激励政策实施细则》。5月13日,印发《深化与世界500强及行业领军企业合作行动方案》。委托专业咨询机构制定全市有色金属、生物医药、新材料、智能制造等重点产业链招引指南。③强化考核评价。召开各类座谈会、调度会、培训会20余次,层层压实责任。定期赴项目现场进行督导审核,督导推动工作开展。12月27日,制定2019年度全市"双招双引"考核办法。

【重点项目选介】 高档差别化分散染料及配套建设项目。计划投资17.2亿元,建设年产8万吨高档差别化分散染料及其配套中间体,新建生产车间11个,公用工程6.8万平方米,污水处理车间5万平方米,配套生产设施及污水处理设施。

华东(东营)智能网联汽车试验场项目。计划投资28亿元,建设智能网联测试区(含封闭/半封闭/开放道路测试区)、综合性能测试区、试验室测试区等试验设施,建设办公

2019年11月2日，华东（东营）智能网联汽车试验场项目奠基仪式举行　　（市投资促进局供稿）

区、生活区、能源区等运营设施。

200万吨/年化工新材料项目。计划投资92亿元，建设150万吨/年轻油深度催化裂化、150万吨/年加氢裂化、150万吨/年连续重整、180万吨/年芳烃抽提等装置，主要生产溴化丁基橡胶，高端聚丙烯、苯乙烯等高端化工产品。

丙烷脱氢及环氧丙烷项目。计划投资123.6亿元，建设25万吨/年气分装置、180万吨/年原料精制及分离、100万吨/年丙烷脱氢、20万吨/年顺酐、30/60万吨/年PO/SM、10万吨/年异丁烷正构化、9万立方米/小时PSA和辅助生产及公用工程设施。

北二路沿线及金湖银河片区综合开发项目。计划投资88.7亿元，项目建设主要包括北二路道路建设改造，东营河水环境综合治理和金湖银河片区综合开发。

【重大活动】 *“选择山东”云平台投资齐鲁行走进东营项目对接会*。1月17日在东营举行。法国液化空气集团、中国国际金融股份有限公司、东旭集团有限公司等10家机构参会。介绍东营“5+2+2”产业体系，推介高端化工、高端装备、新一代信息技术、新材料、文化旅游等11个大类54个项目。

东营市招商引资招才引智北京恳谈会。6月6日在北京举行。签约26个项目，总投资额达552.88亿元。市领导与部分央企、国企、大型民营企业和高校院所、高端人才团队沟通交谈，谋划更多领域合作。

东营市招商引资招才引智青岛恳谈会。10月18日在青岛举行。邀请150余名企业家、驻鲁商协会及国际经济组织负责人、驻青高校负责人参会。东营市推介智能网联汽车集聚区、空港产业园、高端医养结合示范片区等61个项目。

2019年10月18日，东营市招商引资招才引智青岛恳谈会举行　　（市投资促进局供稿）

2019著名高校毕业生东营行活动。11月1—3日在东营举行。邀请北京大学、北京工业大学、对外经济贸易大学等7所高校220余名师生参加。参观光谷未来城、广利港开发建设等重点项目，游览黄河三角洲国家级自然保护区，举行欢迎晚宴和推介交流活动。

2019年11月1—3日，2019著名高校毕业生东营行活动举行　　（市投资促进局供稿）

（市投资促进局　尚宁）

商　　务

【概况】 2019年，全市完成进出口1629.15亿元，比上年下降0.6%。其中，出口342.76亿元，下降7.1%；进口1286.39亿元，增长1.3%。从贸易方式看，加工贸易出口107.03亿元，一般贸易出口211.28亿元。从出口市场情况看，对亚洲出口148.90亿元，对欧洲出口61.57亿元，对非洲出口51.38亿元，对大洋洲出口10.08亿元，对北美洲出口36.13亿元，对拉丁美洲出口34.22亿元。从重点出口商品看，橡胶轮胎出口195.41亿元，石油装备出口30.81亿元，化工产品出口39.30亿元，汽车零部件出口13.59亿元，电解铜出口4.8亿元。从进口市场情况看，自非洲进口398.24亿元，自欧洲进口368.86亿元，自拉丁美洲进口286.06亿元，自亚洲进口196.06亿元，自北美洲进口28.33亿元，自大洋洲进口8.84亿元。从重点进口商品看，原油进口1106.76亿元，铜及其制品进口77.39亿元，矿砂进口37.57亿元，合成橡胶进口8.37亿元，天然橡胶进口7.97亿元，废纸进口6.92亿元，原料油进口6.68亿元，纸浆进口5.92亿元。

全市新设立外商投资企业35家，合同外资6.05亿美元；实际使用外资2.44亿美元，同比增长151.6%。全市对外承包工程新签合同额38.07亿元，完成营业额13.49亿元，外派劳务105人。新批境外投资企业（机构）14家，实际对外投资3.39亿元。

2019年东营市对外贸易进出口情况表

单位:万元

项目		进出口			出口			进口		
		金额	同比%	比重%	金额	同比%	比重%	金额	同比%	比重%
合计		16286674	-0.6	100.0	3422820	-7.0	100.0	12863853	1.3	100.0
按企业性质划分	国有企业	484689	35.1	3.0	108328	-32.8	3.2	376361	90.4	2.9
	外商投资企业	821394	-31.7	5.0	195983	14.4	5.7	625411	-39.4	4.9
	民营企业	14980590	1.1	92.0	3118509	-6.9	91.1	11862081	3.4	92.2
	集体企业	1776164	-3.2	10.9	185077	23.7	5.4	1591087	-5.6	12.4
	私营企业	13204426	1.7	81.1	2933432	-8.3	85.7	10270995	4.9	79.8
按贸易方式划分	一般贸易	11925559	1.1	73.2	2112862	7.3	61.7	9812697	-0.2	76.3
	加工贸易	1359442	-34.5	8.4	1070307	-29.6	31.3	289136	-47.9	2.3
	进料加工贸易	1359442	-34.5	8.4	1070307	-29.6	31.3	289136	-47.9	2.3
	其他贸易	3001673	19.5	18.4	239652	24.4	7.0	2762021	19.1	21.5
	对外承包工程出口货物	8157	-82.5	0.1	8157	-82.5	0.2	—	—	—
	海关特殊监管区域进出口	2992474	21.5	18.4	230945	58.4	6.8	2761529	19.2	21.5
按大类商品划分	机电产品	567013	-9.9	3.5	509900	-9.4	14.9	57113	-13.3	0.4
	化工产品	2686191	-7.8	16.5	2446838	-3.5	71.5	239353	-37.0	1.9
	纺织服装	115018	5.4	0.7	95746	-2.9	2.8	19271	82.7	0.2
	农产品	97559	4.1	0.6	31427	-0.2	0.9	66133	6.3	0.5
	轻工工艺品	160767	-19.3	1.0	31950	1.4	0.9	128817	-23.2	1.0
	*高新技术产品	153115	-8.8	0.9	136767	-12.9	4.0	16348	50.9	0.1

说明:此数据为海关数据,不含一达通数据

2019年东营市主要出口商品出口情况表

单位:万元

项目	累计		项目	累计		项目	累计	
	金额	同比%		金额	同比%		金额	同比%
橡胶轮胎	1954171	-2.6	金属制品	67789	-25.4	纸及纸板(未切成形的)	8689	43.9
化工产品	392961	-4.6	电器及电子产品	58831	27.8			
石油装备	308189	-5.2	电解铜	47981	-70.8	仪器仪表	5559	-56.7
汽车零部件	135912	-19.7	太阳能硅片	36673	-38.3	鞋类	4924	-13.4
塑料及其制品	90629	6.4	服装及衣着附件	11709	-15.6	肉食品及制品	4601	-23.6
纺织品	84038	-0.8	蔬菜及制品	11182	17.1			

说明:1.此数据为海关数据,不包含一达通数据;2.按累计出口额大小排序

2019年东营市主要进口商品进口情况表

单位:万元

项目	累计		项目	累计		项目	累计	
	金额	同比%		金额	同比%		金额	同比%
矿物燃料	11134433	8.5	其中:废杂铜	97276	-53.6	机械设备	37331	-24.7
其中:原油	11067647	10.0	铜矿砂及其精矿	375725	-57.9	棉花	28644	-10.5
其中:原料油	66786	-66.2	合成橡胶(包括胶乳)	83650	14.0	纺织品	19259	82.6
铜及其制品	773863	-6.2	天然橡胶(包括胶乳)	79673	-57.2	粮食	11414	52.0
其中:未锻轧铜及铜材	676563	10.0	废纸	69164	-9.2	仪器仪表	9817	139.4
			纸浆	59247	-34.3	钢材	5645	-21.5

说明:1.此数据为海关数据,不包含一达通数据;2.按累计进口额大小排序

2019年东营市前十位出口市场情况表

单位:万元

市场	累计		市场	累计		市场	累计		市场	累计	
	金额	同比%		金额	同比%		金额	同比%		金额	同比%
合计			美国	290635	-38.9	俄罗斯联邦	108813	9.4	澳大利亚	81141	-4.9
中东	690639	13.7	东盟	287817	-18.4	尼日利亚	101179	-20.0	加拿大	70706	-6.9
欧盟	429921	-3.6	南亚	249053	1.9	韩国	99994	-0.1			

说明:1.此数据为海关数据,不包含一达通数据;2.按累计出口额大小排序

2019年东营市前十位进口来源地情况表

单位:万元

市场	累计		市场	累计		市场	累计		市场	累计	
	金额	同比%		金额	同比%		金额	同比%		金额	同比%
合计			巴西	1844569	34.4	智利	398882	-19.4	哥伦比亚	222920	117.0
俄罗斯联邦	3428998	3.7	中东	1421205	1.8	东盟	329248	-28.0	秘鲁	211939	-48.5
安哥拉	2797368	6.2	刚果(布)	616778	50.0	欧盟	254170	-42.3			

说明:1.此数据为海关数据,不包含一达通数据;2.按累计出口额大小排序

2019年东营市出口前30名企业情况表

单位:万元

序号	企业名称	实际出口	上年出口	同比%	序号	企业名称	实际出口	上年出口	同比%
1	山东昌丰轮胎有限公司	450852.91	597399.18	-24.53	17	山东科瑞石油装备有限公司	42147.52	91620.4	-54
2	山东永盛橡胶集团有限公司	286032.58	201617.42	41.87	18	山东海倍德橡胶有限公司	41210.56	58692.17	-29.79
3	东营市柄睿国际贸易有限公司	179613.11	74831.53	140.02	19	东营宝丰汽车配件有限公司	38721.91	33063.17	17.11
4	赛轮(东营)轮胎股份有限公司	148433.25	151476.07	-2.01	20	山东三泰橡胶有限责任公司	36830.61	26411.28	39.45
5	广饶县凯驰商贸有限公司	122349.25	114904.69	6.48	21	广饶县泰华国际贸易有限公司	35460.46	39650.47	-10.57
6	山东金宇轮胎有限公司	115883.83	84205.37	37.62	22	东营综合保税区保时通物流有限公司	34195.28	18813.72	81.76
7	山东宏盛橡胶科技有限公司	100566.65	73133.08	37.51					
8	中一橡胶股份有限公司	82753.97	37751.48	119.21	23	东营综合保税区鑫荣国际物流有限公司	31276.31	0	100
9	山东万达宝通轮胎有限公司	73553.35	110255.02	-33.29					
10	山东千乘之家国际贸易有限公司	72965.32	24268.77	200.66	24	东营综合保税区锦辉国际贸易有限公司	30513	0	100
11	山东石大胜华化工集团股份有限公司	66798.92	66725.94	0.11	25	东营保顺国际贸易有限公司	30117.92	0	100
12	东营市展高橡胶有限公司	64197.09	47602.43	34.86	26	胜利油田胜机石油装备有限公司	29214.47	16461.82	77.47
13	新发药业有限公司	54642.08	74242.03	-26.4	27	东营信安供应链管理有限公司	26854.89	0	100
14	山东米乐奇轮胎有限公司	48111.36	61920	-22.3	28	东营嘉扬精密金属有限公司	26371.16	31035.41	-15.03
15	山东万达进出口有限公司	46669.38	31239.88	49.39	29	山东东昌精细化工科技有限公司	26297.31	25981.94	1.21
16	山东诺尔生物科技进出口有限公司	42768.94	0	100	30	东营市海科新源化工有限责任公司	25986.85	25364.86	2.45

说明:此数据为海关数据,不含一达通数据

2019年东营市进口前30名企业情况表

单位:万元

序号	企业名称	实际进口	上年进口	同比%	序号	企业名称	实际进口	上年进口	同比%
1	东营齐润化工有限公司	1860199.48	1954687.18	-4.83	16	东营华联石油化工厂有限公司	169934.37	233342.47	-27.17
2	利华益利津炼化有限公司	1396716.07	1445733.01	-3.39	17	山东华泰纸业股份有限公司	136027.32	165914.33	-18.01
3	山东天弘化学有限公司	1216172.63	1584627.57	-23.25	18	山东富宇化工有限公司	128093.17	275922.46	-53.58
4	山东东方华龙工贸集团有限公司	910733.7	570542.36	59.63	19	山东万通集团东营海欣仓储有限公司	52639.62	20694.45	154.37
5	山东垦利石化集团有限公司	859716.16	858338.98	0.16	20	东营锦天祥物流有限公司	49276.32	0	100
6	东营市亚通石化有限公司	832851.23	1311489.14	-36.5	21	山东金宇轮胎有限公司	47872.74	27381.25	74.84
7	山东神驰化工集团有限公司	790120.41	767865.2	2.9	22	山东科瑞石油装备有限公司	45776.7	74640.07	-38.67
8	东营联合石化有限责任公司	742374.34	0	100	23	三阳纺织有限公司	43737.15	40224.96	8.73
9	东营方圆有色金属有限公司	575355.74	899777.92	-36.06	24	山东神驰石化有限公司	30755.73	46417.84	-33.74
10	东营市海科瑞林化工有限公司	528908.14	114708.99	361.09	25	山东昌丰轮胎有限公司	30732.88	87174.79	-64.75
11	山东齐成石油化工有限公司	508103.4	271426.09	87.2	26	东营市柄睿国际贸易有限公司	26608.04	11747.86	126.49
12	东营鲁方金属材料有限公司	466352.86	596818.19	-21.86	27	东营市鑫优能物流有限公司	21975.96	0	100
13	山东胜星化工有限公司	460900.74	548542.56	-15.98	28	东营中外运物流有限公司综保区分公司	21670.77	22308.92	-2.86
14	山东万通石油化工集团有限公司	377953.74	39975.17	845.47	29	山东永盛橡胶集团有限公司	21463.01	28167.4	-23.8
15	东营中外运物流有限公司	300170.26	124963.69	140.21	30	山东万达宝通轮胎有限公司	20271.85	38835.93	-47.8

说明:此数据为海关数据,不含一达通数据

2019年东营市对外贸易分洲别进出口情况表

单位:万元

洲 别	进出口			出口			进口		
	金额	同比%	比重%	金额	同比%	比重%	金额	同比%	比重%
亚洲	3449550	-6.2	21.2	1488976	-4.1	43.5	1960574	-7.8	15.2
日本	104506	8.7	0.6	57283	-5.4	1.7	47223	32.7	0.4
韩国	191423	-24.4	1.2	99994	-0.1	2.9	91429	-40.3	0.7
东盟	617066	-23.8	3.8	287817	-18.4	8.4	329248	-28.0	2.6
印度尼西亚	38245	-70.7	0.2	27291	-13.0	0.8	10954	-88.9	0.1
马来西亚	190772	-4.3	1.2	35684	-46.3	1.0	155088	16.7	1.2
新加坡	22291	14.8	0.1	19345	58.8	0.6	2946	-59.3	——
泰国	191984	-30.3	1.2	75710	-4.7	2.2	116274	-40.7	0.9
南亚	281071	-20.3	1.7	249053	1.9	7.3	32018	-70.4	0.3
印度	146111	-37.8	0.9	121828	-6.9	3.6	24283	-76.7	0.2
中东	2111845	5.4	13.0	690639	13.7	20.2	1421205	1.8	11.1
阿联酋	338746	77.1	2.1	134435	42.6	3.9	204310	110.6	1.6
非洲	4496202	7.1	27.6	513812	6.5	15.0	3982390	7.2	31.0
南非	73147	-31.8	0.5	60733	3.1	1.8	12414	-74.4	0.1
欧洲	4304258	-4.3	26.4	615658	-1.4	18.0	3688600	-4.7	28.7
欧盟	684091	-22.8	4.2	429921	-3.6	12.6	254170	-42.3	2.0
英国	134518	-54.2	0.8	81364	-16.3	2.4	53153	-73.0	0.4
德国	87816	-3.1	0.5	66496	19.6	1.9	21320	-39.0	0.2
荷兰	66955	2.7	0.4	60083	35.3	1.8	6871	-67.0	0.1
法国	23094	15.3	0.1	21098	21.4	0.6	1996	-24.6	——
意大利	47971	-17.2	0.3	37502	-11.0	1.1	10469	-33.8	0.1
俄罗斯	3537812	3.8	21.7	108813	9.4	3.2	3428998	3.7	26.7
拉丁美洲	3202818	6.9	19.7	342231	-6.7	10.0	2860586	8.7	22.2
巴西	1878704	33.8	11.5	34135	7.7	1.0	1844569	34.4	14.3
智利	419011	-19.4	2.6	20129	-18.9	0.6	398882	-19.4	3.1
北美洲	644639	-14.5	4.0	361349	-34.5	10.6	283290	39.8	2.2
美国	476350	-24.1	2.9	290635	-38.9	8.5	185716	22.1	1.4
加拿大	168280	33.1	1.0	70706	-6.9	2.1	97574	93.2	0.8
大洋洲	189193	-28.3	1.2	100795	-3.9	2.9	88398	-44.3	0.7
澳大利亚	167647	-29.8	1.0	81141	-4.9	2.4	86507	-43.6	0.7
*“一带一路”市场	6848433	-1.3	42.1	1550789	1.9	45.3	5297644	-2.2	41.2

说明:此数据为海关数据,不含一达通数据

2019年东营市外商直接投资县区分布情况表

单位:万美元

县 区	项目数		合同外资		实际使用外资	
	个数	上年同期数	金额	同比%	金额	同比%
东营区	5	2	8461	3244.3	2622	65450
河口区	1	0	2777	140.9	2740	52.7
垦利区	4	2	4503	5260.7	2946	603.1
广饶县	4	1	18601	2225.1	2351	-
利津县	3	1	8630	2896.5	5823	5723
东营经济技术开发区	13	5	12506	109.4	4486	-30.7
东营港经济开发区	5	2	5023	458.1	3417	279.7
合 计	35	13	60501	538.1	24385	151.6

【外贸进出口】 全年完成进出口1629.15亿元,居全省第4位。①应对中美经贸摩擦。制定中美经贸摩擦风险防范化解预案,开展“外贸政策送万企”“百企大走访”等活动,服务企业600余家。②开拓国际市场。制定境外百展市场开拓计划,参加法兰克福国际汽配展、美国OTC石油天然气展、广交会等98个境内外知名展会,引导企业加快布局国际市

场。③抓好进口促进。组织参加第二届中国国际进口博览会。帮助16家企业争取原油进口允许量3610万吨,东营市海科瑞林化工有限公司、东营联合石化有限责任公司2家企业新获原油非国营贸易进口资质,至年底,全市具有进口资质企业11家。完成原油进口1106.76亿元,增长10%。④外贸转型升级。举办东营新外贸新业态峰会、跨境电商巡讲等活动,累计培训企业300余家。东营区被认定为首批省级外贸转型升级试点县、国家外贸转型升级基地。⑤发展服务贸易。胜利工业园被认定为第二批省级服务贸易特色服务出口基地。开展"送政策下基层"活动。在东营日报开辟"服务贸易知识课堂"专栏,定期刊发服务贸易知识。

2019年10月15日—11月5日,组织参加第126届广交会
(市商务局供稿)

【利用外资】 全年新设立外商投资企业35家,合同外资60501万美元;实际使用外资24385万美元。①项目建设。筛选40个优质项目建立项目库,加大在谈及签约项目推进力度。推进重点项目建设,博世马勒涡轮增压器总成等项目开工建设。②平台搭建。3月24—31日,组织参加日韩商务周活动,宣传推介东营产业基础及投资环境。3月29日,举办东营(首尔)"双招双引"恳谈会,邀请20余家中韩企业参加,签约项目3个,合同金额1650万美元。10月19—20日,组织参加2019跨国企业领导人青岛峰会,邀请21家企业27名嘉宾参加。③政策引导。加大《关于进一步扩大利用外资规模提升外资质量的若干政策措施》政策宣讲。2月25日,举办外资专题培训班,培训230余人。④优化环境。优化外资准入服务,对外商投资审批事项应放尽放,全面落实"一次办好""不见面审批"政策。实施外资企业服务大使制度,为全市178家外资企业配备专门服务大使,提供政策解读、信息咨询等服务。

【对外合作】 全市新批境外投资企业(机构)14家,实际对外投资3.39亿元。①搭建交流平台。强化政府、企业、境外中介机构三方交流,畅通外部市场、投资项目、合作伙伴等信息渠道。②"一带一路"合作。组织参加央企对接会、"走出去"风险发布会、中阿博览会等活动,促进优势产能国际合作。③境外服务体系建设。完善境外投资项目库和承包工程台账,做好风险预警服务,指导企业及时规避风险。

【重大活动】 组织参加第125届、126届广交会。4月15日—5月4日、10月15日—11月5日,组织参加第125届、126届广交会,每届展会参展企业34家,展位56个,展品涉及汽车配件、化工、建材、五金、大型机械、日用消费品、食品、纺织面料八大类别。

举办"稳外贸、送政策"宣讲活动。6月28日,邀请省直有关部门宣讲解读人力资源、外贸政策、关税豁免、税收及出口退税、海关贸易便利化、规避汇率风险、出口信保等政策。各县区、开发区商务部门、150家外贸企业参加。

举办2019东营新外贸峰会。7月12日,与阿里巴巴集团联合举办"2019东营新外贸峰会",向全市300余家中小外贸企业介绍中小企业外贸业务经验、阿里巴巴跨境贸易之数字化品牌出海等内容。

举办省级外贸转型升级试点县跨境电商巡讲活动。10月30日,邀请济南海关、中国银行、青岛跨境电商孵化基地等宣讲跨境电商零售进出口监管政策、汇率风险管理策略、跨境电商运营要点、出口退税,谷歌、京东等平台运行等内容。全市120家外贸企业参加。

【企业选介】 山东鲁百百货大楼集团。经营网点分布于东营区、垦利区和利津县,是一家集商品零售、批发、餐饮、娱乐、休闲、仓储、物流配送、旅游、电子商务和绿色生态农业开发等大型商业集团。至2019年年底,下辖11个子公司、2个分公司,门店9家,营业面积24万平方米,从业人员1200余名。全年实现营业收入14.65亿元,利税总额1264.73万元。

山东胜利油田胜大超市有限公司。创办于1996年1月,是油城第一家专业化连锁超市,以"服务社区,方便百姓,奉献真诚"为经营理念。至2019年年底,有门店87家,从业人员2400余名。全年实现营业收入12.86亿元,利税总额1821万元。

东营市商业大厦有限责任公司。1990年开业,是一家以百货零售为主,集连锁超市、文化娱乐于一体的大型商贸流通企业。至2019年年底,有营业面积6万平方米,从业人员2200余名。全年实现营业收入4.2亿元,利税总额1057万元。

东营银座商城有限公司。隶属于银座集团股份有限公司,2003年在东营开立第一家门店,至2019年年底,有门店9家,经营面积30余万平方米。全年实现营业收入12.76亿元,利税总额9210.89万元。 (市商务局 王雪)

贸 易 促 进

【概况】 2019年，开展贸易投资促进和招商活动15次，境内外招商活动14次。2月11日，全国第一个“中国品牌境外行”试点——“山东轮胎品牌海外推广行动”在东营启动。5月15日，举办首届“5·15中国（广饶）国际轮胎日”论坛，举行“国际轮胎日”启动揭牌仪式，发布《中国轮胎品牌海外竞争力蓝皮书》。

【对外联络】 3月24—30日，日韩山东周中组织石化、汽配产业升级专题招商代表团赴日本、韩国考察。5月6—13日，组织中国万达集团、山东科瑞控股集团、山东德仕石油工程股份公司等石油装备企业随市政府代表团赴美国、墨西哥考察，参加2019年第50届美国石油天然气展览会，举办“2019年中国（东营）国际石油石化装备与技术展览会”推介会。7月3—12日，组织山东万达宝通轮胎有限公司、山东华盛橡胶有限公司等轮胎企业随省贸促会代表团赴坦桑尼亚、埃塞俄比亚和加纳三国开展经贸活动，参加第43届坦桑尼亚国际贸易博览会，出席中国—加纳经贸合作论坛，举行3场“山东轮胎品牌推广路演”活动。10月24—31日，组织华泰集团有限公司、山东万达宝通轮胎有限公司等企业随市政府代表团赴英国、比利时考察，对接项目合作，推广轮胎品牌。10月29日—11月7日，组织赛轮金宇集团股份有限公司、山东华盛橡胶有限公司、山东万达宝通轮胎有限公司、东营市方兴橡胶有限责任公司随国家和省贸促会组团赴阿联酋、阿曼、埃及开展经贸促进活动，参加“山东轮胎品牌海外推广”路演活动。

2019年11月5日，在埃及举办鲁商洽谈会暨山东省轮胎品牌推广活动

（市贸促会供稿）

【双招双引】 3月28日，东营区与东风集团签订新能源智能农机产业研发和制造基地项目合作协议，计划总投资10亿元。3月29日、5月8日，分别在韩国、美国开展境外招商活动，推介东营投资环境、优惠政策。至年底，计划总投资3.2亿元大唐集团粉煤灰综合利用项目、计划总投资3亿元外商投资兽用生物医药和疫苗项目、计划总投资1亿元内蒙古乾泰集团投资项目洽谈中。

【法律服务】 ①出证认证业务。全年签发一般原产地证1.6万份，出口总金额10亿美元；优惠原产地证2300份，出口总金额8500万美元；商事证明书签发2000份，代办使馆认证300份。②“放管服”改革。原产地签发实现全程网办。国际商事证明书签发实现“只跑一次”。取消企业注册环节，实行“两证合一”。③商事证明。开展自由销售证明、事实性证明业务。通过微信、网站等为台风“利奇马”受灾企业出具自然灾害类事实性证明的公告，其中为山东昌丰轮胎有限公司避免2.6万美元货款损失。④经贸摩擦预警平台。1月17日，中国贸促会在东营设立橡胶轮胎、石油装备行业经贸摩擦预警机构。市贸促会日常通过官网、微信公众号等发布预警信息。⑤自贸协定政策服务。开签“中国——东盟区域优惠原产地证”“中国——智利区域优惠原产地证”。

【国际商会】 3月19日，印发《关于进一步加强国际商会建设和会员发展的意见》，修改章程，起草会员管理办法。至2019年年底，有会员企业213家，比上年增加89家，向省国际商会推荐副会长企业1家、监事会企业1家、常务理事企业4家、理事单位11家。

【知名展会选介】 第二届中国（东营）国际石油化工贸易展览会。4月17—19日，在东营黄河国际会展中心举办。以“创新·绿色·智慧·高端”为主题，展览面积1.6万余平方米。29个国家和地区148名企业高管，11个国家25家世界500强企业参展。达成贸易意向、协议、合同额231

2019年4月17—19日，第二届中国（东营）国际石油化工贸易展览会举办

（市贸促会供稿）

亿元。

第十届中国(广饶)国际橡胶轮胎暨汽车配件展览会。5月15—17日,在广饶国际博览中心举办。以"创新驱动、合作共赢"为主题,展览面积4.8万平方米,参展企业705家,到会专业观众10万余人次。120余个国家和地区1600余名专业采购商参展。达成贸易意向、协议、合同额超200亿元。

2019年5月15—17日,第十届中国(广饶)国际橡胶轮胎暨汽车配件展览会举办　(市贸促会供稿)

第十二届中国(东营)国际石油石化装备与技术展览会。9月26—28日,在东营黄河国际会展中心举办。以"智能制造　绿色发展"为主题。54个国家和地区360余家企业、1500余名客商参会。签订外贸合同226个、内贸合同196个。

(市贸促会　张振岭)

开发园区

东营经济技术开发区

【概况】 2019年，全区实现生产总值415.44亿元，同比增长6%；规模以上工业总产值同比增长4.3%；实现社会消费品零售总额119.9亿元，增长3.8%；固定资产投资同比下降36.8%；一般公共预算收入36.71亿元，同比下降6.45%；进出口总额165.81亿元，其中，出口27.56亿元，同比下降17%；实际利用外资4486万美元。全区产值过亿元企业47家，过10亿元企业4家，过50亿元企业2家，过100亿元企业2家。在商务部国家级开发区2019年综合发展水平考核评价中，在全国219家国家级开发区中排名58位，在全省15家国家级开发区中排名第3位。至2019年年底，开发区辖东城、胜利两个街道办事处，代管面积721平方千米，总人口36.7万人。

【体制改革】 ①管理体制。按照全市开发区改革要求，制定东营经济技术开发区体制机制改革总体方案及大部门制改革方案、全员聘用制实施办法、KPI绩效考核办法、绩效薪酬方案。②管理权限承接。直接下放实施26项，92项以“2号公章”形式实施，市级行政审批权限由107项增加至411项。③放管服改革。以“3545”（企业开办3天内完成，不动产登记5天内完成，项目建设手续45天内完成）改革为基础，在全市率先推行工程建设项目“一表申请”“多评合一”及联合验收，实行市场准入“不见面”审批；公积金全面推行网上办理。④街道管理体制。6月28日，印发《关于全面支持街道发展的意见》，明确街道工作责任，激发工作活力。成立农村和渔民社区3个、油田社区12个，便民服务窗口向社区延伸，街道干部下沉率达55%。

【转型升级】 搭建“2+2+2”（即集聚新材料、高端装备制造产业，培育发展航空航天、新一代信息技术产业，转型发展现代海洋产业和现代服务业）产业体系框架。全年新签约项目133个、总投资341亿元，其中世界500强、大型央企、外商投资项目16个，“十强”项目、“四新”项目、省外投资项目占比提高10余个百分点，8个项目入选省新旧动能转换优选和重点项目，占全市30%。新材料产业实施国瓷5G用关键材料和稀土功能材料、东珩高性能氧化铝纤维、合盛高精铜箔等19个项目，山东国瓷功能材料股份有限公司获批国家级制造业单项冠军企业，山东国瓷功能材料股份有限公司、胜利新大实业集团有限公司入选山东省新材料领军企业50强，新材料产业增速47.7%；北航东营研究院实施无人机飞行校验系统实验试飞。

【科技创新】 至2019年年底，全区省级以上创新创业平台17家、省级以上科研机构55家，分别占全市40%、30%；高新技术企业88家，高新技术产业占比为51%。依托光谷未来城打造“新材料+新一代信息技术”产业研发孵化平台，引进国家级稀土催化研究院、国家石油行业大数据分析应用中心、中科院超硬与半导体材料实验室、中航卫星遥感大数据分中心等高层次机构。全区“泰山学者”“泰山产业领军人才”17人，占全市45%。胜利新大实业集团有限公司获中国专利优质奖，胜利油田高原石油装备有限责任公司被评为国家知识产权优势企业，山东国瓷功能材料股份有限公司入选全省25家5G产业方向试点示范企业，山东胜软科技股份有限公司入选全省5G试点示范项目应用名单。

【园区建设】 ①滨海临港产业区。防洪北堤工程完成主体土方填筑，有色金属产业园路桥一期工程达到通车条件，广利港路城市地下综合管廊工程主体基本完成；推进经略海洋战略，全年争取中央、省级资金1641万元。②空港产业区。《东营空港综合产业规划》获中国民用航空华东地区管理局批复，总投资14亿元空港产业园基础设施及综合服务配套工程完成立项备案，并入选财政部PPP项目库。③主体产业区。全年推进重点工程项目39个，累计到位固定资产4.5亿元。④东八路东新材料产业园。园区规划和产业规划编制完成，引进国瓷5G关键材料和稀土功能陶瓷材料、东珩高性能氧化铝纤维、合盛高精铜箔等项目。

2019年12月7日，国家级稀土催化研究院研发与产业孵化基地开工

（王刚摄）

【安全环保】 投资2.5亿元实施5项水气土污染治理工程，推进渤海区域、饮用水源地、黑臭水体、溢洪河等河流环境整治，开展“纯净主体产业区”行动，对30余家化工生产企业实施搬迁，对9家重点化工企

业开展挥发性有机物整治，全面淘汰35蒸吨以下燃煤锅炉。推进风险分级管控和隐患排查治理“双重预防体系”建设，开发区作为典型在全省推广；落实安全生产责任，全年无较大及以上安全生产事故发生；胜利街道和滨海临港产业区管理中心获全省抗击台风抢险救灾先进集体。

【社会民生】 实施总投资12.3亿元的38件民生实事，新建、改建中小学幼儿园8处，华山小学、王岗幼儿园、田庄幼儿园投入使用；新建社区养老服务中心2处，建设数字文化广场6处；新建装配式公厕10座，改造提升老旧公厕3处；油田移交小区第一批1.1万户“三供一业”维修改造工程完成；推进“乡村振兴”和美丽乡村建设，双福华世花卉、白鹭园湿地等重点项目完工，新建“四好农村路”5.1千米，农村通气率91.5%；巩固提升脱贫攻坚成效，提高低保保障标准，对31户55位贫困户逐户明确帮扶责任人，办理扶贫特惠保险，完成危房改造13户。

（东营经济技术开发区管委会　王赫）

黄河三角洲农业高新技术产业示范区

【概况】 2019年，全区地区生产总值56.42亿元，同比增长5%；规模以上工业总产值252亿元，同比增长109%；一般公共预算收入3.05亿元；农民人均可支配收入21516元，同比增长8%。至2019年年底，全区面积350平方千米，包含东营农高区、滨海新区、丁庄街道、盐业公司4个单位，人口5.3万人，辖49个村、5个社区。

【规划布局】 ①总体规划。规划“核心引领、四区协同”布局，北部科技创新区打造“一中心六基地”（黄河三角洲现代农业技术创新中心和山东省农科院试验示范基地、农业生物技术中试研发基地、盐地林木种质创新孵化基地、有机循环农业示范基地、中国农科院综合示范基地、国际盐碱地农业科技合作示范基地），发展农业科技服务业；中部滨海新动能产业区打造涉农高新技术产业基地；西部形成乡村振兴样板区发展农业新六产；东部形成海洋生态经济区，保护海洋生态，发展现代渔业。②空间规划和专项规划。启动国土空间规划编制，完善土地利用规划、城乡规划、主体功能区规划和“三区三线”划定。推进技术创新中心规划、农业智能装备制造产业园规划、大健康及功能性食品产业园规划、乡村振兴规划、水利专项规划等5个专项规划以及特色种业、农业高端服务业等三年行动计划。

【创新平台】 4月8日，黄河三角洲现代农业技术创新中心列入山东省人民政府与中国科学院6项合作之一。完成黄河三角洲现代农业技术创新中心总体规划及建设方案，规划科教孵化区、野外观测验证试验区、综合试验示范区3个功能板块，投资2920万元建成6.5千米田间循环路、试验用地水利配套工程及10千伏双回路供电线路，启用4.5万平方米电商总部基地，完成7个村3789名村民780公顷集体土地流转。推进“1+5”（1即盐碱地智慧农业与大数据和新一代清洁能源智能农机装备，5即农业益虫资源综合利用与生物防治、盐地藜麦种质创新与产业化、盐碱地多尺度农田生态系统观测、生物可降解地膜制备）科研服务和产业化平台建设，推动苜蓿分子选育与生态友好栽培关键共性技术研发等6个中科院STS项目列入计划。推进省农科院综合试验基地建设，开展盐碱地适生优势作物的繁育和配套服务，建成1.36万平方米科研实验楼及73.33公顷一期科研试验基地。与中国农业科学院联建迁飞害虫高空雷达预警与防控平台，承建农业农村部黄淮平原农区综合试验基地等4个国家级试验平台及耐盐特色经济作物示范区、耐盐特色功能健康食品原料作物示范区7个试验示范片区。产业孵化培育平台、智慧农业数字平台、农创云赋能服务平台有5家企业入孵。2019年，全区新增创新平台3家，总数达7家，区财政用于科技创新和人才方面资金1.58亿元。

【项目建设】 重点构建特色种业、农业智能装备制造、大健康及功能性食品、农业高端服务业四大主导产业体系。①项目实施。储备总投资512.48亿元的108个重点项目，其中，在建项目16个，总投资47.53亿元；开工项目43个，总投资100.64亿元；储备项目29个，总投资98.11亿元；谋划项目20个，总投资266.2亿元。②招商引资。全年招引签约项目5个，签约金额41.92亿元，其中，过10亿元项目1个，

2019年11月2日，华东（东营）智能网联汽车试验场项目奠基仪式举行

（黄河三角洲农高区管委会供稿）

产业类项目同比增长60%;重点在谈项目16个,总投资200亿元。一汽智能网联汽车试验场、金正大盐碱地改良与综合开发、年产20万吨现代水产饲料加工等项目签约。③营造环境。东营齐润化工有限公司、东营市俊源石油技术开发有限公司通过省化工监控点认定。至年底,全区主营业务收入过亿元工业企业8家。

【社会事业】 城乡居民养老保险、基本医疗保险、大病保险等实现应保尽保。开展城乡环境综合治理和农村环境连片整治,推进城乡环卫一体化建设,总投资2800万元丁庄街道中心初中餐厅、体育馆工程开工。推进东营市人民医院与丁庄卫生院合作建设“医联体”。全年排查整改各类安全隐患6000余项,妥善处置3起环保案件,全年无重大安全环保问题发生。打掉涉黑涉恶团伙3个,破获涉黑涉恶刑事案件3起。(黄河三角洲农高区管委会　王仕刚　刘娜娜)

东营港经济开发区

【概况】 2019年,全区实现生产总值257亿元,增长7.6%;规模以上工业总产值967亿元,增长6.9%;固定资产投资113.8亿元,降低28.6%;财政收入18.61亿元,增长2.98%;规模以上工业用电量29.6亿千瓦时,增长27.1%;进出口347亿元,增长6.1%;港口货物吞吐量5835万吨;完成进出口额347亿元,增长6.1%;利用外资3417万美元,增长2.8倍;省外银行进账27.4亿元。组织银企对接2次、推介企业融资需求300亿元,达成合作意向190亿元,到位88.74亿元。规模企业规范化公司制改制7家,“新三板”挂牌企业1家,“四板”挂牌企业1家,培育上市后备企业4家。对临港产业园、滨海精细化工产业园、新材料产业园3个园区进行统一规划。至2019年年底,东营港经济开发区管委会有工作机构7个,外派机构3个,下辖行政村5个。入选全国首批“中国绿色化工园区”,综合实力居“中国化工园区30强”第8位。

【港口建设】 9月30日,上海化学工业区管廊公司等行业标准制定单位编制“五个一体化”规划方案完成初稿。东营港4个10万吨级航道加快建设,一突堤2×10万吨级油品泊位开工建设,18个已建码头升级工程全面启动,25万吨单点系泊前期手续上报,港城配套区规划完成编修,市政设施和湿地生态提升工程实施。智慧园区设备安装完成,物联网管理、智能运维等8个基础系统和安全环保、消防应急、物流交通等8个应用系统调试。向山东港口集团争取资金投入、项目布局倾斜,着重完善金融、信息等配套服务体系。

【项目建设】 重点推进芳烃、乙烯、丙烯、碳四4个产业链高质量发展。东营威联化学有限公司200万吨PX项目设备安装中,一期项目预计2020年中期交工,是国家发改委首个储备转规划项目。东营市亚通石化有限公司干气回收制氢、硫磺回收加氢,东营市海科瑞林化工有限公司60万吨/年润滑油联产芳烃等项目投产。山东神驰石化有限公司渣油油浆深度加氢制取烯烃芳烃等高端化工项目建设中。山东启恒新材料有限公司PMMA(聚甲基丙烯酸甲酯)、山东科鲁尔化学有限公司26万吨/年丙烯腈生产及配套二期、山东天弘化学有限公司45万吨/年丙烷脱氢等近20个产业链延伸项目全面开工。振华石油化工有限公司100万吨丙烷脱氢及环氧丙烷项目进行迁建和手续办理。山东石大胜华化工集团股份有限公司碳酸二甲酯系列等总投资560亿元13个项目签约。至年底,开发区原油一次加工能力1730万吨,原油进口指标1206万吨,化工产品61种。

【平台建设】 按照“政府引导、院校所企参与、市场化运作”思路,确定山东省高端化工产业(中试)技术研究院运行框架。与中国科学院院士徐春明、石油和化学工业规划院教授级高级工程师白颐、泰山学者赵东日等达成合作意向。12月20日,霍尼韦尔UOP协同创新中心正式运营。至年底,“三中心一基地”(化工技术工艺研发中心、化工安全技术研究(评估)中心、应急救援技术研究中心和山东省化工中试基地)建设手续办理完成。

【体制改革】 ①管理体制。9月7日,东营港经济开发区体制机制改革启动。印发《东营港经济开发区体制机制改革创新试点方案》,至年底,改革基本完成,新选聘管委会班子成员4人,人数压减57%;原24个内设部门整合为7个工作机构,人员总数减少63%;剥离教育卫生、交通运输等社会事务管理职能及部分开发运营职能。②“放管服”改革。推动流程精简再造,落实容缺预审、一体化评估预审等,推动行政许可和政务服务事项一窗受理、一网通办、一次办好。启用“2号公章”,建立“拿地即开工”审批模式,全区279项审批事项平均压缩时限63%,材料精简42%,民生事项实现一次告知、一表申请、一链办理。

【综合保税】 至2019年年底,东营综合保税区入驻企业348家。利阳纺织有限公司高端气流纺织、4个酒类分装项目建成投产。葵花籽油分装、环保无爆轮胎、口罩加工、集装箱场站等项目推进中。获批增值税一般纳税人资格试点。复制推广自贸区改革创新经验,实施34项创新监管制度。引进保税研发、保税检测、融资租赁、供应链金融、跨境电商等特色产业功能平台。制定东营综合保税区企业发展扶持政策、招商引资优惠政策、招商引资引荐人奖励办法和物流补贴相关奖励办法,对保税区内企业一线进出口业务及实际利用外资给予奖励。

【安全环保】 9月26日，危险化学品应急救援中心、海上应急救援中心建成投用。连续10年无安全生产事故发生。实施水气土污染治理和渤海区域环境治理攻坚，完成中央和省环保督察反馈问题整改任务。

【社会事务】 全区14所学校实现视频监控全覆盖。推动仙河镇卫生院与社区卫生服务中心合并，滨海医院与东营市人民医院合作共建；投入100余万元新增救护车辆、螺旋CT等医疗设备。投入3000万元建设东营港客运站，开通东营港到东营城区、河口区、仙河镇公交。

【重大活动】 200万吨/年对二甲苯项目储备转规划。5月8日，国家发改委、工信部批准东营威联化学200万吨/年对二甲苯项目由储备转为规划项目。该项目由东营威联化学有限公司建设，用地面积约160公顷，计划总投资114.26亿元。该项目是山东省唯一布局对二甲苯项目，整合东营市8家地炼企业原料资源，是地炼企业由燃料型向化工型转型的标志性项目。项目建成后，预计每年可实现营业收入226亿元、利税50亿元，有效缓解国内对二甲苯严重依赖进口的现状。

东营威联化学有限公司200万吨/年对二甲苯项目建设现场 （东营港经济开发区管委会供稿）

东营港疏港铁路试运行。12月31日，东营港疏港铁路试运行。预计2020年5月31日达到正式运行条件。东营疏港铁路总投资56.8亿元，采用PPP模式，是东营市建市以来最大的单体投资项目。项目建成后，东营港疏港铁路可通过德大铁路、黄大铁路与全国铁路网相连，为东营市及鲁北地区经济发展起到重要推动作用。

（东营港经济开发区管委会　张华健）

东营市现代农业示范区管理中心

【概况】 2019年，全区实现社会生产总值15618万元，同比增长8.0%。全年新增高新技术企业1家、科技型中小企业2家、市级农业龙头企业2家。市现代农业示范区被评为省级现代农业产业园、省级农业科技园区、省级研学旅行基地。7月5日，市现代农业示范区管理中心挂牌。

【项目建设】 实施总面积666.67公顷5个土地开发项目，实现新增耕地506.2公顷，提高土地耕作质量。发展水稻种养循环4000公顷，水稻总产量2.24万吨。正大饲料东营有限公司18万吨饲料加工项目开工建设，正大食品（东营）有限公司50万头生猪屠宰、2万吨食品加工2个项目办理前期手续。建设工业化水产养殖集聚区，正大一万吨虾产业链项目一期、牧渔归陆上海洋牧场东营项目、通威东营渔光一体生态园区项目一期、1000吨海水鱼虾智慧养殖项目等入驻。

2019年6月18日，通威东营“渔光一体”生态园区开工仪式举行 （市现代农业示范区管理中心供稿）

【载体建设】 ①科研机构。4月9日，中国农业科学院作物科学研究所成立中农东营耐盐作物研究中心；9月17日，推出耐盐高品质中紫系列水稻，打造黄河口高档优质紫稻品牌。年内50余名高层次人才、30支专家团队长期在区内从事科学研究。4月12日，中国林业科学研究院成立黄河三角洲综合实验中心，至年底野外试验站建成投入使用。②科研基地。3月1日，中科院黄河三角洲现代农业工程实验室成立，是中国科学院响应乡村振兴战略建设的第一家院级农业工程实验室，年内启动野外平台建设，规划333.33公顷试验地，完成水盐运移检测平台，建成数字中心1处，增设1处气象站。9月4日，中科院种子创新研究院山东基地揭牌，是中国科学院第二家种子繁育中心，年内中科院系统10余个涉种院所开展试验研究。

【科研项目】 实施总投资4800万元“环渤海家庭农场产业示范”“黄河三角洲现代生态农业技术系统集成示范”2个STS项目（中科院科技服务网络计划），其中，“黄河三角洲现代生态农业技术系统集成示范”项目对黄河三角洲地区昆虫多样性和主要农田害虫进行收集，安装10个传感器实时获取土壤盐分、土壤墒情等，初步建立以生物有机肥为核心中轻度盐碱地种植技术体系。开展“美丽中国”“生态草牧业”等先导专项课题研究。建成“渤海粮仓”科技示范工程核心区666.67公顷、试验区4333.33公顷。

【文化旅游】 修订全区发展总体规划，编制黄河口农旅小镇控制性详细规划。以东八路湿地大道为轴，发展农田风光游、知青文化游、休闲体育游、科普研学游。实施东八路生态环境综合整治工程、荷塘湿地公园、黄河口知青小镇等项目。越野车场地赛升级为省级体育赛事。5月2—4日，举办“中国体育彩票”山东省第九届全民健身运动会暨“阔海水产”杯黄河入海赛车英雄会，100余名专业赛车手参赛，吸引游客3万余人。6月22日，举办中国路通·2019黄河口（东营）自行车巡回赛第一站，540余名车手参赛。10月6日，举办2019黄河口(东营)汽车场地越野赛(秋季)，72支队伍的130余人参赛，吸引游客3万余人。

2019年6月22日，中国路通·2019黄河口（东营）自行车巡回赛第一站举办 （市现代农业示范区管理中心供稿）

2019年10月6日，2019黄河口（东营）汽车场地越野赛（秋季）举办 （市现代农业示范区管理中心供稿）

【社会管理】 建设黄河二路连接段，实施永青路、创新大道改造提升。实施新区道路绿化和园区供水管网工程，提升城乡环卫和物业服务水平。做好计生、老龄、群团等工作，成立残疾人联合会。推进土地确权扫尾工作、拓展油区业务。推行社会治理网格化服务，加强巡逻巡查和矛盾问题摸排、随访、稳控等。

【重点项目】 黄河口蓝天国际赛车场项目。占地39.33公顷，计划投资6000万元，主要建设越野赛道、卡丁车赛场、房车营地、房车国际二级赛道等项目，引入中汽联国家级赛事，打造黄河口系列精品赛事。2018年7月被省汽联授权成立训练基地，是山东省内唯一的省级综合类汽摩运动训练基地，2018年10月被列入中国汽车摩托车运动联合会公布的2018全国汽车自驾运动营地名单。至2019年底，举办汽车场地越野赛5场、赛马比赛1场，接待游客10万余人。

黄河口知青小镇项目。国家AAA级旅游景区，在黄河农场原三分场旧址投资兴建，规划面积23.33公顷，计划投资2亿元，主要建设知青怀旧民宿、知青记忆食堂、样板戏舞台、黄河知青博物馆、知青纪念墙、画家村、养老养生、温泉度假、房车营地及度假游客服务中心等。依托原黄河农场遗留建筑群，重点打造红色教育基地、研学旅行基地、艺术家创作基地。5月25日，黄河口知青小镇创建红色教育基地启动仪式暨黄河知青博物馆开工、文献资料捐赠仪式举行。至2019年年底，黄河口知青小镇项目一期完工。

2019年5月25日，黄河口知青小镇创建红色教育基地启动仪式暨黄河知青博物馆开工、文献资料捐赠仪式举行 （市现代农业示范区管理中心供稿）

（市现代农业示范区管理中心 杨杰）

财政税务

财　　政

【概况】 2019年，全市实现一般公共财政预算收入245.10亿元，比上年增长0.21%。税收收入172.18亿元，下降2.56%；非税收入72.93亿元，增长7.43%。税收收入占财政收入的比重为70.25%。一般公共预算支出306.19亿元。

2019年东营市一般公共预算收入情况表

序号	项　目	收入额(万元)	比上年增长(%)	序号	项　目	收入额(万元)	比上年增长(%)
1	增值税	693669	2.10	10	车船税	26273	-3.98
2	企业所得税	180150	-3.45	11	耕地占用税	11823	60.55
3	个人所得税	41689	-47.15	12	契税	112398	18.00
4	资源税	28192	16.89	13	国有资本经营收入	4979.54	-25.40
5	城市维护建设税	136021	-12.05	14	行政事业性收费收入	111360	8.18
6	房产税	70618	25.64	15	罚没收入	41421	-18.16
7	印花税	41399	-20.13	16	国有资源(资产)有偿使用收入	347726	4.42
8	城镇土地使用税	312387	-3.23	17	专项收入	160223	-8.24
9	土地增值税	61124	-20.15	18	其他收入	8042	12.29

2019年东营市一般公共预算支出情况表

序号	项　目	支出额(万元)	比上年增长(%)	序号	项　目	支出额(万元)	比上年增长(%)
1	一般公共服务	384532	19.07	8	商业服务业等事务	27690	-20.85
2	公共安全	172545	10.98	9	城乡社区事务	367394	-22.34
3	教育	576127	8.38	10	农林水事务	315197	2.45
4	科学技术	57537	21.23	11	交通运输	84594	-1.44
5	文化体育与传媒	52710	31.47	12	资源勘探信息等事务	83855	13.69
6	社会保障和就业	281934	7.88	13	其他支出	36472	62.49
7	医疗卫生与计划生育支出	251307	11.58	14	住房保障支出	38595	-43.16

说明：国防13206万元，粮油物资储备事务6145万元、债务付息支出82510万元、金融支出46288万元、节能环保支出75909万元、国土海洋气象等支出72627万元，援助其他地区支出5254万元

【财政收支管理】 ①抓好财源建设。加快油田城镇土地使用税清查评估，开展竣工房地产项目税收清查，引导车船税回流和交通运输业税收专项清查，推进耕地占用税、房产税、水资源税、个人所得税等清查清理。至年底，全市增加收入3.48亿元。②强化税收保障。全市采集涉税信息3.67余万条，发现涉税疑点信息0.77亿元，通过涉税信息比对组织入库税收0.89亿元。县区（开发区）对204户企业开展税费评估核查，入库税款1.67亿元。推进协税护税工作，入库税款3.16亿元。③加强非税征管。全年检查执收单位124家，催缴入库1.46亿元。加强非税票据规范化管理，推进电子票据改革。全年非税收入入库162.32亿元。④压减一般性支出。压减非急需和一般性支出，取消无效低效支出，控制追加支出。⑤保障重点支出。增加经济发展、民生保障方面支出，重点保障市委、市政府重大决策部署支出。按照“一个倾斜、两个优先”原则，重点支持“三保”(保基本民生、保工资、保运转)支出。⑥加大基层转移。落实市以下财政体制改革要求，新增财力向县区转移，提高基层财政保障能力。

【支持高质量发展】 ①推进减税降费。开展政策梳理、推进实施、统计分析、督查评估等工作，确保各项减税降费政策落实。在49家企业设立涉企收费监测点，实时跟踪涉企收费动态。利用全市财税大数据，做好落实情况统计核算、效应分析，提出可行性意见建议。②支持企业精准发展。聚焦全市“十强”产业发展，把激发企业活力作为财政重点支持方向。重点围绕“四新”促“四化”、工业转型升级等方面，支持化解过剩产能和传统产业优化升级，全年兑现、拨付各类扶持资金4427.25万元。继续加大科技基础研究投入，增强对科技创新的支撑保障能力，全年科技支出预算为8233万元，拨付资金1765万元。12月，印发《东营市政府性融资担保风险补偿资金及担保补助资金管理办法》。全年新发生创业担保贷款16412笔，贷款金额22.81亿元，兑付贴息资金3389.51万元。③拓宽融资渠道。推动北二路沿线及金湖银河片区综合开发PPP项目入库。至年底，全市纳入财政部PPP管理库项目32个，总投资319.84亿元。设立市新旧动能转换产业基金，年内设立基金4支，规模22亿元。至年底，全市累计设立各类新旧动能转换基金24支，认缴总规模133.78亿元，实缴总规模43.24亿元；基金发生投资34.29亿元，投资项目26个。④加强风险化解。完善企业应急转贷机制，建立政府举债融资负面清单制度，2月，印发《关于东营市市级企业应急转贷资金管理的实施意见》。全年办理应急转贷业务44笔，资金约63.86亿元，涉及25家企业、12家金融机构。

【支持乡村振兴】 ①整合涉农资金。市级财政整合14类、34项涉农专项资金，共5.92亿元。年内市县（区）财政共整合涉农资金11.27亿元。②振兴乡村产业。将市级财政涉农资金全部纳入市级乡村振兴“资金池”，设立市级乡村振兴重大专项资金。制定全市乡村振兴示范片区和乡村振兴特色项目6个方面奖补政策，整合奖补资金1亿元，集中向乡村振兴示范片区倾斜。全市7个市级乡村振兴示范片区完成投资12.8亿元。③脱贫攻坚战。全年安排扶贫专项资金3474万元，用于特色产业项目、扶贫特惠保险、就业扶贫公益岗等方面。

【保障改善民生】 ①支持教育事业。全年预算安排教育支出20.97亿元，比上年增加3.1亿元。安排9500万元，用于恢复山东胜利职业学院办学、中国石油大学胜利学院办学补助和东营职业学院优质高职院校建设。②支持公共文化事业。支持旅游文化融合发展，提高基本公共文化服务。重点支持“黄河入海，我们回家”品牌创建，推动数字文化广场、文化消费季等文化惠民工程实施。③支持民生保障。建立居民基本养老保险待遇确定和基础养老金正常调整机制，提高缴费补贴财政补助标准。落实困难群众基本生活保障、孤儿生活费补助、儿童重大疾病保障、经济困难老年人补贴等提标工作。安排补贴资金600万元，扩大居民长期护理保险试点。④支持生态环保。落实环境空气质量生态补偿机制，做好水气土污染治理项目市级资金保障，年内安排13821万元支持重点项目建设。至年底，累计争取环渤海海域治理、环境污染防治、清洁取暖等专项资金26733万元。

【财税改革】 ①预算管理改革。8月20日，印发《关于深化市级预算管理改革的实施意见》，构建权责清晰、协同高效、运行规范的预算管理。②财政体制改革。1月22日，印发《关于深化市以下财政管理体制改革的实施意见》，理顺市与县（区）财政收入划分体制。5月，完成东营经济技术开发区、东营港经济开发区代管区域纳税户和征管机构人员调整。③绩效管理改革。年内初步构建“1+2”（1即预算绩效管理，2即市级部门预算绩效管理、对下转移支付资金预算绩效管理）全面预算绩效管理制度体系。市级预算编制绩效目标覆盖一般公共预算安排的所有项目支出、国有资本经营预算部分项目支出，涉及项目2017个，金额43亿元。④国库管理改革。有序推进国库集中支付电子化改革。7月，印发《东营市市级财政性资金存放管理暂行办法》，探索建立科学规范、公正透明资金存放管理机制。

【财政管理】 ①财政监督检查。1月，开展2017年度决算、2018年度预算公开有关数据核对报送。6月，开展减税降费政策措施实施效果专项自查，覆盖率达100%。同月检查广饶县非税收入政策执行情况。②国有资产管理。将市直单位经营（或闲置）、产权清晰不动产，在不低于评估值有偿转让至市财金集团管理。国有资产交易实行评估、进场交易制度。③政府采购监督。市本级完成采购合同金额46819万元，节约资金3326万元。做好政府采购预算编制管理，将政府采购项目全部编入部门预算。创新竞争性谈判等非招标采购程序。落实市县（区）两级采购信息公开。④会计管理服务。完成2018年度会计中、高级职称考试网上报名和现场审核。完成全市第一期高端会计人才培训。举办第二十八届海峡两岸珠心算通信比赛。⑤基层财政管理。做好乡镇财政信息数据审核汇总，提前完成上年度“乡镇决算”编报汇审。坚持保工资、保运转、保基本民生的基层财政运行底线。

（市财政局 张明路）

【东营市财金投资集团】 至2019年年底，市财金投资集团注册资本金59.65亿元，资产总额282.86亿元，实现营业收入14.25亿元，上缴税收1.37亿元，分别同比增长178.32%和82.67%。

政府引导基金。①做大基金规模。至年底，市级政府引导基金累计参股基金15支，基金认缴总规模216亿元，对外投资108.16亿元，带动社会资本投资9.55亿元。②争取资金支持。年内争取省财金集团5.15亿元资金支持。③强化基金推介。面向国内34家基金管理机构推介东营50个优质产业项目，基金意向投资额20.3亿元。④抓好建设招商。通过举办黄河口产融结合论坛、私募群英荟等举措，累计吸引入驻基金企业44家、其他类机构5家，在管基金规模272.06亿元，实缴资金98.69亿元，投资东营企业82.70亿元。

国有资本运营。①市级政府性资产经营。接收12家单位的经营性资产，年内实现租金收入1416万元。②不良资产市场化收储。与多家资产管理公司合作，年内收购东营银行、齐商银行不良金融资产5.98亿元。③保安服务业务。年内执行武装押运业务8.4万余次，行程约17516千米，实现营业收入9085万元，上缴税收565万元。④国有资产重组整合。完成鲁辰水务公司、鲁辰燃气公司、大海房地产公司、财金水务公司移交，整合接收黄河三角洲综合开发公司、土地储备公司、盐业公司、市粮食储备库、小贷公司、中金保理公司、城发投资管理公司。

融资担保业务。在“4+1”（4即创业贷款担保、高成长型中小企业贷款担保、农业产业化龙头企业贷款担保、科创企业专利贷款担保，1即大型企业融资担保）重点业务领域开展业务，为中小微企业、“三农”及个人等融资主体提供担保支持和增信服务；推出“惠农贷”“专利贷”“政采贷”“法拍贷”等合作模式，拓宽担保客户渠道；与省投融资担保集团签署业务合作协议，建立再担保合作关系。至年底，累计担保业务在保1219笔，在保余额5.98亿元。

企业破产重整。①大海集团破产重整。与债权银行、资产管理公司、信托公司等机构沟通对接，筹集资金40亿元，保障偿债资金兑付工作执行。对大海集团资产尽调分析，收购资产及股权约38.92亿元。牵头成立大海集团重整SPV公司，稳妥推进重整事宜。②天信系债权清收。配合天信集团重整平台公司与法院及管理人对接沟通，重整草案执行期延长1年。通过续签担保协议、签订调解意见书、启动诉讼程序、抵押物司法拍卖等方式，追溯外部担保资金2000余万元。

应急转贷业务。年内为18家企业办理应急转贷业务53笔、金额81.36亿元。（市财金投资集团　赵锋）

税　务

【概况】 2019年，全市各项税收收入544.66亿元，不含社保费524.11亿元，同比增长10.51%。其中，中央级收入283.26亿元，同比增长28.15%；省级收入46.89亿元，同比下降21.05%；市县级收入193.96亿元，同比增长0.06%。在全省税务系统绩效考核中位列一档。

【组织收入】 开展“百名局长服务百家企业”活动，全市159名各级税务局长对接服务453次，为困难企业争取缓缴税款近20亿元。综合运用稽查、评估、清欠3项措施，全年增加收入14.15亿元。围绕加强地方财源建设提出7条建议，全部纳入市政府决策。牵头实施土地使用税普查、耕地占用税清查、个人所得税共治3项工作，全年增加税收2.9亿元，占财源建设增加总税收的81%。

2019年4月，市税务局开展稽查评估工作

（市税务局供稿）

【减税降费】 全年落实支持高新技术企业等原有税收优惠103亿元，落实更大规模减税降费政策措施88.6亿元。其中，“云端课堂”培训模式在全省推广；办理出口退税27亿元，退税速度全省最快；落实个人所得税起征点提高和六项专项附加扣除政策，工薪阶层减税面100%；落实增值税改革减税67.2亿元、小微企业普惠性减税3.4亿元、省政府支持实体经济发展减税5.9亿元。

2019年东营市税收完成情况表

单位：万元

项　目	完成收入	上年同期	比同期±额	比同期±%
一、国内税收收入合计	5013865	4623362	390503	8.45
中央	2783283	2235196	548087	24.52
省级	468385	594207	-125822	-21.17
市级及以下	1762197	1793959	-31762	-1.77
市级	225471	540011	-314540	-58.25
县区级	1536726	1253948	282778	22.55
1.增值税	1754390	1945262	-190872	-9.81
2.消费税	1493807	795892	697915	87.69
3.企业所得税	449327	466164	-16837	-3.61
4.个人所得税	103321	196848	-93527	-47.51
5.资源税	305057	321058	-16001	-4.98
6.城市维护建设税	200106	187699	12407	6.61
7.房产税	70153	56111	14042	25.03
8.印花税	40309	51523	-11214	-21.77
9.城镇土地使用税	309445	322025	-12580	-3.91
10.土地增值税	60897	76524	-15627	-20.42
11.车船税	25744	27094	-1350	-4.98
12.车辆购置税	72838	67362	5476	8.13
13.烟叶税	-	-	-	
14.耕地占用税	10564	7311	3253	44.49
15.契税	112019	95118	16901	17.77
16.环境保护税	5828	4551	1277	28.06
17.其他税收	60	2820	-2760	-97.87
二、社保费收入	203408	-	203408	
三、非税收入合计	227219	163026	64193	39.38
1.教育费附加收入	95167	87116	8051	9.24
2.地方教育附加	63433	58075	5358	9.23
3.文化事业建设费收入	411	428	-17	-3.97
4.税务部门罚没收入	291	359	-68	-18.94
5.残疾人就业保障金收入	2980	2584	396	15.33
6.地方水利建设资金	15942	14464	1478	10.22
7.石油特别收益金	46918	-	46918	
8.国家留成油上缴收入	2077	-	2077	
9.其他	-	-	-	
四、其他收入	2074	2209	-135	-6.11

说明：

1.以上收入不包含海关代征，未扣减出口退税、成品油退税、免抵调减收入；

2.2018年数据包含农高区，2019年农高区单独向省税务局报表；

3.2019年市级以下财政体制调整，部分市级收入划转县区进行征收管理；

4.其他税收核算已停征税种收入，2019年其他税收为营业税收入；

5.石油特别收益金、国家留成油上缴收入自2019年1月1日由税务机关征收；

6.行政事业单位社会保险费自2019年2月1日起由税务机关征收，城乡居民两险自2019年4月1日起由税务机关征收；

7.其他收入为工会经费

【税务监管】 完善全市税收监管体系，实现金税3期并库，增值税发票2.0系统上线。在全省率先规范社会保险费征缴工作，征缴效率提高60%。承接全省石油特别收益金和国家留成油收入划转工作，全年入库收入4.9亿元。全面推行税务执法“三项制度”，落实税收执法责任制和“双随机一公开”监管机制。开发规范税务进户执法平台，做到“无风险不检查、无审批不进户、无违法不停票”。

【风险防控】 搭建第三方数据平台，与42个部门实现大数据共享，建立涉税信息模板103个。对成品油、金融、房地产等重点行业、千户集团企业开展风险管理，全年统筹风险106批次，完成风险提醒和纳税评估3000余户次，核实补缴税款10亿元。

【纳税服务】 推进“放管服”和“一次办好”改革，在160项办税事项一次办结、61项业务网上办结的基础上，推出31项“秒批秒办”事项，新增14个自助办税点和10个社会化办税点，打造城区“8分钟办税服务圈”。开发涉税专业服务机构批量申报、税收业务无纸化流转、“出口退税e典通”、税收服务“一带一路”功能点等创新项目20余项，实现办税缴费“网上办、掌上办、不见面”。全省首家开通涉税资料寄递业务，全国首创“退易贷”税银合作新模式，帮助9家企业融资2亿元。

【队伍建设】 按照东营经济技术开发区、东营港经济开发区代管范围调整，3个税务所55名人员完成更名划转。全年组织各类培训60余期，培训人员4000余人次。实施青年干部培养工程，组建成品油专业人才库。开展“岗位大练兵、业务大比武”活动，3人参加省税务局集训，1人代表全省参加税务总局考试。 （市税务局 宋欢）

交通　邮政　电力

交　通　运　输

【概况】　至2019年年底，全市公路通车里程9279.81千米；有客运企业15家，客运车辆613辆；有危险品运输企业161家，危险品车辆10369辆；有驾驶员培训机构37家；有机动车维修业户368家；汽车综合性能检测站20家，全部为A级站；全年完成公路客运量436万人次、货运量6926万吨，城市公交运送乘客6837.7万人次。全市共有水路运输企业36家，营业性运输船舶101艘，营运船舶总运力5.98万载重吨，完成港口货物吞吐量5835.8万吨，东旅航线运送旅客30.18万人次、车辆6.78万辆次。民航旅客吞吐量达到88.05万人次。编制《东营市综合交通网中长期发展规划(2019—2035年)》，11月26日通过专家评审。启动“交通基础设施建设”三年行动，2020—2022年计划总投资995亿元，实施重点交通项目54个。

【公路建设】　2019年，全市公路续建、新建和前期项目16个，总投资371.7元。11月30日，长深高速广饶至高青段建成通车，路线全长54.4千米。12月20日，济南至高青高速公路开工，该项目从“十三五”研究项目变更为“十三五”开工项目。同月31日，东青高速青州何官互通立交通车，实现东营对外“高速+高铁”双高通道。东青高速改扩建工程完成可行性研究报告编制。S228新博线东营区西六路至东营区博兴界段大修工程(2018年续建项目)完工。G220东深线利津黄家路口至利津滨城界段大修工程、S309田高线广北农场至滨州界段改建工程、S507东利线垦利区董集至利津黄河大桥段改建工程主体工程、G516沾青线垦利河辛路口至东利路口及东营区田庄南至辛庄子立交南段大修工程完成。S315孤阳线利津姚刘至利津滨城界段大修、S315孤阳线河口电厂排污桥至河辛路口段大修、S227河辛线垦利区新安村至黄临路口及广饶乐安立交至广饶临淄界段大中修工程建设方案获批。至年底，全市公路通车总里程9279.81千米，其中干线公路里程902.88千米，公路密度为107.7千米/百平方千米。

2019年东营市公路情况表

项　目	数　量	项　目	数　量
通车总里程	9279.81千米	县道	620.27千米
干线公路	902.88千米	乡道	1631.48千米
高速路	237.25千米	村道	4870.31千米
国道	432.19千米	油田专用道	1254.87千米
省道	470.70千米	桥梁	759座、19.4千米

【铁路建设】　2月25日，东营港疏港铁路获交通运输部2.5亿元无偿补助资金；12月31日，东营港疏港铁路完成铺轨并试运行，路线全长114.9千米，总投资56.8亿元，是全市建市以来单体投资最大的交通基础设施项目。8月17日，京沪高铁二通道可研鉴修报告通过中国国家铁路集团有限公司鉴定中心审查，被省委、省政府确定为2020年确保开工项目。10月16日，黄大铁路东营段完成铺轨。

2019年12月31日，东营港疏港铁路试运行

(市交通运输局供稿)

【港口建设】　7月8日，《东营港总体规划调整报告》编制完成，并报省政府审查。6月4日、8月5日，东营港4个10万吨级深水泊位港口岸线先后获交通运输部审批；9月25日，一突堤北侧1#、2#泊位开工建设。12月31日，东营港南防波堤工程抛石工程主体完工。东营港25万吨级单点系泊码头前期手续正在办理。

东营港10万吨级航道导堤工程建设现场

(市交通运输局供稿)

2019年东营港码头情况表

码头长度(米)	泊位(个)	万吨级泊位(个)	港口货物吞吐量(万吨)	进港货物吞吐量(万吨)	出港货物吞吐量(万吨)
12386	63	18	5835.82	3618.38	2217.44

【民航发展】　2019年，胜利机场完成旅客吞吐量88.05万人次、同比增长27.4%。修订《东营胜利机场总体规划》，编制《黄河三角洲中转机场建设规划》。胜利机场新开通广州

——东营——大连、杭州——东营——长春2个航班，加密深圳——东营——天津、东营——上海（浦东）、东营——大连3个航班，机场航线达17条、通航城市15个。

【客货运输】 至2019年年底，全市道路客运15家，客运车辆613辆。全年完成公路旅客运输量436万人次，比上年下降31.9%。公路旅客运输周转量92763万人千米，下降3.5%；公路货物运输量6926万吨，增长3.6%，公路货物运输周转量1471299万吨千米，增长2.1%。有水路运输企业36家，营业性运输船舶101艘，完成水路货运量56.47万吨，货运周转量18956.76万吨千米，分别增长5080.7%、5741.5%。综合货邮行吞吐量3319.8吨，增长21.3%。东营港完成货物吞吐量5835.82万吨。全市有危险品运输企业161家，危险品车辆10369辆。有驾驶员培训机构37家。机动车维修业户368家。汽车综合性能检测站20家，均为A级站。

【城市公交】 全年投资312万元，新建改造公交候车亭90处，开通优化公交线路32条，中心城区公交线路达101条；新增大运量公交车63台，开通市一中、胜利一中公交专线38条。完成东营——东营港32台承包线路客车收购，投资1200万元购置23台新能源公交车，开通东营——东营港城际公交线路；投资300万元购置12台7座轿车，开通东营——仙河、东营——孤岛定制客运线路。广饶县投资4000万元建成新公交总站。利津县购置40台纯电动新能源出租车，解决利津县城无出租车问题。

【服务民生】 加快“四好农村路”建设，全年实施路网提档升级工程236.95千米，自然村通达工程50.82千米，路面养护大中修工程599.37千米，改造危桥10座，建成客运站点11座，全市三级以上县乡公路占比达51%。投资700万元购置20台中高端客车，搭建智慧公交网络预约平台，6月5日中心城区到济青高铁青州北站、临淄北站4条高铁快线开通，全年累计运送乘客近4万人次。投资400万元购置20台7座轿车，开通东营至济南遥墙机场定制客车。完成ETC安装发行任务，发行55.37万张。全年办理人大代表建议、政协委员提案54件，受理市长热线、“12328”交通运输服务热线15374件，全部按时办结回复。

【行业管理】 ①行政审批。全年下放行政审批事项6项，委托下放3项，服务窗口前移19项，行政审批事项实现容缺受理全覆盖。②危化品道路运输监管。用好重点营运车辆监控平台，向企业和车辆发送安全提醒信息。本地车全部安装电子信息卡、电子运单系统和“六预防”系统，外地车发放电子信息卡近3万张。与青岛理工大学联合研发危化品车辆罐体抗碰撞涂层，可防止危化品泄露和燃爆事故发生。全年淘汰国Ⅲ危化品车辆1581辆，全市危化品车辆减少至1万辆内。11月9日，全省危化品运输全过程信息化监管现场会在东营召开；12月5日，省政府安委会印发《山东省人民政府安全生产委员会关于加强危险化学品道路运输全过程信息化监管工作的通知》，推广东营市工作经验。开展迎接建国70周年安全生产专项整治、“平安行·你我他”等行动，检查企业2589家次、船舶500余艘、施工工地37次，开展路政巡查20万千米，排查整改问题2300余项，约谈、处罚企业542家次；查处超限超载车辆977辆次、危化品车辆591辆次、非法营运车辆179辆次。③生态环保。牵头推进全市柴油货车污染治理攻坚战和“四减四增”运输结构调整工作，完成承担的中央、省环保督战和蓝天保卫战、渤海攻坚战、扬尘治理各项任务。

至2019年年底，全市有出租汽车公司11家，出租汽车3445辆，从业人员5100余人。

东营市出租汽车企业情况表

序号	企业名称	企业地址	法定代表人	车辆数量（辆）
1	东营市交运出租汽车有限责任公司	东营市运河路696号	袁建国	1042
2	东营宏运出租汽车有限责任公司	东营市运河路713号	陈　伟	473
3	东营鑫通出租汽车有限公司	东营市黄河路161号	张新国	606
4	东营市鑫通恒顺汽车服务有限责任公司	东营市曹州路西、黄河路南	刘金校	344
5	东营市公共交通汽车公司出租汽车运营中心	东营市胶州路448号	张宪辉	163
6	东营市垦利区交通兴运出租汽车服务站	垦利区利河路88号	魏培田	173
7	东营市金正置业有限责任公司	河口区河庆路149号	郭婷婷	105
8	东营市河口安运出租汽车有限责任公司	河口区海盛路	袁占魁	199
9	广饶立兴汽车出租公司	广饶县乐安街道北花园村	张　海	100
10	山东宇通集团出租汽车有限公司	广饶县花苑路6号	蔡玉港	200
11	利津盛逸出租汽车有限公司	利津县凤凰大道北、津十路西	高　磊	40

（市交通运输局　任方磊）

【养护管理】 全年完成日常养护总投资6775万元，实施路面挖补18.64万平方米，路面贴缝18.2万延米，微表处2.2万平方米。调整12条国省道命名编号，总里程530千米，完成投资1230万元。对省道227、省道315等5条道路部分路段进行安全整治提升，在全省率先对二级路安装中央护栏，总里程38千米，完成投资2866万元。开展2019年度普通路

2019年5月26日，国家公路网交通情况调查数据采集与服务系统工程（二期）G220线东营段路况检测　（市公路事业发展中心供稿）

网技术状况检测桥梁检查，检查70座，占全市普通国省道管养桥梁30%。完成国家公路网交通情况调查数据采集与服务系统工程（二期）中涉及东营6个站点设备安装、检测。

（市公路事业发展中心　闫方）

邮　　政

【概况】 2019年，全市邮政行业业务总量完成6.88亿元，同比增长21.18%。全市邮政行业业务收入（不包括邮政储蓄银行直接营业收入）完成5.66亿元，同比增长13.63%。其中，全市快递服务企业业务量完成2104.01万件，同比增长33.02%；全市快递服务企业业务收入完成2.9亿元，同比增长34.81%。有快递企业及分支机构100家，末端网点375处，从业人员3600余人。

【发展环境】 6月28日，与市交警部门联合印发《东营市快递专用电动三轮车通行管理专项整治行动方案》，推动快递车辆规范通行，核发11张邮路车专用通行证。全年受理消费者申诉884件，确定企业责任有效申诉26件，比上年下降85.23%，挽回消费者经济损失11.8万元。举办第三届“最美快（邮）递员”评选活动，与团市委、快递协会开展慰问快递小哥系列活动。引导京东集团、顺丰速递（集团）有限公司等企业参与黄河口大闸蟹等特色农产品外销，京东成为中国·东营首届黄河口大闸蟹开捕节指定运营商，举办2019顺丰速运鲁中区黄河口大闸蟹产销对接会，全年寄递黄河口大闸蟹超12万票。引导邮政企业参与“一市一品”农特产品进城精品项目和涉农电商平台建设，加强邮乐地方馆平台体系建设，打造“市馆+区县馆+邮乐小店+特色农品”模式，至年底，市馆及5个标杆区（县）馆上线。

快递快件处理　（市邮政管理局供稿）

【基础建设】 指导邮政企业进驻全市7个政务服务大厅，推广“线上办理+线下寄递”模式，实现政邮合作全覆盖；全市58个网点开办“代办公安交管”业务，建设3处标准型“警邮合作”营业厅；指导邮政企业与市税务局签署委托代办协议，全省第一个开通涉税资料寄递业务。全年建设邮乐购站点456个，至年底，全市有邮乐购站点2758个；主要品牌快递企业实现市、县、乡三级网点全覆盖，布放智能包裹柜、智能快件箱550余组；推动广饶县各快递企业联合成立末端便民服务中心22处。全市68家邮件、快件处理场地全部纳入视频监控平台，年内巡查寄递企业6万余次，发现异常线索21次，提供技术服务63次。

【绿色邮政】 推进邮政业绿色环保，快递企业电子运单使用率99.6%以上，减少电商二次包装率70%以上，可循环中转袋使用率88%以上；减少胶带采购率与使用率99.8%以上；淘汰环保不合格车辆，配备50余辆新能源车辆；设置快递包装回收箱51个。

【依法行政】 ①依法监管。开展全市邮政代办网点普遍服务标准达标及安全情况专项监督检查，全年执法检查198人次，下达通报6份、整改通知书5份，立案处罚1起、罚款0.3万元。推进邮政普遍服务网点分等分级监管，8个网点升级，7个网点降级。开展同城平信寄递时限监测，2日内送达100%。对《己亥年》《中华人民共和国成立七十周年》等30套纪特邮票进行监督检查，检查188人次，未发现违法违规问题。核查通过市邮政公司提报84处变更普遍服务网点信息。②专项整治。开展寄递安全主体责任落实、寄递渠道涉枪涉爆等专项整治，全年出检635人次，安全检查225次，检查企业328家，下达整改通知书8份，行政处罚25起，罚款10.25万元。③审批备案。新增法人企业4家，核准变更申请21次，增设分支机构9家，备案末端网点146个。

【寄递安全】 加大对《中华人民共和国邮政法》《快递暂行条例》等法律法规宣传。依托“双网格”管理，建立属地网格包片联系制度，开展暗访试寄7轮次。对寄递渠道安全监管重大问题研究磋商，与公安、国安等部门开展执法检查。与消防部门开展全市邮政业突发事件应急演练。完成第二届“一带一路”国际合作高峰论坛、2019年中国北京世界园艺博览会、上海进口博览会等重大活动寄递安保工作。12月9日，印发《关于推动建立寄递安全主体责任落实全链条机制的指导意见》，对企业安全管理员设置和履职情况开展专项治理。至年底全市寄递企业配备专职安全管理员7人、兼职安全管理员70人。

（市邮政管理局　丰百玉）

电　　力

【概况】　至2019年年底，东营电网拥有500千伏变电站3座、变电容量625万千伏安，35～220千伏变电站165座、变电容量1897万千伏安，输电线路总长度4310千米，配电线路总长度11607千米。实现连续安全生产10323天。2019年，全市全社会用电量308.49亿千瓦时，同比增长4.74%。其中，东营区、河口区、垦利区、广饶县、利津县全社会用电量分别为16.58亿千瓦时、17.18亿千瓦时、22.06亿千瓦时、69.96亿千瓦时、23.50亿千瓦时。河口区增速最高、同比增长39.27%，垦利区增速最低、同比降低1.42%。直供区用电量102.72千瓦时，同比增长16.13%。胜利油田用电量56.49亿千瓦时，同比降低14.98%。按产业划分，第一、二、三产业用电量分别为4.17亿千瓦时、269.99亿千瓦时、18.04亿千瓦时，同比分别增长-9.58%、3.26%、21.4%。居民生活用电量16.29亿千瓦时，同比增长19.79%。供电公司售电量完成207.4亿千瓦时，同比增长11.45%。国网东营供电公司东营经济技术开发区供电中心王文成获全国电力行业职业技能竞赛第1名，实现历史性突破。

【电网建设】　2019年，全市投产35千伏及以上工程20项，投产线路长度395.88千米、变电容量114.2万千伏安。县域电网生产改造及配网建设投资占比58%、91%，新建、改造10千伏线路长度478千米，新增配变308台。加快220千伏

2019年5月6—9日，220千伏褚陈线换塔升高改造

（王同同摄）

新港输变电工程、110千伏北李输变电工程投入运行，支持鲁北高端石化产业基地建设。建设利津县利华益35千伏供电工程。大唐电厂500千伏送出线路工程进场施工。军屯110千伏配出工程提前10个月投产，缓解广饶电网度夏紧张局面。220千伏褚家站及110千伏配出工程投入运行，提高利津电网供电能力。8月24日，220千伏蒲河输变电工程获批，建成后中心城区将新增220千伏电源布点。

【供电服务】　2019年，全市开展配网不停电作业10231次，故障停电时户数降低35.2%。9月28日，与市发展改革委、市住房城建管理局等八部门联合印发《东营市优化简化获得电力审批流程工作方案》，提出1500千伏安及以下用户现场答复供电方案，500米以内配套电网免除所有行政审批。落实国家减税降费要求，完成电价降价调整，全年降低企业用电成本2亿元。高压办电环节由9个减至4个，服务时限压减74%。累计投资1.72亿元为51家大中型企业、689家小微企业建设配套电网至红线。完成能效审计、能效监测终端安装等各类项目32个。制定电能替代“一户一策”改造方案，建设燃煤锅炉改造、输油管道电力加压替代示范工程，完成替代项目176个、替代电量11.23亿千瓦时。17类用电业务“一网通办”，实现客户办电“一次都不跑”。实现9类办电信息共享、低压“零证办”高压“一证办”。

国网东营供电公司实施带电作业　　（王同同摄）

【新能源发展】　推广工业绿动力等6大领域14种电能替代技术，推动以电代煤、以电代油，发展钻机“油改电”、燃煤锅炉改造等电能替代项目。全年完成替代电量13.04亿千瓦时、节约标煤100.45万吨。15座充电站竣工投入运行，至年底全市建成充电站58座、充电桩448台。全年东营辖区新能源总装机容量1372.1兆瓦，全年消纳发电量33.36亿千瓦时。

【服务社会】　推进乡村电气化建设，优先保障贫困村用电“业扩基建项目包”“业扩技改项目包”，实现160千伏安及以下扶贫项目接入“零投资”。至年底，全市乡村振兴项目制定电气化改造计划建成乡村电气化项目12个，涉及电气

2019年8月11日，台风“利奇马”期间抢修低压开关
（王同同摄）

2019年12月25日，110千伏变电站北李站投入运行
（王同同摄）

化大棚81.47公顷、现代农业观光园1个、农产品仓储1个、电气化示范村3个。完成黄河滩区迁建村电力改造任务，户均容量由1.1千伏安升至2.17千伏安，惠及农户2052户。

【供电安全】 加强电网运行风险管控，全年发布6级及以上电网风险预警通知书143份，压减五级风险数量9项。实施电网智能运行检测，全年开展机器人巡检360站次，完成无人机巡检610千米、激光炮清除异物14处。应对夏季高温负荷三创新高，全网用电负荷最高达453.9万千瓦、同比增长10.59%。全年争取上级电网设备维修等救灾资金1.1亿元，110千伏段河变电站异地重建等防汛项目投资0.9亿元。完成黄河口马拉松赛、中高考等重大活动及“利奇马”台风、青岛海军节、新中国成立70周年等重要时段电力保障任务。制定冬季用电高峰期间制定《迎峰度冬和岁末年

2019年东营市供电营业网点一览表

单位名称	供电营业网点	通讯地址	电话号码
东营供电公司	中心营业厅	东营市南一路357号	8693366
	开发区营业厅	东营市运河路431号	8693321
	金辰路营业厅	东营市金辰路311号	8692171
	农高区供电所营业厅	广饶县广青路与新海路口西北角	6087306
	东营港营业厅	东营港港城路与港东一路口西200米	8693561
	东营市政务服务大厅	东营市黄河路与曹州路口东100米	8692978
东营区供电公司	中心营业厅	东营市宁阳路98号	8695252
	文汇营业厅	东营市淄博路87号	8695260
	牛庄供电所	牛庄镇聚华路东首	8695315
	胜利工业园区供电所	东营市西六路与铁道路口南100米	8280766
	六户供电所	东营市新泰路29号	8261687
	龙居供电所	龙居镇庄子村对面	8107919
	东营区政务服务中心	东营市庐山路1188号	8261378
河口区供电公司	中心营业厅	河口区海宁路3号	8695672
	河口经济开发区供电所	河口区河庆路与海河路口东南角	3632858
	义和供电所	义和镇政府南首	3083306
	新户供电所	新户镇邵太路北50米	3181566
	河口蓝色经济开发区供电所	河口区海盛路北首	3881718
	仙河供电所	孤岛镇滨孤路马场中学北600米	8880010
	河口区政务服务大厅	河口区河聚路20号	3657311
垦利区供电公司	中心营业厅	垦利区胜兴路9号	8696787
	垦利经济开发区供电所	垦利区振兴路92号	8696781

单位名称	供电营业网点	通讯地址	电话号码
垦利区供电公司	胜坨供电所	胜坨镇政府驻地	8696497
	董集供电所	董集镇政府驻地	8696495
	永安供电所	永安镇政府驻地	8696499
	黄河口供电所	黄河口镇政府驻地	8696741
	垦利区政务大厅	垦利区万兴路南180米	8696586
广饶县供电公司	东营广饶供电营业厅	广饶县广颖路1号	8697255
	广饶经济开发区供电所	广饶县易安路3号	6454045
	大王供电所	大王镇青垦路151号	6881028
	稻庄供电所	稻庄镇政府驻地	6505091
	李鹊供电所	李鹊镇政府驻地	6286036
	码头供电所	原西刘桥乡政府驻地	6413145
	丁庄供电所	丁庄街道渤海路1号	6401345
	乐安供电所	原石村镇政府驻地	8697307
	花官供电所	花官镇府前街与乐安路口西180米	8697381
	陈官供电所	陈官镇政府驻地	6432399
	广饶县市民服务中心	广饶县花苑路317号	8697251
利津县供电公司	中心营业厅	利津县津二路供电公司	8696155
	利津经济开发区供电所	利津县津二路176号	8696316
	北宋供电所	北宋镇大盖村北20米	8696372
	明集供电所	利津镇北滨港路西	8696352
	盐窝供电所	盐窝镇北岭社区西1千米	8696334
	陈庄供电所	陈庄镇滨港路2号	8696324
	汀罗供电所	汀罗镇政府驻地	8696366
	刁口供电所	刁口乡政府南1.5千米	8696384
	利津县政务服务大厅	利津县利二路与津七路路口	8696159

初安全生产工作方案》，落实6个方面82项具体措施，连续7年实现除夕夜“零停电”。

【重大项目】 东营市第一座装配式钢结构变电站——110千伏变电站北李站。东营北部电网规划建设重点项目。本期投资5304万元，建设110千伏变压器2台，110千伏规划出线2回，新建架空线路长度8.7千米。远景规划安装3台63万千伏变压器，10千伏出线36回。2019年12月25日投入运行。

2019年东营市运行地方电厂状况一览表

所在地域	电厂名称	电厂性质	装机容量（万千瓦）	年发电量（万千瓦时）
东营区	胜利发电厂一期	自备	44	287024.47
	胜利发电厂二期	公用	60	296174.40
	胜利国电(东营)公司	公用	66	241979.10
	山东万通石油化工集团有限公司	公用	0.6	0
	东营市曙光太阳能有限责任公司(一期)	公用	1	1217.47
	东营海欣热力供应有限公司	公用	10	20000
河口区	国华瑞丰(东营河口)风力发电有限公司	公用	4.95	8979.88
	华能东营河口风力发电有限公司	公用	29.7	53209.30
	华能东营新能源有限公司	公用	4.8	10851.78
	国华(东营河口)新能源有限公司	公用	4.95	10187.52
	东营市港城热力有限公司	公用	6	5539.52
	东营市曙光太阳能有限公司	公用	4.9	8388.59
	东营三力光伏发电有限公司	公用	2.0	2674.37
	东营曦和新能源有限公司	公用	100	8640
垦利区	山东兴达新能源有限公司	公用	21	8298.91
	山东万达热电有限公司	公用	2.4	4356.14
	垦利惠能热电有限责任公司	公用	2.4	249.14
	国能垦利生物发电有限公司	公用	3	22266.27
	垦利恒泰新能源有限公司	公用	3	4701.57
	垦利神舟新能源有限公司	公用	4	6618.10
	垦利光达新能源有限公司	公用	4	8180.15
	华润新能源(东营)有限公司	公用	9.96	10317.87
	东营天泽新能源科技有限公司	公用	4.9	2940
	东营华源新能源有限公司	公用	0.9	710
	东营城合新能源有限公司	公用	0.2	800
	东营城联新能源有限公司	公用	0.2	800
	东营城卫新能源有限公司	公用	0.2	800
广饶县	东营市西水集团热电有限责任公司	公用	2.4	13181.07
	山东正和热电有限公司	公用	1.2	6745.09
	山东永泰化工集团有限公司(永泰热电)	公用	2.4	2917.44
	东营恒丰热电有限公司	公用	0.6	44.13
	国华(广饶)风力发电有限公司	公用	9.9	17967.25
	山东贝斯特化工有限公司(贝斯特热电)	公用	2	8535.74
	山东正和热电有限公司	自备	0.6	1931.01
	山东金岭化工股份有限公司(金岭热电)	自备	9.8	33865.76
	东营华星热电有限公司余热机组	自备	2.5	0
	东营华泰化工集团有限公司	自备	29.4	89419.90
利津县	利津石油化工厂有限公司(利津热电)	公用	1.2	500.09
	利津力能热电有限公司1#机	公用	2.4	0
	国华瑞丰(利津)风力发电有限公司	公用	9.9	16968.71
	华能利津风力发电有限公司	公用	4.95	9455.42
	国华(利津)新能源有限公司	公用	4.95	9302.80
	山东中阳碳素股份有限公司余热机组	公用	0.6	3000
	利津力能热电有限公司2#机	自备	2.4	12700.89
东营经济技术开发区	东营金茂铝业高科技有限公司(金茂铝业热电)	公用	2.5	3283.02
	山东大唐国际东营风电有限责任公司	公用	4.95	8041.23
	东营市曙光太阳能有限责任公司(二期)	公用	0.7	989.58
	东营黄河三角洲三峰生态能源有限公司	公用	1.2	9362.97
	东营市滨海热力有限公司	自备	30	189185.84

（东营供电公司 胡朝贞 董贯雷 解鹏 任海涛）

城乡建设

国土空间规划

【规划引领】 推进全市国土空间规划编制，完成资源环境承载力评价和国土空间开发适宜性评价，统筹划定生态保护红线、永久基本农田、城镇开发边界三条控制线，推动土地规划、城乡规划等“多规合一”。按照“中心城+卫星城”架构，构建“一主一副一次三组团、多地区中心”（一主即东城组团，一副即西城组团，一次即垦利组团）发展格局。完成湿地城市总体设计，从市域、中心城区两个层面，提出湿地城市构建方案，明确湿地保护利用原则。结合中心城控规编制工作，推进重点片区控规及城市设计，开展高铁片区控制性规划研究，推进北二路沿线及金湖银河片区综合开发，开展胜利医院片区整体规划研究。完善中心城区综合交通专项规划，编制城市亮化规划，打造特色夜间经济聚集区和商业特色街区。加强城市开发强度、建设高度、景观轴线、建筑风貌等城市设计管控。

【规划编制】 7月24日，完成《东营市国土空间总体规划（2019—2035年）（征求意见稿）》编制工作方案。8月6日，印发《东营市国土空间总体规划（2019—2035年）》编制工作通知。同月23日，市自然资源局成立国土空间规划编制工作专班。同月29日，举行全市《东营市国土空间总体规划（2019—2035年）》规划编制部署动员会，规划编制工作启动。9月30日，印发《关于成立东营市国土空间规划委员会的通知》。至年底初步完成“双评估”“双评价”“一张图”等工作，深化国土综合整治和生态修复专项规划、自然资源保护与利用专项规划和开发边界划定等专项。开展文化保护与发展、国土风貌、魅力空间体系、城乡统筹、综合交通、市政基础设施和城乡安全等现状分析。利津县国土空间总体规划方案初步完成。

【“三区三线”评估及调整】 5月16日，启动“三区三线”（城镇、农业、生态空间及生态保护红线、永久基本农田、城镇开发边界三条控制线）评估调整工作。确定陆域生态保护红线面积约694平方千米、海洋生态红线面积1703平方千米、永久基本农田1789平方千米、城镇开发边界1150平方千米。

【村庄规划】 6月6日，印发《东营市自然资源局加强村庄规划促进乡村振兴工作计划》，全市1745个行政村中有1392个村庄完成村庄规划编制，村庄规划编制覆盖率79.8%，全部完成村庄规划分类工作。7月，完成县域村庄现状调查，完成52个村庄规划编制试点。利津县村庄规划分类工作、东营区湾杨村试点村庄规划编制工作入选省自然资源厅2019年全省村庄规划案例，利津汀罗镇欣和家园入选全省合村并居优秀案例。

【土地利用规划】 开展全市乡镇土地利用总体规划调整修改，完成东营区牛庄镇等4个镇土地利用规划总体规划修改方案、垦利区胜坨镇等5个镇土地利用总体规划局部调整修改方案、广饶县大王镇等7镇街道及广北农场土地利用规划修改方案审查、报批和备案工作。完成河口区新户等4个镇土地利用总体规划局部修改材料审查、报批工作。办理农用地转用、未利用地转用、增减挂钩等用地批次项目42批次。

【重点项目规划】 与国家铁路集团公司、中国铁路设计集团对接，形成七轮高铁站选址及规划方案。3月16日，完成《天津至潍坊铁路东营高铁站选址及线路方案研究》，开展高铁站规模及概念性方案、综合交通枢纽规划。完成南一路两侧环境综合整治和耿井水库项目规划设计。

（市自然资源局　姚兴林）

城　市　建　设

【建筑业】 2019年，全市完成建筑业总产值356.59亿元、增加值68.46亿元、利税28.81亿元。全市有建筑业企业840家，其中，一级资质企业53家，二级资质企业326家，三级及不分资质等级企业461家。全年评选建设工程质量“金洲杯”125项、建筑装饰装修工程质量“金洲杯”6项，推荐2019年度省建筑质量“泰山杯”工程评选9项、建筑装饰装修质量“泰山杯”工程评选1项；评选市级优秀QC成果11项，获省级QC小组成果4项，获省级施工工法10项。山东金辰建

2019年9月25日，首届东营市乡村振兴传统技艺技能大赛——砌筑工大赛举办
（市住房城建管理局供稿）

设集团有限公司孙文、东营天华建筑安装有限公司李佐光获2019年度全省建筑业企业优秀项目经理。碧桂园鑫都·天樾BIM应用展示等3项成果获省建筑业协会第一届BIM应用成果及“中建八一”杯BIM成果竞赛三等奖。

5月25—26日，组织2019年度山东省二级建造师执业资格考试东营考区考务工作，全市有6935人参加。9月25日，举办首届东营市乡村振兴传统技艺技能大赛——砌筑工大赛，评出一等奖1名、二等奖2名、三等奖3名。11月28—29日，开展2019年度建筑业职业技能岗位培训，794人参加考核，760人通过考试。

2019年东营市建筑业企业主要指标一览表

县区名称	新签工程承包合同额(万元)	建筑业总产值(万元)	房屋施工面积(平方米)	房屋竣工面积(平方米)	企业总产值(营业额)(万元)	企业利润总额(万元)	工程结算利润(万元)	应收工程款(万元)	其中:竣工工程款(万元)	建筑业从业人员平均人数(人)	外出施工产值(出省、出国)(万元)	建筑业增加值(万元)	实缴税金(万元)
东营市	3292426.64	3565875.04	5607974.39	1861730.28	3550369.06	218366.19	196941.09	1596770.62	1213665.66	68446.00	511354.59	683968.53	109420.45
东营区	1561384.61	1602290.86	3060724.68	834485.50	1606237.48	100176.43	64195.1	658398.59	627621.61	28285	466678.93	294686.48	48112.62
河口区	119195.00	177517.99	112125.83	92810.00	159618.40	11676.22	12212.60	106405.43	133661.33	4057.00	1698.10	42490.92	7578.86
垦利区	164578.82	204258.30	258441.39	122961.00	179680.46	24267.51	8005.96	109534.65	93540.98	5445.00	5519.00	31878.08	6696.15
广饶县	465945.13	484791.10	1657346.63	542180.32	508357.01	31322.31	19908.71	224477.75	162353.77	14789.00	6696.00	103306.08	12581.63
利津县	174706.04	150919.71	121820.86	107972.46	128688.27	10054.15	9629.32	60235.58	58496.91	2843.00	0.00	28126.21	4112.21
东营经济技术开发区	769046.83	891073.17	397515.00	161321.00	924836.83	38861.11	81885.67	414182.83	123012.63	12275.00	30762.56	177188.92	28626.35
东营港经济开发区	37570.21	55023.91	0.00	0.00	42950.61	2008.46	1103.73	23535.79	14978.43	752.00	0.00	6291.84	1712.63

【勘察设计】 至2019年年底，全市有勘察设计企业70家，其中,甲级企业19家、乙级企业32家、丙级企业19家。全年完成初步设计审查46项、审查总面积62.2万平方米，抗震设防专项审查31项、审查总面积78.3万平方米，建筑工程施工图审查1462项、审查总面积922.1万平方米。6月13日，全市建设工程消防设计审查验收移交承接工作会议召开，市住房和城乡建设局作为主管部门承接全市建设工程消防设计审查验收职责。

2019年东营市甲级、乙级勘察企业一览表

序号	单位名称	资质等级	资质类型及等级	单位地址	联系电话
1	东营市建筑设计研究院	甲级	建筑行业(建筑工程)甲级;市政行业(道路工程、给水工程、排水工程)专业丙级;建筑智能化系统设计专项乙级	东营市东城府前大街98号	8332194
2	东营市勘察测绘院	甲级	工程勘察专业类岩土工程(勘察,设计)甲级;工程勘察专业类(工程测量、岩土工程(物探测试检测监测))乙级;风景园林工程设计专项乙级;市政行业(道路工程、给水工程、排水工程、桥梁工程)专业乙级	东营市东三路149号	8332815
3	中石化石油工程设计有限公司	甲级	工程勘察综合类甲级;建筑行业(建筑工程)甲级;石油天然气(海洋石油)行业甲级;电子通信广电行业(电子系统工程)专业乙级;机械行业(通用设备制造业工程)专业乙级;电力行业乙级;市政行业(热力工程)专业甲级,市行业(给水工程、环境卫生工程、排水工程、城镇燃气工程、道路工程)专业乙级;化工石化医药行业(化工工程)专项乙级;环境工程(大气污染防治工程)专项乙级;海洋行业(沿岸工程)专业乙级;海洋行业(离岸工程)专业甲级	东营市济南路49号	8781252
4	山东新汇建设集团有限公司	甲级	水利行业乙级;水利行业(灌溉排涝)专业甲级;工程勘察专业类(岩土工程(勘察))甲级;工程勘察专业类(工程测量、岩土工程、水文地质勘察)乙级;风景园林工程设计专项乙级;建筑行业(建筑工程)乙级;市政行业(道路工程、桥梁工程、给水工程、排水工程)专业乙级	东营市胶州路532号	8316096
5	胜利油田森诺胜利工程有限公司	甲级	建筑行业(建筑工程)乙级;石油天然气(海洋石油)行业乙级;石油天然气(海洋石油)行业(油田地面)专业甲级;市政行业(城镇燃气工程、给水工程、环境卫生工程、排水工程、热力工程、道路工程)专业乙级;电力行业(变电工程、送电工程、新能源发电)专业乙级;工程勘察专业类(岩土工程(勘察))乙级	东营市黄河路721号	8772244

续表-1

序号	单位名称	资质等级	资质类型及等级	单位地址	联系电话
6	山东莱克工程设计有限公司	甲级	石油天然气(海洋石油)行业(油田地面)专业甲级;石油天然气(海洋石油)行业(管道输送、气田地面、油气库)专业乙级;电力行业(变电工程、送电工程、新能源发电、火力发电)专业乙级;建筑行业(建筑工程)乙级;市政行业(城镇燃气工程、热力工程、排水工程、给水工程)专业乙级;环境工程(水污染防治工程、大气污染防治、固体废物处理处置)专项乙级;工程勘察专业类(岩土工程(勘察))乙级	东营市济南路47号	7785395
7	山东中石大工程设计有限公司	甲级	建筑行业(建筑工程)甲级;石油天然气(海洋石油)行业(管道输送)专业甲级;风景园林工程设计专项乙级;市政行业乙级;化工石化医药行业(炼油工程)专业乙级;石油天然气(海洋石油)行业乙级;工程勘察专业类(工程测量、岩土工程(勘察))乙级	东营市北二路271号	8397525
8	山东信诚建筑规划设计有限公司	甲级	建筑行业(建筑工程)甲级;市政行业(城镇燃气工程、道路工程)专业乙级:石油天然气(海洋石油)行业(管道输送、油田地面)专业乙级	东营市济南路20号	8270187
9	东营筑城建筑设计有限公司	甲级	建筑行业(建筑工程)甲级	东营市黄河路170号	8352899
10	胜利油田正大工程开发设计有限公司	甲级	建筑行业(建筑工程)甲级;电力行业(变电工程、送电工程)专业丙级;风景园林工程设计专项乙级;石油天然气(海洋石油)行业乙级;市政行业乙级;工程勘察专业类(岩土工程(勘察)、工程测量)乙级	东营市济南路290号	8550093
11	东营市公路勘察设计院有限公司	甲级	公路行业(公路)专业甲级;工程勘察专业类(水文地质勘察、工程测量)乙级	东营市府前大街130号	8082902
12	中石化胜利建设工程有限公司	甲级	公路行业(公路)专业乙级;消防设施工程设计专项甲级;工程勘察专业类(工程测量)乙级;建筑装饰工程设计专项乙级	东营北二路222号	8555180
13	山东双宇装饰有限公司	甲级	建筑装饰工程设计专项甲级;建筑幕墙工程设计专项乙级;消防设施工程设计专项乙级	东营市北一路787号	8298777
14	山东中亚建设集团有限公司	甲级	建筑装饰工程设计专项甲级;建筑幕墙工程设计专项甲级;消防设施工程设计专项乙级	东营市西三路万泉商贸27号	8527513
15	山东华凌科技工程集团有限公司	甲级	建筑智能化系统设计专项甲级;消防设施工程设计专项乙级	东营市北一路722号	7368777
16	山东天河装饰安装工程有限责任公司	甲级	建筑装饰工程设计专项甲级	东营市惠州路52号	8333036
17	山东圣光装饰工程有限公司	甲级	建筑装饰装修工程设计专项甲级	广饶经济开发区9号路北20号	6920677
18	山东东信岩土工程有限公司	甲级	工程勘察专业类(岩土工程(勘察))甲级;工程勘察专业类(工程测量、岩土工程(设计))乙级	东营市府前大街西段	8098897
19	东营市海天勘察测绘有限公司	甲级	工程勘察专业类(岩土工程(勘察))甲级;工程勘察专业类(工程测量、岩土工程(设计,物探测试检测监测))乙级	东营市沂河路603号	8312376
20	东营海利丰志成工程设计咨询有限公司	乙级	石油天然气(海洋石油)行业(管道输送、油气库、油田地面)专业乙级	东营市济南路20号	8093637
21	胜利油田新邦水务工程设计有限责任公司	乙级	建筑行业(建筑工程)乙级;市政行业乙级;水利行业丙级;石油天然气(海洋石油)行业(管道输送、油田地面)专业乙级	东营市北二路681号	8551257
22	东营市城市规划设计研究院	乙级	建筑行业(建筑工程)乙级;风景园林工程设计专项乙级;市政行业(道路工程)专业丙级	东营市南一路1226号	8335812
23	东营市市政工程设计院	乙级	市政行业(城镇燃气工程、道路工程、给水工程、排水工程、桥梁工程、热力工程)专业乙级;照明工程设计专项乙级;风景园林工程设计专项乙级	东营市辽河路115号	8026366
24	山东科达基建有限公司	乙级	建筑行业(建筑工程)丙级;公路行业(公路)专业乙级;风景园林工程设计专项乙级;市政行业(道路工程、桥梁工程)专业乙级;市政行业(给水工程)专业丙级	东营市黄河路北、规划五路西	8300767
25	东营市恒信设计有限责任公司	乙级	建筑行业(建筑工程)乙级	垦利区振兴路211号	2525066
26	山东中咨公路咨询设计有限公司	乙级	公路行业(公路)专业乙级	东营市府前大街288号	8082827

续表-2

序号	单位名称	资质等级	资质类型及等级	单位地址	联系电话
27	东营园林投资发展有限公司	乙级	风景园林工程设计专项乙级	东营市潍河路南、广利河北	6089896
28	山东阳光园林建设有限公司	乙级	风景园林工程设计专项乙级	东营市淮河路118号	7765857
29	东营旭东工程有限公司	乙级	风景园林工程设计专项乙级	东营市东二路306号	7765607
30	胜利油田胜大园林工程有限公司	乙级	风景园林工程设计专项乙级	东营经济技术开发区创业中心	8702491
31	山东格维规划设计有限公司	乙级	风景园林工程设计专项乙级	东营区西二路以东济南路以南鑫都财富中心	8270216
32	东营市华祥装饰工程有限责任公司	乙级	建筑装饰工程设计专项乙级	东营市黄河路北、万象城商业广场	15054600910
33	山东泰克立德能源工程有限公司	乙级	化工石化医药行业(石油及化工产品储运)专业乙级;石油天然气(海洋石油)行业乙级;市政行业(城镇燃气工程)专业乙级	东营市西三路1号	8525138
34	山东省胜安伟业消防工程有限公司	乙级	消防设施工程设计专项乙级	东营市太行山路105号	8968119
35	山东日新建设有限公司	乙级	照明工程设计专项乙级	东营市西四路584号	18678635669
36	东营市中汇工程勘察设计有限公司	乙级	工程勘察专业类(岩土工程(勘察))乙级	东营市沂河路188号	8308686
37	东营市创新工程勘察有限公司	乙级	工程勘察专业类(岩土工程(勘察))乙级	东营市惠州路52号	8317003
38	山东三瑞土木工程有限公司	乙级	工程勘察专业类(岩土工程(勘察)、工程测量)乙级	东营市府前大街55号	7086998
39	山东大沣岩土工程有限公司	乙级	工程勘察专业类(岩土工程(勘察)、工程测量)乙级	东营市登州路71号	7796886
40	胜利油田胜利工程水文地质勘察有限责任公司	乙级	工程勘察专业类(岩土工程、水文地质勘察)乙级	东营市北二路供水公司院内	8737017
41	胜利油田胜利动力机械集团有限公司	乙级	电力行业(新能源发电)专业乙级	东营市北一路1060号	18866478757
42	东营方大电力设计规划有限公司	乙级	电力行业(变电工程、送电工程)专业乙级	东营市运河路431号	8692563
43	东营春霖电力工程有限公司	乙级	电力行业(变电工程、送电工程)专业丙级;电力行业(风力发电)专业乙级;水利行业丙级	东营市东三路138号	8083166
44	山东华岳电力工程有限公司	乙级	电力行业(变电工程、送电工程、新能源发电)专业乙级	东营市运河路661号	8309396
45	山东国网启明电力勘察设计有限公司	乙级	电力行业乙级;石油天然气(海洋石油)行业(管道输送、气田地面、油田地面)专业乙级	东营市运河路西	8329188
46	东营市泰基工程设计咨询有限责任公司	乙级	建筑幕墙工程设计专项乙级	东营市淮河路231号	18905463000
47	山东彤成建筑工程有限责任公司	乙级	建筑装饰装修工程设计与施工贰级	东营市汾河路302-17号	15564602999
48	山东蓝海装饰有限公司	乙级	建筑装饰工程设计专项乙级	东营市府前大街103号	8958568
49	东营市泰和消防工程有限公司	乙级	消防设施工程设计与施工贰级	东营市南一路南院38号	13365463999
50	东营长江建设有限公司	乙级	建筑智能化工程设计与施工贰级;建筑幕墙工程设计与施工贰级	东营市辽河路18号	13181414333
51	胜利油田信科海洋勘察测绘有限公司	乙级	海洋工程勘察(海洋岩土工程勘察)乙级	东营市通海路5号	8220736-721

【工程监理管理】 至2019年底，全市有工程监理企业32家，其中，综合资质2家、甲级资质企业8家、乙级资质企业15家、丙级资质企业7家。全年实现企业收入4.1亿元。推荐全省先进监理企业4家，优秀总监理工程师7人，优秀专业监理工程师10人，先进监理工作者1人。

2019年东营市监理企业一览表

序号	企业名称	企业资质	地　址	电话
1	山东胜利建设监理股份有限公司	综合资质	东营市西二路474-18号	8798818
2	山东天昊工程项目管理有限公司	综合资质	东营市太行山路117号	8975055
3	山东新开元建设项目管理有限公司	房屋建筑甲级、市政公用甲级、水利水电丙级	东营市府前大街105号	8080991
4	山东东昊工程监理有限公司	房屋建筑甲级、市政公用甲级	东营市东四路58号	8089568
5	胜利油田新兴工程监理咨询有限公司	房屋建筑甲级、化工石油甲级、市政公用甲级	东营市济南路111号	7781222
6	山东科正工程项目管理有限公司	房屋建筑甲级、市政公用甲级、水利水电丙级	广饶县府前街57号	6453898
7	山东筑博工程项目管理有限公司	房屋建筑甲级、市政公用乙级	东营市庐山路1188号	8329398
8	中石化石油工程设计有限公司	房屋建筑甲级、化工石油甲级、电力乙级、市政公用乙级	东营市济南路49号	8705713
9	胜利油田中睿建设监理有限责任公司	化工石油甲级、房屋建筑乙级、市政公用乙级	东营市西四路东、菏泽路北	8509050
10	胜利油田恒伟工程管理有限公司	化工石油甲级、房屋建筑乙级、市政公用乙级	东营市西四路324号	8501858
11	东营市广厦建设监理有限责任公司	房屋建筑乙级、市政公用乙级	东营市辽河路105号	8309277
12	东营市东岳监理工程有限公司	市政公用乙级、房屋建筑乙级	广饶县迎宾路东	6453498
13	东营市正大建设监理有限责任公司	房屋建筑乙级、市政公用乙级	东营市东二路50号	7583177
14	东营市垦利区工程建设监理有限责任公司	市政公用乙级、房屋建筑乙级、水利水电丙级	垦利区中兴路31号	2582107
15	东营市至诚建设监理有限公司	房屋建筑乙级、市政公用乙级	东营市东三路237号	8306777
16	山东新汇建设集团有限公司	市政公用乙级、房屋建筑乙级	东营市胶州路532号	8316096
17	东营天信工程项目管理有限公司	房屋建筑乙级、市政公用乙级	东营市运河路633号	7769885
18	东营华为工程项目管理有限公司	房屋建筑乙级、市政公用乙级	东营市庐山路1188号	8328511
19	东营诚泰工程项目管理有限公司	市政公用乙级、房屋建筑乙级	东营市黄河路193号	7155690
20	山东华审工程咨询有限公司	房屋建筑乙级、市政公用乙级	东营市沂州路62号	18562951501
21	胜利油田同舟招标代理有限公司	市政公用乙级、房屋建筑乙级	东营市庐山路1183号	8338180
22	东营华正建设项目管理有限公司	房屋建筑乙级、市政公用乙级	东营市南二路1769号	8307057
23	山东正旭建设监理有限公司	市政公用乙级、房屋建筑乙级	东营市潍河路南、郑州路西	8061897
24	山东明珠工程监理有限公司	房屋建筑乙级、电力乙级	垦利区中兴路291号	2882668
25	山东海大工程项目管理有限公司	房屋建筑乙级、市政公用乙级	东营市红河路219号	8070996
26	山东中浩工程项目管理有限公司	市政公用乙级、水利水电丙级	东营市府前大街53号	8093935
27	东营市河口区建设监理有限责任公司	房屋建筑丙级、市政公用丙级	河口区黄河路166号	3655625
28	东营海跃工程项目管理有限责任公司	市政公用丙级、房屋建筑丙级	东营市辽河路北、胶州路西	8290025
29	山东鑫睿工程项目管理有限公司	市政公用丙级、房屋建筑丙级	东营市郑州路306号	8956977
30	山东胜利水务有限责任公司	水利水电丙级、市政公用丙级	东营市北二路37号	8771512
31	东营龙泰华科工程项目管理有限公司	房屋建筑丙级、市政公用丙级	东营市沂州路25号	7926886
32	东营市金海建设工程监理有限公司	房屋建筑丙级	河口区海盛路4-1号	3996888

【工程安全监管】 2019年，全年转报安全生产许可证新申报、延期资料141家。开展安全生产许可动态核查工作，提请省住房和城乡建设厅暂扣或吊销安全生产许可证7家。开发建筑起重机械信息化管理系统，录入企业558家（含设备产权、使用单位），登记建筑起重机械5935台。培育东营天华建筑安装有限公司通过省级双重预防体系标杆企业评估。6220人通过特种作业人员操作资格证书新取证、继续教育培训考核，3419人通过安全管理三类人员培训考核。落实施工扬尘治理措施，施工现场安装扬尘自动监测仪（$PM_{2.5}$、PM_{10}）200台（套）、远程视频监控系统200台（套）。6月27日，举行全市首次玻璃幕墙坍塌生产安全事故应急救援演练。9月，编印《东营市危大工程安全施工技术措施》，省住房和城乡建设厅在全省推广。采用政府购买服务方式委托第三方开展安全生产辅助巡查，弥补监管人员不足、专

2019年6月27日，全市首次玻璃幕墙坍塌生产安全事故应急救援演练举行（市住房城建管理局供稿）

业性不强问题。实行明查与暗访相结合，对全市房屋市政施工项目安全生产和扬尘治理情况实行“拉网式”排查。全年抽查检查企业、在建工程2780余个（次），发现安全隐患和扬尘问题5570余条（次），下发隐患整改通知书1610余份，停工整改通知书360余份。全市房屋市政施工未发生人员死亡生产安全责任事故。

【工程质量监管】 2019年，监督在建项目313项，建筑面积145.2万平方米，造价44.6亿元；向县区（开发区）质监机构移交工程942个；协调处理质量投诉39项，办结信访积案3项。全年未发生工程质量安全事故。开展市优质结构工程评选活动，75项市优质结构工程完成评价，推荐省优质结构工程12项。开展建设工程质量巡查，抽查工程25项，下发隐患整改通知书9份，执法建议书3份。开展检测机构、预拌混凝土企业质量及扬尘治理巡查，督查县区36家预拌混凝土企业料棚封闭等抑尘措施落实情况，对全市检测机构进行巡检，检测机构办理资质延期5家，市外检测机构备案登记6家，防雷、消防检测机构登记备案5家，建立地基基础检测数据上传系统。开展人防工程质量巡查，对巡查中发现存在问题督促整改。开展工程质量管理标准化试点，选择5家企业、5个项目作为试点。

【建筑节能】 至2019年年底，全市绿色建筑设计达标面积376万平方米，累计施工面积418万平方米，设计达标率100%；全年新增高星级绿色建筑面积53.7万平方米。新开工装配式建筑47.72万平方米，施工面积87.06万平方米；投产装配式建筑产业基地5个，其中获批省级装配式建筑产业基地4个，年生产部品部件可建造装配式建筑200万平方米。全年竣工节能建筑386.7万平方米，新增节能建筑面积400万平方米；完成太阳能光热建筑一体化项目49个、面积217.6万平方米；完成公共建筑节能改造项目5个、面积4.38万平方米。申报2019年山东省建筑节能与绿色建筑试点示范项目，获省级绿色生态示范城镇1个、高星级绿色建筑示范2个、绿色智慧住区1个、装配式示范城区1个、装配式建筑示范工程1个、装配式建筑示范产业基地1个。

【造价管理】 至2019年年底，全市有工程造价咨询企业46家，其中，甲级企业16家，乙级企业30家，工程造价专职专业人员1100人左右；全年工程造价咨询营业收入2.3亿元，营业利润1437.65万元。全年完成申请暂定资质1家，资质变更企业5家，资质延续12家，注销资质2家。年内对14家工程造价咨询企业进行执法检查。调整2016版建筑、安装、市政、园林东营价目表（2019年新税率）。出版工程造价信息12期，涉及信息30类、2800余项。开展工程建设标准宣贯培训2次、培训200余人，对全市30个在建项目进行工程建设强制性标准监督检查。全年办理招标控制价备案办理招标控制价备案25项，工程造价7.27亿元；完成项目的工程竣工结算备案5个，工程造价7.65亿元，建筑面积33.4万平方米。

【城建档案管理】 2019年，签订档案移交合同21项，发放建设工程档案预验收意见书213项、1270个单体工程，建设工程档案合格证165项、1121个单体工程，整理工程档案10420卷。对建设系统内部业务技术档案进行收集，至年底，接收业务技术档案3049余卷，馆藏档案总数15.1万卷。对馆藏档案进行数字化加工，完成各类著录7.4万余条、扫描各类图纸文件43万余张、扫描档案4200余卷。为社会提供档案服务327人次、调阅档案878卷次。全年查询地下管线项目70个、打印各类图纸1600张，查询管线各类管线3945千米。推进中心城地下管线补测补绘工作，完成地下管线探测任务664千米。

【新型城镇化和村镇建设】 10月28日，印发《2019年全市新型城镇化建设重点任务》，加快全会农业转移人口市民化，优化城镇化空间布局，推动城市高质量发展。推进实施广饶I型小城市、大王镇新生小城市及垦利区黄河口滨海旅游小镇、利津县陈庄荻花小镇、东营区龙居林海小镇3个省级特色小镇年度建设任务，争取上级奖补资金200万元。全年建设农村公厕141座，完成投资2300万元。完成农村危房改造236户，争取上级奖补资金399.4万元。

【重点城建项目】 11月15日，北二路沿线及金湖银河片区综合开发PPP项目开工建设；同月25日，总建筑面积2.29万平方米东营市老年大学新校投入使用；12月11日，东八路生态环境综合整治项目完成湿地修复20.36万平方米；12

月25日，东营市人防宣传教育馆建成。

（市住房城建管理局　任明明）

【东营市城市建设投资集团有限公司】　按照市委、市政府部署，以市城资公司为主体，组建成立东营市城市建设投资集团有限公司，将市属城市建设投资类国有企业和国有资产整合划入，涉及16家企业、9个“事转企”单位的产权股权。12月19日，东营市城市建设投资集团有限公司揭牌。主要任务是围绕市委、市政府重大发展战略、承担城市重要基础设施、重大功能设施、重点公用事业项目的投资、建设、运营和管理，主要业务分城建、水务和供气供热三大板块。职工2534人，资产总额247亿元，全年实现自主经营收入3.88亿元，上缴税收5747万元。①资金供应。6月27日，公司主体信用评级继续被评为AA+，评级展望为“稳定”，保持全市唯一AA+运营平台地位。借助评级优势，扩大低成本融资规模，先后争取广发银行授信1.2亿元、中信银行授信2亿元、浙商银行授信3亿元，保障重点建设项目资金需求。紧盯国家政策走向，申报东营市天鹅湖城市湿地工程等26个重大民生、环保专项债项目，申报2020年专项债额度38.7亿元。其中，东营市天鹅湖城市湿地工程、西城南污水处理厂提标扩容项目纳入第三批国家发改委专项债名单，10月14日，获得省财政厅批准额度5.05亿元。获得光大银行、招商银行、民生银行等金融机构信贷支持。与农发行、邮储银行及省财金集团对接长期项目贷款融资事宜。②工程建设。7月26日，中石化济青二线至中心城气源引进项目获得中石化天然气分公司批复开口接气支持函。11月20日，市天鹅湖城市湿地工程开工，项目北起广利河、南至支脉河、西起登州路、东至广南水库东坝，占地总面积100平方千米，估算投资29亿元。12月30日，民生实事中心城公共停车场项目建成市行政审批局、市机关事务管理局2处示范点、车位75个。西城南污水处理厂项目完成施工监理招标前所有手续办理，市城资公司教育培训基地（市委党校）项目完成规划设计单位招标，市级机关战时人口疏散基地功能提升项目确定室内施工改造方案。③自主经营。河海风情街商业完成竣工验收备案，城发花园住宅、商品房竣工验收，水城庄园高层住宅、商业楼完成竣工验收备案，加大商业用房去库存力度，组织竞拍活动，回款8000万元。成立旅游投资平台工作专班，完成2艘气垫船维修保养及交付。黄河三角洲动物园狐猴岛改造、投喂口提升改造项目基本完工，天鹅乐园景观提升项目完成年度任务。4月，市奥体全民健身中心对外开放，至11月底，举办17场赛事。配合省国资委完成东营机场有限责任公司资产清产核资，向省机场集团出资份额93340万元，持股比例9.16%。

（市城市建设投资集团有限公司　高文亮）

2019年12月19日，东营市城市建设投资集团有限公司揭牌　（市城市建设投资集团有限公司供稿）

城　市　管　理

【城市供水】　2019年，市自来水公司出水总量5100万平方米，较上年同比增长11.7%，日最大供水量21.46万吨，全年实现安全运行无事故。南郊水库新增用水指标3450万立方米。投资820万元建设智慧水务平台，对广饶优质水系统进行改造。加大水质监测化验频次，全年采集水样1044个，检测参数18640个，出具检测报告410份。推广智能远传水表应用，累计安装87块。南郊水厂纯氧活性炭滤池建成，一期高纯二氧化氯系统投入运行，二期工艺更换新膜丝18万平方米。　（市自来水公司　崔洪强）

【城市供气】　至2019年年底，全市有管道燃气企业26家，天然气加气站41座、液化气站9座，中压以上燃气管网3699千米。协调胜利油田每年新增5000万立方米自产天然气指标用于居民生活。全年供天然气7.76亿立方米。实施老旧小区燃气设施改造8500户。实施智慧燃气建设，安装可视化远程监控系统设备，实现实时探测，实时报警切断，对管网重点复杂重要地段、管道附近第三方施工等远程实时监控。11月28日，印发《关于支持和规范对企业天然气用户实行直供服务的实施意见》，支持对企业天然气用户实行直供服务，降低企业用气成本。12月31日，印发《东营市燃气管理办法》，为全市规范燃气经营、使用、管理提供政策依据。

【城市供热】 至2019年年底，全市有供热企业11家，供热单位2家；有区域供热锅炉房9座，换热站546座。全市清洁取暖面积6900万平方米，中心城区基本全部实现清洁取暖。实施智慧供热建设，对东城金水南区、金水北区2009户住宅实施供热终端智能费控一体化改造。实施地热及油田污水余热供暖，分别在河口鸣翠苑和西湖印象建设40万平方米、东营区牛庄镇建设26万平方米地热供暖试点，在广饶县陈官乡建设8万平方米油田污水余热供热试点。

【城市日常管理】 推行环卫机械化湿法保洁作业，城市主次干道洒水率、洗扫率、冲洗率达95%以上。推进城市道路深度保洁，持续推行“以克论净”检测，全市城区道路尘土量控制在5克/平方米以内，全市深度保洁道路143条，占比41%。8月30日，印发《东营市城市精细化管理评价标准》，评价包括市容秩序、城市照明、数字化城市管理、城乡环卫一体化、环境卫生、园林绿化、市政设施养护、户外广告管理、施工工地管理、城管执法十方面工作，为城市管理精细化提供标准。9月起，市住房城建管理局、市自然资源局、市生态环境局、市水务局对中心城区进行日常巡查督导，下发督办单31期，督办问题696件。围绕装配式公厕建设、垃圾分类试点工作、路网优化工作、提升园林绿化水平等，推进城市精细化管理十大专项行动，解决城市管理短板。

【拆违拆临】 至2019年年底，全市排查发现存量违法建设575.83万平方米，完成治理594.41万平方米。其中，拆除新增违法建设42.84万平方米，拆除存量违法建设492.26万平方米，没收实物价值26.78万平方米，罚款并补办手续32.53万平方米。

【城管执法】 9月30日，市住房城建管理局、市公安局等5部门联合印发《城市便民摊点群设置管理导则（试行）》，规范设置城区便民摊点，取缔非法流动摊点经营行为。加强餐饮油烟治理，建成区露天烧烤全部取缔，全市大中型餐饮单位油烟净化设备安装率98%、烧烤店无烟炉具安装率100%。全市餐厨废弃物收运处理量由88吨/天提升至120吨/天。全市渣土运输全部实现公司化、规范化、密闭化管理，全市核准建筑垃圾运输企业52家，纳入监管渣土运输车689辆，全部密闭化改造、GPS实时监控。

【城乡环卫一体化】 每月委托第三方机构对全市5个县（区）40个乡镇（街道）1781个行政村203个村居进行暗访检查，发现积存垃圾问题及时反馈并督促整改，月考核成绩在东营日报、东营电视台公告。东营区全面启动城乡环卫一体化运营管理新模式，成立东营区油城环卫有限公司，全面接管全区城乡环卫业务，将全区城乡环卫工作由30余家企业运营实行化零为整、集中管理。

城市道路清扫　　（市住房城建管理局供稿）

【生态环境建设】 至2019年年底，全市建成各类公园、游园288处，新增城市绿地198万平方米、裸露土地绿化76万平方米。新增城市绿道51千米，全市城市绿道655千米。2条绿道获省最美绿道称号，3个城镇获省级园林城镇称号。推行园林绿化分级养护、精细化、园艺化管理。东营市生活垃圾焚烧发电厂二期基本完工，广饶县生活垃圾焚烧发电厂正在施工，东营区建成年处置能力50万吨的建筑垃圾消纳场，东营经济技术开发区建设7处园林垃圾处理厂，广饶县生活垃圾应急填埋场建设基本完工。做好生活垃圾填埋场、生活垃圾焚烧厂等级评价工作。

【数字城管】 实施数字城管市县区一体化建设，构建全市统一的数字化城市管理云平台，全市县区数字城管实现全覆盖，实现市县区互联互通，形成市级为一级监督指挥平台，各县区（开发区）为二级监督指挥平台“两级监督，两级指挥”数字城管指挥调度体系。完成省市数字城管系统对接工作，实现每15分钟频次向省数字城管系统推送信息。持续推进智慧城管建设，建成智慧环卫系统，实现作业质量精细化考核，清运流程集中化监管，设施智慧化管理。

【国家生态园林城市创建】 7月，东营市通过住房和城乡建设部资料审核、遥感测试。10月，东营市在创建国家生态园林城市47项考核指标中，8个否决项指标全面达标，39个扣分项中达标37项。10月28—30日，住房城乡建设部考查组到东营现场考查创建国家生态园林城市工作，并通过现场考查。12月30日，住房城乡建设部公示2019年国家园林城市系列拟命名名单，东营名列其中。

（市住房城建管理局　任明明）

房地产开发与管理

【概况】　至2019年年底，全市有房地产开发企业217家，其中，一级资质企业8家、二级资质企业18家、三级资质企业22家、四级资质企业50家、暂定资质企业119家。全年完成房地产开发投资161.4亿元，同比增长27.9%。房屋建筑施工面积1388.3万平方米，同比增长5.6%。

2019年10月，明月华庭小区建成完工　　（市住房城建管理局供稿）

【房地产市场管理】　10月31日，与中国人民银行东营市中心支行、东营银保监分局联合印发《东营市商品房预售资金监督管理办法》，加强商品房预售资金监督管理，保护预售商品房交易双方合法权益。同日，与市发展改革委等10部门印发《东营市房地产开发企业信用评价暂行办法》，进一步规范市场主体行为，构建以信用为核心新型房地产市场监管体制。12月31日，印发《东营市房地产开发经营管理办法》，加强东营房地产开发经营管理，规范东营房地产开发经营行为，促进东营房地产行业健康发展提供法律支撑。全年开展房地产市场乱象治理、房地产中介市场专项整治、房地产领域漠视侵害群众利益问题专项整治三大行动。全年检查房地产开发项目357个，下发整改通知书24份；检查房地产中介机构186家，上报典型案例32个；排查国有土地上房屋征收项目16个，上报住房租赁中介机构侵害群众利益问题典型案例1个。在全市率先开展部门联合“双随机、一公开”执法检查，加强房地产市场事中事后监管。

2019年东营市三级以上资质房地产开发企业一览表

序号	企业名称	企业地址	法人代表	资质等级
1	山东众成地产集团有限公司	东营市辽河路105号	董建华	一级
2	山东金辰建设集团有限公司	东营市东三路237号	周北平	一级
3	科达集团股份有限公司	广饶县大王经济技术开发区	刘锋杰	一级
4	山东万达地产有限公司	东营市府前大街67号	高兴军	一级
5	山东海通地产有限责任公司	东营市沂河路206号	张俊林	一级
6	胜利油田胜利房地产开发有限责任公司	东营市北二路468号	韩允祉	一级
7	山东新邦房地产开发有限责任公司	东营市北二路318号	刘德功	一级
8	山东胜通房地产开发有限公司	垦利区新兴路377号	王银河	一级
9	东营恒瑞地产有限公司	东营市淄博路63号	李晓明	二级
10	东营市胜中房地产开发有限责任公司	东营市物华苑小区	祝　昆	二级
11	山东鑫都置业有限公司	东营市济南路20号	刘春霞	二级
12	山东高速绿城置业投资有限公司	东营市宁阳路41号	栾　滨	二级
13	胜利油田胜宏置业有限公司	东营市东三路186号	聂雪强	二级
14	东营大海房地产开发有限公司	东营市东四路西、府前大街南	明　欣	二级
15	山东东辰佳日置业有限公司	东营市康洋路168号	张振武	二级
16	山东康力集团有限公司	东营市莒州路57号	薛立林	二级
17	山东景港房地产有限公司	东营市东四路56号	姜子军	二级
18	伟浩建设集团有限公司	东营市沂州68号	许孝和	二级
19	东营中建国际置业有限公司	东营市府前大街59号	蒋金木	二级
20	东营富海房地产开发有限公司	河口区黄河路37号	樊相军	二级
21	东营市明珠置业有限公司	垦利区中兴路291号	颜廷福	二级
22	山东凯泽房地产开发有限公司	广饶县花苑路132号	徐春燕	二级
23	东营渤海房地产开发有限公司	广饶县东辛路东	王福东	二级
24	东营市豪帝利置业有限公司	广饶县红旗路19号	孙宜刚	二级
25	山东金宇房地产开发有限公司	广饶县大王镇政府驻地	马　岩	二级
26	山东驰扬房地产集团有限公司	广饶县付家路565号	卢　云	二级

续表

序号	企业名称	企业地址	法人代表	资质等级
27	山东龙德置业有限公司	广饶经济开发区8号路北	张玉波	三级
28	东营市金达源房地产开发有限责任公司	东营市北一路301号	赵洪修	三级
29	东营华都置业有限公司	东营市香山路815号	胡志强	三级
30	东营市祥泰房地产开发有限责任公司	东营市东三路111号	李志杰	三级
31	山东地球村置业有限公司	东营市府前大街128号	闫爱春	三级
32	山东新汇置业有限公司	东营市胶州路东、沂河路北	刁　锋	三级
33	山东新汇建设集团有限公司	东营市胶州路532号	刁　锋	三级
34	山东凌上置业有限公司	东营市北一路1512-1号	边盛国	三级
35	东营恒大华府置业有限公司	东营市南一路东营软件园	胡　晴	三级
36	东营科英置业有限公司	东营市府前大街65号	宋振林	三级
37	山东燎申置业有限公司	东营市东四路45号	管耀梅	三级
38	东营胜兴置业有限公司	东营市北一路248号	萧德迎	三级
39	东营天华房地产开发有限公司	东营市运河路421号	徐九增	三级
40	东营市远创现代置业有限公司	河口区黄河路87号	高玉君	三级
41	东营长城房地产开发有限公司	广饶经济开发区	汪广山	三级
42	东营华东房地产开发有限公司	广饶县迎宾路南	项跟臣	三级
43	东营亚泰置业有限公司	广饶县花苑路北	吴克孟	三级
44	东营市鲁星房地产开发有限公司	广饶县新天地文化商务中心南	任建平	三级
45	山东华瑞房地产有限公司	广饶县华瑞荷塘月色小区	张金霞	三级
46	利津金桥置业有限公司	利津县利一路8号	于　洋	三级
47	东营市源通房地产开发有限责任公司	利津县陈庄镇商贸城	赵光彦	三级
48	山东渤海峰源置业有限公司	广饶县兵圣路278号	李继刚	三级

【房产交易】 全年办理房产测绘成果备案285宗；建立房屋楼盘表2462幢，89123套，面积1113.22万平方米，其中，期房469幢，27257套，面积289.81万平方米；现房1993幢，61866套，面积823.41万平方米。办理商品房项目现售备案189宗，办理商品房现房网上签约备案3254套、面积49.27万平方米、成交金额22.11亿元，存量房买卖合同网签备案578宗，房屋抵押备案15421宗，办理房产交易与产权信息确认31375件，核验房源34736套，审核购房资格237起。整理房屋档案10400余件，办理查封、解封、行政限制业务4813宗，面向社会提供房屋信息或档案查询6万余人次，出具市区房屋权属信息证明及网签备案信息证明34820份。11月11日，"智慧房产"系统试运行，与市政府大数据平台、公示链接网站、不动产登记平台完成对接，至年底，投入运行。

河口区六合街道办事处协胜村棚改安置房　（市住房城建管理局供稿）

【保障性住房】 全市棚户区改造实际开工2959套，基本建成棚户区改造安置住房5405套，发放城镇住房保障家庭租赁补贴758户，分别完成省定年度任务101.8%、184.8%、106.8%。城镇住房保障家庭租赁补贴发放范围扩大至新就业无房职工和在城镇稳定就业的外来务工人员。全年争取上级资金10688万元，配合发行棚户区改造专项债券7.02亿元。东营入选全省唯一的全国首批公租房信息系统建设试点城市，全市政府投资公租房及其保障对象信息、城镇住房保障家庭租赁补贴发放信息全部按期录入系统并上线运行。

【物业管理】 7月2日，印发《东营市深化"标准建设年"暨"走百家门、知百家情、解百家忧"活动实施方案》，对各项工作进行部署。9月21日，开展物业服务项目观摩交流活动，全面推广东营海通智慧物业集成指挥中心等项目经验做法。实施智慧物业，建立东营区智慧物业管理平台，实现实时监管、投诉排行、信用查询、业主表决、打分考评等功能。实施老旧小区改造，全市列入2019年中央、省财政补助支持改造计划小区10个，总建筑面积6.4万平方米、597户，对水电管线改造、路面硬化等进行改造，至年底，全部开工。全市归集住宅专项维修资金16.64亿元，使用3374万元。

2019年东营市主要物业服务企业一览表

序号	企业名称	公司地址	联系方式
1	山东胜洁物业管理有限公司	东营市千佛山路17号	7781788
2	山东镇洋物业服务有限公司	东营市太行山路鑫都商务楼	7922678
3	东营海通物业服务有限责任公司	东营市府前大街72号	15615927666
4	东营里奥物业服务有限公司	东营区六户镇村镇建设服务站	8235778
5	山东彩通物业管理有限公司东营分公司	东营市燕山路一品花园	15606477050
6	大连万象美物业管理有限公司东营分公司	东营市北一路甲级写字楼	8169567
7	深圳市住宅物业管理有限公司山东分公司	东营市滨溪北路	8220798
8	绿城物业服务集团有限公司东营分公司	东营市理想之城锦兰园	8176077
9	东营金基物业服务有限公司	东营市宁阳路8号	13356618932
10	东营阳光物业服务有限责任公司	东营市淄博路63号	13954609868
11	东营鹏飞物业服务有限公司	东营市曹州路5号	15550517776
12	东营市众成物业管理有限责任公司	东营市辽河路105号	8302729
13	山东胜宏物业服务有限公司	东营市东三路186号	8957070
14	东营伟浩物业服务有限公司	东营市曹州路5号	13361511408
15	东营市金辰物业管理有限公司	东营市东三路237号	8311858
16	东营新邦物业管理有限责任公司	东营市大渡河路509号	13563379881
17	山东蔚蓝物业服务有限公司	东营市黄河路38号	18854637577
18	东营大海物业管理有限公司	东营市府前大街70号	8052000
19	东营市恒诚物业管理有限公司	东营市沂河路北、滨州路东	15615069313
20	东营市城发物业服务有限责任公司	东营市南二路与东三路口	15315052151
21	东营宏基园物业服务有限公司	东营市南一路228号	8010060
22	山东佳美物业服务有限公司	东营市曹州路129-402号	18678661506
23	东营市金融港物业服务有限公司	东营市府前大街55号	7269966
24	北京阳光壹佰物业服务有限公司东营分公司	东营市东四路25号	18240146788
25	东营富海物业管理有限公司	河口区黄河路37号	6083777
26	山东科达物业服务有限责任公司	东营市胜利大街18号	8090086
27	东营齐韵物业服务有限责任公司	东营市东三路180号	18615461678
28	东营港湾物业服务有限公司	东营市辽河路36号	13963376337
29	东营景港物业管理有限公司	东营市东四路56号	18854690999
30	东营市鼎成物业管理有限责任公司	东营市府前大街98号	13963360586
31	山东鹏基物业管理有限公司	东营市府前大街55号	13793970207
32	深圳市永红源物业服务有限公司垦利分公司	垦利区水岸佳苑东	13854620739
33	山东众居物业服务有限公司	垦利区胜利路195号	15318333517
34	东营锦绣物业服务有限公司	东营市庐山路1188号	18654661907
35	东营环渤海物业服务有限公司	垦利区明珠大厦	13082608572
36	深圳市彩生活物业管理有限公司东营分公司	东营市广兴路	7771798
37	山东明德物业管理有限公司东营分公司	东营市如意街9号	8203688
38	东营和美物业服务有限公司	东营市济南路20号	7907117
39	东营清怡物业服务有限公司	东营市辽河路105号	13792072888
40	胜利油田馨雅物业有限责任公司	河口区孤岛镇永兴路197-1号	18860671598
41	东营市通海安洁物业服务有限公司	河口区黄河路87号	8679918
42	东营天海物业有限责任公司	河口区河滨路349号	13356621007
43	东营新科信物业有限公司	河口经济开发区	13954657018
44	东营温馨物业管理有限公司	广饶县花苑路132号	13255620039
45	广饶县鑫昊物业管理有限公司	广饶县义乌装饰材料城	18954651333
46	东营市金源物业管理有限公司	广饶县兵圣路241号	6929502
47	东营市金宇物业管理有限公司	广饶县大王镇泰山路6号	13906473801
48	山东洁美物业服务有限公司	利津县利二路南、津六路西	13954628988
49	东营佳美物业管理有限责任公司	东营市惠州路52号	13406131117
50	东营市合佳物业管理有限责任公司	东营市登州路69号	6327688
51	利津县津苑物业管理有限责任公司	利津县凤凰社区办公楼	13361521207
52	东营盛峰物业服务有限公司	利津县利二路西	13371501015

续表

序号	企业名称	公司地址	联系方式
53	利津天海物业有限责任公司	河口区河滨路349号	7712299
54	东营利城物业服务有限公司	利津县利一路金凤凰大厦	15006843888
55	东营风和物业服务有限公司	利津县津三路59号	18554623638
56	利津县政和物业服务有限公司	利津县盐窝镇盐中村	15066037741
57	东营市达丰物业服务有限公司	东营市府前大街117号	13305466621
58	东营市万达物业服务有限责任公司	东营市府前大街67号	13864732777
59	山东翔逸物业服务有限公司	东营港经济开发区仙河镇文化路2号	8582328
60	胜利油田玉山物业管理有限公司	东营市淄博路西首	8511767

（市住房城建管理局　任明明）

【不动产登记】 2019年，全市办理不动产登记证书14.5万本，发放油田不动产登记证书4.3万本，解决9个小区7255套住房的历史遗留问题，不动产登记办理时间由5天压缩至3天。

（市自然资源局　巴玉柱）

住房公积金管理

【公积金归集】 至2019年年底，全市有4475个单位建立住房公积金制度，覆盖职工24.5万人，年内新建单位732个，新增缴存职工27092人，归集住房公积金29.05亿元，完成任务108%，同比增长11%。累计归集住房公积金210.8亿元，归集余额74.87亿元。

【公积金使用】 贷款审批由10个工作日压缩至3个工作日。全年为3117人发放个人住房公积金贷款8.56亿元，完成任务122%。职工提取住房公积金20.97亿元，完成任务110%，同比增长3%。累计为6.3万名职工家庭发放住房公积金贷款120.76亿元，累计提取住房公积金135.93亿元。

【资金管理】 10月17日，修订《东营市住房公积金资金管理办法》，将受委托业务办理及风险管控纳入考评内容，评价结果与住房公积金资金存款挂钩，调动承办银行办理公积金业务积极性。全面开展电子检查，建立起常态化的整改工作机制，每月筛查“风险隐患疑点”。全年实现业务收入2.28亿元，业务支出1.3亿元，实现增值收益9756.93万元，完成任务121.96%，同比增长6.69%，提取公共租赁住房建设资金8484.39万元，累计提取公共租赁住房建设资金5.19亿元。

【信息化工作】 建成集网站、网厅、手机APP、微信公众号、服务热线等八大渠道于一体综合服务平台。依托市大数据平台和云平台系统，将更多线下业务引入“网上办”“掌上办”。公积金云平台3.0系统上线运行，实现业务全城通办、“一窗受理、一次办好”。至年底全市单位网厅开通751家，受益职工占缴存人数87%，个人网厅注册12.2万人，微信公众号关注8.53万人，业务离柜率提升至68.4%。

（市公积金管理中心　刘庆辉）

生态环境

自然资源管理

【自然资源保障】 发布2019年东营市建设用地指标分配计划、市本级国有建设用地供应计划，省自然资源厅下达东营土地利用年度计划指标217.07公顷，争取指标94.07公顷，优先为东营经济技术开发区稀土催化研究院、东营港蓝色经济产业园固废处置中心、东营综合保税区保税仓库等项目用地。发布2019年中心城区房地产用地供应、土地储备和开发整理计划，中心城区储备土地199.73公顷，供应土地36.2公顷，其中公开出让34.2公顷、总收入9.25亿元。做好批而未供和闲置土地处置工作，处置批而未供38.2公顷，闲置土地117.8公顷。推动挂钩节余指标跨市县交易298余公顷、收益15.7亿元。

【生态保护修复】 严守耕地保护红线，全市划定基本农田储备区0.67万公顷，耕地22.87万公顷、基本农田17.87万公顷得到保护。实施土地整治5933.33公顷，新增耕地1666.67公顷，交易占补平衡指标196.67公顷、收益4.9亿元。印发《东营市湿地城市建设方案》《东营市重要湿地和一般湿地认证调整办法》，建立湿地保护名录和分级管理体系，实施天鹅湖城市湿地、白鹭湿地建设工程，全市湿地面积46万公顷，湿地保护率51.29%，修复退化湿地2.6万公顷。开展卫片执法检查，打击毁坏耕地、非法占用林地等行为，全市违法用地面积和违法占用耕地面积比例为6.16%、3.12%，推进森林督查问题整改，查处违法占用林地及非法采伐图斑18个。推进"大棚房"问题专项清理，整改"大棚房"30处。开展"违建别墅"整治，清理"违建别墅"2处。推进中央环保督察问题整改，完成275家无土地手续、361家无规划手续化工企业整改。

【矿产资源管理与测绘地理信息】 与中国石化集团新星石油有限责任公司合作，破解矿业权重叠难题，正办理河口地热开发区块采矿许可手续。印发《东营市2019年度汛期地质灾害防治方案》，加强地质汛期地质灾害应急值守。印发《东营市矿山地质环境保护与综合治理规划》，开展矿业安全生产综合大整治行动。智慧东营时空大数据与云平台建设国家级试点项目完成地理信息公共服务平台框架数据省市联动更新试点，保证数据现势性。开展全市测绘地理信息市场专项检查督查工作，规范全市测绘地理信息市场秩序。

【林业资源与产业】 实施"绿满黄河口·美丽新东营"国土绿化行动，全年人工造林5333.33公顷，创建省级森林乡镇2个、省级森林村居25个，市级森林乡镇3个、森林村居120个。8月20日，启动"市树、市花、市鸟"评选；10月24日，"国槐"确定为市树、"荷花"确定为市花、"东方白鹳"确定为市鸟。发挥龙头企业带动作用，建设"林苗一体化"、田园综合体和现代苹果生产示范基地；引进林果新品种，引导果园与观光旅游、休闲采摘等相结合，走复合式经营、高效化生产路子。至2019年年底，全市有"省级十佳观光果园"6处，"省级经济林标准化示范园"18处，"齐鲁放心果品"品牌6个；拥有马德里国际注册商标1件，国内注册商标2件。

（市自然资源局　巴玉柱）

环　境　保　护

【环境质量】 环境空气质量。2019年，全市环境空气质量综合指数为5.42，列全省第5位；优良天数为222天，列全省第5位；重污染天数13天，列全省第9位。6项主要污染物中，二氧化硫（SO_2）浓度为15微克/立方米，列全省第9位；二氧化氮（NO_2）浓度为36微克/立方米，列全省第9位；可吸入颗粒物（PM_{10}）浓度为89微克/立方米，列全省第6位；细颗粒物（$PM_{2.5}$）浓度为48微克/立方米，列全省第5位；一氧化碳（CO）为1.5毫克/立方米，列全省第6位；臭氧（O_3）为200微克/立方米，列全省第11位。

大气降水。2019年全市降水pH值在6.23~7.14，无酸雨出现。

水环境质量。全市国控地表水考核断面水质优良（Ⅰ~Ⅲ类）比例、劣Ⅴ类比例均达到年度考核要求，国控河流黄河水质稳定达到Ⅱ类标准，广利河、神仙沟、挑河3条国控入海河流化学需氧量、氨氮平均浓度为23.07毫克/升、0.48毫克/升；小清河、阳河、织女河、支脉河、太平河、溢洪河6条省控河流化学需氧量、氨氮平均浓度分别为25.68毫克/升、0.65毫克/升，同比分别改善12.3%、18.06%；11条市控河流的18个市控断面主要污染物化学需氧量、氨氮平均浓度为23.88毫克/升、0.63毫克/升，同比分别改善22.74%、14.99%。

地下水环境质量。全市城市饮用水源保护区地下水水质全部达到Ⅲ类标准，抽测的工业聚集区地下水水质均为Ⅴ类。

海洋环境质量。2019年，东营市近岸海域水质总体呈改善态势，优良（一、二类）面积比例为43.3%，较上年增长9.3%；三类水质面积比例为30.1%，同比增长12.2%；四类水质面积比例25.6%，同比增长8.5%；劣四类水质面积比例为1.0%，同比下降30.1%。

声环境质量。①功能区噪声。2019年，全市省控功能区中西小区等4个1类功能区昼间噪声达标率为100%、夜间噪声达标率为75%，八分场等4个2类功能区昼间噪声达标率为100%、夜间噪声达标率为100%。②区域环境噪声。全市建城区昼间平均等效声级为53.7分贝，噪声总体水平二级，评价为较好。③道路交通噪声。全市建城区17条主要交通道路的53个路段监测点昼间噪声值为64.2~69.4分

环境质量监测　　　　（市生态环境局供稿）

贝。全市建城区交通道路噪声强度为一级的路段占70.6%，二级的路段占29.4%，交通道路噪声质量为好。

【环境管理】 ①完善环境管理。落实生态环保“党政同责、一岗双责”，压紧压实环保政治责任，建立党政主要领导为主任的市生态环境保护委员会。市人大常委会开展全市环保执法检查，定期听取并审议市政府环保情况报告，对重大环境问题组织专题询问。市政协组建4支环保督查调研队伍，每月开展督查调研，并及时向市委报告情况。制定“1+1+8”系列方案，明确标准要求和量化指标，对重要任务配套制定任务清单。实施专班推进制度，制定工作导则和标准，统筹推动各项工作落到实处。②环境问题整治。3月26日，印发《2019年东营市水气土污染整治专项行动实施方案》，明确全市环境质量改善工作目标、重点任务分工及保障措施，至年底93项水气土污染治理工程有85项达到时间进度，完工61项。强化环保督察问题整改，健全整改销号和督战复核制度体系，推动各项整改任务有序推进。4月29日，印发《东营市环境保护督察整改督战工作方案》，成立全市10支督战队伍，对全市中央、省环保督察及“回头看”反馈问题及信访件整改工作进行督战督导复核。12月31日，印发《东营市贯彻落实中央生态环境保护督察“回头看”及大气污染防治专项督察反馈意见整改方案》，明确整改目标、整改措施、时间节点和责任单位。至年底，中央、省环保督察及“回头看”101项反馈问题整改完成37项，1211件信访案件销号报备1191件。③创新工作方式。11月4日，印发《东营市环境违法行为举报奖励暂行规定》，鼓励群众举报身边的环境污染问题。至年底，办理环境违法行为有奖举报14件，累计发放举报奖励金额3.5万元。“智慧环保”一期项目建设完成，完成生态环境大数据中心，一站式工作访问平台和三大业务应用系统（大气环境综合质量管理、污染源一证式和环境网格化监管）建设。

【环境监察】 2019年，围绕全市“水气土污染整治专项行动”中心工作，以改善环境质量、维护群众健康为目标，贯彻落实年度环境监察工作计划，开展环境监管执法。①抽调160人参加蓝天保卫战重点区域强化督查、全国集中式饮用水水源地强化监督督查等生态环境部、省生态环境厅组织的各类执法检查行动。②加大重点企业环境监察力度，开展污染源随机抽查工作，及时更新污染源数据，实现动态管理。③开展综合执法和执法联动，统筹全市生态环境执法力量，聚焦执法办案主责主业，开展“2019·铁拳治污”行动，解决多头执法、重复执法问题和各类环境突出问题，全年下达行政处罚决定书549件，处罚总金额4191.44万元。

【环境监测】 东营生态环境监测中心编写的《2018年环境质量报告书》，在中国环境监测总站组织的质量检查中，位居全国市级站第43名、全省第4位。在2019年中国环境监测总站组织的能力考核中，东营生态环境监测中心被评为85家优秀单位之一。东营生态环境监测中心获全国监测大比武省级赛团体三等奖，在65支参赛队伍中位列第7名，在市级站中位列第6名。12月22日，东营生态环境监测中心通过省质量技术审查评价中心组织的资质认定（扩项）现场评审。①对5个“采测分离”国控河流断面、23个“采测分离”省控河流断面和38个市控河流断面进行监测。对8个饮用水源地水质环境质量进行监测。对151家重点排污单位进行监督性监测。开展石化、化工行业重点企业的VOCs监测工作。全年累计编制监测报告190余份。②与中国石油大学（华东）联合修订的《固定污染源废气氟化氢的测定离子色谱法》国家标准于12月31日经生态环境部发布实施。

【环境宣传】 ①加大宣传力度。在东营电视台新闻频道、《东营周刊》定期播发各县区环境质量状况，市生态环境局被评为中国环境报宣传工作先进单位、山东新闻宣传报道工作三等奖。②环境日宣教活动。5月13日，印发《2019年“六五”环境日宣传教育活动方案》。6月5日，开展以“蓝天保卫战，我是行动者”为主题的“六五”环境日宣传教育活动，向社区居民发放环保宣传资料和环保购物袋。启动并命名144名“黄河口环保小卫士”，其中50名争创为“齐鲁环保小卫士”；启动并命名50户市级“绿色家庭”，其中3户争创为省级“绿色家庭”。向全市绿色学校、绿色社区、环境教育基地、齐鲁环保小卫士发放宣传单500余份。③生态示范创建。组织海河小学等5所学校申报省级第八批绿色学校;组织府前社区等2家社区申报省级第七批绿色社区;组织东营黄河三角洲三峰生态能源有限公司申报省级第五批环境教育基地。④油城环保世纪行。3月22日,举行油城环保世纪行工作会议暨2019年活动启动仪式,表彰2018年度油城环保世纪行好新闻,启动以"向异味污染宣战"为主题的油城环保世纪行活动,分两批次组织集中采访活动。⑤生态环保"一网两微"建设。2019年在微信公众平台发布图文消息1056条,在新浪微博编转微博2070条,全方位、多角度、立体化展示环保成效。 (市生态环境局　张晗)

山东黄河三角洲国家级自然保护区

【概况】 山东黄河三角洲国家级自然保护区(以下简称自然保护区)是以保护黄河口新生湿地生态系统和珍稀濒危鸟类为主体的湿地类型自然保护区,1992年10月由国务院批准建立,同年12月成立自然保护区管理局。2019年10月更名自然保护区管理委员会。自然保护区总面积1530平方千米,分为南北两个区域。南部区域位于现行黄河入海口,面积1045平方千米;北部区域位于1976年改道后的黄河故道入海口,面积485平方千米。

自然保护区是中国暖温带最年轻、最广阔、保存最完整的湿地生态系统。区内有各种野生动物1626种,鸟类368种,国家一级重点保护鸟类有丹顶鹤、东方白鹳等12种,国家二级保护鸟类有大天鹅、灰鹤等51种。每年春、秋候鸟迁徙季节,数百万只鸟类在这里捕食、栖息、翱翔,成为东北亚内陆和环西太平洋鸟类迁徙重要的中转站、越冬栖息地和繁殖地。区内有各种植物685种,盐地碱蓬、柽柳和罗布麻在自然保护区内广泛分布,是中国沿海最大的新生湿地自然植被区。2019年,自然保护区接待游客60.12万人次,同比增长99.2%;门票收入1871.65万元,同比增长8.43%;综合收入2602.87万元,同比增长16.77%。

鸟类越冬栖息　(杨斌摄)

【保护管理】 ①规划编制。11月,论证黄河三角洲生态文明展示区、国家级研学旅行示范基地、生态保护修复工程、清水沟流路生态补水工程4项重大工程,计划总投资205.26亿元。12月,完成《黄河三角洲国家级自然保护区生态保护与修复专项规划(初稿)》。②申请申报。9月27日,市委常委会专题研究自然保护区申遗事宜,启动申遗准备工作。推进国家重要湿地申报工作,上报《国家重要湿地申报书》,调整后国家重要湿地面积9.6万公顷,10月通过国家林草局现场验收。③环保整治。中央、省环保督察及"回头看"反馈问题达到进度要求。"绿盾"专项行动纳入省台账调度3类问题1391项,至年底,完成1371项,剩余涉及油田生产设施、供电能源设施等20项达到进度要求。④海上执法。召开海域秩序治理工作推进会,建立联合巡逻执法制度。与公安、边防等部门对垦东17号闸区域开展集中整治,整治泊靠码头和驱离渔船。与检察部门达成推进案件办理、开展战略合作等共识。⑤涉法涉诉。对土地承包、工程建设等历史遗留问题进行排查,涉及案件34起,依法推进解决。至年底,审理并执行到位13件、审理12件。⑥安全生产。重点抓好水上旅游安全、野生动物疫源疫病防控等工作。实行安全专家查隐患制度,全年排查隐患2次,发现问题14个,全部整改完成。建成黄河口应急救援基地,提升应急救援和处置能力。

【重点工程】 ①湿地生态修复工程。编制"1+3"(1即水资源配置与水系连通总体规划,3即黄河口、大汶流、一千二3个专项规划)规划,形成水系大循环、小循环框架方案。实施总投资1.07亿元的黄河三角洲国际重要湿地保护与恢复工程,建设生态补水设施、鸟类生境改善、植被多样性保护、科研监测工程和宣传教育五大工程，至年底土方、涵闸、观鸟屋等工程完工。利用沉淀资金实施四河故道生态恢复试验项目。生态用水补水6370万立方米，创历年新高。②“河海交汇”河上游线项目。引进洲际船务集团（青岛）管理团队，订制黄河入海游船，新建黄河口气垫船码头，市城资公司2艘气垫船投入使用。启动“河海交汇”远程视频观览项目。③“野生鸟类”（黄河口湿地观鸟科普园）项目。依托1000公顷湿地恢复区，统筹规划设计观鸟线路，打造黄河三角洲湿地观鸟科普廊道。安装黄河口湿地风光元素电动大门，建设服务站2处。建设鸟类观测站2处、观鸟帐篷2个、观鸟掩体1处，购置观鸟专用车7辆，形成“一路、两屋、三站、三节点”观鸟布局。

【科研工作】 ①野生动物疫源疫病防控。修订《山东黄河三角洲国家级自然保护区野生动物疫源疫病监测与防控应急预案》，提报测疫情信息报告单501份，全年无疫情发生。②鸟类调查与监测。实现巡护监测常态化。参与国际湿地中国办事处黄渤海水鸟同步调查，监测到区内水鸟85种162265只。新建东方白鹳人工巢60处，开展东方白鹳、黑嘴鸥繁殖期调查与环志工作，全年东方白鹳繁殖105巢、306只累计繁殖雏鸟1639只，成为全球最大的繁殖地。黑嘴鸥繁殖6632只，成为全球第二大繁殖地。参与中国野生动物保护协会迁徙鹤类同步调查，白鹤迁徙种群2356只，发现越冬白鹤134只，成为全球第二大越冬地。③基础科学研究。完成昆虫种类调查，昆虫调查鉴定512种，其中，99种为山东省新记录，出版图书《山东黄河三角洲国家级自然保护区昆虫》；完成大型底栖动物调查研究，出版《山东黄河三角洲国家级自然保护区大型底栖动物》；完成保护区土壤研究，撰写《黄河三角洲国家级自然保护区土壤基础性质研究》。建设8.67公顷互花米草防治及盐地碱蓬恢复示范区，为潮间带综合恢复提供科技支撑。

（黄河三角洲国家级自然保护区管委会　董希莹）

科学技术

科技工作

2019年5月20日，2019年东营市科技活动周启动仪式暨创新型城市建设专题报告会举行（市科技局供稿）

【概况】 2019年，全市高新技术产业产值同比增长15.16%，占全市规模以上工业总产值比重为32.12%。全市高新技术产业产值增幅居全省第1。全年争取省级以上科技计划项目289项，获上级1.93亿元资金支持；下达市级科技计划项目117项，资金3069.6万元。新增省级农科驿站5家、认定高新技术企业89家，其中，新认定高新技术企业57家，同比增长27.7%，全市高新技术企业总数263家。新增省级农科驿站7家、市级农业科技园区3家、批准建设市级农业科技园区6家，新备案院士工作站7家，新认定市级重点实验室43家、市级技术创新中心10家，新备案市级科技企业孵化器11家、众创空间15家。全市现有省级重点实验室5家，市级重点实验室116家，院士工作站24家，省级以上工程技术研究中心41家，市级以上科技企业孵化器15家、众创空间27家。全年技术合同成交额56.9亿元，居全省第5。获国家科技进步奖一等奖1项、二等奖6项，省科技进步一等奖2项。5月20—26日，举办2019年东营市科技活动周。11月7日，国家创新型城市建设战略研究课题通过科技部验收。12月14日，创新型城市建设三年行动计划通过论证。

【转型升级】 ①关键共性技术。围绕全市“5+2+2”产业创新能力提升，建立动态管理市级科技项目库，全年入库项目181项。全年争取省级以上科技计划项目295项，其中，省重点研发计划项目12个、厅市联合项目4个，获上级20691万元资金支持，是往年平均值6倍；下达市级科技计划项目117项，资金3069.6万元。②现代高效农业。实施“黄河三角洲渔业园区绿色生产模式创新与示范”等各类升级计划项目，全年争取资金2342万元。围绕耐盐抗逆作物选育、降盐技术集成等盐碱地农业瓶颈问题，实施中科院科技服务网络（STS）计划“黄河三角洲现代生态农业技术系统集成示范”项目。③产业创新平台。1月14日，与东营港经济开发区联合成立的山东省高端石化创新创业共同体纳入省级行列。

【企业创新】 ①壮大规模。全年认定高新技术企业89家，其中，新认定高新技术企业57家，同比增长27.7%，全市高新技术企业总数263家。山东国瓷功能材料股份有限公司、胜利油田新大管业科技发展有限责任公司等10家企业被评为全市“十强”高新技术企业；山东九章膜技术有限公司、山东大东联石油设备有限公司等10家企业被评为全市“十新”科技型企业。开展高企申报等系列政策宣讲4次、培训企业407家。新认定市级科技型企业70家，全市市级科技型企业总数476家。完善全市科技型中小微企业信息库，科技部备案科技型中小企业221家，省级科技型中小微企业备案292家。②降低研发成本。支持全市科技型企业使用创新券，全年使用省级创新券55单，发放省级、市级创新券补助及供给方奖励30万元。全市入网大型科学仪器设备650台（套），同比增长10%，仪器原值4.8亿元。为98家高新技术企业减免税收，为297家科技企业落实研发费用加计扣除18.36亿元。③融资破解。4月24日，市科技局、市财政局、人行东营市中心支行、东营银保监分局联合印发《东营市科技成果转化贷款风险补偿资金管理办法》，采取省、市县（区）、合作银行分别承担35%、35%、30%比例共担服务模式，单户企业贷款最高1000万元。与全市14家科技银行签订合作协议，新开发科技信贷产品4个，全年17家科技型企业获融资1.08亿元，平均贷款利率5.6%。8月15—16日，举办第八届中国创新创业大赛（山东赛区）暨2019年全省中小微企业创新竞技行动计划（新材料领域），全市28家企业获省创业创新奖，2家进入全国创新创业大赛，44家企业获贴息资格。

2019年东营市新认定高新技术企业名单

（共89家）

山东永利精工石油装备股份有限公司
山东柯林瑞尔管道工程有限公司
东营汉威石油技术开发有限公司
东营万邦石油科技有限责任公司
胜利油田胜利泵业有限责任公司
山东创新石油技术有限公司
胜利油田海胜石油机械制造有限公司
山东万海柜架有限公司
东营嘉扬精密金属有限公司

东营立洋化工有限公司
胜利油田恒达电气有限责任公司
山东双益电气有限责任公司
东营泰尔石油技术有限公司
胜利油田物华石油装备制造有限公司
中石化石油工程设计有限公司
山东天通智能工程有限公司
山东金宇杭萧装配建筑有限公司
东营市纽兰西石油技术有限责任公司
东营同博石油电子仪器有限公司
山东厚俞实业有限公司
山东兆鑫石油工具有限公司
胜利方兰德石油装备股份有限公司
胜利油田新胜石油物探技术服务有限责任公司
山东瑞奥智能设备股份有限公司
东营市汉德自动化集成有限公司
东营市利民无害化处理有限公司
胜利油田金岛华瑞工程建设有限公司
东营易翔信息科技有限公司
胜利油田金色河口石化工程有限公司
胜利油田胜利石油仪表厂
欧米勒电气有限公司
山东垚坤模具有限公司
山东明珠专用汽车制造有限公司
山东明珠石油装备制造有限公司
东营石大胜华新能源有限公司
山东石大胜华化工集团股份有限公司
东营宝丰汽车配件有限公司
山东万得福生物科技有限公司
胜利油田方圆化工有限公司
东营市禾成化学科技有限公司
东营旺豪化工有限公司
山东宇佳新材料有限公司
东营市江润石油科技发展有限公司
东营市铁人石油机具有限公司
东营市正泽环保科技有限公司
山东东源新材料科技有限公司
东营正宇防水材料有限公司
东营银桥化工有限责任公司
中触媒华邦(东营)有限公司
山东恒鹏卫生用品有限公司
东营市方兴橡胶有限责任公司
山东鲁宁药业有限公司
山东万圣博化工有限公司
山东华盛橡胶有限公司
赛轮(东营)轮胎股份有限公司
东营市铁人抽油杆有限公司
山东晟瑞新材料有限公司
山东工力机械有限公司
胜利油田胜鑫防腐有限责任公司
东营市勘察测绘院
东营市瑞丰石油技术发展有限责任公司
东营俊富净化科技有限公司
山东得顺源石油科技有限公司
胜利油田大源节能设备有限公司
东营市飞达信息网络科技有限公司
山东旭博智能工程有限公司
东营友信软件有限公司
山东卓文信息科技有限公司
山东卓智软件股份有限公司
山东美创生物科技股份有限公司
山东立鼎石油科技有限公司
东营网宁软件科技有限公司
山东陆宇塑胶工业有限公司
山东泰航信息技术有限公司
东营仪锦能源科技有限公司
山东德仕化工有限公司
东营华亚国联航空燃料有限公司
胜利油田北方实业集团有限责任公司
山东神驰石化有限公司
山东欧铂新材料有限公司
山东冠森高分子材料科技股份有限公公司
山东道一医药科技有限公司
东营市金凤凰化工股份有限公司
山东万达海缆有限公司
山东大明精细化工有限公司
山东元正检测技术有限公司
亿利洁能科技(广饶)有限公司
东营华泰清河实业有限公司
东营市日盛农业发展有限公司

【创新创业平台】 2019年,新增省级农科驿站5家、市级农业科技园区3家、批准建设市级农业科技园区6家,新备案院士工作站7家,新认定市级重点实验室43家、市级技术创新中心10家,新备案市级科技企业孵化器11家、众创空间15家。全市现有省级重点实验室5家,市级重点实验室116家,院士工作站21家,省级以上工程技术研究中心41家,市级以上科技企业孵化器15家、众创空间27家。①政策支持。围绕规模以上工业企业研发机构、产业技术研究院等开展专题调研,印发《东营市技术创新中心管理办法》《东营市重点实验室管理办法》等10余项文件,进一步规范全市省级众创空间、科技企业孵化器等管理。②省级平台。全市纳入省级技术创新中心培育库11家。山东省纤维增强塑料石油管道工程技术研究中心、山东省造纸废弃物综合利用重点实验室分别为优秀、良好,分获省级奖励100万元资金支持。北京航空航天大学东营研究院获中央引导地方科技发展资金200万元支持。③市级平台。对10家市级重点实验室进行验收、绩效评价。全市市级重点实验室总数116家。胜利创新孵化器有16个创新团队、8家初创期科技企业入驻,开展创新创业训练营等。

2019年东营市新备案省级院士工作站一览表

企业名称	合作院士	院士工作单位
胜利油田中心医院	李兆申	海军军医大学长海医院
利华益维远化学股份有限公司	钱逸泰	中国科学技术大学
东营市众兴农业科技开发有限公司	赵振东	山东省农科院作物所
东营广元生物科技股份有限公司	石学敏	天津中医学院第一附属医院
山东天星农业技术开发有限公司	龙乐豪	中国航天科技集团有限公司
山东鲁宁药业有限公司	颜德岳	上海交通大学
东营市海域化工有限公司	江　雷	北京航空航天大学

2019年东营市新认定省级农科驿站一览表

农科驿站名称	运营主体
东营区牛庄镇邵桥村农科驿站	山东蓝海生态农业有限公司
东营区六户镇揽翠湖农科驿站	东营奥莱福农业科技发展股份有限公司
东营区牛庄镇东庞社区农科驿站	东营区金丰家庭农场
垦利区永安镇东二十三村农科驿站	东营汇通农业科技开发有限公司
广饶县大王镇南陈官村农科驿站	广饶县怡丰农业开发有限责任公司

【创新园区】 ①国家高新区。东营高新技术产业开发区编制完成产业规划、空间规划,推进科创园一期、软件园等平台载体建设。12月18日,东营高新技术产业开发区创建国家高新区申请上报国务院,创建工作启动。②黄河三角洲农业高新区。推进国家现代农业技术创新中心建设等科研平台建设,在规划撰写、产学研结合、成果转化等方面配合合作。中国科学院黄河三角洲现代农业工程实验室27个团队、40余名科技人员入驻。推动黄河三角洲农业高新区与东营技术互动,带动全市农业增产增效技术研发和模式创新。③农业科技园区。支持垦利省级农业高新技术产业开发区打造滨海循环农业产业全链条发展新模式,“黄河三角洲渔业园区绿色生产模式创新与示范”列入省科技厅园区提升工程项目,获100万元资金支持。10月23日,印发《东营市农业科技园区建设管理办法》,在设施果蔬、现代渔业、现代畜牧业等领域进行布局。12月,首批认定东营区龙居镇耐盐经济作物农业科技园区、汇邦渤海生态种养农业科技园区、一邦水稻产业农业科技园区为市级农业科技园区,批准建设润松林下经济农业科技园区、河口区新户镇生态渔业农业科技园区等6家市级农业科技园区。

【创新人才】 加大高层次人才引进力度,全年入选泰山产业领军人才工程4人,入选外专双百计划1人,获省政府“齐鲁友谊奖”1人,进入科技部创新人才推进计划答辩环节1人。与市委组织部开展2019年度黄河三角洲学者和黄河三角洲产业领军人才申报,受理申报黄河三角洲学者13人,产业领军创新人才23人,经考核评价10人入选黄河三角洲学者,20人入选产业领军创新人才。

【科技合作】 组织企业参加全省院士恳谈会、中科院——山东省成果转化对接会等,与中国科学院、西安交通大学等高校院所开展科技合作,举办山东大学科技成果直通车(东营站)行动等,全年转移转化科技成果26项。组织中俄创新合作周暨首届中俄创新创业大赛,达成合作意向9个。与中国科学院新疆分院、中国科学院兰州化物所、西安交通大学、青岛大学、济南大学等高校院所对接,就西安交通大学东营技术转移中心、青岛大学国丰君达功能材料研究院建设达成初步合作意向。

2019年9月26—28日,2019中俄创新合作周暨首届中俄创新创业大赛东营分会场活动举行　　（市科技局供稿）

【成果奖励】 5月30日,《东营市科技成果标准化评价规范》在全国团体标准平台发布,是全市首个科技服务业团体标准。8月29日,组建东营市技术转移转化中心,开展项目对接等活动43次,签订服务协议32项,技术转移转化1000余万元。全市科技成果评价机构达到13家,完成科技成果评价248项。完成技术合同成交额56.9亿元,位列全省第7。全市获国家科学技术奖励一等奖1项、二等奖6项,省科学技术奖励一等奖2项、二等奖2项、三等奖4项。

2019年东营市获国家科学技术奖励情况一览表

奖项名称	完成单位	奖项等级
制浆造纸清洁生产与水污染全过程控制关键技术及产业化	山东华泰纸业股份有限公司(第三位)	一等奖
薄储层超稠油高效开发关键技术及应用	中石化胜利油田分公司(第一位)	二等奖
多类型复杂油气藏叠前地震直接反演技术及基础软件工业化	中石化胜利油田分公司(第二位)	二等奖
人造板连续平压生产线节能高效关键技术	东营正和木业有限公司(第四位)	二等奖
跨临界CO_2热泵的并行复合循环关键技术及其应用	山东美琳达再生能源开发有限公司(第四位)	二等奖
近浅海新型构筑物设计、施工与安全保障关键技术	中石化石油工程设计有限公司(第四位)	二等奖
混合材高得率清洁制浆关键技术及产业化	山东华泰纸业股份有限公司(第五位)	二等奖

（市科技局　陈建林）

知　识　产　权

【概况】 2019年，全市有效发明专利2138件，同比增长20.1%，每万人口发明专利拥有量9.92件，较上年提高1.57件。PCT国际专利申请量为17件。全市共申请国内专利7363件，其中，发明专利1682件，同比增加8.17%，实用新型专利5316件，外观设计专利365件。全市共授权国内专利3993件，其中，发明专利478件，同比增加19.2%，实用新型专利3248件，外观设计专利267件。获中国专利奖优秀奖2项。在第二十三届全国发明展览会中，获银奖1个、铜奖3个。开展全市高价值专利评选，评出特等奖1名，一、二、三等奖35名，学生奖10名。

【知识产权管理】 ①知识产权强市。7月4日，召开2019年度强市创建调度会议。同月25日，印发《2019年度东营市国家知识产权强市创建工作要点》，在知识产权工作体制机制、知识产权高质量发展、知识产权综合高效运用等方面提出具体要求。建立评估检查机制，定期对有关部门进行调度。②知识产权贯标。市本级、利津县、东营经济技术开发区分别出台扶持政策，针对不同主体进行资助。新增贯标企业数量53个，全市110家企业完成贯标。③示范企业和优势企业培育。10月25日，印发《加快推进落实"春笋行动"大力培育具有自主知识产权企业的通知》，引导企业制定和实施知识产权战略，提升企业应对金融风险能力和市场竞争力。新发药业有限公司、胜利油田高原石油装备有限责任公司入选"国家知识产权优势企业"。3家企业入选国家知识产权示范企业，9家企业被认定为国家知识产权优势企业，3家企业被认定为山东省知识产权示范企业。④对外合作交流。3月19日，开展生物工程专利技术校企对接活动，收集生物化工、生物医药、生物质能领域技术需求21条，与全国生物制药领域知名高校、科研院所构建校企合作。6月4日，举办以"强化知识产权保护，助推经济高质量发展"为主题2019黄河口知识产权交流大会，全国知识产权领域6位专家交流知识产权工作经验。

【知识产权运用】 ①专利导航试点工程。4月29日，印发《东营市支持企业开展企业运营类专利导航项目实施细则》，鼓励企业自主开展专利导航，市县两级财政给予50%的资金扶持。为企业争取2个省级专利导航项目，补助资金40万元。10月18日，在垦利经济开发区设立知识产权工作基层联系点。推动24个高价值专利培育项目及石油装备、石油化工、有色金属3个产业导航项目验收。②专利权"政银保"融资试点。推出"政担贷"融资模式，由政府、担保公司和银行三方按照比例共同承担风险，为拥有高价值知识产权的小微企业提供单笔不超过500万元的专利权质押贷款。推进专利保险工作，50件专利入保。联合农商行、莱商行、担保公司共同开发"专利贷"业务。争取省级知识产权质押融资贴息资金120余万元，发放市级质押融资贴息资金80万元。2019年，全市专利权质押融资金额19.44亿元，占全省23%，居全省第1。③专利运营平台。推进国家专利运营平台东营分平台建设。9月20日，编制《东营市知识产权运营公共服务平台项目建设方案》，逐步实现线上质押融资、专利价值在线评价、知识产权交易以及线下知识产权运营等服务功能。

【知识产权保护】 ①知识产权维权保护体系。9月17日，东营市获批国家知识产权侵权纠纷检验鉴定技术支撑体系建设试点城市，是全国22个城市之一。12月12日，成立东营市知识产权人民调解委员会，调解案件24起。建立企业知识产权保护直通车制度，受理专利侵权纠纷、专利复审、专利无效等各类援助案件20余起，知识产权保护、维权工作考核分列全国地级城市第16、18位。②专利授权。3月25日，国家知识产权局批复中国（东营）知识产权保护中心投入使用，面向全市主导产业开展专利预审。全年备案企事业单位309家，接收预审案件255件。③知识产权保护规范化市场验收。组织银座家居开展知识产权工作规范化管理，12月25日，通过国家知识产权局对知识产权规范化市场验收认定。④知识产权司法协作机制。2月25日，与青岛中级人民法院签署《关于跨区域知识产权保护合作的框架协议》，承接诉前调解和远程审理服务。

【知识产权宣传培训】 7月9日—10月31日，与市教育局、市科协联合开展青少年发明奖评选活动，全市80余所学校参加，收到各类作品1800余件，评选出发明奖74个，创意奖100个，科技绘画奖186个，32名教师获得优秀辅导老师奖，14所学校获得优秀组织奖。9月11日—10月7日，举办全市第三期全省专利代理师培训班，6人通过全国专利代理师资格考试。全年开展专利信息分析与利用等培训班3期、培训人数近500人。将知识产权纳入全市专业技术人员继续教育课程，依据学员类型开设3个网络培训班，培训学员2.3万余人次，在全国178个分站中位居第6位。将知识产权内容引入党校中青班培训课程。

（市知识产权保护中心　涂政伟）

2019年9月11日，全国科普日东营市主场活动举办（市科协供稿）

科　　普

【概况】 至2019年年底，全市有园区科协3个、高校科协4个、大学生科协2个、市级学会20个、企业科协25个、乡镇（街道）科协28个、农村专业技术协会85个，市级科普教育基地72个、农村科普示范基地161个。市科协获第34届青少年科技创新大赛、第三届山东省科技工作者创新大赛、山东省大学生科技节优秀组织奖等称号。

【全民科学素质】 1月28日，与市财政局联合开展"基层科普行动计划"项目申报，全市4个科普示范社区、1个农技协、2个科普教育基地获批，争取奖补资金95万元。5月16日、7月11日，与市地震监控中心分2次组织科普志愿队发放科普宣传材料近2000份。5月16日、10月22日，组织2次"山东科学大讲堂"申报，其中，"航母与海洋""人工智能与现代生活"获批A类项目，获省科协1万元支持。6月19日，举办东营市暨东营区2019年食品安全宣传周启动仪式，发放食品安全科普常识手册1000余份。6月26日，组织"山东省科普示范工程"申报，1个科普示范县、1个科普示范学校、2个科普示范基地、1个科普示范村、1个科普示范团队获批，争取奖补资金55万元。垦利区创建为"全省科普示范区"，进入全省十强。争取中国科协科技馆免费开放补助资金267万元，接待各类研学人员超50万人次。9月11日，开展全国科普日东营市主场活动，向垦利区第二实验小学捐赠科普器材。11月18日，与市文化和旅游局联合开展科普宣传工作，将科普中国播放内容植入文化广场大屏。在东营广播电视台生活广播频道开办"科普宣传"专栏，在《东营日报》开辟"科普园地"专栏，全年刊发文章127篇。改版升级"科普东营"微信公众号，关注粉丝近8000人，活跃人数1500人左右。开展科学素质、反邪教微信答题和网络竞赛活动，全市3.2万人次参与答题，发放奖金3万元。新建"科普中国"e站6处，试点开展"科普楼宇"建设，建设大型宣传画1幅、科普宣传栏4组、科普宣传语44条。开展新型农民培训12场次，培训规模300余人次，为144个村订阅《山东科技报》。组织大学生科技创新产品设计与3D打印大赛、青少年科技创新大赛、机器人竞赛，获国家奖7项、省级奖159项。举办第三届东营市科技工作者创新大赛，征集成果43项，获第三届山东省科技工作者创新大赛最佳应用奖1项，二等奖4项、三等奖4项。举办庆祝新中国成立70周年科技成就、科学家精神、反邪教科普教育等主题展览，开展"科普报告百校行和希望行"活动，举办报告会21场次，开展"科普大篷车进校园"20场次，全市50余所学校3万名中小学生参观。

【学会改革】 加强市老科技工作者协会、市农村专业技术协会、市反邪教协会等7个直属学会规范建设，吸收市中医协会为团体会员，批复市医养结合协会、市糖尿病康复协会成立。首次开展全市科技工作状况调查，对全市6类科技人员工作、科研、生活等进行调查分析。指导市医学会、市中医学会、市护理学会开展学术交流活动66次，东营质量协会开展团体标准认证创新活动8次。9月2—4日，与中国有色金属学会联合举办2019年全国有色生态环境保护大会，撰写《科技工作者建议》1份，开展"院士专家企业行"，分赴东营方圆铜业有限公司、东营凤起生物科技发展有限公司、山东景明海洋科技有限公司开展咨询、服务。10月23—25日，与市现代农业示范区联合举办第二届国际三角洲论坛暨黄河三角洲生态农业科技研讨会。11月27日，省科技咨询协会、省材料学会与东营经济技术开发区光谷未来城共建"学会企业创新共同体"，山东电子学会、省人工智能学会、省大数据研究会与东营市东营区胜利孵化器共建"协同创新基地"，举办"山东智能制造项目东营行"活动，展示推介创新成果74项。12月6日，举办"湿地与水生态"为主题第24届黄河口科技论坛，邀请中国水利水电科学研究院、山东农业大学专家、教授作科技报告3场，100余人参加论坛。开展专家指导、专利导航等技术转化和成果应用，培训企业人员100余人次。在广饶县稻庄镇北塔村、利津县盐窝镇大赵庄王村推广先进农业技术10项。

2019年12月6日，第24届黄河口科技论坛举办　（市科协供稿）

【人才队伍建设】　遴选首批全市科协创新发展智库专家45名，其中，市外专家18名、本土专家27名。围绕推动全市新旧动能转化、乡村振兴、化工产业转型升级、环境保护等重大战略，征集科技工作建议16篇。以“智库专家+产业”“智库专家+研发平台”等形式，为全市“5+2+2”产业创新发展精准服务。制定《市科协联系服务科技工作者制度》，创新联系服务科技工作者方式方法。建设“智慧科协”，推进实体、网上科技工作者之家融合发展，加快开放性、枢纽型、资源型、共享型科协平台建设，构建科协智慧服务新模式，被省科协确定为全省试点市。建设院士专家工作站2处、“科技驿站”3处。与市委组织部、市人力资源和社会保障局、团市委联合遴选“市优秀青年科技人才”15名。

（市科协　孙文龙）

社　会　科　学

【社科立项】　2019年，市社科联围绕推动全市推进新旧动能转换重大工程，实施融合、聚焦、开放“三大战略”等重大理论问题、重大现实问题和重大实践经验总结，立项课题123项，其中，重点资助课题17项、常规性课题79项、青年才俊课题27项，至9月底，全部完成结项。命名第二届“东营市优秀社科研究专家”11名。

2019年东营市社科重点资助类课题立项情况一览表

序号	课题名称	负责人	工作单位
1	东营市建设“精致城市”路径研究	崔建华	东营市住房和城乡建设管理局
2	东营市未来产业培育发展研究	赵常兵	东营市投资促进局
3	激发东营民营企业活力对策研究	刘裕民	中共东营市委党校
4	东营市民营企业加快发展直接融资问题研究	王　辉	中共东营市委党校
5	东营市构建新型融资体系培育金融新动能问题研究	徐　静	中共东营市委党校
6	东营市产业发展基金设立与运作问题研究	李宗洲	东营市财政局
7	运用中共党史反面典型强化廉政警示教育研究	孟宪忠	中共东营市纪律检查委员会
8	东营市新时代干部队伍专业化建设研究	崔相国	中共东营市委组织部
9	企业文化建设与东营民营经济发展研究	刘雯倩	中共东营市委党校
10	社会主义核心价值观进校园路径优化与实效提升研究	张利波	东营市实验中学
11	新时代开放背景下东营市对外宣传与城市标识语言规范化研究	刘瑞琴	中国石油大学(华东)
12	黄河口移民与姓氏文化研究	周星三	东营职业学院
13	济水与东夷文明研究	宋鹤翔	东营市文物研究会
14	东营市全面实现小康社会差距与对策研究	尚　勇	中共东营市委党校
15	东营市乡村治理体系现代化问题研究	种效博	中共东营市委党校
16	聚焦“学习”的国家课程校本化实践研究	王爱东	东营市春晖小学
17	东营市生态环境多元共治实现路径研究	张英俊	中共东营市委党校

【社科普及】　2019年，全市举办各类社科普及讲座100余场，受众超5万人次。①社科普及周。5月24日，山东省暨东营市第十六届社会科学普及周开幕式在广饶县广饶街道西毛村举行，为东营市新时代文明实践社科普及志愿服务队授旗，开展发放宣传资料和现场咨询、社会科学主题展览等。②黄河口大讲堂。向社会征集宣讲题目，全年组织宣讲活动31场。③弘扬优秀传统文化和特色地域文化。制作推送《孙子文化》《三堂文化》微视频宣传片，其中，《孙子文化》讲座被“学习强国”山东学习平台采用。④社科普及示范体系。命名市级社科普及示范县1个、示范乡镇(街道)5

2019年5月24日，山东省暨东营市第十六届社会科学普及周开幕式在广饶县广饶街道西毛村举行　（市社科联供稿）

个、示范村(社区)25个。⑤社科普及教育基地。8月16日，与市委宣传部印发《关于命名第二批“东营市社会科学普及教育基地”的通知》，孙子文化园、东营市青少年宫等8家场馆被命名为第二批东营市社科普及教育基地。

【社科评奖】 6月22—23日，举行东营市第28次社会科学优秀成果奖评选会，共评选出社会科学优秀成果奖290项，其中，一等奖20项，二等奖50项，三等奖95项，优秀奖125项，优秀成果比上年增长16%。

东营市第28次社会科学优秀成果获一等奖、二等奖情况表

序号	成果形式	成果名称	第一作者(或作者)	第一作者(或作者)工作单位	发表、出版、结项、鉴定单位	发表日期	评定等次
1	著作	工伤认定与工伤管理实务指南	何登香	东营市人力资源和社会保障局	中国劳动社会保障出版社	2018.05	一等奖
2	著作	黄河口贝类资源与可持续利用	张士华	东营市海洋经济发展研究院	中国农业出版社	2018.12	一等奖
3	著作	在线商务购买信任机制研究	张　涛	中国石油大学(华东)	上海交通大学出版社	2018.10	一等奖
4	著作	从理论到落地——中国式阿米巴经营实践手册	高　倩	中国石油大学胜利学院	中国石油大学出版社	2018.09	一等奖
5	著作	小学数学“问题解决”模型构建的实践研究	魏瑞霞	东营市实验小学	东北师范大学出版社	2018.07	一等奖
6	著作	普通高中育人文化建设路径研究及实践	史本泉	东营市第一中学	天津科学技术出版社	2018.06	一等奖
7	著作	一位乡村校长的教育行思	杨国营	广饶县广饶街道颜徐学校	华东师范大学出版社	2018.12	一等奖
8	著作	东营改革开放实录		中共东营市委党史研究院(东营市地方史志研究院)	东营市文化广电新闻出版局	2018.12	一等奖
9	著作	蝶变:新时期小说“魔幻”趋向研究	罗　蕾	中国石油大学(华东)	山东友谊出版社	2018.07	一等奖
10	课题	东营实施海陆统筹建设海洋强市战略研究	刘裕民	中共东营市委党校	东营市社科联鉴定通过	2018.10	一等奖
11	课题	东营市先进制造业招商引资体制机制研究	宋维海	东营市投资促进局	东营市社科联鉴定通过	2018.10	一等奖
12	课题	生态文明建设背景下的高效生态发展研究	巴永青	中国石油大学胜利学院	山东省社科联课题管理办公室鉴定通过	2017.12	一等奖
13	课题	市域整体推进小班化教育行动研究	梁海伟	东营市技师学院	全国教育科学规划领导小组办公室鉴定通过	2018.09	一等奖
14	课题	高中地理互动型课堂教学模式的实践与研究	付桂军	广饶县第一中学	山东省教育科学规划领导小组办公室鉴定通过	2016.06	一等奖
15	课题	东营市应用技术型高校人才培养与服务地方经济研究	李　军	中国石油大学胜利学院	东营市社科联鉴定通过	2018.10	一等奖
16	课题	东营地区古城文化考证与开发利用研究	种效博	中共东营市委党校	东营市社科联鉴定通过	2018.10	一等奖
17	课题	东营市意识形态领域新型智库建设问题研究	尚　勇	中共东营市委党校	东营市社科联鉴定通过	2018.10	一等奖
18	调研报告	关于金融动能转换工作的认识与思考	徐　静	中共东营市委党校	东营市委书记李宽端批示	2018.10	一等奖
19	文章	学术期刊评价的进路探析	许玉清	中国石油大学(华东)	《科技与出版》	2018.04	一等奖
20	文章	色彩时空的多维建构与色彩感知的多重调度——论席慕蓉诗歌的色彩书写	沈壮娟	中国石油大学(华东)	《山东社会科学》	2018.04	一等奖
21	著作	图书馆管理与服务创新	董学英	东营市图书馆	哈尔滨地图出版社	2018.06	二等奖
22	著作	公私合作项目全寿命周期视角的契约设计与优化	孙燕芳	中国石油大学(华东)	中国社会科学出版社	2017.07	二等奖
23	著作	产教融合视阈下行业特色营销人才培养模式研究	李　红	中国石油大学胜利学院	吉林人民出版社	2018.09	二等奖
24	著作	幼儿园环境创设	赵玉文	东营职业学院	上海交通大学出版社	2018.02	二等奖
25	著作	身边的地理	宋立荣	东营市实验中学	济南出版社	2018.01	二等奖

续表-1

序号	成果形式	成果名称	第一作者(或作者)	第一作者(或作者)工作单位	发表、出版、结项、鉴定单位	发表日期	评定等次
26	著作	传感与检测技术项目式教程	李桂华	东营科技职业学院	北京理工大学出版社	2018.01	二等奖
27	著作	儿童戏剧教育理论与表演技巧	薛　敏	中国石油大学胜利学院	黑龙江人民出版社出版	2018.09	二等奖
28	著作	辉煌历程——改革开放40周年暨建市35周年成就图集	李梦来	东营市档案馆	东营市文化广电新闻出版局	2018.11	二等奖
29	著作	黄河三角洲生态保护与文化发展研究	张小云	中国石油大学胜利学院	世界图书出版社	2018.05	二等奖
30	著作	音乐理论与音乐欣赏	李　冰	中国石油大学胜利学院	吉林人民出版社	2018.11	二等奖
31	课题	东营市“智慧口岸”建设对策研究	任荣超	东营市口岸办公室	东营市社科联鉴定通过	2018.10	二等奖
32	课题	东营市工业机器人应用现状、问题与对策研究	李　军	中共东营市委党校	山东行政学院鉴定通过	2018.11	二等奖
33	课题	深度老龄化背景下东营养老服务体系建设研究	李　峰	中共东营市委党校	东营市社科联鉴定通过	2018.10	二等奖
34	课题	东营市农村最低生活保障制度与扶贫开发政策衔接研究	刘群群	东营市社科联	东营市社科联鉴定通过	2018.10	二等奖
35	课题	东营市现代农业服务体系建设研究	朱全顺	东营市农业农村局	东营市社科联鉴定通过	2018.10	二等奖
36	课题	东营市人工种草对资源环境的影响研究	张文娟	东营市现代畜牧业发展服务中心	东营市社科联鉴定通过	2018.10	二等奖
37	课题	新时代背景下东营市全域旅游建设路径研究	燕浩鹏	东营职业学院	东营市社科联鉴定通过	2018.10	二等奖
38	课题	建立基层党员干部创新工作容错纠错机制研究	张秀美	中共垦利区委党校	中共山东省委党校鉴定通过	2017.11	二等奖
39	课题	东营市黄河滩区生态经济带建设研究	崔志刚	中共利津县委党校	东营市社科联鉴定通过	2018.10	二等奖
40	课题	大学生创业孵化基地建设研究	王　伟	东营职业学院	山东省教育厅鉴定通过	2018.12	二等奖
41	课题	中职院校应对校园教育冷暴力的策略及实践研究	解玖霞	东营职业学院	东营市社科联鉴定通过	2018.10	二等奖
42	课题	高职计算机类专业群人才培养体系的研究与实践	周连兵	东营职业学院	山东省教育厅鉴定通过	2017.12	二等奖
43	课题	农村中职学校与新型职业农民培养研究	管学彦	垦利区职业中等专业学校	山东省职业教育与成人教育科研规划领导小组办公室鉴定通过	2016.04	二等奖
44	课题	国家课程校本化实施策略研究	孙海珍	广饶县同和小学	山东省教育科学研究院鉴定通过	2018.01	二等奖
45	课题	慕课时代中国现当代文学的教学资源建设与翻转课堂实践	陈小康	中国石油大学胜利学院	山东省教育科学规划领导小组办公室鉴定通过	2018.06	二等奖
46	课题	音乐对大学生心理健康干预优势研究	张　萌	中国石油大学胜利学院	山东省艺术科学重点课题评审办公室鉴定通过	2018.11	二等奖
47	课题	东营市完善社会信用体系对策研究	张伟华	中共东营市委党校	东营市社科联鉴定通过	2018.10	二等奖
48	课题	东营建设智慧城市近期目标与中期战略研究	董文兵	中共东营市委党校	东营市社科联鉴定通过	2018.10	二等奖
49	课题	新形势下东营乡村文化传播体系研究	刘雯倩	中共东营市委党校	东营市社科联鉴定通过	2018.10	二等奖
50	课题	东营市基层党组织组织力提升对策研究	李寿峰	中共东营市委党校	东营市社科联鉴定通过	2018.10	二等奖
51	课题	新时代吕剧艺术的传承与发展研究	朱裔文	中国石油大学(华东)	东营市社科联鉴定通过	2018.10	二等奖

续表-2

序号	成果形式	成果名称	第一作者(或作者)	第一作者(或作者)工作单位	发表、出版、结项、鉴定单位	发表日期	评定等次
52	课题	东营市公共场所公示语翻译现状研究	赵　宁	中国石油大学(华东)	中国石油大学(华东)科学技术研究院鉴定通过	2015.12	二等奖
53	课题	非物质文化遗产语境下黄河口地区吕剧生存及发展现状研究	翟　鹏	中国石油大学胜利学院	山东省艺术科学重点课题评审办公室鉴定通过	2018.11	二等奖
54	调研报告	关于黄河三角洲湿地生态环境保护与修复的调研报告		市人民政府研究室	山东省政协主席付志方、东营市市长赵志远等领导批示	2018.11	二等奖
55	调研报告	关于加快市现代畜牧业示范区实现跨越发展的调研报告		市现代畜牧业示范区管理委员会	东营市副市长韩利学批示	2018.12	二等奖
56	文章	石化产业发展趋势下东营市国家级石化基地建设研究	王鹏继	东营市社科联	《中国石油大学胜利学院学报》	2018.09	二等奖
57	文章	我国公共图书馆社区分馆建设的现状与思考	孙晓春	东营市图书馆	《中文信息》	2017.12	二等奖
58	文章	关于科学推进地热资源开发利用的调研与思考	杨仁朋	河口区人民政府办公室	《山东宏观经济研究》	2018.02	二等奖
59	文章	着力打造高新高端产业发展新高地——对利华益集团转型发展的调查		利津县委政研室(改革办)	《调查与研究》	2017.12	二等奖
60	文章	与学生一道作生物科学探索者	杨守菊	东营市教育科学院	《生物学教学》	2017.10	二等奖
61	文章	让学习知识的过程成为学习的内容	许华忠	东营市教育科学院	《物理教学探讨》	2017.06	二等奖
62	文章	拾级而上　因声循情——课堂诵读之我见	陈雪峰	东营市胜教管理中心	《中学语文教学参考》	2018.08	二等奖
63	文章	“教科研+”视角下初中青年数学教师专业成长之路	于　彬	东营市胜利第六中学	《中学数学杂志》	2018.12	二等奖
64	文章	在深度“嵌入”日常教学中培养卓越教师	庞秀华	广饶县第二实验小学	《人民教育》	2018.07	二等奖
65	文章	文言文教学的最佳路径在于诵读	张风兴	广饶县丁庄镇中心初中	《中学语文教学参考》	2018.02	二等奖
66	文章	高校阳光体育“三位一体”的文化互动发展模式构建	高千里	中国石油大学(华东)	《黑龙江高教研究》	2017.07	二等奖
67	文章	基于物联网的涉案物品管理系统设计与应用	卞新平	东营市人民检察院	《检查技术与信息化》	2018.07	二等奖
68	文章	论国际体育仲裁院上诉管辖机制的特殊性	董金鑫	中国石油大学(华东)	《天津体育学院学报》	2015.07	二等奖
69	文章	“仁”之古文“忎”:文质彬彬与身心互摄	石　超	中国石油大学(华东)	《学术交流》	2018.03	二等奖
70	文章	新媒体语境下新闻价值的嬗变	马晓静	中国石油大学胜利学院	《农家参谋》	2017.05	二等奖

【学术研讨和理论阵地】 10月10日,与市委宣传部、市委党校、东营日报社联合举办东营市庆祝新中国成立70周年理论研讨会,收到论文107篇,评出优秀论文50篇。编辑出版《东营社科智库文选(2019卷)》,收录5大类成果73篇。协调召开第十四届孙子文化论坛,50余名专家现场讲座5场。出版《黄河口社会科学》6期,刊登文章150篇。市社科联网站改版为“东营社科在线”。

2019年10月10日,东营市庆祝新中国成立70周年理论研讨会举办

(市社科联供稿)

【社科人才】 ①创新人才管理。调整东营市社科研究专家、社科普及专家和社科

评奖专家一体化专家库，专家总量扩大到550人。遴选命名东营市第二届优秀社科研究专家11名。②人才理论创新。立项《东营市新时代干部队伍专业化建设研究》《东营市实施乡村振兴战略中农村实用人才评价体系构建研究》等课题，发挥社科研究课题在人才培养、激励等方面理论引领作用。③人才培养。加强市属社团组织负责人学习培训。重视青年理论人才的培养，在课题立项中设置青年才俊课题。

（市社科联　王鹏继）

黄河三角洲可持续发展研究

【决策咨询】 引入可持续发展咨询委员会专家论证机制，对全市2019年民生实事进行评估总结，对初步筛选24项2020年民生项目进行必要性与可行性论证。承担科技部黄河三角洲国家可持续发展实验区复核任务，调研6个市19个县区经济发展、民生改善、资源环境等情况，提出未来三年行动方案。调研全市博士后工作发展现状，分析存在问题并提出对策建议。组织联合国工业发展组织、生态环境部环境保护对外合作中心专家进行实地考察、座谈交流，探讨推动“摇篮到摇篮”生态创新示范区建设。

【市校院所合作】 2019年，与56家高校院所专家团队合作，实施合作项目33项，协调服务市校合作实体机构13个。①交流合作。全年市校互访交流12次，访问、接待国内外高校院所57次，引进优势学科骨干团队对接洽谈146人次。与英国、德国、奥地利知名大学科研团队联系，积累国外智力资源。完善市校合作实体机构管理办法和绩效管理办法。②实体机构。支持中共科学院黄河三角洲滨海湿地生态试验站申报国家级野外台站，新增实验平台2个，建成黄河三角洲基础地理信息数据库，接待科研人员5000余人次。完成山东大学东营研究院一期合作事项办理，完成合作项目25项。支持山东师范大学东营研究院建设实习实训基地1处，为新发药业公司举办为期3年化学本科教育班，从引种1200余份藜麦资源中筛选出2个商业应用新品系。支持青岛农业大学东营研究院建立耐盐作物推广示范区333.33公顷，筛选引种水稻、花生、油菜等耐盐作物新品种。支持中国石油大学(华东)东营科学技术研究院建设智能及环保装备研究分院等平台，落地校企合作项目10项。支持中国石油大学(北京)实施技术成果转化7项，探索共建研究生联合培养基地。与聊城大学联合研究全市肉羊特色农业发展技术，开展肉羊疾病防控与育肥技术传播。支持长安农业科学技术研究院打造生物质能源循环产业示范园。支持青岛科技大学科技公司东营分公司开展绿色橡胶轮胎产业规划设计及平台运营服务。支持中科东营分子育种研究中心、中农东营耐盐作物研究中心开展农业高新技术领域研究。支持武汉理工大学广饶研究院、天津大学技术转移中心东营分中心开展人才技术对接活动，促进科技成果在东营转化。

【人才服务】 ①高层次人才。对全市黄河三角洲学者工程实施情况进行考核调研，并提出对策建议。组织全市高层次人才培训。服务全市引进的市级以上专家64名，带动培养科研骨干651人。②招才引智。邀请中国节能环保集团有限公司总工程师邹结富对接特色环保产业园，大连理工大学校长助理郭金明推介海洋科技成果，滨州学院副校长胡波开展石化产业校企专场对接，达成合作意向19项。邀请18位专家参加市“双招双引”北京推介会、青岛恳谈会，洽谈航空燃料、生物质能源和化工中试基地等项目。举办石化产业高端人才暨科技成果转化对接交流会等活动4次，承办青年博士论坛等对接活动11次，服务企业75家。③人才支撑产业。建立高校院所专家服务东营信息库，入库专家230人。承办人力资源和社会保障部“高效生态农业生产模式与技术”高级研修班，邀请中国农业科学院副院长梅旭荣等8名农业科技领域知名专家为全市乡村振兴战略实施献计献策。组织山东省农科院、青岛农业大学10个团队开展耐盐作物示范种植。

2019年7月8—13日，人力资源和社会保障部“高效生态农业生产模式与技术”高级研修班在东营举办　（黄河三角洲可持续发展研究院管理中心供稿）

【生态保护与高质量发展】 与中国科学院、山东大学、黄河水利科学研究院等联合启动河流资源要素配置等项目研究。黄河口研究中心搜集整理黄河口生态环境治理和重大工程项目文献资料500余份，建设黄河三角洲地理环境科技文献数据库。与黄河水利委员会联系，将智慧黄河三角洲大数据平台纳入智慧黄河建设方案，促成市政府与黄河水利科学研究院共建黄河三角洲生态保护和高质量发展研究中心。

2019年12月27日，东营市与黄河水利委员会黄河水利科学研究院共建“黄河三角洲生态保护和高质量发展研究中心”签约仪式举行

（黄河三角洲可持续发展研究院管理中心供稿）

【技术信息服务】 建成有色金属技术文献信息解析系统，累计录入相关文献、标准约2700篇。建成黄河三角洲地理环境科技文献数据库，梳理黄河口生态环境治理及重大工程项目方面文献及水文资料，完成2018年黄河首次洪峰入海时入海流路信息遥感解译。启动生物质能源和橡胶材料技术文献解析系统建设，完成首批文献整理、顶层设计、技术支撑等。建设流程型企业智慧制造云服务系统。

（黄河三角洲可持续发展研究院管理中心　董洪芳）

地　震　工　作

【地震监测】 ①震情跟踪。3月4日，印发《2019年度震情跟踪工作方案》，严格执行24小时震情值班制度。全年记录东营及近海M1.0级以上地震31次，对显著性地震事件第一时间上报。②台站建管。实施地震监测环境改造工程，完成广饶鲁03井标准化改造工程；按照台站标准化建设要求，完成河口地震台、广饶地震台观测房重建工程；加强渤海强震构造区地震前兆观测，完成东营港地震台自流井井口改造工程，新增水温、水位、气压观测测项，数据并入省地震前兆观测数据库。推进地震烈度速报与预警项目建设，完成广饶县大码头镇、垦利区垦利街道基本站场址勘选、观测房建设；在广利港地震台新增强震观测测项。落实台网（台站）运维巡检制度，全市25台套地震监测设备运行完好率100%，信息节点运行连续率99.97%。③震情研判。编制年度、半年、月、周会商报告80余期。建立由41个宏观异常测报点、16口油井组成地震群测群防体系，做好地震监测数据分析、处理、归档。

2019年东营市及邻区M2.0以上地震一览表

序号	时间					地点			震级(M)
	月	日	时	分	秒	北纬	东经	位置	
1	1	1	17	17	46	38.51	119.75	渤海海域	2.0
2	5	14	17	54	42	38.25	118.72	河口区海域	2.1
3	5	15	10	26	27	38.33	118.82	河口区海域	2.1
4	11	29	22	46	39	38.55	118.86	渤海海域	2.1

【震害防御】 落实天津——东营——潍坊高铁初测勘察设计工作推进会议责任分工，提供铁路通过范围内地震断裂和地震台网建设分布情况。参加垦利区第四实验小学等7个建设项目初步设计及抗震专项审查。开展“一次办好”深化放管服改革自查，做好行政权力下放和划转。向市行政审批服务局转交2项行政许可事项、向东营经济技术开发区下放2项行政审批事项。

【地震应急】 参加省地震局每月一次“全省应急指挥技术系统演练”，准时参演率100%。与市应急管理局联合承办全省地震应急救援综合演练，参加综合组、实施组、现场组工作。与演练单位对14个演练科目分析，对预案启动级别、设定震情破坏数据等关键问题。全省23支队伍、2200余人、156辆车辆，4架直升机，18台无人机、300余台装备参演。5月9日，全省地震应急救援综合演练在东营举行。

【科普宣传】 “5·12”防灾减灾日、“7·28”唐山地震43周年期间，到企业、学校、社区、农村举办地震科普知识讲座。利

2019年5月9日，全省地震应急救援综合演练在东营举行

（于中平摄）

地震科普进校园　（市地震监测中心供稿）

用电视广播、79条公交线路车载电视、商场电子屏等播放宣传口号、视频宣传片。与市应急管理局、市教育局、市科协对全市48所省级地震科普示范学校进行复核，申报2019年度国家级地震科普示范学校2所，省级地震科普示范学校3所。7月17日，举办东营市防震减灾科普大会，邀请中国地震局研究员刘玉辰作地震科普报告，举办地震科普知识宣传大型巡展，6000余人参观。9月10日，在市实验小学举办国家级地震科普示范学校授牌仪式。与东营经济技术开发区东城街道办事处在府前社区建成社区地震科普展室1处。

（市地震监测中心　孙莹）

气　象　工　作

【气象服务】 ①决策气象服务。全年发布重要天气预报23期，气象信息专报82期，雨情通报150期、旱情监测、春播夏收等农气气候业务产品100余期，每天提供气象专报和海洋预报。更新决策短信用户和云MAS平台，发布决策服务短信290条。与市生态环境局开展天气会商，每天发布空气污染扩散气象条件预报。全年发布各类天气预警125期，全市预警准确率95.1%，强对流天气预警提前71分钟。②灾害性天气预报服务。8月10—13日，台风“利奇马”期间滚动制作台风服务专报8期，降水影响期间增设专项服务班，每小时发布雨情风情实况。台风“利奇马”结束后及时上报雨情评估分析报告，组织开展灾情调查，向市抢险指挥部提供《东营及周边地市雨情和天气预报》专项服务材料37期。针对台风、暴雨、强对流、旱情等阶段性天气，向市委、市政府提供信息10余篇。③特色气象服务。创新发布盐碱地花生、大闸蟹特色农业气象服务专报，做好“东营——旅顺”客滚船专项预报服务，停航次数较上年下降28.6%。④应急事件（演练）气象服务。1月12—14日，为韩国籍“五号汽船”液化气泄漏突发事件提供全过程现场气象保障服务，发布突发事件气象服务专报16期。参加广饶高速公路危化品车辆侧翻救援及全省地震演练、东营危化品道路救援演练、广饶地震演练等活动。

【气象基本业务】 全市气象基础业务质量保持较高水平，其中0～72小时晴雨（雪）预报准确率全省排名第2，0～72小时最高气温预报准确率全省排名第3，0～72小时最低气温预报准确率全省排名第2。酸雨、农气观测无错情，地面气象观测质量综合指数99.85%，酸雨月报表全部合格，全国酸雨样品考核为优秀。在全省气象业务管理和业务竞赛先进集体及个人评比中，地面测报、农气测报均获全省气象业务管理先进单位第2名，6人被评为全省地面气象观测工作优秀个人，1人被评为全省气象技术装备保障优秀业务员，1人被评为全省气象信息网络优秀系统管理员，1人获首届全国“观云识天”人机对抗大赛优秀奖。在第十届全省气象行业职业技能竞赛中取得团体第6名、个人全能三等奖和单项二等奖。

【气象现代化】 市级移动校准维修系统投入使用，建成市级计量检定实验室，升级改造5个石油平台自动气象站，建成1个养殖特色生态气象站，垦利国家基本气象站建成天气现象视频智能观测仪。

【人工影响天气】 2019年，全市利用雷达对重大天气过程进行连续跟踪监测30余次，作业17次，发射炮弹1043发，火箭弹45枚。在省人工影响天气办公室支持下完成2门高炮电动化改造。完成全市5部人影作业火箭更新换代。

【气象科普】 市气象局、市气象学会依托气象科普教育基地开展“3·23世界气象日”“5·12防灾减灾日”气象科普开放活动，参观人数超1000人。5月28日，开展“科技强国气象万千”为主题科技活动周气象科普进校园活动，气象科普志愿者走进东营区黄河路街道渔民小学。结合安全生产月上街设立宣传台，开展气象灾害宣传。结合法制宣传，开展“弘扬法治精神，建设法治东营”主题宣传活动。

（市气象局　马新建　张立　刘晋生　张振涛　信志红）

教育

综 述

【概况】 至2019年年底，全市（含胜利油田）有各级各类学校617所，其中，幼儿园391所、小学106所、初中90所、普通高中15所、特殊教育学校2所、中等职业学校8所、技师学院1所、高等院校4所；在校生38.27万人；教职工3.53万人；专任教师3.09万人。17所学校创建为国家、省级文明校园。有全国模范教师、优秀教师81人；齐鲁名师、名校长39人，省特级教师42人、教学能手110人。全市适龄幼儿毛入园率99%以上，义务教育儿童入学率、初中生巩固率100%，初中毕业生综合升学率99.7%。

2019年东营市各级各类学校基本情况一览表

单位:人

统计项	学校数(所)	毕业生数	招生数	在校学生	毕业班学生数	教职工情况	
						小计	其中:专任教师
普通高等学校	4	9794	12583	33614	9936	2660	1913
另:成人教育、网络教育学生	–	0	48	55	0	0	0
中等职业学校	9	7387	8898	24131	7479	1581	1231
普通中等专业学校	8	6653	6930	19702	6768	1284	1051
技师学院	1	490	1243	2925	482	297	180
中职其他机构	–	0	0	0	0	0	0
附设中职班	–	244	725	1504	229	0	0
普通中学	105	36930	37207	134493	38661	13226	12313
高中	15	14138	14201	41726	13932	4058	3693
初中	90	22792	23006	92767	24729	9168	8620
小学	106	23081	24598	114909	21552	8746	8550
特殊教育学校	2	11	42	291	–	104	87
幼儿园	391	19600	28309	75349	22691	8987	6767

【教育综合改革】 落实义务教育以县为主管理体制，8月1日，印发《东营市调整理顺学校管理体制工作方案》，明确调整原则、调整内容、划转事项、推进步骤。8月2日，全市理顺学校管理体制工作动员大会召开。同月15日，全市理顺学校管理体制交接仪式举行，市教育局、胜利教育管理中心分别与相关区签订划转移交备忘书，涉及学校55所、在职教职工5442名、学生67229名，全部划转至东营区、河口区、垦利区管理。该项改革被评为2019年全省教育综合改革和制度创新优秀案例。

2019年8月2日，全市理顺学校管理体制工作动员大会召开

（市教育局供稿）

2019年胜利教育管理中心所辖学校基本情况表

单位:人

学校名称	在校生数	毕业生数(小学)	毕业生数(初中)	教职工数(总)	专任教师数	地 址	达标等级
胜利油田第十五中学	999	150	153	113	109	滨州市黄河六路531号	市标
胜利油田第十六中学	616	70	92	63	58	滨州市渤海五路810号	市标
胜利油田第十七中学	1106	173	152	119	113	德州市临邑县临盘镇	市标
胜利油田第二十四中学	130	43	0	21	18	淄博市桓公路204号	
胜利油田第四十六中学	580	75	112	74	71	滨州市博兴县陈户镇	市标
胜利油田第六十中学	26	23	22	33	31	烟台市龙口市环海北路2299号	

【教育重点工作】 ①教育重点工程。全年投资21.1亿元，完成市青少年示范性综合实践基地、市胜利一中、市胜利三中等28个项目年度目标任务，引进投资10亿元的中国能源工程集团合作办学项目。②普惠性学前教育。全年新建、改建幼儿园21所，认定普惠性民办幼儿园18所，扩增普惠性学位8500余个。开展城镇居住区配套幼儿园专项整治，

建设不到位6所幼儿园中,主体完工2所、开工1所、办理手续3所;使用不到位34所幼儿园,整治完成率68%。全市学前三年毛入园率99%以上,普惠性幼儿园、公办幼儿园覆盖率分别达到88%、79%,公办幼儿园覆盖率居全省第1。5月28日,东营市在全国学前教育工作研讨会上作典型发言。③中小学大班额。全市投资2.42亿元,新增学位2970个,增配教师231人,完成年度规划建设任务。至年底,全市累计投资52.35亿元,新建、改扩建学校67所,新增1477个教学班、65415个学位、3163名教师。全市中小学全面消除55人以上大班额,小学45人、中学50人以下班级占比93.1%,比上年提升16.3个百分点。

【民生实事】 7月26日,市教育局、市发展改革委、市财政局、市人力资源社会保障局联合印发《关于全面做好小学生校内课后服务工作的实施意见》,146所小学开展课后服务工作,受益学生33846人。全市义务教育全面实施网上报名和"阳光分班"。开展校外培训机构治理,626家机构符合办学规范。

【教师队伍】 4月9日,印发《关于全面深化新时代全市教师队伍建设改革的实施意见》,明确加强教师队伍建设目标任务、保障措施,加强教师思想政治教育,全面提升教师队伍素质。全市24人获国家级、省级优秀教师称号,22人被评为齐鲁名师、名校长建设工程人选,130人被评为东营最美教师、教书育人楷模。健全校长教师交流轮岗制度,推动城乡教师交流轮岗和城乡学校结对帮扶,选派乡村支教教师309人,选派援疆、援藏、援渝教师57人,交流轮岗758人次。推进中小学教师职称和考核评价制度改革,打破职称岗位限制,农村教师新晋高级职称515人,占全市总量76.4%。投资310万元,建设名师、名校长工作室113个,培训骨干校长、教师1万余人次,引进高层次人才35人。全市招聘教师1054人,引进高层次人才35人,部分岗位实行面试前置。12月5—7日,全省第四届齐鲁教育论坛暨嵌入式教师专业成长现场会在广饶县第二实验小学召开。

【招生考试】 2019年,组织各类招生、自学和社会证书考试达23次,考生211365名,涉及27个考点7056个考场,各项招生考试安全平稳实施。81名学生获数学、物理、化学、生物奥林匹克竞赛全国一等奖,占全省26.6%。4月22—23日,在全省2019年高校考试招生安全暨考务工作安排会议上,东营市作典型发言。12月,在2019年全省高考考务管理质量评选中,东营所有考点均被评为优秀考点。

【教育科研】 ①教育理论与教学策略研究。选派教研员参加中小学教师国家级、省级培训及业务进修100余人次。开展美术学科项目化主题课程研发,编印40余万字《与素养同行——基于核心素养的课程设计与教学》。全年编辑发行《东营教育研究》6期。②教育教学服务。继续实施教研员定点联系学校工作,完成2019年度教学教研系列评选。各学段教研室组织学科教学培训、教学专题研讨100余场次,教学视导覆盖60余所学校、幼儿园。组织学科名师参加省内三地市、新疆喀什地区和重庆市酉阳县送教讲学。③考试评价、管理余教学质量监控。完成2019年度初中学业考试命题及质量分析。对高中学校教学及管理工作进行专题调研,组织高中各学科各轮次复习研讨会。④课题研究及成果推广。完成2019年度市级规划课题立项、省级规划课题结题鉴定。申报17项省级"十三五"教育科学规划课题。举办"山东省第四届齐鲁教育论坛暨嵌入式教师专业成长现场会"等4场学术研讨活动,推介东营教科研成果。

【教师培训】 2019年,举办市教育局所属中小学幼儿园教师全员培训、全市中小学骨干教师专业能力培训班、全市中小学继续教育学分管理员业务培训班,培训教师3200余人次,培训教育管理干部及骨干校长151人。开展"送培训基层行"培训活动10场,培训教师3000余人。全年成立"名师流动工作室"11个,与利津县11所学校、幼儿园对口衔接,开展帮扶活动36次。5名校长入选第三期齐鲁名校长建设工程,17名教师入选第四期齐鲁名师建设工程,入选率居全省第1。完成全市24312名教师网络研修组织管理。开展"一师一优课、一课一名师"活动,全市教师"晒课"3200节,其中221节课例入选省级"优课"。组织500余名骨干教师、教研员分80余期次参加2019年中小学教师国家级、省级培训项目。

【教育督导】 4月,利津县完成全面改善贫困地区义务教育薄弱学校基本办学条件项目收尾工作,全市农村义务教育学校全部达到"20条底线要求"。7—12月,组织各县区(开发区)、市直有关部门开展教育督导,迎接省政府对市级政府履行教育职责评价实地核查。12月,组织各县区(开发区)开展国家义务教育优质均衡县创建标准自查,推进义务教育学校办学条件差异系数监测,河口区、垦利区、广饶县达到优质创建标准。推进中国石油大学胜利学院转设为公办本科院校,12月,国家高评委专家组到东营实地考察和评审论证。

【学校安全】 以落实《山东省学校安全条例》为抓手,以"平安校园示范学校"创建为主线,推进学校安全管理长效机制建设。河口区、广饶县、利津县基本完成校车公司化运营改革。5月13日,与中国人寿保险股份有限公司东营分公司联合开展中小学应急避险逃生及自救互救模拟演练,建立校园安全隐患排查第三方机制。6月24日,举办全市未成年人防溺水宣传教育周活动。8月5日，与市委宣传部、市委网信办等14部门联合成立全市未成年人防溺水工作专班。9月30日—10月8日，市教育安全生产专业委员会开展中小学（幼儿园）安全检查活动，确保全市学校工作安全持续稳定。10月，与市市场监管局联合开展食品安全城市创建工作，全市中小学幼儿园食堂明厨亮灶率达95%。

【教育装备与信息化】 ①4月20—28日，完成全市2019年初中学业考试及高中阶段学校招生理化生实验操作考试工作。6月6日，举办东营市中小学实验教学评选活动。9月19—20日，完成全市中小学实验室危险废物专项检查。10月12—14日，参加第77届中国教育装备展示，全市有采购需求的中小学、幼儿园参加。10月14—31日，完成全市2019年度学校絮用纤维制品及学生服质量监督检查。②3—5月，开展全市基础教育教学信息化评选活动，推荐180件作品参加全省评选，获省一等奖43件、二等奖69件，获奖比例高出全省近10个百分点。年内推荐18件作品参加全国教育教学信息化交流展示、全国中小学创新课堂教学实践观摩、全国中小学生创客大赛等，获全国一等奖5件，二等奖10件。10月，东营市晨阳学校通过中央电教馆“网络学习空间人人通”专项培训基地评估验收。

【体育卫生与艺术教育】 4—12月，开展全市小学生校园艺术节合唱戏剧专项展示活动，推选38个节目参加山东省中小学生合唱戏剧专项展示活动。6—12月，开展2019年全国青少年校园足球特色学校遴选工作，17所学校被教育部认定为全国足球特色学校。落实《山东省儿童青少年近视综合防控推进计划》，9—12月，与市卫健委联合开展2019年东营市学生常见病和健康影响因素监测与干预工作。开展国防教育、学校禁毒教育等工作，开齐开足国防教育课程、禁毒课程。

【资助救助】 2019年，发放各类奖助学金7540.47万元，惠及学生11.1万人；为1044名大学生办理生源地助学贷款865.89万元；拨付中职学校免学费补助资金4527.9万元，惠及学生1.9万人。为855名197名学前、普通高中、高校建档立卡学生免除保教费、学杂费、学费374.64万元。开展第六届“汇聚爱心，真情助学”活动，为500名贫困中小学生发放资助金50万元，48名贫困教师发放资助金14.4万元。

【教育系统普法】 加强行政执法制度建设，印发《行政执法统计制度》《行政执法证件管理制度》《行政执法案卷管理制度》等，完善立案审批表、行政执法检查记录等21个行政执法文书模板。加强对学校章程修订、执行情况督导检查，全市实现“一校一章程”目标。开展“法律进学校”活动，与市人民检察院、市司法局等联合开展进校作法治讲座，全年举办20余场次，5000余名师生参加。组织参加全国第四届学生“学宪法讲宪法”活动，全市22.7万名学生参加教育部法治知识网络大赛，在线学习率、参赛率居全省第2。

（市教育局　胡艳广）

基础教育

【学前教育】 至2019年年底，全市有幼儿园391处，其中，省级“十佳”幼儿园14处，省级实验示范幼儿园106处；市级一类园94处、二类园100处、三类园35处；乡镇（街道）中心幼儿园37处。在园幼儿75349人，入园率99%；普惠性幼儿园覆盖率90.71%；公办幼儿园占比为78.81%，居全省第1。教职工8987人，专任教师6767人，其中，专任教师中具有专科及以上学历6464人，占总数95.5%。在编幼儿教师占公办幼儿园教师总数比例为46.61%，专任教师占教职工总数比例为76.61%，均居全省第1。有78所省级示范园与195所薄弱园、农村园、民办园结对帮扶，82名园长、教师到乡村支教，开展送教下乡274次。5月28日，在全国学前教育工作论坛上作典型发言；12月31日，在《山东省学前教育条例》颁布实施座谈会作交流发言。

2019年东营市学前教育基本情况表

单位名称	园所总数(所)	在园幼儿数(人)	教职工数(人)	园长(人)	教师(人)
东营区	70	11987	1674	91	1116
河口区	22	3554	500	30	425
垦利区	49	9256	1024	82	842
广饶县	97	18986	1456	121	1284
利津县	45	7173	885	46	743
东营经济技术开发区	43	12680	1802	70	1243
东营港经济开发区	9	1302	227	17	158
济军基地教育处	1	94	18	1	11
胜利油田	39	8903	1271	128	828
黄三角农业高新示范区	16	1414	130	13	117
合　计	391	75349	8987	599	6767

【义务教育】 2019年，全市有小学106所，比上年减少4所，小学教学点3处（不计校数）。毕业23081人，比上年增加975人；招生24598人，比上年增加1056人；在校生114909人，比上年增加1570人；男女生比为52.8∶47.2；适龄儿童入学率100%，巩固率100%；教职工8746人，其中专任教师8550人，专任教师学历达标率100%；生师比13.4∶1。

2019年，全市有普通初中90所，比上年增加6所。其中，初级中学45所，九年一贯制学校45所。毕业22792人，比上年增加1751人；招生23006，比上年增加1266人；在校生92767人，比上年增加316人；男女生比为52.4∶47.6；初中毕业升学率100%，其中，普通高中招生占62.31%；教职工9168人，其中专任教师8620人，专任教师学历达标率（具有专科及以上学历的专任教师占专任教师总数的比重）99.99%；生师比10.8∶1。

2019年东营市小学基本情况表

单位：所、人

单位名称	学校数	在校生数	毕业生数	教职工数	专任教师数
市直	–	63	–	8	8
东营区	22	29480	6184	2037	1994
河口区	16	10822	2354	996	958
垦利区	14	13449	2505	1062	1043
广饶县	24	25928	5707	1881	1852
利津县	15	9620	1856	991	955
东营经济技术开发区	15	23930	3934	1598	1567
胜利教育管理中心	–	1617	541	173	173

2019年东营市中学基本情况表

单位：所、人

单位名称	学校数	在校生数	毕业生数	教职工数	专任教师数
市直	–	298	86	–	–
东营区	26	23433	5650	2155	2004
河口区	10	8852	2546	989	895
垦利区	9	10677	3056	1114	983
广饶县	17	22579	4953	2043	2029
利津县	12	8804	2478	1334	1255
东营经济技术开发区	11	16231	3250	1281	1231
胜利教育管理中心	5	1893	773	252	223

【普通高中教育】 2019年，全市有普通高中15所，其中，完全中学1所，高级中学12所，十二年一贯制学校2所。毕业14138人，比上年增加499人；招生14201人，比上年增加369人；在校生41726人，比上年减少272人；男女生比47∶52；教职工4058人，其中，专任教师3693人，专任教师学历达标率（具有本科及以上学历的专任教师占专任教师总数的比重）99.78%；生师比11.3∶1。全市参加夏季高考14813人，比上年增加1155人；参加春季高考3887人，比上年减少276人。

2019年东营市普通高中学校基本情况表

单位：人

学校名称	在校生数	毕业生数	教职工数	专任教师数	地址	达标等级
东营市第一中学	5931	1959	513	467	东营市园博路99号	省级规范化学校
东营市第二中学	4400	1063	314	299	东营市海河路589号	市级规范化学校
河口区第一中学	2014	716	237	214	河口区河祥路西首	省级规范化学校
广饶县第一中学	8390	2960	940	924	广饶县城花苑路509号	省级规范化学校
山东省垦利第一中学	3996	1197	349	333	垦利区民丰路东广兴路北	省级规范化学校
利津县高级中学	4905	2121	603	467	利津县水库南路8号	省级规范化学校
东营市胜利第一中学	3530	999	347	341	东营市济南路55号	省级规范化学校
东营市胜利第二中学	2968	1011	243	204	东营市兴荣西街15号	省级规范化学校
东营市胜利第三中学	874	296	100	89	东营市北一路325号	省级规范化学校
东营市胜利第十中学	1115	409	108	99	东营市北二路669号	省级规范化学校
东营市胜利第十三中学	1387	550	210	186	河口区黄河路124号	省级规范化学校
东营市胜利新西兰学校	248	93	42	28	东营市济南路169号	
东营市正兴中学	368	127	34	27	东营市西三路205号	
东营英华园学校	1221	340	135	135	东营市黄河路159号	
广饶县职业中等专业学校(附设普通高中班)	379	297	55	55	广饶县稻庄镇政府驻地	市级规范化学校

【特殊教育】 2019年,全市有特殊教育学校2所,招生18人,毕业生33人,在校生247人;教职工104人,专任教师87人。

【教育单位选介】 东营市胜利第一中学。成立于1965年9月,是全省首批省级规范化学校。学校占地面积20.53公顷,建筑面积10.78万平方米。有78个教学班,在校生3530人,教职工347人。2019年,高考一本(自主招生控制线)上线828人,上线率90.1%;本科上线909人,上线率98.9%。11人被北京大学、清华大学录取。位列全国自主招生加分中学排行榜第11位。国际部84名学生全部被录取,世界前10名大学录取13人,前50名大学录取33人。20名学生获全国信息学联赛一等奖。学校先后被评为全国素质教育示范校、全国依法治校示范校、全国毒品预防教育示范校、山东省教学示范校等。

东营市第一中学。成立于1988年9月。学校占地面积31.27公顷,建筑面积18.7万平方米。有120个教学班,在校生5931人,教职工513人。高级教师149人,中级教师224人,硕士21人。全国优秀教师2人,省特级教师、省级教学能手、省级优秀教师14人,齐鲁名校长1人,齐鲁名师1人。2019年,高考一本上线1253人,本科录取1926人,录取率96%。7人被北京大学、清华大学录取。国际部23人全部被世界前100名大学录取。20人获学科奥赛全国一等奖,学校获全国五大学科奥赛金牌学校。46人获全国中学生作文大赛、全国创新英语大赛等竞赛一等奖,6人获第24届全国中小学绘画书法作品大赛一等奖。学校先后被评为全国国防教育示范基地、全国德育科研先进学校、全国生命教育先进集体、山东省德育工作先进集体等。

东营市特殊教育学校。成立于1990年12月。2016年9月新校区投入使用。学校占地面积4.29公顷,建筑面积2.74万平方米,教育对象涵盖视障听障智障自闭症脑瘫等多种障碍儿童少年,现有学前教育、义务教育、职业高中教育等办学层次。学校先后被评为全国教育系统先进集体、省级规范化学校等。

东营市实验中学。成立于1994年9月,现有一校两区。学校占地面积15.09公顷,建筑面积11.49万平方米。有166个教学班,在校生8090人,教职工612人。全国优秀教师1人,省特级教师、省优秀教师、省优秀教育工作者、省教学能手14人,市级专业技术拔尖人才、特级教师、教学能手等129人。学校先后被评为全国生态文明教育示范学校、全国特色教育先进单位、山东省规范化学校等。

东营市育才学校。成立于1998年9月,九年一贯制义务教育学校。学校占地面积8.83公顷,建筑面积4.03万平方米。有86个教学班,在校生3728人,教职工288人。2015年2月,接管原北大东营附属实验学校(现东凯实验学校)。在省级以上比赛中获金牌152枚、银牌209枚、铜牌259枚;培养国家健将运动员1人、国家一级运动员34人、国家二级运动员93人。学校先后被评为全国特色学校、全国100所国家级体育传统项目学校、全国青少年校园足球特色学校等。

东营市胜利锦苑小学。成立于2013年9月。学校占地面积3.2公顷,建筑面积1.41万平方米。有33个教学班,在校生1374名,教职工69人。省特级教师1人,省先进儿童少年工作者1人,市中突专家1名,市教育教研评选专家2人,市名师1人,市学科带头教师3名,市教学能手6人。学校先后被评为全国青少年校园足球特色学校、山东省第二届省级文明校园、山东省四德工程建设示范点等。

东营区景苑幼儿园。成立于2018年10月。学校占地面积1.5公顷,建筑面积7519平方米。设计规模15个教学班,开设11个班,建有大型幼儿图书阅览室、体验式美食屋等7个功能室。在园幼儿452名,教职员工62名,专任教师49名,学历达标率100%。市教学能手8名、高级教师2名、一级教师5名。2019年12月,学校被评为山东省一类幼儿园。

(市教育局 胡艳广)

职 业 教 育

【概况】 2019年,全市有高等职业院校3所,招收学生10249人,在校生23827人;中等职业教育有普通中专2所,职业中专6所,技工学校1所,招收学生8898人,在校生24131人(含东营职业学院、东营科技职业学院五年制学生)。高等、中等职业教育共向社会输送毕业生14373人,毕业生就业率逾98%。

2019年,新增省级规范化中等职业学校2所,总数达到6所,占中等职业学校总数75%。新增省级示范性中等职业学校3所,总数达到4所,占中等职业学校总数50%。新增省级品牌专业2个,总数达到9个。新增市级品牌专业12个,总数达到20个。新增省级现代学徒制试点3个,总数达到9个。有20个山东省职业教育教学改革研究项目立项,获项目资金21.5万元支持,受省教育厅委托对2015年以来11个立项课题结题评审,经审核全部通过。认定省级"齐鲁工匠后备人才"75人,其中高职院校学生41人,中职学校学生34人。东营市中等专业学校"工业机器人操作与运维""电子商务数据分析""网店运营推广""智能财税"和广饶县职业中等专业学校"母婴护理"申报"1+X"(学历证书+若干职业技能等级证书)证书制度试点。东营职业学院石油化工技术专业群入选教育部首批全国高职院校"双高"建设计划。11月19日,印发《东营市关于深化产教融合促进职业教育高质量发展的实施意见》,为全市职业教育发展提供政策保障。

4月15—25日,举办2019年度全市中等职业教育技能大赛,197名选手参加25个项目比赛,评选出一等奖27个、二等奖45个、三等奖55个。10月20日—11月25日，全市89名学生参加2019年度全省职业院校技能大赛32项比赛，获一等奖1个、二等奖5个、三等奖8个。7月3日，垦利区职业中等专业学校获全国技能大赛“工程测量”赛项二等奖。

2019年东营市职业院校基本情况一览表

单位:人

名称	招生数	在校生数	毕业生数	教职工数	专任教师	地址	备注		
中国石油大学胜利学院	2334	9787	2808	658	553	东营市北二路271号	民办		本科院校
东营职业学院	5872	15142	5091	1058	827	东营市府前大街129号	公办	国家骨干校、省优质高职院校	高职
东营科技职业学院	2981	7077	1895	364	287	广饶县大王镇文化路1号	民办		高职
山东胜利职业学院	1396	1608		580	246	东营市北二路504号	公办		高职
东营市技师学院	1243	2925	490	297	180	东营市南一路77号	公办	国家级重点	技工
东营市体育运动学校	89	207	96	74	52	东营市东三路489号	公办		
东营市中等专业学校	623	2065	932	66	51	东营市南一路77号	公办	省级示范校	
东营区职业中等专业学校	1430	4374	1598	321	246	东营市黄河路288号	公办	省级示范校	
河口区职业中等专业学校	394	1250	402	72	58	河口区河滨路677号	公办	省级规范化学校	
垦利区职业中等专业学校	1365	3867	1213	220	196	垦利区新兴路123号	公办	省级示范校	中职
广饶县职业中等专业学校	1426	4606	1454	327	275	广饶县大王镇文化路1号	公办	省级示范校	
东营市化工学校	983	2713	958	185	159	利津县利三路60号	公办	省级规范化学校	
东营金盾司法中等职业学校	620	620		25	14	东营市菏泽路187号	民办		
东营职业学院(五年制)	725	1504	244	84	84	东营市府前大街129号	公办		

【职业教育学校选介】 东营市中等专业学校。成立于2011年8月，是山东省规范化中等职业学校。学校占地面积61.67公顷。全日制在校学生2065人。实训场所建筑面积10.8万平方米，建有11个实训中心、131个专业实训室、一体化教学工作站70个，实验实训设备总值17520.4万元。图书馆藏书15.2万册。开设18个专业，其中综合机械与自动化项目为第45届世界技能大赛国家集训基地。毕业生就业率98.74%以上，用人单位满意度100%。学校被评为国家级高技能人才培训基地。

东营市化工学校。成立于1995年9月，是一所集职业教育、成人教育、师资培训、社会培训于一体的综合性中等职业学校。开设机电、化工、汽修、护理、财经、信息技术、学前教育等专业，在校生2713人，教职工185人。学校建有各专业实训车间26个，实训设备总值2000余万元。2017年10月，学校新校开工建设，占地面积12.33公顷，建筑面积6.8万平方米。2018年8月11日，利津县职业中等专业学校更名为东营市化工学校。学校先后被评为全国职业教育先进单位、山东省为名单位、山东省文明校园。

东营科技职业学院。成立于1985年7月，设置机电工程学院、能源工程学院、会计学院等8个二级学院，开设机电一体化技术、石油化工技术、学前教育等30个专业。在校生7077人、教职工364人。应届毕业生就业率98%。学院迁建项目列入2018年市、县重点工程项目。占地64.70公顷，建筑面积30.5万平方米，可容纳学生1.2万人，教职员工800人。

（市教育局　胡艳广）

继　续　教　育

【概况】 2019年，全市高等教育自学考试8023人次、23301科次，毕业272人，非学历社会证书考试11828人次。成人高考报名13603人。12月17—19日，对40个驻东营高校函授站和9个现代远程教育校外学习中心进行年度检查。

2019年东营市自学考试情况一览表

单位:人

考次	报考人数	实考人数	及格人数	报考科数	实考科数	及格科数
四月自考	4125	3576	2888	12203	10332	6507
十月自考	3898	3273	2419	11098	8898	5119
合　计	8023	6849	5307	23301	19230	11626

2019年东营市非学历社会证书考试情况一览表

单位:人

类　别	上半年报考人数	下半年报考人数	合计
全国大学英语四六级考试	2092	6968	9060
全国英语等级考试	1829	停考	1829
全国计算机等级考试	472	467	939
合　计	4393	7435	11828

2019年东营市成人高校招生报名录取情况一览表

单位:人

层次	科类	报考人数	层次	科类	报考人数
专升本	文史中医类	353	高起本	文史类	94
	艺术类	47		理工类	135
	理工类	2533	高起专	文史类	1976
	经济管理类	2613		艺术类	12
	法学类	213		理工类	3276
	教育学类	1447	合　计		13603
	农学类	43			
	医学类	861			

（市教育局　胡艳广）

民　办　教　育

【概况】 2019年，全市有各级各类民办学校795所，民办高等职业学校1所、民办中等职业学校1所、民办普通高中4所(含12年一贯制学校1所)、民办初中2所、民办小学2所、幼儿园94所、文化教育类培训机构691所，专任教师2203人。年内对东营金盾司法中等职业学校、东营市正兴中学、东营市胜利新西兰学校3所民办学校进行年度检查。

2019年东营市各级民办学校基本情况表

学校类别		学校数(所)	在校学生(人)	专任教师(人)
民办高等学校	—	1	6104	253
民办中等职业学校	—	1	645	14
民办中学	高中	4	2094	208
	初中	2	615	75
民办小学	—	2	870	73
民办幼儿园	—	94	17569	1580

（市教育局　胡艳广）

高　等　教　育

【中国石油大学(华东)】 概况。创办于1953年，是教育部直属全国重点大学，是国家“211工程”重点建设和开展“985工程优势学科创新平台”建设并建有研究生院的高校之一。2017年学校进入国家“双一流”建设高校行列。现有东营、青岛两个校区，校园总面积318.27公顷，建筑面积125万平方米。至2019年年底，学校有各类科研平台、实验室(中心、基地)96个，其中国家重点实验室1个，国家工程实验室1个，参与共建国家级科研创新平台6个；与青岛海洋科学与技术国家实验室共建海洋能源联合实验室；各类省部级科研平台22个；中国石油天然气集团公司重点实验室、研究室(中心)19个。

学校有矿产普查与勘探、油气井工程、油气田开发工程、化学工艺、油气储运工程5个国家重点学科，有地球探测与信息技术、工业催化2个国家重点(培育)学科。工程学、化学、材料科学、地球科学4个学科领域进入ESI全球学科排名前1%，其中，工程学学科进入ESI全球学科排名前1‰，石油与天然气工程、地质资源与地质工程2个一级学科入选国家“双一流”建设计划，石油与天然气工程、地质资源与地质工程、安全科学与工程、地质学、化学工程与技术、地球物理学6个一级学科进入教育部第四轮学科评估全国前10。有11个博士后流动站，14个博士学位授权一级学科，3个博士学位授权自主设置二级学科，2种博士专业学位授权类别，32个硕士学位授权一级学科，2个硕士学位授权二级学科，15种硕士专业学位授权类别，68个本科专业。2019年，新增博士专业学位点1个，硕士专业学位点6个，石油与天然气工程领域工程硕士专业学位研究生教育通过认证。2019年，调整成立海洋与空间信息学院、新能源学院、外国语学院、文法学院，控制科学与工程学院、计算机科学与技术学院完成更名。启动“通用基础学科提升计划”。在《2019安邦中国“双一流”大学建设绩效中期评价报告》中，学校排名进入全国高校前50。

教育教学。①本科教育。坚持“以本为本”，落实“四个回归”(回归常识、回归本分、回归初心、回归梦想)，持续完善“三三三”(教学办学定位“三型”即精英型教育、特色型教育、研究型教育，培养目标“三化”即全面化成长、个性化成长、最大化成长，教学方式“三性”即学习性教学、研究性学习、开放性交流)本科教育培养体系。推进本研一体化、理科实验班、卓越工程师、人文素养班、探究性实验项目等改革工作。全面落实OBE教育理念，制定2020版本科培养方案。30个专业入选首批一流本科专业建设“双万计划”。6个专业通过工程教育专业认证。启动“基础课程振兴计划”和“通识课程强化计划”。举办首届国际教育周，邀请23所世界知名大学的30位外籍教师，开设全英语国际课程29门、专题报告55场、5项国际交流营活动。新增65门在线开放课程，4门课程入选国家级精品在线开放课程，5部教材获批中国高等教育学会工程教育专业委员会新工科教材立项，2个项目获批国家虚拟仿真实验教学项目。通过山东省美育和体育工作评估。②研究生教育。修订工程类硕士、博士专业学位研究生培养方案，推进“二四三”(“二”即学术学位研究生、专业学位研究生；“四”即学术学位研究生增强创新创业意识、跨学科知识背景、国际化视野、系统整合能力，专业学位研究生增强实际问题解决能力、创新创业实践能力、综合项目研究能力、职业胜任能力；“三”即培养创新型、复合型、应用型人才)研究生分类培养体系建设。依托国家重大专项、重点研发计划、中石油重大战略合作项目招收博士生，选派博士生赴利兹大学开展为期两年的校际联合培养。16名导师获评第五届山东省优秀研究生指导教师。15篇论文获山东省优秀博士学位论文，32篇论文获山东省优秀硕士学位论文，8项成果获山东省研究生优秀成果奖一等奖。③留学生教育。实施质量工程建设，加强教学管理和学生工作。学校留学生培养工作得到中央电视台、中国教育报等媒体报道，并入选《2019教育热点20问》典型案例。④继续教育。学历继续教育招生4.1万人，非学历继续教育脱产培训1.97万人次，在线培训18.7万人。1门课程获"MOOC中国杯"全国唯一金奖，1门微课获全国高校数学微课程教学设计大赛一等奖，4门课程入选山东省成人高等教育数字化课程，5门课程入选山东省社区教育优秀课程资源。获批建立"山东省公共机构节能研究培训基地""山东省专业技术人员乡村振兴继续教育基地"。

人才培养。2019年，录取本科生4693名，硕士、博士研究生2614人。毕业生离校就业率93.32%，连续25年超90%，37.2%签约毕业生到世界500强企业就业。学生全年获得省级及以上竞赛奖励1000余项，在"互联网+""挑战杯"山东省决赛中金奖、特等奖数量均居山东省第1。新增国家级大创项目135项，在全国大学生创新创业年会获奖数量位居全国高校第6位，获评中国双创教育联盟和创新创业教育实践联盟"优秀组织奖"。承办中国研究生能源装备创新设计大赛、全国油气储运工程设计大赛等10项国家级和省级竞赛。男子排球队蝉联中国大学生排球联赛总决赛冠军。

师资队伍。至2019年年底，学校有教师1700余人，其中，教授、副教授1000余人，博士生导师236人。专任教师中有两院院士11人(含双聘)，国家"万人计划"入选者7人(领军人才5人、教学名师2人)，"长江学者"特聘教授3人，国家杰出青年基金获得者5人；"长江学者"青年学者4人，国家优秀青年科学基金获得者4人；"973计划"项目首席科学家1人，国家"百千万人才工程"入选者12人，"新世纪优秀人才支持计划"入选者22人，中国青年科技奖获得者4人，教育部高校青年教师奖、霍英东教育基金会青年教师资助及青年教师奖获得者11人；"泰山学者"攀登计划3人，"泰山学者"特聘教授及海外特聘专家17人，"泰山学者"青年专家15人；"山东省有突出贡献的中青年专家"17人。国家级教学名师、省级教学名师18人，"全国模范教师""全国优秀教师"6人。1个团队入选首批"全国高校黄大年式教师团队"，3个创新团队入选教育部"长江学者和创新团队发展计划"，2个创新团队入选"山东省优秀创新团队"，1学科入选"山东省泰山学者优势特色学科人才团队支持计划"。

2019年，启动"光华学者计划"，举办第二届"能源科学与工程"国际青年学者论坛和国(境)外青年人才专场招聘会，引进培育包括外籍院士、国家百千万人才工程入选者、国家"万人计划"领军人才、国家杰出青年科学基金获得者在内的国家"四青"及以上人才10人、省部级人才17人，新增享受国务院政府特殊津贴专家3人，4人入选科睿唯安2019年全球高被引科学家。实质性聘任挪威两院院士陈德为新能源研究院院长。

科学研究。2019年，承担各类科研项目1705项，到位科研经费7.2亿元。中石油重大项目获批立项，项目总经费2.45亿元。获批国家自然基金110项，其中，首次牵头承担国家自然基金重大项目1项。牵头承担国家重点研发计划项目2项。签订技术开发、技术转让、技术服务等科研项目1265项，合同额近7.5亿元。服务山东新旧动能转化重大工程，承担山东省自然科学基金项目92项，省级重大重点项目45项。文科科研实现新突破，获批国家级项目6项。学校成为青岛海洋科学与技术试点国家实验室理事单位。"深层油气探测技术与装备教育部工程研究中心"获教育部培育建设，"氢能开发与利用技术创新中心"入选首批山东省技术创新中心培育库，"海洋物探及勘探设备国家工程实验室"入选首批省重点领域战略新兴装备技术研发转化平台名单。2个教育部工程研究中心通过评估。

2019年，学校获省部级以上科技奖励51项，其中，牵头获国家科技进步二等奖1项，作为第二完成单位获得国家科技进步一等奖1项，教育部高等学校科学研究优秀成果奖6项，省部级一等奖8项，中国专利优秀奖1项，孙越崎青年科技奖1人。发表SCI、EI、CPCIS检索论文2677篇，授权职务专利1065件。学校作为唯一高校和第一支持单位，完成国家能源局组织的《中国天然气发展报告(2019)》并在国务院发展中心发布。《中国石油大学学报》(自然科学版)入选"2019中国国际影响力优秀学术期刊"，《中国石油大学学报》(社会科学版)入选"全国高校社科精品期刊"。全年举办大型国际、国内学术会议40余场。

教育合作与交流。2019年，与英国曼彻斯特城市大学等27所国(境)外知名高校新签署协议47份。获批高端外国专家引进计划13个、发展中国家杰出青年科学家来华工作计划3项。援建乌干达麦克雷雷大学石油工程学院。获批国家公派优秀本科生国际交流项目20项、创新型人才国际合作培养项目7项。邀请各类来访外国专家670人次。选派师生和管理人员赴境外交流学习研修1600余人次。与中国石油天然气集团有限公司合作重大科技项目启动，与兖矿集团共建的石大兖矿新能源学院揭牌。与西南油气田公司等企业共建科研合作平台6个。基金会"中基透明指数"评分为满分100分，连续24个月位居全国第1。

东营校区。2019年，推进东营校区资源有效利用，布局建设石油大学东营高等研究院、东营市产业技术研究院。稳妥做好胜利学院转设各项准备工作。

(中国石油大学(华东)　蔡吉刚　孙雅晴)

【中国石油大学胜利学院】 概况。成立于2003年3月，由中国石油大学(华东)、东营市人民政府和胜利石油管理局三方共建全日制普通本科高等学校。学校有石大、师专2个校区，占地面积104.1公顷，校舍建筑面积38万平方米，教学仪器设备总值10733万元，图书馆藏书186万册，建有大学生工程训练中心、大学生创新实践中心以及石油装备、能源科学等各类实验中心和实训室170余个。学校面向全国28个省市(自治区)招生,2019年录取新生2448人(其中本科2010人,专升本438人),现有在校生9787人。设有7个教学院,开设29个本科专业及15个专科专业,涵盖理、工、文、法、教育、管理、艺术、医学8大学科门类。有专任教师553人,教授26人,副教授166人,博士研究生40人。在2019年中国独立学院科研竞争力评价中排名第10位;在中国科教评价研究院等机构发布的中国独立学院竞争力排行榜上位列全国第32位,连续5年居山东省第1位。

转设发展。5月向省政府提出列入《山东省高等学校设置"十三五"规划中期调整》申请;7月经教育部批准,学校转设列入山东省高等学校设置"十三五"规划中期调整方案;9月学校通过教育厅高评委专家组实地考察评审;12月全国高等学校设置评议委员会专家组到校进行实地考察;同月25日,胜利学院理事会召开五届二次会议,为学校转设工作奠定坚实基础。

教育教学。集中优势力量和办学资源,打造与区域主导产业、支柱产业和战略性新兴产业密切相关学科专业群,停招全部专科专业和6个办学条件较弱、社会需求低本科专业。石油工程专业入选首批省级一流本科专业建设点。开设"新工科试验班",推进学科交叉专业融合发展,探索培养复合型、创新型的新型工科人才。获批国家级一流本科课程1门,省级一流本科课程3门,在山东省高校在线开放课程平台上线课程3门。以"菁英计划"为依托,加强青年教师培育,在省级青年教师教学比赛中获奖3项,在省高校教师信息化教学比赛中获奖2项。推进学分制管理改革,取消"清考"制度。学生获国家级奖励107项,省级竞赛奖励120余项,国家级大学生创新创业训练计划6项,省级19项;362名毕业生签约中国民营企业500强、中国化工企业500强。271名学生考取研究生,其中177人被双一流建设高校录取。

科学研究。获批山东省农业重大应用技术创新项目1项,山东省自然科学基金项目1项,山东省社会科学规划研究项目3项、山东省教育科学"十三五"规划课题7项;山东省高等学校青创人才引育计划建设团队1个,山东省高等学校青创科技计划团队1个;获批认定东营市重点实验室3个;发表中文核心及以上学术论文57篇,其中SCI15篇,EI5篇,CSSCI1篇。授权专利19项,其中,发明专利7项;获中国图学学会科技进步二等奖1项、山东省科技进步三等奖1项、山东省教育科学优秀成果著作奖3项。

师资队伍。学校纳入东营市"双招双引"和"双百引才"计划,落实高层人才政策和待遇。聘用专任教师45人,新增博士7人。聘任7位知名教授、博士生导师担任学院院长或学科专业带头人。稳妥推进岗位聘任和专业技术职务评审工作,完善考核激励机制。 (中国石油大学胜利学院 范秀娟)

【东营职业学院】 概况。成立于2001年7月,是东营市人民政府举办的全日制高等职业院校。学校占地92.47公顷,建筑面积43万平方米,教学仪器设备总值1.6亿元。教职工890人,全日制在校生16600人,成人学历在籍学员5388人。8个二级学院及校企共建混合所有制航空学院1个。有省级示范专业2个,省级特色专业8个,省级品牌专业群3个,3+2专本贯通专业3个。建有10个省级教学团队、1个黄大年式教学团队。获全国高等职业院校教学资源50强、服务贡献50强、全国创新创业典型经验高校(50强)等荣誉,是国家骨干高等职业院校、山东省示范性高等职业院校,山东省优质高等职业院校建设工程立项建设单位。

教学工作。围绕新旧动能转换"十强"产业需求和东营市"5+2+2"主导产业体系,立足区域石油化工、石油装备制造、信息技术、现代服务等五大特色产业,构建与地方经济和产业转型升级相匹配的专业体系。石油化工专业群和现代信息技术专业群确定为山东省高水平专业群,其中,石油化工专业群被确定为国家高水平专业群建设项目。成立人工智能学院,并同时成立黄河三角洲人工智能创新研究院;承办首届山东省人工智能职业教育大会,筹备全国人工智能职教集团,受邀参加首届人工智能职教百强院校长学术年会,学校获山东省新一代信息技术创新应用大赛突出贡献奖。将海洋化工技术专业调整为化工自动化技术专业,将畜牧兽医专业调整为宠物养护与训导专业。与济南市创新科技职业中等专业学校合作,新增会计和空中乘务2个五年制招生专业。与区域内8所中职学校合作"三二连读"招生专业11个。石油化工技术、计算机网络技术、工程造价3个专业分别与烟台大学、曲阜师范大学、临沂大学实施"3+2"专本贯通培养,形成中职与高职、高职与本科连续贯通的职业教育人才培养通道。认定立项国家级项目47个,

2019年5月6日,东营职业学院人工智能学院揭牌仪式举行

(东营职业学院供稿)

科研立项、获奖、专利授权95项。被评为“高等职业院校教学资源50强”“全国创新创业典型经验高校”。入选教育部、财政部中国特色高水平高职学校和专业建设计划建设单位名单。

校企合作。与智联有道科技有限公司合作的高职电子信息大类专业创新创业实践体系建设项目，被教育部确定为产学合作协同育人项目。航空学院招生专业达到7个（含专业方向）。与中锐集团共建汽车类专业，与达内时代科技集团有限公司共建会计（主办会计方向）、市场营销（互联网营销方向）、软件技术等专业，与东软睿道教育信息技术有限公司共建物联网应用技术专业。与山东亨圆铜业有限公司共建山东省有色行业高技能人才公共实训基地。与全球最大的微处理器芯片设计企业ARM公司共建嵌入式人工智能应用技术示范基地，被教育部确定为“AI+智慧学习”共建人工智能学院项目试点学校。

现代学徒制试点。石油化工专业现代学徒制试点项目通过首批现代学徒制试点国家级验收。机电一体化专业与中国万达集团合作、物联网应用技术专业与海信集团有限公司和东软集团股份有限公司新立项为省级现代学徒制试点项目。化工类专业与亚通石化、烟台万华新成立“亚通班”“万华班”等现代学徒制试点班。

1+X证书制度试点。落实教育部等四部门《关于在院校实施“学历证书+若干职业技能等级证书”制度试点方案》，年内组织申报2次。被确定为全国首批1+X证书制度试点院校。获得Web前端开发等13个参与试点证书，试点规模850人。

招生就业创业。2019年，招生6904人，报到人数6357人，比上年增加1333人。发挥校园招聘主体作用，为4932毕业生提供有效就业岗位25700余个，毕业生就业率97.84%。健全家庭困难毕业生就业档案，申请求职创业补贴26.3万元。建设国家级在线课程《大学生创新创业教育》，全面实施“线上+线下”相结合的创新创业教育教学改革和评价体系改革。在省级以上创新创业大赛获奖24项。学校“众创空间”被教育部评为“全国众创空间协同创新中心”，成果案例被教育部评为“2019年度高职院校创新创业教育特色典型案例”。

师资队伍。组织16名石化专业教师赴匈牙利参加高端化工专业研修，83名骨干教师赴台湾黎明技术学院参加专题研修；54名专业教师参加山东省省级培训、30名专业教师参加国家级培训。以“双师素质青年教师—骨干教师—名师名家”为提升通道，分层培养，促进教师梯次成长。建立教师培训基地，完善教师激励体系，完成中级职称评聘和首席技师工作站考核工作。1名教师被评为全国模范教师，2名教师分别被评为山东省教书育人楷模、优秀教育工作者；1名教师被评为东营市有突出贡献的中青年专家。建成张汝山、孟凡超山东省职业教育名师工作室，被评为山东省职业教育名师工作室。2019年聘任台湾林明芳、顾立中、李兴宁、杨建梁4名专家为特聘教师，建成动态调整的850人的兼职教师资源库。

教学成果。校级教改项目结项14项，立项27项。省级教改项目立项9项，其中，副教授王伟和副教授王盟分别主持的教改项目被立项为重点资助项目。省级教改项目结项10项。完成2019年齐鲁工匠后备人才培育申报。全年有41名同学入选首批“齐鲁工匠后备人才”。石油与化学工程学院院长、省化工专指委秘书长孙士铸和人工智能学院院长、省级教学名师周连兵等两名教师入选省齐鲁工匠后备人才培育工程专家指导委员会委员。“全要素创新创业教育打造人才培养新气象”“本草为媒育英才精准扶贫结硕果”2个高职案例入选全国高职高专校长联席会年会（2019年）典型案例。

科研与社会服务。2019年，立项省部级项目27项，市社会科学研究项目14项，校级课题21项。结题验收科研项目43项，市级以上优秀科研成果评奖27项。申报国家专利71项。面向企业员工、职业农民、行业组织、城市社区的社会培训，全年完成各类社会培训3.9万人次。组织承办各级各类社会性考试1600余场次，考生7.06万余人次。开展社区教育品牌创建活动，学校被评为“山东终身学习在线”应用推广先进单位，“孔子学堂”被评为山东省社区教育十佳品牌。

国际交流合作。成立AHK中德（东营）职业培训中心；与科瑞集团合作共建东营职业学院国际学院，推动合作办学。在沙特阿拉伯Hongyuan Ssudi Services LLC CO工厂挂牌成立“鲁班工坊”，加入“一带一路”国家院校和企业交流协会中方理事会，选拔老师刘建玲参加国家汉办、孔子学院组织的国家公派教师项目，并担任金边高棉大学汉语教学负责人。两岸青少年文化交流项目成为全省优秀对台项

2019年8月21—27日，东营职业学院境外师资培训基地第四批教师职教能力提升培训班在中国台湾黎明技术学院举办 （东营职业学院供稿）

目，与韩国信韩大学、清州大学等国（境）外高校和教育机构签订合作协议5份；引进国际职业资格证书认证标准1项，开发与国际标准对接的专业标准和课程各1项。全年派出134名教师赴国（境）外交流学习。（东营职业学院 李晓月）

2019年10月22日，东营市技师学院海信制冷学院成立

（东营市技师学院供稿）

【东营市技师学院】 概况。成立于1998年5月，是经山东省人民政府批准、东营市人民政府主办的高等职业资格教育院校。有8个教学系部，开设11个类别30个专业。数控加工专业为全国职业教育示范性实训基地，综合机械与自动化项目为世界技能大赛国家集训基地，油漆与装饰、数控车项目为世界技能大赛省赛集训基地，石油装备制造专业群为山东省首批示范专业群，焊接加工、汽车维修是全省技工院校“百强专业”，汽车运用与维修、数控技术应用为省品牌专业，汽车运用与维修为省级一体化教学改革试点专业。至2019年年底，有全日制在校生4834人，教职工357人，专任教师253人，“双师型”教师占专业教师的82.8%，高级以上职称83人，博士学位4人，硕士以上学位98人，全国优秀教师、省（市）首席技师、省（市）教学能手等各类专业人才47人，建有山东省技师工作站、齐鲁技能大师特色工作站、首席技师工作站4个。学院是国家级高技能人才培训基地，第45、46届世界技能大赛“综合机械与自动化”项目中国集训基地，国家级重点技工学校，全国技工院校高技能人才培养联盟成员单位，山东省高技能人才培训基地，山东省技师培训基地。

人才队伍建设。做好“双百引才”工作，选聘硕士以上研究生2名，公开招聘专业教师8名，首次将获省赛大奖的高技能人才纳入实习指导教师招聘范围，高广鑫、魏龙翔2名学生入职。修订《教职工绩效考核办法》《专业技术人员聘期考核办法》等办法。以“大竞赛、大比武”活动为主线，开展教师职业能力说课比赛、一体化教学改革优质课比赛等竞赛活动。

教学工作。①工学一体化课程教改。推进中职示范校建设。完成省市品牌专业年度建设任务，4个市级品牌专业通过验收。确定12项教改任务。落实正确“三课观”，提升课堂教学质量。成立教研组，规范教研行为。改革教学评价，探索实施分层考试试点。升学班本科总录取率58.97%，其中汽车专业本科过线率90.48%。②大赛班、大赛梯队组建。综合机械与自动化项目、教师王大伟及魏龙翔、孟海洋2名学生得到人力资源和社会保障部表彰。在第46届世界技能大赛山东省选拔赛中，承办综合机械与自动化、油漆与装饰、数控车工3个项目，为全省承办3个以上项目的8所技师学院之一，获一等奖5个。全年获国赛三等奖1个，省赛一等奖10个、二等奖19个，市赛一等奖9个。③创业创新。建设学院创业创新中心园区，“学生创业孵化基地”揭牌。设立院长创新奖，开展“创业创新大竞赛、大比武”，加强师资培训。18个学生创业项目进入孵化期，实现收入25万元。在全国技工院校创业创新大赛山东省选拔赛中，3个项目获一、二、三等奖；在山东省“互联网+”创新创业大赛中，2个项目获铜奖。④产教融合、校企合作。组织校企合作项目评估，规范合作项目。立项山东省现代学徒制试点，完善校企合作育人机制，建立产教融合特色课程体系。与德国哈尔博格学院、中国台湾黎明技术学院开展合作。与65家企业建立合作关系，其中，500强企业5家。与海信集团合作成立“海信制冷学院”。校内生产性实训基地运转良好，中德诺浩、中航空港、燕航合作项目特色突出，京东校园实训中心、智腾、嘉扬、垚坤等校内实训基地实现产值821.58万元。校企合作新建改造专业课程5个。在企业建立技师工作站5个。

全域培训及考试鉴定。全年培训各级各类学员10098人次，实现培训收入285万余元。“渤海工匠学院”依托学院筹建，与东营经济技术开发区合作建设“渤海工匠学院东营经济技术开发区分院”。全年组织学院毕业生、社会人员鉴定6207人次。组织社会考试73428人次。

（东营市技师学院 姜兰玲）

文化 体育

文 化 事 业

【概况】 至2019年年底，全市有专业文艺团体4个，社会文艺团体292个，庄户剧团180个；全年创作并演出剧（节）目174个，文艺演出5100场，观众近290万人次。有文化馆6个，职工96人；全年举办展览次数51次，组织文化活动720次。有公共图书馆6个，藏书总量318.45万册，新增图书18.62万册；农家书屋（含社区书屋）925个。有电影放映单位22个，其中汽车影院1个；城市影院21个，全年票房收入7939.29万元；农村公益电影放映队81个，全市放映农村公益电影2.16万场，观众36万人次。扶持社会文艺团体（庄户剧团）22家，组织优秀新创作品巡演80余场。与友好城市韩国三陟市开展文化艺术交流。

【国家公共文化服务体系示范区】 2月18日，东营市入选第三批国家公共文化服务体系示范区。3月19日，全国公共文化产品供给侧改革现场经验交流会举行，东营市领取国家公共文化服务体系示范区荣誉奖牌。至年底，新建乡村剧场50处、儒学讲堂200处、图书馆总分馆基层服务点50处、文化馆总分馆基层服务点50处。

【数字文化广场】 数字文化广场列入全市2019度民生实事。9—10月，实地验收建成数字文化广场，建设任务全部完成。全年新建数字文化广场50个。

【文化惠民】 4—12月，开展"进千村乐万家"文化惠民巡演活动、"欢乐黄河口"广场文化活动、"情暖黄河口"文化关爱演出、"我们的节日"系列主题文化活动，文艺演出下乡进社区实现全覆盖。7月，"进千村乐万家"文化惠民巡演活动作为全国25个文化建设典型案例之一、山东省唯一文化案例，入选中央组织部《贯彻落实习近平新时代中国特色社会主义思想在改革发展稳定中攻坚克难案例》，并在《山东政务信息》刊发。9—10月，开展2019年东营市庆祝新中国成立70周年专题文艺活动暨"黄河入海我们回家"第四届黄河口文化艺术月活动，期间举办文艺演出、艺术展览、国庆游园、红色旅游巡礼4大类13项文艺活动。10月下旬，举办2019年东营市"乡村振兴·筑梦东营"优秀农村题材作品展演。11月29日，举办"我为乡村振兴唱赞歌"东营市村歌大赛，24支农村（社区）代表队参加。

【吕剧振兴】 编印校本教材《吕剧艺术》，全市74所学校开展"吕剧进校园"活动、39所学校开展"吕剧进课堂"活动。参加全省第四届"吕剧票友大赛""吕剧艺术周""吕剧故乡行"等展演活动。

【艺术精品创作】 创排《梅骨丹心》《热土情》《刘胡兰》3部大型吕剧，《拆》《钱有富卖鸡》等小吕剧，巡演70余场次。舞蹈作品《甜蜜的枣林》入选全国群星奖复赛，吕剧作品《拆》获梁祝艺术节一等奖，3部作品入选山东省乡村题材小型文艺作品展演，5部作品入选第十三届山东省精神文明建设"文艺精品工程"，吕剧作品《吕大爷拆房》获山东省乡村题材小型文艺作品展演比赛二等奖、第二届全省庄户剧团大赛第一名、山东省首届非物质文化遗产传统戏剧类项目小戏展演优秀展演奖；旗袍走秀《盛世霓裳》获山东省乡村题材小型文艺作品展演比赛三等奖；情景剧作品《光辉的历程》获第二届山东省庄户剧团大赛获优秀奖。

【社会文艺团体】 开展社会文艺团体新创作品调演活动，105家社会文艺团体、160部作品参加片区调演，47家团体、62部新创作品参加全市决赛，一批新创作品纳入全市公益性文化巡演展演，全年巡演80余场。11月26日，2019年东营市社会文艺团体新创文艺作品汇报演出暨颁奖晚会举办。

（市文化和旅游局　郭雨晴）

【东营市妇女儿童活动中心】 举办公益培训及活动234余场次，受益5.3万余人。获国家级"巾帼文明岗""美好生活我的家"全国少年儿童图文创作大赛优秀组织奖、全国少年儿童"心中有祖国　心中有他人"主题教育活动先进集体、山东省"我与祖国同成长　童心筑梦新时代"少儿绘画书法大赛优秀组织奖等。

儿童健康成长。开展"爱·成长""爱·陪伴"少儿公益体验课、2019年寒假少儿公益体验课、2019年暑期少儿公益体验课程及周末、节假日活动，涵盖婴幼儿体智能亲子课堂、少儿搏击、绘本阅读等。开展"爱心大篷车"送温暖活动、"翰墨飘香迎新年"对联书写等公益活动。参加全国"双有"主题教育活动，与《东营电视周刊》等联合举办2019年东营市"美丽东营我的家"少年儿童图文创作大赛。组织参加全省"给妈妈写一封信"征文活动、庆祝建国70周年山东省家庭教育研究会、"弘扬家国情　礼赞新时代"书画摄影作品征集活动。组织参加山东省"我与祖国同成长　童心筑梦新时代"少儿绘画书法大赛。举办各类少年儿童公益培训及活动77余场次，受益3.2万余人。

女性素质提升。开展"庆祝建国70周年·点赞东营新时代"广场舞公益培训、"巧做宫灯·喜迎新春"公益手工制作、暑期健身塑形、健身操等公益培训。举办全市"我们的节日"主题文化活动，涵盖庆"三八"女职工健步行活动、"爱在三八节·情系半边天"女性健康公益讲座、"浓情中秋·爱心携月"公益活动。与市直机关工委、市妇联联合举办"好书共品读"系列读书活动，涵盖"品佳作·点亮初心"读书分享展示活动、我们的节日亲子诵读培训、市直机关女干部"好书共品读"之女性素质提升——在传统文化中学情商讲座等系列活动。承办2019黄河口“和·美”妇女文化汇活动，近万名妇女群众参加。承办2019东营相亲大会暨东营首届玩耍大会，吸引近千名单身男女参加。举办各类妇女公益培训及活动67场次，受益2.1万余人。

心理驿站服务。免费开放心理减压室、心理沙盘室，举办个体沙盘、团体沙盘、心理咨询等。打造“阳光少年”“智慧家庭、幸福人生”心理课堂活动品牌。举办心理团训、个训公益培训及活动90余场次，受益2200余人。

2019年11月27日，市妇女儿童活动中心“阳光少年”心理课堂走进胜利锦华中学 （市文化活动中心供稿）

【东营市科技馆】 全年接待观众66.82万人次，社会团体243个。

科普展览。寒假期间举办“眼见不为实”视错觉科学创意展，历时45天，6.2万余人次参观。4—6月，举办“镜子世界”大型主题科普展览暨中国科技馆全国大型主题科普巡展第五站活动，14.3万余人次参观。

2019年4月，市科技馆“镜子世界”大型主题科普展览举办 （市文化活动中心供稿）

科普活动。与市育才学校、东营区英才小学等联合开展“研学旅行”活动，接待学生团体98个，学生1.5万余人次。开展庆祝中华人民共和国成立70周年为主线，传统节日为重点的文化科普活动，1000余名中小学生参与。举办“科普在身边”科普剧本征集大赛，征集剧本17篇。其中，《地球保卫战》获第六届全国科技馆辅导员大赛山东省选拔赛科学表演赛项目一等奖，第六届全国科技馆辅导员大赛决赛其他科学表演赛项目三等奖。

科普培训。推出“趣味科学实验”科普知识课堂、3D打印、青少年暑期编程科技营、第十七届NOC大赛模块化机器人项目集训等公益培训课16班次，学生500人次参加。

志愿服务。1月，推出“小志愿者在行动”志愿服务项目，被市文明办确定为东营市2019年度新时代文明实践志愿服务项目，600余名中小学生加入。被市社科联确定为“东营市新时代文明实践社科普及志愿服务”服务队。组织志愿服务50余期，志愿服务人数2000余人次。

【东营市青少年宫】 全年接待观众10.1万余人，至年底，累计接待观众18万余人。

市民安全体验馆。全市首个综合性公共安全实训基地，建筑面积约3000平方米，分为自然灾害安全、消防安全、交通安全、社会生活安全4大体验板块，含地震、台风、火灾、汽车翻转、公共交通工具逃生、高空坠落等26件展品展项。至年底，2.9万余名观众参观体验。

青少年活动。①公益体验课。开设“魅力黄河口”民间艺术公益系列培训课、“夏日·东营”绘画公益系列体验课、暑期系列公益体验课、秋季公益体验课等公益培训课程150余场次。②主题活动。开展东营市“庆祝新中国成立70周年”书画摄影剪纸大赛及优秀作品展、东营市“美丽东营·幸福家园”剪纸大赛、“我们的节日”亲子系列活动、2019年东营市青少年语言艺术大赛等主题公益活动100余场次，3.2万余人次参与。③社会实践活动。开展学习雷锋、法治宣

2019年6月23日，市青少年宫第一期“魅力黄河口”民间艺术公益培训课第二次课程举办 （市文化活动中心供稿）

传、国家安全、文明出行为、扶贫帮困为主题志愿服务活动10余期。

儿童剧场。承办黄河口“国学小名士”经典诵读电视大赛、东营市2019年读书朗诵大赛、“传承红色基因，弘扬传统文化”全市青少年朗诵大赛展演、“放歌美丽黄河口·献礼祖国七十华诞”主题音乐会、“庆祝新中国成立70周年”演唱会等近30场次演出活动。

公益服务。启动“情暖童心·牵手未来”流动青少年宫项目，送公益课下乡。开展“情暖童心”流动青少年宫项目启动仪式暨“欢乐庆六一·美丽东营我的家”百名儿童百米长卷现场绘画活动、“牵手未来·助童起跑”流动青少年宫公益服务活动走进胜坨镇宁海小学、青少年宫特色公益课走进东营市特殊教育学校等活动，2000余名青少年参加。

【东营市图书馆】 2019年，采购纸质图书24120种，55979册，纸质文献馆藏60.69万册，持证读者17478人，年接待读者69.89万余人次，图书借阅40.51万余册。全年免费对外开放。搭建市公共图书馆全媒体服务共享平台，建有东营党建数字图书馆、知航数字图书馆，开通中国知网、国学贝贝数据库等电子资源。市图书馆被山东省图书馆评为“全省市级(副省级)公共图书馆绩效评价优秀单位”“山东省古籍保护工作先进单位”“全省图书馆文献资源共建共享先进集体”、山东公共图书馆联合参考咨询协作网“先进单位”。

读者活动。开展“东营市读书朗诵大赛”“翰墨书香迎新春少儿现场书法绘画比赛”“让好书苏醒 让知识对流”图书交换活动、“传递书香、分享阅读”少年儿童读书活动等。举办“墨海寻梦”少儿书画展、“挥笔撒墨，展我风采”书法展、“巧手慧心”——儿童创意剪纸画展等展览活动。推进“图书馆+书院”公共文化服务，开展“传统民俗文化艺术”体验课、国学“冬令营”“夏令营”“我们的传统节日”“民间剪纸培训”、少儿围棋体验公益课等活动。

2019年5月25日，“让好书苏醒 让知识对流”图书交换活动举办
（市文化活动中心供稿）

党建图书馆。有党建图书34052册、报纸24种，期刊97种，党建数字图书馆1个，设置24小时自助图书馆1台，配有图书查询机1台、电子书借阅机1台。全年接待132个单位，320个党支部，4017名党员开展主题党日、读书学习。

拓展服务。“你选我购”图书速借服务活动确定为全市2019年度民生实事。市图书馆联合21家书店网点参与图书速借，实现所有县区覆盖。荐购图书113998册，金额306.68万元。（市文化活动中心 巩晨晓）

【脱贫攻坚】 ①文化服务中心。全市60个省定贫困村全部建成标准综合性文化服务中心，其中42个市定扶贫重点村建成标准综合性文化服务中心。东营区六户镇东辛集村、河口区河口街道坨子村等32个贫困村建成乡村剧场，东营区史口镇张店村、垦利区董集镇罗盖村等9个贫困村建成数字文化广场，东营区史口镇西商村、垦利区胜坨镇史王村等23个贫困村建设历史文化展馆。②电视户户通。3月，印发《关于进一步做好2019年全市广播电视行业扶贫工作的意见》，市财政投入29万元为全市9429户省级建档立卡贫困户免费安装有线电视或免除收视费。③农家书屋。至年底，建成农家书屋1036个，覆盖全市所有行政村。申请市财政投资专项资金24万元，对贫困村农家书屋进行出版物更新和数字化提升。

【文化产业】 7月，第三届东营文化惠民消费季期间，争取省、市、县(区)补贴资金165万元，46家文化旅游企业签约消费季，带动消费859余万元；组织文化活动6000余场次，参与市民30余万人次。12月，东营市辰奇瑞阳文化产业运营有限公司入选第七批省级文化产业示范基地；东营思创园区运营管理有限公司等6家企业入选第二批东营市文化产业示范基地。组织东营区东城大吉民间工艺品手工坊、东营垦利佛头黑陶研究所、山东齐文笔业传承发展有限公司等企业参加第十五届中国(深圳)文博会、第八届山东文博会，东营黄河三角洲非遗文化产业基地在第八届文博会重点文化产业项目推介会中进行路演。

（市文化和旅游局 郭雨晴）

文学艺术

【概况】 2019年，全市有64件作品获国家级、省级奖项，其中，7件入选第十二届全国书法篆刻展，1件入选中国艺术节全国优秀书法篆刻作品展；1件入选第十三届全国美术作品展，47件入选其他国家级美术展；4件获全省文艺最高奖“泰山文艺奖”；2件入选省“文艺精品工程”；2件分别获中国戏曲“小梅花”集体、个人奖。全市4名画家中标为山东省委办公大楼创作巨幅陈列作品。变更“黄河口文艺奖”评选周期，文学奖三年一评、艺术奖一年一评变更为每两年一评。11月7日，成立东营市文联文艺工作者职业道德建设委员会。

2019年12月28日，市文联到利津县汀罗镇东新华村开展“主题教育文艺工作者在行动”志愿服务（市文联供稿）

【人才培养】 组织市内艺术家3批30余人次到沿黄省份采风写生，邀请省内外艺术家9批500余人次到黄河口开展系列采风，2件作品在《人民日报》发表。举办首届中国东营黄河口散文大会，到香港参加“根与魂·青未了——非物质遗产展演”，到韩国参加2019中韩文化年。举办第12届中国音乐金钟奖东营选拔赛、山东省第11届青歌赛东营选拔赛、全市女子书法作品展。实施书法“金种子”培训工程。举办全市文艺人才素质能力提升班。选派5名优秀文艺人才到高校进行一年脱产访学进修。新加入国家级文艺协会会员15人。编辑《黄河口文学》4期。

【志愿服务】 开展文学艺术六进活动（进农村、进社区、进企业、进军营、进校园、进广场）50余场次。各协会120余名艺术家开展“到人民中去”迎新春文艺志愿服务活动10余次。在第6个中国文艺志愿者服务日期间，各文艺家协会开展“到人民中去”——2019山东文艺界“5·23”文艺志愿服务活动11场。组织艺术家到社区、农村、学校开展志愿服务活动17场。

【文学创作】 8月7—18日，开展“叩拜黄河·万里寻诗”采风活动。8月30日—9月2日，举办“黄河入海　我们回家”2019中国东营黄河口诗会暨首届山东文学周活动。9月20—23日，举办首届中国东营黄河口散文大会，12个省市130余人参加。

【书画活动】 市美术家协会参与承办“游心太玄”鞠占圃中国画作品展、“乐画乐活”许子智中国画精品全国巡展、“黄河入海我们回家”首届东营籍书画名家回乡展等7个展览。新增中国美术家协会会员9人。获中国美协主办的国家级美术展入会资格15件，入选32件，苏醒的油画作品入选第十三届全国美展。11月7日，市书法家协会举办于晓中楷书公益培训班。开展“我的中国梦——文化进万家”山东省新时代文明实践文艺志愿服务第九届“百县千村”书法文化下乡活动。12月28日，在利津县东新华村文化活动室开展志愿服务活动。7人入选全国第十二届全国书法篆刻展；第五届魏碑圣地·全国魏碑、隶书临创书法大赛中，市书协王赛赛、李东然获成人组“魏碑十家”称号，董振和作品（魏碑）、赵娜作品（隶书）入选；2019“中国字·世界情”古文字书法展中，市书法家协会秦传强作品获优秀作品奖，郝应辉作品入展。13人作品入选第二届山东省女书法家作品展，其中王赛赛作品获奖。

【摄影艺术】 1月，市摄影家协会与市青年摄影家协会联合举办第五次黄河口摄影发展研讨会暨国家艺术基金2018年度资助项目“纪实摄影创作培养”分享座谈会。10月，山东省摄影家协会培训班在东营举办。11月，举办朱宪民《黄河百姓》、黄利平《滩区故乡》摄影作品邀请展，展出代表作品100余幅。举办“新空间·新作为·新影像”“聚焦东营经济开发区”摄影大赛、庆祝新中国成立70周年摄影比赛。同月，孙京涛策展的《融·解》东营摄影十人作品展在丽水摄影节展出。李林作品《黄河农场》入围2019第十一届三影堂摄影奖。延智作品《扶贫乡长的一天》获第11届泰山文艺奖三等奖。李济东、延智、赵英丽四幅作品获第十三届省展优秀作品奖。全年发展中国摄影家协会会员31名，省会员236名，市级会员600余名。

【音乐曲艺】 ①音乐舞蹈。4月20日，举办“喜迎祖国七十周年华诞　万人唱响美丽中国”东营市音乐家协会助力2019黄河口国际马拉松赛四个场地同步演出，全市100余名歌手参与演出直播。4月24日，举办第十二届中国音乐金钟奖小提琴、声乐、二胡比赛东营选拔赛决赛。5月20日，举办“黄河入海　我们回家”市音协古筝专业委员会献礼祖国大型旗袍古筝秀。举办“我和我的祖国”主题歌会、“放歌美丽黄河口　献礼祖国七十华诞”公益音乐会、庆祝新中国成立七十周年中国钢琴作品音乐会、“歌声飘过七十年”东营市红色经典民族音乐会。市音乐家协会河之韵合唱团在“我爱你中国”青海文化艺术节中获金奖。吕峥获2019“齐鲁风情歌手大赛”银奖。市音乐家协会河之韵合唱团获威海国际合唱节铜奖。成立东营市音乐家协会古筝专业委员会、管乐专业委员会和打击乐专业委员会。东营市舞蹈家协会举办东营市第七届青少年舞蹈大赛暨东营市第五届青少年原创舞蹈大赛。②戏剧。9月，市戏剧家协会承办第12届山东国际大众艺术节暨山东省第四届吕剧戏迷票友大赛。参加山东省第二届农民戏剧展演月活动，组织6场剧目演出。京剧票友协会参加“欢乐黄河口·美丽中国梦”广场群众文化演出4场，参加“黄河口之春”社会文艺团体汇演4场，获十佳业余文艺团体。组织参加2019年度“中国戏曲小梅花荟萃”大赛，丁旌云获第23届全国个人“小梅花”奖，《吕乡之韵》获第23届集体“小梅花”奖。燕亦汀在山东省第二届京剧票友大赛获奖。③曲艺。7月15日，承办东营赛区“祖国，我想对你说”语言能力展示活动，10名获奖选手参加全国总决赛，获3枚金牌3枚银牌4枚铜牌。8月23日，曲协组织开展快板师资培训班，来自全省10余所口才培训机构的50余名校长及一线老师参加培训。授牌小海豚口才教育、天弘教育为市曲协少儿曲艺艺术培训基地。垦利区董集镇曲艺家协会被省曲协评为先进基层曲协组织。

【民间文艺】 1月，东营市民间文艺家协会举办“金猪迎春”东营市网络剪纸大赛。收到投稿作品200余件（组），评出一等奖9名，二等奖10名，三等奖14名，优秀奖26名。9月11日，举办庆祝新中国成立七十周年东营剪纸名家精品展。10月26日，协助举办“金秋揽翠”东营揽翠湖首届文化艺术节暨书画摄影剪纸作品展，参加活动500余人。展出剪纸作品80件。

【演讲与口才】 市演讲与口才协会承办“礼赞新中国·奋进新时代”市离退休老干部诗歌朗诵大赛。8月18日，参与东津渡文化旅游季暨第六届“源通杯”綦家嘴乡村文化旅游节田园诗会。9月21日，承办庆祝中华人民共和国成立70周年“黄河入海　雪莲绽放”千人咏诵公益活动。9月22日，参加“奋进南展　礼赞祖国”——黄河南展区诗歌朗诵会暨董集镇庆祝中华人民共和国成立70周年园林诗会。全年组织10期演讲与口才训练公益沙龙、公益讲座；连续3次为橄榄树公益冬夏令营免费上口才课；组织为贫困家庭果农义卖爱心梨活动；多次为市里各项公益活动选送爱心主持。

【电影电视】 市电影家协会承办“我和我的祖国”第三届东营市原创微电影网络视频大赛，29部作品获一、二、三等奖。承办“快闪2019”视频制作。协调8个摄制机位，拍摄庆祝新中国成立70周年MV。开展庆祝建国70周年“红色电影”放映活动，到农村、社区放映红色电影50余场。10余名摄影师参与拍摄东营市实验中学秋季运动会开幕式“歌唱祖国”MV，4000余名师生一齐合唱“我的祖国”。派驻会员单位东营启程影视文化传媒有限公司入驻东营经济技术开发区胜利街道胜宏社区，用影像记录基层发展纪实。与胜利学院教育与艺术学院联合主办第五届大学生电影节。

（市文联　赵玉明）

文化场馆

【东营市美术馆】 2019年，东营市美术馆举办展览、公共教育及艺术交流活动23场次，参与人数8万余人。

各类展览。5月17日—6月17日，承办“美丽黄河口·全国中国画、油画作品展”，展出作品206件，参观人数1万余人。组织“黄河入海　我们回家”主题书画作品系列展览，举办从心所欲——许好成书画作品汇报展、“黄河入海　我们回家”首届东营籍书画名家回乡展、著名摄影家朱献民、黄利平摄影作品展、“新春贺岁”暨翰墨乡情一张志斌、李玉泉、张元斌中国画作品展等本土书画作品展览。举办庆祝改革开放40周年中国当代水墨人物画名家精品展及写生活动，拓境流远——张立辰中央美院、教育部写意高研班、教育部博士课程班师生作品展，参与承办中国人民大学教授王克举《黄河》油画长卷暨新书发布会；举办“惠风和熙　大美中国”庆祝中华人民共和国成立70周年吴欣民、臧跃进、李雄范、朱艳艳中国画作品展、“唯美的时光”朝鲜当代油画精品展等展览活动。

专业美术活动“进景区”。10月，举行“东营景区美如画”写生活动，组织画家集中到东营市、县各景区采风写生。10月17—24日，在知青小镇举办“美丽黄河口·全国中国画、油画展”获奖作品展，展出“美丽黄河口·全国中国画、油画作品展”获奖油画作品29件。

美育公教活动。开展“传承经典　传递美育”艺术公共教育活动。举办《怎样欣赏美术作品》《外国古代美术简史——原始美术》《杂谈——山水画作品赏析》等专题课程。

【东营市文化馆】 2019年，市文化馆免费开放活动室20余个，接待社会各界艺术团体20余家，活动人数20万人以上；至年底，市文化馆公益培训累计开设55个门类、191个班、免费惠及群众42441人次，2019秋开设480班次，9840人次受益；组织各类文化活动及比赛50余场，受益群众13.5万人次；组织非遗活动及非遗传习大课堂50余次；美术及摄影展览11余次，观看展览人数8万余人。

文化活动。组织“黄河口之春”——全市社会文艺团体汇演及“闹元宵”文化展演活动，文艺演出18场，观看人数均超6万人；组织16场广场文艺演出，人次5万余人；承办“润声杯”第十五届器乐大赛、“东营银行杯”东营市第五届广场舞大赛、“希望之星”第二届少儿才艺大赛、“蓝盔铸忠

诚　扬帆新征程”公安部常备维和警队春节联欢晚会活动、“2019 黄河口(东营)首届影视戏剧艺术大赛”;举办“2019 年东营市银龄风采老年文艺大赛”;11 月 28 日,开展“2019 年东营市吕剧票友大赛”。

公益培训。6 月 21 日,举办“庆七一　颂党恩”公益培训班结业汇报文艺演出、“庆七一”公益培训班结业汇报展览;承办“2019 年东营市吕剧培训班”专题讲座;开办吕剧培训班培训学员 63 余人。12 月,以“传承多彩非遗　创享美好生活”为主题为公安部常备维和警队队员进行摄影、吉他、茶艺等公益培训。全年社区“公益大课堂”累计 1260 人次享受公益文化艺术教育。

2019 年 7 月 18 日,中国文化遗产研究院、国家文物局水下文化遗产保护中心专家组到垦利区海北遗址发掘工地现场调研　（市文化和旅游局供稿）

美术摄影展览。组织以“黄河入海　我们回家”为主题的“劳动者”李济东摄影作品展、“梦回秦汉”书法作品展、“2019 金秋阅东营”摄影艺术展、“故乡情”王德荣剪纸艺术作品展、迎新春少儿书画展、“山东省非物质文化遗产月”非物质文化遗产展、“庆六一”少儿现场书画大赛和国防教育图片展览各类美术作品、“我与共和国同龄”主题摄影展、沿黄九省(区)艺术摄影邀请展、庆祝建国七十周年东营老照片摄影作品展、“庆元旦　迎新春”群众美术书法作品展等展览。

非遗活动及传承。1 月 28 日—3 月 8 日,2019 年“山东省非物质文化遗产月”期间,举办东营市 2019 年东营市非遗传习大课堂;5 月,新编吕剧小戏《吕大爷拆房》参加 2019 年山东省首届非物质文化遗产传统戏剧类项目小戏展演;6 月,举办“黄河入海　我们回家”庆祝“文化和自然遗产日”集中宣传活动;组织非遗传承人进校园 20 余次;11 月,开展 2019 东营市非遗传习大课堂传统技艺传授活动。

（市文化和旅游局　郭雨晴）

文　博　工　作

【概况】 至 2019 年年底,全市有全国重点文物保护单位 4 处,省级文物保护单位 18 处,市级文物保护单位 32 处;全市登记各级各类博物馆、纪念馆 14 家,其中国家二级馆 1 家;文物管理机构 2 家,分别为东营市文物局和垦利区文物局。

【世界文化遗产】 5 月 12 日,参加 2019 年海上丝绸之路保护和联合申报世界文化遗产联席会议暨培训班;5—7 月,委托山东省水下考古研究中心正式对垦利海北遗址开展专题考古发掘工作;7 月 18 日,中国文化遗产研究院、国家文物局水下文化遗产保护中心海上丝绸之路保护和申报世界文化遗产专家组对东营海北遗址、铁门关遗址进行调研;10 月,委托山东省水下考古研究中心开始对铁门关遗址核心区合适区域开展系统调查及挖掘工作,至年底第一期挖掘工作结束,出土清末民国砖瓦建筑材料、鸱吻及喜字纹瓷器,初步发现一条人字形砖铺路面。

【乡村记忆】 8 月 1 日,启动“乡村记忆”博物馆和“乡村记忆”村落(街区)推荐评选工作;11 月,各县区提报 2019 年度“乡村记忆”工程文化遗产推荐名单,其中,“乡村记忆”博物馆 14 个,“乡村记忆”村落(街区)8 个;11 月 28 日,选出 2019 年度“乡村记忆”工程文化遗产 10 个,其中,“乡村记忆”博物馆 8 个,“乡村记忆”村落(街区)2 个,拨付专项经费,对以上 10 个文化遗产单位进行分批打造。

【文化遗产保护】 至年底,全市申请省级以上文物保护专项补助资金 955 万元。申报 2020 年度博物馆陈列布展补助资金项目以及省级文物保护专项补助资金项目,编制《广饶县寨村泉顺院抢救性维修保护工程方案》《柏寝台保护工程方案》《稻庄民国四合院抢救性修缮保护工程方案》《东营区牛庄烈士祠正厅及院落修缮保护工程方案》4 个文物保护项目方案,及《东营市吕剧博物馆陈列布展项目大纲》《东营市历史博物馆吕剧流韵展陈展大纲》《利津县博物馆二楼馆藏文物精品陈列布展大纲》3 个博物馆陈列布展项目方案,均通过省文化和旅游厅批复。

【参加 2019 山东国际文物保护装备博览会】 11 月 8—10 日,2019 山东国际文物保护装备博览会在日照国际博览中心举办,东营展区以“黄河入海　我们回家”为主题,宣传展示全市文物资源和近年来文物事业发展取得的成就。

【非遗保护与传承】 至 2019 年年底,全市有国家级非遗项目 2 项,省级项目 10 项,市级项目 84 项。举办“非物质文化遗产月”宣传活动和“文化和自然遗产日”集中宣传活动,非遗传习大课堂 20 起。开展第五批市级非物质文化遗产代表性项目评选工作，评选出非遗项目40项。推荐广饶齐笔制作技艺和黄河口民间草编技艺两项市级非遗项目申报国家级非遗项目。利津县实施"非遗"助力文旅融合"金种子"工程》被省文化和旅游厅评选为2018年度山东省非物质文化遗产保护十大亮点工作；垦利区垦利街道、利津县北宋镇被评为全省"非遗助力脱贫、推动乡村振兴"典型乡镇(街道)。

2019年东营市省级以上非物质文化遗产一览表

序号	项目名称	项目类别	级别	地区
1	吕剧	传统戏剧	国家级	东营区
			省级	广饶县
2	陈官短穗花鼓	传统舞蹈	国家级	广饶县
3	枣木杠子乱弹	曲艺	省级	广饶县
4	盐垛斗虎	传统舞蹈	省级	东营区
5	黄河口民间草编技艺	传统技艺	省级	垦利区
6	齐笔传统制作工艺	传统技艺	省级	广饶县
7	陈官孙斗跑驴	传统舞蹈	省级	广饶县
8	利津水煎包制作技艺	传统技艺	省级	利津县
9	虎斗牛	传统舞蹈	省级	利津县

(市文化和旅游局　郭雨晴)

新　闻　出　版

【概况】 加强版权管理和服务，成立东营版权保护工作站，为13个领域作品提供免费登记服务。印发《关于进一步加强出版物审读工作的意见》，对2018年11月—2019年8月东营辖区出版的报纸、连续性内部资料、一次性内部资料进行集中审读。举办2019年全市印刷企业负责人法律法规培训班。优化农家书屋管理服务，推广"按需制单、百姓点单"图书采购模式,全市建成农家书屋925处。组织全市19家连续性内部资料出版物参加全省连续性内部资料出版物年度审核,14家连续性内部资料出版物单位通过、4家按要求进行整改、1家因机构改革注销。开展全市2018印刷企业年度报告、统计工作，核验(核验汇总数据不包含邮政、新华、中石化"三大"系统核验情况)印刷企业141家。开展2018年度全市新闻出版统计年报工作，内容涉及报刊出版、印刷发行等业务。开展2018年度报刊核验工作，对《东营日报》《黄三角早报》《中国石油大学学报(自然版)、(社科版)》出版导向、质量及经营活动等情况进行检查。开展内部资料性出版物专题整治。

【农家书屋】 至2019年年底，全市有农家书屋(含社区书屋)925处。全年获出版物补充更新资金224.39万元，其中，市级配套资金35.6万元，补充更新图书12.26万册，全市农家书屋图书补充更新工作全部完成，提升电子书屋10家。

2019年8月17日，广饶街道国安社区农家书屋举办儿童课外阅读活动　　(市文化和旅游局供稿)

开展以新时代文明实践·迎新春"悦读悦享"读书活动，"图书漂流"活动；开展"4·23世界读书日"乡村阅读和全民阅读活动；组织大学生志愿者到农家书屋开展阅读服务活动；开展"我的书屋·我的梦"优秀征文作品、绘画作品、手抄报作品征集评选活动；举办庆祝新中国成立70周年山东省新时代农民阅读大赛；开展"齐鲁农家书香悦读""农家书屋大讲堂"活动。

【全民阅读】 2019年，全市全民阅读活动经费投入255万元，开展全民阅读活动470场(次)，组织各类志愿者服务活动388余次，参与人数8万人次，捐赠图书2.35万册。各类媒体开设阅读专栏和专版10个、145期，报道全民阅读新闻240条；创建"传统文化研习"公益性文化活动、"阅享书香"等创新品牌，并延续"自助式"品牌服务由广大市民订制+自助开展举办各类文化活动和讲座、体验等。新增设"城市书吧"4家、悦读书社4家。完善"图书馆+书院"模式，新建儒学讲堂35个。河口区新户镇、垦利区黄河口镇、广饶县广饶街道被省委宣传部评定为"山东省第四届全民阅读典型书香之乡"；东营区黄河路街道耿井村、垦利区黄河口镇小高村、广饶县大王镇韩庄村被省委宣传部评定为"山东省第四届全民阅读典型书香之村"；东营区文化和旅游局、广饶县人民法院被省委宣传部评定为"山东省第四届全民阅读典型书香机关"；东营咖匠餐饮管理有限公司、垦利城市建设开发投资有限公司被省委宣传部评定为"山东省第四届全民阅读典型书香企业"；市图书馆孙晓春、山东新华书店集团有限公司广饶分公司张维明、东营经济技术开发区投资促进局陈金涌被省委宣传部评定为"山东省第四届全民阅读典型阅读推广人"。

【版权管理】 第二十个"世界知识产权日"期间，开展版权知识宣传及现场咨询活动，发放版权宣传资料。进行其他作品著作权登记，引导原创作者进行作品版权登记，至年底，其他作品著作权登记1000余件。开展计算机软件著作权登记工作，至年底，东营市软件园登记计算机软件著作权700余件。

【公益电影放映】 2019年，放映农村公益电影2.16万场，发放农村公益电影放映补贴236.41万元。参与拍摄反映黄河滩区改造，返乡创业，新农村建设题材的故事片《高家台》，完成后期制作。举办青春礼赞"红五月"向劳动者致敬优秀电影周展映活动、庆"七一"红色影片展映活动、"八一"致敬当代最可爱的人送电影进军营活动、"庆祝中华人民共和国成立70周年优秀电影展映展播暨爱国主义教育影片进校园"活动启动仪式。开展"不忘初心、牢记使命"主题教育电影巡映活动，与山东广播电视台农科频道"群众的美好生活"栏目组3次开展乡村公益行、电影下乡活动。探索图书、演出、电影三位一体联动服务新模式。图书馆配备流动图书车，文化馆排练短、精、小的文艺小节目，配合电影公司的公益电影放映队。山东新农村电影院线公司在利津县召开春季看片会暨农村公益电影标准化放映利津观摩会。建立电影志愿者服务队，到社区、乡村开展志愿服务。

【城市院线影院】 至2019年年底，有院线影院22家，屏幕数量136块，座位16099个。全年放映场次273661场，观影人数203.63万人次，票房收入7939.29万元，观影人数同比下降3.5%，票房增长6.1%。发放中央级国家电影事业发展专项资金171万元，发放省级国家电影事业发展专项资金199.8万元。

【印刷发行】 至2019年年底，全市共有印刷企业165家（含2019年油田移交23家）。其中，出版物（数字）印刷企业18家；包装装潢（专项）印刷品印刷企业43家；其他印刷品印刷企业104家。全市通过年报核验印刷企业164家，注销2家，新设立企业2家，暂缓年报核验1家。全市印刷资产总额13.37亿元，同比增长29%；工业总产值7.42亿元，同比增长45%；利润总额6679.62万元，同比增长97%；工业增加值6942.11万元，同比增长15%；从业人员数量2173名；印刷产业研发投入177.8万元。全市通过绿色印刷认证企业数量1家，绿色印刷总营业收入6443.87万元。全市规模以上重点印刷企业3家。全市规模以上重点印刷企业年工业总产值3.49亿元，约占全市印刷总产值49.52%；年利润总额3870.81万元，约占全市利润总额58.25%；从业职工总数384人，约占全市从业总数18.21%。全市有各类出版物发行单位267家，通过年度核验259家。其中，从业人员2827人，同比下降3.75%；全市出版物发行业销售总额2.52亿元，同比增长17.63%；营业收入2.6亿元，同比增长11.31%；资产总额3.75亿元，同比下降2.35%；利润总额1603.4万元，同比下降4.58%。其中，出版物批发单位8家，销售总额4216.78万元，同比增长5.08%；营业收入4657.58万元，同比增长16.06%；资产总额7927.99万元，同比下降23.97%；利润总额220.30万元，同比增长0.62%。出版物零售单位251家，销售总额2.06亿元，同比增长18.34%；营业收入2.14亿元，同比增长10.33%；资产总额2.96亿元，同比增长12.82%；利润总额1383.1万元，同比下降5.35%。网上书店18家，从业人员51人。销售总额5844.18万元，同比增长26.37%；营业收入5845.25万元，同比增长24.92%；资产总额1333.7万元，同比下降59.22%；利润总额60.01万元，同比增长1.08%。

【专题整治】 9—10月，集中审读全市出版的报纸、期刊、连续性内部资料、一次性内部资料。专题整治23个报纸、期刊、连续性内部资料出版物单位在内的刊物119期，规范内部资料性出版物管理。 （市文化和旅游局 郭雨晴）

【《东营日报》】 东营日报社有平面媒体《东营日报》及副刊《黄河口晚刊》、网络媒体东营网、手机客户端爱东营及微博、微信、微视频等宣传平台。2019年，《东营日报》出版303期，学习强国全年采用《东营日报》《黄河口晚刊》稿件297篇。

主题宣传。在中央重要会议、重大活动等关键节点，及时转发新华社稿件，对标《人民日报》版样。做好"庆祝新中国成立70周年"重大主题宣传，推出18个专题，各媒体刊发稿件1200余篇。开设"学习贯彻落实党的十九届四中全会精神"专栏，报道全市贯彻落实中央省委决策部署的经验做法。开设"'不忘初心、牢记使命'主题教育"专栏，刊发工作动态、各类访谈及典型宣传稿件300余篇。

服务中心。《东营日报》围绕市委六届六次、七次全会，新时代东营发展目标定位，四项重点工作、九个"三年行动计划"等主题，推出全市经济工作报道、全市两会报道、担当作为狠抓落实·大竞赛大比武、潍坊临朐高端铝业集群发展经验探析、壮丽七十年　奋斗新时代系列、黄河口见证、抗击台风抢险救灾报道、新旧动能转换进行时、新时代新作为

2019年10月23—26日，全国百家党报社长总编东营行活动举行 （东营日报社供稿）

新篇章等20余个主题宣传，开设“聚焦‘双招双引’助力动能转换”“迎接国家卫生城市复审”“新时代文明实践在东营”“迎接国家卫生城市复审”“新闻啄木鸟”等栏目。

品牌栏目。实行“工作室”制，按照全市“5+2+2”重点产业、四项重点工作、九个“三年行动计划”等，成立新闻工作室22个。总结抗击台风经验，撰写内参《科学治理 理顺体制 构建联防联调抗灾应急保障体系》。按照全市确定的三个目标定位，成立工作专班。策划全国百家党报社长总编东营行活动；撰写的《临朐：山沟里小县城缘何成为“中国铝业之都”》等稿件，受到广泛关注。以媒体青年研讨会为载体，常态化开展“述政策理论、述行业技术、述典型经验、述现状问题、述工作措施”活动，全年刊发评论文章160余篇，“产财一线”“三农语思”等栏目受到肯定。

【《黄河口晚刊》】 2019年，《黄河口晚刊》出版206期。推动《黄河口晚刊》改革，秉承“一老一少”“社区报”理念，围绕全市经济和社会发展成就、重点工程和项目、城市建设，从民生角度做好特色报道。对《黄河口晚刊》进行改版，重点反映民生、深度报道社会主题，强化一版导读，以图示、图表和制图等元素为主，增强可读性。聚焦民生热点，刊发一批读者喜闻乐见的稿件。及时为读者提供有价值的资讯服务信息，做东营市民的“生活手册”。

【融媒体中心】 2019年，整合全媒体采访中心和新媒体中心，成立融媒体中心，设立新媒体发展部。“爱东营”客户端用户超13万，东营网微信用户超16万人，东营网官方微博粉丝近400万人。学习强国平台全年采用报社稿件297篇。增强“爱东营”政务服务功能，利用直播、快播、现场云等，同步直播、快播党政重要会议、重大活动。发布山东省新旧动能转换考察团东营观摩、全市党政考察团赴温州学习、2019年重点项目观摩等活动信息。“爱东营”重要稿件点击量均在1万人次以上。运用H5、一图读懂、微信、微博、微视频、专栏专题等方式，创作新形态产品100余个。推出《一图读懂丨政府工作报告2019年东营成绩单》《李宽端在“两会”上讲的这些话催人奋进 一起学习下》《一图读懂|“担当作为、狠抓落实”大竞赛、大比武，东营怎么做？》等，实现时政新闻的“刷屏传播”。加强精品栏目制作，在重大节日、重要活动、重要会议等新闻事件报道中开设专题专栏35个，策划《一条大河的诗和远方》《美丽东营我的家》等系列报道，阅读量超20万人次。推出“微视频”视频作品58个，《东营24小时》被新华社、人民视频转载推广，“利奇马”台风抗险救灾视频报道在人民视频播出。（东营日报社 赵尔靖）

广播影视

【概况】 2019年，市广播电视台新闻综合频道、公共频道实现高标清同播，利津县无线数字电视补点完成，广饶县广播电视发射塔投入使用，全市无线数字电视实现全覆盖。五个县区均成立融媒体中心。加强广播电视安全优质播出，保障庆祝新中国成立70周年期间安全播出零事故。继续开展卫星电视传播秩序专项整治行动暨无“小耳朵”创建活动。为全市11423户建档立卡贫困户免费安装有线电视或免除有线电视收视费用，实现全市贫困户广播电视“户户通”。

【传播秩序】 3月，印发《2019年度卫星电视传播秩序专项整治行动暨无“小耳朵”创建活动实施方案》，开展8个月的卫星电视传播秩序专项整治行动暨无“小耳朵”创建活动。市“扫黄打非办”牵头，与公安局、经信委等单位联合清查整治宾馆饭店、有线网络等卫星电视违规接收行为，全市出动执法人员380余人次，发放、张贴宣传资料2400余份，查处取缔违规经销点3家，拆除非法安装使用卫星设施套83件，查处“黑广播”案件6件。9月，东营在全省境外卫星电视节目暨传媒机构管理培训班上作典型发言。

【行业扶贫】 3月，印发《关于进一步做好2019年全市广播电视行业扶贫工作的意见》，整合资金107万元，继续推进广播电视贫困户“户户通”，至11月底，全市实现贫困户广播电视“户户通”。

【精品创作】 开展2018年度东营市广播电视节目奖评选，全市广播参评作品56件，电视参评作品107件，播音与主持作品10件，网络新闻作品41件，论文作品8件。其中，28件作品在“山东省广播电视大奖”的评选中获奖，一等奖5件，二等奖10件，三等奖12件，十佳栏目1件。举办2019年“我和我的祖国”主题原创网络视听节目征集活动暨第三届东营市原创微电影网络视频大赛。开展公益广告评优，市、县（区）两级广播电视播出机构8件作品在全省优秀公益广告评选中获奖，东营市广播电视台被表彰为优秀传播机构，全市获省级奖励资金10.6万元。（市文化和旅游局 郭雨晴）

【东营市广播电视台】 2019年，东营广播电视台开设新闻综合、公共、科教、图文4个频道，全天累计播出时间59小时，自办栏目16个，自制节目时长每天500余分钟。广播开设生活、综合、交通音乐3个频率，自办栏目39个，全天累计播音54小时。东营网络电视台（黄河口网）提供3套广播频率、4套电视频道节目的网络直播和点播，及提供《东营周刊》电子报阅读。手机客户端《智慧东营》装载量10万余人次。微信公众号16个，其中，《交通音乐》《东营壹周》吸粉量均超10万人。

新闻宣传。①市内宣传。年内策划“在习近平新时代中国特色社会主义思想指引下·新时代新作为新篇章”“庆祝新中国成立七十周年”“深入开展‘不忘初心、牢记使命’主题教育”“学习贯彻党的十九届四中全会”等专题栏目34个。年内在重点专栏播发稿件1000余条，完成全年任务的140%。②市外宣传。围绕“提升东营知名度、美誉度”及市委、市政府工作重点、亮点，年内在省台、中央台新闻栏目播发稿件1100余条，完成全年任务的170%。围绕“黄河入海，我们回家”品牌打造，在中央级新闻客户端播放视频近十组，每组浏览量均过百万人次。

事业发展。①栏目建设。新上《东营财经观察》《问政东营》《新闻啄木鸟》等节目栏目。电视《民生零距离》栏目与市政府办公室联合开办“直通12345”，跟踪反馈报道200余项。《伟伟道来》推出“担当作为狠抓落实”等系列访谈19期，开播《老家黄河口》4期。广播《行风热线》播出129期，接听热线电话1585个，问题处结1481个，群众满意率91%以上。②能人战略。聘任8名聘用人员担任首席记者、首席编辑、运营总监等职务，激发调动职工的工作积极性。③工作成果。成立融媒体发展、新闻传播业务研讨、创收运营、技术与装备四个工作领导小组，全年19件作品获山东省优秀广播电视节目奖，其中一等奖5个、二等奖7个、三等奖6个，十佳栏目1个，省精品工程1件。④新媒体建设。初步建立新媒体矩阵，实现广播电视节目栏目与黄河口网、“智慧东营”客户端资源共享。

服务管理。①技术升级。投资70万元更新电台播出录制设备；投资230万元升级改造400平方米演播室，提升《问政东营》等大型直播节目质量和效果；完成地面数字电视单频网建设工程，无线机顶盒能收看到包括中央、省市等26套电视节目。②安全播出。做好物防、技防、人防，实现安全播出监管全程全方位无缝隙化管理，保证全国及省市两会、黄河口马拉松赛、黄河口国际自行车赛等重大节点的安全播出工作。围绕市委市政府重点工作，完成全省新旧动能转换观摩、全市重点项目观摩、12场“四项重点工作”和“九个三年行动”方案论证会、5场全市市直部门单位述职评议大会的直播与录播工作。2019年，市广播电视台被评为全省新中国成立70周年安全播出先进单位；2名专业技术人员获全省广播电视技术能手竞赛调频电视类二等奖、调幅广播类二等奖。

（市广播电视台　殷亚男）

【东营有线电视】 2019年，完成营业收入17169.21万元，完成预算任务101.63%，预收数字收视费及宽带信息费余额3460.67万元。其中，基本业务收入完成3844.93万元，增值业务收入完成7055.61万元，利润总额完成1162.13万元。至年底，有线电视正常在用用户总数为20.44万户，宽带正常在用用户总数45949户，有线电视新增12045户，宽带新增11047户，正常在用高清双向主终端净增3830户。开展“新春用户大拜访”“春回大地暖用户”“感恩用户续精彩”等活动。至年底，全市入户拜访10万余户，电话拜访12万余户，全年累计开展路演活动2000余场。成立“高质量入户话务质检”工作专班，分别对6家县级分公司一线服务人员开展系统培训。完善“96123”话务平台，优化智慧工单模块，提高入户服务水平。发展集客业务，完成东营区“四闲院落”治安监控、东营港弱电工程建设项目、垦利区广播电视台中央厨房建设项目等重点项目。全年完成“全国两会”、黄河口国际马拉松、国庆70周年庆祝活动、“一带一路”国际合作高峰论坛等重要活动、会议及节假日期间的安全播出工作，实现全年安全播出零事故。（山东广电网络东营分公司　曹维飞）

档　案　管　理

【概况】 2019年，全市有各级国家综合档案馆6个，专业档案馆1个，其中，国家一级综合档案馆2个，国家二级综合档案馆4个。至年底，馆藏档案148个全宗，25万余卷（件、册）。10月17日，市编委印发《关于市档案馆机构改革事项的批复》，市档案馆为市委直属公益一类事业单位，正处级。市档案馆被评为全省档案宣传工作先进集体。

【服务中心】 参与文明城市创建、卫生城市复审、专项专班等工作，为全市重大活动、重要会议和重点建设项目提供档案服务。服务“不忘初心、牢记使命”主题教育，承办主题教育档案文献展，接待70余家单位4000余人参观。围绕市委、市政府中心工作和社会关注热点，编印《资政参考》4期。挖掘馆藏档案资源，举办庆祝新中国成立70周年地契档案资料展，接待5000余人。建成启用“东营记忆”展厅，展示全市历史文化底蕴。

【信息化建设】 加强档案信息化建设，建立目录级数据库和人名索引库，完成300余万页档案数字化加工，20万条档

馆藏档案数字化和纸质载体规范化　（市档案馆供稿）

案目录著录和34万条数据质检工作。档案数字化率90%以上，通过国家档案局组织的预检。搭建档案共享利用平台，依托省档案馆与全省16市档案馆完成开放档案数据互联互通，实现全省档案资源本地化服务。

【规范化建设】 探索“互联网+档案”业务指导模式，指导20余家机关企事业单位规范档案工作。为20余家机构改革单位提供档案进馆指导服务，接收17家单位3万余卷(件)档案资料进馆。征集清代及民国地契、房契资料330余张、农村老物件36件及建市初期各类票证、票据260余份；整理抗战时期《群众报》《渤海日报》1056期；接收广播电视台2005—2018年5110期新闻视频进馆，刻录光盘400余张。开展城市记忆工程，拍摄存档城市建设风貌影像资料129G、照片3460余张。

【开发利用】 在国际档案日等重要时间节点，开展“新中国的记忆”“档案见证东营辉煌历程”等档案宣传活动。推进“查文阅档、资政惠民”品牌建设，推出预约查档、远程利用、节假日查档等服务，与省档案馆和上海浦东新区、青岛、淄博等20余家综合档案馆签订档案利用协议，实现婚姻、学籍、公证等5种民生档案跨馆查阅。2019年，接待档案利用者3370余人，利用档案32300余卷(件)。

【安全管理】 开展经常性的档案安全教育，确保档案实体和信息安全万无一失。贯彻《档案馆安全风险评估指标体系》，开展风险隐患排查治理、档案安全风险防控和突发事件应急演练，做好库房日常管理及维护工作，定期排查清除档案安全隐患，消除不安全因素。 (市档案馆 宋树峰)

体 育

【概况】 2019年，举办黄河口(东营)国际马拉松赛、黄河口(东营)公路自行车赛等大型赛事，加强公共健身体系建设，备战25届省运会，强化竞技体育，青少年体育、全民健身、体育产业均实现进步。黄河口(东营)国际马拉松被国家体育总局评为“国家体育产业示范项目”。

【全民运动健身模范市】 ①公共健身。实施公共健身设施提升工程，为全市乡镇街道配套更新健身器材2149件，在7个试点社区配套建设智能化健身器材；推进省资助建设农民体育健身工程，为50个行政村安装配套篮球架50副、健身路径534件；推进市级全民健身中心改造、各县区足球场地建设等项目，推动公共体育场地建设。农民体育健身工程覆盖率95%，主城区实现“15分钟健身圈”建设，城市社区健身设施覆盖率100%。②云数字智慧平台。打造“东营体育”云数字平台，实现微信、网站、APP三端数据资源同步、互动信息同步。③宣传指导。开展国民体质监测4次，为2000余人免费提供运动处方。与媒体建立合作机制，采取传统媒体和新媒体相结合方式，宣传全民运动健身工作，普及体育健身知识。

【东营市首届冬季全民健身运动会】 1月22日，东营市首届冬季全民健身运动会在东营区龙居镇桃花岛滑雪场举行。设雪地拔河、雪地五人制足球、雪地托球跑、雪地掷沙包、雪地闯关、雪地跑6个比赛项目，6支队伍54名运动员参加。河口区代表队获雪地拔河项目冠军；利津县代表队陈伦伍和广饶县代表队延冬梅分获雪地拖球跑项目男女队冠军；垦利区代表队与利津县代表队分获雪地闯关项目男女队冠军；东营区代表队获得4×100雪地跑项目的冠军；东营区代表队获雪地投沙包项目冠军；利津县代表队获五人制足球项目冠军。

【2019黄河口(东营)国际马拉松赛】 4月20日，中国万达·2019黄河口(东营)国际马拉松赛举行。设马拉松、半程马拉松、迷你马拉松(5千米)3个项目。68个国家和地区的35676人报名参赛，其中全程、半程马拉松人数16319人，迷你马拉松人数19357人。肯尼亚选手菲利克斯·基穆塔伊以2小时9分23秒获全程马拉松男子组冠军，创造新的赛会纪录。埃塞俄比亚选手菲卡杜·德贝莱和肯尼亚选手多米尼克·鲁托分别获亚军、季军。埃塞俄比亚选手艾菲拉·贝尔哈以2小时22分41秒获全程马拉松女子组冠军，创造新的赛会纪录。埃塞俄比亚选手瓦格纳什·阿马雷和肯尼亚选手特普赫娜·切普奇尔分别获亚军、季军。

【2019黄河口(东营)国际公路自行车赛】 9月1日，中国路通·2019黄河口(东营)国际公路自行车赛在东营全民健

2019年9月1日，中国路通·2019黄河口(东营)国际公路自行车赛举行
(市体育局供稿)

身公园举行。伊朗力敏纳自行车队的沙波瓦洛夫以2小时09分59秒成绩获国际职业赛冠军。澳大利亚圣乔治洲际自行车队的杜顿·杰伊·达伦和马来西亚安邦自行车队的索菲安·纳比尔·奥马尔·本·莫赫德·巴克里分获亚军、季军。本届黄河口(东营)国际公路自行车赛由中国自行车运动协会、省体育局和东营市政府共同主办,省自行车运动协会和东营市体育局联合承办,是中国自行车运动协会在山东省参与举办的第一个国际C类赛事,是黄河口(东营)公路自行车赛纳入UCI(国际自行车联盟)洲际赛的资格赛,包括黄河口(东营)国际公路自行车赛和黄河口(东营)自行车巡回赛,设国际职业赛、男子公路精英组赛、男子公路大师组赛、女子公路组赛、男子山地组赛、女子山地组赛等比赛项目,21个国家和地区1100余名运动员参赛。

【东营市第十一届运动会】 9月19—21日,东营市第十一届运动会在利津县举行。本届运动会由东营市人民政府主办,市体育局、利津县人民政府承办,设少儿组、成年组两大组别,26个大项、400余小项比赛。全市310支队伍、2082余名运动员报名参赛。广饶县、东营区、垦利区获青少年组比赛金牌总数前三名,广饶县、东营区、垦利区获青少年组综合金牌总数前三名,广饶县、东营区、利津县、垦利区获青少年组比赛团体总分前四名,广饶县、东营区、利津县、垦利区获青少年组综合总分前四名,东营区、垦利区、市卫生健康委获成人组金牌总数前三名,东营区、垦利区、市卫生健康委、东营开发区、利津县、胜利油田老年服务管理中心、广饶县、河口区获成人组团体总分前八名,东营区、河口区等六家单位获青少年组体育道德风尚奖,东营区、河口区、垦利区等十家单位获成人组体育道德风尚奖,利津县政府获特殊贡献奖。15名运动员打破17项全市纪录,其中,游泳项目7名运动员打破9项全市纪录,田径项目8名运动员打破8项全市纪录,发现选拔刘在钰、王佳宜等一批体育后备人才。

【备战25届省运会】 制定备战总体方案,为工作提供政策保障。印发《东营市参加25届省运会备战方案》《东营市参加25届省运会比赛管理办法》;完善全市竞赛项目布局。市体校承担12个项目,以体育后备人才基地的方式布局4个项目,以市队校办的方式布局4个项目,与社会力量合作布局5个项目;加强教练员和运动员队伍建设。引进手球、水上等项目高水平教练员8人,组织331人参加5个项目的国家二级裁判员培训,向上输送22人参加7个项目的国家一级裁判员培训;组队参加省级锦标赛和冠军赛。派出601名运动员参加23个大项的全省年度锦标赛和冠军赛,锦标赛获第一名15个,冠军赛第一名14个。

【青少年体育】 举办全市青少年锦标赛、中小学生联赛,设置8个大项,3000余名运动员参加比赛,选拔储备体育苗子;落实《关于改革县级体育运动学校办学模式的实施方案》,全市县级新型体校均挂牌成立;持续组织青少年体育活动。普及青少年游泳运动,免费培训3250名中小学生游泳技能;开展健康夏令营活动,免费输送200名超体重中小学生到健康夏令营拓展训练。

【全民健身】 举办市第十一届"百千万三大赛"。百县篮球预赛有135支代表队1820名运动员参加,千乡乒乓球预赛有122支代表队926人参加,万人象棋预赛有115支代表队738名运动员参加,直接参与人数3484人,共享赛事群众人数近5万人。承办并参加省级以上各类体育比赛、体育展演420余项次,直接参加活动人数达13万人次,间接带动参与人数35万人次;承办东营市第九届全民健身运动会。承办千人健步、毽球等21个赛事项目,324支代表队4506名运动员参加,直接参赛人数3600余人,间接带动参与人数近6万人;承办汽车场地越野赛。举办山东省第九届全民健身运动会"阔海水产"杯黄河入海赛车英雄会(东营站)和2019黄河口(东营)汽车场地越野赛(秋季)。承办第二届全国青年运动会东营赛区男子篮球U16俱乐部组预赛等5项国家级赛事。承办2019山东省齐鲁超级联赛(东营赛区)、2019年山东省游泳锦标赛分站赛等11项省级赛事。

【体育产业】 完成"一次办好"事项清单,编制全部一次办好事项服务指南和业务手册;建立"双随机、一公开"等工作机制,公开东营市体育局抽查对象名录库、东营市体育局执法检查人员名录库和东营市体育局随机抽查事项清单,公开体育市场随机抽查事项清单,开展"双随机"抽查;完成体育场馆免费低收费开放补助资金申报工作。争取免费低收费资金232万元。争取省级体育产业发展引导资金60万元。对全市发放经营许可证的高危项目场所进行全面调查摸底,建立名录库,并定期检查。首次通过政府购买服务方式对全市高危体育场所进行专业检测,出具检测报告。

【"体育+"融合发展】 ①品牌赛事。实施品牌赛事带动战略,马拉松、自行车赛事期间,开展游黄河入海口、省亲跑团等20余项配套活动,带动旅游、交通等消费,促进相关产业发展。②体育服务业态。支持社会力量办体育,举办黄河口汽车场地越野赛、沿黄城市篮球赛等系列赛事,推动竞赛表演、场馆服务等服务业态发展。③新体育产业项目。邀请国家体育总局有关中心专家到东营考察,打造中国国际露营之家黄河口全球服务中心、中国首个国际铁人三项主题公园、全国人民太极大会和太极小镇等项目,推动健身休闲、文化旅游、康养医疗等相关产业发展。

【体育彩票】 2019年,全市销售体育彩票5.51亿元,其中,实体渠道销售52202万元，手机在线销售2947万元。其中，超级大乐透销售8010万元，市场占有率46.49%，居全省第2。高频销售15696万元，市场占有率64.72%，居全省第2。即开彩票销售2858万元,市场占有率56.6%，居全省第6。

【东营市体育总会】 2019年，有市级体育协会32个、民办非企业俱乐部12个，县级体育协会43个、民办非企业俱乐部68个，乡镇级体育总会40个、老年人体育协会30个、社会体育指导员协会9个，村级体育总会1726个。①规范化建设。强化乡镇(街道)、行政村(社区)体育总会的规范化建设，制定阶段发展规划和年度工作计划，指导体育社会组织开展全民健身赛事活动。②社会组织党建。完成中共东营市体育局社会组织委员会组成人员调整。成立中共东营市足球运动协会党支部等13个独立党支部和1个联合党支部，体育社会组织党支部总数16个。③裁判员队伍管理。先后组织田径、羽毛球等5个项目413人参加国家二级裁判员业务培训。输送参加省级羽毛球等7个项目国家一级裁判员培训。④体育社团。新成立东营市登山运动协会、东营市空竹运动协会等5个体育社团。

【东营市体育运动学校】 ①备战25届省运会。调整训练项目，组建运动队，试训符合下届年龄段运动员162人，择优录取126人。教练员增至28人，组建手球项目教练员团队等多个项目团队。②省级以上比赛。组队参加省25届运动会预赛和全国青少年锦标赛。其中，锦标赛获第一名12个，第二名16个，第三名14个。155人参加下半年冠军赛，获第一名9个，第二名3个，第三名16个。手球、篮球等项目的20余名队员参加省队集训,10余名运动员与各项目中心签订试训合同。③文化教育。开展师德教育，加强对学生教育管理。在全省运动员文化课统考中，文化课成绩平均成绩及优秀率列全省第1。38名队员考入河南大学、山东师范大学、新疆师范大学等高校。

【东营市老年体育协会】 举办市、县(区)、镇(街)、村级全国老年人太极拳健身推广展示大联动活动；开展创建“全国老年人太极拳之乡”活动，河口区创建为“全国老年太极拳之乡”。全年组织各级培训班30余次，培训太极拳、健身气功人员1700余名。参加省第九届全民健身运动会健身球操、大众广场舞、门球、健身秧歌比赛，参加省老年人健身项目乒乓球、气排球等；组织全市太极拳教练员培训班、门球裁判员培训班等活动。

（市体育局　宋爱萍）

卫生 健康

综　　述

【概况】　至2019年年底，全市有医疗机构（含村卫生室）1744个，床位数13238张，卫生技术人员19724人；每千常住人口拥有床位数和卫生技术人员数分别为6.07张、9.05人；万元以上设备总价值27.5亿元。全市孕产妇死亡率4.69/10万，婴儿和5岁以下儿童死亡率分别为1.88‰、2.49‰，孕产妇住院分娩率100%，孕产妇系统管理率95.59%，产前筛查率106.33%，5岁以下儿童中、重度贫血患病率0.76%。乙类法定传染病报告发病率167.72/10万，艾滋病、结核病、手足口病等重点传染病疫情平稳，未发生甲类传染病病例和突发公共卫生事件。

2019年东营市二级以上公立医院基本情况一览表

序号	机构名称	医疗机构等级	在职职工数（人）		床位(张)		房屋建筑面积(平方米)	万元以上设备总价值(万元)	诊疗人次（人次）		出院总人数(人)
			总数	其中:卫生技术人员	编制床位	实有床位			总数	其中:门诊人次数	
1	东营市人民医院	三级甲等	2340	2051	1719	1686	244984	41417	1327810	1234892	70770
2	胜利油田中心医院	三级甲等	2709	2338	1879	1873	237086	54970	1888581	1803692	86217
3	东营胜利医院	三级乙等	1145	996	840	800	78521	9309	635342	610439	19034
4	东营市第二人民医院	三级乙等	911	775	1200	799	115025	16401	310329	272899	19981
5	东营市东营区人民医院	二级甲等	860	775	460	460	33000	11645	379534	334291	20078
6	东营市河口区人民医院	二级甲等	298	279	396	275	36686	6838	382330	335814	9363
7	东营市第五人民医院	二级甲等	648	552	428	428	32000	6270	427894	405302	20548
8	广饶县人民医院	二级甲等	951	873	720	720	51906	14706	763343	702365	34672
9	利津县中心医院	二级甲等	581	516	500	495	63923	11209	212786	207427	16180
10	东营胜利胜北医院	二级甲等	217	186	240	240	20109	6640	90411	68678	3439
11	胜利石油管理局滨海医院	二级甲等	157	144	216	216	22959	3270	122650	111254	1375
12	胜利石油管理局河口医院	二级甲等	236	201	330	100	24940	3022	117057	115321	1946
13	胜利石油管理局孤岛医院	二级甲等	135	119	156	110	14293	4500	102696	97763	1496
14	广饶县中医院	二级甲等	325	291	238	238	12698	1974	134497	108845	6343
15	东营市河口区中医院	二级甲等	237	213	210	178	10000	2188	85745	53387	4112
16	利津县第二人民医院	二级乙等	268	238	150	150	32317	5354	82643	64419	6838
17	东营胜利胜采医院	二级乙等	127	105	130	119	6838	2578	88581	85644	1196

【行风建设】　开展全市纠正医药购销和医疗服务中不正之风专项治理工作、医疗乱象专项整治行动、医疗卫生领域涉及民生问题专项整治行动等，督导检查各级各类医疗机构1043家，查处各类违法违规行为为265起，罚款35.1万元，吊销、注销执业医师46人。规范临床合理用药，加强处方审核力度，确定神经节苷脂等33个品种（含国家20种）为全市第三批市级重点监控药品目录。建立行风监督员制度，聘任首批行风监督员28名。落实医疗卫生行业“九不准”要求，组织医疗机构医务人员签署“拒收红包承诺书”；推行招标采购回避、表决机制，签订《廉洁自律告知书》。召开全市“5·12”国际护士节和第二个“中国医师节”庆祝大会，表彰全市10名护士长、30名护士和55名医师。8月20日，成立东营市医师协会，开展行业自律和医师维权。

【健康扶贫】　实施健康扶贫“八个一”工程，实行建档立卡贫困人口住院“先诊疗后结算”机制，全市医疗机构减免贫困人口医疗费用178.82万元。实施扶贫特惠“一站式”结算，全市医疗商业补充保险通过“一站式”结算理赔25360人次、1075.21万元。开展贫困人口家庭医生签约服务，实现建档立卡贫困人口家庭医生签约服务全覆盖。优先将建档立卡贫困人口严重精神障碍患者纳入规范管理，实现贫困人口精神障碍患者免费救治。开展“扶贫日”送健康下乡活动，实施健康扶贫公益救助活动三年计划，举办健康扶贫公益救助活动356场次，受益群众2.1万余人次，其中，困难群众眼科疾病筛查和健康扶贫公益救助活动救助困难群众187名，减免医疗费用26.8万元。开展全市健康扶贫“回头看”活动，排查健康扶贫问题和整改落实工作。

【双招双引】　10月16日，成立市卫生健康委“双招双引”服务中心，建立联络沟通、项目会商、定期调度、定期通报和信

2019年8月16日，中科院刘以训院士工作站生殖健康培训中心授权暨揭牌仪式在胜利油田中心医院举行（市卫生健康委供稿）

息报送五项工作机制。做好招商项目落地，全年开工3个项目（东营合德医院分院、东营佰昆康复医院、佰悦居·东营佰昆颐养中心），推进国药控股东营公司、东营润康医院、东营国宾医养健康中心等项目注册、运营。编印《东营市医养健康产业推介项目库（2019）》，与中国国药集团山东分公司、山东威高集团有限公司、山东水发医疗有限公司、山东俏夕阳医养健康产业有限公司等企业对接，与国药集团签署合作协议，项目计划投资2亿元。向山东省双招双引考核平台推送项目16个，实际到位资金10.79亿元，其中，外资757.38万美元。成立胜利油田中心医院李兆申院士工作站、刘以训院士工作站，探索建立"院士工作站+专科专病"诊疗新模式。7月19日，与市人力资源和社会保障局联合开展2019年黄河口医学领军人才遴选工作，培育培养高层次医学领军人才15名。通过"公开招考""双百引才"等方式，公立医院聘用109人，"双百引才"选聘5人，市疾控中心等3个单位录用19人。（市卫生健康委　孙万禄　崔林兴）

医　疗　卫　生

【医药卫生体制改革】　①医疗联合体。市政府召开深化医改工作会议，印发《"健康东营"2030规划纲要》；7月30日，东营市被确认为国家城市医疗联合体建设试点市。至年底，成立医疗联合体22个，三级综合医院向医疗联合体医院派驻专家7390人次，专家门诊量37031人次，专家收住院774人次，专家业务讲座198场次。②县域医疗共同体。至年底，成立县域医疗共同体8个，东营区、广饶县和利津县被确定为国家紧密型县域医疗共同体试点县。③基本药物制度实施。全市所有公立医疗机构和村卫生室全面实施药品采购"两票制"，10家公立医院继续实施药品零差率销售，为病患者节省资金1.79亿元。④家庭医生签约。2.0版本家庭医生签约81.56万人，签约率39.35%，其中，重点人群签约46.55万人，签约率67.07%。⑤医保改革。推进按病种分值付费为主多元复合式医保支付。开展"互联网+医疗健康"，在全省率先实现电子健康卡和社保卡双卡融合支付。10月12日，东营市在全省基层卫生综合改革现场会上作典型发言。

【医养结合】　推进医养结合示范创建，开展示范创建任务攻坚行动，东营区黄河路街道、河口区河口街道、垦利区垦利街道、广饶县广饶街道、利津县利津街道入选首批省级医养结合示范乡镇（街道），东营亲祥源中医医院、垦利区盛世康养胜利颐养中心和广饶县广饶街道社区卫生服务中心入选全省首批医养结合典型案例。修订全市医养健康产业重点项目库，东营合德医院二期项目入选省医养健康产业项目库，东营佰昆康复医院和佰悦居东营佰昆颐养中心成立。74家基层医疗机构开设老年人看病就医绿色通道，占比100%；14家二级及以上医院开设老年病科，占比73.7%；17处养老机构设立医疗卫生机构，占比36%。推进医养健康服务创新、居家养老家庭医生签约服务和老年人健康管理工作，65周岁及以上老年人签约率70%以上，健康管理率81.21%。5个乡镇（街道）建立家庭病床，9家医疗机构设置安宁疗护床位66张，10个乡镇街道加快推进紧密型"两院一体"建设，建成智慧养老社区1处。

【医疗服务与质量】　推进"进一步改善医疗服务行动计划"，落实"改善医疗服务60条"。开展预约诊疗、就诊"一卡通"、挂号收费一站式服务，全市35家医院135个项目实现"一单通"（指患者持有经省临床检验中心、省皮肤病性病医疗质量控制中心认证机构及项目的医学检查结果，在全省各级各类医疗卫生机构就诊时，予以互相认可）互认。创新发展医疗服务新模式，全市三级医院均设立肿瘤、疑难复杂疾病、多系统多器官疾病等多学科联合门诊。推动网上远程医疗服务，建成互联网医院3家；建设上线全市预约挂号服务平台，60家医疗机构实现号源共享，专家号源开放100%；建成全市区域（影像、心电、临床）诊断中心，完成远程会诊3107例，为下级医院影像阅片1087次。健康东营APP调阅健康档案19520人次。完成2019年度"六大中心"（胸痛中心、卒中中心、创伤中心、危重孕产妇救治中心、危重儿童和新生儿救治中心、癌症中心）建设验收工作。实施医疗服务能力高质量发展"攀登计划"。东营胜利医院通过三级乙等综合医院评审，广饶县中医院、河口区中医院通过二级甲等中医医院复审（评审）。强化血液质量安全管理，采集全血41850.67单位，机采成分血3158单位。

2019年7月1日，东营市中医院（挂东营市胜利医院牌子）、东营市传染病医院、东营市精神卫生中心揭牌仪式在胜利医院举行　　（市卫生健康委供稿）

【公共卫生服务】　开展基本和重大公共卫生服务项目，在全省2018年度国家基本公共卫生服务项目绩效评价中获第2名，获奖励资金168万元。基本公共卫生服务经费提高至人均补助标准69元/年，建立电子健康档案169.38万份，电子建档率80%以上，城乡适龄妇女宫颈癌检查84270人，乳腺癌检查86187人。完成市民生实事公共卫生服务能力提升项目，在全省率先以商业保险形式对全市严重精神障碍患者看病就医实行兜底保障，受益7765人；完成59处预防接种门诊、39处狂犬病暴露处置门诊标准化建设，在全省率先以市为单位实现智慧门诊全覆盖。落实剥离国有企业办社会职能，完成67家油田医疗机构分离移交工作。完善公共卫生服务体系，市中医院、市精神卫生中心、市传染病医院挂牌成立，市妇幼保健中心综合楼项目开工建设。

开展“优质服务基层行”和乡镇卫生院等级评价活动，全市10家乡镇卫生院达到甲等卫生院标准，10家基层医疗机构达到“优质服务基层行”基本标准。选派14名优秀卫生人才到薄弱乡镇卫生院任“业务院长”，印发《黄河口基层名医选拔管理办法》。实施村卫生室标准化建设引领提升工程，建设县级以上示范标准村卫生室165个，基层医疗机构标准化建设达标率97.81%。完成中医药综合服务区（国医堂）建设40处。实施基层适宜技术培训、基层医疗机构中医药特色项目建设。全市基层医疗机构中医服务能力挖掘项目考核和转移支付中医药项目考核获全省第一名和第三名。全年安全处置接警12.29万次，调度出车39184车次，救治伤病人34695人次。对18家体健康检机构实行星级管理，完成市“两会”、马拉松赛、中高考等重大活动医疗保障57场次。

2019年8月20日，基层业务院长选派启动会议召开　（市卫生健康委供稿）

【综合监督】　开展综合监督“深化落实年”活动和“卫监亮剑”行动，“两随机一公开”工作实现制度化。全年监督检查单位4831户，监督覆盖率99.86%，查处案件759件，罚款69.3万元，“双随机”任务完结率100%。市级监督执法机构更名为卫生健康监督执法支队，县区监督执法机构更名为卫生健康监督执法大队。全年监测食品样品825份，上报检测数据9100余个。全市57家哨点医院上报12956例食源性疾病病例，报告食源性疾病事件180起。推进食源性疾病监测县乡村一体化建设，开展村卫生室监测病例上报工作乡镇卫生院26家，占总数66.67%。启用食品标准网上备案系统，实现食品标准备案“零跑腿”、材料“零提交”，备案标准50份。完成职业健康监督管理职能移交，组建市级职业病临床质量控制专家委员会、市级职业健康专家库和职业病诊断鉴定机构，建立完善覆盖全市职业病信息监测报告网络系统，启用新版职业病危害因素申报备案系统，申报备案企业1385家。开展职业健康工作现状调研，化工、非煤矿山、建材等尘毒危害重点领域职业病防控专项治理行动和尘肺病防控攻坚行动。集中宣传职业病防治7次，接受现场咨询3000余人次，发放宣传材料1.2万份。完成2019年度放射卫生、职业病监测及工作场所职业病危害因素监测等中央转移地方支付资金项目和尘肺病人回顾性调查等工作。

【爱国卫生】　开展以“共推‘厕所革命’共促卫生健康”为主题全国第31个爱国卫生月活动。推动“卫生城镇”创建，在全市范围内开展十大专项整治行动，通过国家卫生城市复审考核，利津县和东营区史口镇，垦利区永安镇、董集镇，广饶县李鹊镇、大码头镇、花官镇，利津县北宋镇创建国家卫生城镇通过评审。开展基层卫生创建活动，全市建成省级卫生先进单位85

个，省级卫生村257个，市级卫生先进单位105个，市级卫生村192个。开展病媒生物预防控制工作，实施集中灭鼠、灭蝇、灭蟑、灭蚊活动，有效控制“四害”密度。抓好中心城控蚊工程，安装维护室外灭蚊灯5000余台，对16万平方米蚊虫孳生地、栖息地投放和喷洒消杀药物26吨。广饶县以全省第1名成绩通过第三批省级健康促进示范县考核验收。11月20日，垦利区在第十二届中国健康教育与健康促进大会作经验介绍。

（市卫生健康委　孙万禄　崔林兴）

2019年8月1日，市卫生健康委在胜宏社区开展“不忘初心　拥军优属”为主题的义诊志愿服务活动　（市卫生健康委供稿）

计划生育

【概况】　2019年，全市出生20886人，出生人口统计合格率98.1%，出生人口性别比106.7，生育登记覆盖率98.4%。全年发放生育服务手册1.3万本、审批发放三胎生育证306本，再生育审批办结及时率100%。孕情信息上报及时率86.5%。全市有母婴设施116处，面积3082.7平方米。

【综合治理】　加强出生人口动态监测，强化市县乡三级监测网络和信息系统建设，监测点增至116个。做好分析监测预警，科学预测年度人口出生情况。加大出生人口性别比治理力度，严厉打击“两非”（非医学需要的胎儿性别鉴定和选择性别人工终止妊娠），检查各类医疗机构654家次，查处“两非”案件1件。

【奖励扶助】　实现城镇和农村居民执行统一政策，计生奖励扶助、特别扶助政策全覆盖。全年审核上报各类政策奖扶对象33298人，落实破产困难企业职工一次性养老补助57人、财政资金86.8万元；落实运营企业退休职工独生子女父母养老补助532人，落实率100%。做好计划生育特殊困难家庭养老保障工作，分类增发基础养老保险金，符合最低生活保障条件的城乡计划生育特殊困难家庭纳入低保范围。落实计划生育特殊家庭扶助关怀，做到联系人制度、就医“绿色通道”、家庭医生签约“三个全覆盖”，救助计生特殊家庭497户，救助资金277万元。

【计生协会】　推进优生优育“三进”活动、“5月集中宣传月”活动，开展健康义诊、优生优育指导、健康咨询服务、健康知识讲座等活动76场次，设立宣传咨询站600余处，解答咨询1.6万余人次，培训、义诊群众1.3万余人次，发放宣传资料4.5万余册。“134”（1即优生优育“三进”活动，3即家庭幸福指导站、优生优育指导室、优生优育宣传栏，4即3计生协专职工作人员、优生优育专家、计生协志愿者、优生优育指导师）工作法入选《全省优生优育指导工作汇编》。开展流动人口计生协会示范点创建工作，每个县区分别打造1～2个独具特色的流动人口计生协示范点。推进生育关怀行动，实施中国计生协失独家庭帮扶项目和全市计生特殊家庭“爱与陪伴”项目，完成入户陪伴102户、191人。救助计生特殊家庭554户，发放救助金218.28万元。全市计生家庭意外伤害保险（综合保险）投保50846人，失独家庭住院护理补贴保险投保872人。东营市技师学院被中国计生协确定为2019年青春健康高校项目中标高校。在全省“计生协好新闻”和“我与祖国共奋进”会员艺术作品征集评选活动中，12件作品获奖。　（市卫生健康委　孙万禄　崔林兴）

疾病预防控制

【概况】　2019年，全市乙类传染病累计报告3643例，比上年增长14.20%；死亡5例（艾滋病1例、乙肝2例、肺结核2例）。报告发病数居前五位的乙类传染病，乙肝1467例，比上年增长10.97%；梅毒594例，比上年增长21.97%；肺结核508例，比上年下降3.61%；猩红热360例，比上年增长31.39%；痢疾136例，比上年下降8.72%。丙类传染病累计报告9625例，比上年增长1.48%，未报告死亡病例。报告发病数居前五位的丙类传染病，其他感染性腹泻病5480例，比上年增长91.81%；手足口病3029例，比上年下降51.27%；流行性感冒820例，比上年增长360.67%；流行性腮腺炎280例，比上年增长24.44%；风疹10例，上年同期无病例报告。未发生甲类传染病。

【霍乱防治】　实行霍乱零报告和旬月疫源检索报告制度，指导县区做好医疗机构腹泻病门诊开诊工作，全市52处腹泻病门诊全部按照要求开诊，检索腹泻病人16254人次，快检2554人次，快检率15.71%，细菌培养1855人次，细菌培养率11.41%，均未发现阳性标本。

【病毒性腹泻监测】 2019年，全市采集病毒性腹泻标本315份，阳性率21.90%，其中检出诺如病毒GⅠ型5份，诺如病毒GⅡ型33份，轮状病毒阳性28份，诺如病毒GⅡ型和轮状病毒混合感染3份。

【手足口病防治】 2019年，全市报告手足口病病例3029例，比上年下降51.27%。累计报告重症病例9例。调查处置41起手足口病聚集性疫情，规范调查处置5起任务。各县区采集普通病例标本338份，完成监测任务（份）146.96%，经检测阳性218份，阳性率64.50%，其中，CoxA16型140份，其他肠道病毒73份，EV71型5份。全市媒体宣传14次，发放宣传材料16.71万份，开展健康教育讲座16次，督导医疗机构、学校、托幼机构、农村村庄、城市社区等840次，开展培训12次，培训725人次。

【流感等传染病防治】 ①流感样病例监测。2019年，全市3所哨点医院(东营区人民医院、东营市人民医院、广饶县人民医院)报告流感样病例(ILI)43182例，占门急诊病例就诊总数4.54%；东营区人民医院(国家哨点监测点)采集流感样病例标本685份，市疾控中心流感监测网络实验室对标本进行核酸检测和病原学分离鉴定，核酸检测阳性111份；细胞培养与鉴定分离到流感毒株45株，鸡胚培养与鉴定分离到流感毒株16株。完成流感疫情分析14期。②候鸟栖息地禽流感病毒监测。2019年，在黄河三角洲国家自然保护区采集外环境标本200份，经检测均为阴性。根据省疾控中心委托，垦利区、利津县开展2018—2019年禽类职业人群中禽流感病毒感染状况研究，对纳入调查的全部个案进行健康状况监测。做好流感样病例聚集疫情和不明原因肺炎病例调查和处置工作。

【自然疫源及虫媒传染病防治】 2019年，全市报告出血热5例，比上年下降16.67%，均按要求进行调查处置，发病一周内病例标本采集率100.00%，恢复期标本采集率60.00%。加强布病综合防控示范区建设，全年报告布病132例，比上年下降10.81%，布病防控经验在全省推广。在全市开展狂犬病暴露处置门诊规范化建设，建成一级门诊33处和二级门诊8处。全年无狂犬病病例报告。调查处置输入性登革热1例，省疾控中心实验室检测结果为Ⅰ型。

【结核病防治】 2019年，全市登记结核病患者451例，其中，活动性肺结核患者397例，比上年增长0.25%；活动性肺结核患者病原学阳性率50.38%。全市结防机构登记学校肺结核患者31例，学生活动性肺结核患者占比为7.81%。登记高危人群耐药可疑者14例，筛查10例，高危人群耐药筛查率为71.43%。全市登记新涂阳患者132例，筛查112例，新涂阳患者耐药筛查率84.85%。非结防机构报告肺结核及疑似患者757例，其中，重报51例，重报率6.74%；住院患者153例，出院患者1例；到位554例，总体到位率100%。上年同期全市登记活动性肺结核患者394例，治愈100例，完成疗程270例，治疗率97.11%。

【艾滋病防治】 2019年，全市艾滋病检测点41个，乡镇卫生院和社区卫生服务中心检测点覆盖率97.6%。各级医疗卫生机构、血站开展HIV检测250241人次，筛查并确证阳性72例。4个国家级艾滋病监测哨点（暗娼、性病门诊就诊者、流动人群和孕产妇），完成问卷调查和采血检测1346人，检出梅毒抗体阳性30人、HCV阳性2人；市及县区常规开展被监管场所人员HIV抗体检测，每季度到监管场所采血检测1～2次，对监管场所看守和在押人员宣传艾防知识，全年检测在押人员1169人，检出HIV抗体阳性1例。开展重点人群宣传干预工作。借助基本公共卫生服务，结合禁毒日、结核病宣传日及对农民健康讲座、学生查体、高危人群干预等开展日常宣传教育。县区通过走进直播间、在广播电视台滚动播放公益广告、报纸连载等形式，宣传艾防知识，并与政法委联合，对网格员进行艾滋病防治知识培训。印制1万份“致学生和家长的一封信”在全市各大中专学校发放，宣传艾防核心知识，9月在东营职业学院对新生开展三期“青年学生性健康与艾滋病防控”专题讲座，各县区通过讲座宣讲、现场宣传等形式，提高初中以上学生艾防知识知晓率。艾滋病抗病毒治疗移交定点医疗机构，艾滋病抗病毒治疗比为90.8%，病载检测率98.3%，病毒抑制率97.0%。

【免疫规划】 2019年，免疫规划各类疫苗应种目标儿童数630998人次，实际接种629735人次，免疫规划接种率99.80%。乙肝疫苗首针及时接种率95.90%，卡介苗接种率94.11%，均达到国家常规免疫规划要求。补种儿童中完成全程接种率95.50%，单苗补种率均在95%以上。做好AFP、乙脑、流脑、甲肝、水痘、流腮等疫苗针对性传染病监测。落实消除麻疹工作，报告疑似麻疹风疹病例74例，实验室确诊麻疹21例，风疹10例46例。加强乙脑、流脑等疫苗可预防疾病控制，报告1例乙脑病例，无流脑病例报告。加强消灭脊灰免疫、监测与管理，重点防范脊灰野毒株输入和VDPN传播流行，完成消灭脊灰年度进展报告。2019年，配送常规疫苗13个品种55.45万剂次，一次性注射器5个规格63.4万支。按照相关要求开展监测工作以及严重疑似预防接种反应病例的调查诊断工作。报告AEFI个案259例，其中异常反应5例，偶合症3例，组织县区级预防接种异常反应调查诊断专家组会议8次，完成异常反应病例省级补偿7例，补偿到位资金160.0105万元。无群体性预防接种异常反应病例报告，未发生预防接种异常反应突发事件及异常反应群体上访事件。

【慢性非传染性疾病防治】 2019年，全市死亡病例12035人，死亡率608.49/10万，比上年下降0.18%；报告肿瘤新发病例7807例，报告发病率是396.99/10万，比上年增长3.54%；报告脑卒中新发病例12195例，报告发病率为620.12/10万，比上年增长20.87%；报告冠心病新发病例2255例，报告发病率为114.67/10万，比上年增长3.49%；报告伤害28537例，比上年增长23.41%，各项监测指标达到省级要求。在东营区黄河街道开展全市2019年度高危人群筛查工作，筛查目标人群4000人，实际随访4007人，高危人群筛出率23.76%。复查高危人群884人，复查率92.86%。组织东营区、垦利区和广饶县1573名参赛队员参加全国第四届万步有约职业人群激励大赛，东营区、垦利区、广饶县获得全国优秀健走示范区。参加山东省健康示范单位案例展播，全市推选25个，入选17个。组织全市参加山东省第三届职业人群减重大赛，招募291人，38人进入决赛，9人获得个人优胜奖，东营市和5个县区分别获得市级和县级团体奖。加强对垦利区和广饶县慢性病示范区创建工作的培训和督导，对照国家慢性病示范区和省级复审评价指标体系（2019版），指导2个县区查漏补缺，逐项梳理审核。广饶县通过国家级示范区创建验收，实现全市国家级示范区零突破。垦利区通过省级示范区复审。在全市9家二级及以上医疗机构中试点重点慢性病机会性筛查。全市重点癌症机会性筛查风险评估41045人，筛查率71.98%，早期发现率25.56%。脑卒中机会性筛查风险评估20957人，筛查率66.62%，检出颈动脉狭窄超过30%的病例1799人，阳性率33.53%。心血管疾病机会性筛查风险评估18738人，筛查率82.66%，阳性率61.28%。

【地方病防治】 组织专家对各县区消除碘缺乏病和氟中毒工作进行验收，全部达到国家消除标准。采集1041份小学生和537份孕妇家中食用盐检测盐碘含量，碘盐覆盖率59.66%，碘盐合格率87.23%，合格碘盐食用率51.65%。开展小学生甲状腺大小、尿碘浓度和孕妇尿碘浓度监测，监测8～10岁小学生1056名和孕妇540名，学生尿碘处于适宜水平，孕妇尿碘含量偏低，调查孕妇补碘情况，补碘率大于90%。做好氟中毒病区监测。完成316个病区村水氟含量检测，279个工程（村）的水氟含量符合居民生活饮用水氟含量要求，37个村水氟含量超标，氟斑牙患病率5.66%。5县区均达到碘缺乏病消除标准，东营区达到地方性氟中毒控制标准，广饶县地方性氟中毒防治措施达标。

【寄生虫病防治】 全年三热病人血检1503人，血检率0.70‰，阳性4人，复检274人，复检率18.23%，符合率100%；报告输入性疟疾病例4例，恶性疟疾3例，规范治疗病人并指导病例所在地县区进行疫点处置，4例疟疾病例全部治愈。做好“4·26”疟疾防治日宣传工作。完成土源性线虫调查东营区流调点监测，东营流调模式在全省推广。

【精神卫生防治】 全市累计登记录入国家严重精神障碍信息系统严重精神障碍患者9186人，去除死亡患者后，至年底，全市在册患者8306人，报告患病率3.85‰；管理患者8305人，患者管理率96.76%，规范管理7699人，规范管理率92.71%，面访患者7973人，面防率96.01%；7594人服药，服药率91.45%，5968人规律服药，规律服药率71.87%，精神分裂症服药5239人，服药率92.94%。将严重精神障碍患者救治救助列入东营市民生实事，率先在全省以医疗补充险形式为严重精神障碍患者治疗费用兜底报销；1月、12月分别邀请省精神卫生中心和潍坊市精神卫生专家，举办2期严重精神障碍患者管理治疗工作培训班，培训行政管理及业务管理、精神卫生专业人员300余人次。

【健康教育】 重点指导广饶县创建健康促进区县工作，获得省级验收第一名。东营职业学院健康教育综合基地、垦利区综合健康教育基地、利津县布鲁氏杆菌病健康教育基地等健康教育综合基地申报省级验收6家。召开全市卫生健康促进工作会议，岗位人员培训5次、培训人数580余人次。依托“黄河口大讲堂”，组织全市健康教育专业技术人员进行“健康东营2030”培训，300余人参加。开展以卫生日为主题健康教育宣传活动170次，市本级以重点疾病和重点领域开展宣传活动23次。国家卫生城市复审期间，到医疗机构、机关、学校、社区、农贸市场等场所指导设置宣传栏320余处。依托中心志愿服务队，全年开展宣传活动163次。以进社区、进广播室、微信传播等形式开展“5·31世界无烟日”等宣传日主题活动。开展以“拒吸第一支烟，做不吸烟新一代”为主题中小学生签名活动，63所学校36351名中小学生参与签名。在“东营疾控”微信公众号和官方网站发稿1000余篇，制作东营疾控·佑健康·微课堂67期。

【卫生应急】 调整全市突发公共卫生事件应急处置领导小组和应急队伍，开展应急知识培训。8月13日，针对第9号台风“利奇马”灾后重点传染病疫情处置、疫情信息报告、生活饮用水监测等进行培训；10月18日，开展个人防护用品穿脱，灾后消毒药品配比和消杀器械使用等应急知识培训；10月23—25日，举办全市突发公共卫生事件应急能力培训班，就重大活动保障、灾后卫生防疫、突发传染病疫情和食源性疾病调查处置等进行培训。为应对台风“利奇马”灾后消杀工作，采购消杀药品利尔康84消毒液100箱。更新食

2019年10月23—25日，全市突发公共卫生事件应急能力培训班举办　（市疾控中心供稿）

品采样和快速检测试剂，食品取证设备等应急物资，通过省级食品安全市创建工作“回头看”督导检查。落实突发公共卫生事件应急处置24小时专人值班和领导带班制度。到汽车总站、阳光社区等场所开展卫生应急知识宣传活动4期，发放宣传材料2000余份；在灾区一线发放台风“利奇马”灾后消毒方法等卫生应急知识明白纸2万余份。

【消毒病媒工作】 省级消毒与感染控制项目实现消毒与感染控制国家级监测点县区全覆盖。胜利油田中心医院、河口区人民医院、济南军区黄河三角洲综合训练基地医院成为新增国家级监测点。全市三级消毒监测网络和评价体系全面建成。举办首届全市消毒与医院感染控制岗位技能竞赛。做好中心城区和东营经济技术开发区灭蚊评估。4—10月监测区挂出诱蚊灯350盏，捕获蚊虫5101只，蚊种5种（首次监测到刺扰伊蚊），其中，淡色库蚊为东营优势蚊种，其次为中华按蚊、白纹伊蚊、三带喙库蚊等，平均蚊密度指数10.53只/灯·夜），为全市蚊虫防控策略制定和蚊媒传染病防控提供数据支持。开展国家“十三五”重大专项《重要病媒生物监测和传播相关病原体检测技术研究》山东子课题项目《蚊虫携带病原体监测技术的现场应用(2017ZX10303404005006)》研究，河口区、垦利区纳入项目县，垦利区召开项目启动会。投资90万元，建成东营市病

2019年6月20日，重大课题专项山东子课题项目启动会议在垦利区召开　（市疾控中心供稿）

媒生物实验室。

【微生物检验检测】 1月，启动全省健康人群白喉调查项目。9月，启动全市丙型肝炎病毒分子流行病学调查项目，检测CD3、CD4、CD8绝对数、百分数。11月，召开全市国家致病菌识别网监测工作大会，启动全市致病菌识别网工作，中心网络实验室，上传国家致病菌识别网1株沙门氏菌及4株肺炎克雷伯菌结果图谱，经分析与全省相关菌株无同源性。年度检测中首次分离鉴定出阪崎肠杆菌；首次从食源性疾病样本中鉴定出GⅠ型、GⅡ型诺如病毒；新分离鉴定出致泻大肠埃希氏菌、肠炎沙门氏菌、鼠伤寒沙门氏菌、宋内氏志贺氏菌；首次分离鉴定出手足口病毒株CA10型、CA6型。全年度70余项盲样考核均为优秀等次。参加国家艾滋病确证实验室考核HBsAg、梅毒抗体、HIV抗体、HCV抗体项目。

【理化检验检测】 市疾控中心理化实验室采购仪器设备14台（套），总价514.865万元。A类设备10台（套）、B设备2台（套）、C设备2台（套）。首次利用液相色谱串联质谱仪（液质质）开展液质质检测食品中农药残留项目。完成水中金属污染物（铅、镉）、食品中添加剂（糖精钠）、水果中农残（毒死蜱、溴氰菊酯）、尿碘、盐碘、水碘的盲样考核任务。

市疾控中心实验室液质质检测蔬菜水果中农药残留　（市疾控中心供稿）

【学校卫生】 首次承担国家学生常见病和健康影响因素监测与干预项目，覆盖五县区26所学校13007名学生监测工作，全市学生视力低下率、龋患率、肥胖率、营养不良率、脊柱弯曲检出率和血压偏高率分别为72.2%、50.8%、18.8%、6.3%、0.2%和28.4%。完成2019年学生体质与健康调研及学生体质健康标准抽查复核工作，体检和体测学生3200名。

【食品卫生】 全年监测食品825份，比上年增长7.14%。其中，化学污染物监测样品555份、微生物及致病菌监测数量280份。食源性疾病病例报告12956例，比上年增长

138.9%。其中，18家二级以上哨点医院报告病例6129例，比上年增长44.2%；2019年食源性疾病监测工作向村卫生室推进，相关病例由乡镇卫生院代报，39家乡镇卫生院上报病例6827例，比上年增长481.5%。报告食源性疾病事件180起，死亡2例（毒蘑菇中毒），全省排名事件报告总数第1、县均数量第1。组织参加山东省食品安全风险监测技能竞赛，获团体优胜奖。11月，参与东营市食品安全城市创建"回头看"评审。

【职业卫生】 印发《东营市2019年重点职业病监测项目工作方案》《关于印发东营市2019年工作场所职业病危害因素监测工作方案的通知》等。开展150家用人单位职业病危害因素监测和尘肺病回顾性调查，调查职业性尘肺病基础个案资料226例，失访26例，存活142例，死亡84例，随访率112%。重点职业病监测对全市职业健康体检机构上报在岗接触28种危害因素劳动者体检数据、信息，撰写东营市2019年全市重点职业监测与职业健康风险分析评估报告。指导东营中医医院开展尘肺病主动筛免费筛查工作，免费筛查接尘劳动者300人。

【放射卫生】 做好国家项目，完成职业性放射性疾病监测、医疗卫生机构医用辐射防护监测和非医疗机构放射性危害因素监测（新增）。监测开展放射诊疗的医疗机构123家、非医疗机构放射工作单位15家。发现职业性放射性疾病患者5例，其中放射性肿瘤患者4例，放射性甲减、闭经、外照射慢性放射病1例。发现外照射个人剂量当量年度累积剂量达调查水平者4例。聘请省级专家授课，举办全市监测能力培训班。

【公共卫生】 指导河口区疾控中心完成12家重点公共场所221项监测指标监测和55名从业人员健康状况调查。按照国家和山东省饮用水监测项目方案具体要求，全市123个城乡出厂水、末梢水监测点以及广饶县20个农村饮用水末梢水监测点，分别在枯水期和丰水期进行水质常规42项指标检测。

（市疾控中心　王娜）

社会生活

居 民 生 活

【居民收入】 2019年，全市居民人均可支配收入40602元，同比增长8.0%，扣除价格因素影响实际增长5.0%。从城乡看，全市城镇居民人均可支配收入51128元，同比增长6.7%，扣除价格因素影响实际增长3.4%；农村居民人均可支配收入19013元，同比增长8.7%，扣除价格因素影响实际增长5.6%，高于城镇居民收入实际增幅2.2个百分点。城乡居民收入比差距由上年2.74∶1缩小至2.69∶1。从增收来源看，全市居民人均工资性收入26847元，同比增长8.1%，占人均可支配收入比重66.1%，拉动全市居民人均可支配收入增长5.3个百分点。其中，城镇居民人均工资性收入35545元，同比增长6.1%；农村居民人均工资性收入9008元，同比增长12.6%。全市居民人均经营净收入5089元，同比增长3.3%，占人均可支配收入比重12.5%。其中，城镇居民人均经营净收入3908元，增长4.8%；农村居民人均经营净收入7513元，同比增长3.5%。全市居民人均财产净收入3693元，同比增长8.7%。其中，城镇居民人均财产净收入4595元，同比增长7.1%；农村居民人均财产净收入1844元，同比增长11.2%。全市居民人均转移净收入4972元，同比增长12.5%。其中，城镇居民人均转移净收入7080元，同比增长10.6%；农村居民人均转移净收入648元，同比增长13.6%。

【居民消费】 2019年，全市居民人均消费支出25360元，同比增长7.5%。其中，食品烟酒支出5932元，同比增长7.5%；衣着支出2445元，同比增长7.3%；居住支出5562元，同比增长7.2%；生活用品及服务支出1538元，同比增长5.1%；交通通信支出4921元，同比增长8.2%；教育文化娱乐支出2872元，同比增长7.8%；医疗保健支出1575元，同比增长9.1%；其他用品和服务支出515元，同比增长5.6%。全市居民人均现住房建筑面积44.6平方米。从城乡看，城镇居民人均生活消费支出30730元，同比增长6.3%。其中，食品烟酒支出7191元，同比增长6.4%，城镇居民人均现住房建筑面积43.89平方米。农村居民人均生活消费支出14344元，同比增长8.2%。其中，食品烟酒支出3349元，同比增长8.1%，农村居民人均现住房建筑面积46.07平方米。

（国家统计局东营调查队　苗菲）

劳动和社会保障

【劳动就业】 2019年，全市城镇新增就业5.53万人，失业人员再就业2.75万人；城镇登记失业率2.61%，控制在计划目标内。印发《关于进一步稳定和扩大就业的实施意见》《关于贯彻落实终身职业技能培训制度的实施意见》《就业补助资金管理办法》《创业带动就业扶持资金管理暂行办法》。个人创业担保贷款额度由10万元提高至15万元，不贴息贷款额度提高至50万元，小微企业贴息额度由200万元提高至300万元，为经营良好的个人和小微企业落实3次贴息政策，全年发放创业担保贷款22亿元，发放金额占全省五分之一。东营市胜利大学生创业园被人力资源和社会保障部评为全国创业孵化示范基地。

【劳动关系】 推行建设领域农民工工资支付监管平台，监管项目283个，实名登记农民工4.5万余人，整合农民工实名制、专用账户、银行代发工资等治欠保支关键制度，实现全程实时动态监管。开展清理整顿人力资源市场秩序专项执法检查、机关事业单位临时用工专项检查、保障农民工工资“冬病夏治”专项行动和根治欠薪冬季攻坚行动等劳动监察执法检查，检查用人单位433户次，涉及劳动者5.76万人，补签劳动合同1025份，查处举报投诉案件166件，追发职工劳动报酬2889万元，查处拖欠农民工工资案件184起，面向社会公布重大劳动保障违法行为4起。全市劳动人事争议调解仲裁机构受理案件3564起，涉案金额1.37亿元，劳动人事争议仲裁结案率99.37%，调解成功率66.79%。举行“阳光心态，奋进人生”百场职工大讲堂。在东营区商贸园、利津县物流业协会建立区域性工资集体协商“党政主导”模式，在东营西郊郝家现代服务区建立行业性工资集体协商“条块结合”模式。

【乡村振兴】 举办首届乡村振兴传统技艺技能大赛，组织水煎包制作等10项赛事，122名选手参加，9次登上学习强国平台，大赛经验被省人社厅在全省推广。首次举办“乡村振兴创业之星”评选活动，新评选返乡农民工创业之星5名。加强专家服务基地建设，评选市级乡村振兴专家服务基地10家、青年人才创新创业及农业新技术示范基地17家，推荐获评省级专家服务基地、乡村振兴专家服务基地、专业技术人员继续教育基地5家。开展职业农民高级职称评审试点，相关工作经验在全省推广。2019年“三支一扶”大学生基层服务计划招募41人。

【精准扶贫】 全年贫困劳动力转移就业1787人，累计发放创业扶贫担保贷款118.9万元。符合条件贫困人口养老保险参保率、待遇发放率100%。与重庆市酉阳县签订协作协议，联合开展6场下乡招聘和精准扶贫招聘活动，建档立卡贫困人员实现就地就近就业251人，贫困人员到东营就业53人，开展技能培训372人，均超额完成省定任务。“蓝海班”模式获省人力资源和社会保障厅通报表扬。

【社会保险】 2019年，全市参加城镇职工基本养老保险61.61万人，参加居民基本养老保险74.65万人，参加工伤保

东营市参保人员通过智能设备自助办理社保卡
（市人力资源和社会保障局供稿）

险66.42万人，参加失业保险31.27万人，全市户籍人口97%参加基本养老保险，超出国务院“十三五”规划目标7个百分点，提前一年完成任务。建立居民基本养老保险待遇确定和基础养老金正常调整“双机制”，对65～74岁、75岁以上老年居民每人每月分别增加5元、10元养老金，惠及19.8万人。连续十五年提高企业退休人员基本养老金，惠及3.87万人，人均月增加养老金165元，由2389.82元提高至2554.82元。连续四年提高机关事业单位退休人员养老金，惠及2.13万人，人均调整212元，统筹内养老金由4766元调整至4978元。连续十五年提高工伤保险待遇，一至四级伤残津贴、生活护理费、供养亲属抚恤金每月标准分别为3562元、2745元和1837元，工亡职工丧葬补助金、一次性工亡补助金标准分别为4.48万元、78.5万元。连续十六年提高失业保险待遇，失业金标准从1337元提高至1528元。5月1日起，企业和机关事业单位基本养老保险单位缴费比例均降至16%；工伤保险费率在现行基础上下调50%，延长阶段性降低费率期限至2020年4月30日；失业保险总费率继续按1%执行，延长阶段性降低费率期限至2020年4月30日。落实社保降基（缴费基数）政策，按照省全口径计算的城镇单位就业人员平均工资确定社保缴费基数。一个缴费年度内降低社保缴费5.4亿元。全面落实失业保险稳岗返还政策，为479家企业拨付失业保险稳岗补贴2308.87万元。

【公共服务】 建立电子签章系统，推动实施网上缴费等社保八项便民、八项惠企改革举措。推行人事考试放管服改革，实现资格审核全市通办、证书邮寄，做到考生单次考试“最多跑一次”。启动全国电子社保卡试点，通过“扫码”或“扫脸”，实现社保卡业务“无卡办理”。市人力资源和社会保障局被人力资源和社会保障部评为全国优质服务窗口，被全国妇联表彰为维护妇女儿童权益先进集体。

（市人力资源和社会保障局　赵子松）

医疗保障

【概况】 2018年12月28日，东营市医疗保障局挂牌成立。2019年3月28日，《东营市医疗保障局职能配置、内设机构和人员编制规定》印发。2019年，联网定点医疗机构扩大至49家，全年结算异地住院费用7940人次、医疗保险基金支付5403万元；市外联网结算医疗机构新增3531家，全市参保人员可在全国2.6万家医院住院联网结算，全年结算异地住院费用7740人次、医疗保险基金支付9884万元。10月17日，设立“东营市医疗保障事业中心”，副处级公益一类事业单位。

【医保改革】 8月27日，召开市医疗保障系统专家委员会成立大会暨“医疗保障与健康东营”改革发展研讨会，成立市医疗保障专家指导委员会、市医疗保障信息化建设专家委员会、市医疗保障法律专家咨询委员会3个专家委员会。在山东省率先开展按病种分值支付方式改革，推行基金总额和医疗机构分值总量“双控”模式，推进按疾病诊断相关分组付费医保支付，入选山东省按疾病诊断相关分组付费医保支付方式试点城市。8月30日，市医疗保障局、市卫生健康委员会联合印发《关于开展东营市日间手术医保支付试行工作的通知》确定胜利油田中心医院、市人民医院、市第二人民医院3家医院为全市首批开展日间手术的医院；确定腹股沟疝等30个手术病种为全市首批开展的日间手术病种。12月27日，印发《东营市统一医疗保障经办服务

2019年8月27日，市医疗保障系统专家委员会成立大会暨“医疗保障与健康东营”改革发展研讨会召开
（市医保局供稿）

办事指南(试行)》。

【待遇保障】 ①特殊群体。新增两种精神类门诊慢性病,免除精神类门诊慢性病起付标准,降低乙类精神类药品首先自付比例。苯丙酮尿症患者特需食品按75%比例进行救助。免除脑瘫等残疾儿童和孤独症儿童住院起付线,脑瘫、孤独症门诊慢性病年度支付限额由7200元提高至2.4万元。②完善政策体系。一般居民个人缴费由260元提高至280元,学生由160元提高至280元,财政补助由490元提高至520元。修订困难破产企业职工退休年限认定办法,保障困难破产企业职工权益。5月30日,印发《关于做好东营市高层次人才医疗保障服务工作的通知》,建立全市医疗保障服务高层次人才工作机制。

【医药服务管理】 ①价格管理。重新明确市内一级和二级公立医疗机构医疗服务价格有关政策,制定公布市内公立医疗机构部分医疗服务项目价格和可收费医用耗材名单,涉及65个医疗服务项目和10个可收费医用耗材。7月10日,召开政策实施论证会,组织公立医院集中座谈讨论,12月3日,出台全市取消公立医院医用耗材加成、调整医疗服务项目价格政策,12月10日全市统一执行。梳理现行医疗服务收费项目数据情况,做好下阶段国家统一规范医疗服务收费项目编码基础性调查工作。组织县区进行现行药品及医疗服务价格政策集中培训。②招标采购。开展民营医药机构网上招标采购工作。组织民营医药机构参加全省民营医药机构网上招标采购专题培训。成立市域公立医疗机构药品采购联合体。开展国家组织药品集中采购试点扩围落实工作。12月1日起,25种药品、33个品规按国家集采价格供应,其中药价平均价格降幅59%。开展全市医用耗材集采工作。组织市内重点医疗机构,对适宜集采的医用耗材种类与品规进行讨论,确定输液器和留置针两大类医用耗材作为集采品种,完成集采招标方案拟定、集采数据统计分析和有关政策座谈讨论等,正式集采前的准备工作基本完成。开展全市基层医疗机构药款清欠工作。其中,2018年底前所欠1300余万元药款进行清欠,建立县区基层医疗机构药品清欠台账制度,督导基层医疗机构及时支付网采药款。

【医保基金监管】 开展定点医药机构监督检查“全覆盖”、《问政山东》曝光问题专项治理、“风暴行动”“百日攻坚”等专项治理,行政处罚案件实现“零突破”,全市欺诈骗保得到遏制。检查定点医药机构1762家次,发现处理问题334家次,其中,暂停协议57家、解除协议28家、行政处罚4家、约谈245家;涉及金额1849.66万元,其中,追回医保基金1424.38万元、罚款19.27万元、拒付医保基金406.01万元。与油田社保中心、市卫健委、市市场监管局建立监管联动机制,定点零售药店的违法违规处理决定与油田医保刷卡、市场监管局GSP认证等处理决定相关联,加大联合惩戒力度。12月,与市卫健委、市场监管局、人力资源和社会保障局、生态环境局等5部门联合进驻胜利油田中心医院,探索联合集中检查执法活动。油地双方同步暂停或解除服务协议8家;对市场监管局通报的7家收回或撤销GSP证书的零售药店,同步做出暂停或解除服务协议决定。5月,被国家医保局批复为全省唯一国家医保基金监管信用体系建设试点市。获中央专项补助资金479万元。实施基金监管智能监控创新示范点建设。通过大数据分析和定期通报,全市统筹内CT、生化项目、重点监控药品、质子泵抑制剂等费用同比减少1667.18万元。开展市级试点创建活动。批复东营区门诊慢性病延伸服务、河口区和垦利区市级医保基金监管信用体系建设、广饶县意外伤害医疗保险委托经办等市级试点,通过市级试点创建工作。

【医保征收】 2019年,完成征收业务38097笔,征收医疗保险费46476万元,生育保险费3481万元;医保关系转移1332笔,退休年限认定887笔,新开户320家。2月,承接市直机关事业单位医保征收工作,完成261家市直机关事业单位医保征缴接收工作,实现医保缴费“零跑腿”,办理征缴业务2949笔,征收医保费金额15064万元。6月,承担企业和灵活就业人员医保征收工作,办理征缴业务31077笔,征收医保费金额31411万元。成立工作专班、出台划转方案、与税务和财政建立联合工作组、定期调度县区等,处理移交过程中出现的各类问题800余件,实现市教育局、市胜利教管中心调整范围内所属学校人员8月15日前完成划转移交,涉及学校54家,学生45220人;在职教职工5037人,退休教职工2944人。按照省人社厅、省医保局要求,全市各经办机构提前社保、医保实现联合征缴窗口物理整合,统一对外提供服务,办理联合征缴2346笔,征收医保费金额2586万元。组织专人对3173名退役士兵信息进行多次核实并提供医疗保险缴费证明,制定补缴经办须知并进行公告,开发专门业务系统实现退役军人信息多部门联审。

【医疗待遇审核】 对接大病保险承办机构及山大地纬软件股份有限公司,开发联网结算程序,上线运行。提高大病保险经办服务水平,减轻参保人员使用大病特药垫付压力。加强与居民大病保险承办机构沟通协调力度,解决资金拨付渠道问题,居民市内及异地医疗费用结算均实现基本医疗保险、大病保险一站式结算。3月,启动个人账户省内“一卡通行”工作,4月30日,实现个人账户省内异地通用。印发《关于落实个人账户省内异地通用工作的通知》等文件,扩大个人账户省内异地通用覆盖范围。全市40家定点医疗机构和270家定点药店实现个人账户省内异地通用功能。

【医保结算】 ①联网结算。根据2019年预结算分值目标和上年度分值单价，确定2019年度医疗机构预拨资金，减轻医疗机构垫支压力。市本级预拨付职工43家联网医疗机构，拨付金额1988.70万元；预拨付居民21家联网医疗机构，拨付金额66.89万元。按期进行2019年季度结算、年度清算。全年居民病种分值可用资金为51791.77万元，医疗机构全年原始分值总量为1609.99万分，按分值总量控制目标折算后分值总量为1511.24万分，平衡级别系数后实际结算1167.47万分，全年清算分值单价为44.36元。按病种分值、按床日、按项目等各类医保医院结算共计审核结算居民联网住院176833人次，医疗费用总额139813.54万元，拨付医疗机构58137.89万元，职工联网住院44763人次，医疗费用总额47086.93万元，拨付医疗机构31926.51万元。②数据分析和通报。全年参保居民发生住院19.19万人次，比上年增长2.95%；参保职工发生住院53546人次，比上年增长7.44%。居民发生住院费用总额168825.09万元，住院费用增长率11.03%，职工发生住院费用总额67563.65万元，住院费用增长率14.82%。③优化职工大额二次补助。根据2018年全市参保职工个人自负费用金额，结合大额基金结余情况，制定2018年度职工大额医疗费用补助办法。2019年全市补助2492人次，补助金额1609万元。

（市医保局　宋焕琪）

民　政　事　务

【社会救助】 城乡低保标准提高至每人每年7440元、5400元，乡村低保标准提高12.5%，城乡标准之比缩小至1.37∶1。特困人员基本生活标准按照城乡低保标准1.5倍执行。全省率先出台支出型贫困家庭最低生活保障认定办法，因病、因残、因学等支出型贫困家庭纳入保障范围，低保政策惠及更多困难家庭。全省首家将低保对象、特困人员和孤儿纳入扶贫特惠保险范围。开展专项整治行动，排查建档立卡贫困户、低收入家庭、残疾人家庭等5类人群，保障城乡低保对象22070人、特困人员2385人、残疾人“两项补贴”待遇15215人。连续8个月启动社会救助保障标准与物价上涨挂钩联动机制，发放困难群众补贴389.18万元。为全市16689名困难群众发放国庆、元旦、春节一次性节日补贴333.54万元。全年发放社会福利救助资金1.1亿元。深化社会救助“放管服”改革，全面取消审核阶段公示和民主评议两个环节，审批时间压缩至20天内。推行临时救助备用金制度，下放小额临时救助资金审批权限至乡镇（街道）。全省率先将城乡居民家庭经济状况核对权限下放乡镇（街道），实时对低保对象车辆、社保、房产等信息进行数据比对。落实社会救助经办服务能力建设资金，为每个乡镇（街道）配备1～2名社会救助经办人员。举办全市基层民政干部业务知识培训班，印发民政政策一本通、民生政策明白纸。东营被省列入3个社会救助改革试点市之一。开展“情系灾区”慈善募捐活动，募集善款2017万元。加强对口支援扶贫协作，完成对口支援任务520万元，超额完成下达的扶贫协作任务。

【城乡社区和基层政权】 全市批复设置81个社区居委会并提前完成选举，油地双方选派1035人，移交社区服务用房93处，审定三年过渡期补助资金5.49亿元。支持东营区申报“全国社区治理和服务创新实验区”。推进垦利区全省“一窗受理、全科服务”模式试点，推广垦利区“美好社区总体建设”经验做法，向民政部推荐申报为“2017—2018年全国基层政权建设和社区治理创新经验”。指导督促村（居）修订完善村规民约和居民公约，全市1730个村全部完成修订。5个县区完成村务公开目录编制工作。加强村务公开栏建设，全市1709个村设有固定公开栏，修缮破损公开栏52处。通过建立协商会、联席会、恳谈会等，搭建议事协商平台。东营区社区办实行“区级、街道、社区、居委会、楼宇”五级议事联动机制，总结形成“六步议事协商法”。梳理受过刑事处罚、存在涉黑涉恶问题村干部，清退39个村40个问题委员，指导县区依法完成补选工作。开展软弱涣散社区（村）“回头看”，确定6个软弱涣散社区党组织，每个拨付10万元为民服务经费，增强资源统筹和为民服务能力。城乡社区综合服务设施分别为183处、142处，基本实现全覆盖。制定社区工作清单和服务流程图，为社区居民提供公共服务、便民利民服务和志愿互助服务。建立社区工作者管理办法、社区工作者薪酬体系，建立社区工作者岗位与等级相结合的职业体系。制定农村社区规范化建设标准，建设一批管理有序、服务完善、文明祥和的农村社区示范单位。

【区划地名】 完成第二次全国地名普查资料立卷归档，整理地名普查档案16480卷并通过省级验收，完成全市2015—2018年度国家地名信息库地名信息更新，更新地名1530条。完成东营——广饶线、垦利——东营线、广饶——博兴线、广饶——寿光线4条行政区域界线联合检查。按照界桩新规格要求完成缺失界桩测绘、制作和安装，补设新式界桩19颗。完成《国家标准地名词典》（2~8部分）《山东省自

2019年9月19日，利津县更换新式界桩（市民政局供稿）

然村名录》《山东省标准地名志》(政区居民点卷)词条释文编写。

【社会组织】 深化社会组织"放管服"改革,取消社会组织年检,实行网上年报,460家社会组织完成年度报告,其中,民办非企业单位270家,社会团体190家。开展行业协会商会涉企收费清理规范工作,抓好审计问题整改工作,行业协会商会比上年度减收292.2万元。对8家社会组织进行等级评估,未参加年报的120家社会组织纳入异常名录,取缔劝散非法社会组织17家。引导社会组织参与脱贫攻坚和乡村振兴,发动社会组织定向捐助酉阳扶贫资金10万元,引导8家社会组织以乡村为重点,开展扶贫济困、扶老救孤、关爱儿童、救援救灾等社会服务。开展社会工作及志愿服务优秀案例评选工作。2019年,社会工作者职业水平考试通过144人,同比增长21%,全市持证社工819人,其中,全国领军人才1人、"齐鲁和谐使者"7人、"东营和谐使者"30人。全市登记注册社会工作类社会组织25家。登记注册志愿服务类社会组织87家。注册志愿者396758名,完成活动数169793次。

2019年东营市社会组织情况表

单位:个

区域	社会团体	民办非企业单位	基金会	小计
市本级	294	349	2	645
东营区	40	349	0	389
河口区	67	78	0	145
垦利区	72	100	0	172
广饶县	80	137	0	217
利津县	39	76	0	115
东营经济技术开发区	2	160	0	162
东营港经济开发区	1	0	0	1
合计	595	1249	2	1846

【社会事务】 2019年,全市有婚姻登记处5处,办理结婚登记10368对(涉外结婚登记7对),离婚登记4947对(涉外离婚登记3对),补证9663对;全市办理收养登记38件,出证合格率100%。推进婚姻登记"放管服"改革,外国人、港澳台居民及华侨婚姻登记权限下放县区。全面清理婚姻登记第三方服务机构,办理婚姻登记实行零收费。特殊日期开展婚姻登记预约、延时服务。全市有殡仪馆4处,至年底,火化遗体12193具,火化率100%。为符合丧葬补贴条件979人发放资金97.9万元。建成1处城市公益性公墓;市级、4处县级公益性公墓完成规划选址。建成村级节地生态绿色公益性公墓或骨灰堂32处。投资720万元,对河口区、垦利区殡仪馆火化设备、尾气处理设施更新改造。至年底,有191具逝者骨灰撒入大海。推广广饶县李鹊镇、花官镇深埋不留坟头节地生态安葬。红白理事会100%覆盖所有村(居)。移风易俗、厚养薄葬、丧事简办纳入村规民约。全年救助流浪乞讨人员316人次。有孤儿134人,农村留守儿童67人,其中,福利机构集中养育孤儿35人,社会散居孤儿99人;事实无人抚养儿童173人,重点困境儿童55人。全年为社会散居孤儿、实施无人抚养儿童和重点困境儿童发放基本生活费341.03万元。配备乡镇儿童督导员55人、村(居)儿童主任1877人,培训覆盖率100%。全年销售各类福利彩票3.89亿元。开展常规电脑彩票促销活动2次、"刮刮乐"新票上市促销活动3次,中福在线感恩回馈活动2次;围绕971万元、575万元和620万元3个双色球一等奖开展系列宣传报道。开展"福彩文化社区"工作,在基层社区新增社区宣传栏20块;开展"东营市福利彩票公益事业追梦人"公益人物系列专访活动,对10位涉彩公益人物进行专题报道;推进中福在线"同心圆"助学活动,打造东营福彩本土公益品牌;推进"公众开放日"活动,组织本地媒体到北京参加"走近双色球"活动。

【慈善事业】 2019年,东营市慈善总会募集资金244.66万元,捐赠资金支出557.6万元,主要用于"她基金"救助项目、扶贫特惠保险和对口支援扶贫协作等。开展"情系受灾群众"募捐活动,全市累计接收"情系受灾群众"捐款1643万元。与市妇联联合开展市慈善"她基金"救助活动,救助"两癌"患病贫困妇女164人,发放救助金49.2万元。将市慈善总会接收的"慈心一日捐""全国扶贫日"捐款226.07万元全部拨付市扶贫办,用于2019年度全市扶贫特惠保险。市慈善总会出资23.8万元用于新疆疏勒和重庆市酉阳帮扶项目。2019年,中华慈善总会东营发药点服务患者1400人次,发放药品价值2016万元。

【养老服务】 各级投入资金2300万余元,新增养老服务人员近百人,新建敬老院1处。推广县级养老机构集中供养特困老年人模式,垦利区合并所有乡镇敬老院,实现特困老年人在区社会福利中心照护、医疗、康复、娱乐一体化服务。新建城市社区养老服务中心15处、农村幸福院16处,引进日本、上海、济南等养老服务企业,形成高端、中等、小型养老机

2019年东营市养老服务设施基本情况表

单位:处

区域	养老服务设施	养老机构	社区日间照料中心	农村幸福院
东营区	65	12	23	30
河口区	38	6	5	27
垦利区	53	5	5	43
广饶县	79	12	9	58
利津县	80	9	8	62
东营经济技术开发区	17	4	13	0
东营港经济开发区	1	1	0	0
黄河三角洲农业高新技术产业示范区	5	2	1	2
合计	337	51	64	222

构多层次发展格局。实施农村幸福院分类整治工程，全市222处农村幸福院运营率78%。制定全省首个养老机构安全管理标准化指引，28项重点安全隐患指标全部整改合格，90%以上符合《养老机构服务质量基本规范》国家标准。乡镇敬老院投入2300万余元改善养老服务设施，新增养老护理员100余人，垦利区实现特困人员集中供养服务设施"一县一院"。制定全省首个《养老机构安全管理工作指引(试行)》标准。开发建设全省第一个养老机构网上备案平台，养老机构通过互联网平台"零跑腿"完成备案。全市公办养老机构全部完成公办民营改革。民办养老机构占全市养老机构41.2%，年度新增民办养老机构6家。引进上海、济南等5家养老专业服务组织。东营市优护养老服务有限公司与日本功荣日间护理樱花株式会社签订合作协议，开展养老护理技术培训。调整重度残疾人护理补贴，由每人每月80元提高到100元。建立实施低保经济困难老年人补贴制度，60～79周岁低保老年人每人每月补贴80元，80～89岁每人每月补贴100元，90～99岁每人每月补贴200元。

2019年东营市社会福利补贴情况表

经济困难老年人补贴	人员范围		具有东营户籍、年龄在60~99周岁且享受城乡最低生活保障待遇的贫困老年人
	补助标准	60~79岁	80元/人/月
		80~89岁	100元/人/月
		90~99岁	200元/人/月
经济困难老年人护理补贴	人员范围		享受经济困难老年人补贴,生活长期不能自理、能力等级为2~3级,以及智力、精神和肢体重度残疾的老年人
	补助标准		80元/人/月(与重度残疾人护理补贴不能重复享受,可择高领取其一)
困难残疾人生活补贴	人员范围		东营户籍且享受最低生活保障待遇、建档立卡享受政策贫困户持有第二代残疾人证的残疾人,有条件的县区可逐步扩大到低收入残疾人及其他困难残疾人
	补助标准	一级	180元/人/月
		二级	150元/人/月
		三、四级	100元/人/月
重度残疾人护理补贴	人员范围		东营户籍且持有第二代残疾人证、需长期照护(因残疾产生的特殊护理消费品和照护服务支出连续6个月以上时间)、残疾等级为一、二级的智力、精神、视力和肢体残疾人、听力、言语和多重残疾人
	补助标准		100元/人/月

2019年东营市享受社会福利的老年人、残疾人数量表

单位:人

单位	年龄段	东营区	河口区	垦利区	广饶县	利津县	东营经济技术开发区	东营港经济开发区	合计
享受经济困难老年人补贴人数	60~79岁	935	1074	2002	2086	2535	46	163	8841
	80~89岁	206	168	298	239	278	21	7	1217
	90~99岁	36	10	52	38	36	6	2	180
小计		1177	1252	2352	2363	2849	73	172	10238
享受经济困难老年人护理补贴人数		240	2	645	0	268	14	0	1169
困难残疾人享受生活补贴人数		5664	4167	2127	3443	3128	1315	40	19884
重度残疾人享受护理补贴人数		3577	1384	4592	3281	5939	653	34	19460
其中:两项补贴均享受人数		3577	1381	1735	2067	2447	653	24	11884

(市民政局　高骞　谭长亮)

退役军人事务

【概况】　东营市退役军人事务局2018年12月29日挂牌成立。3月28日，三定方案印发。2019年，建成市、县、乡、村服务中心(站)1929个；接收符合政府安置军转干部40名、退役士兵144名；建成由创业导师和创业项目组成的创业"两库"；为5612名断保、欠保的政府安置退役士兵办理养老、医疗保险接续；发放建国70周年纪念章412枚。全市退役军人就业创业相关经验做法作为典型案例被推荐到省委改革办，并受到退役军人部推广。市退役军人局获全省关心国防建设十佳单位，市退役军人服务中心获全省退役军人工作先进集体。

【权益维护】 市、县(区)两级退役军人事务部门成立法律援助工作站,编印《军人军属法律援助服务手册》,协助退役军人解决诉讼、仲裁等案件10余件。开展全市“最美退役军人”“最美拥军人物”选树活动,网络访问量2750万人次,投票70万票,全市选树“最美退役军人”20人、“最美拥军人物”10人。印发《东营市退役军人困难帮扶工作机制(试行)》,形成村(居)申报、乡镇(街道)复审、县区退役军人服务中心比对复核、县区退役军人局审批、市退役军人服务中心备案的工作流程。全年为7名符合条件的困难退役军人发放救助金4.9万元,为29名困难退役军人发放临时救助资金10万余元。

【移交安置】 完成2019年度军转干部和符合政府安排工作退役士兵的安置。军转干部均安置到机关事业单位;随军随调家属按随调前工作性质全部进行安置。符合政府安排工作条件的退役士兵全部安置到机关事业单位和国有企业。做好2019年度退役军人专项公益岗位相关工作,及时发放公益岗专项补贴。

【就业服务】 做好“保障性、稳定性、高质量”三个层次就业,举办“送岗位进军营”专场招聘会和“就业直通车”专场招聘会等招聘会11次,组织778人进入高职院校学习,开展订单式技能培训650人,累计完成就业推荐4000余人次;与工商银行东营分行等12家银行签署拥军优抚金融服务框架协议,建立由173名创业导师和115个创业项目组成的创业“两库”,749万元创业扶持资金全部下拨县区。12月27日,《山东政务专报》整版刊发《东营市打造“三大体系”推进退役军人就业创业》。

2019年9月20日,东营市退役军人创业就业导师库、项目库发布仪式举行 (市退役军人事务局供稿)

【军休安置】 2019年,《山东省军休干部医养结合试点工作方案》确定东营为军休干部医养结合试点。至年底,全市有军休干部89人,遗属26人,无军籍退休退职职工4人。全年接收安置军休干部7人,超额完成上级5人的接收安置任务。落实军休干部即退即交工作机制,军休干部“政治、生活”待遇得到全面落实。

【优待抚恤】 严格执行各类重点优抚对象抚恤补助标准自然增长机制,全年累计发放抚恤定补资金9000余万元;义务兵家庭年优待金达到当地上年度农民人均纯收入的110%,义务兵家庭优待金累计发放3974万元。全面完成退役军人和优抚对象信息采集。科学设置集中采集点86处,印发操作手册500本,宣传海报1万余份。4月底,完成信息采集第二阶段任务,进入常态化采集阶段。

【英烈褒扬】 在清明节、国家公祭日开展“2019清明祭英烈”、烈士公祭仪式等9场次纪念活动,全市各界万余名代表参加。举办“‘章’凝戎马绩,‘代’传报国情——庆祝中华人民共和国成立70周年纪念章颁发仪式”,为全市412名在新中国成立前参军的老战士老同志及移交地方政府安置的军队离休干部、新中国成立后因参战荣立一等功以上奖励并健在的退役军人颁发纪念章。在《东营日报》开设“东营英烈”专栏,集中宣传一批全市革命先烈典型事迹。做好烈士纪念设施管理保护。为广饶烈士陵园申请中央财政专项补助资金150万元,拨付黄河口烈士陵园和利津烈士陵园市级专项补助资金90万元。

【服务保障】 按照全覆盖“五有”(有机构、有编制、有人员、有经费、有保障)要求,全市建成市、县(区)、乡(镇)、村服务中心(站)1929个,出台服务规范12项,落实专、兼职工作人员2645名,初步建成四级退役军人服务体系。乡(镇)、村两级退役军人服务站办公地址、工作人员、联系方式全部在市政府门户网站公开。举办由各县区、乡镇(街道)及重点村(社区)140余名服务保障体系工作人员参加的全市退役军人服务保障体系暨双拥工作培训班,深化对退役军人工作领域形势和任务的认知理解。市退役军人服务中心获评全省退役军人工作先进集体。

【双拥共建】 建立油地军双拥工作机制,促进油地军融合发展。重大节日按每个家庭优待金5000元标准,对全市荣立二等功现役军人家庭进行走访慰问,全年走访慰问5户,发放慰问金2.5万元。举办2019年东营市迎“八一”双拥篮球暨乒乓球友谊赛,组织市艺术协会到东营军分区开展书画进军营活动。解决驻军官兵“三后”(后路、后院、后代)问题,建立健全支前保障协调联动机制,为部队调整部署、演习演练、逐行机动等提供全方位保障。2019年,被省国防动员委员会评选为“山东省关心国防建设十佳单位”。

(市退役军人事务局　刘秀杰)

老 龄 工 作

【养老保障】 城市老年居民最低生活保障标准提高至每人每月620元，农村老年居民最低生活保障标准提高至每人每年5400元。自理、半自理和完全不能自理老年人每人每年2292元、3820元、7640元执行。为10.61万名70周岁以上农村老年人和城镇非离退休老年人发放生活救助金9592.1万元，其中，市财政2824.94万元，县区财政6767.16万元。做好百岁老人长寿补贴金发放工作，为63名百岁老人发放长寿补贴金15.12万元。实施“银龄安康工程”，全市投保老年人23万人，投保金额498万元。开展“老年人心理关爱项目”，3个城市社区和1个农村项目入选省级“老年人心理关爱项目”试点。

【权益保障】 贯彻《中华人民共和国老年人权益保障法》《山东省老年人保障条例》《东营市优待老年人规定》，涉老信访、投诉持续下降。与司法部门联合开展法律援助、司法救助等活动，畅通老年人维权诉求渠道，维护老年人合法权益。办理老年人优待证1.2万余件。

【养老服务业】 做好2019年度市级老龄事业发展专项资金扶持养老服务项目工作，为16家养老服务机构发放床位运营补贴133万元、为20家城乡基层老年活动设施发放补贴40万元，为18个孝文化教育示范点发放补贴27万元。实施《东营市养老院质量建设专项行动实施方案》，推动养老服务设施建设和规范化管理。定期组织服务主体及服务情况调查，为老年文艺社团免费提供舞蹈排练场所、灯光、音响等服务，全年接待1万余人次。

【敬老文化活动】 开展以“孝老爱亲　向上向善”为主题“敬老月”活动，组织“我和我的祖国”系列文化体育艺术活动、走访关爱活动、“牵手夕阳”志愿帮扶活动、人口老龄化国情教育活动、老年维权“六进”活动等，开展为老服务志愿活动4200余人次，为近14万名老年人进行免费健康查体、健康咨询服务。开展老年门球赛、文艺展演等文体活动380余场次。举办健康老龄化和老年维权宣传教育讲座、老年健康培训36场次，发放维权资料2000余份。走访慰问百岁老人、老年人代表12名，70周岁以上生活困难老人128人，养老服务机构6处，发放物款合计40余万元。6—10月，与黄三角早报社联合开展第四届“最美家风　幸福老人”主题敬老活动，对30个孝亲敬老典型家庭进行宣传报道。

【老年文化事业】 6月10—16日，采取老年健康进社区、“老年健康大讲堂”等形式开展“老年健康宣传周活动”。与市文明办、市文化和旅游局联合开展以“银龄展风采，舞动新时代”为主题的银龄风采老年文艺大赛，75个节目、1800余位老年人报名参赛，选取19个节目参加庆祝新中国成立70周年全市老年文艺汇演。9月26日，开展以“我和我的祖国”为主题老年书画摄影作品创作展览活动，收集书画摄影作品600余幅，展览书画作品140幅，摄影作品40幅。10月，举办“银龄风采　与爱同行”老年文化进乡村展演活动，组织省级优秀老年文艺社团为大码头镇12个乡村振兴帮扶村群众送去文化演出。全市3名老人被省卫生健康委评选为“与祖国一起成长”健康老人。

2019年9月29日，市卫生健康委、市文明办、市文化和旅游局在市文化馆联合举办庆祝新中国成立70周年银龄风采老年文艺汇演

（市卫生健康委供稿）

（市卫生健康委　孙万禄　崔林兴）

红十字会工作

【备灾救灾】 5月9日，参加全省地震应急救援演练，市红十字紧急救援队12名队员开展救援技能演练，红十字志愿

2019年8月21日，运输利奇马台风救援物资　（市红十字会供稿）

者演练搭建红十字救灾帐篷活动。8月15日，开展“利奇马”台风募捐和救灾，募集救灾款22.49万元，争取省红十字会价值80余万元物资。动员社会爱心力量和志愿服务队参与救灾，市红十字会蓝天救援队出动救援车辆50余辆次，转移安置群众60余人次，转移奶牛400余头、粮食1500余公斤。市红十字会被评为全省红十字系统救灾救援工作先进集体。

【人道救助】 做好“同心思源”公益基金和“君子践行”公益基金管理运作，全年募集资金105.07万元、物资价值9.8万元。组织“温暖送万家　博爱在东营”春节送温暖，发放救助款物45.58万元，活动受益953户，3569人次。为贫困家庭心脑血管疾病患者发放救助金100.11万元，受益988人次。捐款捐物援助重庆市酉阳县，全市募集资金38.56万元，募捐衣物价值31.79万元。协助“君子践行”团队援助甘肃岷县贫困学生，捐赠50万元援建10间教学用房，捐赠救助款10万元购买电脑、书籍等教学用品。参加全国红十字系统扶贫大赛，确定黄河口大闸蟹为全市参赛项目，9月，组织黄河口大闸蟹公司参加在深圳举办第七届中国公益慈善项目交流展示会。申报“小天使”基金10例、“天使阳光”基金6例；获批“小天使”基金7例21万元、获批“天使阳光”基金6例13万元。

【应急救护培训】 2019年，全市举办救护员培训班36期，培训1440人；普及培训51场次，培训近4000人次。与教育、消防、高等院校等对接，把应急救护培训纳入教育、消防等行业培训。成立东营市红十字会应急救护师资志愿服务队，举办市直师资集训班，选派优秀人员参加省会师资培训班。组队精干力量参加全省第四届应急救护技能大赛，取得总分第四名、团队二等奖、创伤救护一等奖。履行黄河口（东营）国际马拉松赛事组委会成员单位职责，分两期培训420名“医疗急救”志愿者。

【造血干细胞捐献】 与市电视台美丽东营栏目联合制作造血干细胞知识专题片，在美丽东营栏目连续播放5期。4月17日，印发《关于加强造血干细胞捐献工作的指导意见》，对宣传发动一直到采样入库，以及采集后的人文关怀、定期回访、资料库维护等做明确要求。全年新采集入库200人，累计5782人加入中华骨髓库；成功捐献9例，累计捐献41例；工作质量居全省第1。捐献者任依依登“山东好人”榜，捐献者王焕超获东营市道德模范提名奖，造血干细胞捐献志愿者被纳入“东营市见义勇为先进群体”，受到市见义勇为基金会表彰。对2006—2016年全市加入中华骨髓库4078份志愿者进行回访，提前一年完成。被评为全省造血干细胞捐献工作先进单位。

【遗体、器官（组织）捐献】 开展遗体（器官）捐献宣传，对行动不便采取上门服务。清明节、寒衣节在永安陵园举办遗体器官捐献纪念追思活动，多种方式宣传遗体器官捐献。举办捐献登记志愿者和捐献志愿者家属座谈会。全年新增遗体捐献登记64人，角膜捐献登记81人，器官捐献登记52人，捐献遗体8例、眼角膜16例。

【志愿服务】 全市新建立博爱驿站1处，新成立志愿服务队4支，开展“东马”赛事志愿服务、免费送考等志愿服务活动近1000次。参加中国红十字总会组织的自救互救知识竞赛，征订1.7万份竞赛试题，5·8世界红十字日及博爱周期间组织全市各大中小学校开展“红十字青少年自救互救知识竞赛答题活动”，东营市红十字会获组织奖一等奖，参加单位获组织奖一等奖3个、组织奖二等奖9个、组织奖三等奖3个、个人组织三等奖1名。

2019年5月，组织全市各大中小学校开展“红十字青少年自救互救知识竞赛”答题活动　（市红十字会供稿）

【“博爱家园”项目】 在东营区东城街道府前社区打造1处集红十字文化传播、应急救护培训、生命体验为一体的生命体验中心，对往年建设的12处博爱家园项目点进行巩固提升。

（市红十字会　孙海涛）

残疾人工作

【概况】 2019年，免费培训残疾人1122名，为18181名残疾人购买意外伤害保险，为1270名残疾人提供托养服务；3.3万人次享受康复救助，康复服务覆盖率列全省第1；为657户残疾人家庭实施无障碍改造，为5830名残疾人办理免费公交乘车卡，为350名残疾人提供法律援助。9月5日，召开东营市残联第七次代表大会。选聘乡镇专职干事49名、村居专职委员252名，残联组织规范化建设在全省率先达标。

【教育就业】 实施“扶残助学工程”，全年发放助学金26.5万元，救助新考入残疾大学生31人、在校残疾学生43人。开展2019年“就业援助月”和春、秋残疾人就业洽谈会，169

家企业提供800余个就业岗位。开展“2019年高校残疾人毕业生网上双选会暨2019届高校残疾人毕业生就业调研活动”，录入32名高校残疾人大学生求职信息，推荐就业20人。开展残疾人职业技能培训工作，举办34期残疾人职业技能培训班，免费培训残疾人1122名，其中，5期残疾人无土水培花卉养护及销售培训班，采取订单式培训，部分培训学员与淄博景天园艺科技有限公司签订电商销售协议。

2019年5月16日，“梦里百花盛开”范东明诗歌专场朗诵会举办 （市残联供稿）

【康复服务】 印发《东营市残疾人康复救助办法》《肢体残疾儿童矫治手术和听力残疾儿童人工耳蜗康复救助办法》，确定全市残疾儿童康复服务补贴政策和定点机构。其中，为低收入残疾人实施康复救助填补全省肢体成年残疾人住院康复救助政策空白。全市残疾人享受精准康复服务达到3.3万余人，康复服务总覆盖率81%，列全省第1。全市普及型辅助器具适配人数3262人，有辅具适配需求残疾人免费适配率100%。为190余名残疾人提供听力检测服务。救助在训脑瘫、智障、自闭症儿童490名。在全市组织“鸿星助力·衣路有爱”成衣、“LG·爱的滋润”日化用品、“阳光伴我行·集善明门”儿童轮椅、“科技助残·共奔小康”节能亮化、放心饮用水等5个省级公益项目，残疾人接收捐赠项目衣物300件、日化用品1000余件、儿童轮椅40辆、太阳能照明灯1000台、饮用水净化器500台。

【法律维权】 通过“8081890”咨询热线、网上民声、行风热线、市长公开电话等平台，对残疾人提出的问题进行及时解答，全年接听残疾人来电咨询820余件，处理残疾人来电来信来访17件，解答“民生热线”16件，答复“网上民声”问题1件，处理市长热线问题29个，处理“行风热线”48起。指导各县区残联实施贫困残疾人家庭无障碍改造工程，投入家庭无障碍改造资金112.5万元，为657户残疾人家庭进行无障碍改造。

【扶残助残活动】 结合全市残疾人重点工作任务、重要节日，征集新闻线索46个，组织市电台、电视台、东营日报社、大众日报东营记者站等媒体开展宣传报道活动17场次，刊发各类稿件136篇条。助残日期间组织各新闻媒体集中开展助残宣传月活动，东营日报开设残疾人事业专版专栏，在各类新闻媒体刊发有关残疾人事业的专题报道30余篇条。通过各类媒体对推出地受到省以上表彰的4名先进个人和4个先进集体的事迹进行宣传。举办东营市第四届牵着蜗牛去散步暨红色之旅迷你马拉松赛活动，70名智障残疾儿童参加活动。举办“梦里百花盛开”范东明诗歌专场朗诵会，有残疾人、助残志愿者、东营职业学院学生等500余人参加。举办以“自强筑梦”为主题的“庆祝建国70周年暨第二十九次全国助残日文艺晚会”，41名残疾人参演。市聋儿语训学校推荐2名选手参加全省第二届听障儿童讲故事大赛获优秀奖。开展“我和我的祖国”暨残疾人文化周主题宣传活动、第六届“阳光杯”聋人足球邀请赛、东营市第十届特奥运动会等残疾人体育赛事。

【脱贫攻坚】 做好残疾人建档立卡数据更新和核对，全市建档立卡残疾人5249人。争取省市级扶贫专项资金86万元，开展优秀基地建设，培养创业标兵、致富能手等。实施“阳光家园计划”，对符合条件的残疾人开展居家、机构、日间照料托养服务，托养服务残疾人1270名。与市民政局联合推动“两项补贴”提标扩面和分类发放，护理补贴标准提高至100元/人/月，全年为19286名困难残疾人发放生活补贴、为18981名重度残疾人发放护理补贴，1218名残疾人提前5年领取养老保险、8710名残疾人参加养老保险、14384名残疾人参加医疗保险、为18181名就业年龄段残疾人购买意外伤害保险。 （市残联 王江）

民族宗教事务

【概况】 2019年，全市有43个少数民族成分，少数民族常住人口7000余人。境内少数民族人口最多的是回族，其他人口较多的有满族、蒙古族、土家族、壮族、苗族、白族等。全市有佛教、道教、伊斯兰教、天主教、基督教5种宗教。宗教团体11个，其中，有市佛教协会、市伊斯兰教协会、市基督教“三自”爱国运动委员会和市天主教爱国会4个市级宗教团体；有东营区佛教协会，垦利区佛教协会、道教协会，河口区、垦利区、广饶县和利津县基督教“三自”爱国运动委员会7个县级宗教团体。依法登记宗教场所78处，其中佛教11处，伊斯兰教清真寺1处，天主教3处，基督教63处。

【少数民族经济发展】 申报全国“十三五”民品企业5家，争取数量位居全省第4。落实民品企业优惠政策，争取上级民品贴息扶持资金758.51万元，解决民品企业融资难问题，发挥市少数民族发展专项资金作用，投入5万元专项资金扶持利津县2户少数民族贫困户建设光伏项目，帮助少数民族贫困家庭脱贫增收。

2019年9月24日，全市民族团结进步创建工作会议暨民族团结进步创建活动示范单位授牌仪式举行 （市委统战部供稿）

【民族团结进步】 开展“铸牢中华民族共同体意识，加强各民族交往交流交融”为主题的民族团结进步宣传月活动，全市开展各种活动10余场次，印发宣传资料1万余份。在东营生活广播电台播出4期民族团结进步创建活动访谈，开办民族知识宣传专栏；在东营电视台播出民族团结进步宣传口号；在《东营日报》头版以“画好民族团结进步‘同心圆’促进各民族像石榴子一样紧紧抱在一起”为主题介绍全市民族工作情况，开设专版1期展示全市民族团结进步创建工作成果；参加全省民族宗教系统“祖国在我心中”主题作品征集活动，获得一等奖12个、二等奖9个、三等奖15个、优秀奖4个和优秀组织奖，获奖总数量和获一等奖数量均位居全省第1。召开全市民族团结进步创建工作会议，为第六批“全国民族团结进步创建示范学校”市海河小学、新评定11个全市民族团结进步创建活动示范单位授牌，市华誉集团于春光被国务院表彰为“全国民族团结进步模范个人”。市经济技术开发区东凯小学、东营区中山社区、垦利区和平社区被评为“省级民族团结进步创建示范单位”，国家方志馆黄河分馆被评为“山东省民族团结进步教育基地”。

【服务管理】 完善市少数民族服务管理系统建设，实现与市政务大数据平台对接。开展清真食品执法检查，与教育等部门为10余名少数民族学生解决入学问题。落实少数民族优惠政策，全市具有清真饮食习惯的少数民族农户和城市低保户牛羊肉价格补贴全部发放到位。投入5万余元购买少数民族传统体育器材，用于支持市少数民族传统体育训练基地发展民族体育竞技运动项目。

【宗教事务管理】 开展宗教工作督查整改，全市宗教领域深层问题和历史遗留问题得到解决，完善宗教工作管理机制，非法宗教活动和私设聚会点等宗教乱象得到治理。11月，举办全市宗教政策法规培训班，向全市民宗系统干部和宗教界人士对新修订《山东省宗教事务条例》和“社会主义核心价值观”作培训，培训人员近200人。开展全市宗教政策法规学习月等活动，集中对乱建寺观、非法宗教活动场所、乱设功德箱等问题进行全市拉网式排查整治。12月，全市宗教工作信息化管理系统完成开发建设。实施全市宗教工作网格化管理，全市划分宗教工作网格4025个、网格员3602人，分批进行业务培训。

【宗教活动】 全面深化宗教界“两学两做”（学习近平关于宗教工作系列重要论述、学宪法和宗教政策法律法规，做遵纪守法的合格公民、做坚持宗教中国化的合格信徒）学习教育活动。指导市佛教协会、市伊斯兰教协会等4个全市性宗教团体从本宗教特点出发，坚持中华文化价值取向，印发《关于坚持我国宗教中国化的五年工作方案》，各宗教每年培植市级中国化示范宗教场所1～3个。创新实施“全市星级宗教活动场所”认定工作，印发《东营市星级宗教活动场所认定办法》《东营市宗教活动场所践行宗教中国化“十有”标准》《东营市星级宗教活动场所认定考核评分细则》《寺观教堂类财务考核验收细则》《固定处所类财务考核验收细则》等7项标准办法，将组织建设、财务管理、治安安全、遵纪守法等8大项、45个小项纳入星级场所认定考评内容，建立考评机制，完善评价指标，并常态化，全年认定全市“星级宗教活动场所”13处。 （市委统战部 杨春亮）

区县概况

东营区

区委书记　成秋林

区　　长　王　峰（2019年10月离任）

【国民经济和社会发展综述】 1964年，胜利油田会战时在境内东营村附近建立指挥部。1965年为服务油田开发建设，中共惠民地委、惠民地区专署成立中共东营工委、东营办事处。1983年建立东营市。1984年1月市辖东营区、牛庄区建立，1987年6月两区合并为东营区。2019年，全区总面积1178.17平方千米。1月12日，《东营市人民政府关于印发东营经济技术开发区调整代管范围划转移交工作方案的通知》，东营区东城街道及8个社区、1个村转居、38个居委会，胜利街道及4个社区、26个居委会、1个行政村，六户镇5个行政村，黄河路街道广利港居委会划转移交东营经济技术开发区，由东营经济技术开发区代管。调整后东营区辖4个镇、4个街道办事处。年末全区常住人口51.78万人，户籍人口48.7万人。全年出生人口5077人，出生率10.36‰，死亡率3.57‰；人口自然增长率6.79‰，计划生育率96.5%，出生人口性别比107.4。常住人口城镇化率78.2%，比上年提高1.8个百分点。

全区地区生产总值初步核算为431.3亿元，按可比价格计算，比上年增长7.0%。其中，第一产业增加值11.5亿元，增长0.1%；第二产业增加值136.5亿元，增长9.3%；第三产业增加值283.3亿元，增长6.1%。三次产业比例调整为2.7∶31.6∶65.7，第三产业增加值占比较上年提高0.1个百分点。

全年实现农林牧渔及其服务业增加值12.5亿元，比上年增长0.7%。其中，农业增加值70945万元，增长13.4%；林业增加值5287万元，增长6.6%；牧业增加值28695万元，下降26.2%；渔业增加值9705万元，增长25.2%；农林牧渔服务业增加值1.07亿元，增长7.2%。粮食播种面积2.46万公顷，比上年下降1.1%；粮食总产量12.64万吨，下降9.0%。其中，夏粮播种面积1.16万公顷，下降6.2%；夏粮总产量6.79万吨，下降2.4%；秋粮播种面积1.31万公顷，增长4.0%；秋粮总产量5.85万吨，下降15.7%。实现林业总产值47503万元，完成林业投资2971万元，新增造林面积930公顷，其中，森林抚育面积730公顷。新发展用材林面积805公顷，经济林125公顷，培育各类苗木4273万株。肉蛋奶总产量1.76万吨，比上年增长23.1%。其中，肉类总产量0.86万吨,增长32.8%；奶类总产量0.57万吨，增长27.0%；禽蛋产量0.34万吨，下降0.3%。全区水产品产量4323吨，有淡水养殖面积0.13万公顷。其中，“虾藕”“鱼藕”混养553.33公顷，南美虾养殖180公顷，鱼池600公顷。现代农业园区43家，新型经营主体548家，6家经营主体被列为全省农民乡村振兴示范站。流转土地800公顷，整合涉农资金2.89亿元，发放支农贷款2亿元。建设“四好农村路”24.5千米，新增农村道路“户户通”村庄25个。实施农田水利项目21个，新建农村公厕23处，改造农村电网57.8千米，新增造林933.33公顷。

有规模以上工业企业108家。实现工业总产值620.2亿元，比上年增长5.5%；规模以上工业增加值增长7.0%，其中高技术制造业增加值占比提高5.8个百分点。全年规模以上工业企业营业收入比上年增长2.1%。具有资质等级的总承包和专业承包建筑业企业117家。实现建筑业增加值52.7亿元，比上年增长14.2%。完成建筑业总产值136.9亿元，比上年增长20.8%。

全年固定资产投资比上年下降16.2%。其中，第一产业下降64.5%；第二产业增长0.3%；第三产业下降38.3%。“四新”（新技术、新产业、新业态、新模式）经济投资占比33.7%。房地产开发投资54.2亿元，比上年下降0.7%。其中，住宅投资43.1亿元，增长10.4%。房屋施工面积466.7万平方米，比上年增长12.8%；房屋竣工面积84.5万平方米，增长54.0%；商品房销售面积40.9万平方米，下降28.0%。全年确定130个重点项目，计划总投资519.28亿元。重点建设项目累计完成投资98.72亿元，127个项目开工建设，其中完工项目62个。服务业实现增加值283.3亿元，占全区生产总值比重65.7%；对经济增长贡献率57.3%。规模以上服务业营业收入96.6亿元，比上年增长21.1%。全区国家A级旅游景区10家。旅行社及分社63家。全年实现旅游总收入50.2亿元，增长12.7%。游客总人数571万人次，增长11.5%。

全年实现社会消费品零售总额302.5亿元，比上年增长1.8%。其中，限额以上市场零售额87.4亿元，比上年下降16.7%；限额以下市场零售额215.1亿元，比上年增长5.5%。城镇消费品零售额增长1.6%；乡村消费品零售额增长5.5%。批发业增长0.2%；零售业增长3.6%；住宿业下降0.7%；餐饮业下降27.0%。完成进出口160亿元，比上年增长16.1%。其中，出口34.6亿元，下降10.3%；进口125.4亿元，增长26.4%。实际使用外资2622万美元。实现对外投资22.6亿元，对外承包工程营业额13.5亿元。对“一带一路”沿线国家实现进出口67.6亿元，实现投资1.3亿元。

全年实现一般公共预算收入38.9亿元，增长3.5%。一般公共预算支出31.2亿元，同比下降12.2%。年末全区存款余额1173.2亿元，较年初增加44.23亿元；贷款余额677.56亿元，较年初增加27.71亿元。完成规模企业规范化公司制改制23家，19家企业在新三板和区域股权市场挂牌，上市挂牌企业38家，实现融资12.4亿元。

全区高新技术企业59家，高新技术产业产值完成287.8亿元，增长4.3%。高新技术产业产值占规模以上工业产值的46.4%，比上年提高0.5个百分点。新增院士工作站2家，市级技术创新中心2家，市级重点实验室6家，推荐申报省级技术创新中心2家。有省级工程技术研究中心5家，省级重点实验室1家，市级技术创新中心2家，市级重点实验室16家，山东省院士工作站3家。省级以上科技企业孵化器4家、众创空间7家。完成科技成果评价14项。完成技术合同登记额13.5亿元。发明专利申请量657件，发明专利授权量260件，有效发明专利拥有量975件。申报省重点研发计划农业项目1项，市科技特派员项目1项，备案农科驿站3家，命名市级农业科技园区1个，批准创建市级农业科技园区1个，选派省级科技特派员19名。储备新旧动能转换重大项目202个，7个项目入选省优选项目库。

年末，全区有初中26所，在校生23433人；小学22所，在校生29480人；幼儿园70所，在园幼儿11987人。专任教师数5114人。新建中小学幼儿园7所，新增学位11570个。创建省级文化消费示范区。完成送戏下乡460余场，送电影下乡2300余场，2019年春节城南庙会接待游客24万余人次。新建投用村居数字文化广场8处，建成各级历史文化展室59处，新建历史文化展馆（室）7处。全区（包括市直管辖及经济技术开发区）有医疗卫生机构594家。其中，医院和卫生院37家，门诊部、个体诊所、卫生所、医务室和村卫生室483家，社区卫生服务机构60家，专业公共卫生机构10家，其他卫生机构4家。卫生机构实有床位数7307张，卫生技术人员总数11311人，其中，医生4517人。

全区居民人均可支配收入49941元，增长7.9%。其中，城镇居民人均可支配收入51819元，增长6.6%；农村居民人均可支配收入21867元，增长8.9%。城镇居民人均消费性支出31378元，增长8.0%；年末人均现住房建筑面积44.5平方米。农村居民人均消费性支出14528元，增长6.0%；年末人均现住房建筑面积55.6平方米。全年新增参保企业1031家，新增参保职工5736人。城乡居民、企业职工、机关事业单位养老保险参保人数分别为9.8万人、9.1万人、0.9万人；城镇职工、城乡居民医疗保险参保人数分别为7.8万人、19.4万人；工伤保险参保职工10.1万人；失业保险参保人数5.8万人；生育保险参保人数5.4万人。支付工伤保险待遇374人1176万元，支付失业保险待遇8912人1219.1万元。城市低保标准提高至620元/人/月，农村低保标准提高至5400元/人/年。全年发放城市最低生活保障资金444.75万元，保障困难群众447户737人；发放农村最低生活保障资金786.09万元，保障困难群众1407户2243人。实施城乡社区公益项目564个，建设社区养老服务中心3处。

【新旧动能转换】 东营高新区创建国家级高新区上报国务院进入审批程序。化工产业园通过省级化工园区认定。油城创新走廊入驻企业350余家。黄河三角洲大数据港二期开园，引进上下游配套企业153家。东营石油装备产业技术研究院揭牌，蓝海研究院被评为省级服务业创新中心，商贸园文化市场被评为省级文化产业示范基地，胜利大学生创业园创建为国家级创业孵化示范基地。全区企业登全市“十强”“十新”榜单5家，入选省高端装备制造业领军企业4家。入选省新旧动能转换优选项目库7个，市级11个石油装备产业集群转型升级示范项目全部在东营区，高端石油装备产业集群被认定为省级主导产业集群、全省首批“雁阵型”产业集群。净增市级以上企业研发机构23家，规模以上工业企业研发投入增长157.8%。高新技术企业59家，产业产值占规模以上工业产值比重46.4%。有效发明专利975件，占全市45.5%。科学研究和技术服务业营业收入增长26.4%，软件和信息技术服务业营业收入增长75%，东营区获评省级“十三五”服务业综合改革中期评估优秀试点区。

【外经贸工作】 2019年，全区实现进出口160亿元，同比增长16.1%。创建首批山东省外贸转型升级试点县和国家外贸转型升级基地。与山东大学品牌战略研究所合作，制定东营区品牌战略研究规划，提升全区出口企业国际商标注册率和自主品牌出口占比。神驰、万通、海科3家企业获原油进口配额543万吨，实现原油进口额116.8亿元，同比增长31.5%。新设外商投资企业5家，合同利用外资8461万美元，实现实际利用外资2622万美元。引进世界500强企业中国通用与中国500强企业中国机械进出口（集团）有限公司。6家境外投资企业在13个国家实现投资22624.4万元，在8个“一带一路”沿线国家实现投资1.18亿元。4家企业在12个国家实现对外承包工程营业额13.49亿元。6月15日，东营和力投资发展有限公司投建的中塔石油丹加拉炼油厂试运营点火成功。

【油地融合】 完成油田“三供一业”及办社会职能移交。移交小区维修改造基本完成一期工程，开展二期、三期施工。取消新建小区接暖开口费，西城集中供暖实现全覆盖。胜利电视塔、胜利广场、油城广场完成改造提升，设立42个油田社区，均纳入网格化管理。油地民生热线实现合并。移交医疗机构纳入东营区医保协议管理。23所油田中小学校划转东营区。多能互补智慧产业园、年产600台顶部驱动电机等油地融合项目开工建设，引进随钻测控生产线、高端精密加工中心等油田项目。成立油地校协同创新联盟，共建山东省石油学会，东营市技术转移转化中心、石油大学技术转移中心东营分中心挂牌，石油科技馆布展实施。举办首届“油地融合杯”创新创业大赛。东营区电视信号与胜利有线网络实现联网互通，举办“油地一家亲”社区居民节等活动70余场次。

【东营高新技术产业开发区】 至2019年年底，规模以上企业133家（工业75家，服务业27家，批零24家，建筑业7家），高新技术企业37家。高新技术产业产值占规模以上工业总产值比重89.6%，每万人发明专利拥有量89件。全年实现地区生产总值91亿元，同比增长7%。全年规模以上工业实现总产值281亿元，同比增长5.5%，实现营业收入272亿元，同比增长4.9%。规模以上服务业实现营业务收入58.9亿元，同比增长9.8%。全年实现固定资产投资21.5亿元。

【镇、街道概况】

辛店街道

党工委书记　曲建仿

办事处主任　刘　冬

位于东营区西北部，距市政府驻地20千米，距区政府驻地15千米。辖区总面积51.54平方千米，有耕地800公顷。2019年底，辖8个农业村、10个村转居、4个城市社区，辖区常住人口15.75万人，其中，油田人口9.95万人，村居人口3.6万人，社区人口2.2万人，流动人口2.67万人。

2019年，实现地区生产总值81.2亿元，比上年增长6.1%，其中，第二、三产业增加值分别达到20.7亿元、60.5亿元，比上年增长10.1%和3.0%。全年粮食作物播种面积1113.33公顷，总产8.48万吨；瓜菜20公顷，总产2.7万吨；棉花33.33公顷，总产100吨。年末大牲畜存栏300头，猪存栏288头，家禽存栏2696只。有水库1座，蓄水能力550万立方米。有中学1所，小学1所，在校学生860人，适龄儿童入学率100%。幼儿园(含托儿所)42所。有医院8处。

村居名录

社区工作站：福兴、明珠、西苑、怡安；

社区居委会：辛苑、阳光、兴荣、瑞苑、康苑、万鑫、佳兴、佳苑、瑞和、杏坛；

新设油田移交社区：桐凤、雅苑、钻井中、胜荣、胜旺、钻井北、胜凯、钻井南、百合、银杏、玉兰、泽苑、舒苑、萃苑；

村转居委会：辛店、刘家、皂户、姜家、孙路、玛琅、南庄、西营、红卫、北田；

村民委员会：茶坡、成寨、周家、唐家、前进、哨头、赵家、立新。

黄河路街道

党工委书记　王　茗

办事处主任　许保国（2019年6月离任）

伊　亮（2019年6月任职）

位于东营区西南部，距市政府驻地14千米，距区政府驻地5.5千米。2019年1月，东营经济技术开发区调整代管范围，原属黄河路街道管辖的东青高速以东区域划转移交东营经济技术开发区代管。调整后，黄河路街道辖区面积59平方千米。2019年，辖3个村民委员会、3个村转居委会、5个城市社区。辖区有油田二级单位9个。辖区总人口14.1万人（含油田），其中，常住人口11万人，流动人口3.1万人。

2019年，实现地区生产总值53.04亿元，比上年增长8.7%，其中，二、三产业增加值分别达到14.34亿元、38.27亿元，分别比上年增长14.7%、6.3%。限额以上工业总产值28.6亿元，实现工业利润8682万元。全年经济作物播种面积79.6公顷，总产3112.2吨；瓜菜2.27公顷，总产3107.7吨；棉花10公顷，总产4500千克。年末大牲畜牛存栏383头，羊存栏1112只。有水库4座，总蓄水能力180万立方米。财政收入5735万元。有小学9所，在校学生6443人，适龄儿童入学率100%。有医疗卫生机构87处。有6个村达到小康水平。

村居名录

社区工作站：锦城、鑫源、燕山、汇泉、丰泽；

社区居委会：时代康桥、惠都、东升、建行、盛世龙城、金河、一品花园、燕山、银通、黄河机关、格林枫景、海信盈城、石大花园、丰泽、万吉家园；

新设油田移交社区：玉景、祥河、兴河、阳城、聚园、现河、宁河、科兴、科怡、东利、东兴、南苑、物化；

村转居委会：南王屋、南李、东赵；

村民委员会：万泉、景屋、耿井。

文汇街道

党工委书记　盖　滨

办事处主任　温晓东

位于东营区北部，距市政府驻地16千米，距区政府驻地8千米。2019年，东营经济技术开发区调整代管范围，原属胜利街道管辖的东青高速以西区域划转移交文汇街道代管。调整后文汇街道辖区总面积77.63平方千米。街道辖8个城市社区、12个油田社区、6个村居、4个村转居。街道常住人口数18.1万人，户籍人口17.6万人。人口出生率7.05‰，人口自然增长率6.47‰。

2019年度，实现地区生产总值156.62亿元，比上年增长6.8%。第二产业增加值55.06亿元，比上年增长7.6%；第三产业增加值101.16亿元，比上年增长5%。完成进出口贸易2.61亿元。规模以上工业企业实现产值11.24亿元，同比增长0.7%，主营业务收入11.77亿元，同比增长13.9%。农林牧渔业总产值3147.8万元。全年造林32.43公顷，林木覆盖率23.7%，林业产值159.8万元。年末大牲畜存栏1240头，畜牧业总产值1738万元。渔业总产值1250万元。有水库10座，总蓄水能力450万立方米。辖区内有胜利一中、东营区三中、区文汇学校等公立学校28所（含油田11所），民办幼儿园（含托儿所）17所，新入园幼儿528人，在园幼儿1586人，入园率100%。有胜利油田中心医院、东营区新区医院、中西医结合医院等大型医疗机构7处。

村居名录

社区工作站：胜安、嵩山、商隆、胜华、营园、青华、中山*、胜泰*；

社区居委会：万家新城、天籁华都、美滨、胜安小区、胜安南区、胜安北区、嵩东、嵩西、富园、青华、育新花园、银座花园、绿洲国际*、光明嘉园*、锦绣龙轩*、利丰花园*、鑫都康城*、海科花园*、理想之城*、华泰国际豪园*、金宇都市公馆、新泰路*、榴香园*、檀香园*、菊香园*、竹香园*、槟香园*；

新设油田移交社区：敬业、东旭、绣园、龙潭、共建、颐园、蓝天、青山、荟萃、龙轩、井下南、油建；

村转居委会：官屋、中王屋、东营、北李屋；

村民委员会：北王屋、辛镇*、张盖*、王营*、韩家*、兰赵*。(注：带*的为代管胜利街道的社区和村居)

胜园街道

党工委书记　刘乃斌

办事处主任　杨成武

位于东营市西城西南侧。东起西三路，西邻史口镇，北起五干排，南至广蒲沟，距区政府驻地9千米，辖区总面积20.8平方千米。2019年，辖12个行政村、2个村转居、1个城市社区。总人口10732人，农村居民3002户。人口出生率10.9‰，人口自然增长率4.5‰。

2019年，实现地区生产总值91亿元，比上年增长7%，其中，一、二、三产业增加值分别为0.3亿元、33.5亿元、48亿元，分别比上年增长0.05%、13%和7.9%。规模以上工业总产值281亿元。全年粮食作物播种面积87公顷，总产1305吨；全年造林166公顷，家禽存栏2.1万只，畜牧业总产值27万元。辖区累计完成基础设施投资30亿元，绿化总面积180万平方米，建成公租房1024套，有中学1所，小学1所，在校学生1393人，适龄儿童入学率100%。幼儿园(含托儿所)5所，入园幼儿718人，入园率100%。有社区卫生服务中心1处。

村居名录

社区工作站：科苑；

社区居委会：科苑；

村转居委会：东现河、南田；

村民委员会：北高、卢家、丁家、南王、温家、东商、赵家、西现河、王连、东升、陈家、姜王。

牛庄镇

党委书记　陈银鹏

镇　　长　王　飞(2019年2月离任)

张永华(2019年2月任职)

位于东营区最南部，距市政府驻地28千米，距区政府驻地25千米，辖区面积116.9平方千米，耕地6340公顷。2019年底，辖42个村民委员会，6个农村社区，新设油田移交1个社区。农村居民12049户，32721人，其中，女16427人。

2019年，实现地区生产总值13.79亿元，比上年增长6.6%，其中，二、三产业增加值分别达到2.89亿元、8.33亿元，分别比上年增长6.5%、6.8%。规模以上工业总产值10.29亿元。年末大牲畜存栏2007头，猪存栏12883头，羊存栏1068只，家禽存栏73.97万只。有水库1座，总蓄水能力360万立方米。农民人均可支配收入20451元，同比增长8.8%。有中学1处，小学3处，适龄儿童入学率100%；幼儿园(含托儿所)8所，入园率100%。有医院2处。

村居名录

新设油田移交社区：聚华；

农村社区：东庞、牛庄、辛集、陈庄、大杜、西范；

村民委员会：辛集、小宋、东隋、牛庄、解家、魏家、陈庄、西薛、东薛、车里、东范、大杜、官庄、西范、湾杨、黄庙、大武、陈桥、何家、张庄、王庄、西隋、褚家、曹家、小杜、贾刘、王营、前邵、后邵、邵桥、谭家、东武、东张、岳家、东庞、西庞、店子、中武、坡楼、卢家、时家、西小武。

六户镇

党委书记　聂登凌

镇　　长　刘国强

位于东营区东南部，距市政府驻地18千米，距区政府驻地13千米。2019年1月，东营经济技术开发区调整代管范围，东青高速以东原属六户镇管辖区域划转移交东营经济技术开发区代管。调整后，六户镇辖区总面积60平方千米。2019年底，辖8个行政村，新设油田移交1个社区。有3737户，总人口10460人，其中，男5147人、女5313人，人口自然增长率6.29‰。

2019年，实现地区生产总值8.99亿元。实现一般公共财政预算收入1049万元。完成全社会固定资产投资3.42亿元，同比增长5.58。第三产业增加值达到5.58亿元。实现一产增加值2.42亿元；粮食种植面积1266.67公顷，总产13870吨；蔬菜及食用菌面积24公顷，总产量3600吨。年末大牲畜存栏60头，猪存栏1000余头，羊存栏800只，家禽存栏3万只。有中小学1所，在校学生201人，适龄儿童入学率100%。有医院1处。

村居名录

新设油田移交社区：瑞景；

村民委员会：东六户、西六户、武王、小许、李宅、梅宅、神堂、东辛集。

史口镇

党委书记　李志平

镇　　长　聂鸿伟

位于东营区境西南部，距区政府驻地26千米，辖区面积80.92平方千米，有耕地3600公顷，有效灌溉面积3600公顷。2019年底，辖61个行政村，有9413户，41906人，已婚育龄妇女7595人，农业户口37591人，人口自然增长率7.9‰，人口出生率13.8‰。年内，新设油田移交1个社区。

2019年，全镇实现地区生产总值21.9亿元，比上年增长8.5%；其中，一、二、三产业增加值分别为2.27亿元、5.71亿元、13.94亿元，分别比上年增长2.9%、9.9%和8.2%。6家规模以上工业企业实现总产值306.8亿元，同比上升6.9%；实现主营业务收入398亿元，同比增长10.2%；实现利润4712万元，同比下降15%。4家规模以上批零住餐企业实现消费品零售额1383万元，同比下降5.1%。3家规模以上服务业企业实现营业收入7390万元，同比下降15%。完成固定资产投资14.6亿元，同比下降6%。全年粮食作物播种面积4000公顷，总产量6万吨；瓜菜491.8公顷，总产量19703.9吨；棉花（皮棉）453.3公顷，总产量201.5吨。新增造林面积233.33公顷，镇域林木覆盖率30%；林果总产1125吨。年末，牛存栏1667头，猪存栏747头，羊存栏330只，家禽存栏59.8万只；畜牧业总产值5800万元。渔业总产值3300万元。有水库9座，总蓄水能力135万立方米。实现公共财政预算收入9207万元。农民人均可支配收入21526元，同比增长7.5%。有初级中学1所，小学1所，在校学生1320人，适龄儿童入学率100%。幼儿园（含托儿所）8所，入园幼儿770人，入园率100%。设有中心卫生院1处，一体化管理村卫生室30处。

村居名录

新设油田移交社区：胜花；

村民委员会：大宋、元里、石庄、西商、北四、于林、东寨、张店、楼李、南一、南二、南三、南四、南王、苏家、郑营、劳家、纪家、培李、北一、北二、北三、刘一、刘二、刘三、刘四、油坊、徐家、曲家、杨家、小刘、曹家、马家、寨王、袁家、范家、林家、陈家、三里、吕家、刘营、张营、油郭、西高、木李、艾家、初家、生家、刘董、香坊、前王、后王、万家、五甲王、东一、东二、东三、东四、安子张、都福李、十一图。

龙居镇

党委书记　周　玲

镇　　长　王国敬

位于东营区境西部，距区政府驻地26千米，辖区面积106.99平方千米，其中，耕地面积58.44平方千米。2019年底，辖6个农村社区，55个村民委员会，全镇人口3.8万人，其中，农业人口3.68万人，人均纯收入1.8万元，人口自然增长率3.19‰。

2019年，实现地区生产总值12.52亿元，比上年增长6%，一般公共预算收入2403万元，其中，一、二、三产业增加值分别达到2.44亿元、2.27亿元、7.81亿元，分别比上年增长4.3%、8.3%、5.4%。完成全社会固定资产投资2.38亿元，规模以上工业总产值2.16亿元。全年瓜菜种植489.5公顷，总产14649吨；棉花712.2公顷，总产2657.5吨。年末猪存栏2095头，羊存栏4404只，牛存栏3295头，家禽存栏24.73万只；有水库2座，总蓄水能力30万立方米。有中学1所，小学4所，幼儿园3所，在校学生1052人，适龄儿童入学率100%，有医院1处。

村居名录

农村社区：盐坨、龙居、西史、杨集、麻湾、曹店；

村民委员会：盐坨、韩楼、龙西、龙东、大张、方家、朱家、南高、杨集、老于、三里、赵家、大孙、谢何、麻一、麻二、麻三、高家、崔家、南李、北薛、小张、曹店、北李、西史、常家、尚家、董王、圈张、生家、陈家、朱闫、小孙、边家、林家、刘家、吕家、蒋家、司家、庄子、棒李、双庙、大杨、小杨、王家、官增王、牛家、二甲张、东史、十三图、打渔张、寺前杨、银匠王、湾东刘、小麻湾。（东营区党史研究中心　李鹏　郭大勇）

河　口　区

区委书记　荀增杰

区　　长　田兵兵

【国民经济和社会发展综述】 1972年，胜利油田在黄河入海口处（现河口城区驻地）设指挥部，称河口指挥部（当时黄河自境内入渤海）。1982年11月，国务院批准设立东营市，在河口采油指挥部（原河口指挥部）驻地设立河口区。2019年，全区总面积2267.44平方千米，辖6个（镇、街道办事处），177个行政村。

2019年，实现生产总值181.35亿元，按可比价格计算，比上年增长7.7%。其中，第一产业实现增加值18.79亿元，增长1.0%；第二产业实现增加值85.94亿元，增长12.9%；第三产业实现增加值76.62亿元，增长3.0%；三次产业结构由上年的7.0∶48.6∶44.4调整为10.4∶47.4∶42.2。公共预算财政收入23.95亿元，增长3.8%。公共预算财政支出24.44亿元，增长5.6%。年末全区金融机构各项人民币存款余额266.17亿元，比年初同口径增加21.26亿元。其中，居民储蓄存款余额162.12亿元，比年初同口径增加19.43亿元；金融机构各项人民币贷款余额158.57亿元。实现社会消费品零售额增长2.3%；实现进出口总额56.04亿元，下降7.2%。

实现农林牧渔及其服务业增加值19.8亿元，增长1.4%。粮食总产量10.50万吨，下降10.5%；水产品总产量12.73万吨。肉、蛋、奶总产量12.89万吨，下降2.1%。规模以上工业增加值增长16.4%。规模以上工业营业收入增长19.5%，利润增长75.3%，主营业务收入利润率1.9%，比上年提高0.6个百分点。全区有资质的建筑业企业本年签订合同额13.27亿元，下降27.4%；完成建筑业总产值11.09亿元，下降22.2%；竣工产值8.65亿元；房屋建筑施工面积15.36万平方米，下降31.2%。

2019年底，全区等级公路通车里程1630.99千米，县道111.01千米，乡道278.32千米，村道895.2千米，专用公路346.47千米。完成道路货运量3433万吨，增长3.2%；完成客运量543.1万人次，增长3.9%。完成邮政业务总量4125.04万元，增长74.5%；完成电信业务总量13.3亿元，增长47.5%。完成造林面积539公顷，其中防护林面积472公顷，经济林面积67公顷。年末林地面积3.15万公顷，森林覆盖率4.24%。房地产完成投资15.10亿元，增长33.1%。房屋施工面积95.75万平方米，下降38.6%。房屋竣工面积27.02万平方米，下降40.9%。商品房销售面积26.99万平方米，下降40.9%，其中，住宅销售面积24.22万平方米，下降41.4%。房屋销售额14.17亿元，下降39.9%。空气环境质量四项主要污染物指标二氧化硫、二氧化氮、PM_{10}、$PM_{2.5}$平均浓度分别达到13微克/立方米、30微克/立方米、87微克/立方米、48微克/立方米。全年优良天数218天，全年优良率61.6%。全区国家AA级以上旅游景区9家。旅行社11家，出境组团社3家。星级饭店2家，其中三星级1家，四星级1家。接待游客155万人次，增长18.3%。

年末，有幼儿园23所、小学12所、初中5所、九年一贯制学校3所、完全中学1所、普通高中1所、职业学校1所。在园幼儿3648人、小学在校生8638人、初中在校生7210人、高中在校生3401人、职业学校学生数1250人。全年普通小学适龄儿童入学率100%，巩固率100%。

全区有山东名牌产品13个，山东省服务名牌7个。省级标准化示范项目5个。华春渔业合作专家杨建敏入选泰山产业领军人才。全区高新技术企业19家，项目列入省重点研发计划2个。全区有山东省优质产品2个，国家质量奖鼓励奖1家，中国质量奖提名奖1人，省长质量奖提名奖1人，省长质量奖1人，市长质量奖1家。企业通过标准化良好行为企业验收7家。全区企业参与制（修）订国家标准3项、行业标准5项、山东省地方标准1项、农业地方规范12项。档案馆1个，体育馆1座，公共图书馆1所，文化馆1个，农村公益电影放映队7支，数字影院2家，农村电影放映工程在全区171个行政村放映数字电影2052场。有广播电台1座、广播电视台1座，广播、电视人口综合覆盖率均100%。无线数字电视用户1.4万户，有线电视用户1.6万户（不含油田），其中，数字电视用户1.6万户。全区医疗机构161家，其中二级医院4家，一级医疗机构5家，村卫生室89家，城市卫生室1家，医务室3家，个体诊所34家，门诊部2家，卫生所1家，社区卫生服务中心4家，社区卫生服务站（所）12家，疾病预防控制机构1处，卫生监督机构1处，妇幼保健机构1处，民营医院3处。全区注册床位1249张，实际开放床位856张，卫生技术人员1495人。全区乡村医生129人。城镇居民可支配收入48248元，增长6.6%。城镇居民人均消费性支出30608元，增长6.0%。农村居民人均可支配收入19886元，增长8.7%。农村居民人均消费性支出13729元，增长7.8%。城镇职工基本养老、医疗、失业、工伤和生育保险参保人数分别为4.65万人、2.97万人、1.90万人、4.87万人和1.90万人。企业职工养老保险月人均养老金和失业保险金分别上调至2223元和1337元。

【经济发展】 全区规模以上工业增加值增长16.4%；实现进出口总额56亿元；实际利用外资2740万美元，完成全年任务216%。富海集团、中海化工位列中国民营企业500强256位、381位。总投资50.8亿元的13个工业项目均达到时间进度，唐正能源高效异质结太阳能电池产业化、国宏中能碳化硅衬底片等项目完成主体，胜利万和高端油服装备产业园一期建成投产。东营华联石油化工厂有限公司、山东中海化工集团有限公司、山东富宇化工有限公司、山东汇海医药化工有限公司4家申报企业均获批省级化工重点监控点。全区72家规模以上工业企业，安诺其纺织材料、万安药业2家企业列入省级重点研发计划，华联石化申报为省级高清洁油品研究工程实验室。全区高新技术产业产值占到规模以上工业46.6%。河口供销宜家获评省级农商互联项目。山东自然网络科技有限公司电商平台年业务量2.5亿元，带动200余人网络创业就业。孤岛槐树林温泉旅游区创建为国家AAAA级旅游景区。开展“双招双引”，完成固定资产投资38.5亿元，引进高层次人才20余名，达成合作意向27项。减免企业税费4.9亿元。举办“港区融合”政银企融资对接会，资金落实率107%。新增上市挂牌企业16家。胜利万和与高德利院士团队合作，建设非常规油气工程高端装备技术研发中心。

【城市建设】 胜利万和、渤海钻井总公司、广河等5个片区拆迁改造15.5万平方米。开展油田小区“三供一业”维修改造36个，惠及油田职工10万人。建设区委党校及档案馆，完成环湖设施及区块绿化提升工程，六合塔景观建成开放。渤海路东延、西外环建成通车，建设兴河大道、G340黄河故道桥，疏港铁路达到试运行条件。草桥沟湿地一期建成投用，建设环城水系连通工程。完成渤海路、黄河路东段、城区十条支路等道路绿化提升工程，海河公园等11处城区公园、街头游园开放，新增绿化面积43万平方米，深度保洁城区42条道路，创建为国家生态园林城市。集中整治三义和市场等6大集贸市场，通过国家卫生城市复审。

【乡村振兴】 规划建设5大乡村振兴示范片区，面积2.58万公顷，开展“绿野仙踪”乡村振兴示范区建设，5个村获批全省首批乡村振兴示范村。签约全市首支10亿元农业新旧动能转换产业基金，黄河三角洲智慧海洋综合园区、力大王生态农业示范园一期投入使用，正邦（河口）食品加工园、东营雪龙食品产业一体化项目签约。百万亩生态渔业区通过“省级海洋特色产业园区”认定，河口区被纳入省级农村产业融合发展示范园创建单位。建设镜湖社区、颐正家园等农村社区，14个村庄1300户农民迁新居；义和镇创建为“省级森林乡镇”，新户镇果园村、义和镇博兴村、六顷村获评"国家森林乡村"。3家企业创建为市级乡村振兴专家服务基地，新增文明实践站121处，举办文化惠民活动500余场。为576户贫困户落实低保、临时救助等补贴资金451万元，全区贫困人口人均纯收入达到5000元以上。

【环境保护】 开展"四减四增"三年行动，渤海区域环境综合整治、蓝天保卫战等八大活动取得成效，获中央环保资金支持8967万元，19项水气土污染治理项目全部竣工，总投资12.2亿元，整改中央、省环保督察"回头看"、省"1+1+8"驻区督察反馈问题。

【山东河口经济开发区】 2019年，完成地方财政收入1.07亿元，同比增长5.6%；实现规模以上工业总产值32.15亿元，同比增长1.36%；主营业务收入31.72亿元，同比增长1.51%；利润总额2.21亿元，同比增长2.07%，固定资产投资累计13.72亿元。有规模以上企业42家(不含中海、富海)，上市挂牌企业20家，改制企业25家，高新技术企业8家，建成国家级博士后科研工作站1个、院士工作站1个、省级企业技术中心2个、省级工程技术研究中心2个、市级工程实验室和企业技术中心7个、市级重点实验室1个、产学研结合基地18个；拥有各类商标420余项，其中，山东名牌产品6个、山东著名商标2个；引进"长江学者"1名、"泰山产业领军人才"2名、"黄河三角洲学者"2名。

【镇、街道概况】

河口街道

党工委书记　牟焕民

办事处主任　陈万来

位于河口城区，距区政府驻地2千米。辖区面积471.06平方千米，滩涂面积4666.67公顷，海岸线全长17.3千米。辖22个行政村、14个社区居委会(含9个油田移交社区)。辖区总人口11.05万人，其中，地方常住人口3.73万人(城镇2.71万人、农村1.02万人)，油田常住人口5.18万人，流动人口1.53万人。辖区内有包括河口采油厂、社区管理中心等在内的油田二、三级单位近20家。

2019年，完成生产总值34.13亿元、同比增长2.39%；实现规模以上工业总产值同比增长5.4%，完成固定资产投资同比下降47.3%；完成社会消费品零售额18.65亿、同比增长1.9%。实现财政收入8105万元。全年粮食作物播种面积1244公顷，总产0.83万吨；瓜菜2公顷，总产300吨；棉花306公顷，总产960吨。全年造林24公顷，森林覆盖率17%；林果总产1116吨；林业产值900万元。年末大牲畜存栏23920头，猪存栏22205头，羊存栏1411只，家禽存栏43.4万只。有水库5座，总蓄水能力400万立方米。农业机械总动力3675千瓦，农村用电量693万千瓦时。有小学2处，在校学生346人，适龄儿童入学率100%。注册幼儿园2处，在园幼儿198人。有河口街道卫生院、河口街道社区卫生服务中心基层医疗机构2处，社区(农村)卫生医疗机构(卫生室)12处。全街道基本养老和医疗保险参保人数分别达到3904人、11117人。全街道最低生活保障救助185户334人，其中，城镇低保65户115人，农村低保120户219人。办证残疾人584人，残疾人扶贫基地1个，安置残疾人员15人。

村居名录

社区居委会：河宁、海宁、黄河路、河滨路、德盛街、河阳、河康、河乐、河通、河明、河盛、河颐、河瑞、河新；

村民委员会：东五、八吕、六吕、二吕、李坨、刘坨、长青、六扣、四扣、三合、民生、南旺、坨子、福祥、西五、大学、五顷、新建、裕民、西劝、东劝、余丈。

六合街道

党工委书记　张素霞

办事处主任　李吉海

位于河口区城区南部，距区政府驻地10千米。辖区面积146.55平方千米，有耕地4750公顷。2019年底，辖28个行政村，6个社区，5.92万人，其中，农村人口1.63万人，人口自然增长率7.37‰。

2019年，实现国内生产总值28.77亿元，增长3.8%；规模以上工业总产值同比下降10.4%；固定资产投资额下降43.2%；社会消费品零售额增长3%；地方财政收入7629万元，增长14.52%。全年粮食作物播种面积2740公顷，总产20550吨；蔬菜50.67公顷，总产1900.39吨；瓜果157.33公顷，产量1080.53吨。棉花680公顷，总产2040吨。全年造林646.83公顷；林果总产521.06吨；年末大牲畜存栏700头，猪存栏7100头，羊存栏1600只，家禽存栏98万只，有水库39座，总蓄水能力359万立方米。农村用电量496万千瓦时。有中学1所、小学1所、幼儿园3所，在校学生1071人，适龄儿童入学率100%。医疗卫生机构32处。

村居名录

社区居委会：河安、河庆路、崇文、御园、河辉、河运；

村民委员会：薄家嘴、大夹河、小夹河、庙一、庙二、毕咀、东崔、六合、西崔、东坝、芦山、闫家、后毕、上小街、胡家、梅家、后沟、前沟、协胜、广河、三义和、新胜、新合、于家、范家、小义和、安家、荆家。

义和镇

党委书记　王云涛

镇　　长　(空缺)

位于河口区城区西部，距区政府驻地16.5千米，面积129.7平方千米。2019年底，辖46个行政村；有9590户，2.66万人。

2019年，实现地方生产总值32.99亿元，同比增长2.6%，规模以上工业总产值增幅6.5%；固定资产投资额9亿元，下降56.7%；社会消费品零售额5.2亿元，增长4.2%；一般公共预算收入2974万元，增幅10.27%；规模以上工业增加值增幅2%，主营业务收入增幅36.4%。全年粮食作物播种面积4500公顷，总产33750吨；瓜菜243.47公顷，总产6436.15吨；棉花518.60公顷，总产235.03吨；全年造林283.13公顷，森林覆盖率29.54%；林果总产15900吨；年末大牲畜存栏23359头，猪存栏2.15万头，羊存栏0.63万只，家禽存栏76.39万只；有10万立方米以上水库17座，农村坑塘160个，总蓄水能力980万立方米。农村用电量1250.07万千瓦时。有中学1所，小学教学点2处，在校学生1066人，适龄儿童入学率100%，有医院1处。

村居名录

村民委员会：大牟、五一、五二、宝一、宝二、前夹、中夹、后夹、六顷、草场、薄家、七顷、大山、三合、德民、河王、同合、南太平、北太平、王集、王二、河一、河二、小河、梁家、大王、蒲台、东北、西北、东南、西南、西河、艾河、油坊、四顷坝、三顷三、北大屋、六顷五、围子、寿光、东韩、西韩、一千二、博兴、大英、义胜。

新户镇

党委书记　綦建成

镇　　长　孙　杰

位于河口区西北部，成立于2010年5月，由原新户乡和原太平乡合并建制。辖区面积735平方千米，海岸线总长47千米，浅海滩涂4.73万公顷，总人口2.82万人。

2019年，实现国内生产总值31亿元，增长6%，规模以上工业总产值2.7亿元，固定资产投资额4.2亿元；地方财政收入7273万元，增长13.15%；全年粮食作物播种面积7601.54公顷，总产3.4万吨；瓜菜200.6公顷，总产0.3万吨；棉花470.6公顷，总产230吨。林果总产9653.6吨。有大小水库5座、坑塘150座，总蓄水能力2460万立方米。农村用电量1315.16万千瓦时。有中学2所，小学1所，在校学生1230人，适龄儿童入学率100%。有医院2处。

村居名录

村民委员会：麻郭、南王、东华、四顷二、新华、友谊、牟桥、永合、北台子、太平、小坨、丁家、大王、九顷、三义、西村、东村、双合、盐山、杏行、东鲍井、西鲍井、南六合、老鸦、北李、东风、海丰、新立、公司、八顷、兴合、中合堂、奇古、郭局、东六合、马家、丁王、果园、建设、顺和、兴华、太一、太二、太三、南李、中义、坝上、中合、龙王、东兴、新兴、艾和、北楼、刘鄘、西华、三泉、仁义、星南、星北、双胜、一顷六、三合、南楼、双泉、赵王、肥城、胜利、丁家集、和平、联合、太和、韩家、龙泉、立新、官庄。

孤岛镇

党委书记　王　峰

镇　　长　胡友成

位于河口区东部、黄河入海口北侧，辖区总面积431.75平方千米，驻有黄河三角洲综合训练基地和胜利油田孤岛采油厂。辖7个社区，3个村，总人口5.8万人。

2019年，实现地区生产总值52.02亿元，同比增长50.2%，规模以上工业总产值148.76亿元；固定资产投资额8.3亿元，规模以上工业主营业务收入18.18亿元；实现利税5.57亿元。地方财政收入3998万元。全镇人均可支配收入34226元，增长7.53%；人均消费支出1852元，增长5.5%；人均住房建筑面积45平方米。人均住房面积42平方米。全镇基本养老、医疗保险参保人数分别为490人、1660人。新型农村养老保险参保农民490人，参加新型农村医疗合农民1660人。全镇最低生活救助27人。其中，镇低保12人，农村低保15人。全年粮食作物播种面积469公顷，总产值10620吨；瓜菜282.3公顷，总产6000吨；棉花90.4公顷，总产311.8吨。森林覆盖率23%。年末大牲畜存栏2023头，猪存栏3363头，羊存栏528只，家禽存栏34.3万只。有水库3座，总蓄水能力4140.9万立方米。农村用电量736758万千瓦时。有中学1处，小学3处，在校学生2235人，适龄儿童入学率100%。有医院4处。标准化住宅小区13个，其中国家级优秀示范小区2个，建有3处文化广场、6处村(居)文化小广场；建有自来水厂2座，净化站1处，生活用变电站15处，生活污水处理厂和生活垃圾处理厂各1处。有职业培训学校2所，初中1所，小学3所，幼儿园6所，图书馆1所，医院和卫生所11所，防疫站、妇幼保健站各1处，温泉疗养院、体育馆各1所，文化活动中心3处，三星级宾馆1所，开放型水陆公园、植物园各1处，建有客运中转站、电影院、电视台等公共服务设施。绿化覆盖率36.2%。被评为“全国重点镇”“国家卫生镇”“全国环境优美镇”“山东省中心镇”“山东省旅游强乡镇”“山东省绿化模范镇”“山东省十大最具发展潜力乡镇”“山东省级文明镇”“中国楹联文化镇”等40余项称号，被确定为中摄协采风创作基地、山东作家黄河口创作基地、王羲之书法培训创作基地。

村居名录

村民委员会：镇苑、西韩、渔村。

（河口区委党史研究中心　潘春芳）

垦　利　区

区委书记　刘斯杰

区　　长　马保文

【国民经济和社会发展综述】 垦利区因境域曾被称作垦区和利津洼而得名。陆地面积2331平方千米，海域面积1200平方千米，辖5个镇2个街道，21个城市社区，333个行政村，29个农村社区。年末全区常住人口25.31万人。人口自然增长率8.26‰。

2019年，实现生产总值265.1亿元，比上年增长2.5%。其中，第一产业增加值28.8亿元，增长1.3%；第二产业增加值143.2亿元，增长2.9%；第三产业增加值93.1亿元，增长2.1%。三次产业结构10.9∶54.0∶35.1，第三产业增加值占比比上年提高0.7个百分点。固定资产投资75.4亿元，比上年下降50.8%。第一产业投资5.4亿元，下降53.7%；第二产业投资18.8亿元，下降71.5%；第三产业投资51.2亿元，下降32.3%。三次产业投资结构调整为7.2∶24.9∶67.9。完成一般公共预算收入28.9亿元，增长6.8%；一般公共预算支出32.4亿元，增长4.0%。全区各类金融机构人民币各项存款余额358.2亿元，比年初增加5.2亿元。其中，住户存款余额202.6亿元，增加22.1亿元；非金融企业存款110.5亿元，减少19.6亿元。金融机构人民币各项贷款余额410.3亿元，比年初减少7.3亿元。实现社会消费品零售总额79.4亿元，比上年增长1.8%。其中，限额以上市场零售额27.9亿元，下降16.4%。

实现农林牧渔及服务业增加值29.4亿元，比上年增长1.5%。粮食播种面积5.58万公顷，下降1.1%；总产量28.5万吨，下降9.2%。肉蛋奶总量6.8万吨，增长21.8%。其中，肉类总产量4.2万吨，增长9.4%；奶类总产量2.1万吨，增长165.2%；禽蛋产量0.5万吨，下降47.9%。规模以上工业企业108家，新增规模以上工业企业5家，实现工业总产值631.3亿元，同比增长1.4%，工业增加值增长2.0%。

全区规模以上工业主营业务收入681.1亿元，同比下降0.3%；利润总额12.3亿元，下降45.6%；利税合计21.1亿元，下降52.8%。产销率98.1%。全年规模以上工业企业营业收入利润率1.81%，比上年下降1.51个百分点。具有资质等级的总承包和专业承包建筑业企业40家。其中，一级建筑企业1家，二级建筑企业13家，三级建筑企业26家。建筑业总产值17.5亿元，比上年增长0.5%。其中，国有及国有控股企业建筑业总产值3.3亿元，增长9.9%；非国有企业建筑业总产值14.2亿元，下降1.5%。

全区公路里程2224千米。运输车辆5278台，其中，危险品运输车辆4551台，普通货车727台。营运性客车207辆，开通公交线路22条。邮政业务量4005.4万元，比上年增长39.4%；电信业务总量11.2亿元，同比增长50.0%。污水集中处理率100%，无害化垃圾处理率100%。有国家AAAA级旅游景区2处，国家AAA级旅游景区9处，国家AA级旅游景区2处，省级旅游强乡镇6个、特色村7个、省级农业旅游示范点5个，国家级水利风景区1处，齐鲁最美田园2处。全年接待海内外游客368.2万人次，比上年增长8.7%；旅游总收入29.9亿元，增长12.2%。

有职业中学1所，在校生3880人；普通高中1所，在校生3998人；普通初中7所，在校生10725人；小学14所，在校生13445人，小学学龄儿童入学率100%；幼儿园14所，在园幼儿9207人。全区实有各类企业7230户，注册资本640.6亿元；农民专业合作社610户，出资总额16.1亿元；个体工商户19373户，资金数额33.1亿元。全区实有注册商标2046件，其中中国驰名商标6件，马德里国家注册商标119件，地理标志证明商标9件。文艺演出团体42个，组织各类文艺演出948场。图书馆1个，藏书56万余册。博物馆1个。科技馆1个。体育馆18座，田径场24个，篮球场96个，羽毛球场85片，网球场12片，活动室24个，健身路径器材7000件。全区卫生事业机构290所，其中医院8所，卫生院6所，社区卫生服务中心2处，疾病预防控制中心1处，卫生监督执法局1所，计划生育妇幼保健综合服务站1所，一体化村卫生室73所，个体村卫生室114所，个体诊所55所。各类卫生机构拥有床位数1039张，其中医院843张。卫生技术人员758人，执业医师及执业助理医师943人。

居民人均可支配收入36303元，比上年增长8.2%。其中，城镇居民人均可支配收入47343元，增长6.9%；农村居民人均可支配收入19815元，增长8.6%。居民人均生活消费支出23592元，增长8.4%。其中，城镇居民人均生活消费支出29145元，增长7.3%；农村居民人均生活消费支出15289元，增长8.7%。居民人均住房建筑面积53.1平方米，增长0.1%。

年末，全区机关事业单位基本养老保险，企业职工基本养老保险，个体工商户和自由职业者参加基本养老保险，城乡居民社会养老保险，工伤保险参保人员分别达到7980人、30075人、5200人、132865人、36680人，支付各项社保基金4.4亿元。全区城镇居民低保标准由每人每月600元提高至620元，农村居民低保标准由每人每年4800元提高至5400元。全年有农村低保户2553户，4265人，发放低保保障资金1720.3万元；城镇低保户168户，298人，发放低保保障资金171.2万元。全区有养老机构5处，有床位604张，收养人员362人。

【工业转型】 在全市率先开展工业企业亩产效益综合评价和化工产业评级评价，实施总投资72亿元的50个传统产业改造提升和战略性新兴产业项目。推进“互联网+”“大数据+”行动计划，全区注册上云企业超500家，新增市级以上“一企一技术”研发中心、专精特新企业、高成长型中小企业等各类平台载体20家，新发药业入选山东省“制造业单项冠军”，万达集团、宇佳新材料2家企业被评为市“四新”促“四化”示范企业，高新技术产业产值占比、“四新”经济占比分别为40.6%、26.9%。胜坨化工产业园创建为省级化工园区，入选中国智慧化工园区试点示范（创建）单位，石大胜华、新发药业、垦利石化、万达集团4家企业被认定为省级化工重点监控点。垦利区列全国工业百强区第88位、全省十强。

【服务业发展】 推进总投资114亿元22个现代服务业项目，第三产业投资占比67.9%，比上年提高20.7个百分点。明珠广场商业综合体一期、西郊康养产业园一期、危化品运输智能监管服务中心投用，现代商贸、医养结合、智慧物流实现发展，东营西郊现代服务区入选山东省现代服务业集聚示范区。推进明珠大厦、金鼎国际大厦等楼宇开发利用，亿顺信息科技公司、瑞创教育咨询公司业务覆盖全国，创智维度产教融合双创实训基地启用，培育创业孵化、教育培训、咨询管理等新业态。实施“旅游富民”三年行动计划，新增国家AAA级旅游景区1处，红滩湿地旅游度假区、青海小镇美食街、沿黄自驾游风景廊道等项目投用。全区服务业增加值占GDP比重35.1%。

【现代农业】 加快省级现代农业产业园建设，实施天邦拾分味道种养加一体化、黄河口大闸蟹产学研基地等总投资65.8亿元的5个现代农业项目。编制完成黄河口大米质量标准及小麦、莲藕种植规程，新认证市级以上农业标准化生产基地2家，农产品质量监管平台与省平台完全对接，被认定为全国率先基本实现主要农作物生产全程机械化示范县。海跃尚品淡干海参和万隆帝舒牌大米入选全省知名农产品企业产品品牌，新增“三品一标”农产品12个，“水城米仓”获中国驰名商标。成立黄河口大闸蟹品牌管理运营公司，举办黄河口大闸蟹开捕节，拍摄《为爱下厨》公益节目，全平台网络播放浏览量1亿人次，黄河口大闸蟹产值8.7亿元，同比增长12.1%。编制完成海洋经济产业园规划，汇蓝南美白对虾养殖繁育一体化项目投产，陆海蓝圣甲壳素产业化项目建设完成，海参苗种繁育量占全国四分之一，康华海洋牧场被评为省级休闲海钓钓场。

【精准脱贫】 33名区级干部、389名区直单位科级干部结对帮扶重点贫困户，为5653户、9225名困难群众购买特惠保险。实施产业扶贫项目35个，累计分配项目收益408.8万元，全区2956户、5264名贫困人口脱贫质量得到提升。

【垦利经济开发区】 2019年，全年规模以上工业企业完成产值137.9亿元，固定资产投资累计15.5亿元，工业增加值累计20.4亿元，同比增长0.9%，工业企业利润总额9.6亿元，同比增长110.6%。全年实际利用外资2665万美元，占全区90.5%，是上年的6.4倍。全年新增上云企业37家，完成新发药业、物华管业、万得福等91家企业的上云工作。新增明珠专汽、万得福生物科技等高新技术企业8家，辖区高新技术产业企业14家，累计产值83.9亿元，占全区高新技术产业产值32.7%。汽车及配套零部件、新能源新材料、生物医药、高端装备四大主导产业占比86.5%，较上年提高4个百分点。高技术制造业增加值5.6亿元，占全区高新技术企业增加值86%。11月，作为全省开发区体制机制改革试点，不再实行“街区一体”模式，剥离17类社会管理事务，保留42项必需经济管理权限。推行“管委会+公司+基金+专业招商队伍+孵化基地”模式，成立国有公司山东瑞兴资产运营有限公司承接开发运营职能。

【镇、街道概况】

兴隆街道

办事处主任　李　强

2009年8月被省政府正式批准成立，辖区面积79.6平方千米，下辖16个行政村，农村人口1790户5840人，2012年以来，南成寨、兴隆、广兴、大河、大王等10个行政村实施美丽宜居村庄建设，分批次搬迁至同兴社区、兴隆社区、明珠庄园等新型城镇化社区居住。

2019年，全年规模以上工业企业完成产值137.9亿元，固定资产投资累计15.5亿元，工业增加值累计20.4亿元，同比增长0.9%，工业企业利润总额9.6亿元，同比增长110.6%。全年实际利用外资2665万美元，占全区90.5%，是上年的6.4倍。全年粮食作物播种面积500公顷，总产量2430吨，全年造林43.33公顷。生猪存栏0.98万头，出栏1.13万头，牛存栏786头，家禽存栏17.3万只，出栏77.85万只，畜牧业总产值8649万元。辖区内有幼儿园2所，入园幼儿386人，入园率100%。在建幼儿园1所，小学1所，2020年9月达到入学条件。有社区卫生服务中心1处。

村居名录：

村民委员会：渔洼、五一、兴隆、周屋、黄店、杜屋、店子、后李、西九、东兴、同兴、广兴、大王、大河、南成寨、北成寨。

垦利街道

党工委书记　吕景亮

办事处主任　王春光

位于垦利区政府驻地，辖区面积209.31平方千米，总人口13万人。2019年底，辖96个自然村，82个村民委员会，18个社区居委会，人口自然增长率9.95‰。

全年粮食作物播种面积5955公顷，总产3.08万吨；棉花540公顷，总产399吨；全年造林18.6公顷，森林覆盖率27.26%；年末大牲畜存栏1733头，猪存栏1.34万头，羊存栏0.37万只，家禽存栏59.49万只。水产品总量9750吨。有水库32座，总蓄水能力1629万立方米。农村用电量1772.2万千瓦时。规模以上工业企业实现产值33.43亿元，主营业务收入33.19亿元，利润5.5亿元，利税6.51亿元。地方财政公共预算收入33515万元，同比增长13.15%，连续三年镇街总量排名第1。城乡居民人均可支配收入18479元，同比增长7.85%。有小学2所，在校生402人，适龄儿童入学率100%。有社区卫生院1处。

村居名录

社区居委会：万光、康居、中兴、东方、书香、胜兴、汇丰、和平、永兴、振兴、新兴、佳苑、胜锦、万达、育才、英才、井下北、试采。

村民委员会:北十井、南十井、吴旺、民丰、李呈、前李呈、冯屋、复兴、义和、双河镇、西冯、西尚、永兴、新民、新安、寿山、利泉、双河、西双河、前榆、后苟、中苟、陈家、复胜、高盖、李王、东麻王、西麻王、南羊、中张、左一、左二、联合、补户、苍州、闫家、围子、盐窝、合兴、中西、十八户、邱围、六村、七村、南尚屋、北尚屋、荆岭、崔家、邵家、朱家、西张、西兴、东张、南三合、大三合、小三合、大山、北河南、北河北、北于、西宋、二十一户、东宋、宋坨、胜合、栾家、西坨、五庄、小高、牧场、北盐窝、张新、新建、新立、赵屋、北苍州、卫东、北兴隆、东兴、夹河、沈家、小口子。

胜坨镇

党委书记　黄　振(2019年11月离任)

镇　　长　盖红旗

位于垦利区西部,距区政府驻地10.5千米,辖区面积181平方千米。6月28日,由山东省人民政府办公厅定为化工园区,园区认定面积5.25平方千米,建成区3.5平方千米。有南展区土地6666.67公顷,黄河滩区土地1333.33公顷。2019年底,辖59个自然村,59个村民委员会,境内人口79579人,其中,农村人口48960人。

2019年,实现一般公共预算收入23039万元;完成社会固定资产投资12.8亿元,14家限额以上批发业销售额176亿元,同比增长0.8%;4家重点服务业实现营业收入17.9亿元;全镇34家规模以上工业企业实现工业总产值311.75亿元、工业利润7.36亿元。

有省级以上公路1条,乡道17条,村道124条。有机产品认证21个、无公害产品认证15个、绿色产品认证1个、国家地理标志认证1个。省级农业龙头企业1家、市级农业龙头企业3家、市级林业龙头企业2家,累计流转土地4846.67公顷,家庭农场169个,农民专业合作社94个,省农科院众兴小麦博士工作站等农业科研机构4家。

村居名录

村民委员会:胜利、工农、海北、海南、海中、小巴家、坨西、坨东、坨南、杜家、小务头、巴东、巴西、褚家、郑王、皇殿、姜家、孙家、史王、王营、尚庄、戈武、东王、崔家、寿合、张东、张西、苏家、宁家、花台、义和、海东、海西、苏刘、新张、大张、小张、陈家、胥家、周家、宋家、西街、前彩、林子、许家、吴家、梅家、卞家、路家、常家、后彩、辛庄、三佛、大白、小白、徐王、佛头寺、棘刘、王院。

郝家镇

党委书记　宋连军

镇　　长　许志刚

位于垦利区境西南部,距区政府驻地22.5千米,辖区面积61.7平方千米。2019年年底,辖28个自然村,28个村民委员会,3个居民委员会;有7112户,19093人。

2019年,完成全社会固定资产投资2.53亿元,规模以上工业总产值2.7亿元,农村居民人均可支配收入19815元。全年粮食作物播种面积4066.67公顷,总产3万吨;瓜菜80公顷,总产3000吨;棉花366.67公顷,总产1200吨;种植业产值9000万元。全年造林53.33公顷,森林覆盖率21.1%;林果总产5500吨,林业产值2900万元。农业机械总动力47万千瓦。年末大牲畜存栏512头,猪存栏5272头,羊存栏1292只,家禽存栏47.7万只;畜牧业总产值1.01亿元。农林牧渔业总产值2.2亿元。地方财政一般预算收入8853万元,同比增长12.71%。有中学1所,小学1所,在建学校1所,在校学生1339人,适龄儿童入学率100%。有医院1处,农村社区卫生服务站9处。

村居名录

村民委员会:郝家、吴杨、大务、樊家、北张、北王、后岳、侯家、前岳、迟沙、王沙、宋沙、宫家、孙家、孟家、黄店、薛家、八里、店子、耿家、许家、南张、后缪、前缪、大赵村、小赵、十八图、十五图。

永安镇

党委书记　张守华

镇　　长　任方旭

位于垦利区东部,距区政府驻地15千米,面积320平方千米。2019年底,辖44个行政村,44个村民委员会,2.06万人。

2019年,实现一般公共预算收入1.3亿元,同比增长14.87%;实现工业总产值1.15亿元,全社会固定资产投资5.17亿元。全年粮食作物播种面积7666.67公顷,瓜菜30公顷,棉花1600公顷。全年造林24.5公顷,森林覆盖率21.5%。至年底,大牲畜存栏0.16万头,猪存栏0.57万头,羊存栏0.45万只,家禽存栏28万只。有水库2座(其中1座正申请报废),水库设计库容共520万立方米。有中学1所,小学2所,在校学生共1129人,适龄儿童入学率100%。有医院(卫生院)1处。2019年,通过国家卫生乡镇综合评审。先后被评为全国人口和计划生育依法行政示范乡镇、全国一村一品示范镇、“中国大闸蟹之乡”。

村居名录

村民委员会:一村、三十八户、牛圈、东九、西三、东三、六村、兆丰、二十四顷、东兴、西兴、新立、方里、九十六户、中心、二十八、胜利、前二十五、十七、镇南、永安、五村、十村、北街、六十户、十一、前七、二十师、后七、东七、十八、惠鲁、新十五、十六、十九、西十四、东十四、东义和、二十二、十二、二十、二十一、李屋、四合、南二十三、移民、付合、南义和、东二十三。

黄河口镇

党委书记　董怀进

镇　　长　盛　焱(女)

位于垦利区东北部,距区政府驻地41.5千米,辖区面积1317平方千米。2019年底,辖91个自然村,63个村民委员会,有2.6万人。

2019年,实现工业总产值0.21亿元,利税0.01亿元。瓜菜217.3公顷,总产0.59万吨;棉花2616公顷,总产6357.69吨;全年造林25公顷,森林覆盖率16%;林果总产490.15吨;林业产值16万元。年末大牲畜存栏3407头,猪存栏6.33万头,羊存栏1.07万只,家禽存栏34.28万只;农村用电量490.54万千瓦时。乡镇企业总产值0.21亿元,利税0.01亿元,地方财政一般预算收入11116万元,比上年增长422.37%。有中学1所,小学2所,适龄儿童入学率100%。有医院1处。全镇实现一般公共预算收入1.11亿元(含油田土地使用税9700万元),同比增长422.3%;实现规模以上工业总产值2188万元,同比下降92.2%;完成固定资产投资额1.01亿元,同比增长12.0%。

村居名录

村民委员会:护林、建林、七村、利林、于林、董集、耿家、一村、北宋沙、胜林、广林、生产、四村、北胜合、六村、万尔庄、南张、新生、五七、北宋圈、北奕家、辛庄场、五县、十三、周刘、小高家、幼林、义和、宋圈、新兴、四十三户、新营、东林站、友林、新林、富林、丰林、东增林、兴无、北高、东宁、曹家、西隋、东隋、兴林、贾刘、牛庄、辛集、永胜、北十四、双义河、西商、东商、东寨、油郭、永林、王连、西增林、新育林、二十三、十六、北新、义林。

董集镇

党委书记　董　强(2019年11月离任)

　　　　　王安峰(2019年11月任职)

镇　　长　王安峰(2019年11月离任)

　　　　　王雨石(女,2019年11月任职)

位于垦利区西南部,距区政府驻地24千米,辖区面积66.7平方千米。2019年底,辖33个自然村,33个村民委员会;有7411户,22505人;其中,女11243人,人口自然增长率13.5‰。

2019年,国内生产总值16.26亿元,其中,一、二、三产业增加值分别为1.67亿元、1.09亿元和1.31亿元,分别比上年增长6%、17.9%和-19%。工业总产值11.93亿元,实现利税1827万元。农林牧渔业总产值30265万元;全年粮食作物播种面积2560.25公顷,总产151万吨;瓜菜84.5公顷,总产3270吨;棉花139.9公顷,总产328.8吨;种植业产值5681.63万元。全年造林35公顷,森林覆盖率20%;林果总产810.6吨;林业产值528万元。年末大牲畜存栏7141头,猪存栏7976头,羊存栏2951只,家禽存栏86614只。有水库1座,总蓄水能力120万立方米。财政总收入4922万元,财政预算收入4922万元。农民人均纯收入19815元,比上年增加2183元。有中学1所,小学1所,在校学生共1716人,适龄儿童入学率100%。有医院2处。电话普及率达到每百人100%。小康水平指数100%,33个村均达到小康水平。董集镇被评为“全省发展个体私营经济先进单位”“全省司法行政系统法制宣传教育工作先进集体”“全省十大魅力乡镇”等称号。

村居名录

村民委员会:董集、刘家、官庄、秦家、薛家、胡家、车宫、小官、佐王、赵马、大户、东户、南户、刘王、大王、小王、郑家、东韩、石家、崔家、邱家、七井、罗家、西韩、新李、前许、后许、杨庙、东范、宋王、南范、北范、小街。

垦东办事处

党工委书记、办事处主任　张瑞瑞

成立于1988年8月,地处垦利区黄河入海口以北,东邻渤海,南与黄河三角洲国家级自然保护区相邻,西与河口区接壤,版图面积550平方千米,约占全区总面积的1/4。至2019年年底,有常住人口1.09万人(包括孤东采油厂),流动人口3500人。

境内无建制村。有企业10余家,其中胜利油田孤东采油厂生产区全部在垦东辖区内,孤岛、海洋、桩西、石油开发中心等采油企业部分生产区位于辖区内,垦旅游资源得天独厚,地处油田腹地,海堤蜿蜒,油井林立,是黄河入海口风景旅游区的核心区和感受石油文化的首选地。境内石油、风能、地热、盐卤水等资源也较为丰富。2019年,实现地方一般公共预算收入3606万元(不含油田主体),同比增长45.6%。

东营市现代渔业示范区(红光渔业办事处)

党工委书记、管委会主任　李希泉

红光渔业办事处主任　盖晓楠

红光渔业办事处位于垦利区东部,距区政府驻地30千米,面积220平方千米。至2019年年底,辖3个自然村,3个村民委员会;有378户,1137人;其中育龄妇女283人,人口自然增长率20‰。

2019年,国内生产总值27342万元,其中,一、二、三产业产值分别为8500万元、18424万元和418万元。工业总产值6901万元。渔业总产值8500万元,标准化海水养殖池塘3066.67公顷,年产海参400吨,对虾202吨,海洋捕捞量5000吨。有海水水库3座,总蓄水能力100万立方米;淡水水库1座,蓄水能力76万立方米。私营企业产值27342万元、利税1696万元。一般公共预算收入1618万元。有小学1所,在校学生31人,适龄儿童入学率100%。

村居名录

村民委员会:红光新、老十五、渔村。

(垦利区委党史研究中心　冯新生　刘艳芳)

广　饶　县

县委书记　梁润生

县　　长　宋学华

【国民经济和社会发展综述】 自秦时设县,古称乐安、千乘、琅槐,西汉时始有“广饶”之称,取“海滨广斥,饶有鱼盐”之意。之后,几经更名,以“千乘”“乐安”为多。民国三年(1914年),全国改定重复县名,因与江西省乐安县重名,复称广饶县。是兵圣孙武故里、吕剧发祥地和齐笔原产地,被联合国地名组织评定为千年古县。位于山东省东北部,黄河三角洲南端,北与东营区接壤,南与淄博市相接,东与潍坊市交界,西与滨州市毗邻,东北部濒临渤海莱州湾。辖区面积1165.63平方千米,辖6个镇3个街道,553个村。年末户籍总人口53.39万人,人口自然增长率5.8‰。

2019年,全年实现生产总值589.2亿元,比上年增长4.2%。其中,第一产业增加值43.7亿元,增长0.3%;第二产业增加值354.9亿元,增长4.4%;第三产业增加值190.6亿元,增长4.7%。地方一般公共预算收入43.6亿元,增长4.2%,地方一般公共预算支出50.2亿元,增长1.0%,社会消费品零售总额213.2亿元,进出口总额616.1亿元,比上年增长0.8%。金融机构本外币各项存款余额618.1亿元,其中,住户存款余额330.9亿元。

全年粮食总产量46.6万吨。其中,夏粮单产6513千克/公顷,总产量24.3万吨;秋粮单产4995千克/公顷,总产量22.4万吨。棉花总产量0.1万吨,水果总产量0.5万吨。肉蛋奶总产量24.4万吨。水产品总产量7.3万吨。完成造林面积1387公顷。农业机械总动力105.5万千瓦。

年末规模以上工业企业(年主营业务收入2000万元以上的工业法人企业)217家。规模以上工业总产值1975.6亿元,比上年增长5.2%,规模以上工业增加值增长5.5%。规模以上工业企业实现营业收入2613.4亿元,比上年增长12.5%;实现利润21.7亿元,增长22.3%;实现利税100.3亿元,增长2.1%。全年实现建筑业增加值17.6亿元。全县具有建筑业资质的总承包和专业承包建筑业企业56家,完成建筑业总产值47.2亿元。

全县公路通车里程2026.2千米,其中,国道99.6千米,省道110.9千米,县道99.9千米,乡道452.5千米,专用公路68.5千米,村道1194.8千米。高速公路54.8千米,一级公路138.3千米,二级公路150.3千米,三级公路178.3千米,四级公路1504.5千米。全县有汽车站3个,公交线路40条。全年完成邮政业务总量5194.5万元。电信业务总量20.8亿元。年末固定电话用户3.0万户,移动电话用户51.6万户,互联网宽带用户14.8万户。

有城市道路长度143.5千米,道路面积354.5万平方米,排水管道长度261.7千米,道路清扫保洁面积1521.5万平方米,县城区生活垃圾清运量11.7万吨,城区绿地面积2765.1公顷,建成区绿地面积1399.9公顷,建成区绿化覆盖面积1549.0公顷。全年PM_{10}平均浓度与上年持平,$PM_{2.5}$平均浓度下降3.3%。污水处理厂15座。全年空气优良天数230天。有国家A级旅游景区13家,其中,国家AAAA级旅游景区2家,国家AAA级旅游景区7家,国家AA级旅游景区4家。省级旅游强镇3个,省级旅游特色村4个。

全市高新技术企业累计38家。专利申请量1115件,其中,发明专利申请量127件,实用新型专利申请量762件,外观设计专利申请量226件。发明专利授权30件。全年申报各级各类科技计划38项。

全县有普通中学18所,在校学生31348人,专任教师2953人,其中,高级中学1所,在校学生8769人,专任教师924人。特殊教育学校1所,在校学生36人,专任教师15人。小学24所,在校学生25928人,专任教师1852人。全县有档案馆、文化馆、图书馆、美术馆和博物馆各1处。非物质文化遗产保护项目国家级1处、省级5处。有医疗卫生机构427家,卫生技术人员3540人,实有医疗卫生机构床位数2784张。全县有体育场地1242个,占地面积138.5万平方米,人均体育场地面积2.6平方米。

全县居民人均可支配收入35951元。居民人均消费支出22051元。城镇职工基本养老保险参保10.02万人,城镇职工基本医疗保险参保87378人,失业保险参保63309人,工伤保险参保93341人。城乡居民基本医疗保险参保40.53万人,城乡居民基本养老保险参保27.33万人。城镇居民最低生活保障人数189人,农村居民最低生活保障人数4736人。编制登记农村养老服务机构数17个,编制登记农村养老服务机构床位数1725张。

【重点工程项目】 3月18日,2019年东营市重点项目集中开工活动举行。广饶县烟台港——淄博输油管道华星输油站改扩建及干线延伸工程项目现场设分会场,集中开工重点工程项目80个,总投资320.3亿元、年内计划投资119.4亿元。其中工业类重点工程项目12个,总投资89.4亿元、年内投资40.7亿元;乡村振兴类重点工程项目21个,总投资11.3亿元、年内投资5.7亿元;服务业类重点工程项目9个,总投资65.1亿元、年内投资11.7亿元;城建及基础设施类重点工程项目19个,总投资75.8亿元、年内投资39.5亿元;社会事业类重点工程项目5个,总投资29.4亿元、年内投资9.7亿元;生态环境建设类重点工程项目14个,总投资19.3亿元、年内投资12.1亿元。

【第十届中国(广饶)国际橡胶轮胎暨汽车配件展览会】 5

月15—17日，第十届中国（广饶）国际橡胶轮胎暨汽车配件展览会在广饶国际博览中心举办。展会由中国国际贸易促进委员会、山东省人民政府主办，中国国际贸易促进委员会山东省委员会、东营市人民政府承办。展览面积4.8万平方米，来自120余个国家和地区的700余家企业、1600余位外商参展。展出轮胎制品、轮毂制品、汽车保养维修设备等七大类展品。同期举办5·15中国国际轮胎日论坛、2019中国（广饶）国际车轮展览会等系列活动。展会期间达成贸易意向、协议、合同额200余亿元。

【首届5·15中国（广饶）国际轮胎日论坛】 5月15日，首届5·15中国（广饶）国际轮胎日论坛在广饶国际博览中心举办。由中国国际商会倡议，旨在推进"中国轮胎品牌海外推广行动"的实施，将5月15日定为"中国国际轮胎日"。此次论坛主题为"转换动能、转动世界"，其间发布《中国轮胎品牌海外竞争力蓝皮书》。

【"孙子兵法·创新·发展"孙子文化论坛】 9月10日，"孙子兵法·创新·发展"孙子文化论坛在广饶县举办。本届论坛由山东孙子研究会、山东国际孙子兵法研究交流中心、广饶县人民政府主办，广饶孙子文化研究中心承办，论坛主题为"孙子兵法·创新·发展"。由开幕式暨主旨报告会、圆桌峰会等部分组成。开幕式上，举行"廷录慧场"——《兵法管理大本营》电视栏目启动仪式。来自北京、上海、天津等地的专家学者200余人参加活动。

【第十二届山东国际大众艺术节暨山东省第四届吕剧戏迷票友大赛】 9月24—26日，第十二届山东国际大众艺术节暨山东省第四届吕剧戏迷票友大赛在广饶县举行。由山东省文学艺术界联合会、山东国际大众艺术节组委会主办，山东省戏剧家协会、东营市文化和旅游局、东营市文学艺术界联合会、广饶县人民政府、山东省吕剧院承办。来自全省近百名票友参加。

【大王经济开发区】 至2019年年底，有规模以上工业企业59家，院士工作站1个、博士后科研工作站2个、国家级企业技术中心3个，与中国农科院、中国工程院、德国福伊特等120余家高等科研院所、技术公司建立长期合作关系，100余名国内外知名专家加盟开发区建设。2019年，开发区实现规模以上工业主营业务收入698亿元，完成固定资产投资19.7亿元，利税44.4亿元，进出口总额178亿元。大王经济开发区发展成为亚洲最大的环保型新闻纸生产基地、全国重点子午胎生产聚集地、全省重要的盐化工及石油化工基地、全省无内胎钢制车轮生产基地和全省科技兴贸出口创新基地。

【镇、街道概况】

广饶街道

党工委书记　孙国玉

办事处主任　李洪刚

位于广饶县城驻地，辖区面积82.5平方千米，有耕地4067.04公顷。至2019年年底，辖90个自然村，90个村民委员会；有25195户，10.08万人；其中，女48578人；非农业人口37295人；人口出生率9.58‰，人口自然增长率6.55‰。

2019年，二、三产业增加值分别达到32.45亿元、54.39亿元。工业总产值196.89亿元，实现利税4.93亿元。全年粮食作物播种面积4467公顷，总产3.1万吨；瓜菜583.3公顷，总产5.25万吨；种植业产值6358万元。全年造林66公顷。年末大牲畜存栏2.98万头，猪存栏3956头，羊存栏406只，家禽存栏176.20万只。农村用电量3.42亿千瓦时。财政收入2.93亿元。农民人均纯收入21880元，比上年增加1771元。有中学1所（九年一贯制学校1处），小学1所，在校学生1746人，适龄儿童入学率100%。幼儿园（含托儿所）9处，入园幼儿3820人，入园率100%。有医院1处。

村居名录

城市社区：西苑、孙武、商业、府前、迎宾、月河、阳光、康居、民安、国安；

农村社区：乐民、锦湖、新城；

村民委员会：一村、二村、三村、五村、四村、六村、七村、八村、九村、十村、十一村、十二村、十三村、十四村、十五村、十六村、十七村、十八村、十九村、南三里、张寨、蒋窑、张庄、晋王、朱家、阜城店、桥头王、弓手刘、东李、南高、北高、杨庙、贾家、殷家、都府李、东马、西马、皂户李、西李、梧一、东三里、梧二东、梧二西、梧东、马大、太平、景大、大蒋户、后蒋户、段家、牛李、朱杨、肖家、东北西、颜一、颜二、颜三、柳家、南西、徐楼、贾辛、姜家、蒋口、袁家、任王、安家、马疃、苏王、前燕、后燕、唐王、西北西、高赵刘、杜疃东、杜疃西、儒林、北李、西毛、东毛、巷道、何张、金胡、三角、娘娘庙、蔡家、双庙、东堡、莲花、耿家、张汪。

乐安街道

广饶经济开发区、乐安街道党工委书记，广饶经济开发区管委会主任　田建林

位于广饶县中心区域，辖区面积86平方千米，耕地3490公顷。至2019年年底，辖63个自然村，63个村民委员会，14个农村社区居委会，5个城市社区居委会；户籍人口49029人，人口出生率12.4‰，人口自然增长率6.39‰。

2019年，实现生产总值121.3亿元，其中，三次产业占比为1.7∶82.1∶16.2，一、二、三产业增加值分别达到2.13亿元、99.57亿元、19.65亿元。工业总产值641.4亿元，实现利税33.98亿元。财政收入5.9亿元。农民人均可支配收入21880元，比上年增加1771元。有中学1所，小学2所，在校学生2107人，适龄儿童入学率100%。幼儿园10处，入园幼

儿1250人,入园率100%。有医院1处。

村居名录

城市社区居委会:同和、凯泽、同悦、广凯、广锦、兵圣;

农村社区居委会:西康、东康、黍河、杨家、吴家庙、邵家、常徐、宋王、崔家堤、司家、闫李、綦许;

村民委员会:申盟亭、西十里堡、白坞、牛家、和王、东常、西常、舒家、丁村、守义、西殷、田王、于王、明王、钟家、西袁家、张官前、张官后、东相、西相、崔王、东何、东关、石村、范李、甄庙、榆林、三里、前初、西秦、东秦、张庄、东高、张庙、陈家、左家、西张、韩疃、东南、寺上、中赵、寨村、东王、大尧、西尧、营子、西高、西王、孟家、倪家、北贾、前安王、后安王、东冢头、西冢头、皂户、杜宋前、杜宋后、前安德、后安德、东安德、西花园、东花园、北花园、北朱耿。

丁庄街道

党工委书记　燕居军

办事处主任　燕　飞

位于广饶县东北部,距县政府驻地33.5千米,辖区面积363平方千米,有耕地8535.9公顷,其中,有效灌溉面积8535.9公顷。至2019年年底,辖45个行政村,45个村民委员会;有46645人;人口出生率8.7‰,人口自然增长率2.77‰。

2019年,规模以上工业总产值249.84亿元,实现利税16.17亿元。二、三产业增加值分别达到23.92亿元、14.95亿元。全年粮食作物播种面积1.28万公顷,总产12.45万吨;瓜菜193.8公顷,总产7949.65吨;棉花824.07公顷,总产285.663吨;种植业产值25431万元。全年造林8公顷,森林覆盖率22.7%;林果总产895.1吨;林业产值1429万元。水产品总产量15829吨,渔业总产值3.16亿元;年末大牲畜存栏9946头,猪存栏2.7万头,羊存栏4514只,家禽存栏75.73万只。有中学1所,小学4所,在校学生3743人,适龄儿童入学率100%,幼儿园(含托儿所)15所,入园幼儿1416人,入园率100%。有医院2处。

村居名录

村民委员会:赵嘴东、赵嘴西、朱嘴、南常、北常、后董、辛桥、宋圈、宋院、李屋、马屋、三柳、刘庄、西马楼、丁庄、沙台崖、牛圈、李沧、万二庄、三岔、商庄、祝庄、刘道、小官庄、缪道、刘沧、丁屋、孙屋、万屋、王屋、王署埠、李庄、郭王、东官庄、西官庄、东南坡、尚道、西南寨、河南寨、常寨、北张寨、聂寨、王道、崔道、李道。

大王镇

党委书记　邢少鹏

镇　　长　赵军元

位于广饶县南部,距县政府驻地15千米,辖区面积122平方千米,有耕地5883公顷,其中,有效灌溉面积3300公顷。至2019年年底,辖97个行政村,97个村民委员会;有28960户,95306人;其中,女47794人;人口出生率10.8‰,人口自然增长率2.0‰。

2019年,实现生产总值190亿元,一般公共预算收入11.96亿元,规模以上工业主营业务收入698亿元,进出口总额178亿元。在全国综合实力千强镇排名第56位、蝉联全省第1位。全年粮食作物播种面积3063公顷,总产2.18万吨;瓜菜2058.2公顷,总产16.3万吨。全年造林180.8公顷,森林覆盖率36%。年末猪存栏7345头,羊存栏4848只,家禽存栏153万只。水库2座,总蓄水能力400万立方米。农业机械总动力5000千瓦。有中学2所,小学3所,在校学生9261人,适龄儿童入学率100%。幼儿园(含托儿所)16所,入园幼儿3595人,入园率100%。有医院2处。2019年,大王镇被评为山东省乡村治理试点示范镇,大王示范区入选"2019年乡村振兴齐鲁样板省级示范区"创建名单。

村居名录

村民委员会:南陈官、刘家、鞠家、西李、大王西、新村、吴家、中李、三贤、于巷、李桥东、曲江、周庄、韩桥、李桥西、北辛、赵家、田门、高卜纸、后屯、河沟、王东、郭明田、复兴王、傅家、铁李、田辛、菜园、刘堡、东吕、西吕、邓家、永和、六股、刘集前、小李、刘集后、苏庙、王南、范家、东孙庄、王李、北郭西、南郭、王永槐、东张庄、书房刘、延集、灶户王、红盆、北郭东、任楼、魏庄、高解、李园、张齐、巩家香坊、吕庄、崔家河崖、崔寨、贾王、前郭、王镇、冯庄、耿集、纪庄、孟集、北张淡、东庄子、西营、卧石西、东北街、西卧石、军屯、东营、大张淡、荣庄、卧石东、东卧石、后贾、前贾、宋璩、韩璩、李璩、叶璩、杨璩、黄店、黄璩、苏刘、张枣、西辛、明庄、吕道口、封庙、杨庄、韩庄、东辛。

稻庄镇

党委书记　李光辉

镇　　长　李团结

位于广饶县东部,距县政府驻地10千米,面积115平方千米,有耕地6698.36公顷,其中,有效灌溉面积6200公顷。2019年底,辖85个自然村,85个村民委员会;有23478户,73696人;其中,女36815人;非农业人口23958人;人口出生率14.07‰,人口自然增长率7.82‰。

2019年,实现生产总值124.48亿元。工业总产值124.48亿元,实现利税1.68亿元。瓜菜216公顷,总产1.73万吨;棉花25.7公顷,总产1吨。猪存栏7423头,羊存栏2807只,牛存栏561头,家禽存栏219万只。财政收入3.27亿元。有中学2所,小学3所,在校学生5241人,适龄儿童入学率100%。幼儿园(含托儿所)17所,入园幼儿2188人,入园率100%。有医院1处。

村居名录

村民委员会:稻一、稻二、稻三、冯口、王口、南禹、北禹、闫口、贾刘、孙家、西家、北孟、南寨、石家、西杜、东杜、鞠刘、高湾、淄河店、庞项、东水、长行、段一、段二、段三、西水、高柳、陈坡、大店、南店、北店、王家大营、陈家大营、高家大营、项家大营、任家大营、三合、新河、三水口、胜利、印家、韩家、东雷埠、西雷埠、南雷埠、北成、南成、徐家、西大、东大、徐湾、灰堆、庞家、邢家、孙庄、东朱营、西朱营、宋店、岔河、东袁、高庙、刁炉、皂李、城坞、广小张、南孟、徐楼、陈官、叶家、马楼、辛庄、郭家、佛王、圈子、纪家疃、项庄、侯家、高刘、小高刘、燕寨、宋寨、小营、东杨家、南塔、北塔。

李鹊镇

党委书记　李麦林

镇　　长　任荣昌

位于广饶县南部，距县政府驻地5千米，面积66.5平方千米，有耕地4793.5公顷，其中有效灌溉面积4793.5公顷。至2019年年底，辖57个自然村，57个村民委员会；有11392户，39062人；其中，女19428人；非农业人口1135人；人口出生率11.88‰，人口自然增长率4.6‰。

2019年，实现生产总值18.74亿元，其中，三次产业占比为27.7∶31.2∶41.1，一、二、三产业增加值分别达到5.2亿元、5.84亿元、7.7亿元。工业总产值54.13亿元。瓜菜1351公顷，总产9.88万吨；种植业产值51291万元。全年造林72公顷，森林覆盖率19.4%；林果总产17.3吨；林业产值560万元。年末大牲畜存栏359头，猪存栏2236头，羊存栏927只，家禽存栏164.2万只；畜牧业总产值1.94亿元。水产品总量153吨，渔业总产值696万元。财政收入6484万元。农民人均纯收入21572元，比上年增加1510元。有中学1处，小学2处，在校学生1820人，适龄儿童入学率100%。幼儿园（含托儿所）7处，入园幼儿780人，入园率100%。有医院2处。电话普及率达到每百人92部。小康水平指数达到100%，有57个村达到小康水平。先后被评为“全国生态文明先进镇”“山东省卫生乡镇”“东营市全域旅游示范镇”等称号。

村居名录

村民委员会：安里、鲍家、车家、拐子、梨园、西店、西孙、西张庄、张郭一、张郭二、张郭三、北水、东水、西水、郭老、郭辛、黄东、黄西、十里、王庄、赵庄、东耿、西耿、小张、赵寺、南杨家、苏家、太和一、太和二、太和三、东辛张、董家、后里东、后里西、南西里、皮里、前里、唐家、西辛张、西杨庙、段家、沟头、后大张、李西、李东、前大张、西大张、南赵、北赵、崔刘、东堡、西堡、东柳、郝家、前艾家、西柳、小郭家。

大码头镇

党委书记　张树卫

镇　　长　朱　宁

位于广饶县东北部，距县政府驻地25千米，面积130.29平方千米，有耕地8636.3公顷，其中，基本农田8342.1公顷，有效灌溉面积8636.3公顷。至2019年年底，辖37个自然村，37个村民委员会；有17738户，5.2万人，其中，女25120人；人口出生率11.06‰，人口自然增长率5.49‰。

2019年，实现生产总值17.77亿元，实现二、三产业总值12.17亿元，其中，二、三产业增加值分别达到6.48亿元、5.69亿元。工业总产值17.3亿元。全年粮食作物播种面积0.7万公顷，总产8.4万吨；瓜菜43公顷，总产9537万吨；棉花758.5公顷，总产251吨。全年造林240公顷，森林覆盖率20%，林业产值1000万元。年末大牲畜存栏463头，猪存栏4530头，羊存栏1772只，家禽存栏76.68万只。水库1座，总蓄水能力320万立方米。农业机械总动力10.95万千瓦，农村用电量1862.31万千瓦时。财政收入3963万元。有中学2处，小学3处，在校学生3880人，适龄儿童入学率100%。幼儿园（含托儿所）10所，入园幼儿1120人，入园率100%。有医院1所。电话普及率每百人98部。

村居名录

村民委员会：桑科一、桑科二、桑科三、前桑、房家、西燕、蒋官、李官、石碑、乌河、西刘桥、小刘桥、西河口、东河口、东流桥、北辛、大码头一、大码头二、大码头三、小码头前、小码头后、央上一、央上二、央上三、央上四、央上五、新立、屋子、东燕、东常徐、小丁家、义和、高港、杨宅、东北坞、南堤、北堤。

花官镇

党委书记　李圣田（2019年8月离任）

镇　　长　岳建伟

位于广饶县北部，距县政府驻地15千米，面积117.3平方千米，有耕地6600公顷，其中有效灌溉面积6600公顷。2019年底，辖39个自然村，39个村民委员会；有14902户，43069人，其中，女21415人，非农业人口8958人；人口出生率10.4‰，人口自然增长率5.9‰。

2019年，工业总产值12.53亿元，销售收入12.9亿元，实现利税1182万元。全年粮食作物播种面积11765.6公顷，总产17.65万吨；瓜菜1000公顷，总产2.2万吨；棉花264.8公顷，总产163吨。全年造林130公顷，林果总产3吨；林业产值50万元。年末大牲畜存栏600头，猪存栏1.01万头，羊存栏1882只，家禽存栏309.09万只。水产品总量60吨，渔业总产值100万元。在校学生4787人，适龄儿童入学率100%。幼儿园（含托儿所）9所，入园幼儿1487人，入园率100%。有医院1处。电话普及率每百人98部。小康水平指数100%，39个村达到小康水平。

村居名录

村民委员会：花官、草李、张杨、古道东、南口、北口、杨王、洛程、东刘、门圈、大桓台、东赵、西桓台、温楼、草桥北、岳六、古道西、草刘、重兴李、草桥南、周楼、雒家、生金李、来家、西薛、后勤、王庄、张铺、东薛、前勤、油坊、西齐、李楼、芬李、司田、封家、闫家、张刘、于家。

陈官镇

党委书记　庞广志

镇　　长　许志国

位于广饶县北部，距县政府驻地25千米，辖区面积108平方千米，有耕地5983公顷，其中，有效灌溉面积5380公顷。2019年底，辖26个自然村，26个村民委员会；有9120户，26121人；其中，女13057人；非农业人口4001人；人口出生率10.55‰，人口自然增长率4.05‰。

2019年，实现二、三产业增加值分别达到6284万元、4.75亿元。工业总产值10.2亿元。全年粮食作物播种面积8274.34公顷，总产3.62万吨；瓜菜23.93公顷，总产856吨；棉花585.31公顷，总产95万吨。全年造林438公顷；林果总产40吨；林业产值32万元。年末大牲畜存栏1907头，猪存栏0.5万头，羊存栏2393只，家禽存栏50万只。水产品总量148吨，渔业总产值540万元。水库1座，总蓄水能力2302万立方米。农业机械总动力6.37万千瓦，农村用电量311万千瓦时。一般公共预算收入2855万元。全镇农村居民人均可支配收入20109元，比上年增加1794元。有中学1所，小学1所，在校学生小学807人，初中1020人，适龄儿童入学率100%。幼儿园（含托儿所）6所，入园幼儿630人，入园率100%。有医院1处。电话普及率每百人98部。小康水平指数100%，26个村达到小康水平。

村居名录

村民委员会：高斗、董斗、孙斗、杨斗、李斗、高店、芦李、张家、孟庄、燕儿、董庄、杨桥、李家、陈官、东齐、碑寺、梯门、北户、小刘、大刘、斜里、坡南、卧佛、北赵、黄家、古家。

（广饶县党史研究中心　方梅）

利　津　县

市委副书记、县委书记　陈必昌

县　　长　张晓彬（女）

【国民经济和社会发展综述】 利津县因邑有永利镇、东津渡而得名，金代明昌三年十二月（1193年1月）建县。利津县位于山东省东北部，渤海西南岸，黄河近口段左侧。全县总面积1301.02平方千米，辖8个乡镇街道，510个村民委员会，10个居民委员会。全县年末常住人口30.04万人。

2019年，全年实现生产总值221.46亿元，按可比价计算增长7.9%，增速较上年提高3.2个百分点。第一产业增加值25.94亿元，同比增长0.4%；第二产业增加值108.07亿元，增长11.8%；第三产业增加值87.45亿元，增长4.9%。三次产业结构由上年的11.9∶48.2∶39.9调整为11.7∶48.8∶39.5。全县规模以上固定资产投资完成额同比增长0.2%。一般公共预算收入18.01亿元，比上年增长10.2%。一般公共预算支出30.04亿元，增长1.8%。至年底，全县本外币各项存款余额（不含工商银行）174.63亿元，比年初减少5.79亿元；贷款余额（不含工商银行）151.89亿元，比年初减少2.18亿元。全县社会消费品零售额增长1.6%。实现外贸进出口总额152.63亿元，下降3.8%。

2019年，实现农林牧渔业增加值29.41亿元，比上年增长1.4%。其中，农业增加值15.16亿元，下降0.1%；林业增加值0.16亿元，增长2.6%；牧业增加值8.61亿元，增长15.2%；渔业增加值2.02亿元，下降28.5%;农林牧渔服务业增加值3.46亿元，增长8.2%。全县粮食作物播种面积6.63万公顷，下降0.9%。粮食总产量33.69万吨，下降10.3%。棉花播种面积1.05万公顷，增长13.4%。棉花总产量（皮棉）6883吨，增长4.2%。蔬菜播种面积4537公顷，下降6.4%。蔬菜总产量19.36万吨，下降8.3%。瓜类播种面积3000公顷，增长16.1%。瓜类总产量13.98万吨，增长27.8%。全县造林1193公顷，其中，用材林1034公顷，经济林（果树）69公顷，防护林90公顷。达标国家森林乡村4个，省级森林村居6个，市级森林乡镇1个，市级森林村居34个。

规模以上工业总产值同比不变价增长5.9%。16个行业大类中有11个行业实现增长，增长面68.8%。规模以上工业增加值增长12.7%。规模以上工业营业收入、利税、利润分别下降0.8%、26.2%、72.3%。全县工业累计用电19.80亿千瓦时，同比增长4.7%。全县资质以内建筑施工企业完成建筑业总产值7.39亿元，增长4.0%。其中，建筑工程产值6.92亿元，增长4.6%。签订合同额10.85亿元，增长25.3%；完成建筑业竣工产值5.52亿元，增长2.5%。

2019年，全县服务业增加值占GDP比重39.5%，对经济增长的贡献率24.3%，拉动GDP增长1.9个百分点。规模以上服务业企业实现营业收入9.2亿元，下降11.2%；利润总额下降61.1%。全县交通运输、仓储和邮政业实现增加值7.51亿元，下降2.7%。全县首家出租车公司成立运营、投放新能源出租车40部，更新新能源公交车45部。年末全县通车公路里程1835千米，其中，干线公路里程112.7千米，农村公路1722.3千米。全年邮政业务总量3397万元，增长22.9%。电信业务总量1.53亿元，年末全县固定电话用户1.08万户，移动电话用户16.06万户，互联网用户6.43万户。全年实现旅游总收入5.1亿元，增长41.6%；接待游客54.4万人次，增长42.0%。旅游景区3处，其中，国家AAA级旅游景区3处。年末有旅行社3家，旅行社门市部4家。

全县规模以上固定资产投资完成额同比增长0.2%。第一产业投资同比下降45.2%；第二产业投资同比下降17.2%；第三产业投资同比增长7.9%。新建投资同比下降23.7%；扩建投资同比增长387.1%；改建和技术改造投资同比增长40.4%。房地产开发完成投资13.40亿元，同比增长64.3%。商品房施工面积80.01万平方米，增长54.0%。房屋销售面积12.70万平方米，下降27.4%。商品房销售额7.68亿元，下降10.1%。

全县新注册国内商标437件，新注册地理标志证明商标3件，有效发明专利拥有量96件，增长12.8%；知识产权贯标企业6家。

全县实现居民人均可支配收入26273元，比上年增长8.3%；人均消费性支出17670元，增长7.6%。城镇居民人均可支配收入40512元，增长6.8%；人均消费性支出23130元，增长6.3%。农村居民人均可支配收入18706元，增长8.7%；人均消费性支出13919元，增长8.4%。全县城镇职工养老保险参保人数36573人，其中，机关事业单位养老保险7944人，企业养老保险28629人。职工医疗保险参保人数28868人。失业保险参保人数21167人。工伤保险参保人数25816人。城镇职工基本养老保险基金征缴收入3.66亿元，其中机关养老保险1.48亿元，企业养老保险2.18亿元。城镇职工基本医疗保险基金征缴收入1.25亿元。失业保险基金征缴收入908.8万元。工伤保险基金征缴收入575万元。城乡居民养老保险参保人数10.10万人，征缴城乡居民养老保险基金1.2亿元。城乡居民医疗保险参保人数24.56万人。征缴城乡居民医疗保险基金1.92亿元。城市低保标准提高到每人每月620元，农村低保标准提高到每人每年5400元。各类养老服务设施78处，其中，养老机构8处，农村幸福院62处，城市社区日间照料中心8处，养老床位达2700张。城乡最低生活保障对象4814户、6450人，孤儿和重点困境儿童基本生活费标准由每人每月720元提高至920元。社会救助惠及贫困群众10158人。改造棚户区371套、农村危房111户。新建社区养老服务中心2处，改造提升乡镇敬老院5处。对农村供水入户终端水价进行补贴，改造供水管网15.3千米。

实施东津幼儿园、南宋小学建设等5项工程，新建改造校舍8.6万平方米；组建运行利津县高级中学；2019年，全县有普通高中2所，专任教师606人，在校生4910人；职业学校1所。初中13所，专任教师1307人，在校生8784人；小学15所，专任教师1010人，在校生9581人；幼儿园41所。更新配置公共体育健身器材688件。篮球、足球等体育协会10个，俱乐部13家，规模性全民健身站点300余个。县文化艺术中心投入使用。县图书馆全年借阅图书16余万册，接待读者人次40万余人次，馆藏纸质图书达到14.4万册。县博物馆接待社会群众近4万人次。举办群众广场文化活动22场、民间文艺展演2场、文化惠民下乡演出1023场、公益电影放映6120场。建设县中心医院新院区、县二院新院区，建成投用一体化村卫生室20处。年末全县拥有各级各类医疗卫生机构47家(不含村卫生室)，病床1115张，卫生技术人员557人。儿童建卡建证率100%，持证接种率100%，免疫接种率97.72%。

【经济发展】 全年实现地区生产总值、一般公共预算收入两项指标增幅均居全市第1。发放就业创业补贴320.2万元、创业担保贷款4.35亿元，落实企业援岗补贴政策27家，年内新增城镇就业2262人。发布银企互信名单2批，为14家企业应急转贷2.59亿元，年末金融机构本外币各项贷款余额245.95亿元，剔除不良贷款核销因素影响，实际增加17.6亿元。实施和储备重点项目233个，列入省市重点和优选项目30个，累计完成投资108.6亿元。设立“双招双引”政府直投基金5亿元，获批地方政府专项债额度13.25亿元，顶格减征税费5.14亿元。引进中国化学、龙净环保等一批世界500强企业项目，在建招商项目61个，累计到位外来投资51.59亿元。争取市级以上支持政策18项，竞争性资金3.42亿元，纳入中央和省、市投资计划盘子项目29个。

【新旧动能转换】 发展化工新材料、装备制造、节能环保、新一代信息技术、康养文旅、生物、商贸物流、现代高效农业八大主导产业，初步形成“一核一带三区五园”发展格局。工业技改投资增长93.4%，利华益集团熔融态双酚A项目竣工投产，高端化工产值占比46.7%、超过炼油产业成为全县第一大主导产业。利华益集团、维远化学公司通过省化工重点监控点认定。推进颐高新经济产业园，入围全省第一批“现代优势产业集群+人工智能”融合发展方向试点企业2家、项目2个；开展环保产业“一园四基地”建设，“四新”经济投资占比66.4%。高新技术企业11家，高新技术产业产值占比提高6.9个百分点。与山东特检集团、青岛大学联合建立产学研基地，新增市级以上科技创新平台21家，13家企业入选国家科技型中小企业信息库，3家企业被认定为“专精特新”企业，利华益集团入围省“十强”产业集群领军企业，康宝公司获全省制造业单项冠军。争取市级以上创新试点示范23项，完成改革事项103项。全领域无差别“一窗受理”改革和政务服务标准化试点通过省级验收，工程建设领域“一局主办·一章审批”制度落实。新注册市场主体7147户，增长118.2%。完成规模企业规范化公司制改制31家。

【乡村振兴】 整合涉农资金4.8亿元。启动编制示范片区专项规划，加快沿黄乡村振兴发展带、3个乡村振兴示范片区建设，陈庄镇临河片区入选省级乡村振兴示范片区，北宋镇入选全省首批乡村振兴示范镇，利津县被列入全省财政金融政策融合支持乡村振兴试点县。推进北宋镇金河滩等4个田园综合体建设，实施智联农创等一批现代农业产业园项目，治理耕地3666.67公顷，发展设施农业80公顷，入选全省乡村振兴重大项目库3个。举办首届黄河口滩羊产业发展论坛等活动，培育市级金牌农产品2个，新增“三品一标”认证8个。推进农村人居环境整治三年行动,创建市级以上美丽村居建设试点村8个、美丽乡村示范村9个,改造提升“四好农村路”68.3千米,304个村实现村内道路“户户通”,301个村燃气入户通气,农村卫生厕所智能化长效管护平台投入运行,被评为全省创建“四好农村路”示范县。实施沾利河综合治理、王庄灌区续建配套节水改造等水利工程13项,搭建农村基层防汛预报预警体系。建成乡镇新时代文明实践分中心7个、村居实践站110个,打造志愿服务品牌21个。建设乡村振兴培训学院,培训新型职业农民2075人,创建“新六产”示范经营主体13家,带动农民流转规模化经营耕地1.74万公顷,入选全国第三批率先基本实现主要农作物生产全程机械化示范县。

【三大攻坚战】 投资622.96万元实施“十有八达标”改造工程,为12712人购买扶贫特惠保险,选派1671名机关干部实现贫困户“一户一人”包帮全覆盖。制定出台黄河滩区贫困人口差异化扶贫政策,设立扶贫孝善基金。推进黄河滩区19个村旧村台改造提升,“四个率先”典型案例在全省推广。建立污染防治攻坚体系,空气质量优良天数达到235天、同比增加24天。开展“绿满凤凰城·美丽新利津”国土绿化行动,新增造林1193.33公顷,创建市级以上森林乡镇1个、森林村居40个,王庄沙区林场被认定为山东省规模化生态林场、获“全国生态建设突出贡献先进集体”称号。实施金融动能转换三年行动计划,累计核销不良贷款21.03亿元。维远化学公司进入省证监局辅导备案,奔月生物科技公司登录“新三板”,中阳股份连续三年入选“新三板”创新层。政府隐性债务率比上年压减5个百分点。建立城乡一体、全域覆盖、上下联动的网格化工作体系,在全市率先完成上级交办信访积案化解,安全生产事故起数、死亡人数同比分别下降33.3%、50%。北宋派出所被命名为全省公安机关“枫桥式公安派出所”,利津县被省委、省政府表彰为全省国庆70周年安保维稳工作先进县。

【城市功能】 入围全省国土空间总体规划编制试点,完成初步成果编制,四类村庄划分做法在全省推广。实施重点城建工程29项,新建改建雨污管线13.8千米、供暖管线12.2千米,新增和提升绿化面积18万平方米,津二路、利三路、滨河大道建设改造工程竣工通车。黄大铁路利津段、疏港铁路进入试运行阶段,国道220大修工程完工。通过国家卫生县城省级验收。在全市率先完成数字城管一体化建设,入选全省四星级新型智慧城市建设试点县。成立全县首家出租汽车公司,开通城市公交、城际公交,优化城乡公交,更新45部新能源公交车。维修人行道3.3万平方米,新建口袋公园7处。利津黄河大桥收费站迁建工程投入使用。

【乡镇、街道概况】

凤凰城街道(利津经济开发区)

党工委书记　赵　琦

办事处主任　李广谱

位于利津县南部,辖区总面积64平方千米,辖43个自然村,43个村民委员会,2个居民委员会。2019年底,全街道有5472户,总人口19070人,其中,女9932人。新出生人口273人,人口出生率12.2‰;死亡人口79人,人口死亡率3.5‰,人口自然增长率8.7‰。

2019年,农林牧渔业总产值4.05亿元,农林牧渔服务业产值2.67亿元。工业主营业务收入423.8亿元;工业利润总额4.8亿元;工业利税总额13亿元;公共财政预算收入1.35亿元,比上年增长5.5%。全街道农作物总播种面积4020公顷,粮食作物播种面积1596公顷,粮食总产量2.4万吨;棉花种植面积142.67公顷,皮棉总产量76.47吨;瓜果蔬菜种植面积115.8公顷,瓜蔬总产量7717.32吨。年末,片林面积650公顷,森林覆盖率29%;园林水果总产量1225.4吨。年末,猪存栏247头,牛存栏57头,羊存栏50只,家禽存栏3.34万只。有幼儿园1所,幼师22人,入园儿童485人,适龄儿童入园率99.2%。有农村文化大院34个。农村(社区)卫生室(站)11处,乡村医生27人,农村合作医疗覆盖率100%。

村居名录

居民委员会:凤仪、永利;

村民委员会:东潘、大田、东孙、店子、赵庄、双高、大胡、胥家、双李、常家、南楼、庄家、西朱、西李、东尹王、苏楼、陈家、柏茂张、小高、牟家、徐集、西魏、十里堡、东魏、彭家、西綦、北朱、吴苟李、西尹王、崔湾、前宋、孙家、西冯、前刘、满家、南张、北于、大高、丁坊、姚刘、左家、大庄、小王家。

利津街道

党工委书记　张光军

办事处主任　季宗勇(2019年9月离任)

位于利津县南部,县城驻地,辖区面积116平方千米,辖63个村民委员会,7个城市社区居委会。至2019年年底,有3万余户,常住人口10.7万人。全年出生人口573人,死亡198人。

2019年,规模以上工业实现工业总产值4.52亿元、利润总额1739.8万元、利税总额2615.6万元,分别同比增长25.4%、90.9%、67.3%;限额以上批发和零售业实现销售额2.61亿元,同比下降9.3%;规模以上固定资产投资9个项目完成投资额2.08亿元,同比下降77.3%。公共财政预算收入5860万元,比上年增长5.8%。全街道农作物总播种面积2200公顷,棉花种植面积395.1公顷,皮棉总产量531.7吨;瓜果蔬菜种植面积1030.3公顷,瓜蔬总产量5.26万吨,园林水果总产量3.37万吨。年末,猪存栏1525头,牛存栏221头,羊存栏9696只,家禽存栏30.2万只。水产品总产量

3200吨。有水库4座，总蓄水能力60万立方米。有小学1所，专任教师19人，在校学生145人，小学适龄儿童入学率100%；有幼儿园3所，幼师79人，入园儿童218人，适龄儿童入园率100%。有农村文化大院52个。有卫生院1处，医务人员61人，设床位90张，有农村社区卫生室（站）31处，乡村医生73人，农村合作医疗覆盖率98%。

村居名录

居民委员会：津苑、利城、文昌、津城、凤凰、新合、文苑；

村民委员会：西双井、东双井、后张窝、前张窝、买河、王庄东、王庄西、后十四户、前十四户、姜家庄、扈家滩、小李庄、大李庄、卜庙、西坡、东坡、后宋、刘庄、北张、石家庄、前北街、东南街、豆腐巷子、西关、东关、大北街、东街、黄家、三里、后北街、北关、西南街、孟坦、毕家庄、崔家庄、大马家、大门张、张滩、新合、菜园、官庄、西街、安家庄、崔林、枣园、太平、宋孟、韩牛、西王、韩大庄、蒋庄、宗家夹河、马家夹河、赵家夹河、张家夹河、大刘夹河、小刘夹河、王家夹河、綦家夹河、梁家、庄科、小李夹河、大李夹河。

北宋镇

党委书记　陈建军（2019年9月离任）

　　　　　陈善泽（2019年9月任职）

镇　　长　陈善泽（2019年9月离任）

位于利津县西南部，距县政府驻地8.5千米，辖区面积105.56平方千米，辖72个村民委员会。至2019年年底，有12314户，总人口38162人，其中，女18998人。2019年，全镇出生人口381人，人口出生率9.98‰；人口死亡率6‰，人口自然增长率3.98‰。

2019年，农林牧渔业总产值7.64亿元，农林牧渔服务业产值4861万元。工业主营业务收入1.26亿元；工业利润总额129.2万元；工业利税总额60.2万元；公共财政预算收入2616万元，比上年下降18.27%。农作物总播种面积10379公顷，粮食作物播种面积9000公顷，粮食总产量5.39万吨；棉花种植面积315公顷，皮棉总产量158吨；瓜果蔬菜种植面积1064公顷，瓜蔬总产量4.03万吨。年末，片林面积2577.14公顷，森林覆盖率25.14%；园林水果总产量2800吨。年末，猪存栏5174头，牛存栏848头，羊存栏1853只，家禽存栏97.4万只。有中学1所，专任教师111人，在校学生701人；有小学2所，专任教师102人，在校学生511人，小学适龄儿童入学率100%。有幼儿园4所，幼师79人，入园儿童459人，适龄儿童入园率98%。有农村文化大院72个。有卫生院1处，医务人员75人，设床位50张，有农村（社区）卫生室（站）19处，乡村医生50人，农村合作医疗覆盖率97%。

村居名录

村民委员会：杨董、南贾家、洼张、佟家、碾李、宋集、高家、石门、坊子、滩区单家、南宋、三岔、皂户王、船王、董王、丁家、乡李上、乡李下、林家、刘城、前宫、后宫、小马、五庄、董家、河套李、三合、夏家、冯家、前崔、后崔、张潘马、双合、四图、于家、戴家、道庵、大王、大盖、小郭、许家、西孙、道岔、韩家、潘家、刘家、殷家、贵李、柳高、马家、褚官、边家、前王、后王、翟家、贾家、侯王、后刘、前林、中林、菜于、簸箕刘、坡韩、张家、单家、任田、梁家、王家、北宋、鉴刘、吴家、大牛。

盐窝镇

党委书记　张向阳

镇　　长　裴吉刚

位于利津县中部，距县政府驻地22.5千米，辖区总面积243.61平方千米，辖125个村民委员会。至2019年年底，有25248户，总人口79102人，其中，女39377人。全年人口出生率11.6‰，人口自然增长率4.3‰。

2019年，全镇农林牧渔业总产值18.09亿元，比上年增长9.19%。其中，农业产值8.45亿元，林业产值649万元，牧业产值6.23亿元，渔业产值5338万元，农林牧渔服务业产值2.3亿元。工业总产值7.6亿元，比上年下降57.24%；工业主营业务收入27.66亿元，增长3.77%；工业利润总额-3773.3万元，增长31.17%；工业利税总额2652.35万元；公共财政预算收入5026万元，增长2.13%。全镇耕地总面积1.32万公顷，全年粮食作物播种面积2.29万公顷，总产11.66万吨；棉花787.6公顷，总产皮棉413.4吨；瓜菜2752.4公顷，总产11.04万吨。年末片林面积3835公顷，森林覆盖率24%；林果总产5985吨。年末大牲畜存栏3480头，猪存栏14246头，羊存栏75.8万只，家禽存栏81.9万只。水产品总产量2420吨。有水库26座，总蓄水能力463.9万立方米。有中学3所，专任教师292人，在校学生1612人；有小学5所，专任教师213人，在校学生1592人，小学适龄儿童入学率100%。有幼儿园10处，幼师126人，入园儿童963人，适龄儿童入园率98%。有农村文化大院122个。有卫生院2处，医务人员124人，设床位100张，有农村社区卫生室（站）35处，乡村医生45人，农村合作医疗覆盖率99.9%。

村居名录

村民委员会：刘村、黄村、前邢、后邢、盐西、盐中、新村、马村、西里、东里、新建、魏村、东一、东二、东三、薄村、鲍王庄、大赵、小赵、黄西、黄东、黄南、南三、南一、西后、东后、东洋江、西洋江、大苟、小苟、门家、南二、刘官斗、曹家、杨柳、老董、新董、薛家、夹河、北坝、新合北、前左、后左、十南、十西、十东、乔家、张冯、南十、新合南、台三、盖东、盖中、盖西、台北、台中、台前、八东、八西、滩中、滩东、滩西、坨上、台一、台二、孟北、孟南、南滩、寇家、东坝、永阜西、永阜东、七三、北二、北三、七一、维新、福寿、和平、康宁、南岭、肖家、北一、北岭、七二、单二、南苏、北苏、张旺一、张旺二、张旺三、西虎、东虎、单一、新华、麻湾、张村、陈村、新兴、新城、杨村、拾队、林河、牟里、王洼、郭西、崔庄、扈家滩、小街、王庄、郭东、牛家、联二、联一、东风、青边、顺河、前丰、后丰、甜水、张草、七里、王屋、小陈庄、毕家庄。

陈庄镇

党委书记　扈大强

镇　　长　张志峰

位于利津县北部，距县政府驻地27千米，辖区面积226.9平方千米，辖95个自然村，95个村民委员会。至2019年年底，有20919户，总人口57883人，其中，女29316人。2019年，全镇出生人口645人，人口出生率1.11%；死亡人口366人，人口死亡率0.63%，人口自然增长率0.48%。

2019年，规模以上工业主营业务收入106.06亿元、工业利润总额5478.1万元、工业利税总额1亿元；公共财政预算收入1.29亿元，比上年增长0.04%。全镇小麦播种面积6237.4公顷，总产量5.7万吨；玉米播种面积6666.7公顷，总产量7.2万吨；棉花种植面积1803.4公顷，皮棉总产量2051吨；瓜果蔬菜种植面积1721.5公顷，瓜蔬总产量87790.5吨。园林水果总产量6248.8吨。年末，猪存栏7315头，牛存栏2454头，羊存栏23985只，家禽存栏152.4万只。有中学1所，专任教师210人，在校学生1645人；有小学5所，专任教师174人，在校学生1636人，小学适龄儿童入学率100%。有幼儿园7所，幼师138人，入园儿童1294人，适龄儿童入园率100%。有农村文化大院89个。有卫生院1处，医务人员39人，设床位30张，有农村（社区）卫生室（站）28处，乡村医生57人，农村合作医疗覆盖率100%。

村居名录

村民委员会：治河三、治河四、新韩一、新韩二、新韩三、新韩四、新韩五、新韩六、辛东、辛中、辛西、淤东、卞庄、联合、新胜、灶刘、李呈、公茂、驾屋、六百步、蒋河、前郭、皂坝头、胜利、头段、后郭、前桥、后桥、薄窑、崔范、太阳升、汪二河、新兴、清河、三合、薄家、堐东、堐西、双滩、中古店二、中古店一、二选、郭屋、集贤、新农、韩南一、韩南二、韩中一、韩中二、韩北、立新、草洼子、老鸹岭、四队、崔东、庄科东、庄科中、庄科西、崔西、陈南、陈中、陈北、陈西、陈东、陈北坝、顺兴、治河一西、淤西、治河一东、治河二、傅窝、东新、新建、东方红、爱林一、爱林二、前进一、前进二、崔庄、薄扣、肖庙、一千二、爱国一、爱国二、四段、二段、姜家、季家、临河、新立、道口、新发、西三、东三、索镇。

汀罗镇

党委书记　王乃梅（女，2019年9月离任）

　　　　　季宗勇（2019年9月任职）

镇　　长　李建设

位于利津县东北部，距县政府驻地38.7千米，辖区总面积177平方千米，辖73个自然村，73个村民委员会。至2019年年底，全镇有11478户，总人口35145人，其中，女17448人。2019年，全镇出生人口396人，人口出生率11.27‰；死亡人口246人，人口死亡率7.0‰，人口自然增长率4.27‰。

2019年，规模以上工业主营业务收入1亿元；规模以上工业利润总额-454万元；规模以上工业利税总额-236万元；公共财政预算收入1916万元，比上年增长8.25%。全镇棉花种植面积2713.4公顷，皮棉总产量1359.7吨；瓜果蔬菜种植面积192.3公顷，瓜蔬总产量5624.4吨。园林水果总产量2985.5吨。年末，猪存栏12983头，牛存栏778头，羊存栏7061只，家禽存栏62.8万只。有中学2所，专任教师140人，在校学生804人；有小学2所，专任教师109人，在校学生689人，小学适龄儿童入学率100%。有幼儿园4所，幼师42人，入园儿童419人，适龄儿童入园率100%。有农村文化大院73个。有卫生院1处，医务人员45人，设床位30张，有农村（社区）卫生室（站）14处，乡村医生27人，农村合作医疗覆盖率100%。

村居名录

村民委员会：汀河四二、光前、裕后、中和、芦园、坝头、汀河八、汀河七、汀河东六、汀河四一、汀河二、汀河三、汀河西六、汀河西五、汀河东五、汀河一、金盆、前墩、后墩、毛坨、九龙口、后邵、建华、近滩、斗滩、龙庙、朱家、平江、新安、曹家大滩、罗家、牛家镇、前梁、后梁、邱家、马场、段家、后灶、前毕、林家、韩屋、东宋、北王家、平子、前灶、前崔、后崔、前邵、北韩家、许家、杨庙、灶一、灶二、小广子、南码、毕家咀、西宋一、前关、新华、割草窝、张家嘴、八十八户西、北码三、北码四、灶北、大广子一、大广子二、东王屋、卜庙、北码一、北码二、陈家屋子、西宋二。

明集乡

党委书记　张俊发

乡　　长　赵宝光

位于县境南部，距县政府驻地10千米，辖区总面积118.5平方千米，辖38个村民委员会。至2019年年底，有7270户，总人口19809人。全年出生人口191人，人口出生率9.7‰；死亡人口145人，人口死亡率7.3‰，人口自然增长率2.3‰。

2019年，农林牧渔业总产值3.73亿元，农林牧渔服务业产值5195万元。工业主营业务收入6.64亿元；工业利润总额2299.8万元；工业利税总额2583万元；公共财政预算收入2215万元，比上年增长10.14%。农作物总播种面积7400公顷，粮食作物播种面积8700公顷，粮食总产量2.78万吨；棉花种植面积2000公顷，皮棉总产量1950吨；瓜果蔬菜种植面积1000公顷，瓜蔬总产量3万吨。年末，猪存栏9000头，牛存栏1100头，羊存栏1.2万只，家禽存栏120万只。有中学1所，专任教师80人，在校学生443人；有小学3所，专任教师63人，在校学生456人，小学适龄儿童入学率100%。

有幼儿园4所，幼师51人，入园儿童275人，适龄儿童入园率100%。有农村文化大院38个。有卫生院1处，医务人员39人，设床位15张，有农村（社区）卫生室（站）14处，乡村医生17人，农村合作医疗覆盖率50%。

村居名录

村民委员会：玉皇庙、东堤一、东堤二、东堤三、东堤四、鞠家、房家、小王家、王王、西堤西、西堤东、郑家、明集、董家、齐家、孟家、坡陈、北张、大张、褚家、田家、灶刘、赵家、孔家灶、杨家灶、荆家灶、王家灶、谢家灶、马镇广一、马镇广二、马镇广三、马镇广四、南望参一、南望参二、小望参、东望参、中望参、西望参。

刁口乡

党委书记　王新生

乡　　长　毕延峰

位于利津县东北部，乡政府北濒渤海，距县政府驻地74千米，辖区总面积512平方千米，辖1个村民委员会、1个社区居委会。至2019年年底，有630户，总人口1257人，其中女526人。全年人口出生率11.2‰；人口死亡率8.8‰，人口自然增长率2.4‰。

2019年，全乡实现规模以上工业总产值8.50亿元，主营业务收入7.42亿元，工业利润总额3294万元，工业利税总额5188万元。公共财政预算收入2049万元。农作物总播种面积365公顷，粮食作物播种面积170.1公顷，粮食总产量127.5吨；棉花种植面积191.6公顷，皮棉总产量229.14吨；片林面积54.43公顷；花生种植面积3.3公顷，花生产量5吨。年末，猪存栏167头，牛存栏34头，羊存栏625只，家禽存栏2.86万只。有中学1所，专任教师9人；有小学1所，专任教师11人，在校学生7人，小学适龄儿童入学率100%。有幼儿园1所，幼师3人，入园儿童7人，适龄儿童入园率100%。有农村文化大院1个。有卫生院1处，有农村（社区）卫生室（站）3处，乡村医生3人，农村合作医疗覆盖率100%。

村居名录

村民委员会：渔民；

居民委员会：滨海。

（利津县委党史研究中心　王华民　李翔翔）

人物

全国五一劳动奖章获得者

宋团光 男，1976年8月生，汉族，中共党员，东营华联石油化工厂有限公司维修车间副主任，主要负责公司设备维护管理。工作中善于钻研、不断创新，结合实际操作经验，主导编制设备故障诊断方案，实行规范化检修。发挥熟悉设备运作机理的优势，提出并推行数项技术改造，针对重催装置烟机震动问题提出在线处理方案，年节约资金1000万元；推行在线生产维修制氢转化炉出口调节阀故障，避免停工误产，减少经济损失65万元；改造初低泵运转，解决临界振动和压力供需平衡问题，年节约资金45万元；为减省机泵安装人力，发明制造多功能运输起吊车等，直接促进企业经济发展。工作中注重名师带徒，共享技术资源，2015年负责市级高技能人才创新工作室以来，发挥平台作用，举办设备润滑、防腐及化工设备维护等培训班，培养专业技术骨干150余人，有28人在历年省、市级年度技能大赛中获奖；为生产系统解决技术难题20项，提供优化生产方案8套，申请技术专利15项。先后获"山东省技术能手""东营市五一劳动奖章""东营市最美职工""东营金牌工匠""山东省富民兴鲁劳动奖章"等称号。2019年4月，获"全国五一劳动奖章"称号。

葛海军 男，1980年7月生，汉族，华泰集团有限公司造纸工。先后参与华泰集团万吨轻涂纸项目、25万吨新闻纸生产线、70万吨铜版纸生产线的安装调试工作，实践操作经验丰富，参与开发新产品、研制新设备、探索新技术、优化新工艺，是公司内多工种复合型技术工人。被选入国外引进大型新闻纸生产线安装突击队，参加赴芬兰美卓分公司和德国福伊特分公司学习造纸工艺设备维护、制浆工艺流程及设备维修工作，为大设备安装及维护积累经验。工作中勤于学习，善于钻研，先后参与开发SPCO铜版纸、文化纸、单面铜版纸和亚光铜版纸等品种，组织成立攻关小组，自主设计、参与设备改造、技术更新48项，为企业增效6000余万元。曾因赶进设备安装工期连续几天几夜不休息，而赢得公司"铁人"称号。在自己提升技能的同时，不忘扶持新人共同提高，先后带出徒弟41人次，在车间内形成"比学赶帮超"的浓厚氛围，抄纸工段先后获"东营市青年安全生产示范岗""东营市安全生产十佳班组（工段）"等荣誉称号。他先后获"东营市技术能手""山东省技术能手""东营市五一劳动奖章""山东省劳动模范"等称号。2019年4月，获"全国五一劳动奖章"称号。

山东省富民兴鲁劳动奖章获得者

王海峰 男，1971年10月生，汉族，中共党员，高级工程师，利华益集团股份有限公司副总经理。长期从事技术创新、科技管理工作，推行科技兴企战略。先后完成丁辛醇、苯酚丙酮、双酚A、重油加氢及油品质量升级等20余个项目的可行性研究，参与拟定集团公司"十二五""十三五"发展规划、《化工新材料调研报告》等，为企业转型升级、培育发展动能提供保障。引进美国KBR、日本旭化成等国外先进技术，开发丁辛醇、乙二醇等新项目，优化产品结构、增强市场竞争力。主持组建集团省级重点企业技术中心、博士后科研工作站和院士专家工作站，推进产品研发。拥有自主知识产权新产品19项，获20项国家专利、3项山东省科技进步奖，获评"中国名牌"产品1项、"山东名牌"产品3项。工作之余勤于学习，在国家核心报刊发表论文30余篇，参与多项发明创造。利华益集团先后获山东省企业技术创新奖、山东省产学研合作创新突出贡献企业，被评为中国企业500强、中国化工企业500强、中国自主创新能力行业10强、山东省企业100强、山东省省长质量奖、厚道鲁商品牌形象榜上榜企业。他先后获"东营市优秀科技工作者""东营市五一劳动奖章""东营市优秀工程师"等称号。2019年4月，获"山东省富民兴鲁劳动奖章"称号。

冯俊海 男，1967年5月生，汉族，中共党员，三级高级法官，东营市中级人民法院党组副书记、副院长、机关党委书记。从事审判工作近30年任劳任怨，勤恳务实，依法维护社会经济秩序，为法治建设作出贡献。担任基层法院院长期间，为河口区、东营区分别筹建审判综合楼，不断提升司法管理水平和软硬件设施，实现跨越发展。调入东营市中级人民法院后主抓民商事审判工作。2015年以来，指导审结民商事案件7391件，占全院结案总数的68%；督促审理涉破产金融案件1890件，标的额290.2亿元；参与审结各类知识产权纠纷案件507件；担任审判长参与审理包括3家中国民营企业500强企业在内的大型集团系列破产重整案件105件，主审38件，为建设创新型社会

营造公正高效权威的法治环境。深化家事审判工作改革，推进“道交一体化”平台建设，建立劳动争议裁审衔接机制，提供便民服务；组建破产金融专业化审判团队，实现新旧动能转换对司法保障的需要。工作中勤于学习，积极探索，出版个人专著《法院工作方法论》，获全省法院调研成果二等奖；承担最高人民法院《信息化与审判管理相结合研究》、山东省高级人民法院《司法责任制背景下院庭长监督管理职责的调研》等重点课题，在《法律适用》等核心期刊发表论文多篇。2004年，被山东省高级人民法院记二等功；2005年，被山东省高级人民法院记一等功。2019年4月，获“山东省富民兴鲁劳动奖章”称号。

邢玉艳 女，1974年7月生，汉族，中共党员，高级教师，东营市胜利第一小学语文教师。从教24年来，在推行“家校合育、以班治班”教育管理新模式的情况下，探索研究小学语文教学工作。主持参与研究3项国家级、4项省市级科研课题，其中《少年儿童行为习惯培养的研究与实践》课题获全国一等奖，并在全国会议作典型交流。撰写论文20余篇，在国家级、省级获奖8篇；参与编写《跟着名师教语文》丛书。工作中注重科研成果的普及推广，先后在胜利五中、胜利青山小学等10余所学校主持参与教研活动，累计上市、县级公开课、观摩课、专题讲座30余节次。2013年，主持名师工作室以来，践行“忠诚、立人、求索、致远”的东营教育精神，开展学术研讨近60场，参会教师2000余人次，先后带领22所学校的60余名教师以“小学语文教学目标具体化”为主线开展项目研究，在“汉语拼音整体化教学”“主题阅读教学”“以思维导图提升学生有效阅读研究”等方面取得成果，主持编撰的《快乐学拼音》得到广泛应用，工作室成员获省市级奖项百余人次，多名成员成长为省特级教师、东营名师、市学科带头教师、教学能手等学校主力。她先后获“东营名师”“山东省优秀教师”“东营市教学能手”“东营市五一劳动奖章”等称号。2019年4月，获“山东省富民兴鲁劳动奖章”称号。

巩增利 男，1973年9月生，汉族，助理工程师，山东海科化工集团有限公司仪表班班长。工作中任劳任怨，曾连续加班135个班次，安装调试156台仪表，赶进工期完成预处理装置扩能改造，受到公司表彰。组建“巩增利首席技师工作站”“工匠人才创新工作室”以来，带领团队共同制定大型机组主辅互为备用联锁方案，有效避免因检修或故障造成停机致损；针对重催特阀易发故障，与厂商沟通，增加锁位电磁阀，有效修正特阀失控现象；针对重催提升管热电偶磨损，选用钴基合金材料制作，并增加热电偶保护龟甲网长度，降低磨损；更换大型机组防内漏预埋式铂电阻，彻底解决铂电阻引出线漏油隐患；组织更换硫磺制硫炉炉膛热电偶为吹气式热电偶，使用寿命由6个月增至54个月，年节约资金3.4万元。申请获得“带有防尘及自动照明装置的化工仪表”“具有同步温度测量功能的压力仪表”2项国家专利。发挥传帮带作用，组织开展仪表基础知识、PID参数整定及重催阀故障处理等培训多期，培训员工156人次，带出徒弟10名，组织部门竞赛5次，急训参加山东省技能大赛选手18名。他先后获“东营市技术能手”“东营市首席技师”“山东省有突出贡献技师和齐鲁首席技师”等称号。2019年4月，获“山东省富民兴鲁劳动奖章”称号。

李　利 男，汉族，1988年5月生，技师，山东金开实业集团有限公司技工。工作中秉承“干一行、爱一行”的理念，勤于学习、积极探索，不断提高焊接技术，有丰富的压力容器焊接经验，焊接合格率保持在98%以上。工作中善于钻研，大胆尝试，通过对焊料改良，既降低成本，又提高焊接合格率；通过给钻孔机加装“水循环系统”，既节约用水，又保证生产安全。参与改进“管束防锈处理工艺”，有效减少安全事故的发生；参与设计“U型管弯管装置”和“U型换热器管束防震装置”系统，获实用新型专利。2017年，代表山东省参加中德“山东·巴伐利亚”产业工人焊接技能大赛，获第2名。时任东营市委书记申长友作出“祝贺李利在中德技能竞赛中获奖”的鼓励。他先后获“东营市青年安全生产标兵”“东营市创新能手”“东营市五一劳动奖章”“河口区劳动模范”“东营市最美职工”等称号。2019年4月，获“山东省富民兴鲁劳动奖章”称号。

张志平 女，1973年9月生，汉族，中共党员，高级工程师，国网山东省电力公司广饶县供电公司五级职员。工作中勤恳务实、任劳任怨，以满腔热情投入电力运营维护工作。2018年，完成59项变电、46条35千伏及以上输电线路和81条10千伏配电线路检修消缺，开展4座110千伏变电站、10个通讯站点精益化治理，新建、改造10千伏线路152.3千米、配变240台、配变容量4.88万千伏安，增强配网供电能力。同时注重理论知识学习，撰写的《基于人才、技术创新的信息通信设备安全管理提升》获国

网山东省电力公司优秀管理创新成果三等奖，另有2篇论文获山东省企业管理现代化成果三等奖。组建的信通运检创新工作室被评为国网山东省电力公司优秀创新工作室。平日里实干，关键时争先。2018年，在抗击台风“摩羯”和“温比亚”期间，带头深入110千伏段河变电站、35千伏码头变电站等蓄水严重现场，不眠不休，连续作战，保障线路安全，受到群众称赞。抗风抢险事迹以《广饶：女汉子！她是供电抢修战总指挥》为题在山东电视台《拉呱》栏目播出。先后被国网山东省电力公司授予“农电系统首席工程师”“优秀专家人才”“先进工作者及优秀共产党员”等称号。2019年4月，获“山东省富民兴鲁劳动奖章”称号。

张松房　男，1963年3月生，汉族，中共党员，高级工程师，山东三合实业集团有限公司董事长兼党支部书记。自1986年转业到垦利渤海重质沥青厂起，保持军人本色，雷厉风行、敢拼敢干。1996年，企业面临生产资料转型一度陷入困境，他被推选为企业带头人。自此带领职工开始二次创业。2005年，抓住机遇，投资14亿元建设的10万吨/年特种焦装置、160万吨/年低聚物加氯裂化等项目接连投产达效，促进企业快速发展。企业有员工380人，是刚接手时的10倍多，职工工资增长15倍，上缴利税逐年提高，位于同行业前列。企业发展不忘乡亲，自2002年起，每年开展资助贫困学生、慰问军人等活动，折合捐资120余万元。帮助安置45名退伍军人，出资20万元扶助永安镇西三村脱贫，连续18年慰问村中80岁以上老人，受到乡亲们好评。先后获“东营市优秀中国特色社会主义事业建设者”“东营市企业知识产权工作先进个人”“东营市优秀政协委员”“东营市五一劳动奖章”等称号。2019年4月，获“山东省富民兴鲁劳动奖章”称号。

徐庚祥　男，1962年6月生，汉族，中共党员，东营市总工会党组书记、常务副主席。2008年，调入东营市总工会以来，抓班子、带队伍、当先锋、做表率，带领干部职工履职尽责、干事创业。连续举办13届东营市职工职业技能竞赛，涉及建筑、卫生、橡胶轮胎、造纸等重点行业的150余个项目（工种）；培育劳模和工匠人才创新工作室，将东营金牌工匠纳入全市“招商引资、招才引智”金蓝领聚才提升计划，5年内每人每月享受1000元的市政府津贴；弘扬劳模精神、劳动精神、工匠精神，引导职工为全市经济社会发展作贡献。通过开展“集中要约行动”“查保促”群众性安全生产等活动，实施“十百万”职工心理健康工程，成立东营市工会法律援助服务律师事务团，“推行协商民主、强化社会责任”工作品牌创建、建立企业工会与行政沟通协商机制，维护职工权益，促进企业和谐发展。在全市建立“五级”职工服务网络，夯实帮扶基础，创新开展工会“四季服务”“关爱农民工”行动及“惠员工程”等活动，救助困难职工实现解困脱困。针对职工需求，开展形式多样的文体娱乐活动，引领职工思想动态，丰富职工文化生活，取得良好效果。被东营市委、市政府记二等功二次、三等功三次、嘉奖七次，先后获“山东省优秀工会工作者”“全国优秀工会工作者”等称号。2019年4月，获“山东省富民兴鲁劳动奖章”称号。

郭明娃　女，1977年4月生，汉族，中共党员，副主任医师，东营市第二人民医院王道院区内科主任。工作中兢兢业业，任劳任怨，2014年响应组织号召，报名参加援疆医疗工作。援疆期间，克服当地自然环境不适、语言不通、暴恐频发等困难，树立“汉疆一家亲、援助献爱心”的理念，尊重民俗习惯，与驻院同事和睦相处，治病救人，完成援疆任务，赢得组织和当地群众认可。2017年6月，被任命为东营市第二人民医院王道院区内科主任，家庭医生签约团队队长。带领同事们立足实际，在设备简陋、人员不足的情况下，吃苦在前、加班加点，先招聘人员扩充团队，继而组建呼吸科、心内科、神经科和消经科等专业的综合性内科，为医院发展夯实基础。签约居民1480人，开展医疗便民服务活动，受到百姓称赞。此项工作被山东省卫计委评为“全省优秀家庭医生签约服务先进典型”。她先后获“东营市五一劳动奖章”“山东援疆先进个人”“疏勒县民族团结进步模范个人”“第八批省市优秀援疆干部人才”“东营市最美医生”等称号。2019年4月，获“山东省富民兴鲁劳动奖章”称号。

（市总工会　张梦华）

全国优秀共青团干部

李　扬　女，1980年8月生，汉族，中共党员，东营市人民医院团委副书记。担任团委副书记以来，不断总结经验，加大团建创新力度，健全体系、完善机制、创造环境、锻炼队伍、创新活动、塑造能力，增强基层团组织的覆盖面和凝聚力。依托“智慧团建”系统，规范基础团务、日常工作管理；全力打造“医路同行　助力健康”志

愿服务品牌，推动团员广泛参与志愿服务，医院青年志愿服务队年均服务时长超过8000小时；拍摄纪录型微电影《七一建党，青春献礼——东医青年日记》，视频被团中央主发，点击量超过100万人次。先后获“山东省‘牵手关爱行动’首批志愿者”“山东省优秀共青团干部”“东营市优秀共青团干部”“东营市优秀青年工作者”等称号。2019年5月，被评为“全国优秀共青团干部”。 （团市委　尚晋）

全国农村青年创业致富带头人

刘　超　女，1987年5月生，汉族，大学学历，东营市广饶县张守凤家庭农场有限公司总经理、东营市第八届政协委员、广饶县李鹊镇兼职团委副书记。她毅然放弃国企工作回乡替父经营家庭农场，立志做“新农民”。她坚持走科研创新和规模化发展之路，农场产品之一胡萝卜注册“罗小卜”“红萝贝”商标，通过国家绿色食品认证。家庭农场经营规模140公顷，年生产胡萝卜1万余吨，年收益900万元，带动周边1000多户群众发家致富。农场在齐鲁股交四板挂牌，并被授予“市级示范家庭农场”称号。2019年11月，被共青团中央、农业农村部表彰为“全国农村青年创业致富带头人”。 （团市委　尚晋）

山东省突出贡献中青年专家

李晓亮　山东华泰纸业股份有限公司高级工程师
司留启　山东国瓷功能材料股份有限公司高级工程师
王建林　山东省黄河三角洲水稻产业联盟高等学校教授
周　红　东营市一邦农业科技开发有限公司农艺师

泰山产业领军人才（技能类）

汤海东　中石化胜利油建工程有限公司电焊工

齐鲁首席技师

侯典玉　万达控股集团有限公司中式烹调师
张传慧　山东凤凰制药股份有限公司药物制剂工
张兴瑞　中国石油化工股份有限公司胜利油田分公司油气井下作业中心井下作业工
王海涛　山东万得福实业集团有限公司维修电工
武继才　华泰集团有限公司工业自动化仪器仪表与装置修理工
马广俊　胜利石油管理局有限公司电力分公司送配电线路工
隋爱妮　胜利油田分公司河口采油厂采油工
史学宇　胜利油田分公司石油化工总厂催化裂化装置操作工 （市人力资源和社会保障局　赵子松）

东营市五一劳动奖章获得者

燕家家　山东神驰化工集团有限公司生产技术副总经理
康树波　国网山东省电力公司东营市东营区供电公司六户供电所所长
韩同庆　山东科瑞控股集团有限公司员工
刘智峰　中共东营区委宣传部宣传中心科员
燕中国　东营市东营区第二实验幼儿园党支部书记、园长
马凯军　东营市天正化工有限公司总经理
王立勇　东营华联石油化工厂有限公司维修车间副主任
陈　军　山东富宇化工有限公司焦化车间主任
张俊锋　胜利油田金岛实业有限责任公司技术负责人
陈玉亮　河口区六合街道总工会副主席
尚文顺　东营市泰欣农林发展有限公司总经理
王　涛　国网山东省电力公司东营市垦利区供电公司永安供电所所长
邵长兴　山东汇东新能源有限公司电仪车间电气班班长
于新江　山东垦利石化集团有限公司副总经理
谢春暖　山东省垦利第一中学教师
王福江　东营市宏远纺织有限公司工会主席
李晓亮　山东大王实业股份有限公司董事长
郭　伟　山东齐成石油化工有限公司安全环保部主任
康翠红　兴源轮胎集团有限公司硫化主手
安金海　正和集团股份有限公司生产调度长
王曙光　国家税务总局广饶县税务局党委书记、局长
李华玉　广饶县公安局主任科员
张玉增　广饶县职工服务中心主任
郭玉华　中国邮政储蓄银行股份有限公司利津县支行行长
陈作民　国网山东省电力公司利津县供电公司利津经济开发区供电所所长
赵宝民　利华益集团股份有限公司副总经理
张　萍　山东省利津县第一中学教师
韩友杰　东营市东营区胜利建筑安装工程有限责任公司总经理
田云霞　东营市市容环境卫生处道路清扫队副队长

宋少峰　东营经济技术开发区东凯第二小学支部书记
贾相国　东营市亚通石化有限公司董事长
单嫦琪　东营联合石化有限责任公司质计部化验班长
张黎明　东营齐润化工有限公司重整车间主任
毛云忠　东营市现代畜牧业示范区管理委员会黄河管理区职工
毛金香　中共东营市委党校党史党建教研室副教授
智俊岭　国家税务总局东营市税务局办公室副主任
徐　雷　国网山东省电力公司东营供电公司配电运检室配电运检技术管理员
程志伟　东营市第一中学年级主任
于春梅　东营市实验中学教师
郝　敏　东营市人民医院乳腺甲状腺外科主任
张长瑞　东营市交通运输执法监察支队中级工
刘　杰　东营市市政工程公司技术质检科科员
赵　平　山东金辰建设集团有限公司第一项目部钢筋班班长
刘韶华　东营市水利灌溉管理处高级工程师
王智华　东营市农业科学研究院作物研究所所长
刘明鹤　中国农业银行股份有限公司东营分行行长
刘立军　中国工商银行股份有限公司东营东城支行行长
任良伟　东营银行股份有限公司信贷管理部办事员
许英德　中共疏勒县委员会办公室副主任、东营市对口支援新疆疏勒县工作指挥部综合组组长

（市总工会　张梦华）

东营市有突出贡献的中青年专家

王　强　东营职业学院
张风兴　广饶县丁庄镇中心初中
郭新照　东营市技师学院
赵　慧　东营市教育科学研究院
陈　伟　东营市胜利青山小学
郭东美　东营市胜利锦苑小学
赵汝波　东营市化工学校
李　刚　东营画院
成　波　胜利油田中心医院
姜保恩　东营市人民医院
张丽华　广饶县人民医院
许家磊　山东通和水产有限公司
卜凡敏　山东中天水土资源生态开发建设有限公司
许其华　利津县动物疫病防治监控中心
马向明　东营市科技创新服务中心
王　双　山东九章膜技术有限公司
王海滨　东营方圆有色金属有限公司
王树海　东营市河口区海洋与水产研究所
刘华伟　胜利油田华胜环保产业有限责任公司
朱铁军　胜利石油管理局有限公司新能源开发中心

东营市首席技师

王立平　国网山东省电力公司东营市垦利区供电公司
王　伟　国网山东省电力公司利津县供电公司
刘晓东　中石化胜利石油工程有限公司渤海钻井总公司
刘　鹏　中国石油化工股份有限公司胜利油田分公司油气集输总厂
孙广辉　山东华星石油化工集团有限公司
李栋杰　山东万得福实业集团有限公司
邹　波　中石化胜利油建工程有限公司
范长江　山东胜邦管道科技有限公司
尚荣武　万达控股集团有限公司
崔树芹　东营市技师学院
蔡　飞　中国石化集团胜利石油管理局有限公司胜利发电厂

（市政府办公室）

东营市三八红旗手

宋新叶　东营区胜利街道兰赵村党支部委员、妇联主席
边轶男　东营区机关事务管理局派驻龙居镇司家村第一书记
王　丛　东营区妇联办公室科员
常国燕　河口区妇联党组副书记、主任科员
杨同花　河口区义和镇梁家村妇联主席
马　艳　垦利区委宣传部副部长
丁双双　垦利区财政局综合预算股股长
孙秀荣　东营明天进出口有限公司董事长
董　梅　广饶县妇联党组书记、主席
景爱英　广饶县发展和发改局副主任科员
盖海霞　广饶县广饶街道妇联主席
燕振玲　广饶县稻庄镇妇联主席
郭洪丽　利津县纪委常委
刘　芳　利津县第一中学英语教师
刘小敏　东营市华莹服饰有限公司经理、明集乡马三村妇联主席
邵金芳　市法院政治部副主任、审判员
毛金香　市委党校教师
于　芳　市妇联办公室主任科员
马东辉　市教育局信息中心科员
李全花　市交通运输执法监察支队综合科科长

朱岩芳　市自然资源局林业技术指导站副站长
李文静　东营经济技术开发区管委会群工部科员
黄岩岩　市现代畜牧业示范区党政办公室副主任
许霞义　市税务局法制科副科长
王德静　市供热管理处工程师
于娜娜　市东城医院预防接种科主任
相　洁　东营黄河三角洲动物乐园管理有限责任公司工会分会主席
贾志梅　东营市爱心救助中心秘书长
高金明　东营爱心大姐家政服务有限公司家政服务员
尹玉翠　市纪委派驻第四纪检组秘书科副科长
赵建玲　市建筑设计研究院设计所所长、高级工程师
薄其芳　市人民医院优生遗传科主任
石雪梅　市国土资源局东营经济技术开发区不动产登记中心正科级干部
宿　婕　市晨阳学校课程部主任
王娟娟　河口区新户镇中心小学教师

(市妇联　王文瑾)

附录

东营市2019年国民经济和社会发展计划

一、2018年国民经济和社会发展计划执行情况

2018年，在市委的坚强领导下，全市各级坚持以习近平新时代中国特色社会主义思想和党的十九大精神为指导，深入学习贯彻习近平总书记视察山东重要讲话、重要指示批示精神，全面落实国家和省市各项决策部署，攻坚克难，扎实工作，全市经济总体保持平稳发展。全年经济增长4.5%，规模以上工业增加值增长3.8%，一般公共预算收入增长5%，社会消费品零售总额增长8.5%，进出口总额增长20.2%，城镇居民人均可支配收入、农村居民人均可支配收入分别增长7%和7.6%，均达到或基本达到计划目标。

（一）新旧动能加快转换，产业转型成效逐步显现。制定出台新旧动能转换重大工程实施意见和实施规划，健全推进运行机制，实施和储备优选项目144个，各项工作全面展开，推动产业加快转型。农业方面。新增新型农业经营主体258家，省级现代农业产业园1个、省级田园综合体1个，实施康华海洋牧场等过亿元项目5个，史口、龙居等5个乡镇和50个村纳入全省乡村振兴“十百千”示范创建工程。工业方面。实施市级重点项目29个，石化、有色金属、高端石油装备纳入省级产业集群转型升级示范，6家中小企业成为省级“隐形冠军”。深入实施“互联网+”，培育云服务商13家，上云企业超过2000家。化工生产企业评级评价扎实开展，推动38家落后低效企业退出。高端石化产业基地建设扎实推进，威联芳烃等重大项目前期工作进展顺利。服务业方面。实施了黄河三角洲大数据港等过亿元项目18个。大力发展电子商务，利津县北宋镇获批首批山东省“电商小镇”，在京东商城开辟了广饶农产品特色馆，新增村级电商服务站3家。加快发展旅游业，新增3A级以上景区9家。

（二）改革创新深入推进，发展活力逐步释放。一是供给侧结构性改革不断深入。帮助16家企业申请进口原油使用资质，15家获批，核准用油数量3455万吨/年；督促2家石化企业淘汰落后炼油产能330万吨，节约标准煤4.7万吨。全市各类商品房库存面积561.7万平方米，同比下降20%，去化周期11.5个月，减少6个月。全市棚户区改造开工6208套，发放城镇住房保障家庭租赁补贴1417户，政府投资公租房分配率达到97%。二是重点领域改革扎实推进。“放管服”改革稳步推进，市级公布“一次办好”事项1460项，完成“3545”改革任务。商事制度改革成效明显，新注册市场主体3.7万户。社会信用体系建设进展顺利，市级公共信用信息系统一期已建成，启动企业信用承诺机制，企业承诺网上公示233家。投融资体制改革不断深化，新增“新三板”挂牌企业6家，新增区域股权交易市场挂牌企业31家，完成规模企业规范化公司制改制140家。96.4%的村居完成农村集体产权制度改革，县级农村产权交易市场全部投入运营。三是创新能力逐步增强。获批创建国家创新型城市，新增省级以上科研机构40家、高新技术企业55家，新增中国驰名商标1件、山东名牌产品7个、马德里国际商标287件，每万人发明专利拥有量达到8.28件。

（三）攻坚行动扎实推进，开放合作不断扩大。一是三大攻坚战成效显著。加大生态环境污染整治力度，狠抓中央和省环保督察反馈问题整改，实施了一批水气土污染治理项目，省控以上河流稳定达到五类水质，二氧化硫平均浓度下降47.1%，$PM_{2.5}$、PM_{10}平均浓度分别下降14%、13%，环境空气质量综合指数改善率居全省第1位。扎实推进脱贫攻坚，全市扶贫基金累计支出431万元，补助救助贫困人口8302人。104个扶贫工作重点村全部达到巩固提升标准，61%的贫困村建成美丽乡村。利津县黄河滩区旧村台改造一期、二期工程全面开工建设，为全省同类工程提供了示范。坚持政监银企联动，一企一策化解资金风险，依法打击恶意逃废金融债务、非法集资等行为，有效维护了金融秩序稳定。二是开放合作迈上新台阶。全市完成进出口1627.9亿元，增长20.2%，综合竞争力列外贸百强城市第56位。新批外商投资企业13家，实际使用外资10.6亿元。新批境外投资企业（机构）13家，股权收购4家，实际对外投资3.8亿元。东营区列入首批省级外贸转型升级试点。三是“双招双引”力度不断加大。组织召开高规格动员大会，启动实施“双招双引”三年行动计划，全市在建招商引资项目278个。7批84人入选“黄河三角洲学者”。“双百引才”录用博士15人、硕士68人。

（四）城乡面貌持续改善，基础设施建设不断加强。入选全球首批国际湿地城市，修复自然保护区湿地1.1万亩。“三年增绿”计划圆满收尾，完成造林9.1万亩。开展城市精细化管理十大专项行动，拆违拆临成效显著。国家方志馆黄河分馆、市档案馆投用，南一路快速路竣工通车，中心城442个小区单位完成雨污分流改造，东城商贸城综合整治、西城管道燃气等市政工程完工，新建成地下综合管廊7.5公里。中心城区建设改造湿地公园3个、街头游园和口袋公园19个，广利河森林湿地公园向市民开放。实施农村人居环境整治，新改建“四好农村路”240公里，农村无害化卫生厕所建设扎实推进。基础设施建设稳步推进。京沪高铁二

通道天津——东营——潍坊段预可研报告通过专家审查，东营港疏港铁路、10万吨级航道建设进展顺利。油气管网、供电设施等加快建设。胜利机场航班达到20个、通航城市12个，中国商飞C919大飞机成功转场东营试飞。

（五）社会事业稳步发展，民生保障进一步强化。城市低保标准提高到每人每月600元，农村低保标准提高到每人每年4800元，基础养老金标准提高到每人每月163元。全市城镇新增就业5.16万人，城镇登记失业率2.54%。稳定物价各项政策措施落实到位，居民消费价格上涨2.8%。新改建中小学37所、幼儿园26所。市民健康信息中心平台建成投用，组建医联体19家。胜利油田"四供一业"及其他办社会职能移交、共建石油大学胜利学院扎实推进，胜利职业学院恢复办学，农高区、综合训练基地加快改革发展。省级食品安全城市、农产品质量安全市创建成效明显，全国文明城市复审、国家公共文化服务体系示范区创建通过验收。强力推进扫黑除恶，全力打造"雪亮工程"，群众安全感明显提升。加强涉油储运等重点行业领域整治，生产安全事故起数、死亡人数实现双下降。10件民生实事完成年度任务。

二、2019年经济社会发展走势分析和主要预期目标

2019年是新中国成立70周年，是决胜全面建成小康社会第一个百年奋斗目标的关键之年，是全面落实市委六届四次全会部署的开局之年。从国际看，世界正处于百年未有之大变局，国与国之间既合作又对抗、既携手又冲突、矛盾斗争此起彼伏。全球经济复苏态势不明朗，欧元区、日本经济景气度均现下行，新兴市场危机担忧骤增，"逆全球化"思潮不断升温，贸易保护主义抬头，IMF自2016年7月以来首次下调全球经济增长预测。从国内看，我国正处于发展方式的变迁阶段，深层次结构性矛盾在外部冲击下更加显性化，经济运行稳中有变、变中有忧，经济下行压力有所加大。从全省看，我省正处于结构的深度调整期、瓶颈的突破期和动能转换的胶着期，外部不确定性和内部动力不强交织并存，传统产业调整转型和新经济势强力弱交织并存，实体经济困难和要素保障趋紧交织并存。从我市看，传统产业增长放缓，新经济尚未形成有效支撑，市场信心总体偏弱，企业投资意愿不足，人才、资金、土地等要素趋紧，经济保持稳定增长的不稳定不确定性增加。

同时也要看到，我国发展仍处于大有可为的重要战略机遇期，发展拥有足够的韧性、巨大的潜力，经济长期向好的态势不会改变。国家继续实施积极的财政政策和稳健的货币政策，持续推进供给侧结构性改革，进一步稳就业、稳金融、稳外贸、稳外资、稳投资、稳预期，国内市场信心有望进一步恢复。省委、省政府坚持深化改革，创新引领，全力推进新旧动能转换、乡村振兴、海洋强省等重大战略，持续释放支持实体经济高质量发展等政策措施红利，全省经济活力将进一步增强。市委六届四次全会明确了今后一段时期全市发展的目标定位和思路举措，新时代东营发展的目标任务正在迅速落实，传统路径依赖正在逐步打破，新产业新动能正在积蓄发力，改革开放和体制机制创新带来的活力正在迸发，全市经济持续健康发展的基础逐步夯实。

综合以上因素，2019年全市国民经济和社会发展主要预期目标是：经济增长6%左右，规模以上工业增加值增长6%左右，社会消费品零售总额增长7%左右，一般公共预算收入增长5%，城乡居民人均可支配收入分别增长7%左右，全社会固定资产投资保持平稳增长，进出口总额、吸收外商直接投资保持适度增长，城镇登记失业率控制在3.5%以内，居民消费价格涨幅控制在3%左右。全面完成省下达的约束性指标。

三、2019年经济社会发展的重点任务和措施

按照"抓紧抓实六个机遇"和"五个牢牢把握"要求，突出融合、聚焦、开放"三大战略"，项目建设、"双招双引"、环境打造、金融动能转换"四项重点工作"和五个"三年行动计划"，全力抓好各项任务目标落实。

（一）抢抓新旧动能转换机遇，推动产业转型升级。一是推动特色产业做强做优。石化产业，重点优化产业布局，整合全市炼油能力，加强与大型国企央企合作，积极争取布局炼化一体化项目，同步论证实施一批"高化尾"项目。支持原油加工企业参与全省石化产业整合。坚持"港区融合、三位一体"，统筹东营港、东营港区、河口蓝色经济产业园、河口仙河镇、利津刁口乡规划管理，加快打造鲁北高端石化产业基地核心区。橡胶产业，引导轮胎企业注重品牌、强强联合，集中培育行业龙头企业。石油装备产业，推动骨干企业与国企合作重组、与外资企业合资合作，提高创新能力和智能制造水平。有色金属产业，依托骨干企业进一步提高冶炼水平，延长产业链条，向高强高导的铜合金材料、高性能金属材料发展。新材料产业，实施国瓷特种陶瓷材料、利华益高端工程塑料等重点项目，规划建设国瓷新材料产业园，积极引导石化、有色金属等企业向新材料领域延伸发展，加快形成千亿级产业集群。二是推动优势产业发展壮大。加快发展现代高效农业，坚持用工业化理念推进农业现代化，引进一批农业龙头企业，实施好智慧农业物联网硅谷、华澳大地牛奶小镇等重点项目，建设8处以上市级标准化生产基地，新建3个市级产业园。组织实施好国家农村产业融合发展"百县千乡万村"试点示范工程及全省乡村振兴"十百千"示范创建工程。加快发展文化旅游业，实施"旅游富民"三年行动计划，引进华侨城等旅游龙头企业，集中打造黄河口生态旅游区和沿黄、滨海两条精品线路。充分发掘文化资源，提升旅游文化内涵，实施黄河口文旅小镇等重点项目，开通湿地观鸟科普游线，依托现代海洋牧场平台等新载体，在观览河海交汇景观上率先突破。三是推动未来产业快速起步。加快培育生物医药产业，积极培育生物化工、制药化工、精细化工及其配套产业，实施天东公司依诺肝素钠等重点项目。加快培育航空航天产业，完善航空

航天产业园规划，加快中国商飞东营试飞基地建设，全力推进空客再交付中心等项目。同时，积极发展电子商务、现代物流等现代服务业，加快发展服务贸易，实施中科创新广场、鲁北铁路物流园等重点项目。实施海洋强市建设行动，重点培育海洋渔业、海洋装备、海洋生物医药等产业，做好经略海洋文章。四是大力支持和鼓励创新。突出企业创新主体地位，以创建国家创新型城市为抓手，健全产学研一体化创新机制，支持高校院所在我市设立研发、实验等方面实体机构，支持培育一批具有行业引领能力的重点实验室、技术创新中心、工程研究中心、企业技术中心和工业设计中心。落实科技企业孵化器产权分割政策，引导支持社会力量创办各类专业孵化器、众创空间。扎实推进国家知识产权强市创建和中国（东营）知识产权保护中心建设。加强质量品牌建设，推进国家质量强市示范城市创建工作。着力培育企业家和创新型人才队伍，让重视科技、崇尚创新在全社会蔚然成风。

（二）抢抓深化改革开放机遇，进一步激发发展活力。一是全面深化重点领域改革。深化“放管服”改革，进一步向县区、市属开发区放权，实现“市县同权”。抓好“一次办好”改革重点任务落实。加快园区改革，按照“大部制、扁平化”和“企业化管理、市场化运作”思路，全面实行以“KPI”考核为核心的目标管理和绩效考核办法，激发园区发展活力。推进实施“金融动能转换”三年行动计划，围绕重点领域精准施策、系统推进，促进经济金融深度融合。加强社会信用体系建设，率先将银行用信余额5亿元以上企业相关信息纳入银企互信专项系统，加快构建全市公共信用信息平台“大系统”。深入开展“双随机、一公开”抽查，加强市场主体经营异常名录管理，全面构建联合奖惩机制，推进守信联合激励和失信联合惩戒协同机制。抓好公共资源交易平台建设，提高运行管理水平。深化国企国资改革，优化资本布局结构，推进县区经营性国有资产统一监管。二是不断加大“双招双引”力度。全面实施“双招双引”三年行动计划。加强产业链招商，围绕省“十强产业”、市“5+2+2”产业体系等，引进一批建链、延链、补链、强链项目，推动中国一汽华东智能网联汽车试验场、广汽新能源汽车等项目尽快落地。充分发挥开发区、园区重要作用，引进一批高端产业项目。围绕“产才融合”，实施“双百引才计划”“百千万聚才计划”等引才计划，组织好“东营学子家乡行”等活动。深入推进“黄河三角洲学者”等重大人才工程。三是着力扩大开放合作。实施“境外百展市场开拓计划”，深层次全方位布局国际市场。积极发展跨境电商等外贸新业态新模式，加快推进易瑞等省级外贸新业态主体建设。加快企业“走出去”步伐，支持企业深度融入京津冀协同发展战略和“一带一路”建设，引导企业加强境外资源能源的战略合作。抓好东营综合保税区建设运营，积极推进B区申请工作。

（三）抢抓绿色发展机遇，着力强化生态建设。抓好中央、省环保督察反馈意见和“回头看”移交问题整改，持续治理非法调和销售成品油、挥发性有机物、危废固废、空气异味、城市扬尘等突出问题。实施生态环境保护和“四减四增”三年行动计划，打好8场标志性战役，全面落实河长制湖长制湾长制，加强环渤海排污口排查整治，实施93个水气土污染治理项目。严格执行生态保护红线管理要求，优化能源结构，加快淘汰落后产能，推动低碳发展。实施东八路生态环境综合整治工程，年内贯通登州路、菏泽路等5条中心城水系。加快自然保护区保护力度，修复湿地3万亩。坚持宜湿则湿、宜林则林，新增造林7.5万亩。

（四）抢抓需求持续扩大机遇，抓紧抓好项目建设。一是突出抓好项目调度推进。全力抓好2019年市重点项目、水气土污染治理项目、市财政投资计划项目、民生实事项目推进实施。落实“3+N”“1+N”等机制，对重点项目落地、建设过程中的困难和复杂问题进行快速决策。进一步优化审批流程，积极推行容缺审批、多评合一等模式，健全审批服务代办机制。二是积极扩大有效投资。落实好中央和省市民营企业座谈会精神和促进民间投资稳定增长的各项政策措施，鼓励民间资本投向基础设施、社会事业等领域，支持具备相应行业资质的民营企业参与政府主导重大建设项目。落实好支持实体经济高质量发展及各级减税降费措施，有效降低企业生产经营成本。加强政银企合作，推进银企互信企业名单制管理工作，加大对优质诚信企业的金融支持。三是加快重大基础设施建设。加快京沪高铁二通道天津——东营——潍坊段前期工作，力争年内开工建设黄河高铁大桥；黄大铁路（东营段）年内建成，东营港疏港铁路年底达到试运营条件。加快推进东青高速扩容改造前期工作；长深高速广饶至高青段、东青高速何官互通立交建成通车。完成东营港南防波堤、10万吨级航道工程主体，加快推进10万吨级液体散货泊位建设。加快原油成品油管网建设，实现21家炼化企业厂厂通。加密胜利机场至上海、广州、深圳等城市的航线，尽快实现东营至一线城市当天往返。

（五）推进城乡融合发展，切实改善城乡面貌。一是加强城市规划建设。坚持产城融合、多规合一，扎实推进新一轮城市总体规划修编工作，形成“一主一副一次三组团、多地区中心”格局。促进县城和小城镇品质提升、创新发展，培育一批各具特色的魅力城镇。支持河口区与东营港区协同发展，支持广饶县争先进位，推动利津县跨越发展。加强中心城区房地产用地管理，健全土地熟化机制，规范土地供应。打通华山路等8条断头路，建设一批小绿地、小公园。加大依法拆违拆临力度，不断提升精细化管理水平。扎实推进国家生态园林城市创建，确保顺利通过验收。二是着力推进乡村振兴。按照“产业兴旺、生态宜居、乡风文明、治理有效、生活富裕”的总要求，全力实施乡村振兴战略。推进农村人居环境整治三年行动，加快城乡基础设施互联互通，推进基本公共服务均等化。加强县乡公路建设改造，推进城乡交通运输一体化。巩固燃气村村通成果，鼓励使用地热等清洁取暖。完善农村厕所后续管养机制，建设188处农村生活垃圾污水处理设施。实施124个农田水利基本建设项目，推进田水路林综合治理。加快推进黄河南展区新型农村社区建设。大力培育新型农业经营主体。深入推进农村集体产权制度改革，完善农村产权交易体系。三是推进区域融合协调发展。推进油地深度融合发展，围绕城市建设、安全环保、社会事业等领域，谋划实施一批新的共建项目；强化油地信息合作，优化整合油地各职能部门的信息、生产要素，实现信息共享共融；积极开展人力资源对接合作，完善合作机制、扩大合作领域，用足用好区域人才资源。支持军队建设改革，深化双拥共建，促进军民融合深度发展。加强退役军人管理和服务保障体系建设，切实维护军人军属合法权益。

（六）抢抓补齐短板机遇，持续保障改善民生。打好精准脱贫攻坚战，健全长效机制，对脱贫退出的贫困户持续落实帮扶政策和措施，确保稳定脱贫不返贫。全力支持黄河滩区建设发展，在全省率先高水平完成黄河滩区旧村台改造提升。落实更加积极的就业创业政策，完善全市统一的服务平台，重点解决好高校毕业生、农民工、退役军人等群体就业。深入实施全民参保计划。适度提高居民医保财政补助标准，完善医保支付制度，扩大居民长期照护试点范围。加强城乡低保和特困群体救助工作。优先发展教育事业，新改建一批城乡幼儿园、中小学，支持高等教育、职业教育加快改革发展，鼓励社会力量兴办教育。积极推进健康东营建设，深化公立医院综合改革，组建市中医院、市传染病医院、市精神卫生中心，开工建设市妇幼保健中心综合楼；深入开展爱国卫生运动，通过国家卫生城市复审，积极创建全省首批健康城市。巩固省级食品安全城市创建成果，加强食品药品监管。大力发展文化事业，实施基层公共文化服务效能提升工程。统筹发展群众体育、竞技体育和体育产业，办好国际马拉松赛、公路自行车赛和市第十一届运动会，创建国家全民运动健身模范市。深入实施养老服务提升行动，建设15处城市社区养老服务中心，促进医疗卫生和养老服务融合发展。实施“夯实基层基础”三年行动计划，提高基层社会治理能力和水平。加强和改进新形势下信访工作，用心用情解决群众合理诉求。加强“平安东营”建设，深化“雪亮工程”应用，积极创建全国禁毒示范城市，纵深推进扫黑除恶专项斗争。加快构建“四位一体”诚信体系，打造诚信法治社会环境。以创建全省安全发展示范城市为契机，持续加强危化品、道路交通、建筑施工、海上作业、公共场所等重点领域整治，加强风险隐患双重预防体系建设，提高应急管理能力，确保安全生产形势持续稳定。着力办好市民便捷出行、整治中心城内涝等13件民生实事。进一步做好人口计生、妇女儿童、综合治税、人民防空、职业病防治、流动人口服务管理、人才、气象、老龄、档案、禁毒、消防、海防、防震和减灾救灾等工作。

附件：东营市2019年国民经济和社会发展计划主要指标

东营市2019年国民经济和社会发展计划主要指标

指标名称	计算单位	2018年		2019年	
		完成	增长(%)	计划	增长(%)
一、地区生产总值*	亿元	4152.5	4.5	—	6左右
二、规模以上工业增加值*	亿元	—	3.8	—	6左右
三、全社会固定资产投资	亿元	—	-10	—	平稳增长
四、社会消费品零售总额	亿元	867	8.5	—	7左右
五、一般公共预算收入	亿元	244.6	5	—	5
六、进出口总额	亿元	1627.9	20.2	—	适度增长
七、吸收外商直接投资	亿元	10.6	-32.9	—	适度增长
八、城镇居民人均可支配收入	元	47912	7	—	7左右
九、农村居民人均可支配收入	元	17485	7.6	—	7左右
十、城镇就业					
城镇新增就业人数	万人	5.16	—	3.3	—
城镇登记失业率	%	2.54	—	3.5以内	
十一、节能环保					
二氧化硫排放量	万吨	完成省下达任务		完成省下达任务	
化学需氧量排放量	万吨				
氨氮排放量	万吨				
氮氧化物排放量	万吨				
十二、居民消费价格涨幅	%	2.8	—	3左右	—

*生产总值和规模以上工业增加值指标，绝对额按当年价格计算，增幅按可比价格计算。

2019年东营市国民经济和社会发展统计公报

东营市统计局　国家统计局东营调查队

2020年3月25日

2019年，全市上下在市委、市政府坚强领导下，以习近平新时代中国特色社会主义思想为指导，深入学习贯彻党的十九大和十九届二中、三中、四中全会精神，全面贯彻落实习近平总书记对山东工作重要指示要求，坚决贯彻党中央国务院、省委省政府决策部署，坚持稳中求进工作总基调，牢牢把握新时代东营发展目标定位，担当作为，狠抓落实，"六稳"工作有序推进，动能转换成效显著，高质量发展态势日益巩固，经济社会发展取得新成绩，全面建成小康社会取得新进展。

一、综合

经济运行总体平稳。初步核算，全市实现生产总值(GDP)2916.19亿元，按可比价格计算，比上年增长4.2%。其中，第一产业增加值145.73亿元，增长0.5%；第二产业增加值1675.11亿元，增长4.0%；第三产业增加值1095.35亿元，增长4.9%。三次产业结构为5.0∶57.4∶37.6。人均生产总值134022元，按年均汇率折算为19428美元。

就业形势基本稳定。新增城镇就业5.53万人，比上年增长7.1%。城镇人口登记失业率2.6%，低于3.5%的全年控制目标。

市场物价温和上涨。居民消费价格比上年上涨2.9%，八大类商品和服务项目价格"五升三降"。工业生产者出厂价格下降1.2%，工业生产者购进价格下降2.2%。

表1　2019年居民消费价格指数(以上年为100)

指　　标	累计指数
居民消费价格总指数	102.9
食品烟酒	108.2
衣着	97.1
居住	103.8
生活用品及服务	99.9
交通和通信	97.9
教育文化和娱乐	101.0
医疗保健	101.2
其他用品和服务	102.4

常住人口平稳增长。年末全市常住人口217.97万人，比上年末增加0.76万人。其中，城镇常住人口150.93万人，比上年末增加1.07万人。常住人口城镇化率为69.24%，比上年末提高0.20个百分点。

市场主体活力增强。年末实有各类市场主体24.36万户，比上年增长24.0%；注册资本(金)7407.12亿元，增长19.1%。其中，年末实有各类企业7.49万户，增长18.6%；注册资本(金)7107.55亿元，增长18.7%。实有个体工商户16.58万户，增长27.0%；注册资本(金)227.80亿元，增长41.2%。

二、农业

农业生产稳步增长。实现农林牧渔业增加值159.03亿元，按可比价格计算，增长1.2%。其中，林业增加值2.02亿元，增长5.4%；牧业增加值35.50亿元，增长6.6%；农林牧渔服务业增加值13.30亿元，增长8.6%。

畜牧业平稳发展。肉蛋奶总产量69.64万吨，比上年增长7.4%。其中，肉类总产量26.13万吨，增长12.9%；奶类总产量40.14万吨，增长10.0%；禽蛋产量3.37万吨，下降35.2%。

表2　2019年猪牛羊家禽存出栏情况

指标	单位	绝对数	比上年增长(%)
猪存栏	万头	51.56	-38.6
牛存栏	万头	12.79	18.7
羊存栏	万只	89.83	22.8
家禽存栏	万只	2733.86	32.2
猪出栏	万头	84.47	-21.5
牛出栏	万头	4.52	9.1
羊出栏	万只	151.06	12.5
家禽出栏	万只	12718.95	31.5

新型农业经营主体健康发展。农业龙头企业682家、农民合作社2471家、家庭农场2018家、农业生产社会化服务组织378个。积极引导各类新型农业生产经营主体有序流转土地，促进了土地适度规模化经营，全市土地规模化经营比重达到65%。规模以上农产品加工业产值610.01亿元，是农林牧渔业总产值的2.2倍。

农村集体产权制度改革扎实推进。1739个村(居)完成农村集体产权制度改革任务，占涉农村(居)总数的99.3%。其中，1735个农村集体经济组织完成登记赋码，获得统一社会信用代码。开展农村集体股权质押贷款试点，全市累计实现村集体经济组织分红2.14亿元。

乡村振兴战略深入实施。规划建设7个市级乡村振兴示范片区，实施重点项目61个，完成投资18.6亿元。扎实推进农村人居环境整治，清理农村生活垃圾41.3万吨，清理村内水塘1882口，清理农业生产废弃物7.9万吨；畜禽规模养殖场设施配建率达96.7%，粪污综合利用率达91.73%；农作物秸秆综合利用率达94.4%；路网提档升级工程完工235.739公里，自然村通达工程完工47.54公里，200个行政村完成“户户通”建设任务；建设市级“美丽庭院”示范村5个，建成美丽庭院示范户2.6万户；全市农村生活垃圾无害化处理率达到97%以上；283个村庄完成农村生活污水治理。

三、工业和建筑业

工业生产稳中向好。全部工业增加值1617.78亿元，比上年增长4.3%。规模以上工业增加值增长4.4%。其中，轻工业下降5.9%，重工业增长5.3%。重点行业中，电气机械和器材制造业增长30.7%，橡胶和塑料制品业增长12.1%，有色金属冶炼和压延加工业增长9.5%，农副食品加工业增长8.6%，石油加工业增长7.0%，化学原料和化学制品制造业增长6.5%。重点产品产量中，液化石油气增长51.3%，聚丙烯树脂增长45.6%，乳制品增长25.4%，原油加工量增长21.2%。

表3　2019年规模以上工业增加值增长速度

指　　标	比上年增长(%)
规模以上工业总计	4.4
#轻工业	-5.9
重工业	5.3
#制造业	5.4
#国有企业	1.5
集体企业	-95.1
股份制企业	4.5
外商及港澳台企业	6.6
其他经济类型企业	1.7

表4　2019年规模以上工业主要产品产量及增长速度

产品	单位	产量	比上年增长(%)
原油	万吨	2225.98	-0.2
天然气	亿立方米	4.87	1.4
发电量	亿千瓦时	118.76	10.0
原油加工量	万吨	5058.02	21.2
汽油	万吨	916.35	0.9
柴油	万吨	1228.36	-18.0
燃料油	万吨	331.15	-25.5
液化石油气	万吨	705.41	51.3
小麦粉	万吨	18.94	-10.8
饲料	万吨	35.89	-4.6
乳制品	万吨	28.27	25.4
饮料酒	万千升	0.13	-44.1
纱	万吨	10.98	-18.8
机制纸及纸板	万吨	151.26	2.6
烧碱	万吨	187.39	-0.4
聚丙烯树脂	万吨	28.14	45.6
子午线轮胎外胎	万条	10143.14	16.6
塑料制品	万吨	12.05	-6.0
十种有色金属	万吨	80.11	-0.8
电力电缆	万千米	20.92	5.4

建筑业实现较快增长。具有资质等级的总承包和专业承包建筑业企业320家。完成建筑业总产值256.87亿元，比上年增长14.7%。其中，国有及国有控股企业建筑业总产值77.3亿元，增长4.7%；非国有企业建筑业总产值179.57亿元，增长19.6%。

四、固定资产投资和房地产

投资结构持续优化。固定资产投资比上年下降32.6%，降幅较前三季度收窄13.6个百分点。其中，第一产业下降62.7%，第二产业下降36.0%，第三产业下降26.6%。新开工5000万元以上项目268个，较上年增加33个。“四新”经济投资占比达40.6%。

房地产市场健康发展。房地产完成投资185.41亿元，比上年增长10.9%。其中，住宅投资157.56亿元，增长23.7%。房屋施工面积1460.39万平方米，增长11.4%。其中，住宅施工面积1167.58万平方米，增长12.7%。竣工面积323.68万平方米，下降2.1%。其中，住宅竣工面积284.52万平方米，增长11.4%。商品房销售面积264.45万平方米，下降12.9%。其中，住宅销售面积248.03万平方米，下降11.9%。

五、国内外贸易

消费市场总体平稳。社会消费品零售总额比上年增长2.2%。其中，限额以上市场零售额比上年下降12.7%，限额以下比上年增长6.8%。从消费区域看，城镇消费品零售额增长1.9%；乡村消费品零售额增长4.1%。从消费形态看，批发业增长5.0%；零售业增长2.5%；住宿业增长3.7%；餐饮业下降4.4%。

外贸结构不断优化。完成进出口1629.15亿元，比上年下降0.6%。其中，出口342.76亿元，下降7.1%；进口1286.39亿元，增长1.3%。从贸易方式看，加工贸易出口107.03亿元，下降29.6%；一般贸易出口211.28亿元，增长7.3%。从出口市场情况看，对亚洲出口148.90亿元，下降4.1%；对欧洲出口61.57亿元，下降1.4%；对非洲出口51.38亿元，增长6.5%；对大洋洲出口10.08亿元，下降3.9%；对北美洲出口36.13亿元，下降34.5%；对拉丁美洲出口34.22亿元，下降6.7%。从重点出口商品看，橡胶轮胎出口195.41亿元，下降2.6%；石油装备出口30.81亿元，下降5.2%；化工产品出口39.30亿元，下降4.6%，汽车零部件出口13.59亿元，下降19.7%；电解铜出口4.8亿元，下降70.8%。

对外合作成效显著。全市对外承包工程新签合同额38.07亿元，完成营业额13.49亿元，同比下降21.0%，外派劳务105人。新批境外投资企业(机构)14家，实际对外投资3.39亿元。

六、交通、邮电和旅游

交通运输条件进一步改善。完成公路旅客运输量436万人次，比上年下降31.9%。公路旅客运输周转量92763万人公里，下降3.5%；公路货物运输量6926万吨，增长3.6%，公路货物运输周转量1471299万吨公里,增长2.1%。完成水路货运量56.47万吨,货运周转量18956.76万吨公里,分别增长5080.7%、5741.5%。胜利机场完成旅客吞吐量88.05万人,增长27.4%;综合货邮行吞吐量3319.8吨,增长21.3%。东营港共完成货物吞吐量5835.82万吨。

年末等级公路通车里程9279.81公里,干线公路里程902.88公里,国道432.19公里,省道470.70公里,县道620.27公里,乡道1631.48公里,专用公路1254.87公里,村道4870.31公里。

*邮政电信业快速发展。*完成邮政行业业务总量6.88亿元,比上年增长21.2%。其中,邮政寄递服务业务量累计完成5092.86万件,增长21.3%;快递服务企业业务量累计完成2104.01万件,增长33.0%。电信业务总量127.24亿元,比上年增长49.8%。拥有光缆9.92万皮长公里,通信管道管程0.78万公里,移动通信基站14557个,其中4G基站9231个。网络覆盖能力不断增强,城市宽带接入端口达到132.49万个,农村宽带接入端口99.04万个。固网交换机容量49.4万门,固定电话用户数34.78万户。移动交换机容量455万门,移动电话用户数291万户。

*旅游业蓬勃发展。*全市A级旅游景区56家。其中,5A级景区1家,4A级景区7家,3A级景区35家,2A级景区13家。旅行社及分社108家。其中,5A级旅行社3家,4A级旅行社2家,3A级旅行社23家。星级饭店24家。其中,五星级2家,四星级7家。全年实现旅游总收入205.7亿元,增长12.7%。游客总人数2017.7万人次,增长9.5%。其中,入境游客消费4559.43万美元,增长0.3%;入境游客人数6.51万人次,增长2.2%。

七、财政、金融和保险

*财政收支保持稳定。*完成一般公共财政预算收入245.10亿元,比上年增长0.2%。从收入构成看,税收收入172.18亿元,下降2.6%;非税收入72.93亿元,增长7.4%。税收收入占财政收入的比重为70.2%。从主要税种看,增值税69.37亿元,增长2.1%;企业所得税18.02亿元,下降3.5%;城市维护建设税13.60亿元,下降12.1%;契税11.24亿元,增长18.0%。一般公共预算支出306.19亿元,与上年基本持平。其中,教育支出57.61亿元,增长8.4%;一般公共服务支出38.45亿元,增长19.1%;社会保障和就业支出28.19亿元,增长7.9%;卫生健康支出25.13亿元,增长11.6%。

*金融运行总体稳健。*年末全市本外币各项存款余额3865.71亿元,比年初增加139.19亿元;各项贷款余额3252.15亿元,比年初减少313.33亿元。人民币各项存款余额3813.34亿元,较年初增加167亿元;人民币各项贷款余额3190.84亿元,较年初减少294亿元。年末全市普惠金融领域贷款余额281.5亿元,全年新增37.6亿元。

*保险事业健康发展。*全年保费收入108.77亿元,比上年增长9.3%。其中,人寿险保费收入79.00亿元,增长10.2%;财产险保费收入29.77亿元,增长7.9%。各项赔款与给付21.35亿元,增长5.5%。其中,人寿险赔款与给付4.01亿元,增长10.9%;财产险赔款与给付17.34亿元,增长4.3%。

八、教育和科学技术

*教育事业稳步发展。*全年普通小学适龄儿童入学率100%,巩固率100%。全市参加高等教育自学考试考生8023人,比上年增加977人;毕业272人,比上年增加98人;在籍高等教育自学考试考生3.6万余人。全年参加夏季高考14813人,比上年增加1155人;参加春季高考3887人,比上年减少276人。

创新驱动战略深入实施。《创新型城市建设三年行动计划(2020—2022)》通过论证,新增高新技术企业57家。221家科技型中小企业获科技部备案,292家企业通过省级科技型中小微企业备案,89家企业通过高新技术企业专家评审。

*创新平台建设加快推进。*新增省级农科驿站7家、市级农业科技园区3家、批准建设市级农业科技园区6家,新备案院士工作站7家,新认定市级重点实验室43家、市级技术创新中心10家,新备案市级科技企业孵化器11家、众创空间15家。全市现有省级重点实验室5家,市级重点实验室116家,院士工作站21家,省级以上工程技术研究中心41家,市级以上科技企业孵化器15家、众创空间27家。

*科技成果转化成效显著。*全市技术合同成交额达到56.9亿元;全年完成科技成果评价248项;我市企业单位获国家科学技术奖励7项、山东省科学技术奖励8项。

九、文化、体育和卫生

*文化事业向好发展。*全市共有专业文艺团体4个,社会文艺团体292个,庄户剧团180个,创作并演出剧(节)目174个,文艺演出5100场,观众近220万人次。共有文化馆6个,职工96人,举办展览51次,组织文化活动720次,举办各类培训班4369次,培训学员31.19万人次。共有公共图书馆6个,藏书总量318.4455万册,新增图书18.6246万册,举办展览86次,讲座260次。共有电影放映单位28个。其中,汽车影院1个;城市影院21个,全年票房收入7939.29万元;农村公益电影放映队6个,全市共放映农村公益电影21492场,观众达百万人次。

*体育事业高质量发展。*积极创建国家级全民运动健身模范市,实施公共健身设施提升优化工程,投入600余万元,为全市农村、社区配套更新健身器材2733件,为7个试点社区安装智能化健身器材91件。成功举办2019黄河口(东营)国际马拉松赛、公路自行车赛两大品牌赛事,马拉松赛被国家体育总局评为“国家体育产业示范项目”;自行车赛成为中国自行车协会在我省举办的第一个国际C类赛事。成功举办全市第11届运动会,共310支队伍5338名运动员参赛,打破17项全市纪录。加快发展体育产业,推动

体育与文化旅游融合发展，体育彩票销售达5.51亿元。

医疗卫生服务水平继续提升。全市拥有各级各类医疗卫生机构838家（不含村卫生室）。其中，医院和卫生院97家，疾病预防控制机构6家，专科疾病防治院（所）3家，卫生监督机构6家，妇幼卫生机构7家，采供血机构1家，社区卫生服务机构106家，门诊部、个体诊所、卫生所、医务室590家，计划生育技术服务机构15家，其他卫生机构7家。卫生机构实有床位数13238张。其中，医院和卫生院12379张，妇幼卫生机构160张，社区卫生服务机构569张，专科疾病防治院（所）130张。全市区域内国家免疫规划疫苗全程接种率为94.6%，65岁及以上老年人规范健康管理率为71.8%。

十、城乡建设、生态环境和安全生产

城乡面貌焕然一新。完成东八路生态环境综合整治等重点工程，建成海绵城市建设面积40.3平方公里。优化城区路网结构，打通城市断头路19条。开展国家生态园林城市创建，被正式命名为国家生态园林城市。推进美丽村居建设，6个村庄被列为省级美丽村居建设试点，25个村庄公布为市级美丽村居建设试点。完成农村危房改造236户、建成农村公厕141座。

生态环境显著改善。加大环境污染整治力度，全力推进蓝天保卫战各项任务进展，空气综合指数保持全省第5位，细颗粒物（$PM_{2.5}$）、空气优良率全面完成省下达的任务。国控地表水考核断面水质优良（I–III类）比例、劣V类比例均达到年度考核要求，化学需氧量、氨氮、二氧化硫、氮氧化物四项污染物削减进度超额完成减排任务。

安全生产形势平稳。全年共发生各类生产安全事故40起、死亡41人，分别比上年下降14.9%、25.5%，事故起数和死亡人数保持“双下降”。全年未发生较大及以上生产安全事故。亿元GDP生产安全事故死亡率0.014。

十一、居民生活和社会保障

城乡居民生活明显改善。城镇居民人均可支配收入51128元，比上年增长6.7%；人均消费性支出30730元，增长6.3%；年末人均现住房建筑面积43.89平方米。农村居民人均可支配收入19013元，增长8.7%；人均消费性支出14344元，增长8.2%；年末人均现住房建筑面积46.07平方米。

表5　2019年居民人均可支配收入及增长速度

指标名称	城镇居民		农村居民	
	绝对值(元)	比上年增长(%)	绝对值(元)	比上年增长(%)
可支配收入	51128	6.7	19013	8.7
工资性收入	35545	6.1	9008	12.6
经营净收入	3908	4.8	7513	3.5
财产净收入	4595	7.1	1844	11.2
转移净收入	7080	10.6	648	13.6

表6　2019年居民人均消费支出及增长速度

指标名称	城镇居民		农村居民	
	绝对值(元)	比上年增长(%)	绝对值(元)	比上年增长(%)
消费支出	30730	6.3	14344	8.2
食品烟酒	7191	6.4	3349	8.1
衣着	3267	6.0	759	6.9
居住	6862	6.6	2895	4.9
生活用品及服务	1960	3.5	672	7.0
交通通信	5369	7.0	4001	10.0
教育文化娱乐	3411	6.8	1768	8.1
医疗保健	1979	6.7	748	15.8
其他用品和服务	692	4.1	151	6.8

表7　2019年末每百户居民家庭主要耐用消费品拥有量

消费品名称	单位	全体	城镇	农村
家用汽车	辆	71	79	53
摩托车	辆	13	6	29
洗衣机	台	100	102	96
电冰箱(柜)	台	113	118	104
彩色电视机	台	110	111	109
空调	台	164	196	95
热水器	台	94	105	73
固定电话	线	4	4	4
移动电话	部	237	236	240
接入互联网	部	169	172	163
计算机	台	67	78	43

社会保障体系日趋完善。全市参加城镇职工基本养老保险61.61万人，参加居民基本养老保险74.64万人。参加失业保险职工31.27万人，领取失业保险金4690人。参加工伤保险66.42万人，生育保险人数48.78万人。

住房保障扎实推进。全年新开工棚户区改造住房2959套（户），开工任务完成率101.8%；基本建成棚户区改造住房5405套（户），任务完成率184.8%；发放城镇住房保障家庭租赁补贴758户，任务完成率106.8%。

社会福利事业稳步发展。城市低保标准提高到每人每月620元，农村低保标准提高到每人每年5400元，企业退休人员基本养老金提高到人均每月2555元，在全省率先制定支出型贫困家庭最低生活保障办法。理顺学校管理体制，新建、改扩建城乡中小学30所、幼儿园21所。在全省率先完成居民健康卡、社会保障卡系统对接、信息共享。佰昆康复医院等一批民营医养结合项目投用，新建社区养老服务中心15家。

注：

1. 本公报中数据均为初步统计数，部分数据因四舍五入影响，存在总计与分项合计不等情况。

2. 全市生产总值、各产业增加值、人均生产总值按现价计算，增长速度按可比价格计算。依据地区生产总值核算制度和第四次全国经济普查结果，山东省统计局对2018年东营市生产总值初步核算数据进行了修订。修订后的

2018年全市生产总值为2784.81亿元。

3. 规模以上工业企业指年主营业务收入2000万元及以上的工业法人企业。

4. 固定资产投资(不含农户)包括城镇和农村各种登记注册类型的企业、事业、行政单位以及城镇个体户计划总投资500万元及以上的建设项目投资,全部房地产开发经营业法人单位开发项目投资。

5.限额以上批发业企业指年主营业务收入2000万元及以上的批发业企业,限额以上零售业企业指年主营业务收入500万元及以上的零售业企业,限额以上住宿和餐饮业企业指年主营业务收入200万元及以上的住宿和餐饮业企业。

东营市大气污染防治条例

(2019年10月24日东营市第八届人民代表大会常务委员会第22次会议通过
2019年11月29日山东省第十三届人民代表大会常务委员会第十五次会议批准)

第一章　总则

第一条　为了防治大气污染,保护和改善大气环境,保障公众健康,推进生态文明建设,根据《中华人民共和国大气污染防治法》《山东省大气污染防治条例》等法律、法规,结合本市实际,制定本条例。

第二条　本条例适用于本市行政区域内大气污染防治及其监督管理活动。

第三条　大气污染防治应当以改善大气环境质量为目标,坚持生态优先、源头控制、综合防治、政府主导、公众参与的原则,落实污染物总量控制和区域联防联控制度。

第四条　本市各级人民政府应当对本行政区域的大气环境质量负责,实行最严格的大气环境保护制度,确定分阶段大气环境质量改善目标,控制并逐步削减大气污染物的排放量,使大气环境质量达到规定标准并逐步改善。

市、县(区)人民政府应当将大气污染防治工作纳入国民经济和社会发展规划,建立大气污染防治工作协调机制,统筹解决大气污染防治中遇到的重大问题。

乡镇人民政府、街道办事处按照所在地县(区)人民政府的工作安排,做好大气污染防治相关工作。

居民委员会、村民委员会应当教育引导社区居民、村民自觉遵守大气污染防治法律法规,积极参加大气污染防治活动。

第五条　市生态环境主管部门对大气污染防治工作实施统一监督管理。

市、县(区)其他有关部门在各自职责范围内对大气污染防治实施监督管理。

第六条　本市实行大气污染防治目标责任制和考核评价制度。

市、县(区)人民政府应当将大气污染防治目标任务完成情况作为对本级人民政府有关部门及其负责人和下一级人民政府及其负责人考核的重要内容。考核结果应当向社会公布。

第七条　市、县(区)人民政府及其有关部门、社会团体、学校、新闻媒体,应当开展大气污染防治法律法规宣传教育,普及大气污染防治科学知识,营造保护大气环境的良好氛围。

对在大气污染防治方面做出显著成绩的单位和个人,由人民政府给予表彰奖励。

第八条　任何单位和个人都有保护大气环境的义务,应当遵守大气污染防治法律、法规,树立大气环境保护意识,自觉践行绿色、低碳、节俭、文明的生产生活方式。

排放大气污染物的单位和个人应当采取有效措施,防止、减少大气污染,对所造成的损害依法承担责任。

第二章　监督管理

第九条　按照属地管理、分级负责、责权分明、全面覆盖的原则,建立和完善市、县(区)、乡镇(街道)、村(居)四级网格化大气环境保护监管机制,明确监管对象、监管内容、监管标准和责任人。

第十条　有关部门按照下列规定履行大气污染防治监督管理职责:

(一)工业污染防治的监督管理:生态环境主管部门负责工业大气污染防治的监督管理;发展改革主管部门负责产业结构调整、煤炭消费总量控制、能源结构调整的相关监督管理,负责能源供应协调,推进发电领域煤炭清洁高效利用;工业和信息化主管部门负责组织推动工业企业技术改造和升级、落后产能淘汰及相关监督管理,开展重点行业企业错峰生产工作;市场监督管理、海关等部门在各自职责范围内对生产、销售、进口的油品、生物质成型燃料等能源和机动车船、非道路移动机械的燃料、发动机油、氮氧化物还原剂以及其他添加剂的质量实施监督管理。

(二)移动源污染防治的监督管理:发展改革、工业和信息化、交通运输等主管部门在各自职责范围内负责清洁能源汽车推广的监督管理；生态环境主管部门会同公安机关交通管理部门、交通运输主管部门对机动车大气污染防治实施监督管理；生态环境主管部门会同交通运输、住房和城乡建设、农业农村、市场监督管理、水行政等主管部门对非道路移动机械的大气污染防治实施监督管理；交通运输主管部门、海事管理机构在各自职责范围内负责运输船舶大气污染防治的监督管理，渔业主管部门负责渔业船舶大气污染防治的监督管理。

（三）扬尘污染防治的监督管理：生态环境主管部门负责工业企业物料堆场扬尘污染防治的监督管理；住房和城乡建设主管部门负责房屋和市政工程施工活动、预拌混凝土生产活动扬尘污染防治的监督管理；城市管理、市政环卫、园林绿化等主管部门负责市政公用设施、城市道路清扫保洁和园林绿化、渣土运输、城市道路施工活动扬尘污染防治的监督管理；交通运输主管部门负责公路、港口工程建设的扬尘污染防治，以及港口、码头、道路运输站（场）的堆场和公路的扬尘污染防治的监督管理；水行政主管部门负责水利工程施工活动扬尘污染防治的监督管理；农业农村主管部门负责农业生产活动、畜禽养殖、秸秆焚烧等排放大气污染物防治的监督管理。

（四）成品油的监督管理：商务主管部门负责成品油流通的监督管理；生态环境主管部门负责储油库、加油站油气回收综合整治和伪劣成品油无害化处理的监督管理；市场监督管理部门负责成品油生产、流通领域质量监管，查处无照和相关无证生产经营行为及相关部门依法提请的成品油违法违规行为。

（五）其他大气污染防治的监督管理由有关部门在各自职责范围内组织实施。

第十一条　市生态环境主管部门应当建立和完善大气环境监测网络，推广使用先进监测技术，提高对大气环境质量和大气污染源的监督监测水平。

县(区)人民政府应当在各乡镇（街道）设置大气质量自动监测站点，对大气环境进行自动监测。

第十二条　从事大气环境监测的第三方机构，应当按照法律、法规和相关技术规范的要求提供数据，不得未经检验检测或者以篡改数据、结果等方式，出具虚假检验检测数据、结果。

市场监督管理部门应当会同生态环境主管部门通过委托监测、监督抽查、专项检查等方式加大对大气环境监测机构的监督管理。

第十三条　禁止新建、改建、扩建严重污染大气环境的项目。

新建排放大气污染物的工业项目，除在安全生产等方面有特殊要求的以外，应当入驻相应的工业园区或者工业集聚区。

第十四条　市生态环境主管部门应当根据工业园区主导产业类别和污染现状，提出大气污染防治重点园区名单，经市人民政府批准后公布，并根据情况变化及时进行调整。

大气污染防治重点园区管理机构应当按照国家和省有关规定安装园区特征污染物监测系统和监控预警系统，并与生态环境主管部门的监控系统联网，对园区内特征污染物排放情况进行实时监控、及时预警。

第十五条　企业事业单位应当制定突发环境事件应急预案，并定期组织演练。因发生或者可能发生生产安全事故等紧急情况，需要通过应急排放通道排放大气污染物的，排污单位应当立即采取必要措施，减轻或者消除危害，并向生态环境主管部门报告。

第十六条　生态环境主管部门和其他负有大气环境保护监督管理职责的部门应当建立健全大气污染举报处理机制，并向社会公布举报方式。

生态环境主管部门和其他负有大气环境保护监督管理职责的部门接到举报后，应当依法及时处理，并对举报人的相关信息予以保密，查处结果向社会公布；举报内容经查证属实的，应当按照规定给予举报人奖励。

新闻媒体应当加强对污染大气违法行为的舆论监督。

第十七条　对污染大气环境损害社会公共利益的行为，检察机关和符合法律规定条件的社会组织可以向人民法院提起公益诉讼。

第十八条　市、县（区）人民政府应当制定并及时更新重污染天气应急预案和污染源应急减排清单，依据重污染天气预警等级，及时启动应急预案，并采取相应的应急措施。

纳入应急减排清单并应采取应急减排措施的企业事业单位，应当根据重污染天气应急预案的要求，编制重污染天气应急响应操作方案，向生态环境主管部门备案，并按照规定执行相应的应急措施。

第三章　防治措施

第十九条　市、县（区）人民政府应当转变经济发展方式，调整能源结构、产业结构、运输结构、农业投入结构，推进循环经济发展和清洁生产，提高绿化率和森林覆盖率，从源头上防治大气污染。

第二十条　市、县（区）人民政府应当积极推进气代煤、电代煤工作，推广清洁能源的使用，逐步减少大气污染物排放量。

发展改革主管部门应当制定煤炭消费总量控制实施方案，报本级人民政府批准后组织实施。

新建、改建、扩建耗煤项目应当符合本市煤炭消费总量控制要求，实行煤炭消费减量替代。

第二十一条　禁止销售和燃用不符合质量标准的民用散煤。

市、县(区)人民政府应当推广使用清洁煤炭和节能环保炉具,建立完善的民用清洁煤炭配送中心和销售网络。

市场监督管理部门负责销售不符合质量标准煤炭的查处工作。

第二十二条　市、县(区)人民政府应当制定锅炉整治计划,淘汰、拆除整治计划规定的直接燃煤、重油、渣油锅炉以及直接燃用生物质的锅炉。

除国家和省另有规定外,城市建成区内禁止新建额定蒸发量三十五吨以下的直接燃煤、重油、渣油锅炉和直接燃用生物质的锅炉,其他区域禁止新建额定蒸发量不满二十吨的直接燃煤、重油、渣油锅炉和直接燃用生物质的锅炉。

第二十三条　禁止生产、销售、使用挥发性有机物含量不符合质量标准或者要求的产品。

居民住宅区等人口密集区域和医院、学校、幼儿园、养老机构等其他需要特殊保护的区域,禁止使用纳入省规定的高挥发性有机物含量产品目录的产品。

第二十四条　生产、使用和储存挥发性有机溶剂的工业企业在计划开工和维修、检修、停工过程中,应当按照规定对生产装置系统的停运、倒空、清洗等环节实施挥发性有机物排放控制。

第二十五条　石油化工、重点有机化工等企业应当按照相关规定建立泄漏检测与修复体系,除国家和省另有规定外,任一含涉挥发性有机物物料设备密封点泄漏检测频率应当符合相关技术规范。生态环境主管部门应当定期对相关企业泄漏检测与修复情况进行检查。

第二十六条　禁止在居民住宅区等人口密集区域和医院、学校、幼儿园、养老机构等其他需要特殊保护的区域从事露天喷漆、喷涂、喷砂、制作玻璃钢以及其他散发恶臭气体的生产经营活动。

垃圾处理厂、垃圾中转站、污水处理厂、污水泵站等,应当按照规定设置合理的防护距离,安装净化装置或者采取其他措施减少恶臭气体排放。

第二十七条　排放工业废气异味污染物的企业,应当按照有关规定和监测规范,对其排放的工业废气特征污染物进行自主监测或者委托有资质的监测机构进行监测,原始监测记录保存期限不得少于三年。

排放工业废气异味污染物的重点控制企业,应当按照相关技术规范安装工业废气特征污染物排放自动监测设备,与生态环境主管部门的监控系统联网,保证监测设备正常运行,并对监测数据的真实性、准确性负责;自动监测设备发生故障,企业应当及时检修,在五个工作日内恢复设备正常运行;故障期间,企业应当开展人工监测,并向生态环境主管部门报送监测数据。

排放工业废气异味污染物的重点控制企业名单由市生态环境主管部门确定并公布。

第二十八条　废弃物焚烧企业应当严格遵守废弃物焚烧设施运行的操作规程,防止产生二次污染,其排放的大气污染物不得超过规定的排放标准和排放总量指标。

废弃物焚烧企业应当安装包含烟尘、二氧化硫、氮氧化物和特征污染物等污染因子以及焚烧设施运行状况的自动监测设备,与生态环境主管部门的监控系统联网,并在明显位置设置显示屏,将炉温、烟气停留时间、烟气出口温度、烟尘、二氧化硫、氮氧化物和特征污染物等信息向社会公布,接受公众监督。

废弃物焚烧企业每年至少开展一次二噁英监测。

第二十九条　石油勘探、开发、储运单位应当采取措施,减少大气污染:

(一)对石油开发作业产生的套管气(伴生气)及其他可燃性气体进行回收、处理或者综合利用;

(二)在联合站、接转站、计量站、注水站、钻井废液处理站、作业废液处理站采取地面管线防渗漏、防溢流等措施;

(三)油气集输过程采用密闭集输工艺,安装套管气回收装置;

(四)原油储罐设置浮顶罐或者采取其他措施减少油气无组织排放;

(五)油泥砂贮存设施采取防风、防渗、防雨、防晒措施;

(六)其他减少大气污染的措施。

第三十条　石油化工企业应当加强可燃性气体的回收。火炬燃烧装置应当用于应急处置,不得作为日常大气污染处理设施。

第三十一条　储油(气)库、加油(气)站、油气运输车辆应当配套安装油气回收装置并确保正常使用,其所有者或者经营者应当进行挥发性有机物泄漏定期检测;属于特种设备的,应当委托具有相应资质的检验检测单位进行定期检测。

危化品运输车辆的所有者或者经营者应当到具有污染物处理能力的机构对常压罐体进行清洗(置换)作业并记录,不得随意排放,污染大气。清洗(置换)机构应当将废气、废水等污染物集中处理,并建立台账。清洗(置换)记录和台账保存期限不少于一年。生态环境主管部门和交通运输主管部门应当根据各自职责加强监督检查。

第三十二条　市、县(区)人民政府应当通过优化客运线路、增加公交班次、科学设置公交专用车道等措施大力发展城市公共交通,加强城市步行和自行车交通系统建设,制定有利于绿色出行的政策,鼓励公众绿色、低碳出行。

国家机关、事业单位、国有企业以及城市公共交通、环境卫生等行业,应当推广使用清洁能源机动车,鼓励其他单位和个人使用清洁能源机动车。新增或者更新的城市公共汽车、公务用车及市政、环卫车辆应当优先选用清洁能源机动车。

第三十三条　禁止生产、销售不符合标准的机动车船、非道路移动机械用燃料;禁止向汽车和摩托车销售普通柴油以及其他非机动车用燃料；禁止向非道路移动机械销售渣油、重油。

任何单位和个人不得无证照或者证照不齐建设经营加油站（点），不得利用流动加油车等方式违法销售机动车燃油，不得销售伪劣或者不符合国家标准的成品油。

第三十四条　生态环境主管部门应当会同公安机关交通管理部门、交通运输主管部门，通过遥感监测、定点抽测等技术手段对机动车尾气排放进行监督抽测。遥感监测结果超过规定标准的，由生态环境主管部门责令限期复检。

机动车环保定期检验、定点抽测、遥感监测复检不符合排放标准的，机动车所有人或者使用人应当在规定的期限内进行维修，并按照要求进行重新检测。

第三十五条　生态环境主管部门应当会同公安机关交通管理部门、交通运输主管部门建立机动车排气污染防治监督信息管理系统，生态环境、公安机关交通管理、交通运输等部门和机动车排放检验机构应当联网运行，实现信息共享。

第三十六条　在本市使用的非道路移动机械不得超过标准排放大气污染物，不得排放黑烟等可视污染物。

非道路移动机械所有人或者使用人应当按照规范对在用非道路移动机械进行维护检修。对超过标准排放大气污染物的，应当维修、加装或者更换符合要求的污染控制装置，使其达到规定的排放标准。

在用非道路移动机械经维修或者采用污染控制技术后，大气污染物排放仍不符合国家排放标准的，不得使用。

第三十七条　市、县（区）人民政府可以根据大气环境质量状况，划定并公布禁止使用高排放非道路移动机械的区域。

鼓励和支持高排放机动车、非道路移动机械提前报废。

第三十八条　新建码头应当规划、设计和建设岸基供电设施，已建成码头应当逐步实施岸基供电设施加装改造，船舶靠港后应当按照要求规范使用岸电。

港口、码头应当安装大气污染物排放自动监测设备，并保证设备正常运行。

船舶进入本市水域后应当使用符合大气污染防治排放要求的船舶燃油。

第三十九条　建设单位应当履行下列扬尘污染防治责任：

（一）将施工工地扬尘污染防治纳入文明施工管理范畴，建立扬尘控制责任制度，防治扬尘污染的费用列入工程造价；

（二）将施工现场扬尘污染防治措施列入招标文件；

（三）在施工承包合同中明确施工单位的扬尘污染防治责任并督促落实；

（四）其他扬尘污染防治责任。

第四十条　施工单位应当制定具体的扬尘污染防治实施方案，落实下列扬尘污染防治措施：

（一）在施工工地设置硬质封闭围挡，并采取覆盖、分段作业、择时施工、洒水抑尘、冲洗地面等有效防尘降尘措施；

（二）在施工工地公示扬尘污染防治措施、负责人及扬尘监督管理主管部门等信息；

（三）在施工工地出口设置冲洗车辆设施和沉淀过滤设施，施工车辆冲洗干净后方可上路行驶；

（四）建筑土方、工程渣土、建筑垃圾应当及时清运，在场地内堆存的，应当采用密闭式防尘网遮盖，工程渣土、建筑垃圾应当进行资源化处理；

（五）道路挖掘施工过程中，应当采取洒水、覆盖等措施防治扬尘污染，道路挖掘施工完成后及时修复路面；

（六）在建筑物、构筑物上运送散装物料，应当采用密闭方式清运，禁止高空抛掷、扬撒；

（七）施工现场铺贴各类瓷砖、石板材等装饰块件的，禁止采用干式方法进行切割；

（八）其他应当采取的扬尘污染防治措施。

第四十一条　在城市建成区内规模以上建设工地施工现场，施工单位应当在主要扬尘产生点安装远程视频监控和扬尘在线监测设施，与住房和城乡建设、生态环境等主管部门的监控系统联网并保持正常运行。

第四十二条　港口、码头、道路运输站（场）应当对物料堆放场所采取抑尘措施，具备条件的，实施分区作业，采取密闭运输、密闭储存方式防止扬尘污染。

第四十三条　道路保洁应当采用低尘作业道路机械化清扫、洒水、喷雾等措施，并根据道路扬尘控制实际情况，合理安排作业时间，适时增加作业频次，提高作业质量，降低道路扬尘污染。

第四十四条　城市建成区内河道及河流沿线、道路沿线、公共区域、临时闲置土地、建设工地中的裸露地面及其他裸露地面，应当由下列单位或者个人采取绿化、遮盖或者透水铺装等方法防治扬尘污染：

(一)国有土地由使用人或者管理人负责，没有使用人或者管理人的由市、县(区)人民政府确定的部门负责；

(二)集体土地由所有人或者使用人负责。

第四十五条　畜禽养殖场、养殖小区应当按照规定对污水、畜禽粪便和尸体等进行收集、贮存、清运和无害化处理；未达到规模养殖的畜禽养殖单位和个人应当采取与其养殖规模相适应的大气污染防治措施，防止排放恶臭气体。

鼓励和支持对畜禽粪便、污水等养殖废弃物进行综合利用。

第四十六条　禁止露天焚烧秸秆和树枝、落叶、枯草等产生烟尘污染的生物质。市、县（区）人民政府应当加大补贴力度，鼓励和支持采用先进适用技术，对秸秆进行综合利用。

乡镇人民政府、街道办事处对辖区内露天焚烧行为组织巡查，发现后及时予以制止，并向有关部门报告。

第四十七条　禁止非法焚烧电器电子废弃物、沥青、油毡、橡胶、塑料、皮革、垃圾以及其他产生有毒有害烟尘和恶臭气体的物质。

第四十八条　禁止在城市建成区内人口密集区域未密闭或者未使用烟气处理装置加热沥青。

第四十九条　禁止生产、销售和燃放不符合质量标准的烟花爆竹。任何单位和个人不得在市、县（区）人民政府禁止的时段和区域内燃放烟花爆竹。

第五十条　餐饮服务业经营者应当使用清洁能源作为燃料。排放油烟的餐饮服务业经营者应当安装油烟净化设施并保持正常使用，或者采取其他油烟净化措施，使油烟达标排放，并防止对附近居民的正常生活环境造成污染。油烟净化设施每季度至少进行一次清洗维护。

禁止在居民住宅楼、未配套设立专用烟道的商住综合楼以及商住综合楼内与居住层相邻的商业楼层内新建、改建、扩建产生油烟、异味、废气的餐饮服务项目。

任何单位和个人不得在市、县（区）人民政府划定的禁止区域露天烧烤、骑墙(窗)烧烤或者为露天烧烤、骑墙(窗)烧烤提供场地。在其他区域内烧烤的，应当使用无烟烧烤炉具。

第四章　法律责任

第五十一条　本条例规定的行政处罚，按照有关规定属于综合行政执法范围的，由综合行政执法部门实施。

第五十二条　违反本条例规定，从事大气环境监测的第三方机构，未经检验检测或者以篡改数据、结果等方式，出具虚假检验检测数据、结果的，由市场监督管理部门依法提请资质认定部门撤销其资质认定证书；造成环境污染和生态破坏的，由生态环境主管部门和其他有关部门责令停业整顿，处十万元以上五十万元以下的罚款，并对其主要负责人处二万元以上十万元以下的罚款。

伪造机动车、非道路移动机械、船舶排放检验结果或者出具虚假排放检验报告的，依照《中华人民共和国大气污染防治法》的有关规定进行处罚。

第五十三条　违反本条例规定，在城市建成区新建额定蒸发量三十五吨以下或者在其他区域新建额定蒸发量不满二十吨的直接燃煤、重油、渣油锅炉和直接燃用生物质的锅炉的，由生态环境主管部门责令限期拆除，处五万元以上二十万元以下的罚款。

第五十四条　违反本条例规定，生产、使用和储存挥发性有机溶剂的工业企业在计划开工和维修、检修、停工过程中，未按照规定对生产装置系统的停运、倒空、清洗等环节实施挥发性有机物排放控制的，由生态环境主管部门责令改正，处二万元以上五万元以下的罚款；情节严重的，处五万元以上二十万元以下的罚款；拒不改正的，责令停产整治或者停业整治。

第五十五条　违反本条例规定，石油化工、重点有机化工等企业任一含涉挥发性有机物物料设备密封点泄漏检测频率不符合技术规范的，由生态环境主管部门责令改正，处二万元以上十万元以下的罚款；拒不改正的，责令停产整治。

第五十六条　违反本条例规定，有下列行为之一的，由生态环境主管部门责令改正，处五万元以上二十万元以下的罚款；拒不改正的，责令停产整治：

(一)排放工业废气异味污染物的企业，未对其排放的工业废气特征污染物进行监测并保存原始记录的；

(二)排放工业废气异味污染物的重点控制企业，未按照相关技术规范安装工业废气特征污染物排放自动监测设备或者未按照规定与生态环境主管部门联网，并保证监测设备正常运行的；

(三)排放工业废气异味污染物的重点控制企业，未在规定时间内恢复自动监测设备正常运行，且未开展人工监测并向生态环境主管部门报送监测数据的。

第五十七条　违反本条例规定，废弃物焚烧企业有下列行为之一的，由生态环境主管部门责令改正，按照下列规定处罚；拒不改正的，责令停产整治：

（一）未按照规定安装自动监测设备，或者未与生态环境主管部门的监控系统联网的，处五万元以上二十万元以下的罚款；

（二）未在明显位置设置显示屏向社会公布规定信息的，处二万元以上五万元以下的罚款；

（三）未按照规定开展二噁英监测的，处二万元以上十万元以下的罚款。

第五十八条　违反本条例规定，石油勘探、开发、储运单位有下列行为之一的，由生态环境主管部门责令改正，处二万元以上十万元以下的罚款；拒不改正的，责令停产整治：

（一）对石油开发作业产生的套管气（伴生气）及其他可燃性气体未进行回收、处理或者综合利用的；

（二）在联合站、接转站、计量站、注水站、钻井废液处理站、作业废液处理站未采取地面管线防渗漏、防溢流等措施的；

（三）油气集输过程未采用密闭集输工艺、未安装套管气回收装置的；

（四）原油储罐未设置浮顶罐或者采取其他措施减少油气无组织排放的；

（五）油泥砂贮存设施未采取防风、防渗、防雨、防晒措施的。

第五十九条　违反本条例规定，将火炬燃烧装置作为日常大气污染处理设施的，由生态环境主管部门责令改正或者限制生产、停产整治，处五十万元以上一百万元以下的罚款；情节严重的，报经有批准权的人民政府批准，责令停业、关闭。

第六十条　违反本条例规定，储油（气）库、加油（气）站、油气运输车辆所配备的油气回收装置未进行定期检测的，由生态环境主管部门责令改正，对储油（气）库、加油（气）站所有者或者经营者处二万元以上十万元以下的罚款，对油气运输车辆所有者或者经营者处二万元以上五万元以下的罚款；拒不改正的，责令停业整治。

第六十一条　违反本条例规定，船舶进入本市水域后使用不符合大气污染防治排放要求的船舶用燃油的，由海事管理机构、渔业主管部门按照职责处二万元以上十万元以下的罚款。

第六十二条　违反本条例规定，施工单位有下列行为之一的，由住房和城乡建设、城市管理、交通运输等主管部门依据职责责令改正，处二万元以上十万元以下的罚款；拒不改正的，责令停工整治：

（一）道路挖掘施工过程中未采取洒水、覆盖等措施防治扬尘污染的；

（二）高空抛掷、扬撒散装物料的；

（三）施工现场铺贴装饰块件采用干式方法进行切割的。

第六十三条　违反本条例规定，露天焚烧秸秆的，由农业农村主管部门责令改正，可以处五百元以上二千元以下的罚款；露天焚烧树枝、落叶、枯草等产生烟尘污染的生物质的，城市建成区内由城市管理主管部门、城市建成区外由市或者县（区）人民政府确定的主管部门责令改正，可以处五百元以上二千元以下的罚款。

第六十四条　违反本条例规定，在城市建成区内人口密集区域未密闭或者未使用烟气处理装置加热沥青的，由城市管理主管部门责令改正，对单位处二万元以上十万元以下的罚款，对个人处五百元以上二千元以下的罚款。

第六十五条　各级人民政府、生态环境主管部门和负有大气环境保护监督管理职责的部门及其工作人员在大气污染防治管理工作中滥用职权、玩忽职守、徇私舞弊、弄虚作假的，依法给予处分。

第六十六条　违反本条例规定，构成犯罪的，依法追究刑事责任。

第五章　附　则

第六十七条　本条例自2020年1月1日起施行。

东营市海岸带保护条例

（2019年10月24日东营市第八届人民代表大会常务委员会第22次会议通过
2019年11月29日山东省第十三届人民代表大会常务委员会第十五次会议批准）

第一章　总　则

第一条　为了加强海岸带综合管理，保护海岸带生态环境，发挥海岸带在经济、社会、文化和生态文明建设中的重要作用，根据《中华人民共和国海域使用管理法》《中华人民共和国海洋环境保护法》等有关法律、法规，结合本市实际，制定本条例。

第二条　本市行政区域内海岸带的规划、保护、利用与管理，适用本条例。

第三条　本条例所称海岸带，是指海洋与陆地的交汇地带，包括海岸线向海一侧延伸的近岸海域和向陆一侧延伸的滨海陆地，具体范围由海岸带保护规划确定，但是向海一侧的范围至少延伸至0米等深线。

本条例所称海岸线，是指平均大潮高潮时水陆分界的痕迹线，以省人民政府公布为准。

第四条　海岸带的保护、利用与管理应当遵循保护优先、科学规划、海陆统筹、绿色发展、综合管理的原则。

第五条　市、沿海县（区）人民政府应当加强对海岸带保护、利用与管理工作的组织领导和统筹协调，将海岸带保护、利用与管理纳入国民经济和社会发展规划，所需经费纳入同级财政预算。

市、沿海县（区）人民政府应当建立完善海岸带综合管理协调机制，协调解决海岸带保护管理工作中的重大问题。

沿海乡镇人民政府、街道办事处协助做好海岸带保护、利用与管理有关工作。

第六条　海洋主管部门负责海岸带范围内海洋产业发展布局、海洋资源高效利用、海域使用管理、海洋生态修复、海洋预警监测及海洋灾害防治等工作；渔业主管部门负责渔业产业的监督管理、水产品质量安全监管、渔业水域生态环境保护和修复等工作。

自然资源主管部门负责海岸带保护规划的编制、自然资源调查和确权登记管理、指导生态保护与修复等工作；林业主管部门负责沿海防护林的建设与维护，海岸带范围内湿地保护的组织、协调、指导和监督等工作。

生态环境主管部门负责海岸带环境保护工作，规范入海排污口设置，防治海岸带污染。

水行政主管部门负责海岸带范围内有管辖权的海堤、入海河流、水库等的保护、监督管理工作。黄河河务部门负责黄河河道的保护管理工作。

发展改革、工业和信息化、住房和城乡建设、交通运输、农业农村、文化和旅游、城市管理、综合执法、海事等部门按照各自职责，做好海岸带保护、利用与管理的有关工作。

第七条　市、沿海县（区）人民政府应当加强海岸带保护的科学研究和先进技术的推广应用工作，提升海岸带保护的能力和水平。

第八条　市、县（区）人民政府及有关部门应当加强海岸带保护知识的宣传教育，增强公众海岸带保护意识。

鼓励公民、法人和其他组织以志愿服务、捐赠、投资等形式参与海岸带保护。在海岸带保护工作中做出突出贡献的单位和个人，由人民政府按照规定给予表彰和奖励。

任何单位和个人都有保护海岸带的义务，有权对海岸带保护、利用与管理活动中的违法行为进行举报。

第二章　规　划

第九条　市自然资源主管部门应当会同海洋发展和渔业、发展改革、生态环境、交通运输、水务、文化和旅游、黄河河务等部门，组织编制全市海岸带保护规划，报市人民政府批准并向社会公布。

经批准的海岸带保护规划不得擅自修改。确需修改的，应当按照原编制批准程序执行。

第十条　编制海岸带保护规划应当保持滨海湿地、入海河口、沿海防护林及其他滨海独立生态环境单元的完整性，严格保护自然岸线，整治修复受损海岸带，合理布局涉海产业，拓展公众亲海空间，达到经济效益、社会效益、生态效益相统一。

第十一条　海岸带保护规划应当严格遵循生态保护红线，符合市国土空间总体规划，并与环境保护规划、防洪规划、黄河河口综合治理规划、湿地保护规划、港口规划、文化和旅游规划等有关专项规划相衔接。

第十二条　海岸带保护规划应当根据海岸带生态环境和资源承载力、开发利用现状及经济社会发展需要，将海岸带划分为重点保护区和一般保护区，分别制定保护目标及管控措施。

自然保护区、海洋特别保护区、饮用水水源一级保护区、重要渔业水域及其他自然形态保持完好、生态功能与资源价值显著的区域，应当划定为重点保护区。

第十三条　编制和修改海岸带保护规划，应当进行科学论证，采取座谈会、论证会、听证会等形式，广泛征求有关单位、专家和公众的意见，保证海岸带保护规划的科学性和可行性。

第十四条　市、沿海县（区）人民政府及有关部门应当加强海岸带保护规划实施管理，保障规划落实。

海岸带范围内的开发利用活动，应当符合海岸带保护规划。

第三章　保　护

第十五条　海岸带根据保护规划实行分区保护。市人民政府应当设立海岸带标识，明确海岸带及其内部区域的边界。

重点保护区除国家能源安全和国防安全等公共利益需要外，禁止矿产资源开采、拦蓄地表水等损害海岸带地形地貌和生态环境的活动。禁止工业生产和商品房建设。

一般保护区应当依法严格审批、科学布局建设项目，合理确定建设项目规模，严格控制占用海岸线长度，提高海岸带开发的投资强度和利用效率。

经依法确定为国家公园、自然保护区、海洋公园、水产种质资源保护区、海洋特别保护区、饮用水水源保护区、湿地公园的，依照有关法律、法规的规定进行保护和管理。但是，其他法律、法规有更严格规定的从其规定。

第十六条　严格保护自然岸线，全市自然岸线保有率不得低于省确定的管控目标。自然岸线保护纳入沿海县（区）人民政府生态保护年度目标责任的考核内容。

市海洋主管部门应当会同自然资源、生态环境等主管部门划定自然岸线保护范围，任何单位和个人不得破坏自然岸线保护范围内的地形地貌和景观，不得改变自然岸线属性。

第十七条　海岸带范围内实施海岸建筑退缩线制度。市人民政府应当按照海岸带保护规划要求，科学合理划定海岸建筑退缩线。

第十八条　除国家重大项目外，全面禁止围填海。围填海活动应当执行法律、法规和国家有关规定。

围填海工程使用的填充材料应当符合有关环境保护标准，其配套的环境保护设施应当与主体工程同时设计、同时施工、同时投产使用。

第十九条　市、沿海县（区）人民政府应当按照国家环境保护有关法律、法规的规定，加强海岸带范围内油气勘探开发综合管理。

重点保护区内已有油气开发项目，应当依据采矿权期限制定方案，有序退出。

一般保护区内油气勘探开发项目应当进行环境影响评价，按标准规范要求配备环保设备设施和应急器材，定期开展环境风险评估，加强应急演练，消除环境事故隐患。

海岸带范围内进行油气勘探开发作业产生的污染物，应当按规定处置。

第二十条　海岸带一般保护区内新建化工项目，除应当按照国家和省有关规定进入化工园区外，还应当根据海岸带保护要求合理设计安全生产流程，严格执行灾害防御措施和污染排放控制标准的规定。

一般保护区内卤水开采活动应当依法取得采矿权，科学管控，不得造成地面沉降、植被破坏；溴素生产企业应当高效利用卤水资源，实行溴盐联产，卤水提溴后进行储备或晒盐，不得直接排放。

第二十一条　市、沿海县（区）人民政府应当划定海岸带范围内水产养殖禁养区、限养区和养殖区。

禁养区内禁止从事各类水产养殖活动。

限养区内严格控制新增水产养殖项目，禁止擅自扩大养殖规模。市、沿海县（区）人民政府可以划定一定的范围禁止设施养殖。

水产养殖应当科学确定养殖密度，合理投饵、施肥，正确使用药物，禁止使用国家禁用兽（渔）药、农药等有毒有害物质，养殖尾水排放应当符合相关污染物排放标准，防止造成海洋环境污染。

第二十二条　海岸带范围内禁止规模化畜禽养殖，禁止新增畜禽养殖专业户，已有的畜禽养殖专业户不得扩大养殖规模。畜禽养殖专业户、散养户应当采取必要的污染防治措施，妥善处理畜禽养殖废弃物，达到防渗、防雨、防溢流的要求。

第二十三条　沿海农田、林地等施用农药应当严格执行国家农药安全使用的规定和标准，合理使用化肥和植物生长调节剂。

鼓励和推广使用生物、物理等防治措施，减少施肥、施药量。

第二十四条　海岸带范围内的民俗旅游村、宾馆、饭店等单位及居住区，排放的污水应当纳入城镇污水处理设施（厂）集中处理；城镇污水处理管网未覆盖地区，应当建设独立或者区域污水处理设施，污水经处理达标后合理利用或者排放。

未经处理或者处理后未达到排放标准的生产经营污水、生活污水不得向海岸带及入海河流排放。

第二十五条　海岸带重点保护区内禁止设置排污口，已设置的排污口，应当清理拆除。一般保护区内设置排污口应严格遵守相关规定、标准，科学论证，并与重点保护区保持合理的防护距离。

第二十六条　禁止在海岸带范围内丢弃、掩埋、堆积、抛撒、焚烧垃圾等废弃物。

海岸带范围内从事生产、经营活动的单位和个人应当设置垃圾回收装置或者设施，及时收集清理垃圾，保持海岸带干净整洁。

市、沿海县（区）人民政府应当建立海洋垃圾监测、收集、运输及处置机制，落实属地管理责任，对海洋垃圾进行防治。

第二十七条　滨海旅游项目应当进行差异化开发，突出特色，保护海岸带自然环境，保持生态多样性，保护海滩、植被等景观资源。

第二十八条　任何单位和个人不得非法圈占海域，不得限制他人正常通行、亲近海洋活动。通行和亲近海洋活动不得损害他人的合法养殖、经营活动。

亲近海洋活动，不包括在经依法确权的近岸养殖区内从事游泳、捡拾海产品的行为。

第二十九条　市、沿海县（区）人民政府有关部门应当按照各自职责，建立海岸带珍稀物种保护制度，保护海岸带特有生物种质资源和重要经济生物物种，加强对外来入侵物种的安全管理。

第三十条　市、沿海县（区）人民政府应当根据沿海实际情况，加强沿海防护林建设，明确沿海防护林养护管理主体，组织做好森林防火、病虫害防治、抚育、补植等日常养护工作。

沿海防护林应当以防风固沙林和防护性景观林为主，注重保护柽柳、刺槐、白蜡等耐盐树种和原生植被，形成多树种、多层次、生态效益良好的防护林体系。

禁止损毁沿海防护林。

第三十一条　市、沿海县（区）人民政府及有关部门应当加强海岸带沿海防潮堤、护岸等防灾减灾设施建设，降低灾害损害。

鼓励创新防潮堤建设模式，营造植物护岸、湿地等海岸生态系统，建设以抗御台风风暴潮为主，兼顾绿化、湿地及生物多样性保护等多目标的生态防潮堤。

第三十二条　市、沿海县（区）人民政府应当制定海岸带整治修复计划，对因潮汐侵蚀等自然灾害和开发利用等人类活动破坏的海岸带进行整治修复。

整治修复应当维护生态平衡，保留原始风貌，与周围的自然环境相协调。

第三十三条　因保护和整治修复海岸带使相关权利人的合法权益受到损失的，应当按照有关规定给予补偿或者赔偿。

第三十四条　市、沿海县（区）人民政府应当建立海岸带保护跨区域、跨部门综合执法和日常巡查机制，推广应用现代化技术手段开展海岸带保护执法检查，及时发现并依法查处侵占、破坏海岸带的行为。

第三十五条　市、沿海县（区）人民政府有关部门接到海岸带保护管理方面的咨询、投诉和举报时，对属于本部门职责的，应当受理，并及时进行核实、处理、答复；对不属于本部门职责的，应当及时通知并移交有关部门处理。

第四章　法律责任

第三十六条　市、县（区）人民政府和有关部门及其工作人员违反本条例规定，在海岸带保护管理工作中滥用职权、玩忽职守、徇私舞弊的，对直接负责的主管人员和其他直接责任人员依法给予处分。

第三十七条　违反本条例规定，在围填海工程中使用的填充材料不符合有关环境保护标准的，由生态环境主管部门责令限期改正；逾期不改正的，责令停止建设、运行，并处十万元以上二十万元以下的罚款。

第三十八条　违反本条例规定，在海岸带范围内水产养殖禁养区从事养殖活动，或者在限养区从事禁止的养殖活动的，由渔业主管部门责令停止违法行为，拆除违法养殖设施，并处五万元以上十万元以下的罚款。

第三十九条　违反本条例规定，在海岸带范围内新增畜禽养殖专业户或者已有的畜禽养殖专业户扩大养殖规模的，由农业农村主管部门责令停止违法行为；拒不停止违法行为的，处一万元以上十万元以下的罚款。

第四十条　违反本条例规定，限制他人正常通行、亲近海洋活动的，由海洋主管部门责令改正；拒不改正的，对单位处二千元以上二万元以下的罚款，对个人处二百元以上二千元以下的罚款。

第四十一条　违反本条例规定，损毁沿海防护林的，由林业主管部门责令停止违法行为，补种损毁株数三倍的树木，可以处损毁林木价值五倍的罚款。

第四十二条　违反本条例规定，造成损害的，依法承担民事责任；构成犯罪的，依法追究刑事责任。

第五章　附　则

第四十三条　本条例自2020年3月1日起施行。

东营市建设湿地城市方案

为进一步提升湿地城市建设品质，打造“蓝绿交织、清新明亮，湿地在城中、城在湿地中”的城市特色，实现建设富有活力的现代化湿地城市战略目标，制定本方案。

一、湿地城市建设基础

我市湿地资源丰富、特点鲜明，具备世界范围的核心优势，建设湿地城市具有客观必要性和现实可行性。

东营湿地总面积4567平方公里，湿地率41.6%。其中，大约75%的湿地集中在滨海区域，包括浅海水域、淤泥海滩、水产养殖场、盐田等；25%的湿地在内陆区域，包括沼泽湿地、河湖湿地、库塘湿地等。黄河三角洲国家级自然保护区是全球暖温带最年轻、最广阔、最完整的河口新生湿地，有野生植物194种、野生动物1529种（其中鸟类368种，占全国的21%）。近年来，我市自然湿地退化趋势加剧，滨海岸线受到侵蚀，部分河流污染较重。在生态文明发展理念下，有序修复湿地，发挥湿地涵养水源、净化水质、排碱、蓄涝等功能，建设湿地城市具有客观必要性。

黄河从东营入海，黄河口湿地风貌独一无二，旷野新奇的新生湿地在世界范围具有范例性；每年途经黄河口迁徙的鸟类近600万只，是名副其实的鸟类天堂；经过多年发展，东营已初步形成“湿地在城中、城在湿地中”的风貌意象。统筹山水林田湖草湿地，充分发挥生态优势，彰显湿地特色，打造“黄河入海、我们回家”旅游品牌，建设湿地城市具有现实可行性。

二、市域湿地城市构建

坚持以湿定城、依湿治城，全面保护湿地、科学修复湿地、可持续利用湿地、提升湿地城市魅力。到2025年，市域湿地保护率达到60%以上，湿地退化趋势有效遏制，湿地保护体系基本完善，湿地相关产业健康发展。到2035年，市域湿地保护率提高到70%，东营湿地生态系统、生态空间与生态功能基本健全。

（一）全面保护湿地。完善湿地保护体系，全面遏制现状湿地退化趋势。

对全市湿地按自然保护区、海洋特别保护区、水源地保护区、湿地公园、湿地保护小区、湿地合理利用区六类进行合理划分，构建由重要湿地保护空间、一般湿地保护空间、人工湿地合理利用空间、城镇建设空间组成的四级管控体系，划定各级湿地空间和城镇开发边界，实现分类分级保护管理。重要湿地保护空间包括自然保护区核心区和缓冲区、重要的水源保护地等，严禁与湿地保护修复无关的活动；一般湿地保护空间包括湿地公园、湿地保护小区等，禁止破坏生态环境的建设项目，偏重建设控制和生态修复；人工湿地合理利用空间，在不破坏湿地的基础上，允许合理化利用；城镇建设空间，不得侵占湿地保护空间，同时加强城镇内部小微湿地和外围湿地的生态联系。

（二）科学修复湿地。恢复湿地生态功能，重点抓好“一轴、一带、一网、多点”核心结构。

“一轴”指黄河生态轴。做好黄河清水沟流路和刁口河故道水量保障及生态涵养，形成骨干生态廊道；实施大汶流和一千二保护区湿地修复工程、刁口河故道修复工程、沿黄建设湿地公园，改善黄河沿线及黄河三角洲湿地系统。“一带”指滨海生态带。加强自然保护区、海洋特别保护区建设；加强渤海区域环境综合治理，严控滨海湿地污染，遏制近海河口海域生态恶化趋势；实施退养还滩工程，大力修复滩涂湿地和河口新生湿地；全面清理非法围填海项目，确保海洋生态红线面积不减少、自然岸线保有率标准不低于40%。“一网”指河渠库塘网。逐步修复13条重要市域河流，建立14个湿地公园和9个重要水源保护区，形成内陆湿地骨架。“多点”指建设一批湿地保护小区，进一步修复小微湿地。

（三）可持续利用湿地。依托优势湿地资源，推进湿地生态旅游业、湿地生态农业发展。

发展湿地生态旅游业。突出文化、生态、休闲、体验四大主题，重点建设黄河口生态旅游区和滨海、沿黄湿地休闲产业带。黄河口生态旅游区，以建设全国知名的文化旅游目的地为目标，通过修复湿地系统、丰富旅游产品、完善配套设施，进一步突出河海交汇、新生湿地、野生鸟类三大世界级资源。滨海和沿黄湿地休闲产业带，以丰富的湿地资源、温泉资源、渔盐资源为载体，融入黄河文化、红色文化、古齐文化、石油文化要素，提炼黄河口建筑风貌，精心打造一批文化浓郁、特色鲜明的文旅小镇和休闲体验区，通过东八路、黄河河堤路、滨海海堤路等串联中心城和黄河口生态旅游区，丰富旅游线路。

升级湿地生态农业。对浅海和滩涂实施“一水多用，渔盐结合”，建设海洋牧场，开展生态水产养殖示范；发展水生蔬菜种植和稻——河蟹、莲藕——鱼等立体农业，带动湿地产品加工和农家乐、渔家乐等体验式产业，把田园生活引入城市，丰富湿地城市内涵。

（四）提升湿地城市魅力。通过湿地景观打造，培育湿地生境，丰富湿地文化，不断提升湿地城市魅力。

提升湿地景观。滨海区域，在黄河口生态旅游区、红光渔港、孤东海堤等节点试验恢复红地毯景观；沿黄区域，按风景道理念对堤顶路进行提升，局部设观景节点；城郊湿地，坚持“做边缘”原则，形成郊野芦苇湿地景观；城市公园，按湿地公园模式建设，打造湿地生活圈；突出石油文化，以“油井+湿地”为基底，打造工业体验湿地；提升城区河湖水系景观，对部分硬质驳岸进行生态化改造，形成岸畔芦苇湿地风貌。

培育湿地生境。实施引鸟入城，通过培育规模化片林，恢复芦苇湿地、碱蓬滩涂等措施，构建适宜水鸟生存的栖息地，修复鸟类觅食生境、营巢生境、迁徙生境，营造百鸟翔鸣的城市新貌，让鸟类品种数量的增加印证城市环境品质。

丰富湿地文化。通过湿地+节庆、湿地+文创、湿地+学研、湿地+赛会等多种形式，全面扩大湿地城市品牌影响力，提升城市活力；提炼东营湿地的自然和人文要素，抽象设计形成有本地特色的符号，运用在城市小品、配套设施和标识系统中，彰显城市湿地文化。

三、中心城湿地城市构建

以水为脉、以绿为衣、以湿地为特色，构建组团式生态型城市格局。有序开展中心城湿地修复提升，形成不低于70%的蓝绿空间体系，打造“蓝绿交织、清新明亮，湿地在城中、城在湿地中”的湿地文明之城。

（一）构建以湿地为特色的组团式生态型城市格局。

实施生态优先基础上的集约发展，通过纵横交错的河湖水系，串联城市公园绿地和城郊农林沼泽湿地，形成以湿地为核心的中心城“蓝绿空间”，纳入国土空间规划体系。划定东城主中心、西城副中心、垦利次中心和各卫星城镇开发边界，实现组团发展、生态间隔、快速连接。控制好中心城南北两大生态空间。南部生态空间以森林湿地公园和广利河中下游湿地为主体，在保护的基础上进行必要的生态修复和景观提升，适度发展文旅休闲产业，打造市民近郊游的聚集地；北部生态空间以白鹭湿地和金湖银河、辛安水库湿地为主体，最大限度保留原生态风貌，适度发展体验式湿地产业，建设美丽乡村。

（二）突出“两带、三河、五片、多点”中心城湿地结构。

“两带”即东八路和荣乌高速公路湿地风光带，重点是营造连片湿地景观，连通旅游线路，展示湿地城市风貌。“三河”即广利河、溢洪河、东营河，在实施流域水环境综合治理的基础上，局部恢复自然驳岸、扩大水面，打造可游可赏的河道湿地。“五片”包括白鹭湿地片区、机场湿地片区、耿井湿地片区、城东湿地片区、城南湿地片区，以生态保育为主，适当提升利用。其中，白鹭湿地片区，以省级湿地公园建设为带动，修复碎片化湿地，融村庄、湿地、农田为一体，打造田园湿地景观；机场湿地片区，在德州路、东八路、溢洪河沿线，修复水面，涵养蒲草、芦草等湿地植物，形成“芦花飞雪、翔鸟云集”的迎宾湿地景观；耿井湿地片区，将现状耿井水库废弃沉沙池与周边河渠连通，沿南一路南侧局部挖低蓄水，利用填挖土方种植背景林，形成适应洪涝变化的水上森林湿地景观；城东湿地片区，以广南水库、广北水库水源地保护和生态渔业养殖为主，恢复候鸟觅食地，形成“百鸟翔鸣”景观；城南湿地片区，利用现状大水面和提油机，打造石油湿地景观。在“五片”的基础上，重点规划控制好高铁站、金湖银河、辛安水库区域。“多点”即城市湿地公园，对城市总体规划确定的碧仙湖公园、东营公园、双龙潭公园、新区中心公园等，按照湿地公园模式打造成为城市形象、生态魅力的集中展示窗口。

（三）建设无内涝城市，实现河流水系湿地循环相连。

坚持用生态的办法解决生态问题，打造无内涝城市。按照“上分、中疏、下排、分散蓄滞”的总体思路，由六干排、溢洪河、广蒲河、西六路水系、东八路水系五条河道形成环城水系，沿河扩展洪泛湿地，分流城区外围洪水；由五干排、五六干合排、东营河、广利河、老广蒲沟五条河道组成骨干排涝河道，结合滞涝湿地，调蓄并快速排出城区涝水。加强海绵城市和湿地小区建设，中小雨走管网，大雨走排水沟，在处理好初雨污染的前提下，超量雨水通过雨水管道或植草沟就近入河。按照“骨干河道常流水、次级水网勤换水”的总体思路,构建由12条骨干水系和13条次级水系组成的补水循环体系,提升水系湿地品质。由广利河和双河干渠分别向西城和东城骨干河道补水,同时引导城郊7个污水处理厂的尾水湿地和城内14个人工湿地的达标中水就近补水,进一步增强水体流动性。

四、湿地城市建设保障

(一)统筹湿地城市淡水资源。

健全生态用水机制,重点实施自然保护区湿地生态补水、入海河流生态补水、城市河湖湿地生态补水和新增重要湿地生态补水,充分考虑补水量和补水时机,提高淡水资源利用率。市域层面,逐步增加引江东线供水,平衡超引黄河水;通过中水、雨水利用和各项节水措施,进一步保障生态用水。中心城层面,采用雨水、中水、黄河水三水共用的方式,雨水收集调节河湖季节水位变化,中水回用保水量、促循环,引黄河水保河湖水质达标。

(二)完善湿地城市管理机制。

一是完善湿地管理协调机制。成立市和县区湿地保护修复管理中心,统筹谋划和具体负责全市湿地保护修复管理工作。实施湿地保护修复综合协调委员会制度,定期召开湿地保护联席会议,明确相关部门和县区政府在湿地保护修复管理方面的职责,研究审议相关规划和项目计划。二是健全湿地用途监管机制。制定东营湿地名录,确定湿地范围和保护、修复、利用方式,对各级各类湿地实施负面清单管理。三是建立湿地保护考核机制。把湿地面积、湿地保护率、湿地生态状况等指标纳入各县区、市属开发区生态文明考核等制度体系,健全奖惩机制。

(三)实施湿地城市行动计划。

实行湿地修复项目化。到2035年,逐步实施系列湿地建设项目,分年度按计划实施。一是市域行动计划,以黄河三角洲保护和合理利用为龙头,开展水系大小循环和湿地修复、旅游核心区建设;落实河长制、湖长制、湾长制,开展沿海湿地、入海河流湿地、水源地和库塘湿地划线保护;修复内陆湿地,建设湿地公园和湿地保护小区;合理利用湿地,发展湿地文化旅游和湿地农业。近期,以完善湿地保护体系为主,划定一批湿地公园和湿地保护小区;集中力量开展黄河三角洲及沿黄、滨海湿地修复和文化旅游提升。二是中心城行动计划,开展广利河、溢洪河、东营河及内水系水环境综合治理;实施无内涝城市12条水系贯通、“五片”湿地保护、城市湿地公园、小微湿地修复和景观提升、污水处理厂提标和内河净化湿地、湿地小区建设等工程。近期,在无内涝城市建设和广利河、溢洪河、东营河治理提升的基础上,重点开展南一路、南二路等道路沿线湿地提升和部分城区湿地公园、湿地小区建设。

(四)加强湿地项目建设保障。

一是明确规划要求。统筹湿地规划和各类专项规划,纳入正在编制的国土空间规划,形成“一张蓝图”管理;相关部门根据规划,明确需要按湿地小区、湿地公园标准建设的项目,把湿地建设同管理审批结合起来。二是制定建设标准。充分利用本土植物,体现本地特色,做到宜湿则湿、宜草则草、宜林则林;制定湿地修复和湿地景观提升工程技术图则,明确各类型、各区域湿地建设的重点和技术要求。三是加大资金投入。多渠道争取上级生态保护资金支持,完善政府投资、社会融资、个人投入等多渠道投入机制。研究实行生态补偿政策,率先在重要湿地开展补偿试点。

(五)加大湿地城市宣传力度。

以建设国际湿地城市为抓手,积极参加国内外湿地城市交流合作和研究探索,通过电视广播、主流报刊、互联网、移动媒体等多种形式,加大湿地城市宣传力度,打响湿地城市名片。依托湿地宣教场馆、湿地论坛、科普讲座等多种举措,加强湿地宣传教育和舆论引导,曝光破坏湿地的行为,营造全社会保护湿地的良好氛围。研究建立湿地保护志愿者制度,动员公众参与湿地保护和相关知识传播。

索 引

说 明

1.本索引采用主题分析索引方法，按汉语拼音字母顺序排列。同音字母按声调，首字相同者按后一字音序排列，依次类推。

2.索引名称后面的数字为内容所在页码，数字后拉丁字母a、b分别表示该页的左、右栏。

3.部类名称用黑体字套色标明。

4.大事记、人物、附录中具体内容未作索引。

A

B

C

Y

Z